珍藏本
纪念版

汉译世界学术名著丛书

世界征服者史

上册

〔伊朗〕志费尼 著

J.A.波伊勒 英译

何高济 译

2017年·北京

Juvaini
THE HISTORY OF THE WORLD-CONQUEROR
Manchester University Press，1958
本书根据曼彻斯特大学出版社 1958 年版
J. A. Boyle 英译本译出

汉译世界学术名著丛书
（120 年纪念版·珍藏本）
出 版 说 明

2017 年 2 月 11 日，商务印书馆迎来 120 岁的生日。120 年前，商务印书馆前贤怀揣文化救国的理想，抱持“昌明教育，开启民智”的使命，立足本土，放眼寰宇，以出版为津梁，沟通中西，为中国、为世界提供最富智慧的思想文化成果。无论世事白云苍狗，潮流左右激荡，甚至战火硝烟弥漫，始终践行学术报国之志，无改初心。

迻译世界各国学术名著，即其一端。早在 20 世纪初年便出版《原富》《天演论》等影响至今的代表性著作，1950 年代后更致力于外国哲学和社会科学经典的译介，及至 1980 年代，辑为“汉译世界学术名著丛书”，汇涓为流，蔚为大观。丛书自 1981 年开始出版，历时三十余年，迄今已推出七百种，是我国现代出版史上规模最大、最为重要的学术翻译工程。

丛书所选之书，立场观点不囿于一派，学科领域不限于一门，皆为文明开启以来，各时代、各国家、各民族的思想与文化精粹，代表着人类已经到达过的精神境界。丛书系统译介世界学术经典，引领时代思想，为本土原创学术的发展提供丰富的文化滋养，为推动中国现代学术和现代化进程做出了突出的贡献。

为纪念商务印书馆成立120周年，我们整体推出“汉译世界学术名著丛书”120年纪念版的珍藏本，寄望既利于文化积累，又便于研读查考，同时向长期支持丛书出版的译者、编者和读者致以敬意。

两甲子后的今天，商务印书馆又站在了一个新的历史时间节点上。我们不仅要铭记先辈的身影和足迹，更须让我们的步伐充满新的时代精神。这是商务人代代相传的事业，更是与国家和民族的命运始终紧密相连的事业。我们责无旁贷，必须做好我们这代人的传承与创造，让我们的努力和成果不仅凝聚成民族文化的记忆，还能成为后来人可以接续的事业。唯此，才能不负前贤，无愧来者。

商务印书馆编辑部

2017年10月

目　录

（上　册）

第　一　部

第　二　部

汉译本序

13至14世纪蒙古族的兴起与强盛时期的历史，在波斯文方面最重要的史料是志费尼书、瓦萨甫书和拉施特书。在这三部史书中，志费尼的《世界征服者史》占有突出的地位，它成书最早，所记述的史实大部分是著者亲见亲闻的，因此它是最原始的，也可以说是最有价值的史料。

阿老丁·阿塔蔑力克·志费尼，公元1226年出生于波斯的志费因省。他的祖辈历仕塞勒术克朝和花剌子模朝，相继任"撒希伯底万"(财政大臣)的职位，因此，"撒希伯底万"差不多成了他家族的代号。他的父亲巴哈丁在蒙古统治时期，实际也担任呼罗珊、祃椤答而的"撒希伯底万"。志费尼本人在20岁前已开始为蒙古政府服务，不久成为蒙古人派驻乌浒水以西诸省长官阿儿浑的秘书。阿儿浑几次入朝哈剌和林几乎都携带志费尼同行。正是在他们第三次哈剌和林之行中，志费尼应友人之请，开始撰写这部巨著《世界征服者史》。

志费尼生活的时代，距他撰述的史实，十分接近。很多材料是他在旅途中所采集到的，其中包括当时社会上流行的传说，读起来仍给人一种栩栩如生的感觉。成吉思汗西征的过程，志费尼是第一个予以完整、详尽报导的史家，也是这方面的权威。例如，他记布哈拉遭到蒙古兵的洗劫后一个幸存的逃生者，当他被问及布哈拉的情况时，回答说："他们到来，他们破坏，他们焚烧，他们杀戮，他们劫掠，然后他们离去。"简短的几句话，反映了当时战争的残酷破坏和人们的恐惧心理。

《世界征服者史》所叙述的年代，起自成吉思汗，止于旭烈兀平阿杀辛人的阿剌模忒诸堡。全部可分为三部分：第一部分的内容包括蒙古前三汗，成吉思汗、窝阔台汗和贵由汗时期的历史；第二部分实际是中亚和波斯史，其中包括花剌子模的兴亡、哈剌契丹诸汗，以及那些地方的蒙古统治者，如成帖木耳、阔儿吉思、阿儿浑、舍里甫丁，等等；第三部分内容庞杂，它从拖雷开始，以较大的篇幅谈到蒙哥的登基及其统治初期的史实。鉴于志费尼随阿儿浑的第三次哈剌和林之行是去朝贺蒙哥即位，而且他们在哈剌和林滞留了整整一年半，这部分应当是最有价值的，比《元史》的记载要详尽许多。然后是旭烈兀西征，阿剌模忒诸堡的攻陷，被伊斯兰教视为异端的亦思马因人，即阿杀辛人在亚非的统治。第三部分没有完成，按原书的计划，它只是第二大卷的一部分。志费尼活到公元1283年，而且长期担任报达长官的职位，但他再也没有写下去了，这是一件令人遗憾的事。

《世界征服者史》长期只有抄本传世，由于米尔咱·穆罕默德·可疾维尼的辛勤校勘，1912年、1916年、1937年，先后出齐了全书三卷的波斯文排印集校本。过了20多年，1958年才出来了波伊勒根据这个集校本的英译本。60年代初，中国社会科学院历史研究所何高济同志已着手这部巨著的汉译工作。计划第一步先将英译本转译为汉文，然后第二步再根据波斯文本进行研究、考释和重译。由于林彪、“四人帮”的干扰破坏，工作被迫停顿达十余年之久，现在只完成了第一步工作。自洪钧《元史译文证补》问世(1897 年)后，我国治蒙元史者已经知道有志费尼的《世界征服者史》这部波斯文史料，但一直没有可能读到原书。现在这个译本的出版，可以初步弥补了这个缺陷。我们殷切地希望这个译本的出现，将成为我们今后有计划地进行对波斯文史料的翻译、研究和校注的开端。

翁独健

1980 年 4 月于北京

中译者前言

志费尼的《世界征服者史》是研究蒙古历史的一部重要著作。他的三卷波斯文本，由米尔咱·穆罕默德·可疾维尼校勘，分别刊行于 1912 年、1916 年和 1937 年，收在吉伯丛书中。波伊勒的英译本就是根据这个权威的波斯文本翻译的。

尽管《世界征服者史》早已为学术界公认为具有第一手的史料价值，而且为多桑和巴尔托德这样的著名学者所引用，它长期来没有一个欧洲文字的译本，因此波伊勒是第一个把全书用一种欧洲语言介绍给广大读者的人。据波伊勒自己的叙述，他最早接触到志费尼书是在 1938 年秋，而到 1958 年英译本问世，其间足足有 20 年。从译文本身看，也从译者所加的注释看，英译者在这部著作上确实花费了巨大的劳动，致使这部因辞藻过于华丽而难以卒读的史书能够为欧洲读者所接受，同时给研究工作者提供了便利条件。我们看到英译本问世后，立即受到重视，有人甚至评论它为 20 世纪最重要的一部译著。

波伊勒是波斯语专家，而他在史学范围内的专长是 13 世纪的波斯史和蒙古史。他的翻译，没有满足于依样画葫芦，也就是说，没有满足于机械地把可疾维尼校勘的波斯文本译为英文。在翻译过程中，波伊勒对志费尼书及有关的史实作了进一步的研究，订正了可疾维尼编本中的一些错讹，提出了自己的见解。举几个例子就能说明这点。

志费尼最早记录了成吉思汗西征后分封他的四子：术赤、察合台、窝阔台和拖雷；第三子和他的继承人窝阔台的封地，据原波斯文的记载（第1卷第31页）是在AYMYL和QWNAQ地区。前一地名无疑地就是《元史》中叶密立（Emil）的对音，今新疆的额敏河流域，在元代也是一城名。后一地名QWNAQ，波伊勒据伯希和的意见把它订正为QWBAQ，即Qobaq，额敏河以东一条河名，清代文献中的霍博克河或和博克河，发源于和博克赛里山。据《元史》《太宗本纪》，成吉思汗死后，窝阔台"自霍博之地来会丧"，可以证实志费尼的Qonaq为Qobaq之误，而窝阔台系从他的分地去赴丧。

这类订正还可举出若干。察合台的一个孙子Yesün-Toqa，在原书（第1卷。第205页）中讹为YSNBWQH，即Yesün-Buqa，其残名保存在《元史》卷三《宪宗本纪》的〔也〕孙脱〔花〕中。他因反对蒙哥登基，据志费尼说先跟脑忽和失烈门囚在一起，后来又给充军。又如西辽在八剌撒浑兴建的城市Quz-Baligh、Ghuz-Baligh，即虎司八里（虎司斡耳朵），在原书中均误为Qur-Baligh（第1卷，第43页），Ghur-Baligh（第2卷，第87页）。显然，这些订正对阅读原著是有帮助的。

波伊勒指出如下一个事实：为避免提到一些蒙古宗王的真名，志费尼常使用他们死后的称号。最显明的是窝阔台，他在《世界征服者史》中又叫做Qa'an。Qa'an是我国北方少数民族统治者的称号，突厥人的可汗。《元朝秘史》中汉译为合罕，成吉思汗及其继承者均有此尊称。但当志费尼单独使用它时，那就是特指窝阔台了。这必定是窝阔台死后在社会上流行的称呼，因为我国的历史文献中有许多例证。1276年龙门神禹庙蒙汉文令旨碑中曾提到“成吉思皇帝匣罕皇帝圣旨里”，这里的匣罕，正如冯承钧的注释说，即太宗窝阔台。另两块碑，即1296年和1297年河南安阳白龙王庙圣旨碑，又写作哈罕皇帝。此外，刘秉忠在和林的上书中两次出现合罕皇帝之名，也指的是窝阔台(《元史》卷157《刘秉忠》)。王恽的《秋涧大全集》卷87，更明确地把窝阔台称为“太宗合罕皇帝”。

拖雷在志费尼书中有时被称作Ulugh-Noyan。波伊勒指出，突厥语的Ulugh训为大，Ulugh-Noyan义为大那颜，它的蒙语同义词是Yeke-Noyan，这是拖雷死后的称呼。据《元史》《祭祀志》，睿宗(拖雷)题曰“太上皇也可那颜”，也可那颜当即Yeke-Noyan的音译。王国维据此证实《圣武亲征录》中的“四太子也可那颜”七字连读，指拖雷而言，非为两人。可见拖雷死后常被称为大那颜。他的寡妻，唆鲁禾帖尼，在志费尼书中写作Sorqotani Beki，省称Beki，义为后妃。查《元史》《顺帝本纪》，我们看到这样的记载：“至元元年(1335年)三月，中书省臣言，甘肃甘州路十字寺奉安世祖皇帝别吉太后于内，请定祭祀，从之。”别吉显然就是Beki的对音，唆鲁禾帖尼死后的称号。

但是，波伊勒的考订并不都是正确的，值得商榷的地方也不少。在这方面我们仅举一两个例子。

在《合罕言行录》一章中，志费尼极力颂扬窝阔台的乐施好善。除去那些浮夸之辞和不实之处外，这章内包含了窝阔台统治时期的一些重要史实。其中有如下一个有趣的事件。志费尼说，在契

丹国有个叫做 ṬAYM‘W 的城市，该城的居民上书称，他们欠了八百巴里失的债，请求下诏给债主，缓期归还。窝阔台说，如果叫债主缓期，那债主要受到损失，如果置之不理，那人民又要倾家荡产，因此，好心的窝阔台吩咐从国库中偿付。诏令一下，欠债的和收债的都前去国库领取现金。这个故事，我们从《元史》中找得到若干条类似的例证，例如，《太宗本纪》曾载录公元 1240 年窝阔台“以官民贷回鹘金偿官者岁加倍，名羊羔息，其害为甚，诏以官物代还，凡七万六千锭。”

志费尼提到的城名 ṬAYM‘W，波伊勒把它订正为 ṬAYNFW，即 Tayanfu，山西的太原府。这个订正是缺乏根据的。志费尼书的各个抄本在著录这个地名时均保留了鼻音 M，拉施特的《史集》同。维尔荷夫斯基俄译拉施特书把这个地名转写为 Tai-min-fu，至少拉施特书的一个抄本实作此形（维尔荷夫斯基译拉施特书，第 52 页注㊼）。志费尼书的一个抄本（D 本）作 ṬANMΓW，我们可以把它看作是 Taminfu 的讹误。从这些线索看，志费尼所说的这个城市，不是山西的太原府，而应为河北的大名府，志费尼和拉施特均无错误。按《元史》卷 152《王珍传》载：“岁庚子（1240 年），入见太宗，……珍言于帝曰：‘大名困赋调，贷借西域贾人银 80 铤，及逋粮 5 万斛，若复徵之，民无生者矣。’诏官偿所借银，复尽蠲其逋粮。”这里说的官偿所借银，和志费尼的记述颇有相同之处，但志费尼的记述更为生动和详细。大概在窝阔台统治时期，确实有过由政府偿还大名府百姓欠债的事。

贵由登上宝座后，派遣两名将官去攻打契丹蛮子国，其一是速不台，另一名，原波斯文作 J̌ΓAN（第 1 卷，第 211 页），波伊勒把它

读作 jahan，蒙语的“象”。此人当即蒙古初期著名的大将，《元史》中的察罕。据《元史》《察罕传》，定宗（贵由）即位，“命（察罕）拓江淮地”，与志费尼的记载吻合。考虑到汉语对这个人名的转写，伯劳舍把它读作 ČΓAN 即 chaghan“白”，是更为正确的。拉施特和《元史》对察罕的生平，所述极为近似，二者所依据的应为同一史源。

上述例子说明，波伊勒未能广泛地参考和利用《元史》之类的汉文史料。尽管他在这方面作出了努力，并曾就教于一些学者。对于《世界征服者史》、《史集》等波斯史书的考订和研究，汉文史料始终具有头等重要的参考价值，例如蒙哥的异母兄弟拨绰，他母亲名字在拉施特书中为一空白，但据《元史·牙忽都传》、“拨绰之母曰马一实，乃马真氏”，可以知道他的母亲是个乃蛮人，足以补拉施特书之缺。不仅在史实的订正方面，就连志费尼和拉施特所述的蒙古风俗习惯等，都能用《黑鞑事略》、《蒙达备录》等书来作对比研究。在这个领域内，前人虽已作了不少工作，总的说来还大有探索的余地。从这个角度说，波伊勒的翻译和考释显得不足和逊色。

中国学者是经过洪钧的介绍才知道志费尼的。洪钧给志费尼作的简短介绍，现在已无多大的意义，而且包含了一些明显的错误，为后人盲目地承袭下来。志费尼的父亲，名叫Baha-ad-Dīn，按《元史》的译音是宝合丁，但洪钧把他考证为《元史》《宪宗本纪》中辅佐阿儿浑管治阿母河等处行尚书省事的法合鲁丁。法合鲁丁也是个常见的回教人名，其对音为 Fakhr-ad-Din，在志费尼书中另有其人，不是志费尼之父。尽管这样，读者仍能从洪钧的《元史译文证补》中间接地得知志费尼书的一些内容，作为开拓者，他的功劳是不可埋没的。

继洪钧之后，冯承钧翻译出版了多桑的《蒙古史》。多桑书中大量引用志费尼的话，使读者能够更多地接触到他的著作。但是，多桑只能根据巴黎图书馆当时保存的一个无足道的抄本，进行工作，因此有很大的局限性，一些重要的内容仍不能为中国读者所知。60 年代初，翁独健先生提出翻译志费尼书的计划，由我来具体作这项工作，因种种原因，特别是“四人帮”的干扰破坏，工作时断时续，任务一直未能完成。近年来，在翁先生的关怀和指导下，这项工作终于得以继续进行。现在，我们根据波伊勒的英译本，把《世界征服者史》译为中文，使我国读者得窥这部波斯文史书的全貌。至于根据原波斯文本作进一步的考订和研究，则有待今后努力。

在译名方面，我们主要采用《元史》的译音，兼采《元朝秘史》。原则是尽量做到名从主人。如一些人名、地名，等等，在《元史》、《元朝秘史》及其他史料中没有著录，或者没有考证出来，那就采用洪钧、冯承钧等的译法，或自行翻译。为便于查阅英译本，我们在这个中译本的页边上，标出英译本的原页数。在注释中及索引中提到的“见……页”，指的是英译本的原页数，并非指中译本的页数，这点是需要说明的。

中译者

1980. 2. 1. 于北京

英译者序

一、作者生平

阿老丁·阿塔蔑里克·志费尼非常可能诞生于1226年。这是西利亚史学家达哈比提出的时间[①]，并且它与志费尼自己的说法相一致：当他开始撰写他的史书，也就是当他在1252年5月和1253年9月之中居住在哈剌和林期间，他是27岁。如志费尼的名字所表明，他的家族和呼罗珊的志费因县有关系。这个县，今天叫做扎哈台，位于你沙不儿西北，在哈尔达和扎哈台群山之间的一个盆地中；首镇在当时是阿萨德发，后来此地的重要性下降，但仍然在大型地图上找得到。著名地理学家、志费尼的同时代人牙忽惕，把他曾访问过的阿萨德发描写为一个繁荣的小城，有清真寺和一个市；城门外有一所供商人住宿的大客栈。就在这里，志费尼的高祖巴哈丁迎候了花剌子模沙帖乞失，当时后者在向波斯最后一个塞勒术克王算端脱黑鲁勒开战中，途经于此。这里也是著名的兄弟俩，伊儿汗的丞相苫思丁和蒙古侵略史家阿老丁，诞生之地[②]。

他们出身的家族是波斯最显赫的家族之一。志费尼一家子在塞勒术克和花剌子模沙统治下都身居高位；同时他们自称是剌必

阿之子法即勒的后裔，他继巴密赛族人之后为哈仑拉施特服务，而且他又依次把他的系谱追溯到第三个哈里发斡思蛮的一个自由民。他们是那样经常任撒希伯底万，即财政大臣的官职，以致该头衔已变成一种家族的别名，志费尼之兄苫思丁有这个称号，他实际担任此职，尽管他也是旭烈兀，还有旭烈兀之子和第一个继承人阿八哈的大丞相，志费尼本人亦有此称号，他实则是八吉打的长官。

志费尼的祖辈中，前已提及的他的高祖巴哈丁，有个舅父穆塔哲伯丁·巴的阿，是塞勒术克算端桑扎儿的书记和宠臣。在志费尼书中叙述说，他怎样进行调解以挽救诗人瓦特瓦特的命，诗人因他的诗句得罪了算端桑扎儿。作者的祖父苫思丁·穆罕默德在不幸的摩诃末花剌子模沙手下，当后者从巴里黑逃往你沙不儿时，他跟随着他。临死前花剌子模沙任命他为撒希伯底万，并且摩诃末之子，鲁莽的冒险家扎兰丁，批准他任该职，在摩诃末死后他又为扎兰丁服务。他死于今东土耳其凡湖岸边的阿黑剌忒前，时值他的主子围攻该城，据史家伊本额梯儿，围城是从 1229 年 8 月 12 日延续到 1230 年 3 月 18 日。扎兰丁的秘书和传记作者讷萨怖是苫思丁的遗嘱执行人。按照死者的愿望，他把他的遗骸运回他的故乡志费因，而他的财产，通过可靠的中间人，被交给了他的后人[③]。

这后一情况表明，他的儿子巴哈丁，即志费尼之父，不可能随他在阿黑剌忒，而事实上我们完全不知道巴哈丁的活动和踪迹，迄至他父亲死后大约两年，我们才得知他出现在呼罗珊的你沙不儿。他当时约摸 40 岁。看来他可能靠志费因的家产平静地生活。志费因距你沙不儿不远，是它的一个属县。

在入侵时期惨遭破坏的呼罗珊，现在处在一片混乱中。该省尚未完全降服,仍不时发生反抗蒙古人的行动。乱上加乱,当时刚死的扎兰丁有两个将官,经常袭击你沙不儿,杀戮蒙古官吏。1232—1233年,成帖木儿,新任命的呼罗珊和祃椤答而的长官,派出一个叫做怯勒孛剌的将官,指令去驱逐或消灭这些武装。听说他到来,巴哈丁和你沙不儿的一些首脑人物,逃往徒思,在那里,他们企求一个塔术丁·法里扎尼的庇护,后者在废城中占有一座堡垒。同时候,怯勒孛剌赶走了敌人,获悉逃亡者在徒思。他派人向法里扎尼索还他们,而法里扎尼不管他所作的保证,马上把他们交给怯勒孛剌,"以为",志费尼说,"他会把他们处死"。倘若这是他的期望,那他落了空。怯勒孛剌极礼遇地接待他们;同时巴哈丁被蒙古人录用。成帖木儿立即任他为撒希伯底万,1235—1236年,他陪同成帖木儿的副手、畏吾突厥人阔儿吉思入朝大汗窝阔台——成吉思汗之子和第一个继承人。窝阔台很礼敬地接待他:赐给他一面牌子,即马可波罗所说的"权力牌符",及一道札儿里黑,即圣旨,批准他作为"诸地的撒希伯底万"的任命。

辞朝返回恰好和成帖木儿之死同时,于是阔儿吉思又被召回蒙古去上报形势。他是个聪明的有雄心的人,故此他决定利用这个机会来发展他自己的事业。他对志费尼的父亲——明显地他跟他的关系很好,说:"幸福像一只鸟。没有人知道它将降落在哪个枝头。我决心作出努力去找到天命确实注定的、天道循环所需要的东西。"他获得这样的成功,以此他作为这些西部领土的实际长官,从哈剌和林返回。

1239年,他再次到蒙古本土,回答对他的一些指控;当他不在时,巴哈丁代行他的职务。他又一次胜利返回,巴哈丁准备盛筵为他洗尘。在1241年，第三次赴哈剌和林，他在路上得到大汗逝世的消息，并回到呼罗珊。但因旅途中得罪了察合台王室的一名官员，他不久后就被逮捕，并被押送到今新疆伊宁附近的阿力麻里，那是察合台的孙子和继承人合剌旭烈的驻地，奉后者之命，他被野蛮地处死。

巴哈丁的情况没有因他保护人的垮台而受到影响。他的职位为阔儿吉思的继承人异密阿儿浑所批准，由于帝国摄政者、窝阔台的寡妻脱列哥那皇后的诏旨，阿儿浑这时受命管辖从乌浒水到法儿思、不仅包括呼罗珊和祃桚答而，也包括谷儿只、亚美尼亚、小亚细亚及上美索不达米亚部分地方的疆域。在一次巡视的过程中，阿儿浑抵达阿哲儿拜占的帖必力思，这时他被召去出席忽邻勒塔，即诸王大会，此次会上窝阔台之子贵由被选作大汗当他的继承人（1246年）；于是当他离开期间，志费尼的父亲撒希伯底万代他管理所有这些领土。当他满载新汗所赐的荣誉返回时，巴哈丁远至祃桚答而的阿模里去欢迎他，在那里，他准备了盛大的宴会迎他归来，一如七年前他在同样场合欢迎他的前任阔儿吉思。

在阿儿浑能够继续他到阿哲儿拜占的旅行前，他得到消息说蒙古首都有反对他的阴谋；因此他决定立即返回那里。在这次旅行中，他不仅由巴哈丁，也按他的明确愿望，由志费尼本人所陪同，那时志费尼约22岁。一行人抵达答剌速，今哈萨克斯坦的江布尔，这时得到贵由的死讯，于是听从蒙古大将宴只吉带的劝告，阿儿浑回到呼罗珊，为宴只吉带统率的军队准备粮饷。1249年晚夏，他再向东行，最后到达斡兀立海迷失后的斡耳朵，作为贵由的寡妇，帝国的摄政权被授予她。他的案子得到充分审查，他的敌人失败了，阿儿浑自己完全昭雪清楚，在返回的旅行中，他们一行人（其中有志费尼）在也速的斡耳朵停留了一两个月，后者现在统辖察合台的封地。就在这里，今伊宁附近，仅在十年前，阿儿浑的前任阔儿吉思过早地结束了他自己的生命。一行人在1250年晚夏或初秋到达阿力麻里；他们离开时已是冬天，道路被雪封锁，他们仍然速行，很快就返回呼罗珊的马鲁。

阿儿浑没有在波斯久留。在1251年8月或9月，为参加推选新汗的大忽邻勒塔，他再度东行。这次旅行他也由志费尼陪同。他尚未到答剌速就得到消息说蒙哥已被推选。时值隆冬，大雪使旅行几乎成为不可能。然而他急行，终于到达畏兀儿古都别失八里，此地相当于今天的济木萨，在新疆古城西北不远。阿儿浑从这里送使信把他的到来通知新汗，但一行人迄至1252年5月2日才抵达蒙古宫廷，即在蒙哥登基后已将近一年了。

阿儿浑向汗报告西方诸地的经济状况，作为随后的讨论结果，蒙哥在税收制度方面制定了一系列的改革，这些审议延长了很久，以致到1253年8月或9月阿儿浑才离开[④]。正是在蒙古都城的这次长期逗留中，一些朋友劝志费尼编写一部蒙古征服的历史。当一行人动身返回时，蒙哥给他一道札儿里黑和一面牌子，批准他的父亲任撒希伯底万之职。

巴哈丁现在60岁了，在给蒙古人服劳20年后，他想退休回家，但这没有做到。这时在实施财政改革，因此巴哈丁，和一个叫做乃麻台的蒙古人一起被派去接管波斯的伊剌克——即中波斯，和耶兹德的政事。他已抵达亦思法杭县，这时他害了病，并且死了。

波斯经历那么多的乱世而获得她的生存，多半要归功于像巴哈丁那样的行政官。朝代有兴有亡，但始终找得到这样的官吏：他们因和新政权合作，在国家的政府中维持一种连续性，使它不致完全崩溃和瓦解。在花剌子模沙统治下，在花剌子模沙以前的塞勒术克王统治下，或者也在更早的王朝统治下，他的祖先的传统，在一个过渡时期，由巴哈丁保持下来，他死后又由他的儿子们在一个新朝代，即波斯的蒙古伊儿汗朝的统治下，继续下去。

该朝代的创建者、大汗之弟旭烈兀王子，这时正率领一支大军西征，他的第一个目的是消灭阿剌模忒的亦思马因人，即阿杀辛人。1255 年 10 月，他在后来因跛者帖木儿的出生地而知名的、撒麻耳干以南的碣石，和阿儿浑相会。阿儿浑再度成为宫廷中陷害的对象，并在旭烈兀的鼓励下，他现在赴哈剌和林跟他的控告者对质。西方诸地的行政权，他交给他的儿子克烈灭里，一个异密阿合马，以及志费尼，隶属于旭烈兀。从那以后，志费尼一直为旭烈兀及其子孙服务，到死为止。

一个事件发生了，它说明这个蒙古征服者对他之重视。有个扎马剌丁，他是阴谋陷害阿儿浑的一党，把一份他要在大汗面前控告的官员名单交给旭烈兀。旭烈兀马上回答说，这些是阿儿浑自己权限内的事。这时，看到名单上志费尼的名字，他补充说："倘若控告他，那就当着我的面说吧，以此这事可以在此时此地得到审查，作出决定。"于是扎马剌丁撤回他的指控，狼狈退出。

大军已渡过乌浒水，正经过呼罗珊，在那里，他们途经哈不珊城（今库强），"它自从蒙古军首次入侵迄至该年，已经荒芜破坏，它的建筑物凄凉，哈纳特无水，除礼拜五清真寺的墙外，没有仍然站立的墙。""发现国王对兴复废址的兴味和乐趣，"志费尼促使他注意哈不珊的情况。“他听了我的话，颁发一道札儿里黑，叫修整哈纳特，重建屋舍，设立市场，减轻民瘼，许他们在城中重聚。所有重建的费用，他从国库开支，故此一毫不取于民。”

最后，在1256年晚秋，蒙古人从四面八方包围了在可疾云东北阿剌模忒（“鹰巢”）中亦思马因的诸堡。可畏的哈散萨巴的最后一个软弱继承人鲁坤丁，曾拖延时间，希望冬雪会帮助他，使围攻不能进行；但气候反常地温暖，于是，在11月中，他决定投降。为此目的，他请求得到一份免他不死的札儿里黑，这是由志费尼起草，他必定也参加了实际谈判。撰写法忒纳美，即胜利宣言，公布最后击败和消灭阿杀辛人者，也正是志费尼。他还说，得到旭烈兀的允许，他检查了著名的阿剌模忒图书馆，从中他挑选了很多“珍本”，同时把那些“叙述他们邪说异端、既无传统根据又乏理智支持”的书籍，付诸一炬。然而，在后一类书中，他幸运地保存了一本哈散萨巴的自传，在他的史书第三卷中，他从中大量予以引用。

完成了对阿剌模忒的平毁，旭烈兀转向他的第二个目的：征服八吉打和推翻阿拔斯哈里发朝。“鞑靼的大王”旭烈兀，怎样攻克报达（八吉打），并把哈里发饿死在“一座满是金银财宝的塔中”，可从马可波罗书中读到。事实上，倒霉的哈里发可能被包在一张毡子里，用棍子给打死的，这是蒙古人处决自己宗王的作法。然而，马可波罗对旭烈兀和哈里发初见面的说法和著名波斯哲学家纳速鲁丁·徒昔的记载，非常吻合，后者曾为阿杀辛人服务，他现在随旭烈兀到八吉打。

志费尼也曾陪同这个征服者，并在一年后即在1259年，旭烈兀任命他为哈里发曾直接拥有的所有疆域，即八吉打本城、阿拉伯伊剌克即下美索不达米亚、胡济斯坦的长官。旭烈兀死于1265年，但在他儿子阿八哈统治下，志费尼保留了他的职位，尽管名义上是蒙古人速浑察的副职。20年来，他一直治理这个大省，其间做了大量工作去改善农民的命运。他从幼发拉底河畔的安八儿开一条运河到苦法和圣城奈杰夫，在它的河岸建立150个村子；据有点夸大的说法，他把该邦恢复到比在哈里发治下它所享有的更大繁荣。

志费尼本人，还有他的身兼大丞相和撒希伯底万二职的兄长苫思丁，都不是没有政敌的，而在他们长期任职中，有几次将使他们遭遇毁灭的攻击。然而，这类阴谋没有让兄弟俩受到什么伤害，迄至阿八哈统治后期，有个麦术督木勒克，原系志费尼兄弟的手下，成功地首先打动了阿八哈之子阿儿浑，然后打动了阿八哈本人，并对苫思丁进行了老一套的攻击：与蒙古人最可怕的敌人、埃及玛麦鲁克算端勾结，以及从国库侵吞大量款项。苫思丁得以打消伊儿汗的怀疑，同时，发现他没有受到打击，麦术督木勒克现在转而盯住他的弟弟。他使阿八哈相信，志费尼在他任八吉打的长官期间，曾贪污了250万的那的巨款，这笔钱就埋在他家里。

1281年10月，阿八哈在上美索不达米亚狩猎，想赴他在八吉打的冬季驻地；志费尼被派先去安排膳宿。他刚一走，麦术督木勒克就重复旧的控告，于是伊儿汗马上派他的几个异密去追志费尼，调查这事。他们在塔克里特赶上了他，把阿八哈的命令告诉他。“我认识到”，志费尼说，“事态是严重的，一些持偏见的人所说的话，已深深打动了国王的心，对这些‘余款’的要求，只不过是他们企图向我要钱的借口，这笔钱，他们自以为就放在我家的水槽里。简短说，我陪检察官从塔克里特到八吉打，在那里，我把我家里和库里的一切，金银财宝、器皿和衣物，一句话，我继承的或得来的所有东西，都给了他们。”[⑤]他这时写了一份保证书，说是今后在他家里哪怕找到一个的儿海姆，他就应负责和受惩。

得知他的处境，在伊儿汗身边的他的兄长苫思丁，马上赶往八吉打，从他自己和子女的家里，把他们所能找到的一切金银器皿集中起来，并从贵人那里尽他所能借来财宝，把这笔财富统统奉献给现正进向八吉打的阿八哈，希望使他缓和下来。这毫无用场。志费尼被囚在他的家里，同时蒙古官员搜寻据认为他埋藏起来的金钱，拷打他的奴仆，挖掘他的子女和亲人的坟墓。一无所得，他们便把志费尼转移到哈思儿·木桑纳去过囚犯的悲惨生活，而他们则转去向阿八哈报告。然而，一些蒙古宗王和后妃，包括阿八哈的宠妃，替志费尼求情，于是在最后，1281 年 12 月 17 日，伊儿汗被劝下令释放他。

这个攻击失败后，麦术督木勒克现在告发志费尼和埃及的玛麦鲁克保持书信往来，于是在 1282 年 3 月，他从八吉打到哈马丹，由伊儿汗的检察官护送，去回答他的控告人的这个攻击。4 月 1 日，一行人刚通过哈马丹附近的阿撒达巴德山口，阿八哈的一些廷臣就迎着他们，带来好消息说，伊儿汗，最终相信志费尼无罪，已恢复对他的宠信，解除了监官对他的看守。然而，抵达哈马丹时，志费尼获悉阿八哈刚死去；在变化的形势下，决定把他拘囚。这次囚禁为时不长，因为很快传来消息说，阿八哈之弟台古解儿，一个伊斯兰信徒，也以穆斯林名字阿合马著称（他是马可波罗的阿合马算端），已登上宝座，而且他的第一件事就是下令释放志费尼。

新君主当时在亚美尼亚。志费尼到那里去见他，后又陪他出席在凡湖东北、东幼发拉底河源附近的阿剌塔黑牧地举行的忽邻勒塔。这里，新长官被派到他们的各个省份去；志费尼又得到他过去担任的八吉打长官职务。台古解儿得知麦术督木勒克及其同伙的活动，下令作调查。麦术督木勒克被判有罪，并被处死，但在判决能够执行前，他被一群穆斯林和蒙古人抓住，受到私刑，他们扑向他，"甚至在他们竞相接近他时相互受伤，把他撕裂成碎片，乃至炙而食其肉。"

在两篇文章中，志费尼叙述了反对他本人和他兄长的各种阴谋，这段关于他自己获胜及其敌人失败的话，是第二篇文章的结尾。他自己的末日现在也即将来临。在新君主和他的侄儿阿儿浑之间爆发了公开的对抗；因为志费尼一家子很得到他叔父的欢心，也因他相信苫思丁毒死其父阿八哈的广泛传说，阿儿浑决定把他们毁掉。到八吉打后，他翻出志费尼侵吞公款的旧案，并开始逮捕他的代理人，对他们施加酷刑。其中一人新近刚死，他叫把他的尸体挖出来，抛在大道上。得悉这个暴行，据一种说法，志费尼害了剧烈的头痛，因之他很快就死了。然而，据达哈比，他之死是由于从马上摔下来。不管原因是什么，他在 1283 年 3 月 5 日死于木干或阿兰，享年 57 岁，并被葬于帖必力思。他的死总之不会拖很久的。次年，阿儿浑废黜和继承了他的叔父，他下令把苫思丁和他的四个儿子处死，志费尼一家人就全被消灭了。

二、他的著作

《世界征服者史》是 1252 年或 1253 年在哈剌和林开始撰写

的;而志费尼在1260年仍在撰写它,这时他刚受命为八吉打的长官。在那年或其后不久,他必定放弃了继续撰写他的史书的念头,因为没有那个日期以后的事件。至于撰写他的大部分史书所处的环境,我们有志费尼自己的证明。在评述蒙古人征服呼罗珊时,他用下面的话来谈他自己:

> 即使有那种无事务缠身,能将终生献给调查研究,专致于记录史实的人,他仍不能在一个长时期内做到对个别县份的叙述。这远非本作者的能力所能及,他尽管有此嗜爱,却没有片刻从事研究的时间,除了在长途跋涉中,当旅队休息时,他抓住一两个钟头,写下这些史实!(第Ⅰ卷,第118页,第ⅰ册,第152页)[⑥]。

这些情况在书中留下了它们的痕迹。日期有时省略了,或者不准确,而作者偶然自相矛盾。这些缺点在一部未校订的书中是可以理解的;在一部证明是永未完成的书中,缺点更可以理解。

在一个早期抄本(B本)中,谈阿儿浑的一章内有相当于原文七、八行的空白(第Ⅱ卷,第262页;第ⅱ册,第152页),而在谈蒙哥诸大臣的一章末尾,有一个更长的空白(超过一页)(第Ⅲ卷,第89页)。穆罕默德·可疾维尼指出,这些空白可能是作者留下来供以后增补的,这永远没有做到。也提到一些不存在的篇章:第Ⅰ卷中是谈也里陷落的一章(第Ⅰ卷,第118页;第ⅰ册,第151页),第Ⅲ卷至少有五章——一章是谈迦儿宾的书记镇海(第Ⅲ卷,第58页;第ⅱ册,第158页),一章是谈遣使给路易九世的蒙古统将宴只吉带(第Ⅲ卷,第62页,第ⅱ册,第590页),另一章是谈往朝蒙哥的各个使节(第Ⅲ卷,第82页;第ⅱ册,第602页)[⑦]。第Ⅲ卷证明未完成。在原文的划分中，它形成该书的第Ⅱ卷。至少在三个抄本中原文仍是这样划分的，其中一个（E本）是以作者同时的一个抄本为根据；而我们有志费尼本人在他的第Ⅲ卷序言中对这个划分的证明，他在那里概括“前卷”中的内容时，列举在原文第Ⅰ卷和第Ⅱ卷中所载录的史实，这在大多数抄本和在刻印本中均能找到。按原文的这种划分，第Ⅱ卷比第Ⅰ卷要少得多，但它们很可以篇幅相同，倘若以上提到的五章实际写了出来，又倘若志费尼如大家所期望那样，以对旭烈兀西征的高潮、八吉打的攻陷及阿拔斯哈里发朝的覆灭叙述，来结束他的著作；上述事件后志费尼又多活了大约27年。“也许”，如可疾维尼所说，“八吉打行政的实职……使他没有余暇去继续他的巨著”。[8]

引用巴尔托德的话，他的著作“尚未得到它应有的估价，”[9]而至少在西方，志费尼被后来的拉施特所压倒，拉施特的庞大著作，“一部中世纪时，在亚洲和欧洲单个人不能完成的巨大历史百科全书，”[10]大部分很早就有了欧洲文字的翻译。拉施特能够利用志费尼看不到的蒙古材料；他对成吉思汗早年的叙述，比这位较早的史家的叙述，要完整得多，详尽得多。另一方面，志费尼则更接近他叙述的事件，他关于入侵的大部分描写，必定根据目击者的报道。至于在入侵和旭烈兀西征之间的波斯史，他能够依赖他父亲的追忆和他本人的回想；而到最后，如我们所看到，他自己变成了事件的参加者。有意义的是，拉施特在谈这个时期的历史中，经常满足于几乎逐字逐句地追随他的前辈。志费尼更有两次访问东亚的方便。他对突厥人和蒙古人的大部分报道，必定是在蒙古宗王的宫廷中，以及他到那里去的旅途中所搜集到的；同时他的日期的准确性，不仅拿拉施特，也拿诸如迦儿宾、卢不鲁克、马可波罗等西方旅行家，以及拿中国和蒙古史料相比较，可以得到证明。

《世界征服者史》一下子成了叙述蒙古入侵的权威著作，乃至为同时期的和后来的阿拉伯、波斯史家自由地利用。在波科克的把儿赫不烈思书拉丁译文中（牛津，1663 年），志费尼书的部分内容也为西方学者间接地得知。然而，直至 19 世纪多桑《蒙古史》（1824 年第一版，1834—1835 年第二版）问世，他的作品才为欧洲人直接使用；多桑书至今仍提供了有关整个蒙古时期的最好的，肯定也是最易读的概述。不幸的是，多桑不得不使用一个无足道的抄本，当时保存在皇家图书馆（今国立图书馆）中唯一的一个本子，该馆后来获得了可疾维尼编本所依据的一些优良抄本。多桑以后，巴尔托德，在他的《突厥斯坦》中，是唯一广泛利用志费尼原书的史家，但因仅仅关注那些成为实际入侵的事件，他没有涉及在成吉思汗继承人统治下帝国的历史。在他的著作的英文本中，他能够参看可疾维尼不朽的波斯文本头两卷，但到 1937 年第Ⅲ卷的刊行，整个志费尼书才甚至为东方学者所接触到。现在，在一部英译本中，把他介绍给更广大的读者。

译文中不可避免地有许多损失。不像后来的拉施特——他的语言极其简朴，志费尼是那种已成为传统波斯散文体的大师。它是一种使用修辞家所知的所有修辞技巧的文体。凡有可能时，就加进双关语，而这些不仅是我们所理解的双关语，而且是仅供观看的、叫做可视双关语的东西：两个字在形状上相同，尽管在发音上也许完全两样。文中杂有来自阿拉伯和波斯诗人的引句，有作者自己写的诗，也有引自《古兰经》的章句，同时诸章在开始、结尾或者插在中间,有对人类愿望落空和对命运残酷这类题目的感叹。然而,志费尼是个有鉴赏力的人;他使他的修辞有所节制,并且能够在情况需要时,用极朴素的和最简明的语言来讲述他的故事。在这点上他不同于他的崇拜者和续撰者瓦撒夫,后者被说成是“文体雕琢过甚,以致只见树木不见森林”。[11] 布朗说:“我们能够更容易地原谅这位作者,倘若他的史书作为它所处理的这个时期(1257—1328)的原始材料说,不那么有价值的话;但事实上它之重要一如它之难读。”[12] 在志费尼中,另一方面,常有个把观点甚至隐藏在看来仅为修饰的话中。例如,引用民族史诗《沙赫纳美》即《列王纪》,他能够发泄那种不能公开说出的情绪。

三、他的观点

伊本额梯儿,在他谈蒙古入侵的前言中——他就是入侵的同时代人,表示说他多年来回避提起那个可怖到难以形诸笔墨的事件。他坚称,那是自古以来落到人类头上的最大灾难。[13] 实际上为蒙古人服务的志费尼,很难指望对这种感情发生共鸣,而事实上他说了很多恭维他主子的话,甚至力图证明入侵是实现天意。另一方面,他是个虔诚的和正统的回教徒,所以他的真实感情不能在本质上不同于伊本额梯儿的感情。再者,拿志费尼的情况说,跟花剌子模沙的王室又有着传统的关系——如我们所看到,他的祖父曾陪同摩诃末从巴里黑逃到你沙不儿,并且终生为摩诃末之子扎兰丁服务——因此他很难在回顾过去时对该王朝的覆灭不感到惋惜。确实,尽管没有伊本额梯儿所享有的言论自由,志费尼并不苦心地掩盖他喜欢穆斯林的过去，不喜欢蒙古人的今天。

关于入侵本身，他自然不能发表意见，但是那么多陷落城市遭到的总屠杀，连同所有兼带的暴行，始终如实地记录下来。也正是志费尼讲述了成吉思汗在不花剌清真寺中的著名故事（第Ⅰ卷，第80—81页；第ⅱ册第103—104页）。关于入侵的后果，他常常直言不讳。他两次提到征服者把他的家乡，一度繁荣的呼罗珊省，蹂躏到绝望的荒凉境地（第Ⅰ卷，第75页，第Ⅱ卷，第268页；第ⅰ册，第96—97页，第ⅱ册，第533页）。他也提到对学术研究的灾难后果，并在这时对新一代的官吏，大社会变动的产儿，发动猛烈的攻击（第Ⅰ卷，第4—5页；第ⅰ册，第68页）。他用了整整一章（第Ⅱ卷，第262—282页；第ⅱ册，第525—546页），来谈这类人当中的一个，花剌子模的舍里甫丁，其中把他抹得漆黑，用最粗鲁的辱骂来攻击他。挑夫之子舍里甫丁曾随成帖木儿从花剌子模到呼罗珊，其时“没有一个有名望的书记”愿作这次旅行，因为“它目的是蹂躏一个穆斯林国家。”他是靠他的突厥语知识发迹的（第Ⅱ卷，第268页；第ⅱ册，第532页）。另一个官吏得到他的任命，因为他能够书写畏吾儿字的蒙语，如志费尼讽刺地补充说，这“在当今是博学多识的根本”（第Ⅱ卷，第260页；第ⅱ册，第523页）。

倘若不管一两句诋毁的话⑭，那么蒙古人本身从未遭到公开的攻击，但是，在各种对他们耽溺于酗酒的讽谕中，也许有一种讥刺的味儿，因此就是反对的意思。例如，让窝阔台对他酗酒提出辩解。他说，那是因为“由惨痛离别引起的哀伤打击。”他因此为减轻那种哀伤而喝酒（第Ⅲ卷，第4页；第ⅱ册，第550页）。他所说的“惨痛离别”是指他的弟弟拖雷之死，据志费尼说，拖雷是狂饮致死的(第Ⅲ卷,第 4 页;第ⅱ册,第 549 页)。

但是志费尼的真实感情最清楚地表现在他对失败的花剌子模沙的态度上。摩诃末不时受到批评。他的征伐被说成是替蒙古人入侵铺平道路(第Ⅰ卷,第 52 页;第ⅰ册,第 70 页)。特别是他对哈剌契丹所进行的战役,是不顾警告说,这支民族形成穆斯林和“凶猛敌人”之间的一道“长城”,因之应当和平相处(第Ⅱ卷,第 79 和 89 页,第ⅰ册,第 347、357 页)。扫清了蒙古入侵途中的一切障碍后,他因下令处死成吉思汗的使者而使那场入侵变得不可避免(第Ⅰ卷,第 61 页;第ⅰ册,第 79 页)。当风暴最后爆发时,他恐慌起来,决定分散他的兵力,逃亡以求生;而他的儿子则发表一篇讲话,其中他强烈反对这种策略的软弱性,并自愿亲自率军去抵挡入侵者(第Ⅱ卷,第 127 页;第ⅱ册,第 397 页)。摩诃末,总而言之,被谴责为不必要地招惹蒙古的入侵,而且被谴责为沮丧地不能抗拒它。志费尼的态度实际是一个失望的同党态度;同时只有一个同党才能写道,因摩诃末之死,伊斯兰肝肠寸断,就连石头都流下血泪(第Ⅱ卷,第 117 页;第ⅱ册,第 387 页)。

对摩诃末之子扎兰丁,志费尼的态度是毫无保留地赞美。他在处处都被说成是一个有巨大勇力的人物。在战争爆发前和术赤的遭遇中,他把他险几被俘的父亲救了出来,同时志费尼从《沙赫纳美》中引用一首附诗来发泄他的情绪(第Ⅰ卷,第 51—52 页;第ⅰ册,第 69 页)。当他在向蒙古人作最后一次攻击后跃入申河(印度河)时,赞美之辞就出自成吉思汗本人之口(第Ⅰ卷,第 107 页;第ⅰ册,第 134—135 页)。而且志费尼再引用《沙赫纳美》,把扎兰丁比作伊朗人的神话英雄鲁思坦。这些引句当然不是偶然的;用这种方法志费尼能够把花剌子模沙说成是伊朗，把蒙古说成是世敌都兰。[15]

但并不是每个讽谕都含有敌意。有一些志费尼极力赞扬蒙古人的章节；而一般来说没有理由怀疑他的诚意。举例说，清楚的是，他真正崇拜成吉思汗的军事天才，他说，连亚历山大本人都甘愿给成吉思汗当学生（第Ⅰ卷，第16—17页；第ⅰ册，第24页）。他热情地详述蒙古军的效能，它的耐力和它的优良纪律；而且他拿它这些方面跟伊斯兰军相比较，对后者极为不利（第Ⅰ卷，第21—23页；第ⅰ册，第29--31页）。他称赞蒙古宗王之间存在的融洽精神，这里再拿他们的作风和穆斯林们的作风相对照（第Ⅰ卷，第30—32页，第Ⅲ卷，第68页；第ⅰ册，第41—43页，第ⅱ册，第594页）。他也因他们的不拘礼节和避免俗套而称颂他们（第Ⅰ卷，第19页；第ⅰ册，第26—27页）。尽管他有强烈的回教偏见，他明显地表示赞同他们对宗教信仰的容忍（第Ⅰ卷，第18—19页；第ⅰ册，第26页）。而最后他大谈他们之庇护穆斯林。

在《合罕言行录》一章中，有几件轶事[16]都是谈愉快和好心的窝阔台对贫困回教徒表示的仁爱。关于窝阔台之侄蒙哥——《世界征服者史》就是在他统治时期开始撰写的，据说“在所有宗教团体中他最尊崇礼遇伊斯兰百姓，他把最多的施舍物赏给他们，给予他们最大的特权”（第Ⅲ卷，第79页）。同时志费尼时时用很难跟描写穆斯林君王的词句相区别的话来议论他（第Ⅰ卷，第85页，195页；第ⅰ册，第109、239页）。他甚至在提到他处死一群特别要阴谋杀害别失八里穆斯林居民的畏吾儿贵族时，给他加上独有的回教尊号迦集，即“对异端的胜利者”（第Ⅲ卷，第 61 页；第ⅱ册，第 589 页）。蒙哥的母亲唆鲁禾黑帖尼皇后，也不仅因她的正直、行政才能，而且因她对伊斯兰的保护，受到赞美：尽管是个基督徒，她要恩施给穆斯林牧师，并曾捐赠一大笔钱给不花剌的马的剌撒即神学院作基金（第Ⅲ卷，第 8—9 页；第ⅱ册，第 552—553 页）。

然而，记录蒙古入侵者的优良品质是不够的；作为给他们服务的一名官员，志费尼必须证明入侵本身是正当的。他把蒙古人说成是神意的工具，来做到这点。

他把入侵比成是前代民族因不敬神而受到的惩罚，并为这个类比找论证，援引一条回教的哈迪特，即圣传：穆斯林的毁灭是由刀兵所致（第Ⅰ卷，第 12 页；第ⅰ册，第 17 页）。另一条哈迪特提到上帝派遣向恶人报仇的骑兵；而把这些骑兵论证为蒙古人是再容易不过了（第Ⅰ卷，第 17 页；第ⅰ册，第 24 页）。为把这点说透彻，征服者本人在向不花剌百姓的一篇讲话中，宣称他是上帝之鞭（第Ⅰ卷，第 81 页；第ⅰ册，第 105 页）。

蒙古人的这个神授使命特别表现在他们对伊斯兰敌人的摧毁中。因此，正是上帝派他们去追击哈剌契丹的乃蛮君主屈出律，后者曾把一个穆斯林牧师钉死在他的马的剌撒门上（第Ⅰ卷，第 55 页；第ⅰ册，第 73 页）；而可失哈耳的百姓，当蒙古人赶走了他们的迫害者和恢复信仰自由时，发觉“这支民族的存在乃是天主的一种慈恩，神意的一种恩赐”（第Ⅰ卷，第 50 页；第ⅰ册，第 67 页）。上帝的旨意也显现在旭烈兀之攻克阿剌模忒的亦思马因城堡上，志费尼把它比作开伯尔的征服，也就是穆圣之在默底那附近的开伯尔击败并消灭他的犹太敌人（第Ⅲ卷，第 138 页；第ⅱ册，第 638

页）。

但他们的使命不仅是消极的；他们的征服实际起到扩大伊斯兰疆域的作用。因有手艺而未遭到自己同类市民的命运的工匠，转移到东亚的新家，商人们麇集在哈剌和林的新都，这就使穆斯林群众进入回教从未渗透过的地区（第Ⅰ卷，第9页；第ⅰ册，第13—14页）。

屠杀甚至都是神赐的一种恩福；因为，从他们死的方式，被屠杀的百万人取得资格，享有回教殉难者的权利（第Ⅰ卷，第10页；第ⅰ册，第15页）。但在这里至少我们可以怀疑志费尼的真心，并且共有多桑在议论"那些表明蒙古人进行屠杀乃是为穆斯林之福的事件"时所表的愤慨。

我们怎样来调和这些表面的矛盾呢？一方面，直率地谈蒙古的暴行，叹息学术的绝灭，对征服者们稍加掩饰地批评，以及公开崇拜被他们打败的敌人；另一方面，赞扬蒙古制度和蒙古君王，并证明入侵是神授的行动。然而，这些矛盾仅仅是外表的，志费尼的同情心确实在被推翻的王朝一边；他是在几乎完全被蒙古人消灭的波斯-阿拉伯文化传统中受教养的；而在这些条件下，他很难全心全意支持新的政权。但旧制度一去不复返；兴复无望；因此有必要达到某种妥协。没有因此掩盖这幅图景的黑暗面，志费尼说出了他所能如实地称赞蒙古人的话。他赞扬他们的军事和社会美德，正确地把穆斯林的失败归之于缺乏这些优点。他夸奖他们消灭反穆斯林的力量，诸如信佛教的哈剌契丹人和异端的亦思马因人。他强调一些蒙古人（而要注意的是，在这方面他仅谈到个别的人）对回教所采取的支持态度。同时最后，他极力证明蒙古的入侵在回教圣传中已经预示，并且因此是神意的证明。这些神学的理由并不总使人信服，但其目的显然在于让著者和他的读者顺从那不可避免的事。总之，志费尼是一个在蒙古传统前成长的穆斯林，极力要使他自己适应新环境，但处处都暴露出他的教养的偏爱和成见。

注　释

① 有关志费尼生平的大部分材料来自《世界征服者史》本身，辅以穆罕默德·可疾维尼在他对波斯文本的序言中收集的史料。

② 韩达剌在他的《努扎特-忽鲁卜》地理部分（雷斯特朗治译，第 169 页）中，仅提到苫思丁，但倒剌沙在他的《诗人传》（布朗编，第 105 页）中说阿萨德发是两兄弟的出生地。

③ 见奥达斯译讷萨怖书，第 324—325 页（原文第 195 页）。奥达斯多少错误地把苫思丁·穆罕默德的称号（sahib-divan）译为“内阁首长。”

④ 但见第 ii 册，第 598 页，及注⑮⑤。

⑤ 布朗的译文。见可疾维尼本的英文序言，第 xxxix—xl 页。

⑥ 文中卷数指志费尼波斯文本卷数，册数指波伊勒英译本册数，波斯文本卷数用大写罗马数字，英译本用小写罗马数字，下同——中译者注。

⑦ 为避免与英译本两卷相混淆，在英译中三卷波斯文被称为“部”。（中译文同英译文）

⑧ 见可疾维尼波斯文本第Ⅰ卷的英文序言，第 xiii—xiv 页。

⑨ 巴尔托德，《蒙古入侵时的突厥斯坦》，第 40 页。

⑩ 同上，第 46 页。

⑪ 罗斯，《波斯人》，第 128 页。

⑫ 《波斯文学史》，第Ⅲ卷，第 68 页。

⑬ 整段的译文见布朗，《波斯文学史》，第Ⅱ卷，第 427—428 页。

⑭ 第Ⅱ卷，第 133 页（第 ii 册，第 403 页）（“鞑靼魔鬼”）和第 275 页（第 539 页）（“不信宗教者”）；第Ⅲ卷，第 141 页（第 ii 册，第 640 页）（“他们的（亦

思马因人的)莫剌纳……变成了杂种贱奴")。

⑮ 参看第Ⅱ卷,第136页和139页(第ⅱ册,第406、409页)在那里,用这种方法,成吉思汗被比作阿甫剌西牙卜,同见第Ⅰ卷,第73页(第ⅰ册,第95页),那里引用《沙赫纳美》来说明帖木儿灭里吹嘘他对"都兰军"的胜利。

⑯ 见第Ⅰ卷,第161、163、179页,等(第ⅰ册,第204、206、223等页)。

转写法说明

在一部首先供一般读者阅读的翻译作品中，我把东方词的拼法加以简化：省掉习惯用来表示准确波斯语或阿拉伯语拼法的发音符号。基于同一理由，我采用了诸如"vizier"、"cadi"、"emir"等英语化形式，不拼作 wazīr(vazīr)、qāḍī(qāẓī)和 amīr。伊斯兰圣书拼作 Koran，不拼作 Qu'rān，而接受它的默示的回教创始人拼作 Mohammed，不作 Muhammad，Muhammad 之形则保留来称呼所有其他同名的人。

另一方面，为专家的方便，大家常希望表达阿拉伯字书中正确的语汇拼法(特别是人名)。在波斯和阿拉伯词汇的情况下，这个目的是这样来达到：在索引中严格地按照基本上是皇家亚洲学会承认的音译体系来拼写它们。同一体系也用于译文中常见于圆括号内的词汇。它还用于足注中，尽管不那么严格地一致。在正文本身，已经说过，发音符号被略掉。也采用 Khorazm、Khoja、Khaf 等拼法以代替更正确的 Khwārazm、Khwāja 和 Khwāf。

有时候，例如在讨论波斯原文中错讹拼法时，不用阿拉伯字书是困难的。作为那种字书的代替，我采用了异于别的音译体系的大写字母，其中 alif 总写成 A，wāw 写成 W，yā 写成 Y；Ā 仅表示 alif mamdūda；而 J̌、Č、X、Ž、Š 和 Γ 分别相当于 j、ch、kh、zh、sh 和

gh。发音点的脱漏从两方面表现出来。当失去一个点或几个点，使阿拉伯字母等同于另一个同形的字母时，那就写出该另一个字母的相同罗马字。由此 QRDWAN 表示 QŽDWAN(Qizhduvān)，zhā 上面失去三个点使它变成了 rā。然而，当同形状的字母都不是没有点时，错讹的拼法就用斜写来表示，斜写字母或者是所要表示的同等罗马字母，或者是按所需形状随意选择的其他任何字母。一两个例子将把这种斜写法解释清楚。在 SYALAN(代替 SYALAN，即 Siyālān)中 yā 下面失掉两个点，它就能同样读成任何其他同形的字母。在 KNḤK(代替 KNǰK，即 Kenchek)中，nūn 失掉上面的点，因此有同样的含糊。(jīm—这里相当于 chīm—下面的点也失掉了，但这是用 Ḥ，即相应的无点字母，来表示。)一个更复杂的例子是 *YYQAQ*。这里 *YY*(或 *BB*，等等)实际是 Š 的错讹，第一个 *Q* 完全能够同样写成 *F*，最后的 *Q* 是 N 的错讹，而整个字是 ŠQAN 即 Shuqān 的讹误！

同样的体系用来表示突厥和蒙古词的阿拉伯语拼法。当它们首次在正文中出现时，在脚注中就是这样做的。波斯-阿拉伯字母当然不能充分表示所有突厥语和蒙古语的母音，尽管通过使用硬软子音以及使用 alif，wāw 和 yā 作为主要手段，它能够表达某些近似的发音概念。按照这些指示，我把正文中、脚注中和索引中所有的突厥语和蒙古语词，尽可能地依照这两种语言的语音规则，拼写出来。然而突厥语的 ä 和 e(é)之间没有作出区别，二者均用 e 表示。同样地，在正文中 i 和 ï 的区别被略去了，尽管注释和索引中二者的区别始终予以遵守，不仅突厥词汇如此，蒙古词汇也相同，当阿拉伯语的拼法表示古老发音仍然存在时。

在引用远东史料中，蒙古词我是根据已故伯希和教授的体系来拼写，仅作微小改变，汉语我则采用翟理斯的转写法。

亚美尼亚字母译写如下：

a b g d e z ē ə t'zh i l kh ts k h dz gh ch m
y n sh o ch'p j ṙ s v t r ts' w p' k' ō f。

原文中的阿拉伯成语和引句，译文中用斜写字母排印。（在英译本中，引用的波斯诗句用正写字母排印，但阿拉伯诗句则用斜写字母，以示区别。对于史学研究说，这些诗句并没有多大的参考价值，因此，中译文本中虽然把诗句全部译出以保持全书的完整性，但无需把阿拉伯诗句斜排。所以，无论波斯诗句和阿拉伯诗句或引句，都用正体字母——中译者注）

英译者注释中引用的书目

Abbott, J. Sind: a re-interpretation of the Unhappy Valley, Oxford. 1924. 阿波特:《印度河:对这条不幸河谷的重释》,牛津,1924。

'Abdallah b. Muhammad b. Kiya: W. Hinz, ed., Die Re-sālā-ye Falakiyyä des 'Abdollah ibn Kiyā al-Māzandarānī, Wiesbaden, 1952. 阿不都剌·本·穆罕默德·本·乞雅:欣兹编;阿不都剌·伊本·穆罕默德·伊本·乞雅·祃椤答而尼撰《列萨勒耶菲列克雅》(天文学短论)维斯巴顿,1952。

Allen, W. E. D., A History of the Georgian People, London, 1932. 阿伦:《格鲁吉亚人民史》,伦敦,1932。

Arberry, A. J. See Omar Khayyam and Sa'di. 阿伯利:见乌马儿·哈牙木和萨迪。

Atalay, B. See Kashghari. 阿塔雷:见可失哈利。

Baihaqi, Abul-Fazl: Ghani and Fayyaz, ed., Ta'rikh-i-Baihaqi. Tehran, 1324/1945－1946. 拜哈吉·阿布勒-法即勒:加尼和法雅兹编;《塔里黑-亦-拜哈吉》(拜哈吉的历史)德黑兰,1324/1945－1946。

Barhebraeus: E. A. Wallis Budge, ed. And tr., The Chronography of Gregory Abu'l Faraj, the Hebrew Physician, commonly known as Bar Hebraeus, 2vols., Oxford and London,1932; A. Salihani, ed, Ta'rikh mukhtaṣar ad-duwal, Beirut, 1890. 把儿赫不烈思:瓦莱斯·布吉编译;希伯莱医生格利哥里·阿不勒·法剌治,即通称为把儿赫不烈思的《年代纪》,2卷,牛津和伦敦,1932;萨里哈尼编,《塔里黑·穆合塔撒儿·杜瓦尔》(王朝史略)贝鲁特,1890。

Barthold, W, Histoire des Turcs d'Asie Centrale, Paris, 1945. 巴尔托德:《中亚突厥史》,巴黎,1945。——Turkestan down to the Mongol Invasion, (GMS, New Serises, V) London, 1928. ——《蒙古入侵时的突厥斯坦》,

（吉伯纪念丛书，新编，卷 V），伦敦，1928。

Benedetto，L. F. See Marco Polo. 别奈代脱：见马可波罗。

Berezin，I. N. See Rashid-ad-Din. 贝烈津：见拉施特。

Biruni：R. Ramsay Wright，ed. and tr.，The Book of Instruction in the Elements of the Art of Astrology by Abu'l-Rayḥān Muḥammad ibn Aḥmad al-Bīrūnī，London，1934. 比鲁尼：拉姆塞·赖特编译；阿布勒剌亦罕·穆罕默德·伊本·阿合马·比鲁尼撰《占星术原理说明书》，伦敦，1934。

Blochet，E. See Rashid-ad-Din. 伯劳舍：见拉施特。

Bowen，H.，'The sar-gudhasht-i sayyidnā，the "Tale of the Three Schoolfellows" and the e wasaya of the Niẓām al-Mulk'，JRAS，1931。波文：《撒尔古扎昔特亦·赛亦德纳，"三个同学的故事"及尼咱木木勒克的瓦撒雅（遗嘱）》，皇家亚洲学报，1931。

Boyle，J. A.，'Ibn al-Ṭiqṭaqā and the Ta'rīkh-I-Jahān- Gushāy of Juvaynī'，BSOAS XIV/I(1952). 波伊勒：《伊本·帖黑塔哈和志费尼的塔里黑-亦-扎罕古沙亦》，东方和非洲研究院学报，XIV/Ⅰ(1952)。

——'Iru and Maru in the Secret History of the Mongols'，HJAS，17(1954).《元朝秘史中的亦鲁和马鲁》，哈佛亚洲研究杂志，17，(1954)。

——'On the Titles Given in J̌uvainī to Certain Mongolian Princes'，HJAS，19，(1956). ——《志费尼书中一些蒙古宗王的称号》，哈佛亚洲研究杂志，19，(1956)。

Bretschneider，E.，Mediaeval Researches from Eastern Asiatic Sources，2vols.，London，1888. 白莱脱胥乃德：《据东亚史料的中世纪研究》，2 卷，伦敦，1888。

Brockelmann，C. See Kashghari. 布罗克尔曼：见可失哈利。

Browne，E. G.，A Literary History of Persia，4vols.，London，1902 and 1906，and Cambridge，1920 and 1924. 布朗：《波斯文学史》，4 卷，伦敦，1902 和 1906，剑桥，1920 和 1924。

——A Year amongst the Persians(3 rd ed.)，Cambridge 1950. ——《波斯一年》，(第三版)，剑桥，1950。

Carpini：C. R. Beazley，ed. in The Texts and Versions of John de Plano Carpini and William de Rubruquis，London，1900；A. van den Wyngaert，ed. in Sinica Franciscana I，Quaracchi，1929；W. W. Rockhill，tr. in The

Journey of William of Rubruck to the Eastern Parts of the World, London, 1900. 迦儿宾:俾兹利编,载入《迦儿宾和卢不鲁克的原文和译文》,伦敦,1900;文该尔特编,载于《中国圣方济各会》第Ⅰ卷,卡拉奇,1929;柔克义译,见于《卢不鲁克世界东部行纪》,伦敦,1900。

Cleaves, F. W., 'The Historicity of the BalǰJuna Covenant', HJAS, 18 (1955). 柯立福:《班朱尼誓约的史实性》,哈佛亚洲研究杂志,18(1955)。

——'The Mongolian Documents in the Musée de Téhéran', HJAS, 16 (1953). ——《德黑兰博物馆的蒙古文书》,同上,16(1953)。

——'The Mongolian Names and Terms in the History of the Nation of the Archers by Grigor of Akanc',' HJAS, 12 (1949). ——《阿康克的格利哥尔撰"射手民族"中的蒙古人名和术语》,同上,12(1949)。

Review of E. Haenisch, Die Geheime Geschichte der Mongolen, HJAS, 12 (1949). ——《评海涅士译元朝秘史》,同上,12(1949)。

See also Mostaert and Cleaves and the Secret History of the Mongols. ——同见田清波和柯立福,以及《元朝秘史》。

Corbin, H. See Nasir-i-Khusrau. 科尔宾:见纳昔儿-亦-忽思老。

Cordier, H., Ser Marco Polo: Notes and Addenda to Sir Henry Yule's Edition, London, 1920. 戈尔迭:《玉尔编译马可波罗游记的注释和补遗》,伦敦,1920。

Curzon, Lord, Persia and the Persian Question, 2 vols, London, 1892. 寇松:《波斯和波斯问题》,2 卷,伦敦,1892。

Daulatshah: E. G. Browne, ed, The Tadhkhirátu' sh-shu-'ará, London, 1901. 倒剌沙:布朗编,《塔特希剌图·苏阿剌》(诗人传),伦敦,1901。

Defrémery, M. C., 'Documents sur l' histoire des Ismaéliens ou Batiniens de la Perse, plus connus sous le nom d'Assassins',JA, 1860, Ⅰ. 德弗列梅利:《波斯的亦思马因人即巴特尼人——通称阿杀辛人——的历史文献》亚洲杂志,1860,Ⅰ。

——'Essai sur l' histoire des Ismaéliens ou Batiniens de la Perse, plus connus sous le nom d'Assassins', JA, 1856, Ⅱ. ——《论波斯的亦思马因人即巴特尼人——通称阿杀辛人》,亚洲杂志. 1856,Ⅱ。

Eghbal, A. See Tha'alibi. 埃格巴尔:见赛阿利比。

Elias, N. See Muhammad Haidar. 艾利斯:见穆罕默德·海达尔。

Elliot, Sir H. M. E., and Dowson, J., The History of India as told by its own Historians., 8vols., London, 1867 - 1877. 艾略特和道孙:《印度史家叙述的印度史》,8 卷,伦敦,1867 - 1877。

Encyclopaedia of Islam, 4vols., Leiden, 1913 - 1936.《伊斯兰百科全书》,4 卷,来顿,1913 - 1936。

Firdausi: T. Macan, ed., The Shah Nameh; an heroic poem, 4vols., Calcutta,1829; J. Mohl. ed. and tr., Le Livre des Rois, 7vols., Paris, 1838 - 1878; J. A, Vullers, ed., Firdusii Liber Regum qui inscribitur Schahname, 3vols., Leiden,1877 - 1884. 菲尔道西:麦康编,《沙赫纳美;一部英雄史诗》,4 卷,加尔各答,1829;摩尔编译,《列王纪》,7 卷,巴黎,1838 - 1878;发勒斯编,《菲尔道西的列王纪——沙赫纳美》,3 卷,来顿,1877 - 1884。

Franke, O., Geschichte des Chinesischen Reiches, 5vols. Berlin, 1930 - 1952. 佛朗克:《中华帝国史》,5 卷,柏林,1930 - 1952。

Frazer, Sir J. G., The Golden Bough(3 rd ed.) 12vols., London, 1911 - 1915. 佛累瑟:《金色树枝》(第三版),12 卷,伦敦,1911 - 1915。

Gabain, A. von, Alttürkische Grammatik (2 nd ed.), Berlin, 1950. 加巴因:《古突厥语语法》(第二版),柏林,1950。

Gibb, Sir H. A. R., and Bowen, H., Islamic Society and the West, vol. I, Part I, London, 1950. 吉伯和波文:《伊斯兰社会和西方》,卷Ⅰ,第Ⅰ部,伦敦,1950。

Gibbon, E., The Decline and Fall of the Roman Empire (ed. Bury), 7vols., 1900. 吉朋:《罗马帝国的衰亡》(柏利编),7 卷,1900。

Grigor of Akner: R. P. Blake and R. N. Frye, ed. and tr., 'The History of the Nation of the Archers(The Mongols)by Grigor of Akanc'', HJAS,12, 1949. 阿克纳的格利哥尔:布列克和佛列依编译,《阿康克的格利哥尔撰射手(蒙古人)民族史》,哈佛亚洲研究杂志,12(1949)。

Grønbech, K., Komanisches Wörterbuch, Copenhagen, 1942. 格罗别赫:《库蛮语汇》,哥本哈根,1942。

Grousset, R., Le Conquérant du Monde, Paris, 1944. 格鲁赛:《世界的征服者》,巴黎,1944。

——L'Empire des Steppes, Paris, 1939. ——《草原帝国》,巴黎,1939。

——L'Empire Mongol, Paris, 1941. ——《蒙古帝国》,巴黎,1941。

——Historie de l'Arménie des origines à 1071, Paris, 1947.——《从古代到1071年的亚美尼亚史》,巴黎,1947。

Haenisch, E., 'Die letzten Feldzüge Cinggis Han's und sein Tod nach der ostasiatischen Überlieferung', Asia Major, Ⅸ(1933). 海涅士:《成吉思汗最后之远征及其死——据东亚史料的说法》,大亚洲杂志,Ⅸ(1933)。

——See also the Secret History of the Mongols.——又见《元朝秘史》。

——Haig, Sir W., Turks and Afghans (Vol. Ⅲ of the Cambridge History of India), Cambridge, 1928. 海格:《突厥人和阿富汗人》(剑桥印度史第Ⅲ卷),剑桥,1928。

Hambis, L., La Haute-Asie, Paris, 1953. 昂比斯:《亚洲高原》,巴黎,1953。

——See also the shêng-wu ch' in-chêgn lu and the Yüan shih.——同见《圣武亲征录》和《元史》。

Hamdallah: G. le Strange, tr., The Geographical Part of the Nuzhat-ai-Qulūb composed by Ḥamd-Al-lāh Mustawfī of Qazwīn in 740 (1340) (GMS, Old Series, ⅩⅩⅢ/2), London, 1919. 韩达剌:雷斯特朗治译,可疾云人韩达剌·穆思托非在740年(1340年)撰的《努扎特忽鲁卜(心之愉快)的地理部分》(吉伯丛书,旧编,ⅩⅩⅢ/2),伦敦,1919。

——J. Stephenson, ed. and tr., The Zoological Section of the Nuzhatu-l-Qulūb of Ḥamdullāh al-Mustaufīal-Qazwīnī, London, 1928.——司提芬孙编译,韩达剌撰《努扎特忽鲁卜的动物部分》,伦敦,1928。

Hamilton, J. R., Les Ouighours à l'époque des Cinq Dynasties d'après les documents chinois, Paris, 1955. 哈密顿:《中国史料中五代的回鹘》,巴黎,1955。

Hinz, W., 'Ein orientalisches Handelsunternehmen im 15 Jahrhundert', Die Welt des Orients, 1949. 欣兹:《十五世纪的一笔东方交易》,东方世界,1949。

——See also 'Abdallah b. Muhammad b. Kiya.——同见阿不都剌·本·穆罕默德·本·乞雅。

Hodgson, M. G. S., The Order of Assassins, The Hague, 1955. 荷治松:《阿杀辛教派》,海牙,1955。

Holdich, Sir T., The Gates of India, London, 1910. 荷尔迪什:《印度的大门》,伦敦,1910。

Houtsma, M. T., Ein türkisch-arabisches Glossar, Leiden, 1894. 豪茨马:《突厥阿拉伯语汇》,来顿,1894。

Houtum-Schindler, A., Eastern Persian Irak, London, 1897. 豪图姆-辛德勒:《东波斯的伊剌克》,伦敦,1897。

Howorth, Sir H. H., History of the Mongols, 4vols., London, 1876 - 1927. 霍渥斯:《蒙古史》4 卷,伦敦,1876 - 1927。

Hudūd al-'Ālam, an anonymous Persian treatise on geography, translated into English with Commentary by V. Minorsky(GMS, New Series, XI), London, 1937.《霍杜德·阿兰》(天下的疆界)一篇佚名波斯作者论地理的论文,米诺尔斯基译为英文并加注释(吉伯丛书,新编XI),伦敦,1937。

Hung, W., 'Three of Ch'ien Ta-hsin's Poems on Yüan History', HJAS, 19 (1956). 洪煨莲:《钱大昕咏元史诗三首》,哈佛亚洲研究杂志,19(1956)。

Ibn-al-Athir: C. J. Tornberg, ed., Ibn-el-Athiri Chronicon, quod perfectissimum inscribitur, 14vols, Leiden, 1851 - 1876. 伊本额梯儿:托恩柏格编,伊本额梯儿的《全史》,14 卷,来顿,1851 - 1876。

Ibn-al-Balkhi: G. le Strange and R. A. Nicholson, ed., The Fársnáma of Ibnu'l-Balkhi (GMS. New Series, I) London, 1921. 伊本巴里希:雷斯特朗治和尼科尔松编,伊本巴里希的《法儿思纳美》(吉伯丛书,新编,I),伦敦,1921。

Ibn-Isfandiyar: E. G. Browne, tr., An Abridged Translation of the History of Tabaristán compiled about A. H. 613 (A. D. 1216) by Muḥammad b. al-Ḥasan b. Isfandiyár(GMS, Old Series, II), London, 1905. 伊本亦思梵的牙:布朗译,穆罕默德·本日哈散·本·亦思梵的牙在回历 613 年(公元 1216 年)编纂的《塔拔里斯坦史》节译本(吉伯丛书,旧编II),伦敦,1905。

Imperial Gazeteer of India, 26vols., Oxford, 1907 - 1909.《皇家印度地名辞典》,26 卷,牛津,1907 - 1909。

Ivanow, W., Studies in Early Persian Ismailism, Leiden, 1948. 伊凡诺夫:《早期波斯亦思马因教研究》,来顿,1948。

——See also the Kalām-i-Pir. ——同见《卡拉美皮尔》。

Juvaini: Mirza Muhammad Qazvini, ed., The Ta'rich-i-Jahán-Gushá of 'Alá'u'd-Din'Atâ-Malik-i-Juwayni, 3vols., (GMS. Old Series, XVI/1,2,3), London, 1912, 1916 and 1937; Sir E. D. Ross ed., Ta'rīkh-i-Jahān-Gushāy of

Juwayni, volume Ⅲ (facsimile of a MS.), London, 1931, Fraser 154 and Ouseley Add. 44(MSS. In the Bodleian). 志费尼：米尔咱·穆罕默德·可疾维尼编，阿老丁·阿塔蔑里克志费尼的《塔里黑扎罕古沙》(世界征服者史)，3卷，(吉伯丛书，旧编ⅩⅥ/1、2、3)，伦敦，1912、1916 和 1937；罗斯编，志费尼的《塔里黑扎罕古沙》，第Ⅲ卷(一种抄本的复制本)，伦敦，1931；佛累瑟 154 和乌斯利增补本 44(波德莱图书馆藏抄本)，(可疾维尼把他依据的不同抄本用阿拉伯字母的顺序来表示，在英译本注释中则用按顺序排列的罗马大写字母来代表，如 A 代表可疾维尼的 alif 抄本，C 代表他的 jīm 抄本，G 代表他的 zain 抄本，等等。可疾维尼的三卷编本——英译中称为"部"，在注释中用大写罗马数字表示，而小写罗马数字用来表示英译本的两册。中译本同英译本即在英译者注释中用大写罗马数字表示原波斯文本的三卷，小写罗马字表示英译本的两册。)

Juzjani: W. Nassau Lees, ed., The Tabaqat-i Nasiri, Calcutta, 1864; H. G. Raverty, tr., The Taba-ḳāt-i-Nāṣirī, London, 1881. 朱思扎尼：纳骚李士编，《塔巴合特-依-纳昔里》，加尔各答，1864；拉维特译《塔巴合特-依-纳昔里》，伦敦，1881。

Kalām-i-Pīr: W. Ivanow, ed. and tr., Kalami Pir, Bombay, 1935.《卡拉美皮尔》：伊凡诺夫编译，《卡拉美皮尔》(老人的话)，孟买，1935。

Kashghari: B. Atalay, tr., Divanü Lûgat-it-Türk Ter-cümesi, 3vols., Ankara, 1939 - 1941; C. Brockelmann, tr., Mitteltürkischer Wortschatz nach Maḥmūd al-Kāšγarīs Dīvān Luγāt at-Turk, Budapest and Leipzig, 1928. 可失哈利：阿塔雷译，《突厥语汇》，3卷，安卡拉，1939 - 1941；布洛克尔曼译，《可失哈利的中世纪突厥语汇》，布达佩斯和来比锡，1928。

Khaqani: A. 'Abdorrasuli, ed., Dīvān, Tehran, 1316/1937 - 1938. 哈卡尼：阿卜多拉苏利编，《诗集》，德黑兰，1316/1937 - 1938。

Khetagurov, L. A.: See Rashid-ad-Din. 赫塔吉诺夫：见拉施特。

Kirakos of Gandzak: Kirakosi Vardapeti Gandzakets 'woy Hamaṙāt Patmut'jwn, Venice, 1865. 刚德赛克的乞剌可思：乞剌可思的《亚美尼亚人民史》，威尼斯，1865。

Koran: J. M. Rodwell, tr., The Koran (Everyman's Library), London, 1909.《古兰经》：罗德韦尔译，《古兰经》(人人丛书本)，伦敦，1909。

Krause, F. E. A. See the Yüan shih. 柯劳斯：见《元史》。

Lambton, Ann K. S., Islamic Society in Persla (Inaugural Lecture), London, 1954. 朗布通:《波斯的伊斯兰社会》(就职的讲义)伦敦,1954。

Lane-Poole, S., A History of Egypt in the Middle Ages, London, 1901. 兰浦尔:《中世纪埃及史》,伦敦,1901。

——The Mohammadan Dynasties, London, 1894. ——《回教王朝》,伦敦,1894。

Le Strange, G., The Lands of the Eastern Caliphate, Cambridge, 1909. 雷斯特朗治:《东哈里发的国土》,剑桥,1905。

Levy, R., 'The Account of the Isma'ili doctrines in the Jami' al-Tawarikh of Rashid al-Din Fadlallah', JRAS, 1930. 列维:《拉施特的"扎米塔瓦里黑"中对亦思马因教义的解说》,皇家亚洲学会杂志,1930。

Lewis, B., The Origins of Ismā'īlism, Cambridge, 1940. 路易士:《亦思马因教的起源》,剑桥,1940。

——'Some observations on the significance of Heresy in the History of Islam', Studia Islamica, Ⅰ(1953). ——《对伊斯兰教史中异教含义的几点意见》,伊斯兰研究,Ⅰ(1953)。

Li Chih-ch'ang: A. Waley, tr., The Travels of an Alchemist, London, 1931. 李志常:韦利译,《长春真人西游记》,伦敦,1931。

Marquart (Markwart), J., 'Gǔwayni's Bericht über die Bekehrung der Uighured', SPAW, 1912. 马迦特:《志费尼对畏吾儿人转变的叙述》,普鲁士科学院会报,1912。

——über das Volkstum der Komanen in Bang-Marquart, Osttürkische Dialektstudien, Berlrin, 1914. ——班额和马迦特中的《库蛮族源考》,东突厥方言研究,柏林,1914。

——Wehrot und Arang, Leiden, 1938. ——《妫婼和阿朗》,来顿,1938。

Martin H. D., 'The Mongol wars with Hsi Hsia (1205 - 1227)', JRAS, 1942. 马丁:《蒙古与西夏之战(1205 - 1227)》,皇家亚洲学会杂志,1942。

——The Rise of Chingis Khan and his Conquest of North China, Baltimore, 1950. ——《成吉思汗之兴起及其征服中国北方》,巴尔提摩尔,1950。

Marvazi: V. Minorsky, ed. and tr., Sharaf al - Zamān Ṭāhir Marvazi on China, the Turks and India, London, 1942. 马卫集:米诺尔斯基编译,《马卫集论中国、突厥和印度》,伦敦,1942。

Mas'udi：Maçoudi：Les Prairies d'Or；texte et traduction par C. Barbier de Meynard et Pavet de Courteille，9vols.，Paris，1861－1877. 马成地：《马成地：黄金牧地》，巴比耳和帕弗特编译，9 卷，巴黎，1861－1877。

Minorsky，V.，'Caucasica Ⅲ. The Alān Capital * Magas and the Mongol Campaigns'，BSOAS，ⅩⅣ/2(1952). 米诺尔斯基：《高加索Ⅲ：阿兰首都蔑怯思和蒙古战役》，东方和非洲研究院学报，ⅩⅣ/2(1952)。

——'A Civil and Military Review in Fars in 881/1474'，BSOS，Ⅹ(1940－1942).《881/1474 年法儿思的一次民政和军事检阅》，东方研究院学报，Ⅹ(1940－1942)。

——'A Soyūrghāl of Qāsim b. Jahāngīr Aq-Qoyunlu'，BSOS，Ⅸ(1937－1939).——《哈辛·本·扎罕吉尔·阿黑—火欲鲁的唆玉尔迦耳(御赐执照)》，东方研究院学报，Ⅸ(1937－1939)。

——Studies in Caucasian History，London，1953.——《高加索史研究》，伦敦，1953。

——'Transcaucasica'，JA，1930，Ⅱ.——《外高加索》，亚洲杂志，1930，Ⅱ。

——'The Turkish Dialect of the Khalaj'，BSOS，Ⅹ(1940－1942).——《哈剌赤的突厥方言》，东方研究院学报，Ⅹ(1940－1942)。

——See also the Ḥudūd al-'Ālam，Marvazi，Minovi and Minorsky and Vernadsky.——同见《霍杜德》，马卫集，米诺维和米诺尔斯基及维纳斯基。

Minovi，M.，and Minorsky. V.，'Nasīr al-Din Ṭūsī on Finance，' BSOS，Ⅹ(1940－1942). 米诺维和米诺尔斯基：《纳速鲁丁·徒昔论财政》，东方研究院学报，Ⅹ(1940－1942)。

Mostaert，A.，'Sur quelques passages de l'Histoire secrete des Mongols'，HJAS，13(1950). 田清波：《说元朝秘史中的几节》，哈佛亚洲杂志，13(1950)。

Mostaert，A.，and Cleaves，F. W.，'Trois documents mongols des Archives secrèts vaticanes，' HJAS，15(1952). 田清波和柯立福：《梵蒂冈秘密档案所的三份蒙文文件》，哈佛亚洲杂志，15(1952)。

Muhammad Haidar：N. Elias，ed.，and E. D. Ross，tr.，The Tarikh-i-Rashidi of Mirza Muhammad Haidar，Dughlát，London，1895. 穆罕默德·海达尔：艾利斯编，罗斯译，杜格拉特族人米尔咱·穆罕默德·海达尔的《塔里黑-亦-拉施底》(中亚蒙兀史)，伦敦，1895。

Nasawi: O. Houdas, ed., and tr., Histoire du Sultan Djela ed-Din Mankobirti, 2vols., Paris, 1891－1895. 纳萨怖:奥达斯编译,《算端扎兰丁传》,2卷,巴黎,1891－1895。

Nasir-i-khusrau: M. Minovi, ed., Dīvān. Tehran, 1304－1307/1925－1928. 纳昔儿-亦-忽思老:米诺维编,《底万》(诗集),德黑兰,1304－1307/1925－1928。

——H. Corbin and M. Mo'in, ed., Kitâb-e Jâmi'al-Hikmatain, Tehran and Paris, 1953. ——科尔宾和莫恩编,《乞他卜-扎米希克马太因》(两种智慧之书),德黑兰和巴黎,1953。

Nicholson, R. A., A Literary History of the Arabs, London, 1907. 尼科尔松:《阿拉伯文学史》,伦敦,1907。

Odoric, Frair: A. van den Wyngaert, ed. in Sinica Franciscana Ⅰ, Quaracchi, 1929; Sir H. Yule, tr. in Cathay and the Way Thither, Ⅱ. London, 1913. 鄂多力克:文该尔特编,见于《中国的圣方济各会》,第Ⅰ卷,卡拉奇,1929,玉尔译,载入《中国以及通往中国去的道路》,第Ⅱ卷,伦敦,1913。

D'Ohsson, C., Histoire des Mongols depuis Tchinguiz-Khan jusqu'à Timour Bey ou Tamerlan(2nd. ed.) 4 vols., The Hague and Amsterdam, 1834－1835. 多桑:《蒙古史》(第二版),4卷,海牙和阿姆斯特丹,1834－1835。

Oman, Sir C., A History of the Art of war in the Middle Ages (2nd. ed.), 2vols., London, 1924. 俄曼:《中世纪战争艺术史》(第二版),2卷,伦敦,1924。

Omar Khayyam: A. J. Arberry, ed. and tr., The Rubā-'īyāt of Omar Khayyām, London, 1949; E. H. Whinfield. ed. and tr., The Quatrains of Omar Khayyám, London, 1883. 乌马儿・哈牙木:阿伯利编译,《乌马儿・哈牙木的四行诗》,伦敦,1949,惠恩菲尔德编译,《乌马儿・哈牙木的四行诗》伦敦,1883。

Pelliot P., 'Ā propos des Comans', JA, 1920, Ⅰ. ——伯希和:《库蛮考》,亚洲杂志,1920,Ⅰ。

——'Les Mongols et la Papautė', Revue de l' Orient Chrétien, ⅩⅩⅢ(1922－1923), ⅩⅩⅣ(1924)and ⅩⅩⅧ(1931－1932). (The references are to the page numbers of the tirage-à-part). ——《蒙古和罗马教廷》、东方基督教杂志,ⅩⅩⅢ(1922－1923), ⅩⅩⅣ(1924)和ⅩⅩⅧ(1931－1932)。(引

用的是抽印本页数）

——'Les mots a h initiale, aujourd'hui amuie, dans le mongol des 13 et 14 siècles', JA, 1925, Ⅰ.《十三和十四世纪蒙语中以今已不发音的 h 为起首的词》,亚洲杂志,1925,Ⅰ。

——'Neuf notes sur des questions d' Asie Centrale', TP, 1929.——《中亚史地九考》,通报,1929。

——'Notes sur le"Turkestan" de M. W. Barthold', TP,1930.——《评巴尔托德的"突厥斯坦"》,通报,1930。

——'Notes sur l'histoire de la Horde d'Or, Paris,1950.——《金帐汗国史劄记》,巴黎,1950。

——'Sur un passage du Cheng-wou ts'in-tcheng lou', Ts'ai Yuan P'ei Anniversary Volume (Supplementary Volume I of the Bulletin of the Institute of History and Philology of Academia Sinica),Peking, 1934.——《说圣武亲征录中的一节》,见蔡元培先生诞生纪念文集(中央科学院历史语言所集刊,增刊第一集),北京,1934。

——'Une ville musulmane dans la Chine du Nord sous les Mongols', JA, 1927,Ⅰ.——《蒙古统治下中国北方一城镇》,亚洲杂志,1927,Ⅰ。

——'Le vrai nom de Seroctan', TP, 1932.——《唆鲁禾黑帖尼》,通报,1932。

——See also the Secret History and the Shêng-wu ch'in-cheng lu.——同见《元秘史》,《圣武亲征录》。

Polo, Marco: L. F. Benedetto., tr., The Travels of Marco Polo, London, 1931; Sir H. Yule, tr., The Book of Ser Marco Polo (3rd. ed.),2 vols., 1903. 马可波罗:别奈代脱译,《马可波罗游记》,伦敦,1931;玉尔译,《马可波罗书》(第三版),2 卷,1903。

Prescott, W. H., History of the Conquest of Mexico (ed. Kirk),London, 1889. 普累斯科特:《墨西哥征服史》(刻尔克编),伦敦,1889。

Quatremère, E. See Rashid-ad-Din. 卡特麦尔:见拉施特。

Rabino, H. L., Mázandarán and Astarábád(GMS, New Series, Ⅶ), London,1928. 拉比诺:《祃椤答而和阿斯特拉巴德》(吉伯丛书,新编,第Ⅶ卷),伦敦,1928。

Radloff, W., Die alttürkischen Inschriften der Mongolei, St. Petersburg,

1895. 拉德洛夫:《蒙古古突厥碑文》,圣彼得堡,1895。

——Das Kudaktu Bilig, Theil I, St. Petersburg. 1891.——《福乐智慧导言》,圣彼得堡,1891。

Radloff, W., and Malov, S. E., Uighurische Sprachdenkmäler, Leningrad, 1928. 拉德洛夫和马洛夫:《畏吾儿文献》,列宁格勒,1928。

Rashid-ad-Din: I. N. Berezin, ed. and tr., 'Sbornik letopisei', VOIAO, Ⅴ (1858), Ⅶ (1861), ⅩⅢ(1868)and ⅩⅤ(1888); E. Blochet, ed. Djami et-Tévarikh (GMS, Old Series ⅩⅧ). London, 1912; A. A. Khetagurov, tr., Sbornik letopisei, Ⅰ, 1, Moscow 1952; E. Quatremère. ed. and tr., Histoire des Mongols de la Perse, Paris, 1836; O. I. Smirnova, tr., Sbornik letopisei, Ⅰ. 2. Moscow, 1952; Add. 7628(British Museum MS). 拉施特丁:贝烈津编译,《史集》,俄国考古学会东方部著作集,Ⅴ(1858),Ⅶ(1861),ⅩⅢ(1868)和ⅩⅤ(1888);伯劳舍编,《扎米塔瓦里黑》(吉伯丛书,旧编,第ⅩⅧ),伦敦,1912;赫塔吉诺夫译,《史集》,第Ⅰ卷,第1册,莫斯科,1952;卡特麦尔编译,《波斯蒙古史》,巴黎,1836;斯米尔诺娃译,《史集》,第Ⅰ卷,第2册,莫斯科,1952;增补7628(英国博物馆抄本)。

Ravandi: Muhammad Iqbal, ed., The Ráḥat-uṣ-Ṣudúr wa Āyat-us-Surúr (GMS, New Series, Ⅱ), London, 1921. 拉凡提:穆罕默德·埃格巴尔编,《拉哈特苏都儿·瓦·阿雅特-苏鲁儿》(悦目快心集)(吉伯丛书,新编,第Ⅱ卷),伦敦,1921。

Raverty, H. G. See Juzjani. 拉维特:见朱思扎尼。

Robertson, D. D., 'A Forgotten Persian Poet of the Thirteenth century', JRAS, 1951. 罗伯特孙:《十三世纪一个被遗忘的波斯诗人》,皇家亚洲学会杂志,1951。

Rockhill, W. W. See Rubruck. 柔克义:见卢不鲁克。

Ross, Sir E. D., The Persians, Oxford, 1931. 罗斯:《波斯人》,牛津,1931。

——See also Juvaini and Muhammad Haidar.——同见志费尼和穆罕默德·海达尔。

Rubruck: W. W. Rockhill, tr., The Journey of William of Rubruck to the Eastern Parts of the world, London, 1900; A. van den Wyngaert, ed. in Sinica Franciscana Ⅰ, Quaracchi, 1929. 卢不鲁克:柔克义译,《卢不鲁克世界东部行纪》,伦敦,1900; 文该尔特编,载入《中国的圣方济各会》第Ⅰ卷,

卡拉奇,1929。

Sa'di: A. J. Arberry. tr., Kings and Beggars, London, 1945; Muhammad 'Ali Furughi, ed., Būstān-i-Sa'dī, Tehran, 1316/1937 - 1938. 萨迪:阿伯利译,《国王和乞丐》,伦敦,1945;穆罕默德·阿里·孚卢基编,《布斯坦-亦-萨迪》(萨迪的果树园集),德黑兰,1316/1937 - 1938。

Schlege, G., 'Die chinesische Inschrift auf dem uighurischen Denkmal in Kara Balgassun', Mémoires de la Société finno-ougrienne, Helsingfors, 1896. 史莱格:《黑城子回鹘碑上的汉文铭文》,芬-乌学会集刊,赫尔辛基,1896。

Secret History of the Mongols: F. W. Cleaves, tr., The Secret History of the Mongols, Volume Ⅰ (Translation), Cambridge. Massachusetts, 1957; E. Haenisch, tr., Die Geheime Geschichte der Mongolen (2nd. ed.), Leipzig, 1948; P. Pelliot, ed. and tr., Histoire secrète des Mongols, Paris, 1949. 《元朝秘史》:柯立福译,《元朝秘史》卷Ⅰ(译文),剑桥,马萨诸塞,1957;海涅士译,《元朝秘史》(第二版),来比锡,1948;伯希和编译,《元朝秘史》,巴黎,1949。

Shahnama. See Firdausi.《沙赫纳美》:见菲尔道西。

Shêng wu ch'in-chêng lu: P. Pelliot and L. Hambis, ed. and tr., Histoire des campagnes de Gengis Khan, Leiden, 1951.《圣武亲征录》:伯希和、昂比斯编译,《圣武亲征录》,来顿,1951。

Smirnova, O. I. See Rashid-ad-Din. 斯米尔诺娃:见拉施特。

Spuler. B., Die Mongolen in Iran (2nd. ed.), Berlin, 1955. 斯柏勒:《伊朗的蒙古人》(第二版),柏林,1955。

——Die Goldene Horde, Leipzig, 1943. ——《金帐汗国》,来比锡,1943。

Stark, Freya, The Valleys of the Assassins and Other Persian Travels, London, 1934. 斯塔克:《阿杀辛人的山谷及其他波斯行纪》,伦敦,1934。

Tha'alibi: A. Eghbal, ed., Tatimmatul-Yatimah, 2vols., Tehran, 1934. 赛阿利比:埃格巴尔编,《塔特马都尔-雅特马黑》(珠儿集补篇),2 卷,德黑兰,1934。

Turner, Samuel, Siberia: a Record of Travel, Climbing and Explortion, London, 1908. 忒纳:《西伯利亚:旅行,攀登和探险记》,伦敦,1908。

Vardan: Vardanay Vardapeti Hawak'umn Patmut'ean, Venice, 1862. 瓦尔丹:《世界通史》,威尼斯,1862。

Vaṣṣaf: J. von Hammer-Purgstall, ed. and tr., Geschichte Wassaf's, Vienna, 1856; Kitāb-i-musṭatāb-i-Vaṣṣāf (lithographed ed.), Bombay, 1269/1852－1853. 瓦撒夫:哈模尔-柏格斯塔尔编译,《瓦撒夫史书》,维也纳,1856,《乞他卜-亦-穆思特塔卜-亦-瓦撒夫》(石印本),孟买,1269/1852－1853。

Vernadsky, G., Ancient Russia, New Haven, 1943. 维纳斯基:《古代俄罗斯》,纽黑文,1943。

——'Juwaini's Version of Chingis Khan's yasa', Annales de l'Institut Kondakov, Ⅺ (1939). ——《志费尼对成吉思汗札撒的叙述》,康达可夫学院年刊,Ⅺ (1939)。

——The Mongols and Russia, New Haven, 1953. ——《蒙古人和俄罗斯》,纽黑文,1953。

——O sostave velikoi yasï Chingis khana, Brussels, 1939, (Contains a translation by Professor Minorsky of Juvaini's chapter on the yasas of Chingiz-Khan). ——《成吉思汗大札撒的内容》,布鲁塞尔,1939。(包括米诺尔斯基教授对志费尼论成吉思汗札撒一章的译文)

Vladimirtsov, B., Gengis-Khan, Paris, 1948. 弗拉基米尔索夫:《成吉思汗》,巴黎,1948。

——Le régime social des Mongols, Paris, 1948. ——《蒙古社会制度》,巴黎,1948。

Waley, A. See Li chih-ch'ang. 韦利:见李志常。

Whinfield. E. H. See Omar Khayyam. 惠恩菲尔德:见乌马儿·哈牙木。

Wittfogel, K. A., and Fêng, Chia-shêng, History of Chinese Society: Liao (907－1125), Philadelphia, 1949. 魏特夫和冯家升:《中国社会史:辽(907－1125)》,费城,1949。

Wolff, O., Geschichte der Mongolen oder Tataren, Breslau, 1872. 沃尔夫:《蒙古即鞑靼史》,布累斯劳,1872。

Wood, J., A Personal Narrattive of a Journey to the Sources of the River Oxus, London. 1841. 伍德:《乌浒河源亲历记》,伦敦,1841。

Wright, R. Ramsay. See Biruni. 赖特:见比鲁尼。

Wyngaert, A. van den. See Carpini, Odoric and Rubruck. 文该尔特:见迦儿宾,鄂多力克和卢不鲁克。

Yaqut: F. Wüstenfeld, ed., Mu'gam al buldān, 6 vols., Leipzig, 1866 - 1872. 牙忽惕:乌斯坦菲尔德编,《穆扎麻布尔丹》(地理词典),6 卷,来比锡,1866 - 1872。

Yüan shih: L Hambis, ed. and tr., Le chapitre CVII du Yuan che, Leiden, 1945; Le chaptre CVIII du Yuan che, Leiden, 1954; F. E. A. Krause, tr., Cingis Han, Heidelberg, 1922. (The translations supplied by Professor Cleaves are from the Po-na-pen editin of the text).《元史》:昂比斯编译,《元史》第 CVII 章,来顿,1945;《元史》第 CVIII 章,来顿,1954;柯劳斯译,《成吉思汗传》,海得堡,1922.(柯立福教授提供的译文系据百衲本)。

Yule Sir H., Cathay and the Way Thither (ed. Cordier), 4 vols., London, 1915 - 1916. 玉尔:《中国和通往中国去的道路》(戈尔迭编),4 卷,伦敦,1915 - 1916。

——See also Odoric and Polo. ——又见鄂多力克、马可波罗。

Zambaur, E. de, Manuel de généalogie et de chronologie pour l'histoire de l'Islam, 2 vols., Hanover, 1927. 赞保尔:《伊斯兰历史的年纪和世系表》,2 卷,哈诺威,1927。

缩 写 表

Campagnes：Histoire des campagnes de Gengis Khan.《亲征录》:《圣武亲征录》。

Horde d'Or：Notes sun histoire le la Horde d'Or.《金帐汗国》:《金帐汗国史劄记》。

M. Q. ：Muhammad Qazvini. 穆. 可. :穆罕默德·可疾维尼。

V. M. ：Vladimir Minorsky. 弗. 米. :弗拉基米尔·米诺尔斯基。

第　一　部

颂 词 3

奉大仁大慈真主之名

感谢和赞美人们崇敬的、必然存在的真主；感谢和赞美人们向之顶礼膜拜、其实体赐与智慧和仁爱之光的真主。他是创造者，他的唯一性的证明表现在被创造物的每一个细胞中；他是保护者，语言和物质的多样化，目的是为感谢他的神妙莫测的创作；他是施与者，而在他的席桌上，因他的神力，一神教徒和异教徒犹如一人；他是造物主，已知的他天赋的发明，仅仅是他力量完善的一个传说；他是伟大的，为赞美他的无穷恩德，嗓子嘹亮的夜莺唱出千支歌儿；他是慷慨的，四月的丰足雨水不过是他的博爱大海中的一滴；他是宽恕者，他的仁慈的和风是一切情人忍受的源泉；他是复仇者，鞑靼的闪光刀剑是他的严厉刑具；他是外延的，智士的聪慧也惊叹他的至善至美的宏大；他是内涵的，想象力和理解力也达不到他那荣光的真正认识；他是唯一的，那些在真理之谷中行走的人，那些匆匆越过情欲荒原的人，同样寻求他；他是永生的，真理的爱好者和崇拜偶像的浪子，同样敬爱他——

异教徒和伊斯兰在这条路上走着，
说："他是唯一的，他没有伴侣"。

惟愿真主的褒扬之福施降给创造园中的花朵、智士瞳孔之光，诸先
知的封印、选民穆罕默德——这种恩福是：有了它，正教的芬香送
4 至神圣情人的鼻中，因它的馥郁，崇高的圣灵，和如意园中的居民，
一致把祝祷的礼品撒在他那纯洁和高尚的灵魂上！

又愿饰以洁白珍珠和真理宝石、与日夜并存的褒奖，施与他子民中的精选，及他的教规的追随者——即他的朋友和家人，他们是正义苍天中的星宿，掷向罪恶魔鬼的石头！

绪　言

650/1252－1253 年，命运对我仁慈，福神露出笑容，因此我有幸亲吻天下的皇帝、大地和当代的统帅、和平及安宁的天惠源泉，众汗之汗蒙哥[1]可汗(Mengü Qa'an)的宫门——愿战胜国敌、教仇的凯歌捷报系于他的旌旗，愿他的威凛身影庇护全人类！——同时候，我目睹万物因之重获新生和荣盛的正义效果，犹如嫩枝幼苗因春云施雨而颜开；在那里，我实践了真主的旨意——“指望真主慈惠之效，彼如何使大地死后复苏。”[2]明智之目览此正义而变得高尚，真理之耳则有如下之呼声为饰：

情人哟，心儿的攫取者再重现。
抛弃你的心吧，因为那颗甜蜜的心已经出现了。

奴失儿汪[3](Nushirvan)的公道故事由此湮没无闻，法里敦[4](Faridun)的智慧传说相形见绌。5 他的大度柔和如北风，熏香全世界，他的圣恩如太阳之普照整个人类。他的闪光宝刀掀起疾风，把火种投入贱敌的庄稼中，他宫廷的臣属和奴仆把他帐殿的宝座高举到与昴星一般齐；敌人畏惧他的凛烈、凶猛，服下致命之毒，他的严厉、威风的手掌，使叛乱者失明。

当我如此这般朝见了高大庄肃、令名王们唇裂额折的皇上后，

我的几个忠实的朋友和好心的同胞——跋涉去见堂堂圣上易如在家休息，提出建议说，为使这位青春鼎盛、深谋远虑的青年，当今的主宰，他的伟大业绩和光辉活动，能传诸永世，垂之不朽，我应当撰写一部史书，同时，为保存他统治时期的编年和史实，我应当编纂一部实录，庶几把凯撒（Caesars）的颂诗一笔勾销，把库萨和[5]（Chosroes）的传闻完全抹煞。

文艺面上的光辉灿烂，学者的显赫昌盛，归功于该技艺的奖掖者，该行业的保护人，这本来瞒不过贤人俊杰及智士能人——

> 愿我知道，我可否找到一位褒奖不离身的人
> 作为伴侣！
> 那么为我心中的东西和他心中的东西，我会哀伤，
> 他也会哀伤，我们彼此都确实知道他的同胞的哀伤。

但是，因为天命无常，冥冥苍穹的影响，轮回的运转，沧桑的变迁，
求学的书院已灭迹，学术研究院已消失：学者一流的人物为事变所
6 糟蹋，被虚幻无常的天数和噩运所蹂躏；他们遭受种种变化莫测的
灾难祸害的袭击；而且蒙受流离和灭亡，他们暴露在白刃之下；于
是，他们藏于大地的幕后。

> 一切学术今天必须求之于地底，
> 因为学者都在大地的腹中。

然而，在从前，当学术王国的项链及其索取者串在一根弦上——

> 当欢乐犹新，青春犹盛，
> 而且在时运变化中人们无视于汝时——

世上最有学识者和最优秀的亚当的子孙，会致力于让美好的回忆永存，使崇高的风尚不朽。因为对于有见识的人，他们熟计事物的结局和后果，一件众所周知的和充分确立的事是：英名长存才是生命不朽的原因，

> 英雄的遗芳是他的第二生命。[6]
> 当一位英雄遭到死亡时，若无颂扬，
> 看来他可能永不出世。[7]

正因如此，阿拉伯和波斯的卓越诗人和多才作家，把当代帝王及同期俊杰的事迹编述在诗歌和散文中，而且为他们撰写史书。不过，在今天，总的就大地面上说，个别的就呼罗珊（Khorasan）一地说（呼罗珊是幸福博爱的发祥地，奇货珍品的市场，饱学之士的源泉，才艺之辈的枢纽，天才的春宅，智士的牧场，能人的坦途，名师的酒席——穆圣的玑珠倾落的箴言中有一条谈这个题目的圣传："知识是一棵根长在默伽（Mecca）果结在呼罗珊的树"）——今天，我要说，大地已被剥夺了那些身披科学衣袍，那些佩戴学识及文字珍宝的人作点缀；他们仅余下确实称得上是这样的人："彼辈取代前人，7
而彼等中止祈祷，耽溺于自身之嗜欲。"[8]

> 那些人离开了，在他们保护下生活愉快，
> 我则留在像癞子皮肤的后人当中。[9]

我父撒希伯底万巴哈丁·穆罕默德·本·穆罕默德·志费尼（Baha-ad-Din Muhammad b. Muhammad al-Juvaini）——愿美德的巨木在他的长眠地上保持青葱，愿高洁之目继续垂顾于他！——有首咏此事的合西答（qasida），下面是头两行：

怜悯我，正义和真理的痕迹已消失，
高尚品德的基础将崩溃。
我们被这样的后人所折磨：
他们愚昧地用梳子来梳脚后跟，
用毛巾来擦梳子。

他们视撒谎和欺骗为金玉良言，视种种淫行和诽谤为武勇和力量。

故此很多人把它当作职业，
但我的信仰和职位不容许我那样干。[10]

他们把畏吾儿(Uighur)语言和文书当作知识及学问的顶峰。个个披罪恶衣袍的市井闲汉都成了异密(emir)；个个佣工成了廷臣，个个无赖成了丞相，个个倒霉鬼成了书记；个个……[11]成了穆思托非(mustaufi)，个个败家子成了御史；个个歹徒成了司库官，个个乡巴佬成了国之宰辅；个个马夫成了尊贵的显赫的侯王，个个铺毡人成了要人；个个凶徒成了显贵，个个无名小卒成了赫赫名人，个个贱货成了首领，个个叛逆成了强大君主，个个奴仆成了有学问的学者；个个驼夫因有大量财富而变得高雅，个个看门人因得天之助而生活安逸。

8 那些远古传下来的人，
其门第不能与出身草莽者相匹敌。[12]
贵人甘愿受惩，因哀痛而尽情悲泣。
当这些无知之徒登上席位的那天，
学识的基础就整个崩溃。
我们对现世进行谴责时，

我们多渴望赞美古时啊！[13]

他们把胡说八道和打人耳光看成是出自他们本性的仁慈，因为“真主封闭了他们的心窍，”[14]他们把谩骂和蠢行看成是发自一片善心。这个时代，这仁爱和侠义的荒年，罪恶和愚昧的集日，善人为苦痛所折磨，坏人和恶人却牢牢立身；为实践高尚的行为，有德之士在灾难的罗网中受摧残，罪犯和蠢货则得到他们垂涎的财富；自由人是乞丐，好施者是游民；贵人腰无分文，显要者微不足道；才智之士受危难，遵法守纪者是祸害的牺牲品，贤人是缧绁中的囚犯，良人为灾难所打击，大人物被迫向贱人低头，智士是皂隶手中的俘虏。

我见到这个抬举每个贱人、
贬低高操之士的时代；
犹如把粒粒珍珠淹没，
但让腐尸在它上面漂浮的大海；
或如使有分量之物下沉，
但使一切轻微东西上升的天平。

由此可见，能人智士要攀登极峰，探索幽微，需付出何等之劳
力。俗话说得好，“人们似其年龄，犹胜于似其父母”，当我风华正 9
茂，本应立德修业的时光，我却对那些魔鬼般的同侪友辈言听计从，二十岁前，我供职于底万(Divan)，在处世任职中忽视了求取知识，更没有听信我父（愿真主增添他的寿数，置墙将他与灾祸隔开！）的告诫，这告诫是淳朴者的珠宝、智者的典范：

我的小儿子，努力求得知识，

赶紧采摘你希望的果实。
难道你不曾看见，棋盘上的卒子，
倘若在征途中发奋图强，
怎样变成一个皇后吗？
我们的著名前辈已替我们建立
光荣的巍峨大厦：
如我们不用自己的劳动去巩固它，
大厦必将崩溃。

然而

好心者发出劝告，
但只有走运人才会接受。

既然到现在，有了辨识力，年轻人的暴躁受到约束；年岁日增，少年的鲁莽也受抑制，情况已到如此程度，以致

我已二十有七，
晓事明理不再胡为，

那么，悔叹荒废求学辰光，是无谓的，犹如惋惜虚度光阴之无益。

哀哉，岁月如此匆匆逝去，
而珍贵若我灵魂的今生
即将度过三十秋！

欢乐今何在？倘有欢乐，
那也是婚礼后百杯换一饼！

尽管如此，因为我曾几次访问河中[15]（Transoxiana）和突厥斯 10
坦[16]（Turkestan），迄至摩秦[17]（Machin）和遥远中国的边境，这是帝国宝座之所在，成吉思汗[18]（Chingiz-Khan）子孙的族居地，也是他们帝国项链当中那颗珠子，并曾观察到一些事件，听诚实可信的人谈起往事；又因为我发现不得不照友人的建议办事，那干脆就是命令，所以，我没法拒绝，只得去完成好友的嘱咐。因此我把确实无疑的东西付诸笔墨，名全书为《志费尼的世界征服者史》。[19]

大地空旷，我是个没有信徒的首领；
不幸的是，我在领导中是独自一人。[20]

有学识的和忠厚的读者——愿邪恶的目光离开他们的荣耀门庭，愿圣洁、高尚的大厦用他们的身子筑成！——最好出自善意，用宽容包涵的衣裙来掩盖我在语言文字方面的缺点错误，因为，十
年来我涉足异域，放弃了求学，学问书面上已是“蜘蛛结网”，其印 11
象已在思想的篇章中淡亡——

犹如写在水面的文字；

同时，最好他们不要对人人难免的错误指手画脚，“因为骏马都要失蹄”。

如你发现我的文体、写法、
技巧或修辞不合规格，
别问我的看法：
我的舞步确实符合时代的节拍。

又如我任意地作了夸大和缩小的描写，那让读者们领会下面诗句

的意思："当途遇无聊事物时，他们庄严一掠而过；"[21]原因在于，讲这些故事，描述和勾画大事的轮廓，目的有二，即得到宗教、世俗方面的好处。

先谈宗教方面的好处。倘若有位公平持中、心地纯善、明察秋毫的读者，不以怨恨和忌刻的目光来看待这些故事，这种目光导致错误，发生罪恶弊端，其根源在于品质低劣和天性卑贱；又倘若他不以谦恭和顺从的态度来观察，这种态度对过失宽容，把糟粕当精华——

知足的目光无视一切缺点，
怨刻的目光则产生毛病——；[22]

而倘若他如一个持中庸之道者，诚实和中肯地来观察这些事——"因为事物以中为佳"——

如我满足于承担爱情的重负，
而又从中获释，那我一无所得，
12 一无所失——

再倘若他体会这些用不同文体〔?〕撰写的故事，那么，他眼前的疑虑帷幕和惶惑屏障将消失，他的思想和心胸将豁然开朗：出现在这浮沉世界上的一切善恶、祸福，都听命于一位强大圣哲的旨意，依赖于一个专制君主的意志，他的品行是智慧的规范，是美德、正义的标准；当善人遭殃，恶人得势，发生国破民散的事时，从中也寓有警世箴言。全能真主说："虽则于汝有害，汝亦喜爱某物。"[23]同时，师长撒纳依[24]（Sana'i）说：

在这有来有往，一切命里注定的世界中
希望和恐惧任择其一，
圣哲未曾创造空虚之物。

再有哈马丹（Hamadan）的巴底[25]（Badi‘）在一篇文章中称："不得违抗真主之意，不得与真主在其土地上比赛人数：'因为大地属于真主：主将它赐给主喜爱的奴仆继承。'"[26]

任何奥秘之物都是汪洋大海，无人有那种学识或聪慧，敢于投身进去：谁能飞越那天际呢？何等之智力或想象力能穿过那深渊呢？

我来自何处？
王国奥秘的信息来自何处？
除真主外无人得知此秘密。
你的灵魂也不知这个隐秘，
因为你无法穿透这层帷幕。

然而，用理性或传统所能达到的，能够想象和理解的所有事物，均 13
属于两类：首先，预言的奇迹般应验，其次，神学。六百多年前有条圣传说："大地分与我，其东方和西方出现在我面前，而我的百姓的家园将四达与我之地，"六百年后一支异军的出现，使这条圣传应验，还有比这更大的奇迹吗？——阳光的充足，固不比水生湿，火生热更奇怪，可是黑暗能产生光线就极其神妙莫测了。

我们要活到幻术使我们在午夜
看见曙光时才死去。

因此之故，伊斯兰的旗帜举得更高，正教的烛光更加明亮；回教的太阳投影于那样一些国家：它们未嗅到伊斯兰的芬芳，未曾听到塔克必儿（takbir）和阿赞（azan）的声音而陶醉，其土地仅为剌惕（al-Lat）和乌扎[27]（al-'Uzza）的崇拜者用脏足践踏过；但在今天，许多真主的信徒已朝那边迈步，抵达极遥远的东方国家，定居下来，在那里成家，以致多不胜数。部分人是在河中和呼罗珊[28]被征服时充当军中的工匠和看兽人给驱赶去的；很多来自遥远西方，来自两伊剌克[29]（Iraqs），来自西利亚（Syria）及其他伊斯兰国家的人，是为生意买卖而跋涉，访问了每个地区和每座城镇，获得了声望，观
14 看了奇景，并且在那些地方抛弃旅杖，决定在那里择居；由此安家落户，修建邸宅和城堡，在偶像庙宇对面兴建伊斯兰寺院，并创办学校，其中学者讲述课程，求学者由此受教：这犹如圣传说"求学尤当在中国"，指的正是这个时代和生活在这个时代的那些人。

多神教徒的子女呢，有的落入穆斯林手中服贱役，取得伊斯兰的尊号，另一些，当真理阳光感化那种本质"坚若顽石，犹或胜之"[30]的铁石心肠时，也获得归信正教之荣，此系阳光的本能，它出现在山岩上，使光泽珍宝显露无遗。因正教的子民有天赐吉兆，无论何处纵目四望，都在真主的徒众中发现巨镇，在黑暗中见到光明；但是，偶像教徒中的苦行派（他们自己的语言中把苦行派称为脱因）[31]（toyin）则认为，当穆斯林移居，塔克必儿和爱合马惕（iqamat）（愿真主使之继续和永存！）举行之前，偶像常跟他们交谈——"恶魔确实指使其徒（与汝谈论）"[32]——但因穆斯林的不祥出现，偶像生他们的气，不再发一言——"真主封闭他们的嘴。"这必然如此，因为"真理一到，邪说完蛋：确实，邪说必完。"[33]真理威

力之光所及之地，异端邪教的愚暗犹如迷雾，抵挡不住旭日东升，一扫而光。

> 真理威力的晨曦开始放光芒，
> 魔鬼便四处逃跑。
> 人们来到一个每时每刻
> 都毫无困难地看到情人的地方。

至于那些达到殉教等级的人——在荣耀的天庭中，殉教是继 15
预言品位后最高尚、完美的等级，因为“锋刃是罪恶的涤除者，”闪光的军刀解脱了他们因安逸、享乐生活而背上的包袱，压上的重担，使他们身轻而分量加重——“勿谓为捍卫真主而牺牲之人为已死；否，彼等与其主一起。”[34]

> 你流的血是光荣的，
> 你受害之心则是你的赞美者。

至于那些有天赋的残存者，他们接受前车之鉴。

再谈人世方面的好处。凡熟读本书的撰述（它们既无夸大之迹，亦无撒谎之嫌：然既本书所述对人们说如此之清楚明白，不致发生误解，哪有弄虚作假的余地？——

> 这些故事，对智士说
> 多半要到世界末日才过时）

而且从书中找到有关蒙古军强大，老天容许他们横行的寓意，这样的读者，我看，会把真主的“勿自寻死路”[35]的告诫，作为他的座右铭。蒙古人的札撒（yasa）和法令是，向他们纳款投诚者，一律免遭他们凶残的暴虐和凌辱。再说，他们不反对宗教信仰——怎说得上反对呢？——宁可说他们奖励宗教信仰；穆罕默德(愿他得到和平！)的名言为此说之证明："确实，真主将通过一支未曾走运的民族
16 来维护宗教。"他们免除了各教中有学识者的各种临时赋税('avārizāt)和差发(mu'an)的科扰；后者供公众使用的宗教基金、捐赠及他们的农民耕夫，也被蠲除赋役；谁都不可以开罪于他们，特别不得冒犯回教的伊祃木(imams)，如今更是这样，因为在蒙哥可汗皇帝统治下，成吉思汗族(urugh)内几位宗王，即他的子孙，已把伊斯兰的尊号和世俗权力合而为一；他们的扈从和部曲，骑士和奴仆，许多人已把正教的光灿珍宝作为装饰，其人数不可胜计。鉴于上述，既然时代的斑马[36]在他们的驾驭下驯服，人们就需遵循理智，按照真主的告诫行事："若彼等赞同和平，汝等亦需若此；"[37]屈膝投降；停止反抗，如沙利阿特(Shari'at)之主说，"容忍突厥人，只要他们容忍你，因为他们天赋与可怕的威力；"置生命财产于安全的堡垒和妥善的地方——"因为真主指引所喜爱者入正途。"[38]

既然在各个时代和世纪，人类因拥有财富、金钱、宝藏，骄奢淫逸，不可一世，拒绝执行真主(荣哉真主之权，巍哉真主之令！)的训诫，并且因其诱惑，刺激，放手作恶——"确实，人类为自己的钱财而变得骄狂"[39]——那么，作为对各族的警告和处分，针对他们的反叛活动，按他们亵渎神明的程度，天降给惩罚，同时，作为对天资颖悟者的鉴戒，按他们的罪孽情况，灾祸就袭击他们。于是，诺亚
17 (Noah)(愿他得到和平！)时代发生洪水之灾；赛母待[40](Thamud)时代，阿代人('Ad)受惩处；各族也遭到灾异、毒兽、瘟疫等形形色色的刑罚，这些都载入《吉撒思》[41](Qisas)一书中。当诸先知的封

印（即穆罕默德，意为最后一个先知，犹如封印——中译者注）（愿替他作最崇高的虔诚祈祷！）统治时，他请求伟大、光荣的真主允许他的本族免遭种种惩罚的灾害，而这些，因各族忤逆，真主降诸他们之身——对他的族人说，此恩是他们其他美德的源泉——但刀兵之罚并不如此，他为免遭刀兵的祈祷没有得到采纳的证明，没有射中许诺之的。博学的扎那剌[42]（Jarallah），在他的注释书《迦失沙夫》（Kashshaf）中，解释牲畜篇的诗句："曰：其乃真主有力自汝之上降罚于汝，"[43]就引用真主之先知（穆罕默德——中译者注）（愿主赐福给他，赐他和平！）的话："我请求真主勿自上或自足下降罚于吾族。真主答应我的请求。同时，我要求真主勿在他们当中使他们毁灭，主却拒绝了我。格别列（Gabriel）告诉我：我的民族要亡于刀兵。"从理性观点看，必然的和重要的是：倘若作为直接威胁的刀兵，其危险中止，人类又满足于来世中许诺的东西，那么天
下将要大乱；那些被"权力约束"的[44]黎庶要胡作非为；贵人要陷 18
在罪恶的渊薮和灾难的罗网中；而且，"吾人遣降铁器，其于人类之利弊皆寓其中，"[45]此话的某些好处要化为子虚乌有，因为，若无铁器，由"吾人颁降典籍和天平"[45]而敞开的正义大门，将要关闭，封锁，人间的秩序要突然混乱。由此清楚无误，疑团全消：太初所注定的一切，都为的是真主（荣哉主之权力，博大哉主之统治！）的奴仆们的利益。自从真主的先知出使全人类以来，过了六百多年，这时候，财富充溢，贪欲泛滥，造成叛乱反侧："确实，真主将不改变他赐给人类之物，除非人类改变自己的作法。"[46]圣经中毫不含糊地说："若居民为正直者，其主并非要毁其城镇。"[47]魔鬼的耳语使他们离开公正之道和正义之途。

异端出现，魔鬼的耳语夺去信仰。
爱情产生，情妇的风骚夺去理智。
不知道结局的人哪，表示公道吧：
人类能在比这更可怜的环境中
度过一生吗？

“例外者是那些乐施好善的人，但他们实在寥寥无几。”[48]

蠢人犯下多少罪行，
惩罚怎样降诸无辜者！[49]
抱怨命运毫无用场，
我们的遭遇是罪有应得。

真主（圣哉主名！）的愿望是：这些人应从迷梦中醒来——“人在梦
19 中，死时方醒”——而且应从酣醉中苏醒，以作为对他们子孙后代的殷鉴；回教的奇迹应达其高潮而应验，其中一些已见于上述；再者，真主应选定一人，使其资质中包容各种才能、胆略、冷酷、仇报，再以值得赞颂的品德使之趋于均衡状态；犹如良医把斯甘摩尼（旋花科植物，用来制造泻药——中译者注）作为泻药以疗恶疾，再适当投以调理药物，使肌体不致全离本元，大大改变，然后按情况除病；最伟大的天医熟知他的奴仆的脾性和体质，知道药物的用法，他是按时顺性去投药。“确实，真主无所不知。”[50]

注 释

① 这是此名的突厥语形，也为迦儿宾（Mengu）和卢不鲁克（Mangu）所

采用。拉施特总是用蒙语形式，Möngke。这后一形式有规律地出现在E本中(写作MWNKKA)，以代替原文的Mengü(MNKW)。然而，原文在有一处地方(第Ⅰ卷，第157页)作Möngke(写作MWNKKA)，在另一处(第Ⅰ卷，第195页)作混合形式MWNKW。möngke和mengü都是形容词，义为"长生的"。

② 《古兰经》，第xxx章，第49节。

③ 奴失儿汪(Nūshīrvān)，即忽思老一世(Khusrau Ⅰ)，撒珊朝(Sassanian)的国王(531－578)，在波斯文学中始终以正义的化身出现。

④ 法里敦(Farīdūn)，实际是印度-伊朗的神话人物，在民族史诗中，他是暴君扎哈克(Ẓaḥḥāk)(答哈克，Dahāk)的杀害者，前阿契米尼朝(Achaemenid)的创建者。

⑤ 也就是波斯的撒珊朝(229－652)。它推翻安息朝(Parthians)，后来自己又被阿拉伯人推翻。

⑥ 木塔纳比(Mutanabbi)。(穆.可.)

⑦ 叶兹德·哈里忒(Yazid al-Harithi)，《哈马沙》(坚贞集)(Hamāsa)中一诗人。(穆.可.)

⑧ 《古兰经》第xix章，第60节。

⑨ 拉比德·本·剌比阿·阿迷里(Labid b. Rabī'a al-Amīrī)。(穆.可.)

⑩ 贝忒·本·忽来特(Ba'ith b. Huraith)，《哈马沙》中一诗人。(穆.可.)

⑪ 原文作mustadfi，"使自己温暖者"：也许带有如像"发抖的可怜虫"之类的意思。

⑫ 阿模尔·本·忽德海勒·阿必的('Amrb. al-Hudhail al-'Abdī)，《哈马沙》中一诗人。(穆.可.)

⑬ 引自阿布勒-阿剌·马阿里(Abul-'Ala al-Ma'arri)的一首合西答。(穆.可.)

⑭ 《古兰经》，第xvi章，第110节。

⑮ 阿拉伯语的Mā warā-an-nahr，译义为"河外之地。"河中大致相当于后来的俄罗斯突厥斯坦(自然不包括乌浒水(Oxus)以西的领域，即土库曼斯坦)，也就是说，包括今天的乌兹别克斯坦、南哈萨克斯坦、塔吉克斯坦和吉尔吉斯坦的一部分土地。

⑯ 突厥斯坦(Turkestan, Turkistān),“突厥人的土地,”指河中以东突厥和蒙古的地方。

⑰ 摩秦(Māchīn),中国南部,也称作蛮子(Manzī),马可波罗的 Manji。

⑱ ČNGZ XAN。蒙古部长铁木真(Temüjin)采用的称号。见后,第 35 页。据拉姆斯特德(Ramstedt)和伯希和,它的意思是“四海之汗”,即“普天下的君王”,因为 chingiz 是突厥语 tengiz(tängiz)“海”的腭化形式。见伯希和,《蒙古和罗马教廷》,第〔23〕页。如伯希和指出,伊本巴都塔(Ibn-Battuta)实际是用 Tengiz-Khan 的形式(前引书同页,注⑨)。这个名字的通常英文拼法(Genghis khan)和法文拼法(Gengis-Khan),看来都是根据伏尔泰(Voltaire)所开的先例。见吉朋,第 VII 卷,第 3 页,注④。它归根到底是根据阿拉伯文中这个名字的拼法。迦儿宾的 Cyngis 和卢不鲁克的 Chingis,表示出蒙古本地的读音,即 Chinggis。

⑲ 这个名字,不仅《世界征服者史》,看来是本书的全名。否则难以理解为什么作者在攻陷阿剌模式时(见后,第 ii 册,第 631 页)撰写的法忒纳美(“胜利宣言”——中译者注)中提到《志费尼的世界征服者史》。

⑳ 引自《哈马沙》中一名无名作者的诗。(穆.可.)

㉑ 《古兰经》,第 xxv 章,第 72 节。

㉒ 阿不答剌·本·穆阿维牙·本·阿不答剌·本·扎法儿·本·阿不-塔里伯(‘Abdallah b. Mu'awiya b. ‘Abdallah b. Ja'far b. Abu Talib)的一行诗,其中他谴责他的朋友忽辛·本·阿不答剌·本·乌伯都剌·本·阿八思(Husain b. ‘Abdallah b. ‘Ubaidallah b. Abbas),见于《乞他卜阿迦尼》(Kitāb-al-Aghānī,诗歌集成),第 XI 卷,第 76 页。

㉓ 《古兰经》,第 ii 章,第 213 节。

㉔ 享盛名于 12 世纪前半期的著名神秘诗人。

㉕ 巴底阿扎蛮(Badi'-az-Zaman)(死于 1007 年),他是阿拉伯作家,并且是一种新文体马哈麻(maqāma)的创造者。马哈麻是用韵文来描写歹徒故事。

㉖ 《古兰经》,第 vii 章,第 125 节。

㉗ 古代阿拉伯人崇拜的两个女神名。

㉘ 呼罗珊在当时比今天的东北波斯省要大得多。它的四座大城,巴里黑、马鲁、也里、你沙不儿(见后,第 151 页),仅最后一座仍在波斯境内。马鲁(马雷(Marï))在土库曼斯坦境内,巴里黑和也里在阿富汗境。

㉙ 即阿拉伯伊剌克(Arab'Irāq)——下美索不达米亚(Lower Mesopotamia),及波斯伊剌克(Persian'Irāq)——中波斯。

㉚ 《古兰经》,第 iii 章,第 69 节。

㉛ 指佛教的和尚,卢不鲁克的 Tuini。突厥语 toyïn 是汉语"道人"的借词。

㉜ 《古兰经》,第 vi 章,第 121 节。

㉝ 同上,第 xvii 章,第 83 节。

㉞ 同上,第 iii 章,第 163 节。

㉟ 同上,第 ii 章,第 191 节。

㊱ 指世界。

㊲ 《古兰经》,第 viii 章,第 63 节。

㊳ 同上,第 ii 章,第 209 节。

㊴ 同上,xcvi 章,第 6－7 节。

㊵ 这显然是扈代(Hūd)之误,扈代是一个先知的名字,他被遣去警告阿拉伯的阿代人('Ād)。(《古兰经》,第 lxxxvii 章,第 63 节。)赛母待(Thamūd)是另一支民族的名字,先知沙里哈(Sālih)被遣往他们那里去。(同上,第 71 节。)

㊶ 这就是赛阿剌比(Tha'labi)的《吉撒思按比雅》(Qiṣaṣ-al-Anbiyā),义为"先知的故事。"

㊷ 即扎马黑沙里(Zamakhshari),他的著作《迦失沙夫》(Kashshāf)是《古兰经》的最知名的注释书。

㊸ 《古兰经》,第 vi 章,第 65 节。

㊹ 指著名的哈迪特(hadith)(回教始祖穆罕默德的圣传——中译者注):"受权力约束者比受古兰经约束者要多。"(穆. 可.)

㊺ 《古兰经》,第 lvii 章,第 25 节。

㊻ 同上,第 xiii 章,第 12 节。

㊼ 同上,第 xi 章,第 119 节。

㊽ 同上,第 xxxviii 章,第 23 节。

㊾ 木塔纳比。(穆. 可.)

㊿ 《古兰经》第 xxxv 章,第 28 节。

1. 成吉思汗兴起前蒙古人的情况

吉祥的凤凰[1](humā)如想栖息于某个人家的屋顶，象征厄运的猫头鹰如想光顾另一家的门槛，虽然这两户人家的处境很不相同，一户在幸运的顶峰，一户则在败落的深渊，仍然，赤手空拳，家境贫乏，都阻挡不住走运人达到他的目的——

> 谁命里注定要交好运气，
> 运气会不寻自来——[2]

同时候，万贯家财，无数资产，也不能使倒运人失去哪怕是他手里
20 的东西。“老天不帮忙，努力成泡影。”人的心计无法把他来庇护；但“该他兴旺，他就兴旺发达，该他失败，他就一败涂地。”因为，倘若手腕权柄、金钱财富足以成事，那么权力和帝国决不会从一个王朝转移到另一个王朝；而一旦他们背时倒运的时刻来临，无论耍手段、搞顽抗，或者施展阴谋诡计，一概帮不了他们的忙；即使甲兵雄最，防御坚强，照样无济于事。这一点，蒙古人的情况可作为显而易见的例证。大家不妨想想，在他们击响成吉思汗及其子孙的那面巨鼓前，他们处于怎样的境地；而今天，兴旺之水是怎样在他们的意愿河道中畅流，祸害的军队是怎样袭击敌人和反抗者的城镇、驿站，后者本身就是强大的库萨和、著名的帝王。不妨再想想，老

天怎样向这支民族表示慈爱，天下又怎样被他们搅得天翻地覆：囚徒成了王公，王公反成了囚徒。“此事主所易为。”[③]

在奴隶头上戴顶漂亮的王冠把他打扮；
但在自由人脚下锁根丢脸的链子使他难堪。

鞑靼人[④]的家乡，他们的起源和发祥地，是一个广大的盆地，其疆域在广袤方面要走七、八个月的路程。东与契丹[⑤]（Khitai）地接壤，
西与畏吾儿[⑥]国相连，北与吉利吉思[⑦]（Qi-rqiz）和薛灵哥[⑧]（Se- 21
lengei）河分界，南与唐兀[⑨]（Tangut）和土番（Tibetans）为首邻。

成吉思汗出现前，他们没有首领或君王。每一部落或两部落分散生活；彼此没有联合起来，其中时时发生战斗和冲突。他们有些人把抢劫、暴行、淫猥和酒色（fisq va fujūr）看成豪勇和高尚的行为。契丹汗经常向他们强征硬索财物。他们穿的是狗皮和鼠皮，吃的是这些动物的肉和其他死去的东西。他们的酒是马奶，甜食是一种形状似松的树木所结的果实，他们称之为忽速黑[⑩]
（qusuq），在当地，除这种树外，其他结果的树不能生长；它〔甚至〕 22
长在一些山上，由于气候极冷，那里找不到别的东西。他们当中大异密的标志是：他的马镫是铁制的；从而人们可以想象他们的其他奢侈品是什么样了。他们过着这种贫穷、困苦、不幸的日子，直到成吉思汗的大旗高举，他们才从艰苦转为富强，从地狱入天堂，从不毛的沙漠进入欢乐的宫殿，变长期的苦恼为恬静的愉快。他们穿的是绫罗绸缎，吃的是“彼等喜爱之山珍海味，彼等选择之果品。”[⑪]饮的是“麝香所封之（醇酒）。”[⑫]所以情况成了这种：眼前的世界正是蒙古人的乐园；因为，西方运来的货物统统送交给他们，

在遥远的东方包扎起来的物品一律在他们家中拆卸;行囊和钱袋从他们的库藏中装得满满的,而且他们的日常服饰都镶以宝石,刺以金镂;在他们居住地的市场上,宝石和织品如此之贱,以致把它们送回原产地或产矿,它们反倒能以两倍以上的价格出售,而携带织品到他们的居住地,则有似把香菜子送至起儿漫(Kerman)作礼物,或似把水运到瓮蛮(Oman)作献纳[13]。此外,他们人人都占有土地,处处都指派有耕夫;他们的粮食,同样地,丰足富余,他们的饮料犹如乌浒水般奔流。

23 经过这种日益幸运的显赫局面,在成吉思汗及其子孙威风凛凛的庇护下,蒙古人的境遇已从赤贫如洗变成丰衣足食。至于别的部落,他们的事情也得到妥善安排,他们的命运也牢牢确定。凡是〔从前〕购置不起一张棉絮床的人,今天可以一次跟他们做三、五万金巴里失[14](balish)或银巴里失的生意。现在,巴里失值五十个金的或银的密思合勒(misqal),约等于七十五个鲁克尼[15](rukni)的那(dinar),其金位为三分之二。

愿全能真主赐给他的子孙,特别是最贤明、公正的君主蒙哥可汗,长命百岁,以求幸福的生活;愿主奖励他慈祥地待人!

注　释

① 凤凰(humā),一种象征吉兆的鸟,而实际是髭鹰(hammergeyer)。

② 奥菲('Aufi)在《扎瓦米-希卡雅特》(Jawāmi'-al-Hikāyāt)(综合传奇)一书中,认为这首诗的作者是灭里沙(Malik-Shah)手下一个书记木扎法儿·哈马只(Muzaffar Khamaj)。(穆.可.)。

③ 《古兰经》第 iv 章,第 34、167 节;第 xxxiii 章,第 19、20 节。

④ 波斯语 Tatār。这个名称在志费尼书中(如同在伊本-额梯儿书和讷萨怖书中)的阿拉伯同义词(Tatar)一般总用来指蒙古人,从不用来指原在蒙古本部东南的塔塔儿部。塔塔儿一名的广泛使用,是由于塔塔儿在 12 世纪占有重要地位。见弗拉基米尔索夫,《成吉思汗》,第 10 - 11 页。在欧洲,这个词和地狱一词联系起来,巴黎的马太(Matthew)(柔克义,第 xv 页)说,"无数的鞑靼军队……像魔鬼般从地狱涌出,所以他们被恰当地叫做地狱的人(Tartari Tartarians)",而皇帝腓特烈二世(Frederick Ⅱ)在给英国的亨利二世(Henry Ⅱ)的一封信中(同前书,第 xix 页),表示愿望说,"鞑靼人最终将被赶下他们的地狱里去。"

⑤ 马可波罗的 Cathay,指中国北部。

⑥ 较早的时候,畏吾突厥人曾统治蒙古本土,但到这时,他们已被吉利吉思逐出,定居在塔里木以北的计多绿洲中。见格鲁赛,《草原帝国》,第 172 -178 页。

⑦ 即:吉利吉思突厥人,那时他们居住在上叶尼塞河(Upper Yenisei)地区。

⑧ SLNKAY。色楞格河(Selenga)。

⑨ 唐兀是一支西藏系的人种,他们曾在中国西北建立过国家。(即西夏——中译者注)有关唐兀被成吉思汗所灭情况,见格鲁赛的《世界的征服者》,第 233 - 236 页。

⑩ QSWQ,我认为它就是可失哈利的 qusuq。可失哈利的阿拉伯同义词是 jillauz,布罗克尔曼和阿塔雷译作"榛子":事实上,如亨宁教授(Professor Hennng)在 1954 年 10 月 14 日的信中向我指出的那样,jillauz 仅仅是波斯词 Chilghūza"松子"、"食用松果"的阿拉伯语化形式。忽速黑树在第Ⅶ章中再次提及,那里把它描写为"一种形状似松的树,叶子在冬天像丝柏的叶子,果实不论形状和味道都像松子。"其实,如马迦特在《志费尼对畏吾儿人转变的叙述》中第 490 页所指出,它就是西伯利亚杉(Pinus cembra)。据劳敦(Loudon),《不列颠果木志》,第Ⅳ卷,第 2274 页及以下诸页,这种树有两类,一是 Sibirica,"一种在勒拿河(Lena)以东未见的高大树木",另一是 pygmaea,"遍长在极其荒芜,从而寸草不生的岩石山上。"曼彻斯特大学植物系的霍瓦尔斯博士(Dr. W. O. Howarth)——上引材料即蒙他供给——在 1954 年 2 月 17 日的来信中说:第二类仅仅是第一类"因受生长环境影响而变矮小"的一种形式。至于松子,今天是俄国人喜爱的食品。忒纳的《西伯利亚》,第

89－90 页，对这类果品在外西伯利亚铁路沿线的大量消费，作了有趣的叙述，他往下说，这种果品“是从托姆斯克(Tomsk)州和马里印斯克(Mariinsk)州北部，以及库兹涅茨克(Kuznetsk)各县的山地采集到的，托姆斯克是主要购销市场。好年头可收五千到六千吨，批发价格每百磅十先令到十五先令。森林区收获季节大约始于 8 月 10 日，终于 9 月中旬。采摘办法是上树摘取，或摇树使落，但同时，在遥远的地方，百年大树被一些贪心的采集者无情砍伐。旺季时一户一天多可收到一千磅。”忒纳自然谈到本世纪转变时的情况。

⑪ 《古兰经》，第 lvi 章，第 21、20 节。(按本书顺序)

⑫ 同上，第 lxxxiii 章，第 5、6 节。

⑬ 意思是多此一举。

⑭ 一种金锭或银锭。它是卢不鲁克的 iascot；如伯希和所指出(《金帐汗国史札记》，第 8 页，《通报》，1930 年，第 190－192 页，1936 年，第 80 页)，iascot 是* iastoc 即 yastuq——这种锭子的突厥名——的误读。yastuq 和波斯词 bālish，译义都是“垫子”。据卢不鲁克，(柔克义，第 156 页)一个 iascot 为“重十马克的银块”；他好像不知道金巴里失。

⑮ 也就是说，它是一个叫鲁克那丁(Rukn-ad-Din)的国王所铸。

2. 成吉思汗制定的律令和他兴起后颁布的札撒[1]

全能真主使成吉思汗才智出众，使他思想之敏捷、权力之无限为世上诸王之冠；所以，史书虽然记载古代伟大的库萨和的实施，以及法老（Pharaohs）、凯撒的法令律文，成吉思汗却是凭自己的脑子创造出来，既没有劳神去查阅文献，也没有费力去遵循传统；而 24
有关征服他国的方略，消灭敌军、擢升部属等措施，也全是他自己领悟的结果，才智的结晶。说实话，倘若那善于运筹帷幄、料敌如神的亚历山大活在成吉思汗时代，他会在使计用策方面当成吉思汗的学生，而且，在攻略城地的种种妙策中，他会发现，最好莫如盲目地跟成吉思汗走。关于这些，未有比下述例证更清楚明白的了：面临人多势大的对手，兵强马壮的敌人——个个都是现时的天子[2]（faghfur），当代的库萨和，成吉思汗却是单枪匹马杀出，兵既无多，武器又缺，征服和削平了从东至西的海内雄长；谁个胆敢反对他，他就执行他颁布的札撒和法令，把此人连同他的部属、子女、党羽、军队、国家和土地，统统毁灭干净。留给我们的一条真主的圣传说："那些人系我之骑兵，通过他们，我将向反抗我者复仇，"毋庸置疑，这番话指的正是成吉思汗的骑兵和他的百姓。事实果真如此：当大地因生物繁多成为汪洋大海，当各国的帝王、贵人因骄

狂虚荣，达到“虚荣是我袍，骄狂是我裳”的顶点，这时，真主就按上述的诺言，赐给成吉思汗强大的力量和成功的统治——“主之权力实为巨大”；[3]再者，当世上多半的城镇、国家，因财富、权势和地位
25 而自负，向他进行抵抗，拒绝纳款（从突厥斯坦境到遥远西利亚的伊斯兰国家尤其如此），这时，凡抗拒他的帝王、君主、城镇长官，成吉思汗统统予以消灭，连他的家人、部下、族属和百姓亦无豁免；因此，毫不夸张说，原有十万人口的地方，所余的活人不足一百；可以例举不同城市的命运，以作此说的证明，这将在有关的地方谈到。

依据自己的想法，他给每个场合制定一条法令，给每个情况制定一条律文；而对每种罪行，他也制定一条刑罚。因为鞑靼人没有自己的文字，他便下令蒙古儿童习写畏吾文，并把有关的札撒和律令记在卷帙上。这些卷帙，称为“札撒大典”，保存在为首宗王的库藏中。每逢新汗登基，大军调动，或诸王会集〔共商〕国事和朝政，他们就把这些卷帙拿出来，仿照上面的话行事，并根据其中规定的方式去部署军队，毁灭州郡、城镇。

成吉思汗统治初期，当蒙古各部归并于他的时候，他废除了那些蒙古各族一直奉行、在他们当中得到承认的陋俗；然后他制定从理性观点看值得称赞的法规。这些法规，很多是符合沙利阿特的。

成吉思汗在遣往四方召谕各族归降的使信中，从来不施加威胁、恐吓，这倒是古代暴君的手法，他们经常拿他们广阔的领土、大量的甲兵粮草来吓唬他们的敌人；相反地，蒙古人最严重的警告是：“如你们不屈服，也不投降，我们怎知道如何呢？古老的天神，
26 他知道。”[4]倘若大家细想这话的含义，〔那么他们将发现〕这就是依赖真主者的话——全能真主曾说：“倚赖于主者，主给予充足援

助”[5]——因而这种人必然随心所欲，如愿以偿，得其所哉。

因为不信宗教，不崇奉教义，所以，他没有偏见，不舍一种而取另一种，也不尊此而抑彼；不如说，他尊敬的是各教中有学识的、虔诚的人，认识到这样做是通往真主宫廷的途径。他一面优礼相待穆斯林，一面极为敬重基督教徒和偶像教徒。他的子孙中，好些已各按所好，选择一种宗教：有皈依伊斯兰教的，有归奉基督教的，有崇拜偶像的，也有仍然恪守父辈、祖先的旧法，不信仰任何宗教的；但最后一类现在只是少数。他们虽然选择一种宗教，但大多不露任何宗教狂热，不违背成吉思汗的札撒，也就是说，对各教一视同仁，不分彼此。

他们有一种可称赞的作风是：不讲究礼仪，不追求衔头，毫不高高在上，难以接近；有钱有势的人对此是习以为常的。他们当中登上汗位者，接受一个附加称号，即汗或可汗，此外〔在公文中〕不写别的称号；而对其他诸子[6]及新汗的弟兄，无论当面或背后，一概呼以诞生时所取的名字；这种作法既适用于庶民，也适用于贵 27
人。与此相同，他们在书信往复中只写简单的名字，不区别算端和黎庶；同时只写手边事情的要点，避免一切多余的称呼和俗套。

成吉思汗极其重视狩猎，他常说，行猎是军队将官的正当职司，从中得到教益和训练是士兵和军人应尽的义务，〔他们应当学习〕猎人如何追赶猎物，如何猎取它，怎样摆开阵势，怎样视人数多寡进行围捕。因为，蒙古人想要行猎时，总是先派探子去探看有什么野兽可猎，数量多寡。当他们不打仗时，他们老那么热衷于狩猎，并且鼓励他们的军队从事这一活动：这不单为的是猎取野兽，也为的是习惯狩猎锻炼，熟悉弓马和吃苦耐劳。每逢汗要进行大猎[7]（一般在冬季初举行），他就传下诏旨，命驻扎在他大本营四周和斡耳朵附近的军队作好行猎准备，按照指令从每十人中选派几骑，把武器及其他适用于所去猎场的器用等物分发下去。军队的右翼、左翼和中路，排好队形，由大异密率领；他们则携带后妃（khavātīn）、嫔妾、粮食、饮料等，一起出发。他们花一两个月或三
28 个月的时间，形成一个猎圈，缓慢地、逐步地驱赶着前面的野兽，小心翼翼，唯恐有一头野兽逃出圈子。如果出乎意料有一头破阵而出，那么要对出事原因作仔细的调查，千夫长、百夫长和十夫长要因此受杖，有时甚至被处极刑。如果（举个例说）有士兵没有按照线路（蒙古人称之为捏儿格（nerge））行走，或前或后错走一步，就要给他严厉的惩罚，决不宽恕。在这两、三个月中，他们日夜如此驱赶着野兽，好像赶一群绵羊，然后捎信给汗，向他报告猎物的情况，其数之多寡，已赶至何处，从何地将野兽惊起，等等。最后，猎圈收缩到直径仅两三帕列散（parasang）时，他们把绳索连结起来，在上面覆以毛毡；军队围着圈子停下来，肩并肩而立。这时候，圈子中充满各种兽类的哀嚎和骚乱，还有形形色色猛兽的咆哮和喧嚣，全都感到这是"野兽麇集"[8]时的大劫。狮子跟野驴昵近，鬣狗与狐狸友好，豺狼同野兔亲善。猎圈再收缩到野兽已不能跑动，汗便带领几骑首先驰入；当他猎厌后，他们在捏儿格中央的高地下马，观看诸王同样进入猎圈，继他们之后，按顺序进入的是那颜、将官和士兵。几天时间如此过去；最后，除了几头伤残的游荡的野兽外，没有别的猎物了，这时，老头和白髯翁卑恭地走近汗，为他的幸福祈祷，替余下的野兽乞命，请求让它们到有水草的地方去。于是他们把猎获的兽全集中一起，如果清点各种动物实际不可能，他们

只点点猛兽和野驴便作罢。 29

有个朋友叙述说，合罕[⑨]（Qa'an）统治时期，一个冬天，他们照此方式行猎，合罕为观看猎景，坐在一座小山头上；各类野兽就面朝他的御座，从山脚往上发出哀嚎和悲泣声，像请愿者祈求公道。合罕下诏把它们统统释放，不许伤害它们。

合罕本人曾命令在契丹地和他的冬季驻地之间，用木头和泥土筑一堵墙，墙上开有门；这样，大批的野兽可以从远方进入墙内，他们则照前法猎取。察合台（Chaghatai）在阿力麻里[⑩]（Almaligh）和忽牙思[⑪]（Quyas）地区完全照此建造一座猎场。

现在，战争以及战争中的杀戮、清点死者和饶恕残存者，正是按这种方式进行的，确实，每个细节都是吻合的，因为战场上剩下的仅仅是些肢体破碎的可怜虫。

至于他们的军队组织，从亚当时代迄至成吉思汗子孙统治天
下大部地方的今天，历史上未曾有过，文献中也未曾记录过，任何
王朝的帝王拥有像鞑靼军这样的军队：如此坚韧不拔，对饱暖知恩 30
图报，在顺逆环境中服从其将官；这既不是指望俸禄和采邑，也不
是期待军饷和晋级。组织军队的最好方法确实莫过于此；因为狮
子只要不饿，根本不去猎取、袭击野兽。有句波斯格言说，“吃得太
饱的狗不猎野兽，”还有句说：“饿着你的狗，它才跟你走。”

整个世界上，有什么军队能够跟蒙古军相匹敌呢？战争时期，当冲锋陷阵时，他们像受过训练的野兽，去追逐猎物，但在太平无事的日子里，他们又像是绵羊，生产乳汁、羊毛和其他许多有用之物。在艰难困苦的境地中，他们毫不抱怨倾轧。他们是农夫式的军队，负担各类赋役（mu'an），缴纳分摊给的一切东西，无论是忽卜绰儿[12](qupchur)、杂税('avāri ẓāt)、行旅费用(ikhrājāt),还是供给驿站[13](yam),马匹(ulagh)[14]和粮食('ulūfāt),从无怨言。他们也是服军役的农夫,战争中不管老少贵贱都成为武士、弓手和枪手,按形势所需向前杀敌。无论何时,只要抗敌和平叛的任务一下来,他们便征发需用的种种东西,从十八般武器一直到旗帜、针钉、绳索、马匹及驴、驼等负载的动物;人人必须按所属的十户或百户供应摊派给他的那一份。检阅的那天,他们要摆出军备,如果稍有缺损,负责人要受严惩。哪怕在他们实际投入战斗,还要想方设法向
31 他们征收各种赋税,而他们在家时所担负的劳役,落到他们的妻子和家人身上。因此,倘若有强制劳动(bīgār),某人应负担一份,而他本人又不在,那他的妻子要亲自去,代他履行义务。

军队的检阅和召集[15],如此有计划,以致他们废除了花名册(daftar-i-'arẓ),用不着官吏和文书。因为,他们把全部人马编成十人一小队,派其中一人为其余九人之长;又从每十个十夫长中任命一人为“百夫长”,这一百人均归他指挥。每千人和每万人的情况相同,万人之上置一长官,称为“土绵[16](tümen)长”。按照这种组织,每逢情况紧迫,需要人或物,他们就交给土绵长办理,土绵长再交给手下的千夫长,如此降至十夫长。其中有一种真正平等的精神,每人的劳动都和他人一般多,无有差别,因为不管钱财和势力。如果要突然召集士兵,就传下命令,叫若干千人在当天或当晚的某个时刻到某地集合。“他们将丝毫不延误(他们约定的时间),但也不提前。”[17]总之,他们不早到或晚到片刻。他们的服从和恭顺,达到如此地步:一个统帅十万人马的将军,离汗的距离在日出和日没之间,犯了些过错,汗只需派一名骑兵,按规定的方式处罚

他，如要他的头，就割下他的头，如要金子，就从他身上取走金子。

这和别的帝王有多大的差别啊。别的帝王，一旦他们拿钱买的奴隶在自己的马厩里有了十匹马，他得留心跟他谈话，更不用说让他统帅一支军队，或者他发了财，掌了权了；到那时，他们不能撤 32
掉他，他多半还要真刀真枪起兵造反呢！每逢这些帝王准备进攻敌人，或者自己遭到敌人进攻，他们都要花上成年累月的时间去装备一支军队，要耗费一座满满的金库去开军饷和置封邑。他们发了军饷和津贴，士兵人数成千成万增加，但到打仗那天，他们的队伍到处是一笔糊涂账，结果没有一个人出现在战场上[18]。有一次，一个牧羊人给唤去报告工作。司账人问“还有多少羊？”牧人问：“在哪里？”“在账簿上。”牧人答道：“这正是我要问的原因：羊一只也没有了。”这适用于比喻他们的军队。士兵的每个将官为增加部下的饷银，宣称说：“我有若干人马，”但到查阅时，他们却用相互顶替之法冒充全部兵员。

另一条札撒是：人们只能留在指定的百户、千户或十户内，不得转移到另一单位去，也不得到别的地方寻求庇护。违反此令，迁移者要当着军士被处死，收容者也要受严惩。因此，谁都不得庇护谁；如果（举个例说），长官是位宗王，那他决不会让一个最普通的人在他的队伍中避难，以免破坏这条札撒。所以没有人能够随意改换他的长官或首领，别的长官也不能引诱他离开。 33

再者，军中发现月儿般的少女，她们就被集中一处，从十户送到百户，每人均作一番不同的选择，递至土绵长，土绵长也亲自挑选，把选中的少女献给汗或诸王。汗和诸王再作一番挑选，那些堪充下陈和容色艳丽的，他们说：“依常规留住”，对其余的，则说：“善意遣去之。”[19]他们遣选中的少女去侍候嫔妃，直到他们想把少女赐人，或者想自己跟她们同寝为止。[20]

还有，他们的领土日广，重要事件时有发生，因此了解敌人的活动变得重要起来，而且把货物从西方运到东方，或从远东运到西方，也是必需的。为此，他们在国土上遍设驿站，给每所驿站的费用和供应作好安排，配给驿站一定数量的人和兽，以及食物、饮料等必需品。这一切，他们都交给土绵分摊，每两块土绵供应一所驿站。如此一来，他们按户籍分摊，征索，使臣用不着为获得新骑乘而长途迂回，另一方面，农夫、军人免遭不时的干扰。尤有甚者，使臣有严厉的指令，命他爱惜马匹，等等；一一叙述这些事会耽误我们太久。驿站每年要经过检查，有所缺损，必须由农民补偿。[21]

34 自从各国、各族由他们统治以来，他们依照自己习惯的方式，建立户口制度，把每人都编入十户、百户和千户；并要求兵役和驿站设备，以及由此而来的费用及刍秣供应——这还不包括普通的赋税；除此之外，他们还征索忽卜绰儿税。

他们有一种风俗是，倘若一个官吏或一个农民死了，那他们对死者的遗产，无论多寡，概不置啄，其他任何人也不得插手这笔财物。如他没有子嗣，财产就传给他的徒弟或奴隶。死者的财产决不归入国库，因为他们认为这种做法是不吉利的。

当旭烈兀[22](Hülegü)任命我为八吉打(Baghdad)〔长官〕时，那个地方普遍实行遗产税；我取消了这种税收制，废除了曾在秃思塔儿[23](Tustar)和巴牙忒[24](Bayat)等州征收的苛捐。

还有好多札撒，把每一条都记下来，会耽误我们过多的时间；因此我们仅限于上述就够了。

注　释

① 这一章已由米诺尔斯基教授译为俄文。见维纳斯基，《成吉思汗大札撒的内容》，布鲁塞尔，1939。维纳斯基教授还有一篇英译文，载《康达可夫学院年刊》，1939，第 xi 期，第 37－45 页。

② 马可波罗的 Facfur，中国皇帝的称号，波斯文译文（意思是“上天之子”）。

③ 《古兰经》，第 lxx 章，第 12 节。

④ 参看贵由（Güyük）致因那曾四世（Innocent Ⅳ）书的结尾：“如果你们不那样做，我们怎知如何办？天神知道。”（伯希和《蒙古与罗马教廷》，第16 页。）并参看拜住（Baichu）致教皇书：“……若是你们不如此，我们不知如何办，那普临天下的神则知道。”（同上书，第 128）。

⑤ 《古兰经》，第 lxv 章，第 3 节。

⑥ 即王子。意为“儿子”的波斯词 pisar，如同突厥词 oghul 和蒙古词 köbe'ün，有“王子”的含义。关于这种用法，见穆．可．编的志费尼书，第Ⅱ卷，第 ix 页，同见伯希和，前引书，第 168 页。

⑦ 卢不鲁克谈这些狩猎说：“他们要打猎时，便聚集一大群人，包围住他们已知有兽的地区，相互逐渐靠拢，直到把野兽团团困在当中，像围在墙内；然后他们发矢射兽。”（柔克义，第 71 页。）并参看高僧鄂多力克对“汗的大狩猎”的描述，见玉尔：《中国以及通往中国去的道路》，第Ⅱ卷，第 234－236 页。

⑧ 《古兰经》，第 lxxxi 章，第 5 节。

⑨ 这就是窝阔台（Ögedei，Ögetei），成吉思汗的第三子（英译者误为第二子，兹改正——中译者注）及第一个继承人。见我的论文《志费尼书中一些蒙古宗王的称号》，第 152 页，其中我指出合罕是窝阔台死后的称号。

⑩ 阿力麻里（Almalïgh，Almalïq），“苹果园”，位于谢米烈契耶（Semirechye），伊犁河谷中，今伊宁附近。在这里，“契丹或鞑靼的传教区，鞑靼的中央帝国的阿力麻里（Armalec）城，”圣方济各（Franciscan）殉教士于 1339 或1340 年遇难。见玉尔，前引书，第Ⅲ卷，第 31－32 页，同见文该尔特，第 510－511 页。

⑪ 原文读作 QNAS 和 QWNAS，应读作 QYAS 和 QWYAS。拼作 Quyash 也有抄本为依据，但可失哈利把 Quyas“城镇”（qaṣaba）和意为“太

阳”的 quyash 区别开来。据可失哈利，忽牙思在巴尔昔罕（Barskhan）以东（可失哈利，第Ⅰ卷，第 393 页），大小开肯河（Greater and Lesser Keiken）从其地流入伊犁河（第Ⅲ卷，第 175 页）。伯希和，《金帐汗国史札记》，第 185 页，注②，认为它可能是卢不鲁克的额乞乌思（Equius），“一座优美的城市，……其中居住有操波斯语的撒剌逊人（Saracens）”（柔克义，第 139 页），但巴尔托德《突厥史》，第 76 页，和米诺尔斯基，《霍杜德》，第 277 页，以为额乞乌思就是可失哈利的亦乞-乌古思（Iki-ögüz）。

⑫　忽卜绰儿原来相当于阿拉伯语 marā'ī“草原赋课”，后来指一般不规则的赋税。见米诺尔斯基，《纳速鲁丁·徒昔论财政》，第 783－784 页。

⑬　卢不鲁克作 iam，但他认为这个词指的是管理驿站的官吏；马可波罗作 yanb。

⑭　突厥语义为“驿马”。

⑮　参看马可波罗的叙述，见别奈代脱，第 86－87 页。

⑯　突厥语义为“万”。

⑰　《古兰经》，第 vii 章，第 32 节。

⑱　直译为：“……他们的队伍从头到尾都是 ḥashv，但没有一人在战场上成为 bāriz。”ḥashv 和 bāriz 是会计方面的两个名词，前者指记入账簿右手（即第一）栏的物品项目，后者指记入左手栏内的现金总数。这里的意思似乎说，登记在簿上的 ḥashv 的价值，和 bāriz 不同，容易发生变动，多半在最后变成现金，即变成 bāriz 时，大大贬值。关于这两个名词，见阿不都剌·本·穆罕默德·本·乞雅撰《列萨勒耶-菲列克雅》，第 28 页，同见欣兹，《15 世纪东方的一笔贸易》，第 315 页。

⑲　《古兰经》，第 ii 章，第 229 节。

⑳　忽必烈治下的这种措施，见别奈代脱，第 114－116 页。参看俾兹利编迦儿宾，第 121 页：“……而且，他〔皇帝〕常常在鞑靼领土内四处征选少女，那些他有意留下的，他就留下，其余的则赐给臣子。”

㉑　这个制度在中国的实施，见别奈代脱，第 152－157 页。

㉒　HWLAKW。志费尼的拼法多半代表此名的突厥语读音。蒙语读音（Hüle'ü）以马可波罗的 Alau 为代表，亚美尼亚史家的 Hulawu 或 Hōlawu，朱思扎尼的 HLAW。

㉓　今胡济斯坦（Khuzistan）的休斯塔尔（Shustar）。

㉔　胡济斯坦最西边的克尔哈（Kerkha）以北。（弗.米.）

3. 成吉思汗的兴起，世界众帝王的国土落入其手的开端——一个简要[①]纪事

蒙古部落和氏族是很多的，但是，在今天，以高贵和伟大而最
闻名，并且凌驾于其他各部之上的是乞颜[②]（Qiyat）族，成吉思汗 35
的祖辈是这个族的族长，从此族传下来的后裔。

成吉思汗使用铁木真[③]（Temüjin）之名，迄至按照天意“嗟尔发迹”[④]，他变成世上各国的主宰。那些时候，克烈（Kereit）和撒乞阿惕[⑤]（* Saqiyat）部首领汪罕[⑥]（Ong-Khan），在兵力和地位上胜
过别的部落，论武器装备及人马比各部强大。同时，那些日子里， 36
蒙古各部尚未联合，彼此不相统属。成吉思汗从童年成长，他变得像猛袭的一头咆哮的狮子，像刺杀的一把犀利的宝刀。征服他的敌人时，他之凛烈和凶猛，犹如酰毒之狠，挫折一切富贵君王的傲气时，他的严峻，泼辣，尽天命之职司。成吉思汗和汪罕领地相邻，疆域接壤，有机会他便去拜访汪罕，因此他们之间产生友情。汪罕见他足智多谋、英武高尚，赞赏他的胆识、勇力，尽力来奖掖和推崇他。他的身份和地位日益提高，后来所有政事都依赖他，汪罕的军马和部属也受他指挥。汪罕的儿子及兄弟，还有他的廷臣及亲信，对成吉思汗享有的高位和恩宠，心怀忌妒，所以他们在机缘安排的

途中，撒下罗网，设置圈套，诋毁他的声名。在背后闲谈中，他们吹嘘他的能力和长处，一再捏造谎言说人心都归向他。装做好心肠的人，他们把这些话说来说去，连汪罕也对他生了疑心，怕他有异谋；他心里害怕成吉思汗的英勇无敌。既然不能进攻成吉思汗，不能与他公开决裂，汪罕打算用阴谋诡计把他除掉，以背信弃义的手段阻止真主护翼他的秘图得以实现。故此，他们商量妥当，在天刚破晓，当睡眼蒙眬，大家因寝息而疏忽的时候，汪罕的军队就向成吉思汗及其部属发动夜袭，以此除去对他们的威胁。他们为这次袭击作好一切准备，正要把阴谋付诸实行，但是，因成吉思汗命星
37 警觉，福星保佑，汪罕手下两个年轻人，一个叫乞失力⑦(Kishlik)，一个叫把带(Bada)，逃奔成吉思汗，把汪罕等的歹毒心肠和背信行径告诉他。他马上送走家人和部下，并把营帐挪走⑧。在预定的破晓时刻，敌人杀入营盘，发现是座空营。他们究竟是返回去，还是立刻追击，这里说法⑨虽然不一，结果总是：汪罕率大军追赶他，而成吉思汗身边只有很少的人马。〔那个地区〕有一股泉水，他们称之为班朱尼⑩(Baljuna)，两军在此交锋，展开激战。⑪最后，成吉思汗和他的小股人马打败了汪罕及他的大军，掳掠无数战利品。此战的日期是599/1202－1203年⑫，所有参战的人⑬，不论贵贱，上起诸王，下至奴隶、张幕者、马夫，突厥人、大食人和印度人，都名
38 载史册。那两个青年，成吉思汗封他们为答剌罕(tarkhan)。答剌罕是这样的人：他们免纳征课，享有每次战役的虏获物，无论何时，只要他们愿意，他们可以不经许可或同意进入御前。成吉思汗还把军队、奴隶及无数的服饰、马匹和牲口赐给他们。并传诏称：不管他们犯多大的罪，都不得召他们审讯；这条诏令也有效到他们的

第九代子孙。现在，这两人有很多后人，他们在各国都受尊敬，在帝王宫廷中极得宠荣。其他参加此战的人，均得到高位，连搭帐幕的、赶骆驼的，也身居显职；一些人成为当今的侯王，另一些人擢升至国之宰臣，名闻全世。

成吉思汗的军队增强后，为了不让汪罕重整旗鼓，他派兵追击他。他们屡次交锋，成吉思汗屡胜，汪罕屡败。结局是，汪罕的全家和扈从，连他的妻女，完全落入成吉思汗之手，汪罕本人也被杀。

当成吉思汗事业鼎盛，福星高照时，他也派遣使臣召谕其他诸部；纳款投诚的诸部，如斡亦剌[14]（Oirat）和弘吉剌[15]（Qonqurat），
都被收纳为他的部属和麾下，得到另眼相待；但对那些顽固不化和 39
反抗者，他用灾害之鞭和毁灭之刃把他们杀得七魂出窍，直到各部成了清一色，听命于他为止。接着他制定新的律令，奠定法治基础；他们的陈规陋俗，如盗窃奸淫，他一概予以废除；其中一些已在前一章谈到。

我从可靠的蒙古人那里听说，这时出现了一个人，他在那带地区流行的严寒中，常赤身露体走进荒野和深山，回来称："天神跟我谈过话，他说：'我已把整个地面赐给铁木真及其子孙，名他为成吉思汗，教他如此这般实施仁政。'"他们叫此人为帖卜-腾格理[16]（Teb-Tengri），他说什么，成吉思汗就办什么。这样，他也强大起来；因为他身边有大群信徒，他产生当权的欲望。有天，在酒宴上，他和一个宗王争吵[17]，那个宗王就在宴会中央把他狠狠摔在地上，以致他再没有爬起来。

简短说，当这些地方的骚乱平息，各部都成为他的军队，这时，他遣使契丹，随后又亲征，杀了契丹皇帝阿勒坛汗[18]（Altun-

Khan)，征服契丹。他还逐步征服其他国土，这将在后面分别叙述。

注 释

① 这章确实是个简述，没有提到他早年的变化，他跟札木合(Jamuqa)的敌对，他对塔塔儿、蔑里乞(Merkit)和乃蛮(Naiman)的战役。有关他侵入西方前的生涯，见《元秘史》、斯米尔诺娃译拉施特，弗拉基米尔索夫的《成吉思汗》、格鲁赛的《世界的征服者》。

② 乞颜(Qiyat, Kiyat)，实际是蒙古孛儿只斤(Borjigin)族的分支。

③ 原文作 TMRǏYN，由此得到 Temürjin，但据 B 本和 C 本，应读如 TMWǏYN。这两种形式都是可能的，但铁木真(Temüjin)之形出现较早，而且是《元秘史》、《元史》、《圣武亲征录》中采用的形式。此名的词原是 temür "铁"，意指"铁匠"。由此可解释为什么卢不鲁克把成吉思汗说成实际上是铁匠(柔克义，第 114 页，249 页)。据《元秘史》、汉文史料、拉施特，成吉思汗出世时，他的父亲俘回一个塔塔儿部长，叫铁木真兀格，并以此名称其子。

④ 《古兰经》，第 ii 章，第 111 节。

⑤ 刊行的原文作 SAQYZ，即 Saqiz。穆.可.转引伯劳舍的一个注，意思说，撒乞思和乃蛮相当，因为突厥语 saqiz 和蒙语 naiman 都是"八"。如伯希和指出(《亲征录》，第 220 页)此说有两个根本缺点。第一，突厥语的"八"，不是 saqïz，而是 sekìz；第二，汪罕决非乃蛮部长，反倒是乃蛮人的死敌，常跟他们打仗。伯希和提出，诸抄本中的 SAQYR(孟买版瓦撒夫书第 558 页亦作此形，本书之 SAQYZ 是由编者所订正)，应读如此处采用之形式，即 SAQYT。这个形式和拉施特在克烈诸部中提到的 SAQYAT，即 Saqïyat，相符合(贝烈津，第Ⅴ卷，第 95 页，第Ⅶ卷，第 122 页；赫塔吉诺夫，第 128 页)。此名在贝烈津的译文中被省略(第Ⅶ卷，第 122 页)，多半因为它仅见于他的一个抄本，其后为一空白。在赫塔吉诺夫中，诸部排列的顺序不同，Saqïyat(他写作 Sakait)排在 Qonqïyat 之后，非如贝烈津把它排在 Jirgin 之后，空白处是一短句："他们也是一支部落。"

⑥ 卢不鲁克的 unc，马可波罗的 unc kan，后者认为他就是长老约翰

(Prester John)。实际上，汪是中国称号“王”的蒙语读音，这是金国授给他的封号，以褒奖他参与一次共同对塔塔儿的战役。见格鲁赛，前引书，第 117 - 120 页。他的真名是脱里(Toghrïl)(蒙语读作脱斡里勒 To'oril)。有关他早期的活动，见《元秘史》，第 177 节、格鲁赛，前引书，第 116 - 117 页。他的人民，克烈部人，或为突厥血统，是聂思脱里基督徒；他们住在杭爱、肯特二山间的鄂尔浑、图拉河沿岸。

⑦ 原文作 KLK，如穆. 可. 指出，这必定是 KSLK 或 KŠLK 的讹误。此句在拉施特中写作 Qïshlïq(QYŠLYQ)、《元秘史》中作乞失里黑(Kishliq)。乞失力在成吉思汗西征后的回师途中，仍跟随他。见韦利，《长春真人西游记》，第 118 页。

⑧ 意思是：“移动很短一个距离”，因为从上下文看，显然他们并没有把营帐带走。

⑨ 志费尼的这条史料令人感兴趣。无论是《元秘史》，还是拉施特，均未提到汪罕攻击成吉思汗空营之事。

⑩ 从史料看，不清楚班朱尼是河名还是湖名。伯希和，《亲征录》，第 45 - 47 页，很详细地讨论了它的地点，并得出结论说，它应当沿克鲁伦河下游去寻找。但可参看洪煨莲，《钱大昕咏元史诗三首》，第 20 - 24 页，注④。

⑪ 没有别的史料提到班朱尼之战。这可能指合剌合勒只惕额列惕(Qalqaljit-Elet)的战役，成吉思汗在此地取得“实为失败的皮洛士(Pyrrhus)之捷”(伯希和，前引书，第 46 页)(皮洛士为埃皮鲁斯王，他在一次对罗马人的战役中，虽然打胜，但损失极重，皮洛士之捷就因此指得不偿失的胜仗——中译者注)。见《元秘史》，第 170 - 171 节，斯米尔诺娃，第 124 - 126 页，格鲁赛，前引书，第 157 - 160 页。

⑫ 据《元史》为 1203 年(见柯劳斯，第 21 页)。

⑬ 指所有随成吉思汗参加班朱尼之战的人。见斯米尔诺娃，第 126 页，格鲁赛，前引书，第 171 - 172 页。《元秘史》没有记载众人“饮班朱尼河水”的事，其真实性令人怀疑，但这里可参看柯立福，《班朱尼誓约的史实性》。

⑭ 贝加尔湖西岸一支森林部落。

⑮ QNQWRAT。拉施特的 Qonqïrat，及《元秘史》的翁吉剌惕(-Onggirat)。成吉思汗的长妻孛儿台(Börte)出身于这支居住在蒙古最东边的部落。志费尼对此名的拼法是有意思的。伯希和(《亲征录》，第 406 - 407 页)称：“Kunkurat 之形为霍渥斯，第Ⅰ卷，第 703 页，及第Ⅱ卷第 14 页所正

确采用，在艾利斯和罗斯的《塔里黑-亦-拉施底》第16页中，作为一例出现；它并非没有根据，没有出处。"事实上，它来源于志费尼采用的形式，此形多半又可解释为一个假设的语原：突厥语 qonghur"褐色的"、"栗色的"，以及 at，"马"。

⑯ 原文作 BT TNKRY，应读作 TB TNKRY。帖卜腾格理的意思是"极神圣的"，实则为一种称号。这个珊蛮（shaman）的真名是阔阔出（Kökchü）。见格鲁赛，前引书，第225－228页。

⑰ 据《元秘史》，第245节，他是成吉思汗的幼弟，帖木格-斡惕赤斤（Temüg-Otchigin）（志费尼的斡赤斤 Otegin）。他和帖卜腾格理在成吉思汗面前角力了一阵，然后都领命而出，帖木格在门口布置了三个人，他们拿住帖卜腾格理，拖到一旁，折断他的脊骨。同见格鲁赛，前引书，第229－232页。

⑱ 指金国皇帝，突厥语 altun 和汉语的"金"一样，都义为"黄金"。马可波罗的金王。金是满洲北部女真（Jürchen）族长采用的朝代号，女真人在公元1123年把契丹（辽）朝赶出中国北部。其实没有一个金帝是被成吉思汗杀死的，这里多半指窝阔台统治下金朝最后一个皇帝在1234年的自尽。见后，第195页，同见格鲁赛，《蒙古帝国》，第292页。

4. 成吉思汗的诸子 40

成吉思汗的妻妾生有很多子女。他的长妻是也旭真别吉[1]（Yesünjin Beki）。当时，按照蒙古人的风俗，同父诸子的地位是与他们生母的地位相一致，因此长妻所出的子女，享有较大的优待和特权。成吉思汗的长妻生了四个儿子，他们拼着性命去建立丰功伟绩，犹如帝国宝座的四根台柱，汗国宫廷的四根栋梁。成吉思汗替他们各自选择了一项特殊的职务。他命长子术赤[2]（Tushi）掌狩猎，这是蒙古人的重要游乐，很受他们的重视。次子察合台[3]掌札撒和法律，既管它的实施，又管对那些犯法者的惩处。窝阔台[4]他选择来负责〔一切需要〕智力、谋略的事，治理朝政。他提拔拖雷[5]（Toli）负责军队的组织和指挥，及兵马的装备。当汪罕被解决，蒙古各部或出于自愿，或出于被迫，都听命于他，服从他的指 41
挥，这时，他便把蒙古、乃蛮[6]各部和各族，连同所有军队，全分给这四个儿子；其余诸子及他的兄弟、族人，他也各赐与一部分军队。从此以后，他习以为常地敦促着去巩固诸子、诸兄弟之间的和睦大厦，增强他们之间的友爱基础；并且时时不间断地在他的诸子、诸弟、族人的心胸中撒下团结的种子，在他们的脑海里绘出同舟共济的图画。而且，他拿譬喻去加牢那座大厦，充实那些基础。有一天[7]，他把儿子们召来，从箭袋里抽出一支箭，折为两段。接着，他

抽出两支箭，也折为两段。他越加越多，最后箭多到大力士都折不断了。然后，他对儿子们说："你们也这样。一支脆弱的箭，当它成倍地增加，得到别的箭的支援，哪怕大力士也折不断它，对它束手无策。因此，只要你们弟兄相互帮助，彼此坚决支援，你们的敌人再强大，也战不胜你们。但是，如果你们当中没有一个领袖，让其余的弟兄、儿子、朋友和同伴服其决策，听其指挥，那么，你们的情
42 况又会像多头蛇那样了。一个夜晚，天气酷寒，几个头为了御寒，都想爬进洞去。但一个头进去，别的头就反对它；这样，它们全冻死了。另外一条只有一个头和一条长尾巴的蛇，它爬进洞里，给尾巴和肢体找好安顿之地，从而抗住严寒而获全。"他举了许多这样的譬喻，想让他们在思想中坚信他的告诫；故此，他们后来始终遵守这个原则；虽然形式上权力和帝国归于一人，即归于被推举为汗的人，然而实际上所有儿子、孙子、叔伯，都分享权力和财富；一个证明是：天下之王蒙哥可汗在第二次忽邻勒塔(quriltai)上，把他的整个国土都分封给他的族人、子女、兄弟和姐妹了。

成吉思汗时期，国土变得十分广阔，他就赐给每人一份驻地，他们称之为禹儿惕(yurt)。于是，他把契丹境内的土地分给他的兄弟斡赤斤那颜[8](Otegin Noyan)及几个孙子。从海押立[9](Qayaligh)和花剌子模[10](Khorazm)地区，伸延到撒哈辛[11](Saqsin)及不里阿耳[12](Bulghar)的边境、向那个方向尽鞑靼马蹄所及
43 之地，他赐与长子术赤。察合台受封的领域，从畏吾儿地起，至撒麻耳干(Samarqand)和不花剌(Bokhara)止，他的居住地在阿力麻境内的忽牙思。皇太子窝阔台的都城，当其父统治时期，是他在叶密立[13](Emil)和霍博[14](Qobaq)地区的禹儿惕；但是，他登基后，把

都城迁回他们在契丹和畏吾儿地之间的本土，并把自己的其他封地赐给他的儿子贵由[15]（Güyük）：有关他各个驻地的情况，将分别予以著录。[16]拖雷的领地与之邻近，这个地方确实是他们帝国的中心，犹如圆中心一样。

我们讲述的仅仅是微不足道的部分史实。成吉思汗的子孙超过万人，他们各有自己的职位（maqām）、禹儿惕、军队和装备。悉数著录是不可能的，我们谈这些的目的，在于说明他们之间的融洽一致，拿此与别的国王的事相比较，看看弟兄如何相残杀，子如何谋害其父，迄至他们注定被击败，被征服，权势土崩瓦解为止。全能真主说："毋自争阋，致使汝辈气馁，遭受失败。"[17]但成吉思汗子孙中继他为汗者，依靠相互协助和支持，征服全世界，彻底消灭他 44
们的敌人。眼下，这些故事和史实的作用在于：智者无需亲身经历之苦而受教，因研读这些记载而获益。

注 释

① 她的名字实为孛儿台。志费尼多半把她跟旭烈兀的妻子、其继承人阿八哈的母亲也旭真弄混了。（按《元史·后妃传》称她为旭真，即夫人，也旭真或为旭真之误——中译者注）

② TWŠY。朱思扎尼的拼法相同：讷萨怖作 DWŠY。迦儿宾的 Tossuc，Tosuccan。这个名字的读音不确定，或可读作 Toshi，Töshi 也可读作 Tüshi。它明显地是蒙语 Jochi，Jöchi 或 Jüchi 的突厥语形。伯希和，《金帐汗国》，第 10－27 页，很详尽讨论了这个名字，但对其读音和意义没有得到明确结论。

③ ǰΓTAY。《元秘史》作察阿歹（Cha'adai）：迦儿宾作 Chiaa-day 等等。

④ AWKTAY。他在《元秘史》中叫做斡歌歹（Ögödei，Öködei）。伯希

和,《亲征录》,第 10 页,指出这个名字可能从兀格(Üke)——铁木真兀格的第二部分派生而来。——铁木真兀格是成吉思汗因以得名的塔塔儿俘虏之名。见前,第 35 页注③。迦儿宾作 Occoday。

⑤ TWLY。此名的一般形式是 Tolui。拉施特称,拖雷死后,义为"镜子"的 toli 一词被视为禁忌,由此,志费尼的拼法是有意义的。见我的文章,《志费尼书中一些蒙古宗王的称号》,第 147 页。

⑥ 伯希和认为,居住在杭爱山以西的乃蛮人,实际是蒙古化的突厥人,由此,这里是个有意义的区分。见格鲁赛,《蒙古帝国》,第 30 页;同见昂比斯,《亚洲高原》,第 58、59 页。

⑦ 这个轶事在后面,第 ii 册,第 593 - 594 页又简短地重述一遍,穆.可.在那里注释说,这是个非常古老的故事,塔巴里(Tabari)指的是著名倭马亚朝(Umayyad)将军穆哈剌卜(Muhallab)。它是伊索的农民及其好吵架的儿子们的寓言,因而实际上还要古老得多。但是没有理由认为志费尼引用蒙古史料以外的其他材料,因为这个故事在《元秘史》中同样找得到,不过《元秘史》(第 19 - 20 节)所说的不是成吉思汗本人,而是他的神话般的女祖先阿阑豁阿(Alan Qo'a)。

⑧ 即帖木格斡惕赤斤。ot-tigin(蒙语为 ot-chigin)是从突厥语 ot"火",tigin"主"而来,义为"火(炉)之主"。这是承继父亲禹儿惕的幼子的称号。见弗拉基米尔索夫,《蒙古社会制度》,第 60 页。

⑨ 海押立(Qayalïgh,Qayalïq),卢不鲁克的 Cailac,在今科帕耳(Kopal)以西不远。

⑩ 波斯语 Khwārazm。古代的科剌兹米亚(Chorasmia)、后来的基发(Khiva)汗国、花剌子模绿洲今天一半归入乌兹别克斯坦(花剌子模州),一半在土库曼斯坦(塔沙乌兹州(Tashauz Oblast))。

⑪ 撒哈辛是伏尔加河上一城镇和地区。伯希和,《金帐汗国》,第 165 - 174 页,详细讨论了该城的位置。他同意(前引书,第 169 页)马迦特的意见,说此城位于从不里阿耳沿河而下四十天路程之地,也就是在伏尔加河下游。

⑫ 指伏尔加不里阿耳人之地,这里并非实指不里阿耳城,此城的遗址距博尔加斯哥耶(Bolgarskoye)村不远,"位于斯帕斯克(Spassk)县,在喀山(Kazan)以南一百十五公里,伏尔加河左岸七公里。"(米诺尔斯基,《霍杜德》,第 461 页)。

⑬ AYMYL。叶密立是河名,在楚呼楚克(Chuguchak)之南,流入阿拉

湖(Ala Kul)。蒙古统治时期,它也是叶密立流域一城名(迦儿宾的 Omyl)。

⑭ 原文作 QWNAQ,应据伯希和读作 QWBAQ(《蒙古和罗马教廷》,第 206-207 页)。伯希和在前引书中谈霍博说:"犹如叶密立尚保留在叶密立河(即额敏河——中译者注)之名中,霍博今天仍然是叶密立河以东一条河的名字(德人地图作"Chobuq")。(清人地图作霍博克或和博克——中译者注)贵由的封地主要由这两河流域构成。"

⑮ KYWK。鉴于迦儿宾作 Cuyuc,卢不鲁克作 Keuchan,因此,对志费尼说,作 Küyük 之形也许更为可取。Güyük 是地道的蒙语形式,至少是《元秘史》采用的形式。

⑯ 见第 33 章。

⑰ 《古兰经》,第 viii 章,第 48 节。

5. 畏吾儿地的征服和亦都护的归顺

畏吾儿突厥人称他们的首领为亦都护(idi-qut),义为“幸福之
主”[①]。当时的亦都护是个叫巴而术(Barchuq)的人。当哈剌契
丹[②](Qara-Khitai)〔的皇帝〕征服河中及突厥斯坦那年的春季,巴
而术也落入臣服的圈套,不得不缴纳贡品。哈剌契丹的皇帝把一
名沙黑纳[③](shahna)派给他,其名叫少监[④](Shaukem)。这个少
45 监,当他在职位上站稳了,就开始作威作福,对亦都护和他的将官
百般凌辱,撕毁他们的荣誉面纱;因而他成为贵族和平民共同憎恨
的对象。成吉思汗征服契丹,他凯旋的信息传遍四方,这时,亦都
护下令把少监围困在他们称为哈剌火者[⑤](Kara-Khoja)城[⑥]的一
所房屋中,把房子推倒压在他头上。然后,为宣布他背叛哈剌契
丹,归顺征服世界的皇帝成吉思汗,亦都护派忽底阿勒密失哈牙[⑦]
(Qut-Almish-Qaya)、乌马儿斡兀立[⑧]('Umar Oghul)、塔儿伯[⑨]
(Tarbai)去见成吉思汗。成吉思汗对这几个使臣极为优礼相待,
但表示要亦都护亲自入朝。亦都护很快服从此令,在他入朝后,亲
46 眼看见原先对他许的愿都兑现,然后满载荣誉从宫廷归去。当大
军讨伐屈律[⑩](Küchlüg)时,亦都护奉命率领武士从畏吾儿地出
师。遵从此令,他率三百士兵往见成吉思汗,助他一臂之力。此战

归来后，亦都护获允拥有族人、家属及奴仆作扈从。后来，成吉思
汗亲征算端摩诃末(Muhammad)的国土，亦都护再次奉命带兵出
征。察合台和窝阔台两王领旨围攻讹答剌[11](Otrar)，他也跟随他
们。讹答剌陷落后，朵儿伯[12](Törbei)、牙撒兀儿[13](Yasa'ur)和葛
答黑[14](Ghadaq)率师征镬沙[15](Vakhsh)及那带地方；他又随师前
往。最后，当御旗返回老营，成吉思汗再出兵唐兀时，亦都护同样 47
奉旨带领人马从别失八里[16](Besh-Baligh)出师与成吉思汗会合。

为表彰这些值得称赞的劳迹，成吉思汗对他恩宠备至，把自己
的一女嫁给他。因成吉思汗之死，此女没有嫁成；故此亦都护返回
别失八里。合罕登上帝位，遵照其父遗命，把阿勒屯别吉[17](Altun
Beki)配给他；他尚未抵达宫廷，阿勒屯别吉就死了。过了些时候，
合罕又将阿剌真别吉[18](Alajin Beki)下嫁与他，但在把她送给亦
都护之前，亦都护已不在人世。后来，他的儿子怯失迈失[19] 48
(Kesmes)入朝，成为亦都护，与阿剌真别吉成婚。不久，亦都护怯
失迈失也归西；他的兄弟萨伦的[20](Salindi)奉皇后脱列哥那[21]
(Töregene)之命，继承他的位子，号亦都护。萨仑的在位子上坐得
很稳固，极受敬重；"但成功的赐与者是真主。"

注　释

① 志费尼明显地把这个名称的第一部分跟 idi"主"、"主人"弄混了，idi，举例说，出现在复合名字 Ulush-Idi 中(见第 13 章)，意思是"兀鲁思的主人。""幸福之主"应为 * qut-idi。实际上，义为"神圣陛下"的 ïdï-qut(比较《元秘史》，第 238 节的亦都兀惕(Idu'ut))，乃是畏吾儿人从早期的拔悉密(Basmïl)那里借用的称号。见巴尔托德，《突厥史》，第 37 页。

② 译意为黑契丹，迦儿宾的"Karakitai sive nigri kitay"（文该尔特，第88页）。哈剌契丹是契丹的一支，契丹朝被女真推翻后，他们向西迁徙（见前，第39页，注⑱），并在东突厥斯坦建立一个帝国。有关他们的历史，见后，第354－361页。同见格鲁赛，《草原帝国》，第219－222页，以及魏特夫和冯：《中国社会史：辽》，第619－673页。

③ 志费尼把阿拉伯-波斯语沙黑纳（shahna）当作突厥语八思哈（basqaq）和蒙古语达鲁花（darugha），达鲁花赤（darughachi）的同义语使用，指征服者委派在被征服地方、特别负责征收贡赋的代表。亚美尼亚史家格利哥尔（第310页和312页）在同样意义上使用这个词。

④ ŠAWKM。"少监"实为中国的官号。少监和"监国"（chien-kuo）都是相当于沙黑纳、八思哈等的哈剌契丹称号（见前注），但监国显然比少监的职位更高。见魏特夫和冯，前引书，第666页。据汉文史料，《高昌偰氏家传》，这个沙黑纳的结局略有不同。少监被围时避兵于楼，于是一个叫仳俚伽（Bilge）的人，进攻哈剌契丹少监的策划人，随他登楼，斩掉他的头，掷于地上。见魏特夫和冯，前引书，同页，同见田清波和柯立福，《梵蒂冈秘密档案所的三份蒙文文件》，第488页。汉文史料和拉施特（斯米尔诺娃译，第152页）都说这件事发生于公元1209年。（按《元史·岳璘帖穆尔传》，杀少监的策划人叫仳理伽普华，他受封为仳理傑忽底，以疾卒，而不是因叛变被斩首——中译者注）

⑤ QRAXWAǦH。高昌（Qocho），即哈剌火者——马可波罗的Carachoco，较早时称作"中国城"（Chinanch-Kath）——在中国新疆吐鲁番以东约四十五公里。其遗址仍叫做"亦都护城"（Idïqut-Shehri）。见米诺尔斯基，《霍杜德》，第271页。

⑥ dīh。这个词一般的意义是"村落"，但是，请参看下面第133页，那里，这个词被用来译突厥词 balïgh"城镇"。

⑦ QTALMŠ QYA（原文作 QTA，应读作 QYA）。忽底阿勒密失，意为"得到幸福（显贵）者"。意为"岩石"的 qaya，如伯希和，《金帐汗国》，第70页注①所指出，常构成专有名词的第二部分。

⑧ 即乌马儿王子。见前，第26页，注⑥。从名字看，他必定是名回教徒。

⑨ TARBAY。《元秘史》，第238节作答儿伯（Darbai），并称他是由阿惕乞剌黑（At-Kiraq）（或阿勒不亦鲁黑（Al-Buiruq））所陪同。在拉施特中（贝

烈津译,第ⅩⅤ卷,第 15 - 16 页,斯米尔诺娃译,第 152 页),他也叫做 Darbai,(拼作 DRBAY,贝烈津和斯米尔诺娃均读作 Durbai。)随同他的人叫阿勒卜-兀奴克(Alp-ünük)(?)或阿勒卜-兀秃克(Alp-ütük)(?),此人多半是《元秘史》中的阿勒-不亦鲁黑。然而,拉施特把答儿伯及其同伴说成是成吉思汗本人的使者,不是亦都护的使者。他们出使的结果是,亦都护派他自己的使者入朝,他们的名字是:孛古失亦失·爱古赤(Bügüsh-Ish Aighuchi)(斯米尔诺娃用 Bargush 代替 Bügüsh),阿勒斤-帖木儿(Alghïn-Temür)。另一处,即谈畏吾儿的一章(贝烈津译,第ⅤⅡ章,第 164 页,赫塔吉诺夫译,第 148 页)拉施特开列亦都护使者名,与志费尼同,但贝烈津把塔儿伯讹为塔塔里(Tatari)(TATARY),赫塔吉诺夫讹为塔塔儿(Tatar),后者又把忽底阿勒密失哈牙改为迦勒密失迦答(Kalmish-Kata)。(据《元史》有关记载,确实是成吉思汗先遣使,然后亦都护才遣使,其使者之一阿勒斤-帖木儿,显即《元史》中之阿邻帖木儿都督,都督为称号——中译者注)

⑩ KWČLK。关于乃蛮人屈出律的遭遇,见后第 8 章。

⑪ 讹答剌——早期的法剌卜(Fārāb)——的遗址在锡尔河(Syr Darya)右岸,近阿雷斯(Arïs)河口。在这摩诃末花剌子模沙帝国的东部边境,成吉思汗的使者遭到杀害(见后,第 79 - 80 页);也就在这里,帖木儿(Tamerlane)(即跛者帖木儿——中译者注)在公元 1405 年死于进攻中国的途中。

⑫ TRBAY,D 本作 TWRTAY,也就是 TWRBAY。如穆.可.在其索引中指出,此人当为朵儿伯·朵黑申(Törbei Toqshin),他被遣渡过申河(Indus)去追击算端扎阑丁(Jala-ad-Din)。见后,第 24 章。

⑬ 原文作 YSTWR,据 E 本,第Ⅰ卷,第 92 页,读作 YS'WR。

⑭ ΓDAQ。巴尔托德,《突厥斯坦》,第 417 页,将此人与出师别纳客忒(Banakat)的阿剌黑(Alaq)弄混了。见我的论文《元朝秘史中的亦鲁和马鲁》,第 409 页,注㉝。我在此文中提出,他可能是主儿勤部的合答黑把阿秃儿(Qadaq Ba'atur)(《元秘史》,第 170 和 185 节)。在拉施特相应的一段中,贝烈津(第ⅤⅡ卷,第 164 页)和 B 本、E 本相同,均作'LAF,贝烈津把它译为"出征用的粮秣。"在赫塔吉诺夫的所有抄本中,出现同样的讹误:他读作'allāf,译为"〔军用〕牲口的饲料供给者。"此外,替拉德洛夫翻译这段文字的茹可夫斯基(V. A. Zhukovsky),认为'LAF 必定表示一个专门名词。见赫塔吉诺夫译本,第 148 页,注⑥。把儿赫不烈思作 ΓLAQ 的形式。

⑮ 镬沙是乌浒水,即阿母河(Amu Darya)右岸的支流,在塔吉克斯坦

境内。镬沙也是镬沙河岸一个县的名字。

⑯ 译义是“五城”，由突厥语 besh“五”，和 balïgh（更好作 balïq）“城”而来。别失八里在新疆古城（Guchen）西北不远。

⑰ 即：阿勒屯公主。《元秘史》，第 238 节的阿勒-阿勒屯（Al-Altun），拉施特称她为阿勒坛别吉（AltánBeki）（赫塔吉诸夫译，第 149 页）、也立阿勒惕（El-Altï）或亦立阿勒惕（Il-Altï）（斯米尔诺娃译，第 73 页附表），《元史》卷 122，列传卷 9，“巴而术阿而的斤传”，称她为也立安敦（El-Aldun）卷 109、表卷 4“诸公主表”，称她为也立可敦（El-Qodun），如昂比斯指出（见他编译之《元史》，第 CVⅢ 章，第 133 页），在后一情况下，qadun（即 qatun“公主”）可能系修史者用以代替 altun。供给我上述《元史》材料的哈佛大学教授柯立福，在 1955 年 8 月 2 日的来信中说，没有任何地方表明这个公主未曾真正与巴而术成婚。卢不鲁克知道她和畏吾儿王订婚或结婚：“这些畏吾儿人（Iugurs）一向住在最早投诚成吉思汗的城市内，因此成吉思汗把己女下嫁给他们的国王。”（柔克义，第 149 页。）这段既有志费尼，又有远东史料为根据的记载，遭到卢不鲁克书诸编者的非议。“高僧威廉在这点上似乎失之于误传，因为我没有找到任何史料可说明成吉思汗把女嫁给畏吾儿王。”（柔克义，第 149 页，注①。）“成吉思汗之女下嫁的是篾里乞王，非畏吾儿王，见多桑，《蒙古史》，第Ⅰ卷第 419 页。”（文该尔特，第 233 页，注②。）

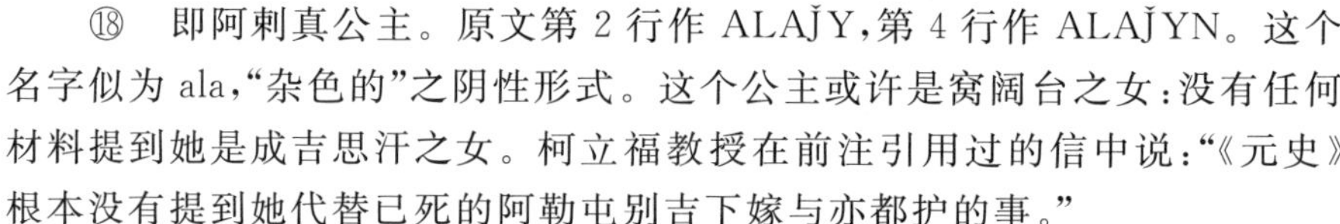

⑱ 即阿剌真公主。原文第 2 行作 ALAǰY，第 4 行作 ALAǰYN。这个名字似为 ala，“杂色的”之阴性形式。这个公主或许是窝阔台之女：没有任何材料提到她是成吉思汗之女。柯立福教授在前注引用过的信中说：“《元史》根本没有提到她代替已死的阿勒屯别吉下嫁与亦都护的事。”

⑲ 原文第 4 行作 KSMAYN，据 C 本读作 KSMAS。这个名字的意思好像是“不砍伐者”。

⑳ SALNDY。

㉑ 窝阔台的寡妻，帝国的摄政者。见后，第 34 章。

6. 畏吾儿历史的续篇

虽然这一章应放在蒙哥可汗即位那章之后，但是，照这部历史总的安排看，把它插在这里更觉合适些，所以最好还是遵守这一顺序。

当世界帝国已属诸普天下的皇帝蒙哥可汗，这时，因一些人谋逆，引起了倾轧[1]。这些人派一个畏吾儿的偶像教徒，国之大臣，八剌必阇赤[2]（Bala Bitikchi）去找亦都护[3]（“物以类聚”）。八剌必阇赤用许多诺言和无数诱饵来撺掇亦都护；他就中提出，畏吾儿人应把别失八里及其邻近的穆斯林杀光，抢劫他们的财产，虏掠他们的子女，而且应装备一支五万人的军队，以备不时之需。暗地参加这些阴谋活动的畏吾儿贵族有：仳理伽忽底[4]（Bilge Quti）、孛勒迷失-不花[5]（Bolmish-Buqa）、撒浑[6]（Saqun）、爱的怯赤[7]（Idkech）。他们商 49
定，在一个礼拜五，当人们正在进行祈祷的时刻，他们便从清真寺四周的埋伏中举兵，把人们的命送掉，粉碎伊斯兰军队。

他们要把真主点燃的荣光吹灭，
他们要把真主赏赐的恩宠勾销。

为实现这个阴谋，完成这个计划，亦都护以朝见海迷失（Ghaimish），忽察（Khoja）和脑忽[8]（Naqu）为名，把他的营盘扎在

郊外；畏吾儿军也集合起来。这时，仳理伽忽底有个奴隶，名叫帖格迷失[9]（Tegmish），在一个晚上偷听到他们的阴谋计划。他把听到的话隐瞒住，直到一个礼拜后，因为在市场中跟一个穆斯林争吵，他才嚷道："你现在尽管蛮干好啦，横竖你不过只有三天的活命啦。"恰好那时候，朝廷的忠实大臣、身居显要的官员、异密赛甫丁（Saif-ad-Din）在别失八里，穆斯林们把这话向他报告。他把帖格迷失找来，问他在口角时说的那句莫明其妙的话是什么意思。帖格迷失就他所知泄露了事情的真相，和那些心怀不满者的阴谋诡计。碰巧这两天传来当今皇上登基的消息，谋逆者的活动显然要
50 加以改变。亦都护因此迫于环境，放弃叛变的念头，动身赴朝。赛甫丁派一名使者把他叫回来；他和他的部属回去谒见赛甫丁，当面跟帖格迷失对质，帖格迷失毫不翻供，再说出他们聚会的确切时间和地点，及参加者的姓名。他们惶恐失措，丧魂落魄。因为对他们说，别无他法可行，他们就抵赖这件事，宣称对此一无所知。在亦都护及其同谋者这方面又吵又闹了半天后，他们立下文字保证书，表明自己无罪，帖格迷失也立下保状以证明所说为真。别的畏吾儿贵族照样立下文字证书，其内容为：如他们当中有人知道这事，但隐瞒不言，如有任何阴谋给察觉和揭穿出来，那么，这个人就是同谋犯，他的生命和财产将被剥夺。于是，帖格迷失起身说："看来这事不能在别失八里裁决了。让我们到天下的皇帝的宫廷去，好在大札儿忽[10]（yarghu）上把这事辩论个水落石出，调查得一清二楚。"

因此，帖格迷失被遣和使者先行，向朝廷报告这件事。他领命停下来等候亦都护和他的随从。他等了个时间，但亦都护没有露

面。帖格迷失这时把八剌必阇赤弄到札儿忽上。八剌不承认罪状，因此，按他们的习惯，他给剥得精光，挨了一顿鼓槌，最后他才招供出他们谋叛世界皇帝蒙哥可汗的真相，一如帖格迷失所言。于是他被送走，但给拘留。为押送亦都护前来，帖格迷失和使臣忙哥孛剌[11]（Mengü-Bolad）一起给遣送回去。亦都护听说使臣到来，
赶在他们抵达前从另一路前往朝廷。帖格迷失在别失八里逞威作 51
福，当地每个〔爱惜他们生命的〕畏吾儿人都向他行贿，替他干各种差使，然后，他也继亦都护之后回廷。

忙哥撒儿[12]那颜（Mengeser Noyan）跟着审问此案。亦都护否认有罪，因此严刑拷打。他们狠命拧他的双手，使他精疲力竭扑倒在地。接着又用木梬紧箍他的前额。狱卒松了梬，以此屁股（mouẓe‘-i-izār）上结实地挨了十七下以示惩处。亦都护仍然坚持不承认，不肯招供。他们让他跟孛勒迷失-不花[13]对质，后者说："除了讲实话，别的法子对你没有好处。"但亦都护仍坚持前错，不说出他们之间讲过的话。八剌必阇赤也给带进来。他当着亦都护的面，把他们之间的话从头到尾说了一遍。亦都护大吃一惊，问："你是八剌吗？"[14]既然他的名字是八剌，他回答说："是的。"随此，亦都护也招认了，因此给他松了刑，把他送往不远的地方。仳理伽忽底受到种种刑罚，也说出实话，承认有罪，剩下来两三个人，分别受到拷问；他们吃够鞑靼粗暴鞭笞之苦头后，吐露实言，讲出心里隐藏的东西。然后，他们都被押进来相互见面，在不戴手铐脚镣的条件下，被盘问他们订立谋逆盟约的过程。"彼等曰：'此固真实者？'彼辈曰：'唯，指余主为誓。'主曰：'然则汝辈因不愿归信而尝此谴罚。'"[15]

从这般人身上取得口供，上呈普天下的皇帝作最后裁决，皇帝
下诏称，派使者把亦都护及其同伙押回别失八里。在一个礼拜五，
52 也就是他们打算进攻正教徒的那天，老百姓，有一神教徒，也有偶
像教徒，都被传到郊外，于是执行伟大天子的诏令。亦都护的兄弟
斡根赤[16](Ögench)亲手把他斩首；他的两个同犯，仳理伽忽底和爱
的怯赤被锯为两半。如此一来，在这个国家中，那群邪恶异端的奸
谋诡计，及其肮脏信仰，给涤荡无遗。“于是众悖戾之徒被剪除殆
尽。一切赞美悉归真主——那普世之主！”[17]全能真主的恩典使信
徒们兴高采烈，把偶像教徒践踏在地。

> 真理发光，刀剑出鞘，
> 慎防林中狮子，慎防！[18]

八剌必阇赤原来是海迷失的官吏。当谋逆者受审，而且因此受刑时，就在这个密谋泄露前，他已给囚禁起来，失去活命的希望。现在，他跟别的一些人给押到郊外，剥光衣服等候正法。但是，别吉[19]因为生病，病势严重，为她的长寿而施慈恩，就赦免那天本当处死的人。故八剌也刀下逃生。

53
> 看！对战士说，战场是那么狭窄，
> 但枪下逃生仍有可能！

因为大赦令先到，这次他才留下一条命。但是，他的妻妾子女、奴仆牲畜，他的动产和不动产，全给没收和瓜分。按蒙古人的风俗，一个该当死刑的犯人，如果遇赦活命，那就送他去打仗，理由是：若他注定该死，他会死于战场。否则他们派他出使不那么肯定会送他回来的外国。再不然，他们把他送往气候恶劣的热带地方。因

此，埃及和西利亚气候炎热，他们便遣八剌出使那些地方。

撒浑在阴谋中牵连不深，他和拔都(Batu)的宫廷又有些关系，因之只在屁股上挨了一百单十下结实的棍子，就无事了。

至于引起人们注意这次阴谋的帖格迷失，他很受恩宠。全能真主又赐给他伊斯兰的尊号。

此次骚乱风暴平息后，斡根赤动身入朝。他受命继承其兄的位子，取得亦都护之号。

这些事发生在650/1252－1253年。

注　释

① 有关反对蒙哥的阴谋，见后。

② 也就是八剌书记(bitikchi, bitigchi)。

③ 他显然是萨仑的。见前。

④ 原文作BYLKAFTY，读作BYLKAQTY。比较Bilge Qut的称号，这个称号是授给杀死哈剌契丹少监的仳俚伽的。见田清波和柯立福：《梵蒂冈秘密档案所的三份蒙文文件》，第488页，同见上文，第85页，注④。柯立福教授在1956年2月6日的信中告诉我说，这个称号的汉文写法(仳俚伽忽底)，和Bilge Qutï的对音也极吻合。至于qutï(译意为“他的运气”，用作“殿下”或“陛下”之意)，其用法见拉德洛夫，《畏吾儿文献》，第146页。

⑤ 原文作TWKMYŠ BWQA，读作BWLMYŠ BWQA。此名的第一部分，A本作BWLMYŠ，D本作BWLMS，E本作BWLMYŠ. Bulmïsh、Bolmïsh用作人名，见拉德洛夫，前引书同页。

⑥ SAQWN。显然为可失哈利(第Ⅰ卷，第403页)的Saghun，授予哈剌鲁突厥人的称号。

⑦ AYDKAǰ。拼法不确定，E本作ANDKAǰ。

⑧ 指斡兀立海迷失(Oghul Ghaimih)皇后及其两子。斡兀立海迷失是贵由的寡妻、帝国的摄政者(关于她，见后第37章)。

⑨ TKMYŠ。这个名字，多半跟摩诃末花剌子模沙的父亲名 Tekish，Tegish，来自同一语根。参看伯希和昂比斯，《亲征录》，第 91 页。

⑩ 突厥语义为"法庭"。

⑪ 原文作 MNKFWLAD，B 本作 MNKWFWLAD，但是，我宁愿分别根据 C 本和 D 本的 MNKWBWLAẒ、MNKWBWLAT（第Ⅱ卷，第 247－250 页），读作 MNKWBWLAD。bolad、bolat 是波斯语 pūlād、fūlād"钢"的突厥语形式。

⑫ MNKSAR。关于忙哥撒儿，见后，第 ii 册，第 578－581 页，同见伯希和昂比斯，前引书，第 368－369 页。

⑬ 这儿，此名的第一部分，原文作 TKMŠ，A 本作 BKMŠ，D 本作 BWKMŠ，E 本作 BKMYŠ。

⑭ 此处有个双关语，因为 balā 的阿拉伯语义为"灾难"。

⑮ 《古兰经》，第 xlvi 章，第 33 节。

⑯ AWKNǏ。柯立福教授在前引信中告诉我说，《元史》《亦都护巴而术传》（卷 122，列传卷 9）称，亦都护死后，次子玉古伦赤（Ügürünchi）继位，玉古伦赤显为志费尼之斡根赤。传中没有提到长子（或如志费尼说，有两个较长的儿子：怯失迈失和萨仑的）。

⑰ 《古兰经》，第 vi 章，第 45 节。

⑱ 阿布塔马木（Abu-Tammam）的一首赞美阿拔斯朝（'Abbasid）哈里发木塔辛（Mu'tasim）的合西答的头两行。（穆．可．）

⑲ 即唆鲁禾黑帖尼别吉（Sorqoqtani Beki），拖雷的寡妻，蒙哥、忽必烈和旭烈兀之母，关于她，见后第 117 页，注㉛。

7. 亦都护和畏吾儿地的起源
——据他们自己的说法[1]

在写下他们的历史后，我们再记录一些载诸他们史书中有关他们宗教信仰的事；我们把这些提供出来，系作为异闻传说，不作为真实信史。

畏吾儿人认为他们世代繁衍，始于斡儿寒[2]（Orqon）河畔，该 54
河发源于他们称为哈剌和林[3]（Qara-Qorum）的山中；合罕近日所建之城池即因此山得名。有三十条河发源于哈剌和林山；每条河的岸边居住着一个不同的部族；畏吾儿人则在斡儿寒河岸形成两支。当他们人数增多时，他们仿效别的部落，从众人当中推选一人为首领，向他表示臣服。这样一直过了五百年，才出现不可汗[4]（Buqu Khan）。现在，有人说不可汗就是阿甫剌昔牙卜[5]（Afras-iyab）；哈剌和林附近的山旁有口废井和一方巨石，这口井据说是皮任[6]（Bizhan）井。

斡儿寒河岸尚有一座城池和一座宫殿的遗址，城名是斡耳朵八里[7]（Ordu-Baligh），虽然它今天叫做卯危八里[8]（Ma'u-Baligh）。宫殿废墟外，对着大门，有些刻着文字的石头，我们亲眼得见。合罕在位时，曾将这些石头移起，发现一口井，井内有块刻
有铭文的大石碑[9]。有诏教所有人都去译读碑文，但无一人能译 55

读它。于是从契丹召来些叫做……[10]的人：刻在石上的原来是他们的文字，这就是上面所写的：

当时，哈剌和林有两条河，一名秃忽剌[11]（Tughla），一名薛灵哥，汇流于合木阑术[12]（Qamlanchu）之地；两河间长出两棵紧靠的树；其中一棵，他们称为忽速黑[13]，形状似松（nāzh），树叶在冬天似柏，果实的外形和滋味都与松仁（chilghūza）相同；另一棵他们称为脱思[14]（toz）。两树中间冒出个大丘，有条光线[15]自天空降落其上；丘陵日益增大。眼见这个奇迹，畏吾儿各族满怀惊异；他们敬畏而又卑躬地接近丘陵：他们听见歌唱般美妙悦耳的声音。每天晚上
56 都有道光线照射在那座丘陵三十步周围的地方，最后，宛若孕妇分娩，丘陵裂开一扇门，中有五间像营帐一样分开的内室，室内各坐着一个男孩，嘴上挂着一根供给所需哺乳的管子；帐篷上则铺有一张银网。部落的首领们来观看这桩怪事，畏惧地顶礼膜拜。当风吹拂到孩子身上，他们变得强壮起来，开始走动。终于，他们走出密室，被交给乳母照管，同时，人们举行种种崇拜的典礼。他们断了奶，能够说话，马上就询问他们的父母，人们把这两棵树指给他们看。他们走近树，像孝子对待父母一样跪拜；对生长这两棵树的土地，也表示恭敬和尊敬。这时，两棵树突然出声：“品德高贵的好孩子们，常来此地走动，克尽为子之道。愿你们长命百岁，名垂千古！”[16]当地各部落纷纷来观看这五个孩子，犹如对王子一样尊敬他们。大家离开的时候，给孩子各取一名：长子叫孙忽儿的斤（Sonqur Tegin），次子叫火秃儿的斤（Qotur Tegin），三子叫脱克勒的斤（Tükel Tegin），四子叫斡儿的斤（Or Tegin），五子叫不可的斤（Buqu Tegin）。[17]

考虑到这些奇迹，大家一致同意，必须从五子中推选一人当他
们的首领和君王；因为，他们说，这五子是全能真主赏赐的。他们
发现，不可汗品貌秀美，才智出众，胜过别的诸子，而且，他通晓各
族的语言文字。因此，他们一致举他为汗；于是他们会集一起，举 57
行盛会，把他拥上汗位。此后，他打开公正的地毯，收起暴虐的卷
席；而且他有很多扈从、家臣、部属和奴仆。全能真主赐给他三只
尽知各国语言的乌鸦[18]（zāgh），他在哪儿有事要办，乌鸦就飞往哪
儿去侦察，把消息带回。

不久，有个晚上，他在房里入睡，一个少女的身影从烟孔中下来，惊醒了他；但他因害怕，仍然装做睡觉。第二天晚上，她又来了，第三天晚上，听从他的宰相的劝告，他起身随少女到达一座称为阿黑塔格[19]（Aq-Tagh）的山上，两人在那里一直谈到天亮。他每天晚上都到那儿去，一连七年六个月又二十二天，并且他们相互交谈。最后一夜，少女跟他诀别，对他说：“从东至西的土地将归你统治。可勤勉努力去完成此业绩，善治百姓。”

因此，他调集兵马，派孙忽儿的斤率三十万精兵征蒙古和吉利
吉思；火秃儿率十万装备相当的人马征唐兀；又派脱克勒的斤率十
万人伐土番；他率三十万人亲征契丹，留一个兄长替他看守本土。
各路人马从征伐中凯旋，带回的战利品不计其数；他们还从四方俘
获了很多人回到斡儿寒河畔的老家，建造斡耳朵八里城；于是整个 58
东方都在他们的统治之下。

这时，不可汗梦见一个身穿白衣，手持白杖的老人；[20]老人给他一块状如松果的碧玉，说：“如你能保住这块玉石，那普天下将在你的令旗的庇护下。”他的丞相也做了个相同的梦。次日晨，他们

开始整治军马;然后他便向西方各国进军。当他抵达突厥斯坦边境时,他发现一片水草茂盛的美好平原。他本人在此驻留,兴建八剌撒浑(Balasaqun)城,现在,该城叫虎思八里[21](Quz-Baligh);同时派他的军队出征四方。十二年时间内,他们征服了所有的国土,没有留下一个反抗者和不服者。他们最后抵达一个地方,看见长着动物肢体的人,他们知道再往前走就没有人烟了。因此他们带
59 着各国的帝王班师,到那里献给不可汗。不可汗按照各自的身份优礼相待;只有印度国王除外,因为他面目可憎,不可汗不许他入见。他放他们各返本土,向他们征收贡赋。接着,因他的征途中障碍已扫清,他决定从虎思八里回师;返回他原来的驻地。

畏吾儿人崇拜偶像,[22]原因在于那时候他们会巫术,行使巫术的人,他们称之为珊蛮[23](qam)。时至今日,仍然有蒙古人为兀卜纳[24](ubna)所制约,胡言乱语,自称有通报万事的鬼神附体。我们曾向一些人打听珊蛮的情况,他们说:“我们听说,鬼神从烟孔进入他们的营幕,跟他们交谈。可能妖精和他们某些人亲近,并且和他们有来往。就在他们用一种妖术(az manfaẓ-i-birāz)满足他们的天生欲念时,他们的魔力达其最强程度。”总之,我们说的这些人被称为珊蛮。蒙古人尚无知识文化的时候,他们自古以来就相信这些珊蛮的话;即使如今,蒙古宗王依然听从他们的嘱咐和祝祷,倘若他们要干某件事,非得这些法师表示同意,否则他们不作出决定。[25]他们用同样的方法治病。

60 当时契丹的宗教是偶像教。不可汗派一名使者给[该国的]汗,召请脱因[26]去见他。他们来到后,不可汗命他们跟珊蛮辩论,哪方驳倒对方,畏吾儿便归信哪方的宗教。脱因诵读一段他们的

[圣书]《那木》[27](nom)。《那木》包括他们的神学理论，其中有些无稽之谈和传说；但是，其中也找得到与诸先知的法规、教义相吻合的优良训诫，如教人不要为非作歹，以德报怨，勿伤害野兽，等等。他们的教规、教条五花八门；最典型的是轮回说。他们称，今天的人类，几千年前即已存在，那些乐施好善，虔诚礼拜者，他们的灵魂按其品行分为一定的等级，或为帝王、或为诸侯、或为农夫、或为乞丐；另外，那些从事冶游(fisq)、淫乱(fujūr)、谋杀、谗谮、伤害同类者，他们的灵魂被贬抑为爬虫、野兽及其他动物；因此他们终归恶有恶报。不过，那时候[到处]都愚昧无知之极，“他们宣扬的是他们做不到的事。”

脱因读完几篇《那木》，珊蛮哑口无言。所以，畏吾儿人采用偶像教为他们的宗教，其他部落大多仿效他们的榜样。谁都比不过东方偶像教徒之执迷不悟，谁都比不过他们之敌视伊斯兰。

至于不可汗，他幸福地活到他去世的时候。我们记录的这些迷信事，仅仅是许多传说中的几个，可以讲述的百分之一。我们谈这些，目的是暴露畏吾儿人的愚昧无知。

有个朋友对我说，他读过本书，上面写道：有人在这两树之间的空地上，做好一个洞，把自己的孩子放进去，在其中点上蜡烛。然后，他领人去看这桩怪事，向洞子礼拜，教别人也如此做。他这样欺骗他们，迄至他挖开土地，取出他的孩子。

不可汗死后，他的一子继承他。 61

畏吾儿各部和各族，每逢传来马嘶声、犬吠声、牛鸣声、骆驼吼叫声、野兽咆哮声、羊群咩咩声、鸟雀啾喳声、婴儿呜咽声，都从中听见一种“喝起、喝起！”[28](köch、köch)的呼喊，因此，他们便从他们驻扎之地挪动。不管他们停留在何地，都听到“喝起，喝起！”的呼喊。最后，他们来到后来兴建别失八里的平原，那呼喊才平息下来。他们在该处定居，筑成五个城镇，称之为别失八里㉙：这五城逐渐发展为一条长而宽的镇区。从此后，他们的子孙当上帝王，并且他们称自己的君王为亦都护。而那株代表他们家族的树（那株该诅咒的树）㉚，被移附在他们住宅的墙上。

注　释

① 这章已由多桑译成法文（多桑，第Ⅰ卷，页 429－435 页），由塞勒曼（Salemann）译为德文（载拉德洛夫，《福乐智慧导言》，第 xli－xlix 页）。

② ARQWN。即鄂尔浑河。

③ 译意为“黑岩石”，由突厥语 qara“黑”及 qorum“岩石”而来。

④ 马迦特，《志费尼对畏吾儿人转变的叙述》，第 486－487 页，认为不可（Buqu）是一个历史人物，也就是合剌八剌哈孙（Qara-Balghasun）碑文中提到的汗（见后，第 54－55 页，注⑨），在他统治时期，摩尼教传入畏吾儿。另外，伯希和，《突厥斯坦评注》，第 22 页，认为 Buqu 是志费尼对 Bügü 的拼写形式，“多少带有传说性的第一个畏吾儿汗之名。”

⑤ 阿甫剌昔牙卜是民族史诗中的人物，他在诗中是都兰（Tūran）的国王，而且是伊朗的世敌。他和他的族人，最早可代表与琐罗阿士忒（Zoroaster）教为敌的伊朗部落，在史诗最后在菲尔道西的《沙赫纳美》中定形时，又被看成是近期的敌人：突厥人。

⑥ 皮任，伊朗英雄，被阿甫剌昔牙卜囚在井中。

⑦ 即古畏吾儿都城，合剌八剌哈孙。

⑧ 即“歹城”，由蒙语 ma'u“歹”，和突厥语 balïgh 或 balïq“城”而来。

⑨ 这多半是著名的三种文字碑（汉文、突厥文和粟特文），系颂扬畏吾儿君王移地健英义建功毗伽（Ai tengride qut bulmïsh alp bilge）可汗的。见格鲁赛，《草原帝国》，第 174 页。又，关于汉文的译文，见拉德洛夫，《蒙古的古突厥碑文》，第 286－291 页，史莱格，《黑城子回鹘碑上的汉文铭文》。然

而,此碑虽然相当详细谈到畏吾儿因从中国召来教士,而改宗摩尼教的事,却丝毫没有提及不可的神异出世或他的屡次征伐(这一点,马迦特已予以指出,见前引书,第 497 页)。有可能的是,黑城子碑铭就是前面提到的“刻有铭文的石头”? 有关俄人发现石碑的经过(原碑破为六块),见拉德洛夫,前引书,第 283 页。

⑩ 所有抄本均为一空白,仅 C 本作 QAMAĀN,J 本和 K 本(穆.可.编这部分时未曾利用)作 QAMAN,即 qams,shamans(见后,第 59 页,注㉓);但这不像是正确的。

⑪ TWΓLA。图拉河。

⑫ QMLANǏW。马迦特,《库蛮族源考》,第 59 - 60 页,认为合木阑术纯粹是神话般的地点。他指出,根本就没有图拉河和色楞格河合流之处,前者是鄂尔浑河的支流。可失哈利,第Ⅲ卷,第 242 页,把合木阑术仅看作是“亦乞-乌吉思附近一小镇的名字”。

⑬ 即西伯利亚杉。见前,第 21 页,注⑩。

⑭ 即桦树,原文作 TWR,据 E 本读作 TWZ。

⑮ “这条降落树上,使树受孕,并长五瘿的奇异光线,实际是摩尼教的。”(马迦特,《志费尼对畏吾儿人转变的叙述》,第 490 页。)

⑯ 参看拉施特对不可汗(Bügü khan)的叙述(见原文,第 54 页,注④):“(他)是古代一个伟大的君王,受到畏吾儿和〔其他〕很多部落的敬重,他们说他是一棵树生的。”(赫塔吉诺夫译,第 139 页。)马可波罗也知道这个传说,他说:“他们〔指畏吾儿人〕称,最早统治他们的国王,不是人生的,而是树浆在树皮上所结的,叫做 esca 的一个树瘿所生。”(别奈代脱,第 73 页)《元史》的记载(与志费尼的记载很接近),见白莱脱胥乃德,第Ⅰ卷,第 247 页。(《元文类》卷二十六虞集《高昌王世勋碑》作“卜古可罕”,但据志费尼的拼写,不可似应为 Buqu 的对音,“可”字不接下读,即不读作可罕——中译者注)。

⑰ 古突厥语 tegin(tigin),义为“君主”、“诸侯”。(唐代译作特勤——中译者注)而脱克勒(Tükel),我是据 D 本读作 TWKAL,不取原文之 TWKAK。

⑱ 这个波斯词义不清,今天指鹊和穴鸟。

⑲ 译义为“白山”,由突厥语 aq“白”和 tag、tagh“山”而来。或者就是摄政者弥南(Menander)所说的 Ektag(= Aq-tag),指天山而言。在此山的“一个盆地”中,西突厥君王伊室点密(Istemi)(552 - 575)接见了术思丁二世

(Justin Ⅱ)的使臣者马曲思(Zemarchus)。见玉尔,《中国以及通往中国去的道路》,第Ⅰ卷,第209页,格鲁赛,《草原帝国》,第129页。

⑳ 原文如此。它系根据E本,读作shakhṣī pīr rā。穆.可.采用的一切别的抄本,A本除外,均作shakhṣī hazār rā或shakkṣīhazār,"一千人"。有错误的A本似乎也作hazār rā,波德莱图书馆收藏的J本和K本相同,穆.可.编这部分时没有参考这两个本子。J本还作'aṣāhā,"(复数)手仗,"而非本文之'aṣā,"(单数)手杖。"在诸抄本中,显为复数主语所用的动词,却是单数形式,仅两个抄本除外,即C本和D本,它们作复数形式。从而,整个一段话也许应翻译为:"这时不可在梦里看见约一千人,都身穿白衣,手持白杖,等等。"塞勒曼和马迦特正是如此理解的,但塞勒曼译文中以'iṣābahā"头巾",代替'aṣāhā,所以这一千人被描写为"戴白头巾",而不是"持白手杖"。马迦特,前引文,第480页解释这段说:"这一千人显然是摩尼教徒,如他们的服装所……证明……。"(摩尼教徒常穿白衣——中译者注)

㉑ 八剌撒浑(Balasaqun, Balasaghun)(BLASAQWN)的确切位置不知道:它在楚河(Chu)流域某处。见巴尔托德,《突厥史》,第64-65页。至于虎思八里之名(原文作QR BALRΓ,我读作QZBALYT),应注意的是,据可失哈利,八剌撒浑也叫做虎思兀鲁思(Quz-Ulsh)(第Ⅰ卷,第62页,ulush和balïq"城"同义)或虎思斡耳朵(Quz-Ordu)(第Ⅰ卷,第124页)。〔据斯米尔诺娃,第182页,注③,八剌撒浑的遗址在托克马克(Tokmak)西南二十四公里〕。

㉒ but-parasti。这里指佛教:but"偶像",是从佛陀(Buddha)而来。见马迦特,前引书第489页。

㉓ qam是个突厥词。卢不鲁克把它跟khan和qa'an弄混了:"所有占卜者都叫做cham,从而他们所有的王公也叫cham,因为他们是靠巫术统治人民的。"(柔克义,第108页。)

㉔ 阿拉伯语为"病人的渴望。"

㉕ 参看卢不鲁克的叙述:"他们〔占卜者〕对于一切事情都要预卜吉凶;所以,没有占卜者的允许,他们决不召集军队,进行战争,而且(蒙古人)早该转回匈牙利,可是占卜者却不许。"(柔克义,第240页。)

㉖ 见前,第14页,注㉛。

㉗ 佛教的dharma。见马迦特,前引书同页。nom是希腊语的νσ-μos,经粟特语传入畏吾语和蒙语:现在它的一般意义在蒙语中是书。

㉘ 意为"走,走!"

㉙ 别失八里译意为"五城",见前,第 47 页,注⑯。

㉚ 比较"古兰经之被诅咒的树",(《古兰经》,第 xvii 章,第 62 节),即折黑幕(az-Zaqqūm)之树。"此树系从狱底生长者,其果实如魔鬼之头颅然;瞧!该诅咒者必食此,以饱其腹。"(《古兰经》第 xxxvii 章,第 62－64 节。)

8. 屈出律和脱黑脱罕[1]

成吉思汗打败汪罕，后者之子[2]及另外一些拥有大量部下的
62 人却得为逃脱。他奔往别失八里，从那里抵达苦叉(Kucha)，在苦
叉山里东游西荡，既无粮食又乏给养，而跟随他的那些人已作鸟兽
散。[3]现在，有人说，菊儿汗[4](gür-khan)的一队士兵俘获了他，带
他去见他们的主子；但据另一说法，他是自愿去的，[5]反正不管怎
样，他有段时间侍候菊儿汗。

63 当算端[6]开始背叛菊儿汗，东方诸侯也造反，寻求成吉思汗庇护，在他卵翼下免遭菊儿汗残害，这时，屈出律对菊儿汗说："我的人很多；他们遍布叶密立地区、海押立、别失八里；人人都在欺侮他们。如我获得允许，我可以把他们召集起来，靠这些人之力就能支援和加强菊儿汗。我决不能背离菊儿汗指定的方向，哪怕竭尽全力也要完成他的任何命令，决不掉头不顾。"用这番伪善的阿谀奉承，他使菊儿汗落入虚荣的陷阱。当菊儿汗赠他许多礼物，封他为屈出律汗的时候，他像强弩所发之矢一样飞驰而去。他兴起的消息传遍四方。哈剌契丹军中跟他有些关系的人都去投他；于是，他侵入叶密立和海押立地区。同样是[7]篾乞里部之长、震于成吉思汗猛袭威名而逃走的脱黑脱罕，也和屈出律结成同盟。而且屈出律的族人从各方去聚集在他身旁。因此他袭击诸地，劫掠这些地

方，攻打一处又一处；就这样他有了一支人数众多的军队，他的麾
下和士卒大大增强。然后，转向菊儿汗，他蹂躏和抢劫他的国土，
时进时退。当听到算端征服的消息时，他接二连三遣使见他，怂恿
他从西边进攻菊儿汗，而他自己从东边进攻；以此两面夹攻，他们 64
可以消灭菊儿汗。倘若算端首先征服和获胜，那么整个菊儿汗的
国土，远至阿力麻里和可失哈耳，都归他所有；反之，倘若屈出律占
了先手，夺取了哈剌契丹，那么所有的土地，至费纳客忒[8]（Fa-
nakat）河，将归他所有。如此议妥，按此条件立约后，他们遣军从
两面进攻哈剌契丹。屈出律占先；菊儿汗的军队在不远的地方被
击败，他遂劫掠讹迹邗[9]（Özkend）城内菊儿汗的宝藏，又从讹迹邗
转攻八剌撒浑。菊儿汗在此扎营；他们战于真兀赤[10]（* Chinuch）
境内，屈出律败北，他的士兵大半被俘。他返回自己的国土，着手
重整兵力。后来，听说菊儿汗与算端交战后已班师，而且暴敛百
姓，他的队伍也四散回家；屈出律就像云中的闪电一样向他突袭，
出其不意地把他俘获，夺取他的国土和军队。他取了他们的一个
少女为妻。乃蛮人原本大多是基督徒，但这个少女劝屈出律随她
皈依偶像教，放弃他的基督教[11]。 65

你用偶像般的面孔把我变成你的崇拜者，
迷住了我，而从前你却给我带来烦恼。
难怪天火焚毁我的肝脏，
因为崇拜偶像者该当火劫。

他在哈剌契丹的国土上得到巩固后，屡次跟阿力麻里的斡匝儿汗[12]（Ozar Khan）交锋。最后，他突然把斡匝儿汗擒获于他的猎

场上，并将他杀害。

可失哈耳和忽炭(Khotan)的君王曾起兵造反，可失哈耳汗之被菊儿汗所俘囚。屈出律把他从狱中释放，送他回可失哈耳，但是，当地的贵族阴谋害他，就在他将入城时，把他刺杀在城门。因此，每逢收获季节，屈出律便派兵去毁坏他们的庄稼，用火把庄稼烧光。三、四年来，他们都收不到庄稼，发生大饥馑，百姓为饥饿所困；这时他们服从他的命令。他率领军士上可失哈耳，凡有主子的人户，他都派一名士兵居住，因此他们全都跟居民共聚一堂，同住一屋。处处看得见奸淫烧杀；而且异端的偶像教徒随意大肆胡作非为，谁都阻止不住他们。

屈出律由此进兵忽炭，攻占了该地；接着他强迫该地居民放弃回教，要他们从下面二者中任择其一：要么信奉基督教或偶像教要么穿上契丹人的袍子。既然改奉他教是不可能的，迫于无奈，他们
66 穿上契丹人的服装。全能真主曾说："若非出自本意，且非行恶者，是为被胁迫之人——确实，汝主至恕至慈。"[13] 穆真(muezzin)的祈祷召唤，一神教徒和信士的礼拜，都被中断，学院被封闭和堕毁。有天，在忽炭，屈出律把大伊祃木们赶到郊外，跟他们辩论宗教的事。他们当中的一个、忽炭的伊祃木阿老丁·穆罕默德('Ala-ad-Din Muhammad)大胆跟他辩论：在遭受酷刑后，他被钉死在他的道院门上，此事下面将述及[14]。如此一来，穆斯林的事业陷入悲惨的境地，甚至它给全毁了，无休止的苦难和恶孽笼罩着主的奴仆；他们发出那幸而应验了的祷告，说：

主啊！当法老变得狂妄，
因拥有财富而不可一世时，

仁爱的主，全知的主，你大发慈悲，
把他投入海中直到他淹死。
那么这个在我看来一意孤行的家伙，
为什么不倒运呢？
尽管老天可以把它的意志加于一切人。
难道你不能把他逮住吗？
逮住他吧，国家才将得自由。[15]

这好像是祈祷之矢射中采纳之的，因为，当成吉思汗进兵算端
的州邑时，他派一队那颜[16]去消灭屈出律这个败类，清除他那叛乱
的恶果。屈出律当时在可失哈耳，可失哈耳人叙述如下："他们抵
达后尚未交锋，他就转身图逃，而且逃之夭夭。蒙古军一支接一支 67
到来，除屈出律外不向我们要什么东西，允许念塔克必儿和阿赞，
并且派一名使者在城内宣布，人人均可信仰自己的宗教，遵守自己
的教规。我们方明白，蒙古人的存在正是真正的一种慈悲，神恩的
一种仁爱。"

屈出律逃走时，住在城中穆斯林家的所有他的士卒，如水银泻
地般霎那间给消灭殆尽。接着蒙古军追击屈出律；他逃到哪儿，蒙
古人就追到哪儿。这样，他们把他追得像条疯狗似的，直到他逃到
巴达哈伤(Badakhshan)边境，进入叫做答剌-亦-迭剌集[17](Darra- 68
yi-* Dirazi)的河谷。当他走近撒里黑绰般[18](* Sarigh-Chopan)的
时候，他走错了路(他应当往右走)，进入一个没有出路的山谷。一
些巴达哈伤猎人正在附近山中打猎。他们看见屈出律及他的随
从，便向他们走去；同时蒙古人从另一面赶上来。因为山谷崎岖不
平，行走困难，蒙古人跟猎人达成协议。蒙古人说："这些人是屈出

律和他的部下，从我们掌中逃脱。如果你们捉住屈出律，把他交给我们，那么我们不向你们要别的东西。”猎人因此包围屈出律及其部下，把他俘获，交给了蒙古人。后者割下他的头，随身将头带走了，巴达哈伤人得到无数的珠宝、金钱作为战利品，这样满载而归。

由此应当说，谁要是践踏回教的信仰和法规，谁就决不会成功，反之，谁要是赞助它，哪怕它不是自己的宗教，谁就会日益兴旺发迹。

倘若真主点燃一支蜡烛，
吹它的人只有烧掉自己的须胡。

全能真主曾说：“在彼辈之前，吾人究曾殒灭若干代人？吾人未置汝辈之时，已置彼辈于世，吾人自天降淫雨于彼辈，使洪流泛滥于彼辈之足下：吾人更按其罪愆，聚而歼之，于是创生他族以继彼辈。”[19]

因此，可失哈耳和忽炭地区，直至算端统治的一片土地，都归于世界征服者成吉思汗。

69 至于脱黑脱罕[20]，他在屈出律得势时已离开他，到了谦谦州[21]（Qam-Kemchik）地区。成吉思汗派长子术赤率大军沿他逃走之途去消灭他：术赤清除了他这祸害，使他荡然无存。

他们班师时，被算端尾随上了；尽管他们不去挑战，算端却不能抑制自己，而一头栽进那谬误和幻觉的荒原。既然他不接受警告，他们便准备战斗。双方都进行攻击，两军的右翼各自击败对手。其余的蒙古军为这个胜利所鼓舞；他们攻击算端亲自坐守的中路；算端因此险儿被俘，这时，扎兰丁（Jalal-ad-Din）打退了进攻者，把他从那危境中救出。

一头凶猛的狮子，在其父面前奋战，
有比这更高尚的吗？[22]

战斗整整持续了一天，直杀到晚祷时刻，此时，因为金乌消失，地面黑如恶人的面孔，地脊暗若井底。

昨天夜晚，当大地潜伏等待光明之马时，
我看见黑暗中整个世界，
像一间孤寂的小屋，
人们确实可以说，它是一座阁楼，
昂首九天之上。

于是他们鸣金收兵，各返己营安歇。蒙古军接着回师[23]。他们回
见成吉思汗，成吉思汗则考验了他们的勇力，摸清了算端的兵力强 70
弱，同时也看到，他们之间已无尚未除去的障碍，已无能进行抗拒的敌人，这时，他动员他的军队，进攻算端。

算端呢，当他荡平世上的凶恶敌人时，他算得是成吉思汗的开路先锋（yezek）。因为，他虽然没有实现对菊儿汗的最后打击，他却动摇了他的统治基础；而且是头一个进攻他的人；也正是算端，消灭了其他诸汗和诸王。但是，凡事都有一定的限度，有始必有终，其延缓或耽误是难以想象的。“时候一到，秃笔枯竭。”

注　释

① TWQTΓAN（E本作TWQṬΓAN，第Ⅱ卷，第101页）。此名无疑地

是篾里乞部长的名字:《元秘史》的脱黑脱阿别乞(Toqto'a Beki)、拉施特的脱黑塔(Toqta)。伯希和,《金帐汗国》,第 67 - 71 页,讨论了该名的语源,并得出结论说,它和帖木儿的敌手脱黑塔迷失(Toqtamïsh)的名字一样,来自蒙古——突厥语动词 toqta、toqto,"停住","定住"。然而,志费尼所作这名字的形式,似乎已被操突厥语的人加以改变,赋予它一个完全不同的含义:"吃饱的鹰",从 toq"吃饱的"及 toghan"鹰"而来。伯希和,上引书,第 68 页,提到《元史》中出现的类似名字:脱不花(Toq-Buqa)、脱帖木儿(Toq-Temür)。至于称作该名的人是谁,志费尼却把脱黑脱阿别乞和他的一个儿子(火都(Qodu)或忽勒脱罕(Qul-Toghan))弄混了;在本章中,脱黑脱罕有时指父亲,有时指儿子。

② 志费尼的错误已由穆.可.所指出。屈出律不是克烈君主汪罕的儿子,而是乃蛮王太不花(Tai-Buqa),即塔阳罕(Tayang-Khan)的儿子。当他的父亲(于 1204 年)战死后,他逃奔其叔不亦鲁黑(Buiruq),不亦鲁黑死,又与篾里乞的脱黑脱阿合流。1208 年(或据《元秘史》为 1205 年),他们在也儿的石(Irtish)河上游遭到惨败。脱黑脱阿被杀,屈出律逃奔菊儿汗。见《元秘史》,第 198 节,柯劳斯,第 28 - 29 页,斯米尔诺娃,第 151 - 152 页,第 180 页、第 254 页。

③ 这些情节不见于拉施特,拉施特仅称屈出律从别失八里逃往苦叉。(斯米尔诺娃译,第 186 页。)

④ gür-khan 是哈剌契丹王的称号。对志费尼说,kür-khan 的拼法也许是可取的。比较卢不鲁克的 Coirchan(文该尔特,第 205 页)。在《元秘史》中,古儿罕(gür-khan)也是成吉思汗的对手扎木合采用的称号(第 141 节),汪罕的叔父也叫古儿罕,他因汪罕杀害自己的兄弟,所以把汪罕废黜(第 66 - 67 节)。据志费尼(第Ⅱ卷,第 86 页;第ⅰ册,第 354 页),这个称号的含义是"众汗之汗"。《元秘史》中,gür 总译成汉语的"普"。见伯希和-昂比斯,《亲征录》,第 248 页。另外,巴尔托德,《突厥史》,第 97 页,注①,认为这个称号的头半部分是古突厥语的 kür 或 kül。据可失哈利,kür 义为"勇敢的"、"英雄的"。kül,加巴因认为仅为一专门名词(Kül Tegin、Kül Chor),伯希和(《中亚史地九考》,第 210 页)则以为含义是"光荣的。"所以,gür-khan 或 kürkhan 是普天下的、英雄的和光荣的汗。

⑤ 一个有趣的史料。拉施特(斯米尔诺娃译第 180 页)对屈出律初见菊儿汗的描写如下:"他们说,当屈出律到达菊儿汗的斡耳朵时,他称他的一

名随从为屈出律，而在进见菊儿汗时，他自己装成一个马夫，坐在门口。菊儿别速(Gürbesü)〔菊儿汗之妻〕出外，看见屈出律，说：'为什么你们不把他带进来？'他们带他进宫，菊儿汗的异密们则被触怒，菊儿别速是菊儿汗的长妻，她有个女儿，叫做弘忽(Qunqu)，她爱上了屈出律。三天后，她嫁给了他。她非常专横，不许给她戴上顾姑(boghtaq)。她声称，她不愿戴顾姑，而愿像契丹妇女戴上尼克舍(nikse)。"柯立福教授(我引用的是1955年10月31日的信)认为弘忽就是中国的称号"皇后"，他指出，尼克舍(不列颠博物馆抄本东方部7628，500a作MYLSH，即milse——这段话不见于贝烈津本)可能系金，或女真词汇。至于叫做顾姑(boghtaq、boghtagh)的头饰，见后，第262页，注②。

⑥ 即算端摩诃末·花剌子模沙。

⑦ 前面已错误地把屈出律说成是克烈人，这里又暗指他是个篾里乞人！篾里乞(篾乞里(Mekrit)是此名的不常见的拼法)是一支森林部落，居住在色楞格河下流、贝加尔湖南岸。至于脱黑脱罕究竟是谁，见前，第61页，注①。看来这里可能指的是脱黑脱阿别乞本人，而这段话真正说的是他和屈出律在也儿的石河上的早期联合。见前，第61页，注②。没有别的史料提到屈出律在谢米烈契耶称雄后曾与篾里乞人结成过联盟。

⑧ 费纳客忒(或作别纳客忒)(Banākat)位于锡尔河右岸，近安格廉(Angren、Āhangarān)河口，但"费纳客忒河"这里可能指锡尔河本身。

⑨ 此处大概指锡尔河畔速格纳黑(Suqnaq)和毡的(Jand)两地之间的讹迹邗(见后，第87页)，但决非指拔汗那(Farghana)的讹迹邗(今吉尔吉斯的乌兹根(Uzkend))。

⑩ 原文作ḤYYNWḤ，其拼法极不确定，但这个名字的第二部分可能系突厥语的uch，义为"角"、"边"。译成"附近"(dar kanār-i)的成语一般义为"在……河岸"，所以*Chinuch可能为一条河，但它也可指"在……的边上"，这种情况下，*Chinuch可能为一地区或山岭。

⑪ 据前面第62页注⑤所引拉施特的一段文字，使屈出律改信佛教的是弘忽——菊儿汗和菊儿别速之女。在另一处，拉施特又把屈出律的改教归因于他的另一妻子，她被说成是"……部族的少女，他们多数是……，"第一个空白出现在贝烈津本(第XV卷第60页)和斯米尔诺娃本(第182页)中，而后面的子句却不见于斯米尔诺娃本。

⑫ 关于斡匝儿(AWZAR)见后，第75页。据扎马剌·哈儿石(Jamalal Qarshi)说，他的名字叫布匝儿(Buzar)。见巴尔托德，《突厥斯坦》，第401页，

伯希和,《金帐汗国》,第 185 页。

⑬ 《古兰经》,第 vi 章,第 146 节。

⑭ 见第 9 章。

⑮ 引自阿合马·马·阿不别克儿·客帖卜(Ahmadb. Abū-Bakr Kātib)的一首诗,诗中他讽刺撒曼朝的阿不-阿不答剌·宰哈尼(Abū-'Abdallah al-Jaihāni)。(穆.可.)

⑯ 据《元秘史》(第 202 和 237 节)和拉施特(斯米尔诺娃译,第 183 页;赫塔吉诺夫译,第 194 页)奉命追击屈出律的是名将哲别(Jebe)(志费尼作 Yeme)。

⑰ 原文作 WRARNY(D 本代之以 WRAZY),读作 DRAZY,即迭剌集(* Dirāzī)河谷。见下注。

⑱ 据米尔咱·海达尔的这段文字(艾利斯-罗斯编译,第 292 页),原文之 SRXǏWYAN(E 本作 SRXČWPAN),应读作 SRΓČWPAN,米尔咱·海达尔作 Sarigh Chupán(SRYΓČWPAN),并以 Darázukhān 代替原文之 WRARNY(见前注),米尔咱·海达尔在别处尚提到(前引书,第 353—354 页)Sárigh Chupán(SARYΓČWPAN),并补充说:"巴达哈伤人称〔巴达哈伤和瓦罕(Wakhan)之间〕的边境为答剌祖罕(Darázukhán)。可失哈耳人称之为撒里黑绰般(Sárigh Chupán)"。关于答剌祖罕,艾利斯解释说(前引书,第 354 页,注①):"我认为所讨论的地名是 Darazi-i-Wakhán 或即 Daraz-Wakhan,它指的是喷赤(Panjah)河上游的狭长河谷,今天往往称作撒里黑绰般或萨尔哈德(Sarhad)。"然而,志费尼的答剌-亦-迭剌集和撒里黑绰般,似乎不是一地,后者也许是沿前者的某一地点,可能系萨尔哈德(Sarhadd)县。上喷赤河谷(萨尔哈德河,即阿卜·亦·瓦罕(Āb-i-Vakhān))是马可波罗从西方到可失哈耳可能走的两条道路之一。见玉尔,《马可波罗》,第Ⅰ卷,第 175 页;同见戈尔迭,《马可波罗注释和补遗》,第 38,39 页。另一条更往北的道路,是沿着发源于维多利亚湖(Lake Victoria)的帕米尔河谷,在伍德发现它之后,长期被认为是乌浒水的河源;也可能屈出律从可失哈耳逃走,走的是这条路。据《元秘史》,第 237 节,屈出律是在撒里黑忽纳(Sarigh Qol),(段译作撒里黑昆(Sariq-Qun),"黄崖",但请参看伯希和《突厥斯坦评注》,第 55 页)被擒的。相同的地名见于拉施特(斯米尔诺娃译第 179、183 页),它通常被认为是西喀什噶尔地方的萨雷科耳(Sarikol)山脉。但要注意的是拉施特与志费尼一致说,屈出律是在"巴达哈伤边境"被俘和被杀的(赫塔吉诺夫译第 194 页,斯米

尔诺娃译第 179、183 页)。所以“叫做撒里黑忽纳的河谷(darra)”,大概更在萨雷科耳山脉以西。考虑到这些理由,斯米尔诺娃指出(第 179 - 180 页注⑦):这个地方多半就是指撒里黑库耳(Sarïgh-Köl)(撒里库耳(Sar-i Köl))——“黄湖”即维多利亚湖地区,俄人称此湖为佐尔库耳(Zor Kul);此说有如下事实为证:伍德的吉尔吉斯助手把帕米尔河谷叫做“锡里科耳(Sir-i-kol)都拉(durah)〔即 darra〕。”见伍德,《乌浒河源亲历记》第 332 页。由此看来,屈出律西逃的路线和马可波罗东行路线相同,不外是这两条可能走的道路中的一条。

⑲ 《古兰经》,第 vi 章,第 6 节。

⑳ 这里指火都或忽勒脱罕,非指脱黑脱阿别乞(见前 61 页,注①),但此段可能说的是篾里乞在也儿的石河之战后的逃亡。

㉑ 原文作 QMKBČK,读作 QMKMČK。谦谦州(Qam-Kem-chik 或拼作 Kem-Kemchik)指克姆(Kem)河(即上叶尼赛河)及其支流克姆契克(Kem-chik)河之间的地区。

㉒ 发勒斯编《沙赫纳美》,第 1632 页,第 2408 行。

㉓ 有关此战的整个叙述,见后。

9. 殉教的伊玛木——忽炭的阿老丁·穆罕默德

（真主怜悯他！）

屈出律征服可失哈耳和忽炭，放弃了基督教的教规，改从偶像教的习俗。之后，他逼迫这些地方的居民背叛他们纯洁的哈尼菲（Hanafite）教，皈依肮脏的邪教，并且逼迫他们从引路神光的照耀下转向异端的暗昧荒漠，从信奉慈悲的天主转而顺从那恶魔，这扇门既然不愿自行打开，他就用脚去踢它；因此，在武力下，他们被迫穿戴罪过的服装和头饰：礼拜和爱合马惕被取缔，祈祷和塔克必儿遭禁止。

真理已显露，难道彼等想解开它：
这用解不开之结系上的真理？

同时候，在他的淫威和专制下，他想用证据和证明来说服回教的伊玛木及基督教的僧侣。

71 但当你指望那不可能之事时，
你不过是在崩裂的斜坡上盖房子[1]。

城内发出通告，传达他的命令说：所有披学问和宗教衣袍的人，都必须亲自去郊外。那里共集中了三千多名著名的伊玛木，于是，屈出律对他们说："你们这群人中，谁个胆敢跟我辩论有关宗教和国家的事，而且胆敢不向我让步，不怕惩罚和酷刑？"因为在他那堕落的头脑中，他深信在场的人没有一个敢于反对他的话，驳斥他的议论；就算有人开了个头，可是惧怕他的强暴，这人也会克制自己，不去引那毁灭之火烧身，更不会"像〔羊〕一样用蹄子自掘坟墓"；反倒会证明他的谎言为真，肯定他的妄语属实。

但是，从这群人中站出那个上天护佑的沙亦黑(shaikh)、名副其实的伊祃木——忽炭的阿老丁·穆罕默德(愿真主照亮他的墓地，增加给他的酬奖！)；他走近屈出律，坐下来，在忠贞的腰间紧束真理之带，就宗教问题进行辩论。随着高昂的嗓音，这个殉教的伊祃木援引种种确凿的证明，视屈出律本人若无物；真理战胜虚妄，智士战胜蠢货，死后有福的伊祃木驳倒了十恶不赦的屈出律。"因为真理说得清楚，谬论则拙于言。"那个恶人的言谈举止中充分显出惊惶失措和羞愧；因缺乏勇气而怒火上升；以此他张嘴结舌。亵渎穆圣的下流话从他嘴里倾泻而出，而且用这种腔调，他讲了整整一篇话。宣讲真理的伊祃木，确信"倘若揭开盖子，我将更加坚定，"同时受到宗教热情的激励，不能容忍和无视他的胡言乱语；而是大声疾呼："住你的鸟嘴，你这信仰的敌人，你这该死的屈出律！" 72

当这些严厉的词句进入那傲慢的古伯列(Guebre)(拜火教徒——中译者注)、那下贱的异教徒、肮脏的恶棍耳中，他下令把阿老丁抓起来，强迫放弃伊斯兰教，改宗异端邪说。"去，去他的预言！"[2]

神光降落之地将不是恶魔的家园。

一连好几天，他被看守着，剥得精光，加上脚镣，饥渴交迫，而且不给他人间的饮食，尽管他是“我将与我主过夜，我主将予我食，赐我饮”的座上客。这个回教的伊祃木，好像赛母待（Thamud）人中的沙里哈[③]（Salih），又如雅各（Jacob）之饱尝苦难，吉尔吉[④]（Jirjis）之经受折磨。穆圣（愿他获得和平！）曾说：“大难先降诸先知之身，次及圣人，再次及贤者，再次及贤者以下。”他像约伯（Job）那样坚忍，像约瑟（Joseph）那样在他们的狱井中斗争。因为忠实情人在爱情的甜蜜中尝到刺痛时，他把这当作是新鲜的收获，当作是无限的幸福，并且说：“你给的一切东西都是甜的，不管它是良药还是鸩毒。”倘若他的爱人用手把毒药送给他喝，那么，如诗所说，

> 谁都可以从酥胸美妇手中吞食毒药！

因为他的味觉是甜的，他从柯罗辛和芦荟的苦味中发现蜜和糖的甘旨，而且说：

> 倘若我爱人亲手把毒药给我喝，
> 经过她的手，毒药会是可口的饮料。

73 当一颗明亮的心从神灯壁龛接受它的光源时，每时每刻它的信仰都更坚定，哪怕他受到痛苦的折磨和摧残。

> 你想跟你的情人结合吗？那就寻求痛苦吧；
> 因为玫瑰可能和棘刺长在一起。
> 抛弃你自己，那你可以到你情人的街上去，
> 因为这事可能充满危险。

最后，他们使用迷途者本性中所有的各种诡计——许愿、恐

吓、诱骗、威胁、惩罚，但他的神色不背离构成他内在质地的东西，这就是：探索、信仰、坚贞、信念；在这之后，他们把他钉死在他创立于忽炭的学院门上，于是他把灵魂交给真主，吟唱我主唯一的教条，并且教导他的同胞说：信仰不会因这短暂尘世中凡人的刑罚而毁灭，也决不会为狱火所禁制！再者，拿永恒的东西去交换瞬间的东西，为这仅仅是儿戏般尘世的粪土而舍弃那来世的安乐和幸福，这是彻头彻尾的欺骗，众所周知的谬误。全能真主曾说："人生今世，无非游戏，消遣；来世的宫邸必将为畏神者而设！汝其识诸？"[5]

于是他从这尘世牢狱飞往来世的天堂，从这最低层的栖息地飞往那至高的天阙。

朋友去见朋友，情人去见情人，
——世上有比这更美的吗？
如有人把胳臂围住他心愿的脖子，
这可以是一面抵挡灾难打击的盾牌。

这件事发生后，全能真主为清除屈出律的恶行，很快便派蒙古
军去讨伐他；在今世，他已因他的奸邪品行和不祥生命而受到惩 74
罚；在来世则受到狱火的折磨。愿他死不安宁！

而异端已知道，因真理获胜，
哈尼菲教不能被毁灭。

全能真主曾说："待人不义者将发现其遭遇若何！"[6]

注　释

① 引自著名诗人阿布勒哈散·阿里·本·穆罕默德·提哈迷(Abul-Hasan 'Ali b. Muhammad at-Thāmi)的一首悼念其子的挽诗。

② 《古兰经》,第 xxiii 章,第 38 节。

③ 见前,第 17 页,注㊵。

④ 吉尔吉是英国的圣佐治(St. George),他不仅是基督教的圣人,也成为回教的先知。

⑤ 《古兰经》,第 vi 章,第 32 节。

⑥ 同上,第 xxvi 章,第 228 节。

10. 阿力麻里、海押立和普剌[1]诸地的征服，以及有关这些地区统治者的记述

菊儿汗统治时期，这些地方的统治者是海押立的一个阿儿思兰汗[2]（Arslan Khan），他由菊儿汗的沙黑纳协同治理该地的政事。当菊儿汗的祚运开始衰微，邻近的侯王煽起叛乱火焰时，忽炭的算端也起兵造他的反。菊儿汗率师讨忽炭的算端，同时候向阿儿思兰汗要求援助。他这样做，动机是要把阿儿思兰汗置诸死地；由此，若阿儿思兰汗也和其他君王一起谋反，他就可以干脆把他除掉；另外，若他表示服从，但对穆斯林温情脉脉，讨伐忽炭不力，那以此为借口，他同样要他的命。阿儿思兰汗遵命赶去见他。可是， 75
菊儿汗的一名将官，名叫沙木儿·塔阳古[3]（Shamur Tayangu），跟阿儿思兰汗早就很有交情，把菊儿汗的图谋告诉他，还说："要是菊儿汗对你下毒手，你的家室子女也将绝灭。替你子女的前途着想，你最好的办法莫如服毒自尽，以此摆脱这不幸人生的苦难和那残暴的君主。到时我将替你说话，让你的儿子继承你的位子。"因为别无逃生之路或避难之地，他就自己饮下致命的鸩毒，一命归天。沙木儿遵守诺言，为其子谋得他的位子，菊儿汗优礼把他打发回去，派一名沙黑纳去监护他。事情如此下去，直到成吉思汗的威

名及其兴起的消息传遍四方。故此，因菊儿汗的监护官对百姓越发专横暴虐，他被阿儿思兰汗的儿子所斩，后者接着投奔成吉思汗的宫廷，在那里蒙受恩渥。

阿力麻里有个忽牙思的哈剌鲁人，一条勇猛绝伦的汉子，名叫斡匝儿。[4]他常从畜群中偷盗人们的马匹，还干别的犯罪勾当，如拦路抢劫等。他受到当地的歹徒的拥戴，因此变得十分强大。这时，他不时进入各个村落，但凡有某地的百姓不归降他，他就用武力强占该地。他这样干下去，终于攻占了该地的首镇阿力麻里，并征服整个地区；他还攻占普剌。屈出律屡次攻打他，但屡次败北。于是，斡匝儿派一名使者往朝成吉思汗，上报有关屈出律的情况，自称是世界征服者的臣仆。他受到恩宠和抚慰以示奖掖；并奉成吉思汗之命，与术赤结为姻亲。当他作为藩属的基础巩固后，遵照

76 成吉思汗的诏旨，他亲身赴朝，在那里得到殷勤的接待。在他临行时，获得种种礼遇的殊恩，成吉思汗嘱咐他戒猎，免得突然成为其他猎人的猎物；而且作为猎物的代替，他赠给他一千头羊。然而，他返回阿力麻里，又热衷于狩猎，不能克制自己不作这种游乐；最后，有一天，因为毫无戒备，他在自己的猎场上被屈出律的士兵擒获，屈出律的士兵用链子缚着他，把他带到阿力麻里门前。阿力麻里人关闭城门，跟他们交战。但这时候他们突然得到蒙古军到来的消息；于是，他们离阿力麻里回师，把俘虏斩于途中。

斡匝儿虽然鲁莽，有勇无谋，却是个虔诚的、敬神的人，对苦行僧优礼相待。有天，一个穿苏菲(Sufis)衣袍的人去见他，说："我从权力和光荣的天庭出使来见你；而我的使命是，我们的财物几近空竭，因此眼下教斡匝儿借款为援，拒绝则属非法。"斡匝儿起身，

向苏菲敬礼，同时眼中泪如雨下。接着他命他的仆人取出一个金巴里失，赠给那个苏菲，说："你把我的敬意上达天主，向天主谨表歉意。"因此苏菲拿着金子走了。

斡匝儿死后，他的儿子昔格纳黑的斤（Siqnaq Tegin）获得圣上垂顾：他得到他父亲的位子，而且奉诏与术赤的一女成婚。 77

阿儿思兰汗呢⑤，他被遣回海押立，他也和一个皇女成亲。成吉思汗进攻算端的国土时，阿儿思兰汗带领自己的人马去与他会师，给他很大的帮助。阿儿思兰汗的一子如今尚存。蒙哥可汗把讹迹邗⑥赠给他为封邑，而因他们欠他父亲的情，所以蒙哥可汗很敬重他。

昔格纳黑的斤也蒙成吉思汗的恩宠，奉命治理阿力麻里。他死于归途。他的儿子在 651/1253－1254 年继承他的位子。

注　释

① 据白莱脱胥乃德，第Ⅱ卷，第 42 页，普剌（Fūlād、Pūlād）（波斯语"钢"）位于"赛里木湖不远之地，多半在流入艾比湖的博尔塔拉的肥沃河谷中。"它是卢不鲁克的 Bolat，在此地，"不里（Buri）的条顿奴隶"正在"采掘金子和制造武器。"（柔克义，第 137 页。）

② 和阿力麻里的斡匝儿一样，海押立的君王也是哈剌鲁突厥人。哈剌鲁人从前占领西部更多的土地，在楚河流域中，关于他们，见米诺尔斯基，《霍杜德》，第 286－297 页。

③ ŠMWR TYANKW tayangu，突厥语意为"侍从官"。

④ 见前，第 56 页，注⑫。

⑤ 如穆．可．指出，这必定不是服毒自尽的阿儿思兰汗，而是他的儿子。因此，穆．可．得出结论说，阿儿思兰汗与其说是个人名，还不如说是个世袭的称号。《元秘史》，第 235 节，对成吉思汗和海押立统治者之间的关系，说法略

有不同。到成吉思汗的将官忽必来(Qubilai)出征哈剌鲁时,阿儿思兰汗才来归顺。但他后来受到优遇,并获允跟汗的一女成亲。(按《元史·太祖本纪》:"六年辛未(1212),帝居怯绿连河。西域哈剌鲁部主阿昔兰罕来降",阿昔兰罕即阿儿思兰汗之异译——中译者注)

⑥ 显即锡尔河畔的讹迹邗。见前,第64页注⑨。

11. 征讨算端诸地的原因

成吉思汗统治后期，他造成一片和平安定的环境，实现繁荣富强；道路安全，骚乱止息：因此，凡有利可图之地，哪怕远在西极和东鄙，商人都向那里进发。因为蒙古人没有定居于任何城镇，商旅也没有在他们那里汇集，所以衣物在他们当中非常缺乏，跟他们做买卖所得到的利益，人所共知。故此，忽毡[1]（Khojend）的阿合马、异密忽辛的儿子，还有阿合马·巴勒乞黑[2]（Ahmad Balchikh）等三人，决定共同到东方各地旅行，并在收集了大量的商品——织金料子、棉织品、撒答剌欺[3]（zandanichi）及其他种种，他们认为适用的东西之后，便登上旅途。到这个时候，蒙古诸部大多被成吉思汗所败，他们的驻地被毁，而且整个地区的叛乱已被肃清。所以成吉 78
思汗在大道上设置守卫（他们称之为哈剌赤（qaraqchis））并颁布一条札撒：凡进入他的国土内的商人，应一律发给凭照，而值得汗受纳的货物，应连同物主一起遣送给汗。当这班商人抵达边境时，哈剌赤看中巴勒乞黑的织品和别的货物，就送他去见汗。打开和摆出他的货物后，巴勒乞黑对他最多用十个或二十个的那购进的织品，竟索价三个金巴里失。成吉思汗对他的吹嘘很震怒，嚷道："这家伙是否认为我们这儿从前根本没来过织品？"他吩咐把收存在他府库中前代诸汗所有的织品给巴勒乞黑看，籍没（dar qalam

āvarda)他的商货，作为赃物来分配，而且把他本人拘留。然后，成吉思汗派人把他的同伙叫来，连他们的货物也悉数送去。尽管蒙古人再三追问货物的价钱，商人们不肯讨价，倒说："我们把这些织品献给汗。"这句话得到赞许，于是，成吉思汗叫每件织金料子付给一个金巴里失，每两件棉织品与撒答剌欺付一个银巴里失。他们的同伴阿合马也被放回，他的货物以同样的价钱被收购；对他们三人都优礼厚待。

在那些日子里，蒙古人尊敬地看待穆斯林，为照顾他们的尊严和安适，替他们设立干净的白毡帐；但在今天，由于穆斯林相互诽谤及其他道德上的缺点，他们已使自己变得如此卑贱和褴褛。

这些商人返回的时候，成吉思汗命他的儿子、那颜、将官，各从
79 自己的部属中抽调两三个人，给他们一个金巴里失或银巴里失作本钱，让他们随那队商人去算端的国土，在那儿作生意，收购奇珍异宝。他们遵命各从自己麾下派出两三个人，这样共集中四百五十名穆斯林。然后，成吉思汗给算端致以如下的使信："你邦的商人已至我处，今将他们遣归，情况你即将获悉。我们也派出一队商旅，随他们前往你邦，以购买你方的珍宝；从今后，因我等之间关系和情谊的发展，那仇怨的脓疮可以挤除，骚乱反侧的毒汁可以洗净。"

一行人抵达讹答剌，该城的长官是个亦纳勒术[4](Inalchuq)，他是算端的母亲秃儿罕哈敦[5](Terken khatun)的族人，曾受封为哈只儿汗[6](Ghayir-Khan)。商人当中原有个印度人，他从前认识这个长官。现在他仅称他为亦纳勒术；同时因自己的汗力量强大而狂傲，他并不对这位长官敬而远之，更不顾及自身的安危。因此，哈只儿汗感到失措和不安；与此同时，他也起了谋财之念。于

是他将这些商人拘留，派一名使者往见在伊剌克的算端，向他报告
有关他们的事。没有稍加考虑，算端便同意要他们的命，认为剥夺
他们的财货是合法的，而不知道，他自己的生命将成为非法的，乃 80
至是一种罪孽，也不知道，他那幸运的鸟儿将折翅断羽。

灵魂有见识者指望把行为作本钱。

哈只儿汗执行算端的命令，剥夺这些人的生命和财产，更恰当说，他毁坏和荒废了整个世界，使全人类失去家园、财产或首领。为他们的每一滴血，将使鲜血流成整整一条乌浒河；为偿付他们头上的每一根头发，每个十字路口都要有千万颗人头落地；而为每一个的那，都要付出一千个京塔儿(qintar)

我们的财产被剥夺，我们的希望成泡影；
我们的事业处在危难的境地，
而我们的智谋仅仅是相互间的告诫。
他们抢去我们的牲口，赶走我们的马骡：
背上驮的货物压碎它们的雕鞍，
那驮的是家具、衣服、金钱和财宝；
都是收买来的、存放在府库中的。
老天如此惩治她的一些子民；
某些人的灾难看来是另一些人的宴乐。

这个命令到达前，有名商人设法逃出牢笼。弄清事情真相，探明他的同伴的处境，他动身去见汗，向他报告同伴们的遭遇。这些消息如此影响汗的情绪，以致无法平静下来，那愤怒的旋风把尘土投进仁爱的眼内，万丈怒火致使泪水夺眶而出，唯有洒下鲜血方能

扑灭它。在这种狂热中,成吉思汗独自登上一个山头,脱去帽子,
81 以脸朝地,祈祷了三天三夜,说:“我非这场灾祸的挑起者;赐我力量去复仇吧。”于是他下山来,策划行动,准备战争。因为他军队追捕的两个逃犯屈出律和脱黑脱罕尚挡住他的去路,所以他首先派兵去扫除他们的祸害和骚乱,此事已见前述。然后,他向算端遣使,对他提出那件他本来无需干的背信事,并且警告他说,他打算讨伐他,让他作好打仗的准备,用刀枪武装自己。

现在,有个完全确立的事实是:谁要是种下枯苗,谁就决无收获,可是,谁要是种下仇怨的苗,那大家一致认为,谁就将摘取悔恨的果实。因此,已故的算端,因脾气暴戾,本性和作风凶残,落入大难中;到头来,他的子孙还得饱尝惩罚的苦楚,他的后人还得经受灾痛。

恶有恶报,老天的眼睛没有睡觉。
皮任的像仍然绘在宫廷的墙上。
他在阿甫剌昔牙卜的牢狱中。

注　释

① 塔吉克斯坦的列宁纳巴德(Leninabad)。

② 拼法不确定,原文作 BAL*ḤYḤ*。

③ 不花剌以北约 14 哩的撒答剌(Zandana)(巴尔托德,《突厥斯坦》,第 113 页作 Zandān)村出产的一种衣料名。(撒答剌欺,译名见《元史》——中译者注)

④ 原文作 AYNALǰQ,B 本作 AYNALǰWQ,E 本作 AYNALČWQ。它是突厥语 ïnal 的指小形式。“应注意者,ïnalčïq 在察合台语中训为郡王(大

约如同 ïnal)，则可以说是一种人名，也可以说是一种爵号。”(伯希和，《突厥斯坦评注》，第 52－53 页。)

⑤ 即秃儿罕皇后(或作 Tergen，拼作 TRKAN)。关于这个突厥名字或称号，见伯希和-昂比斯。《亲征录》，第 89－91 页。

⑥ 意即“强大的汗”，ghayïr，或不如作 qayïr，是东方的 qadïr 的土库曼(Turcoman)同义词。(《元史》著录其名为哈只儿只兰秃，后半部之只兰秃或即 Inalchuq 之对音——中译者注)

12. 征服世界的汗征讨算端的国土和讹答剌的陷落

屈出律和脱黑脱罕的骚乱平息后，成吉思汗无需再忧虑他们，这时他整饬和训导他的儿子、大异密和那颜们，及千户、百户和十户，布置两翼和前锋，宣布一条新札撒，并于615/1218－1219年开始出兵——

率领年轻的突厥武士，
他们的猛袭使雷电失声失色。
82 倘若他们匆匆经过哈仑[1](Qarun)的宫室，
那么到傍晚时，
他将因为极端贫困而无一餐之资[2]。

他们都是神射手，发矢能击落太空之鹰，黑夜掷矛能捕获海底之鱼；他们视战斗之日为新婚之夜，把枪刺看成是美女的亲吻。

然而，成吉思汗先派一个使团去见算端，警告他说：他决心讨伐他，报杀商之仇。因为“提出警告者有理。”

当他抵达海押立地时，该地诸王中有阿儿思兰汗[3]率师从那里随汗出发，阿儿思兰汗在先已纳款臣服，服谦顺、屈己、轻财等法使自己免受成吉思汗的酷刑，由此得到宠信。从别失八里有亦都护率师与他会合，从阿力麻里前来的是昔格纳黑的斤及久经沙场的战士。因有这些人马，他的队伍倍增。

首先，他们兵临讹答剌城下，

> 杀气腾腾，连闪电也不敢向前迈步，
> 霹雳也不敢高声布道。

他们把成吉思汗的营盘(bārgāh)扎在城池前。这时候，算端已从他的后备(bīrūnī)中拨给哈只儿汗五万人，再派哈剌察·哈思哈只不(Qaracha Khass-Hajib)另带一万人援助他；而且，城堡、外垒(faṣīl)和城墙业已完固，大量军用物资也已集中。哈只儿这 83
方面，当城内作好一切战斗准备后，派出马步兵驻守城门，他本人则登上城头；从那里举目眺望，一幅料想不到的景象使他吃惊得咬手背。原来他看见郊外已变成一片无数雄师劲旅的汹涌海洋，而甲马的嘶叫，披铠雄狮的怒吼，鼎沸骚嚷，充塞空间。

> 天变蓝，地变黑，
> 大海因金鼓齐鸣而沸腾。
> 他用手指向原野上的人马，
> 一支无穷无尽的军旅[4]。

大军层层包围城池；当所有队伍在那里集中后，成吉思汗派将官分头出师。他遣长子[5]率几土绵的骁勇士卒往攻毡的[6](Jand)和巴耳赤邗[7](Barjligh-Kent)；另一些将官被遣往攻忽毡和费纳客忒。他亲征不花剌，留下窝阔台和察合台指挥那支奉命围攻讹答剌的军队。

因为骑兵能够在四面八方使用，守军不断进行战斗，抵抗达五

个月之久。最后，讹答剌人的处境变得绝望了，哈剌察就向哈只儿
84 倡议投降，把城池献给蒙古人。但是，哈只儿知道他是这场灾难的起因，不能指望蒙古人饶他不死；再者，他也明白，没有逃生之路。因此，他竭尽他的全力继续战斗，深知和解为失策，并不赞成投降，他说："倘若我们不忠于我们的主子(指算端)，我们如何为自己的变节剖白呢？我们又拿什么为理由，来规避穆斯林的谴责呢？"哈剌察这方面没有坚持他的意见，而等到

太阳不为尘世所见，
黑夜用衣裙遮住白昼的时候[⑧]，

他带领他的大部分士卒从苏菲哈纳(Sufi-Khana)门冲出。鞑靼军晚上从同一门入城，生俘哈剌察。当

东方的黑暗被灿烂晨曦射出
一条笔直光线所驱散时，

他们把哈剌察连同他手下的将官带去见察合台和窝阔台两王。两王认为对他们应严加审讯。最后，他们宣称："你们不忠于自己的主子，尽管由于过去的恩惠，他要求你们忠于他。因此，我们也不能指望你们的效忠。"他们就使哈剌察及其所有的同伴都成为殉教者[⑨]；同时候，讹答剌的有罪者和无辜者，既有戴面纱的，也有那些戴库剌黑(kulah)和头巾的，都像群绵羊给赶出城，蒙古人则大肆劫掠财物。

85 哈只儿呢，他和两万名好汉和勇士退守内堡，而且如诗所说

为微不足道的原因而死，和为伟大事业而死，

滋味两相同[10]，
我们都注定要死，不管老中青；
没有人能永远活在世上，

他们视死如归，在跟自己诀别后，一次冲出五十人，拿身子去拼刀枪。

我们这边，他们那边，枪矛在震响，
那是饥饿鳄鱼的吼叫[11]

只要他们有一个人一息尚存，他们就战斗不止；所以蒙古军伤亡惨重。战斗如此持续了整个一个月，最后仅剩下哈只儿和另外两人，但他们仍不断战斗，不愿回头逃跑。蒙古军攻入内堡，把他们困在屋顶；但他和他的两个同伴仍不投降。因为士兵奉命要生俘他，不要在战斗中杀死他，所以他们遵命没有杀他。这时候，他的同伴已尽忠殉节，他也没有武器了。因此妇女们从宫墙上把砖头递给他；砖头又用光了，蒙古人围拢来逮他。他采用很多计策，进行多次攻击，打倒许多人，终于被擒，给绑个结实，系上沉重的铁链。内堡和城池被夷为平川，然后蒙古人离开，那些刀下余生的庶民和工匠，蒙古人把他们掳掠而去，或者在军中(ḥashar)服役，或者从事他们的手艺。成吉思汗从不花剌进兵撒麻耳干，他们也向那里去。至
于哈只儿，蒙古人让他在阔克撒莱[12](Kok-Sarai)饮下死亡之杯， 86
穿上永生之服。

这就是天道：它一手捧着王冠，
一手拿着圈套[13]。

注　释

① 哈仑是旧约中的可喇(Korah),以他的巨富而知名。

② 引自阿不-亦沙黑·亦卜剌金-本·穆罕默德·迦集(Abu-Ishaq Ibrahim b. Muhammad al-Ghazzi)颂扬突厥人的一首著名合西答。(穆.可.)

③ 据朱思扎尼(拉维特译,第1004页,1023-1026页,以及1054-1055页),他和脱兰彻儿必(Tolan Cherbi)一起攻下北阿富汗斯坦的两个城堡。

④ 见发勒斯编,《沙赫纳美》,第473页,第633和642行。本文的bi-jūshīd daryā"海洋沸腾",发勒斯本作bi-junbid hāmūn"原野震动"。

⑤ 即术赤(Tushi、Jöchi)。有关这次远征锡尔河下游的细节,见第13章。同时代的回教著者伊本·额梯儿、朱思扎尼、讷萨怖等,只字不提此事。见巴尔托德,《突厥斯坦》,第36页。汉文史料《圣武亲征录》(见海涅士,《成吉思汗最后之远征及其死》,第527页)和《元史》(同上文,第530页,并见柯劳斯,第37页)均仅简单提到术赤攻养吉干(Yangï-Kent)和八儿真(Barchin)等城。

⑥ 毡的城的遗址在克孜尔奥尔达(Kzyl Orda)(从前的彼洛夫斯克(Perovsk))不远的地方,锡尔河右岸。

⑦ BARǰLYΓKNT。迦儿宾作Barchin,乞剌可思作Parch'in,威尼斯本讹为Kharch'in。它在毡的和速格纳黑之间的某处。

⑧ 发勒斯编,《沙赫纳美》,第474,第653行。

⑨ 这是蒙古人处理这类事的独特作法。例如,汪罕之子桑昆的马夫阔阔出,因为让他的主子死于荒野,被成吉思汗处死。(见《元秘史》,第188节。)又例如,征服者的劲敌扎木合,有几名背叛者,也被砍头作为他们劳苦之报。(同前书,第200节。)相反的,巴阿邻部的纳牙阿,劝其父兄放掉被俘的泰亦赤兀惕部长——成吉思汗的死敌,倒因此受赏。(同前书,第149节。)

⑩ 引自木塔纳比的一首合西答。(穆.可.)

⑪ 《哈马沙》中一诗人,穆塞兰·本·利牙黑·木里(Muthallam b. Riyah al-Murri)。(穆.可.)

⑫ 显即撒麻耳干的一个郊区,其中有一座叫这个名字的宫殿(后来替

帖木儿所建的宫殿也取此名)。见巴尔托德,《突厥斯坦》,第 412 页,同见后。

⑬ 发勒斯编,《沙赫纳美》,第 512 页,第 1234 行。

13. 兀鲁失亦都[1]出征毡的，以及毡的地区的征服

世界征服者成吉思汗颁发举世服从的诏令，命兀鲁失亦都攻取毡的地区，并由代表其他各子及族人的异密随他出师，一如他也曾以异密和士卒到别的军中代表他。在……月，兀鲁失亦都把这个意图付之实现，率领一支人马，好似凶神恶煞，没有法子能阻挡，没有武器能抗拒，火速前进。

首先，在逼近毡的城附近、位于河岸边的速格纳黑[2]（Suqnaq）
87 城时，他派哈散哈只[3]（Hasan Hajji）为使先行。这个哈散哈只，以商人的身份，早已归顺征服世界的皇帝，并被收纳为他的扈从。传达完使命后，因为他跟居民熟识，且系同族，他打算给他们发出警告，召谕他们投降，以此可以保全他们的生命和财产。进入速格纳黑，他传达了他的使命，但就在他要发出警告之前，城内的恶棍、流氓和暴徒（sharīrān va aubāsh va runūd）一阵鼓噪，高呼“阿拉阿克巴儿！”（意为“真主伟大”——中译者注），把他杀死；以为他们的这种行动是为一场圣战，渴望因谋杀这个穆斯林而获巨赏；然而，实际上，这次袭击将导致他们粉身碎骨，这次暴行将造成那群人的毁灭。“大劫将临，骆驼彷徨于水坑旁。”

兀鲁失亦都得知此信息，他将旌旗指向速格纳黑，而且，怒火

焚烧，他命士卒从早至晚轮番作战。军士奉命连攻七天，袭取了速格纳黑城，把宽恕的大门关闭，仅仅替一人报仇，几乎把他们所有的名字都从生命簿上一笔勾销。

当地的政事被委付给遇害的哈散哈只之子，让他去召集仍在穷乡僻壤的残存者；蒙古军从该地继续出师，攻占了讹迹邗[④]和巴耳赤邗，在那里，因百姓没有进行大抵抗，所以没有实行总屠杀。接着，他们进抵额失纳思[⑤]（Ashnas），该城的守军主要由流氓无赖（runūn va aubāsh）组成，他们打仗十分勇敢，多半殉难。 88

有关这些战事的消息传到毡的，守将忽都鲁汗（Qutlugh-Khan）及算端派驻该地的一支大军，如俗话所说，“三十六计，走为上着，”像条好汉[⑥]那样，挺身而起，在晚上转身就跑，登上旅途，渡河后横越沙漠，赴花剌子模去了。得知他逃跑及他的军队撤出毡的，蒙古人派成帖木儿[⑦]（Chin-Temür）为使者去见居民。他婉言抚慰，但告诫居民不要抗拒。因毡的城缺乏独断独行的首领或长官，人人都各按己见、自以为是，表明态度。百姓掀起一阵骚动，企图给成帖木儿——像哈散[⑧]那样——一帖苦药尝。成帖木儿觉察出他们的恶意，就在一篇机智、巧妙、温和及安抚的讲话中，提到速格纳黑事件和那些谋害哈散哈只者的下场，从而缓和了他们的情绪；接着他跟他们订立条约，申明他不让异军来干扰毡的。居民对这个忠告和条约表示满意，没有伤害他。他返回见兀鲁失亦都，详述他的经历：怎样企图要他的命，怎样用善言温语才转危为安，还描绘当地百姓的软弱无能，及他们在意见和情绪方面的分歧。虽 89
然蒙古人原本打算在哈剌忽木[⑨]（Qara-Qum）休驻，不打算进攻毡的，但因此故，他们旋辔进向毡的，一意要攻取该城。616 年沙法

儿月 4 日〔1219 年 4 月 21 日〕，他们兵临毡的城下；接着，军士忙着填塞城壕，对着它架设撞城器、射石机和云梯。城内的居民，除紧闭城门，像节日的观众那样坐在城头和城垛上外，没有作战斗准备。因为大部分市民从来没有战争经验，他们对蒙古人的活动感到惊讶，说："城墙上头怎么能爬上去呢？"然而，当造好桥，蒙古人将云梯架上城头的时候，他们投入战斗，发动一架投石机。可是，一块沉重的石头落到地面，打碎了那架就是发射它的那台投石机上的铁环[10]。因此蒙古人从四方爬上城墙，打开城门。双方无一伤亡。蒙古人接着把居民赶到城外，但因居民没有涉足于战斗，蒙古人便仁慈地以手抚他们的头，饶了他们的命；而一小撮对成帖木
90 儿无礼的首领被处死。他们强迫居民留在郊外达九天九夜，他们自己则劫掠城镇。然后，他们派阿里火者（'Ali Khoja）管治毡的，委托他照顾该地的福利。这个阿里火者是不花剌附近吉日杜万[11]（Qizhduvan）的土著，早在蒙古人兴起前已经为他们效劳了。他在这个职位上坐得很牢固，极受敬重，迄至死神要他离任的旨令从冥宫发出时，他一直担任此职。

一名将官率一土绵的军队进兵干[12]（Kent）城。他把它攻陷，在那里留下一个沙黑纳。

兀鲁失亦都则进向哈剌忽木。一支突厥蛮游牧人[13]，数约一万，由台纳勒[14]那颜（Tainal Noyan）率领，奉命往攻花剌子模。行军数日，他们的凶星挑动、煽惑他们去杀害台纳勒派去代他督军的蒙古人，举兵叛乱。在前面行军的台纳勒，回师扑灭了他们的叛变和骚乱的火焰，把他们都杀光，尽管有些人死里逃生，并和另一支
91 军队抵达马鲁和阿母牙[15]（Amuya），在那里他们人数大增，这将在

适当的地方叙述，愿真主允许吧。

注　释

① ALŠ AYDY(B本和D本作 ALWŠ AYDY)，拉施特的 Ulus-Idi“兀鲁思的主人，”指术赤。见我的论文，《志费尼书中一些蒙古宗王的称号》，第148－152页，其中，我提出，这个称号，和拖雷被称作兀鲁黑那颜的例子相同，是术赤死后的称号，以避免提到他的本名。拉施特(斯米尔诺娃译，第199－201页)不知道兀鲁失亦都即术赤，把前者说成是与后者共同负指挥责任的一名将官；贝烈津(第XV卷，第171页)则把兀鲁失亦都考证为畏吾儿亦都护；巴尔托德(《突厥斯坦》，第416页，注①)又以为他是忙忽(Manqut)部的哲台那颜(Jedei Noyan)。与分地——禹儿惕(yurt)或嫩秃黑(nuntuq)——有区别的兀鲁思(ulus)，“分民”，见弗拉基米尔索夫，《蒙古社会制度》，第124页，及以下诸页。

② SQNAQ。速格纳黑，或昔格纳黑(Sïqnaq)，其遗址今名苏纳克库尔干(Sunak-Kurgan)，在哈萨克的图门阿鲁克(Tumen-Aryk)邮站以北六七哩。见巴尔托德，《突厥斯坦》，第179页。

③ 如巴尔托德(前引书，第414页)所指出，哈散哈只(Ḥasan Ḥājjī)可能是阿三(Asan)，蒙古人在巴泐渚纳(Baljuna)遇到的回教商人。(《元秘史》，第182节。)

④ 见前，第64页，注⑨。讹迹邗的确切地点不知道：可能在卡腊套(Kara Tau)山中。见巴尔托德《突厥斯坦》，第179页。

⑤ AŠNAS。额失纳思(称作 Asanas)的遗址在锡尔河左岸，距河17哩，距伯尔卡桑(Ber-Kazan)邮站20哩。见巴尔托德，前引书，第179页，注④。

⑥ 这句话必定是用作讽刺的。

⑦ ǰNTMWR。这个名字为突厥语，义为“真铁”，由 Chïn“真”和 temür“铁”构成的。比较 Edgü-Temür“好铁”一名，并比较与 bolad“钢”构成的复合词，如 Kül-Bolat，“灿烂的钢”、Mengü-Bolad，“永久的钢”。拉施特在一处说(赫塔吉诺夫译，第141页)，他是汪古部人，在另一处(伯劳舍本，第37页)又重复志费尼的话(第Ⅱ卷，第218页，第ⅱ册，第482页)，说他是哈剌契丹人。巴尔托德(前引书，第415页，注①)指出，他可能受养育于哈剌契丹，要不然，

就是生活在汪古中的哈剌契丹人。有关他的情况，见后。

⑧ 意思说，既像哈散哈只，又像被妻子毒死的阿里之子哈散。

⑨ 原文作 QRAQRWM，即哈剌和林，但在第Ⅱ卷，第 101 页(第 ii 册，第 370 页)，它被说成是“康里人的驻地”，穆. 可. 采用了 G 本的读法，即 QRAQM，并把它考证为咸海东北的卡拉库姆(Kara Kum)沙漠(不要把它跟基发和马雷之间的另一卡拉库姆弄混了)。

⑩ 参照 1521 年墨西哥围城战中一个类似的插曲。参加过意大利战争的一名军士着手制造“一种石弩，一种发射巨石的器械，它在毁坏建筑物时，可以代替普通的炮车……

“……最后，器械制造出来，被围困的人怀着沉默的恐惧，从附近的阿佐特斯(azoteas)眼见这架即将平毁他们残余都城的神秘机械的制作，现在，他们恐怖地望着它的开动。机械开动了；石块以巨大的力量从弩炮发射。但是，并非飞向阿芝特克人(Aztec)的建筑，它高高地、垂直地飞入云霄，然后，落在发射它的地方，把那架不祥的机械砸个粉碎！”(普累斯科特，《墨西哥征服史》，第Ⅵ卷，第 vii 章。)

⑪ 原文作 QRDWAN，读作 QŽDWAN。乌兹别克斯坦之吉日杜万(Gizhduvan)。

⑫ 即养吉干(Yangï-Kent)(拉施特相应的一段作此名，见斯米尔诺娃译，第 200 页)，突厥语义为“新城”，迦儿宾作 Iankint。此城的遗址今名詹干(Jankent)，在“锡尔河南，距前基发朝城堡詹哈剌(Jān Qal'a)三哩，距卡扎林斯克(Kazalinsk)约十五哩。”(巴尔托德，前引书，第 415－416 页。)

⑬ 突厥蛮(波斯语 Turkmān，突厥语 Türkmen)是早期的古思人(Ghuzz)。塞勒术克朝和较晚的鄂图曼人(Ottomans)都属于这支突厥族。据得尼(Deny)说，这个名字有“纯突厥”的含义。见米诺尔斯基，《霍杜德》，第 311 页。

⑭ TAYNAL。这个台纳勒那颜可能是格利哥尔书第 303 页的 T'enal Nuin。见柯立福，《蒙古名称和术语》，第 430 页。然而，此名也可能读作 BAYNAL，即跟随绰儿马罕出征阿勒班尼(Albania)和谷儿只(Georgia)的别纳勒(Benal)(格利哥尔，第 296 页)。见柯立福，前引文，第 415－416 页。

⑮ 阿母牙(Amūya)，一般称为阿模里(Āmul)(不要把它跟祃椤答而的阿模里弄混了)，位于乌浒水左岸，马雷东北约一百二十哩，见雷斯特朗治，《东方哈里发的国土》，第 403－404 页。它是土库曼斯坦的查尔周(Charjui)。

14. 费纳客忒和忽毡的陷落以及帖木儿灭里[①]的传奇

阿剌黑那颜（Alaq Noyan）、速客秃（Sögetü）和塔孩[②]（Taqai），以及一支五千人的军队，被遣往费纳客忒。费纳客忒的守将是亦列惕古[③]灭里（Iletgü Malik）。他带领一支康里（Qangli）[④]军酣战三天，蒙古军毫无进展，直到第四天，

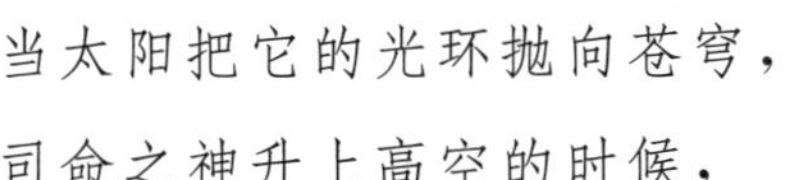

当太阳把它的光环抛向苍穹，

司命之神升上高空的时候，

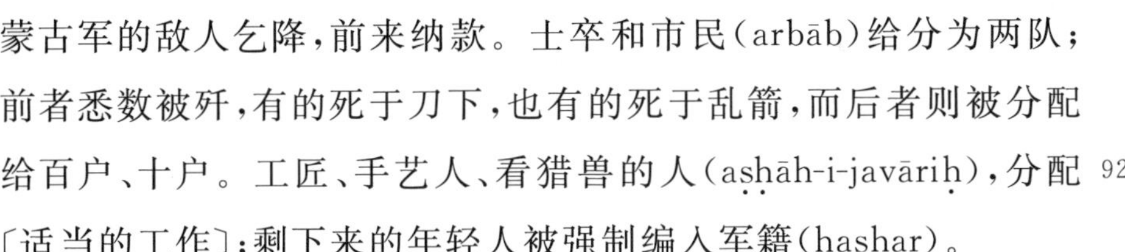

蒙古军的敌人乞降，前来纳款。士卒和市民（arbāb）给分为两队；前者悉数被歼，有的死于刀下，也有的死于乱箭，而后者则被分配给百户、十户。工匠、手艺人、看猎兽的人（aṣḥāh-i-javāriḥ），分配 92
〔适当的工作〕；剩下来的年轻人被强制编入军籍（ḥashar）。

然后，蒙古人进兵忽毡。他们兵临城下，居民躲进内堡，冀图逃脱噩运的残害。城堡的守将是帖木儿灭里，提起此人，确实可以说，如鲁思坦[⑤]（Rustam）再世，也只配给他当马夫。在河的中央，那河水分为两股的地方，帖木儿灭里筑有一座高大的城堡，并且带领一千名骁勇的士卒和著名的武士驻守堡内。蒙古军抵达后，发现不可能马上攻打该堡，因为它在弓弩和投石机的射程之外。因

此，蒙古人把忽毡的青壮强编入军(ḥashar)，赶往那里，同时还从讹答剌、不花剌、撒麻耳干及别的城市、村落，取得援兵，这样，该地共集中了五万强征兵和两万蒙古兵。全部人马都编成十人、百人的分队。每十名大食人编成一小队，十个这样的小队派一名蒙古将官监督：他们必须徒步从三帕列散开外的地方去搬运石头，蒙古人则骑在马上把石头扔进河里。此时，帖木儿灭里已造好十二艘密封的船，蒙上湿毯，外涂一层糅有醋的黏土，留有窥视孔〔作为发矢之用〕。每天拂晓，他派六艘这样的船，向一方驶去，他们进行激战，不畏弓矢。蒙古人扔进水里的石头，火油和火种，他不时清除干净；他还经常在夜间奇袭蒙古人。蒙古人试图阻止这类骚扰，但未见成效，尽管弓弩和射石机都使用过了。堡垒的处境日渐困难，
93 获得英名，或蒙受耻辱，这个时刻已到来；因此，当犹若圆饼的太阳成为大地的腹中食，宇宙因黑暗而好像一座孤寂的小屋，这时候，他把辎重、财物器用，分载于他准备逃亡时使用的七十艘船上，他自己则率领一队人登上一艘大艇，燃起火把，闪电般飞速沿河而下，可说是

一道电光射进黑暗划破夜幔，

这电光好似那飞舞的宝剑。

蒙古军沿河两岸移动，他们在哪儿大举出现，他就在哪里的船上相对抗，用矢箭把他们击退，矢无虚发，犹若死神。他就这样押送船只前进，直抵费纳客忒。这里，为阻挡船只，蒙古人以铁链锁河。他一击断链，穿了过去，两岸敌军向他攻击，直到他抵达毡的和巴耳赤(Barjligh)。有关他的情报传给兀鲁失亦都，他遂在毡的城沿

河两岸布置兵力，结舟为桥，备好弩炮。帖木儿灭里得知敌军相候的消息，因此，在接近巴耳赤邗(Barjligh-Kent)时，他转向荒野，离开河道，登上快马，如火一样飞逃。蒙古军紧紧尾随；这样，他们直追不舍，他这方面则打发辎重先行，亲自殿后断杀，像条好汉挥舞刀剑。辎重在前面走了段路，他再赶上去。当他用这种方式打了几天仗后，他的人马伤亡过半；日益强大的蒙古人抢去他的辎重。他仅留下几个扈从，但仍然进行抵抗，尽管没有作用。随身几人又战死沙场，他也手无武器，只剩下三支箭，其中一支既破又钝，这时，他被三个蒙古人追上。用那支钝箭，他射瞎一个蒙古人的眼
睛。以此，他对另外两个蒙古人说："我还剩两支箭。舍不得用，却 94
刚够你们二位消受。你们最好退回去，保全你们的性命。"蒙古人因此退走；他抵达花剌子模，重新准备战斗。他率一支人马进兵干城，杀死蒙古沙黑纳，然后撤走。当他认为在花剌子模多待无益时，他便动身去找算端，并在赴薛合里思塔纳(Shahristana)的途中与算端会师。有个时候，当算端东奔西走期间，他显出他的才能；但不久他就穿上苏菲服装，成为一个苏菲教徒，前往西利亚。

若干年后，这些苦难已过去，时间的创伤得到治愈，对乡土的怀恋使他归去，更确切说，那是天意逼他回去的。抵达拔汗那，他在斡失[6](Osh)城住了好几年，待在该地；因了解事情的现状，他不时访问忽毡。在那里，他遇到他的儿子，由于拔都宫廷的恩典，其父的家资、财产已赐与(soyurghamishī)他。帖木儿走近他说："要是你见到你的生身之父，你还认得他吗？"儿子回答说："我跟他分手时才是个孩子；我可认不出他。但这儿有个奴隶认识他，"于是他把那个奴隶找来，奴隶一见帖木儿身上的迹印，证明确实是他。

他的事四下传开，另外几个受托保管财产的人，不接待他，否认他是帖木儿。所以，他有意去朝见合罕，让合罕的法眼垂顾。路途中他遇上合答罕[7]（Qadaqan），后者命令把他缚起来；他们之间交谈一番，合答罕向他询问他跟蒙古军打仗的事。

95 大海和山岳目睹
我怎样跟都兰军的著名英雄交锋。
星星可以证明：因我的英勇，
全世界都拜倒在我足下[8]。

他用破箭射瞎的那个蒙古人，现在认出他；于是，当合答罕更加仔细盘问他的时候，他在回答时忘记了对皇室应有的礼貌。盛怒之下，合答罕射出一支箭，这是对他过去那次发射的箭的总回答。

他痛苦挣扎，然后一声悲叹；
他再也没有祸福之念。[9]

因为创伤是致命的，他从这短暂的尘世赴永生的天国，他从这荒漠逃出：

那里无处求生，无路逃命。
苍天哪！你的作法多奇怪，
破坏的是你，兴复的也是你。[10]

注　释

① 他的名字含义仅仅是“任篾力克之位的帖木儿”，非如格鲁赛，《蒙古

帝国》,第 223 页所作的译意:“铁之王。”

② 这三名将官的名字均出现在《元秘史》第 202 节的千户名单内。阿剌黑(ALAQ)是巴阿邻族人纳牙阿的兄弟(关于纳牙阿,见前,第 84 页,注⑨;同见赫塔吉诺夫,第 187 页)。速客秃(SKTW),《元秘史》中的雪亦客秃彻儿必(Süyiketü Cherbi)(关于其拼写法,见伯希和-昂比斯,《亲征录》,第 256 页),属于晃豁坛(Qongqotan)族(见《元秘史》,第 120 节)。据拉施特(赫塔吉诺夫译,第 168 页)他是珊蛮阔阔出,即帖卜腾格理(见前,第 39 页)的兄弟。然而,这跟《元秘史》所谈的事实不符(同前引节数),据此,雪亦客秃是在成吉思汗和扎木合破裂后的早晨投靠成吉思汗的,而帖卜腾格理之父蒙力克(Mönglik)却是在双方发生实际战斗后不久才率领他的七子来归顺(第 130 节)。至于塔孩(TQAY),他跟雪亦客秃一样,是在成吉思汗和扎木合分裂后投奔成吉思汗的(第 120 节):他是速勒都思(Süldüs)族人。这个名字的拼法,见伯希和-昂比斯,《亲征录》,第 255 页。

③ AYLTKW。

④ 康里突厥人(迦儿宾作 Cangitae、卢不鲁克作 Cangle),和钦察(Qïpchaq)即库蛮(Comans)人种有密切关系。

⑤ 《沙赫纳美》的主角,英国读者因马太·阿诺尔德(Matthew Arnold)撰写的《唆黑剌卜(Sohrab)和鲁思坦》而熟悉他。

⑥ 原文作 ARS,读作 AWŠ。斡失在锡尔河上游,吉尔吉斯苏维埃共和国境内。

⑦ QDQAN。据拉施特(伯劳舍,第 13 页)他是窝阔台的第六子,在他伯父察合台的斡耳朵中长大。拉施特称他为合丹(Qadan),《元史》同(见昂比斯编译,《元史》第 CVⅡ 章,第 71 页)。

⑧ 发勒斯编,《沙赫纳美》,第 488 页,第 502 - 503 行。同见本书英译者序言。

⑨ 同上,第 503 页,第 1155 行。

⑩ 同上,第 489 页,第 924 行。

15. 征服河中简述

河中包括很多郡邑、区域、州县、城镇，其精华和核心是不花剌和撒麻耳干。《穆扎麻布尔丹》[①]援引马鲁人忽宰法·本·牙蛮(Huzaifa b al-Yamen)的话说，真主的使徒(愿主仁慈待他，赐他和平!)曾讲过:“在呼罗珊有条叫做乌浒水的河流以东，将有一座城池被征服;该城叫不花剌。主之慈恩把它抚育，主的天使把它拥
96 抱;其百姓得到天助;谁要在其中安歇，谁就将成为拔刀卫主之道者。该城之东，有座名叫撒麻耳干的城市，其中有股天堂泉水之泉、有座先知坟墓之墓、有所乐园之园;其死者将在复活日与殉教者聚会。更在该城之东，有个叫合塔完[②](Qatavan)的圣地，从该地将遣出七万殉教者，每名殉教者将为自己的七十名家属及族人求得恩荫。”我们将特别讲述这座城市的命运;此圣传之真实性，可由下述情况来认可:这尘世上的事物均系相对的，“一些灾祸比另一些灾祸要轻;”或者，如下所说:

在一切情况下，〔真主的〕奴仆应知恩感德，
因为大灾祸总比〔小〕灾祸要坏。

成吉思汗亲征这些州邑。灾难浪潮，因鞑靼军队而汹涌，但他还没有尽情报复以消心头之恨，更没有使血流成河，如司命之笔在

冥簿上之所为。因此，他攻下不花剌和撒麻耳干后，仅屠杀一次和
抢劫一次便作罢，并没有走总屠杀的极端。至于隶属这两城，或与
之接壤的地区，因它们都纳款投诚，对它们也就手下留情。尔后，
蒙古人安抚残存者，进行恢复工作，故此，到这时，即 658/1259－
1260 年，这些州县在某些方面已达到原来繁荣昌盛的水平，而在
另一些方面很接近原来的水平。呼罗珊和伊剌克却不相同，此两
州为一种消耗热症和慢性寒疾所苦，每城每村都屡次遭到洗劫和 97
屠杀，受扰达数年之久，以此，哪怕生殖繁息至复活日，其人口仍不
及从前的十分之一。有关事实可从残垣颓壁的记录中予以考察，
表明噩运如何将其业绩显于宫墙上。

一如众望所归，这些州邑的权柄，归诸大丞相牙老瓦赤（Yalavach）及其孝顺儿子异密麻速忽毕（Mas'ud Beg）有才干的掌握中[3]。因他们公正治理，他们恢复了该地的损毁，给那些敌人，说什么“良医治不好时间造成的创伤”，一记耳光；牙老瓦赤废除了扯里克[4]（Cherig）和签军（ḥashar）的强制兵役（mu'an），及种种临时赋税（'avārizāt）的负担、摊派。此说之真实性，可以从繁荣兴盛的成绩中（也就是在他们公正宽仁的治理下的灿烂东方）看到，那是明显地写在那些州郡的书页上，清楚地体现在其居民的事业中。

注　释

① 作者为著名阿拉伯地理学家，志费尼的同时代人，牙忽惕。

② 指公元 1141 年塞勒术克朝算端桑扎儿（Sanjar）在撒麻耳干以东的合塔完草原为哈剌契丹所惨败的事。见巴尔托德，《突厥斯坦》，第 326 页。正是这次穆斯林败北的消息，在欧洲引起有关约翰长老的传说。

③ 马合木·牙老瓦赤(Mahmud Yalavach)后被窝阔台委派去管治契丹,即中国北部,其子麻速忽治理畏吾儿地、忽炭,可失哈耳及河中。见伯劳舍编拉施特,第85-86页。(穆.可.)巴尔托德,前引书,第369页注③,认为马合木·牙老瓦赤是花剌子模人马合木,据讷萨怖,他是成吉思汗遣使算端摩诃末的一名领导者。《元秘史》,第263节,也称马合木·牙老瓦赤(《元秘史》作牙刺洼赤——中译者注)及其子为花剌子模人(忽鲁木石(Qurumshi))。

④ 突厥蒙古语 Cheirg"兵士"、"军队"(它构成 janissary——土耳其兵——的第二部分,在鄂图曼-突厥语中为 Yeni cheri"新兵"),志费尼用来指与蒙古军合作的非正规军。

16. 不花剌的陷落

在东方郡邑中,它是伊斯兰的圆屋顶,那些地方的和平城[1]。它的四方有博士和律师的灿烂光辉作装饰,它的周围有高深学识的珍宝作点缀。自古以来,它在各个时代都是各教大学者的汇集 98
地。不花剌的语原为“不花儿”(bukhar)一词,在袄教徒的语言中义为“学术中心。”这个词与畏吾儿及契丹偶像教徒的语言中有个词极为类似,他们也把自己的礼拜地方,偶像寺庙,称作“不花儿。”[2]但在建城时,城的名字是不迷只客忒[3](Bumijkath)。

成吉思汗完成军队的组织和装备工作,进抵算端的州邑;他派长子们和那颜们分头率大军出征,他则亲征不花剌,随驾的仅有长子中的拖雷,及一支无畏的突厥军队,他们不分青红皂白,视战争的宴席为佳肴,把一口吞食刀剑看成是满饮一钟美酒。

他沿大道进向匝儿讷黑[4](Zarnuq),在清晨的时候,当行星之王在东方天际升起旌旗,他突然兵临城下。匝儿讷黑居民,不知天命的幻化,看见战骑堵塞四郊,马队扬起尘土把天空变得漆黑如夜,因此,他们惶恐万状,吓得要命。他们躲进城堡,紧闭城门,心想:“这许是大军中的一支,怒海中的一个浪头。”他们有意抵抗,自行走向毁灭,但是,天恩护佑,他们才按兵不动,没有表示对抗。这时,世界的皇帝,按他一贯作法,派答石蛮哈只不(Danishmand 99

Hajib)为使，去见居民，宣布他的军队到来，告诫居民避免一场可怖的灾祸。有那些“恶魔附体”[5]一类的居民，起意要伤害和谋杀他；以此，他大喝一声：“我是怎样一个人，一个穆斯林，而且是一个穆斯林的儿子。为讨真主的欢喜，我奉成吉思汗令出必行的诏命，出使见你们，把你们从毁灭的深渊和血河中拯救出来。前来的正是成吉思汗本人，带领几千名战士。眼前战事迫在眉睫。若你们有丝毫反抗，一个时刻内，你们的城池将被夷为平地，原野将成血海。可是，若你们用明智、持重之耳，听从忠言和劝告，而且恭顺地服从他的指令，那么，你们的生命财产将固若金汤。”匝儿讷黑人，不分贵族和黎庶，听见他那番语气诚挚的话，他们不拒绝他的忠言，也很知道，阻挡他的通行并不能阻止洪水奔流，靠他们腿的力量，也不能减轻和止息地动山摇。因此，他们认为，选择和平有好处，接受劝告是有利的。然而，出自谨慎小心，他们得到他的誓约说，如百姓前去迎接汗，服从他的命令，但有人受到伤害，那么，报应将落在他头上。百姓的情绪就这样安定下来，他们打消反抗的念头，转向有益之途。匝儿讷黑的首脑们，遣使赍礼进献。当使者们来到皇帝的骑兵驻地时，他问起他们的首脑及名绅，对他们迟迟
100 不来表示愤怒。他遣使召他们来朝见。因为皇帝十分令人敬畏，这些人四肢恐怖地战栗，好像山岳的躯干震动。他们马上去见他；到来后，他温言悦色抚慰他们，免他们死罪，所以他们重新打起精神。然后，有诏称，匝儿讷黑的一切人，不管是谁，戴库剌黑和头巾的，蒙脸罩和面纱的，都到郊外去。城池被夷平；清点人数后，他们征青壮为军，往攻不花剌，余下的人则听任回家。他们给此地取名为忽都鲁八里[6](Qutlugh-Baligh)。当地有个突厥蛮向导，很熟悉

大道小径，领蒙古人走一条少有人走的道路；这条路从此后就称为“汗之路。”（649/1251－1252年，我们随异密阿儿浑（Arghun）往朝蒙哥可汗的宫廷，走的正是这条路。）

塔亦儿拔都儿[7]（Tayir Bahadur）为主力军开道。他和他的人马接近讷儿[8]（Nur）城时，途经几座园林；他们在晚上伐木为梯。随后，因马前举着梯子，他们行军异常缓慢；所以，城头上的守望者以为他们是商旅，他们就这样直抵讷儿城门；值此时刻，讷儿人的白昼变成黑夜，他们的眼睛模糊不清了。

这正是牙祃祃（Yamama）的匝儿花[9]（Zarqa）的故事。她建筑了一座高大的城堡，而她的视力是如此敏锐，以致敌人如要进攻她，她能分辨出几程远的敌军，作好防御和准备，击退和赶走敌人。因此，她的敌人只有遭到失败，什么策略他们都采用了。〔最后，有个敌人〕教砍伐带枝的树木，每名骑兵都在前举着一株树。这样，匝儿花 101
惊呼：“我看见桩怪事：活像有片林子向我们移动。”她的百姓说：“你的敏锐视力受伤了，否则树木怎能移动呢？”他们放松守望和戒备；第三天，他们的敌人到来，打败他们，活捉匝儿花，把她杀死。

简短说，讷儿人紧闭城门；塔亦儿拔都儿遣使去宣布征服世界的皇帝驾临，劝谕居民投降，停止抵抗。居民的情绪是矛盾的，因为他们不相信世界征服者成吉思汗亲自来临，另一方面他们又害怕算端。他们因此不知如何是好，有些人主张纳款投诚，另一些人主张抵抗，还有些人害怕〔采取任何行动〕。最后，经过使者的多次往返，达成如下协议：讷儿人准备好粮草，遣使进献给当今的天子，借此表示他们归降，求全于屈膝称臣。塔亦儿拔都儿答应下来，仅接受很少的献礼。然后他继续进军；讷儿人则按约派出一名使者。

当使者们〔原文如此〕的贡礼荣幸地被皇帝收纳后，皇帝下令将该
102 城交给正率领前锋逼近讷儿的速不台⑩（Sübetei）。速不台抵达时，居民遵命交出城池。于是双方又达成一条协议：讷儿人应限于免除百姓的危难，保留他们日常生活、从事农耕所不可少之物，如牛羊等；并且他们应到城外去，原封不动留下他们的屋舍，让军队抄掠。他们奉命而行，军队入城，见什么就拿走什么。蒙古人守约，丝毫没有伤害他们。讷儿人这时选出六十人，遣他们随讷儿异密的儿子亦勒火者（Il-Khoja）到答不思⑪（Dabus）去援助蒙古人。成吉思汗到达，居民前去迎接，进献各种合宜的〔贡品〕如图苏湖⑫（tuzghu）及食物（nuzl）等。成吉思汗对他们优礼相待，向他们询问算端从讷儿征收多少常赋（māl-i-qarārī）。他们回答说：常赋共计一千五百的那；他命他们用现金交纳这笔赋税，不再向他们多征。这笔钱一半来自妇女的耳饰，其余的钱他们也作出担保，〔最后〕把它交给蒙古人。讷儿人便这样解脱鞑靼人的束缚和奴役之辱，讷儿城由此重获光辉⑬和繁荣。

成吉思汗离此赴不花剌，617 年穆哈兰月〔1220 年 3 月〕⑭初，他下营于该城门前。

这时，他们把国王的营盘
扎在城池前的郊野⑮。

103 他的军队多如蚂蚁、蝗虫，数都数不清。人马一支接一支抵达，就像大海起伏，绕城扎营。在拂晓时，算端的后备（bīrūnī）军有两万人及大半居民，离城出走；他们由阔克汗⑯（Kök-Khan）及哈迷的布尔⑰（Khamid-Bur）、舍云治汗⑱（Sevinch-Khan）、怯失力

汗[19](Keshli Khan)等将领指挥。据说阔克汗是名蒙古人,从成吉思汗那里逃奔算端(这话得由说的人证明);从此他的事业大大兴旺。这支人马到达乌浒河岸,蒙古巡逻兵和前锋就向他们进攻,把他们斩杀殆尽。

逃避灾祸既无任何可能,
忍耐就是最好的、最明智的法子[20]

第二天,当原野因反射日光,犹如一张盛满鲜血的盘子时,不
花剌人打开他们的城门,关上抵抗和战斗之门。伊祃木和名绅,作
为代表,前去迎成吉思汗入城观察市镇和城池。他纵马入礼拜五
清真寺,在马合苏剌(maqsura)前勒住马,其子拖雷下马登上祭
坛。成吉思汗问那些在场者,这是否算端的宫殿;他们回答说,这 104
是真主的邸宅。这时,他也下马,踏上祭坛的两三级,喊道:"乡下
没有刍秣;把我们的马喂饱。"于是他们打开城内的所有粮仓,动手
搬出谷物。他们又把装古兰经的箱子抬到清真寺院子里,把古兰
经左右乱扔,拿箱子当马槽用。然后,他们传盃递盏,召城内的歌
姬来给他们歌舞;蒙古人放声用他们的调子唱歌。同时候,当代的
伊祃木、沙亦黑、赛夷(sayyids)、博士、学者,在总管的监督下,替
他们看守马厩中的马匹,执行总管的命令。一、两个时辰后,成吉
思汗动身回营,聚集那里的人群开始离开,古兰经的书页在他们自
己的足下和马蹄下被踩成烂泥。当时,异密伊祃木扎兰丁·阿里·
本·哈散·宰的[21](Jala-ad-Din'Ali b. al-Hasan Zaidi),他是河中赛夷
们的首领,以虔诚和苦行而闻名,向有学识的伊祃木鲁克那丁·伊
祃木扎答(Rukn-ad-Din Imamzada),世上最优秀的一名学者,(愿真

主使他们俩的墓地舒适）说道："莫剌纳（Maulana），这成何体统？

> 天啦，眼前的事，我在梦中看见，
> 还是在清醒时看见？"[22]

莫剌纳伊祃木扎答回答说："别出声；这正是真主吹动的万能之风，而我们无权发言。"

成吉思汗离开城镇，他来到节日的木撒剌（musalla），登上祭坛；接着，百姓齐集，他询问其中谁是富人。共点到二百八十人（其
105 中一百九十名是本城人，另外的是外地人，也就是来自各地的商人），都给带去见他。他开始讲话，话中谈到算端的背信弃义（这些已谈得够多的了），然后他对他们说出如下一番话："人们啊，须知你们犯了大罪，而且你们当中的大人物犯下这些罪行。如果你们问我，我说这话有何证明，那我说，这因我是上帝之鞭的缘故。你们如不曾犯下大罪，上帝就不会把我作为惩罚施降给你们。"他用这种调子把话讲完，又继续讲些诫谕之词，说："不必说出你们在地面上的财物；把埋在地里的东西告诉我。"于是，他问他们，谁是他们的管家；大家都指出自己的人。他给每人派一名蒙古人或突厥人[23]作为八思哈[24]（basqaq），以免士兵欺凌他们，同时，尽管没有让他们丢脸出丑，蒙古人却从这些人身上勒索金钱；而当他们交出金钱，也就不施酷刑来折磨他们，或者强征他们无力交纳的钱物。每天，当太阳升起时，卫士要把一群名绅带到世界皇帝的朝见殿。

成吉思汗曾命令把算端的军队从内堡和城中心赶出来。用市
106 民不能达到这个目的，而内堡的军队为他们的性命担心，奋战苦斗，尽可能进行夜袭，所以，他在这个时刻下令把整个市区用火焚

毁；因屋舍全用木头盖造，几天之内市区大部分被焚荡一空，仅余下用烧砖修建的礼拜五清真寺和几座宫殿。接着驱迫不花剌人去攻打内堡。双方战火炽热。堡外，射石机矗立，弓满引，箭石齐飞；堡内，发射弩炮和火油筒。这好像通红的炉子，从外往里添干柴，从炉膛往空射火花。他们这样战斗了几天；守军出击围城者，特别是勇赛雄师的阔克汗，他参加多次战斗，每次攻击他都打倒好些人，并且独力打退一支大军。但是，他们最终陷入绝境，再无力抵抗了；在真主和人类面前，他们毫无愧色。濠堑填塞着死人活人，堆积着丁壮和不花剌人。外垒（faṣil）被攻陷，火焰投入内堡；他们的汗、将领、名绅，这些都是当代的首领、算端的宠儿，得意时脚踏天顶，现在却变成贱俘，溺死在毁灭海洋中。

命运跟着人类玩着棍子击球的游戏，
要么玩着风吹（你知道吧！）粟子的游戏。
命运是猎人，人不过是云雀[25]。

比鞭梢高的康里男子，一个都没有剩下，遇害者计三万多人；而他们的幼小子女，贵人和妇孺的子女，娇弱如丝柏，全被夷为奴婢。 107

城镇和内堡的反抗被肃清，垣墙和外垒被荡为平川，城内的居民，男的女的，美的丑的，都给赶到木撒剌平原。成吉思汗免他们不死；但适于服役的青壮年和成年人被强征入军（ḥashar），往攻撒麻耳干和答不昔牙（Dabusiya）。然后，成吉思汗进兵撒麻耳干。因城镇荒芜，不花剌人像大小熊星一样四散，逃入乡村，城址则变成"平坦的原野。"[26]

有那么个人，在不花剌陷落后从城里逃出，来到呼罗珊。人们向他打听不花剌的命运，他回答说："他们到来，他们破坏，他们焚烧，他们杀戮，他们抢劫，然后他们离去。"明白的人听见他的描述，一致认为波斯语中没有比这番话更简明的了。确实，本章中所述，可以总结、概括为这两、三句话。

攻陷撒麻耳干后，成吉思汗派塔兀沙八思哈[27]（Tausha
Basqaq）管治不花剌。他到那里，使该城恢复些繁荣。最后，奉天
下的皇帝，当代的哈惕木[28]（Hatim）合罕的诏旨，政柄交给丞相牙
老瓦赤来认真掌管，那些流散到穷乡僻壤的人，为他的公正、仁慈
108 所吸引，返回故里，人们从世上各地到那里去；因他的诚挚，该城日
趋繁荣，甚至达到它的顶峰，其领域成为名门望族的家园，贵人黎
庶的聚集地。

636/1238－1239年，不花剌地方塔剌卜（Tarab）村一名制筛
匠，突然代表衣着褴褛的穷人[29]造反。百姓都集合在他的旗帜下；
后来，事情闹到这样的地步：有诏把不花剌人斩尽杀绝。但是，牙
老瓦赤丞相作为善心的祈祷者，拯救他们于危难，因他的宽宏大
量，他们得脱这次突然的大祸。该地又恢复繁荣昌盛，基业又显光
泽。日复一日，在马合木及海洋之珠——麻速忽[30]的抚治下，真主
所赐的恩福如太阳放射光芒，由此，慈悯处处形成仁德的地毯。到
现在，要说人口的拥塞、动产和不动产的众多，学者的云集，科学及
其研究者的兴盛，宗教捐赠的建立，伊斯兰国家中没有城市可与不
花剌相匹敌。这个时期内，不花剌修筑有两座门廊雄伟、根基坚实
的大厦，其一是唆鲁禾帖尼[31]（Sorqotani）修的马的剌撒-亦-哈尼
（Madrasa-yi-Khani），另一是马的剌撒-亦-麻速的牙（Madrasa-yi-
109 Mas'udiya），其中每天均有成千名学者在从事有益的研究，师长

则是当今的大学者和同时代的天才。实在说，这两座柱石高大、庭院整洁的建筑物，马上使不花剌显得美观、庄严，更确切说，它们对整个伊斯兰，都是装饰品和点缀。

在此情况下，不花剌人重获安乐，并免纳保护金及类似的负担。愿全能真主用贤明皇帝的长生和伊斯兰、哈尼菲教的光辉，来美饰地面！

注　释

①　即巴格达。

②　即佛教的 vihāra，"佛寺"。

③　古粟特名 Bumich-Kath，译义为"陆地城"，即"都城"。见马迦特，《妫娨和阿朗》，第 162 页注释。

④　匝儿讷黑(Zarnūq)，"在帖木儿最后一次远征的记载中，提到它是从撒麻耳干，经吉剌奴塔(Jilanuta)峡道，至兀提剌耳(Utrār)(Otrar)，锡尔河岸前的最终一站。"(巴尔托德《突厥斯坦》，第 407 页。)它也是小亚美尼亚国王从蒙哥宫廷归国，过讹答剌(Otrar)后的第一站(拼作 Zurnukh)。(乞剌可思，第 215 页。)

⑤　《古兰经》，第 lviii 章，第 20 节。

⑥　即"福城"。

⑦　《元秘史》(第 202 节)和拉施特的答亦儿(Dayir)。据后者(赫塔吉诺夫译，第 168 页，斯米尔诺娃译，第 275 页)，他是晃豁坛部人。

⑧　乌兹别克斯坦的努腊塔(Nurata)。

⑨　意思是牙祃祃的蓝眼妇人。见尼科尔松，《阿拉伯文学史》，第 25 页。

⑩　SBTAY。蒙古大将，他和哲别为追击算端摩诃末，横扫北波斯，越过高加索，败斡罗思人于迦勒迦(Kalka)河，经钦察草原回师见成吉思汗。见后，第 25 章；同见格鲁赛，《蒙古帝国》，第 257－261 页，515－521 页，《世界的征服者》，第 340－346 页。《元秘史》中他的名字拼作速别额台(Sübe'etei)；

他是兀良哈惕(Uriangqat)部人(见《元秘史》,第 120 节,赫塔吉诺夫,第 159 页)。

⑪ 答不思(Dabūs),即答不昔牙(Dabūsīya),在不花剌和撒麻耳干之间的大道上。这个名字保存在名叫卡拉依答不思(Qal'ayi-Dabus)的遗址中,距吉阿丁(Ziaddin)东面不远。见巴尔托德,前引书,第 97 页。

⑫ 原文作 TRΓW,读作 TZΓW。突厥语 tuzghu 及其阿拉伯同义词 nuzl 一样,义为"供给过路旅客用的食物。"这个词在格利哥尔(第 300 页)中作 tzghu 之形。同见柯立福,《蒙古名字》,第 442 页。

⑬ 原义为"光亮",城名的双关语。

⑭ 据伊本额梯儿和朱思扎尼,系在 2 月。见巴尔托德,前引书,第 409 页。

⑮ 发勒斯编,《沙赫纳美》,第 474 页,第 651 行。

⑯ C 本作 KWR XAN,即菊儿汗。巴尔托德,《突厥史》,第 119 – 120 页,提出,此人非他,乃是成吉思汗的老对头扎木合,他作为反对他的老朋友的联盟领袖,获得菊儿汗的称号。见格鲁赛,《世界的征服者》第 132 页。但是,据《元秘史》,他在成吉思汗西征前许多年已被成吉思汗处死。见格鲁赛,前引书,第 206 – 210 页。

⑰ XMYD BWR 多半就是哈迷的普儿(Ḥamīd-Pūr)。他是个哈剌契丹人,而且是起儿漫第一个忽都鲁汗八剌黑哈只不(Baraq Hājib)的兄弟。见后,第 ii 册,第 476 页。

⑱ SWNǰ XAN。

⑲ KŠLY XAN。他的全名是奕赫抵雅尔丁·怯失力(Ikhtiyār-ad-Din Keshli),或屈失律(Küshlü);他是花剌子模沙的大总管(amīr-ākhur)。见讷萨怖,奥达斯译本,第 62、80 页,拉施特(斯米尔诺娃译,第 191、205 页);同见巴尔托德,《突厥斯坦》,第 409 页。

⑳ 引自阿不菲剌思·韩达尼(Abu-Firas al-Hamdani)的一首合西答。(穆.可.)

㉑ 此名系据 C 本、D 本和 E 本,原文作 RNDY。巴尔托德(前引书,第 410 页)据 B 本读作 Zandī(ZNDY)。

㉒ 安瓦里(Anvari)。后面第 ii 册,第 639 页尚要引用。

㉓ 原文作 YZKY(即 yazakī,"一个巡逻兵"),据 C 本和 E 本读作 TRKY。

㉔ 它是阿拉伯-波斯词shaḥna（见前第 44 页，注③）和蒙古词 darugha 或 darughachi(n)的突厥同义词。这个突厥词和蒙古词，含义相同处，见伯希和，《金帐汗国》，第 72 - 73 页，注①。二者均来自义为“压”的语根（突厥语 bas-，蒙语 daru-），但并非指“压迫”百姓的人，而指“盖”印的人。俄国编年史家使用过这个突厥词（见维纳斯基，《蒙古和俄罗斯》，第 220 页），迦儿宾也提到它：“蒙古人设置 bastacos〔* bascacos〕的官职，因此他们自己可以回去。他们的权力大得连将帅都要听指挥。如市民不遵命而行，他们就向鞑靼人告发……”（文该尔特，第 86 页）

㉕ 哈的阿不勒-法的勒·阿合马·本·穆罕默德·拉施底·劳迦里（Cadi Abul-Fadl Ahmad b. Muhammad ar-Rashidi al-Laukari）。这首诗引在《塔特马都尔·雅特马黑》中。（穆.可.）见埃格巴尔编本，第Ⅱ卷，第 77 页。

㉖ 《古兰经》第 xx 章，第 106 节。

㉗ 即任八思哈之职的塔兀沙。原文作 TWŠA，它可读如 Tusha 或 Tosha，但比较本书以下第Ⅰ卷，第 87 页中不同的拼法 TMŠA，显即 Tamsha。

㉘ 即塔亦（Ṭayyi'）的哈惕木（Ḥātim），一个伊斯兰以前的阿拉伯人，以慷慨好客而闻名。见尼科尔松，《阿拉伯文学史》，第 85 - 87 页。

㉙ 即指苏菲教徒。

㉚ 即马合木·牙老瓦赤及其子麻速忽。见前，第 97 页，注③。

㉛ 《元秘史》的唆儿合黑帖泥（Sorqaqtani），拉施特的 Sorqoqtani、迦儿宾的 Seroctan（* Soroctan）。她是克烈部长汪罕之弟扎阿绀孛的幼女。克烈部最终失败后，成吉思汗把她赐给幼子拖雷，她生下蒙哥、忽必烈、旭烈兀和阿里不哥。伯希和在《唆鲁禾黑帖尼》一文中，详尽讨论了这个王后的名字；同见《亲征录》，第 66 - 67 页，133 页。它是《元秘史》中的唆儿合秃（Sorqatu），拉施特的 Sorqoqtu 的阴性形式，并且是来自 sorqaq、sorqoq 或 sorqan “痣”，以 tu 结尾的形容词。因此，Sorqaqtani，等等，义为“有痣的女人”。至于志费尼使用此名的形式，原文每处（仅一处除外）均作 SRQWYTY，但作 SRQWTNY 之形是有抄本为根据的，这也是把儿赫不烈思在其西利亚文和阿拉伯文史书中的读法。我把这种形式，即 Sorqotani，看成是与《元秘史》中 Sorqatu 相当的 Sorqotu 的阴性。另一方面，在有一处（第Ⅱ卷，第 219 页），原文作 SRQWQYTY 即 SRQWQTNY，也就是拉施特的 Sorqoqtani，同时，有可能的是，通常的 SRQWYTY，也是此形的一个讹误。

17. 塔剌必的叛乱[1]

636/1238－1239年，巨蟹宫两颗凶星[2]会合，占星家预计要爆发一次叛乱，一个异教徒多半要兴起。

离不花剌三帕列散之遥，有个叫塔剌卜的村子，村中住着个叫马合木的制筛匠，据说他的愚昧无知是举世无双的。此人伪装虔诚，假充神圣，自称具有魔力(parī-dārī)，也就是说，他声称神鬼跟他交谈，把隐秘的事告诉他。

在河中和突厥斯坦，原本有很多人，特别是妇人，自称具有魔力；谁要有个三灾两病，他们便去看他，呼神唤鬼(parī-dārī)，手舞足蹈，胡言乱语，以此迷惑凡夫愚民。

110 马合木的姐姐经常教他巫师(parī-dārān)的各种荒诞行为，他马上把这些传播开去。而愚民们除了相信他们的蠢行外，又能干什么呢？百姓实际上都归向他，但凡有害瘫痪和各色难症的，人们就把他送给马合木医治。碰巧一两个像这样送去的病人，发现〔后来〕有好转的迹象；于是信仰他的人更多了，其中既有贵人，也有平民，“唯诚心向主者除外”[3]。

在不花剌，我听几个有身份的、信得过的人说，马合木怎样当着他们的面，把狗粪调制的眼药吹进一两个瞎子的眼内，瞎子又怎样恢复视力。我回答说：“看得见的人倒是瞎子，要不然这就是马利亚的儿子耶稣显的奇迹，再没有别的人了，如全能真主说：‘汝疗治盲者癞者。’④至于我，如我目睹这件事，我却要治治自己的眼睛。”

那时，不花剌有个博学的人，以他的德行和门第而闻名，他的剌合卜(laqab)是苫思丁·马合孛必(Shams-ad-Din Mahbubi)。这人对不花剌的伊祃木们抱有偏见，所以，他使那个疯子的恶疾更加沉重，亲身参加他的一伙，告诉那个蠢人说，他的父亲曾在一本书中记述称：不花剌的塔剌卜村要出现一个强大的侯王，他要征服世界；同时指出这事的征兆，正应在马合木身上。

听见这番欺骗的话，那个愚昧无知的家伙更得意忘形；因这话和占星家的预测相同，他的信徒倍增，全城全区都信奉他，骚乱和动荡已显而易见了。在不花剌的异密和八思哈相互商量，用什么手段来扑灭这逆火，并遣使到忽毡去见丞相牙老瓦赤，向他报告情况。同时，借口祈求恩福，他们到塔剌卜村去，恳请马合木前往不花剌，好让这座城池因他的光临而生辉。他们布置妥当，在马合木到达瓦吉丹⑤(Vazidan)附近的萨里普勒(Sar-i-Pul)时，突发乱箭袭击他。一行人从塔剌卜出发，马合木看出他们神色不善；于是，快到萨里普勒时，他对大沙黑纳塔木沙⑥(Tamsha)说：“打消你的恶念吧，不然的话，我要教你那观察世界的眼珠，不用人手给挖出来。”蒙古人听见这话，他们说：“肯定不会有人把我们的企图告诉他；也许他说的话全是真的。”他们感到害怕，没敢害他；他就这样到达不花剌，下榻于桑扎儿灭里(Sanjar-Malik)的宫殿。

异密、贵人和首领们，一个赛一个竞相对他表示尊敬和殷勤，但同时却又无时不在寻找杀他的机会；然而，黎庶占了优势，以此在他居住的市区和附近的市集，挤满人群，连一只猫都没有通过的

余地。人群的拥塞很快超过极限，没有他的赐福，大家不肯离开，而且，往里去无缝可插，他同样也走不出去，因此他就登上殿顶，向人群吐唾沫。每个沾着一点的人都含笑满意而归。

有个随他为恶的家伙，当时把那些人[7]的阴谋告诉他；他突然偷偷从一扇门溜出，骑上一匹系在那里的马。目击者是生人，不知道他是谁，没有注意他。他一阵疾驰，抵达阿不哈夫思（Abu-
112 Hafs）山；顷刻间有一群人纠集在他身边。不久，〔蒙古人〕找那个蠢人，没找到。骑兵火速四出搜寻他，最后忽然在上述山头发现他。他们回去报告他的下落。百姓高喊："主子（火者）一拍翅膀，飞到阿不哈夫思。"老老少少马上都丧失辨识能力，倾城奔赴旷野和阿不哈夫思，集合在马合木身边。

晚祷时，他站起身来，对人们讲了下面的话："真主的子民哪，为何你们徘徊和等待？世上的异教徒必须予以清除。你们都尽自己的力量，用刀枪锄耙、棍棒竿旗武装起来，开始行动吧。"

听到这话，不花剌人全倒向他；那天是礼拜五，他重新入城，住在剌必阿灭里（Rabi‘Malik）宫中，派人召城内的赛德尔（sadrs）、贵人和名绅前来。他罢免赛德尔的首领，更恰当说当代的首领不儿罕丁（Burhan-ad-Din），此人是不儿罕室的后人，赛德尔扎罕[8]（Sadr-Jahan）族的最末代，理由是，他在品德和操行方面没有疵瑕；他命苫思丁·马合孛必接替他的赛德尔职务。他还凌辱衣冠名流，糟蹋他们的名誉。有些人被他杀害，有些人却逃跑了。

于是，他用下面的话来讨凡夫俗子（‘avāmm va runūd）的欢心："我的军队一部分是看得见的，由凡人组成，一部分是看不见的，由空中飞行的天兵和地下行走的神族组成。现在我把这些都

显示给你们看。朝天上、地下瞧，你们就会看见我的话的证明。”他 113
手下的入门弟子开始张望，他就说：“看！在哪儿他们身穿绿衣飞行，也在哪儿他们身穿白衣飞行。”愚民（'avāmm）句句信以为真；谁要说：“我什么都没看见”，那就用棍子教他张大眼睛。

他接着说：“全能真主将把武器从天空送给我们；”恰好这时有名商人，带着四哈瓦儿（kharvār）刀剑，从泄剌失（Shiraz）到来。从此后，大家对胜利再不抱丝毫怀疑了；那个礼拜五，念忽惕巴（khutba）时，把马合木尊为不花剌算端。

祈祷完，马合木派人到巨室家索取帐篷、禹儿惕、毛毡和地毯。于是人们自动结成队伍，流氓和无赖（runūd va aubāsh）进入富豪家，动手抢劫财物。夜幕降临，这个算端突然隐入貌若天仙，令人销魂的处子和少妇群中，跟她们愉快地调情。到凌晨时，他在一桶水中行净身礼，如诗所说：

> 她离开我时给我洗身，
> 活像我们都干了坏事[9]。

为祈求恩福，大家把这桶水分成重一芒特（maund）和一达兰散（daramsang）的分子，再分给病人。他们抢来的财物，马合木赐给左右，在他的军队和同党中分个精光（tafriqa）。

他的姐姐看见他耽溺于女色和金钱时，她就退出他的一党，说：“他那因我才实现的事业，已经变质了。”

同时，那些口念“逃亡”经的异密和赛德尔，会于客儿迷尼牙[10]
（Karminiya），在召集了驻在该地的蒙古军之后，他们竭力征调四 114
方的人马，装备一支军队，进兵不花剌。马合木也作好战斗准备，率领一队仅穿衬衣和亦扎儿(izar)的市井闲汉,迎击蒙古军。双方均排开阵势,塔剌必和马合孛必既无武器,又无铠甲,站在他们的队伍中。原来,人们中流传一个说法,谁要向马合木动手,谁就会变成瘫子(khushk);因此,蒙古军动刀弓时有些迟缓。尽管这样,其中一人到底射出支箭,射中塔剌必的要害,另一人也射中马合孛必;但是,塔剌必自己的人也好,其他敌人也好,全都没有发现这事。恰好这时卷起阵狂风,砂石飞扬,使他们彼此失顾。敌军以为这是塔剌必显的神通;因此他们从战斗中撒手,回头逃跑,塔剌必的人马在后面紧追。农村的百姓涌出村子,拿锄头、斧子攻击那些溃卒;每当他们追上其中一个,特别追上税吏和地主时,他们就抓住他,用斧头砸烂他的头颅。他们把蒙古人一直追到客儿迷尼牙,将近一万人被杀。

塔剌必的信徒从追击中归来,找不着塔剌必说:"主子已隐入虚空,在他再出现前,他的两个兄弟穆罕默德、阿里,暂代他的位子。"

这两个蠢人照塔剌必的样子行事;黎庶和贱民('avāmm va aubāsh)成为他们的信徒,但因纪律松弛,他们马上动手抢劫。一礼拜后,亦勒的思[11]那颜(Ildiz Noyan)和赤金[12]火儿赤(Chigin Qorchi)率一支蒙古大军抵达。这两个蠢人又跟他们的党徒进入
115 平原,摆出阵势,全无铠甲,发第一排箭时,这两个迷途者被射死,两万人死于这次战役。

第二天,当黎明武士劈开黑夜头盖时,不花剌人,不分男女,通通给赶到城外;蒙古人磨尖复仇之齿,张大贪婪之口,说:"我们也要回敬一下,满足我们的胃口,拿这些家伙当柴火,去烧毁灭的火,

把他们的财产、子女抢走。”

仅因真主的恩典，在马合木[13]的仁慈抚治下，这次骚乱才告结束，如他的名字那样值得赞颂，[14]该城的命运也才再化吉祥。[15]他到来后，阻止、严禁屠杀和掠夺，说：“因几个人的罪恶，你们怎能杀害成千上万的人呢？为几个愚民，你们怎能毁灭一座我们长期力图恢复繁荣的城市呢？”通过屡次强求，力争和坚请，他表示要把这事上报合罕，执行合罕下达的诏旨。后来，他向皇上遣使，作出极大努力，使皇上赦免那不能宽恕的罪过，免去百姓的死罪。因这种努力，他得到称赞和感谢。

注　释

① 这章是雅库波夫斯基(A. Yakubovsky)的一篇文章题目，载《东方研究院丛刊》(Trudĭ Instit. Vostokoved.)，第ⅩⅦ期，1936年。(弗.米.)

② 土星和火星。

③ 《古兰经》，第xxvi章，第89节。

④ 同上，第v章，第110节。

⑤ 瓦吉丹(Vazīdān)尚未考证出来。萨里普勒意为“桥头堡”，前称忽苏法根(Khushūfaghn)。称作该城的遗址，距今卡塔库尔干(Katta-Kurgan)四哩。见巴尔托德，《突厥斯坦》，第126－127页。

⑥ TMSĂ。前面第107页叫做塔兀沙。

⑦ 也就是蒙古人。

⑧ 关于“该城世袭拉耶思(ra'īses)的朝代……它由其创建者之名而被称为不儿罕朝，”见巴尔托德，前引书，第326、353－354页。“拉耶思是一个城镇及其四邻的首脑，其职位常是父传子的世袭制……拉耶思是城镇的首脑，其利益的代表人；君主通过他，把自己的主张告诉居民。很可能他们总首先从当地的望族中推选出来。”(前引书，第234页)

⑨ 木塔纳比。(穆.可.)

⑩ 克尔米涅(Kermine)。

⑪ AYLDZ。

⑫ ČKYN。显然为 tigin“君主”的蒙语形式,如在 ot-chigin 中。见前,第 42 页,注⑧。

⑬ 即马合木·牙老瓦赤。

⑭ 马合木义为“值得称赞的”。

⑮ maʻūd。马合木子麻速忽一名的双关语。

18. 撒麻耳干的征服

论幅员，它是算端诸州中最大的一个，论土地，它又是诸郡中
最肥沃的一个，而且，众所公认，在四个伊甸园中，它是人世间最美 116
的天堂。

假如说这人间有一座乐园，
那乐园便是撒麻耳干。
哈，要是你把它跟巴里黑相比，
苦和甜能彼此一般[1]？

它的空气微近柔和，它的泉水受到北风的抚爱，它的土壤因为欢畅，有如酒火之质[2]。

这国家，石头是珍珠，泥土是麝香，
雨水是烈酒。[3]

算端从战斗中退走，手头失去把握，无坚守之念，一意逃亡，内心中充满混乱和疑惧。他派他的将官（quvvād）和盟友（anṣār）保卫他的大部州邑和领域。以此，他派十一万人驻守撒麻耳干，其中六万人是突厥人，由他们的汗率领；他们是算端的精选，那样英雄，即使身若铜铁的亦思梵的牙儿[4]（Isfandiyar）挨到他们的枪挑箭射，他也只有〔自承〕软弱，〔乞求〕饶命。其余的部队是五万大食

117 人[5](Taziks),挑选的人马,个个都是当代的鲁思坦,精锐之师;另外尚有二十头躯干健全,貌似凶神(div)的大象,

> 这大象扭弯圆柱,和蛇作耍,
> 披着五颜六色的铁甲[6],

作为国王的马步兵在战场上的防护(farzīn-band)[7],好使他们不在进攻和袭击中回头。再者,居民多得无法计算。除此之外,城池大大加固,四周敷设了若干条外垒防线(faṣīl),城墙增到与昴星一般高,濠堑深掘至干土下面的水层。

成吉思汗抵达讹答剌时,撒麻耳干修缮城池和堡垒,以及拥有大量驻军的消息,已四下传开;因此,大家都认为,攻占该城需要若干年时间,且不说它的内堡了。采取慎重的步骤,成吉思汗以为,攻取该城之前,最好先清外围。首先,他进兵不花剌。当不花剌的攻克使他定心时,他便考虑撒麻耳干的问题。他策马进向撒麻耳干,前面驱赶着一支从不花剌征集的大军;沿途村落一经投降,他对它们就一无所伤;但是,凡有抵抗之地,如萨里普勒、答不昔牙,他就留军围攻,他本人则马不停蹄直抵撒麻耳干。他的儿子解决讹答剌战事,也率领从该城征集的一支军队,到达撒麻耳干;他们选择阔克-
118 萨莱作为成吉思汗的营地,其他的军队到来后,也绕城扎营。

成吉思汗花一两天的时间,亲自巡视城池,观察墙垣、外垒和城门;这时间内,他免除士卒的战斗。同时,他派他特别信任的两名大那颜,哲别和速不台,率三万人马去追击算端,再把葛答黑那颜、牙撒兀儿[8]派往镬沙和塔里寒[9](Talaqan)。

最后,在第三天,当太阳的熊熊烈焰从一片漆黑夜雾中升起,

茫茫夜色消失在遥远天际，这时候，那样多的人马，有蒙古军，也有签军，就集合起来，其人数超过沙粒和雨滴。他们把城池团团包围；于是，阿勒巴儿汗[10]（Alp-Er Khan）、沙亦黑汗（Shaikh Khan）、八剌汗（Bala Khan）及其他一些汗，冲到城外，与世界征服者的军队对阵，发矢射击。双方马步军伤亡很重。那天，算端的突厥兵不断跟蒙古兵交锋，因为蜡烛的火光在熄灭前总要闪耀一下，并且杀死些蒙古兵，俘获一些，把俘虏带进城内，他们自己的人也有一千丧身沙场。

最后，

> 当天空的火球为大地的好处，
> 隐没在地球的烟雾中时，

各返己营。但是，当那谲诈的执盾者再度挥刀劈开那夜云时，成吉思汗亲自上马，挥师包围城池。城里城外的军队均集合起来，准备战斗；他们紧束战袍，杀到晚祷时刻。射石机和弓弩齐发，矢石横飞；蒙古军就在城门前占据一个位置，这就阻止算端的军队冲到战场上。当战斗的道路越逼近他们，双方在交战的棋盘上难解难分，那英勇的骑士再不能纵马驰骋于原野，这时，他们把大象投入战斗；但是，蒙古军没有逃跑，相反地，用他们的“擒王”之矢，解脱了被大象阻挡的人，打乱步兵的阵形。大象负伤，不比棋盘上的卒子更有用，它们往回跑，脚下践踏了许多人[11]。最后，当忽炭之王[12]放下面纱，盖住自己的面孔时，撒麻耳干人关闭城门。 119

这天的战斗使撒麻耳干人忧虑重重，他们的心情和看法各不相同：有人渴望屈膝投降，有人担心自己的命；还有人，因天命注

定，不去乞和，再有人因成吉思汗散发的灵光，丧失了斗志。终于，在第二天

当闪光的太阳展示它的壮丽，
苍穹的黑鸦蜕掉它的羽毛[13]，

120 因为蒙古军英勇无畏，撒麻耳干人六神无主，所以，后者从思想中打消作战的念头，停止抵抗。哈的(cadi)，沙亦黑-伊斯兰(shakh-al-Islam)及一些披戴头巾的人，赶去晋见成吉思汗，他们得到成吉思汗的许诺保证，受到抚慰和激励，并在取得他的同意后，返回城内。

祈祷时刻，他们打开木撒剌之门，关闭抵抗之门。蒙古人这时入城，当天忙着拆毁城池及其外垒。居民置身于安全之地，蒙古人丝毫没有欺凌他们。当白昼披上契丹异端的黑袍时，他们点燃火把，继续干破坏的工作，直到城墙被夷平、马步军可到处自由往来为止。

第三天，当冷酷心黑的蓝脸魔术师在面前举起坚硬的铜镜时，蒙古兵大部入城，于是，男女居民，以百人为一群，由蒙古人监视，给赶到城外；仅哈的、沙亦黑-伊斯兰，及与他们有些瓜葛、受他们庇护的人，免于离城。获得这种保护者计五万多人。接着，蒙古人颁发告示称：倘有人藏匿不出，那就要他流血丧命。蒙古军和〔其他〕的军队忙于劫掠；很多躲在地窖、地洞里的人，被〔发现并〕遭到杀害。

象夫带着大象去见成吉思汗，请发给象食。成吉思汗问他们，大象养驯前靠什么为生。他们回答说：“原野上的草。”因此，他下

令放掉大象，让它们自己去寻食。大象就这样获释，终于死于〔饥饿〕。

当天帝沉没在地球下的时候，蒙古人离开市镇，而内堡的守军 121
吓得心胆俱裂，既不敢挺身抵抗，又不能转身逃跑。但是，阿勒卜汗[14]表现出英勇无敌气概：他率领一千决死之士冲出内堡，从蒙古军中杀出条血路，前去与算端会合。次日晨，当群星的主宰派使者们挥舞刀剑时，蒙古军把内堡围个水泄不通，双方一阵矢石相攻，他们摧毁了墙垣和外垒，破坏了朱亦-伊-阿儿吉思[15]（Juy-i-Arz-iz）。两次祈祷的间歇中，他们攻占城门，进入内堡。一千名英勇无敌的武士退守大清真寺，用火油筒和方镞箭进行激战。成吉思汗的军队同样使用火油筒；礼拜五清真寺及其中的一切，被今世之火焚烧一空，又受到来世之水的冲刷。然后，内堡中的人全给赶到城外，在那里，突厥人和大食人分为两队，按十人、百人分成组。蒙古人把突厥人的前额剃成蒙古式样，为的是安定他们，打消他们的恐惧；但是，到太阳西落，他们的生命光阴即将结束，就在当夜晚，所有康里男子都被溺毙于毁灭的海洋内，为死亡的火焰所焚化。共计有三万多康里人和突厥人，他们的统帅是：巴力失马思汗[16]（Barishmas Khan）、塔海汗[17]（Taghai Khan）、撒儿昔黑汗[18]（Sar-sigh Khan）、兀剌黑汗[19]（Ulagh Khan），尚有算端的大异密二十
人，其名具载于成吉思汗颁给鲁克那丁·迦儿忒[20]（Rukn-ad-Din 122
Kart）的札儿里黑中；这份札儿里黑详尽记载了被他粉碎和摧毁的州郡和军队的首领。

城镇和内堡彼此都化作一片废墟，很多的异密、士兵、居民啜饮死亡之杯。第二天，当天空的扎木失的[21]（Jamshid）这只神鹰，

从大地的山头抬起头来，当太阳的火红面孔在圆盘般的苍穹中发出亮光，这时，蒙古人清点刀下余生者；三万有手艺的人被挑选出来，成吉思汗把他们分给他的诸子和族人；又从青壮中挑出同样的人，编为一支签军。其余获允回城者，因他们没有遭到他人的命运，也没有达到殉难的光荣，而是仍活在世上，所以，作为一种报酬说，成吉思汗向这些乞命者征收二十万的那〔的赎金〕，并责成撒麻耳干的两名大官吏，昔哈惕木勒克(Siqat-al-Mulk)和阿迷的·布祖儿格('Amid Buzurg)收这笔钱。然后，他派几个人当该城的沙黑纳，亲自带领一部分军队往呼罗珊，余下的军队，他派他的儿子率领，征讨花剌子模。后来，又接连几次在撒麻耳干征军，获免的寥寥无几；由此，全城破坏无遗。

这事发生在 618 年剌必阿 1 月。[22]

123 何处有那等有识之士，他深思熟虑地去洞察那幻化天命的活动，及那渺茫轮回的残忍和奸诈，迄至他发现，其和风不敌其热风，其所得不抵其所失；其酒力仅持续个把钟头，由此引起的头痛却是永久的；其收获仅化作一阵风，其财产仅产生一场灾难？

心儿哟，不要呻吟，
因为尘世仅仅是幻影；
灵魂哟，不要悲伤，
因为凡间仅仅是虚无。

注　释

① 牙忽惕在"撒麻耳干"条下，认为这首诗的作者是不思忒(Busti)，显

然就是阿不勒法特·不思忒(Abul-Fath Busti)。(穆.可.)

② “火”一词不见于A本,从意思上说也是不必要的。加进这个词,为的是与所谓的塔纳苏卜(tanāsub)数字相符(见后,第117页,注⑦):因为其中三个因素已提到,所以第四个因素也必须想法提到。

③ 引自阿不-赛德·鲁思塔迷(Abu-Sa'id ar-Rustami)颂扬撒希伯·本·阿巴德(Sahib b. 'Abbad)的一首合西答:诗人在赞美亦思法杭(Isfahan)。(穆.可.)

④ 亦思梵的牙儿,民族史诗中的一个著名英雄。他是琐罗阿士忒的保护人古昔塔思卜(Gushtāsp)之子,奉父命征讨不接受新教的鲁思坦。杀死亦思梵的牙儿,是老年英雄鲁思坦的最后武功,不久他也因兄弟叛逆而结束自己的生命。

⑤ Tazik、Tajik,是突厥人称伊朗人的名字。比较Tajikstan一名。实际上,tāzīk或tāzī,是个波斯词,波斯人自己用来称阿拉伯人;由此,大食是阿拉伯人的汉文名。

⑥ 引自哈马丹的巴底阿扎蛮颂扬哥疾宁(Ghazna)算端马合木的一首合西答。(穆.可.)

⑦ 译义为“弈棋中皇后将皇帝的军。”整个一段是所谓塔纳苏卜数字的一例:提到fil“象”,棋中的“主教”,势必引入其他的棋子:asb“马”或“骑士”,piyāda“兵”或“卒”,shāh“国王”,farzin(在farzīn-band中)“皇后”以及rukh“面颊”、“面孔”或“城垒”、“城堡”。

⑧ 见前,第46页,注⑬。

⑨ 这个塔里寒(Ṭalaqān)(或作Ṭayaqān,比较马可波罗之Taican)是今天阿富汗巴达克山(Badakhshan)省之塔利罕(Talikhan)城和县,不要把它跟成吉思汗摧毁的塔里寒弄混了(见后,第132页),后者位于巴里黑和马鲁鲁德(Marv-ar-Rud)之间。在可疾云(Qazvin)附近还有一个叫塔里寒的县。

⑩ ALBAR。译义为“勇敢的人”,由突厥语alp“勇敢”、er“人”(vir)而来。

⑪ 塔纳苏卜的另一例子(见原文第117页,注⑦)。“皇后”(farzīn)未出现在译文中,但可从原文的farzin-band“将皇帝的军”中找到,而译文中同样未见的“皇帝”(shāh),则出现在shāh-savārān“英勇的骑士”中:“马”和“象”自然是“骑士”和“主教”,“城堡”则包含在成语rukh na-tāftand(“没有转身逃跑”)中。

⑫ 指太阳。

⑬ 发勒斯编，《沙赫纳美》，第 497 页，第 1049 行。

⑭ 即阿勒巴儿汗，见前，第 118 页。

⑮ 关于这个著名的"铅管水道"，见巴尔托德，《突厥斯坦》，第 85、89、413 页。

⑯ BRŠMAS。突厥语 barïshmas 义为"不寻求和平的人。"

⑰ TΓAY。taghai 义为"舅父。"

⑱ SRSYΓ。sarsïgh 义为"坚硬的"、"粗糙的"。

⑲ AWLAΓ。关于 ulagh"驿马"，见前，第 30 页和注⑭。

⑳ 也里迦儿忒朝的始祖。见兰浦尔，《回教王朝》，第 252 页。一个有价值的文字资料：看来志费尼曾亲眼看见这个文件。

㉑ 古伊朗著名国王，被篡位者扎哈克（即答哈克）所推翻和杀害。因此，扎木失的出现在民族史诗中；在早期的阿拉伯史家那里，他有时被认为是所罗门。其实他是印度-伊朗神话中的人物，阿维斯塔（Avesta）中的耶摩（Yima）、吠陀中的阎摩（Yama）。本段文字中，这个名字自然只是作为太阳的化身。

㉒ 应为 617 年，也就是公元 1220 年 5 月至 6 月之误。据朱思扎尼（拉维特译，第 980 页），撒麻耳干陷落于穆哈兰月 10 日，即 3 月 19 日，这个日期与志费尼下面的叙述更为符合（见后，第 128－129 页）：在攻下撒麻耳干后，成吉思汗在该城附近度过当年的春季。（按《元史・太祖本纪》"十五年庚辰春三月，帝克蒲华城。夏五月，克寻思干城，驻跸也〔儿〕的石河。"又"十六年辛巳春，帝攻卜哈儿、薛迷思干等城……并下之。"这里著录两个攻克不花剌和撒麻耳干的日期。十五年为 1221 年——中译者注）

19. 花剌子模的命运[①]

这是该地区的名字；它的原名是者儿扎尼牙(Jurjaniya)，居民则称它为玉龙傑赤(Urganch)。时运变化前，它属于“地诚良善、主诚仁慈”[②]一类地方。它是世界众算端的宝座所在，人类诸名人的驻地；它的四角供当代的伟人作歇肩之用，它的领域是容纳现代奇珍的府库；它的宅邸放射各种崇高思想的光辉，它的州邑、郡县，因贵人光临而成为许多玫瑰园，大沙亦黑和当今的算端济济一堂。

你期望的一切，精神的和物质的，都在其中。

——这就是该地的情况。

我看，花剌子模是最美好的国土——
愿它的施雨之云永不吹散！
那人显得多高兴，
因为他受到它的青年笑脸相迎！[③]

成吉思汗征服撒麻耳干，河中诸州已削平，他的敌人被粉碎在灾难的磨石中，而且，在另一面的毡的、巴耳赤邗诸地，也被攻占； 124
因此，花剌子模留在中央，像座断了索的帐篷。他打算亲自追击算端，扫荡呼罗珊诸州的敌人，所以，他派他的长子察合台、窝阔台，率一支人马，像时间那样无穷尽，遍布山岳原野，出师花剌子模。

他又命术赤从毡的调兵赴援[④]。两王取道不花剌进兵，遣出一支疾若闪电、动若凶神的军队打前锋。

这时候，花剌子模已被[两]算端所遗弃，但是，军队的一员大将，秃儿罕哈敦的族人忽马儿的斤（Khumar Tegin）仍在城内，一些大异密也留下来，如木古勒哈只不[⑤]（Moghol Hajib）、额儿不花帕剌汪（Er-Buqa Pahlavan）、昔帕合撒剌儿阿里·都鲁吉尼[⑥]（sipahsalar ʿAli Durughini），及其他许多这号人物，列举他们的名字冗长无益。除开这些之外，尚有很多城内的名绅和当代的学者，无从计算；居民的人数更超过沙石。那一大群人中，没有派给一个领袖，他们可以赖以应付不幸事故，负责国政和公务，并因他的摄政，他们可以抵抗老天施加的暴力，因此，忽马儿因和皇室是亲属，被大家一致推为算端，立作诺鲁思王[⑦]（Nauruz King）。

125 他们没有留心这世上盛行的动乱，更没有注意老天对其大小子民所实施的袭击；迄至他们突然间发现一小队骑兵，一股烟似地逼近城门，驱掠牲畜。从而，一些目光短浅者感到高兴，以为敌方派这一小股人马来示威，如此儿戏般地显示傲慢。他们哪知道，灾难将随此而至，而且这些灾难的浪峰将接踵而来，然后是一场毁灭。全城的人，不分马步兵，轻率地涌出城门，向那一小股人马袭击。蒙古兵好像野兽，时而惊逸，时而回头张望，再逃跑。最后，当蒙古人到达离城有一帕列散远的巴黑亦忽剌木（Bagh-i-Khurram）时，他们的伏兵，那些凶猛可怕，骁勇善战的鞑靼马步兵，从墙后的埋伏中杀出来。他们切断前后的道路，生龙活虎地攻击花剌子模人，犹如恶狼扑向失去牧童的羊群。他们向居民放箭，挥舞刀枪驱赶他们：到黄昏时，他们已把将近十万战士杀死在沙场上。就在这同样的激奋中，一面呼啸呐喊，他们尾随花剌子模人，由海必兰门(Qabilan Gate)杀入城里，火一样进至名叫塔奴剌(Tanura)之地。

在太阳开始落山的时候，这支奇怪的军队，因慎重而撤退；但是，在第二天，当天宫的突厥武士从地平线抬起头来时，无畏的勇士和英武的突厥人就催动坐骑，进逼城池。有个斐里敦古里(Faridun Ghuri)，算端手下的一名大将，率五百人在城门等候敌军，因作好抵御的准备，使那些该死的家伙(?rujūm)失去进攻力。直到当天结束，他们不断厮杀和战斗。

察合台和窝阔台这时率领一支冲锋陷阵如洪水、连绵不绝如阵风的军队到来。他们绕城巡视，遣使召谕居民投降。

整个军队接着把城池包围，像圆周之包围圆心，而且凶神恶煞般 126
围城扎营。他们忙于为攻城准备木头、射石机、投掷器等武器。花剌子模境内没有石头，他们便利用桑木制造投掷器。一如既往，他们每天都用许愿和恐吓，威迫和利诱来逼居民，偶尔彼此也射几箭。

最后，战斗的准备完成，必需的武器齐备，而且援军从毡的等地抵达，这时，蒙古军立刻向城池四方发动冲锋和进攻。一声雷霆闪电般的呐喊，他们把投掷器和箭矢，像雹子一样倾泻出去。他们教把垃圾堆积起来，填塞城壕；接着，军队团团(bi-jirg)向前移动，去拆毁外垒的根基，把大地暴露在光天化日之下。

假算端和军队的统帅忽马儿，为苦酒所醉[⑧]，(全能真主曾说："穆罕默德，当汝生存时，彼辈耽于其嗜欲而进退失措。")[⑨] 目睹蒙古军进行杀戮，恐怕受辱，心胆俱裂，而鞑靼军获胜的迹象符合他的私下揣度；他心里无计可施，随厄运的降临，他再不能出谋划策了。他走下城楼门，因此，百姓中笼罩着更大的纷扰和混乱。

鞑靼军在城头竖一面大旗，战士们爬上去。呼啸呐喊使大地鸣响。城内所有街道，所有角落，居民都在抗击敌人：他们在每个
127 街头战斗，在每条巷尾展开顽强的白刃战。蒙古军这时用火油筒焚烧他们的屋舍、住宅，用弓弩和射石机聚歼百姓。但当阳光斗篷被茫茫夜色包围时，他们开始回营。凌晨，城市百姓依旧战斗了一阵，用刀剑、弓矢、旌旗显示抗争之爪。迄至当时，城池大部被毁；屋舍及其中的财物、珍宝，仅成一堆黄土；蒙古人也无望获得他们的财富储藏。他们因此一致同意放弃火攻，而去阻止百姓使用乌浒河水，城内筑有一座横跨该河的桥。三千蒙古兵作好准备，进袭桥的中心；可是，居民把他们包围在那里，使他们无一生还。

因此，市民在行动中斗志倍增，抵抗更加顽强。城外也一样，武器更猛，战浪更高，骚乱之风更喧嚣，天上地下皆然。攻占一间接一间的住宅，一所又一所的房屋，蒙古军拿下城池，一面摧毁建筑物，一面杀戮居民，直到整个城镇最后落入他们之手。接着，他们把百姓赶到城外；把为数超过十万的工匠艺人跟其余的人分开来，孩童和妇孺被夷为奴婢，驱掠而去，然后，把余下的人分给军队，让每名军士屠杀二十四人。全能真主说："余使彼辈成为笑谈之资，于是俱殒灭之。确实，此系对能忍者、知恩者之鉴戒。"[10]军队又大肆劫掠，把剩下的屋舍住宅摧毁。

花剌子模，这斗士的中心，游女的汇集地，福运曾降临其门，鸾
128 凤曾以它为巢，现在则变成豺狼的邸宅，枭鸢出没之处；屋宇内的欢乐消失殆尽，城堡一片凄凉，园林如此之凋落，大家会认为，"余使彼等之园化作此两园"[11]的诗句，恰为其惨景的写照。在它的园林、乐场上，那支描写"人世若梦"的秃笔，录下这些诗句：

多少骑士在吾人四周下马，
用清水掺和美酒；
然后，在清晨中，噩运把他们攫走
——这就是命运，幻化无常。[12]

简短说，蒙古人结束花剌子模的战斗，虏掠驱奴，进行抢劫、屠杀，血腥镇压，再把居民中的工匠瓜分，送往东方诸国。现在，那些国土内，很多地方还有花剌子模人在耕垦和居住。

察合台和窝阔台两王取道迦里夫[13]（Kalif）班师，他们在两天内从花剌子模到达迦里夫。

提起此次战役和屠杀，尽管如谚语说，“像往常那样干”，但我听说死者如此之多，以致我不敢相信传闻，因此没有记下数目。“主啊，保佑我们免遭今世的一切凶灾及来世的苦难。”

注　释

① 花剌子模（Khwārazm），在这里（平时也一样）指的是它的都城古耳干赤（Gurganj），即玉龙傑赤（Urganch），非指这个地区；它在今天的库尼亚乌尔坚奇（Kuhna-Urganch、Kunya-Urgench）——即“古玉龙傑赤”——的城址上。

② 《古兰经》，第 xxxiv 章，第 14 节。

③ 牙忽惕在“花剌子模”条下，认为著者是穆罕默德·本·乌纳因·的迷失吉（Muhammad b. ʿUnain ad-Dimishqi）。（穆. 可.）

④ 从志费尼的叙述看，术赤并没有亲自参加玉龙傑赤的围城战，这和其他所有的史料——回教的、远东的，记载都不同。

⑤ 见后，第 158 页，注⑰。

⑥ 讷萨怖(奥达斯译,第 94 页)把他叫做库黑-都鲁罕(Kūh-i-Durūghan)(谎话的山),“因为他有大量的谎话”。

⑦ 就是一日之王。看来,在春分时举行的诺鲁思(Naurūz),即元旦的民族大典上,必定一度有一种“五月皇帝”的选举。

⑧ 忽马儿一名的双关语,它实际为突厥词,但好像与 Khamr“酒”来自同一阿拉伯语根:事实上,khumār 阿拉伯语义为“醉酒的头痛”。

⑨ 《古兰经》,第 xv 章,第 72 节。

⑩ 同上,第 xxxiv 章,第 18 节。

⑪ 同上,第 xxxiv 章,第 15 节。引完全句是:“苦果、柽树及寥寥数株枣树之两园。”

⑫ 阿底·本·宰德·亦巴底('Adi b. Zaid al-'Ibadi)的诗句,引在《乞他卜阿迦尼》的一个长故事中。

⑬ 原文作 KASF,据巴尔托德,《突厥斯坦》,第 437,注③,读作 KALYF。迦里夫为乌浒河上一城(今尚存),有关此城,见巴尔托德,前引书,第 80 页。

20. 成吉思汗进兵那黑沙不[1]和忒耳迷[2]

成吉思汗攻克撒麻耳干，遣其子察合台和窝阔台攻花剌子模，
他本人在撒麻耳干境内度过当年的春季，再从撒麻耳干进至那黑 129
沙不草原。

夏季过去，马匹长膘，军士得到休整，这时他进兵忒耳迷。抵忒耳迷后，他遣使召谕居民投降，要他们拆毁城池、壁垒。但是，居民为坚固的城池所激励，其墙垣有一半耸立在乌浒河中，而且因拥有军队、武器和装备，变得狂傲，不肯投降，反出城交锋。双方均竖起射石机，不分昼夜酣战苦斗，到第十一天，蒙古人才袭取该城。男女居民都被赶到城外，按照惯例，有比例地分给军士；然后，他们悉数被杀，无一获免。

蒙古人屠杀完毕，看见一个妇人，妇人对他们说："饶我的命，我把一颗大珠子献给你们。"但当他们索取珠子时，她说："我吞下肚了。"因此，他们剖开她的肚子，找到好几颗珠。由于这个缘故，成吉思汗教把所有死者的肚子都剖开。

蒙古军干完抢劫、屠杀的勾当后，成吉思汗进兵康格儿忒[3]（Kangurt）和薛蛮[4]（Shuman）地区，在那里度冬。他用屠杀、袭击、破坏和焚烧，把该地扫荡一空；又派兵进入巴达哈伤境内及整

130 个那个地区，征服和削平当地的民族，有的用抚慰，但多数用暴力；因此，该地区再无他的敌人的踪迹。冬季快过去时，他准备渡河。

这些事发生在617/1220－1221年。

注　释

① 今乌兹别克斯坦之卡尔施(Karshi)。

② 此中世纪城市的遗址，位于乌浒河右岸、同名的现代城市帖尔美兹(Termez)旁边，乌浒水在这里形成乌兹别克斯坦和阿富汗斯坦的分界。

③ KNKRT，康格儿忒在塔吉克的希萨尔库拉卜(Hisar-Kulab)旧途上、巴尔章(Baljuan)以西。(弗.米.)

④ 原文作SMAN，读作ŠMAN。我以为这就是薛蛮(Shūmān)城和县。米诺尔斯基，《霍杜德》，第353页，指出该城可能位于旧杜尚别(Dushambe)、今斯大林纳巴德——塔吉克斯坦首府——的城址上。

21. 成吉思汗在忒耳迷渡河以及巴里黑的陷落

巴里黑因出产丰富，岁入种类繁多，胜过其他州邑。它的领域比诸州广阔；在从前，它在东方州郡中犹如默伽之在西方。如菲尔道西说：

> 他到美丽的巴里黑去，朝覲那座诺巴哈儿(nau-bahār)，
> 而当时，主的信徒对它之尊敬，
> 犹如今天阿拉伯人之尊敬默伽。①

成吉思汗渡过河，进向巴里黑。城中的首领前来纳款，献种种图苏湖和礼物。于是，因要籍户，成吉思汗命把巴里黑的百姓都赶到郊外，予以清点。但是，扎兰丁仍在那些地区制造骚乱，驰马于叛逆的战场，因此蒙古人不相信巴里黑人的投降表示，在呼罗珊的情况下尤其如此。毁灭国土和民族的海涛正在怒啸，灾难风暴并未止歇，那么，他们就无免祸之策；再说，老天既已使他们落网，那 131
投降也拯救不了他们，靠屈膝乞和亦无用场。但是，另一方面，反抗也是致命的鸩毒，不治之症。故此，成吉思汗下令，把巴里黑人统统赶到旷野，按惯例分为百人、千人一群，不分大小、多寡、男女，

尽行诛戮，没有留下干湿的一丝形迹。长期以来，野兽饱餐死者的尸体，狮、狼相安地共同嚼食，鹰、隼无争地从同一张餐桌上享用。

> 吃吧，撕裂吧，鬣狗啊，
> 享受那具无人收的尸体吧。[②]

接着，他们纵火焚烧该城的园林，以全力去摧毁外垒、城墙、邸宅和宫殿。全能真主曾说："凡属城镇，余于末日前辄欲全毁之，或予以严谴。此皆载诸元典。"[③]

成吉思汗从白沙瓦回师，抵巴里黑，他发现很多藏身于角落、洞穴，〔在蒙古人走后〕再出来的难民。他下令把他们全杀掉，使这些人应验那句"余且叠次加罪于彼"[④]的话。凡有余下的直立墙垣，蒙古人就把它推倒，再次扫清该地的所有文明遗迹。

> 他们的邸宅，那一度习惯于繁荣的邸宅，
> 将为他们哭泣。
> 我们开始是羡慕地瞧他们，
> 最后是惊异地看他们。[⑤]

成吉思汗如此解决了巴里黑，他再派他的儿子拖雷，带一支大
132 军征服呼罗珊诸州，他则转向塔里寒[⑥]。该地的城堡叫讷思来忒忽（Nusrat-Kuh），除壁垒坚固外，还驻满准备获得英名的武士。尽管成吉思汗遣使者、使臣去召谕居民投降，他们却不屈服，一心要厮杀战斗。蒙古军包围城垒，开动许多弩炮；他们不倦地行动，守军也奋战不休：双方进行激战，都使对方重创。塔里寒守军这样抵抗到拖雷征服呼罗珊后从那里率大军到来。蒙古军人数大增，他们才袭取了塔里寒，没有留下一个活人，把堡垒、城砦、墙垣、宫

殿、房屋都拆毁。

突然，有消息说扎兰丁取得大胜，打败了帖客出克[⑦]（Tekechük）及其人马。成吉思汗火速去迎击他。途经古儿疾汪[⑧]（Gurzivan），因当地居民的抵抗，他在那里滞留一个月，最后方攻下它，强使其居民吞服其同类民族所尝到的屠杀、劫掠和毁灭的苦药。

从古儿疾汪出师，蒙古兵抵达范延（Bamiyan），该地居民进行抵抗，双方均使用弓矢弩炮。忽然，从该地百姓的毁灭者，那天命的拇指上，一支方镞箭毫无耽误地飞出城来，射中察合台之子[⑨]、
成吉思汗的爱孙。蒙古军加紧攻城，把它攻克，成吉思汗下令把所 133
有动物，从人类到牲口，杀个精光；不许留下俘虏，哪怕孕妇腹内的胎儿也不得饶过；今后不许动物居住在这个地方。他给它取名为卯危八里，波斯语义为“歹城”。[⑩]时至今日，没有动物在其中安居。

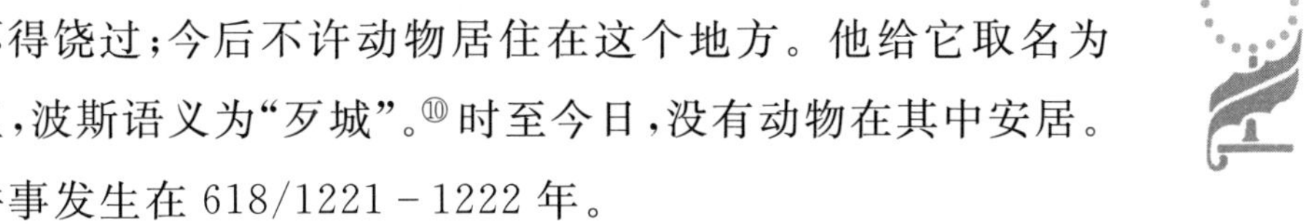

这件事发生在 618/1221－1222 年。

注　释

① 发勒斯编，《沙赫纳美》，第 1496 页，第 15－16 行。nau-bahār，即“新寺”，指巴里黑附近的大佛寺，见巴尔托德，《突厥斯坦》，第 77 页。

② 引自纳比哈・扎底（Nabigha Ja'di）。（穆．可．）

③ 《古兰经》，第 xvii 章，第 60 节。

④ 同上，第 ix 章，第 102 节。

⑤ 赛阿利比在《塔特马都尔-雅特马黑》中，把这首诗归于阿不-别克儿・阿不答剌・本・穆罕默德・本・扎法儿・阿思乞（Abu-Bakr 'Abdallah b. Muhammad b. Ja'far al-Aski），他享盛名于撒曼朝后期。（穆．可．）见埃格巴尔编，第Ⅰ卷，第 95 页。

⑥ 见前，第 118 页，注⑨。

⑦ TKǰWK。也拼作 TKǰK(第Ⅰ卷,第 106 页及第Ⅱ卷,第 136 页)和 TKAǰK(第Ⅱ卷,第 197 页)。它是个突厥词,义为“小公羊”。见豪茨马,《语汇》,第 68 页,其中拼作 TKAǰWK。

⑧ 巴尔托德,前引书,第 443 页,注④,指出,该地可能是古儿疾汪的朗(Rang)堡(拉维特,第 100 页)。在阿富汗斯坦至今尚有个叫杜尔扎卜(Durzab)和古尔吉万(Gurziwan)的县。

⑨ 他叫做 MATYKAN(第Ⅰ卷,第 228 页;第 i 册,第 273 页),显然就是蔑惕干(Metiken),拉施特(伯劳舍,第 161 页)把他叫做 MWATWKAN(?木阿秃干 Mö'etüken)。这个不见于蒙、汉史料的名字,已由伯希和在《金帐汗国》,第 86－87 页,予以讨论。

⑩ 见前,第 45 页,注⑤。

22. 成吉思汗转击算端之战

成吉思汗从塔里寒派帖客出克及一队将官去解决扎兰丁。但是，因阿格剌黑[1]（Ighraq）和其他各方武士到来，算端得到增强。他完全打败那支前来消灭他的军队，因这支军队人数无多，又乏援军。这次败北的消息传给成吉思汗，他气得把白天当成黑夜，一着急，又把黑夜算作白天，由是兼程并进，连做饭都不可能。

他抵达哥疾宁，获得情报称，扎兰丁已于两周前离开该地，意欲渡过申河（Indus）。他委祃祃·牙剌瓦赤（Mama Yalavach）为
哥疾宁的八思哈，他则亲自追击扎兰丁，犹若风扫残云，一气追到 134
申河岸才追上他。[2]蒙古军切断算端的前后道路，将他困在核心；他们围成几重圈子，状若一把弓，把申河作弓弦。成吉思汗命他的人马在战斗中争先，务求生获算端。同时候，察合台和窝阔台也从花剌子模到来。算端这方面，见行动之日已至，是决战的时刻了，就跟一些仍留在他身边的人，挺身而战。他从右面急攻到左面，又从左面攻击蒙古军的中心。他一次再一次进攻，但蒙古军步步紧逼，使他的活动地盘越来越小，战场越来越窄；但他依然像怒狮那样战斗。

他催马所至之处，都使鲜血掺和尘土[3]。

因为成吉思汗下令生俘他，军士就不用矛矢，以履行成吉思汗之令。但是，扎兰丁对他们说是太快了，他退下来。他换过一匹新的马，跨上它，再次攻击蒙古军，然后又从突击中飞驰而回。

> 像道电光，他猛投入水，一阵风逃走了。

蒙古兵看见他投入河中，正要跟踪入水，但成吉思汗制止他们。由于惊讶过分，他用手捂嘴，一再对他的儿子们说："为父者须有若此之子。"

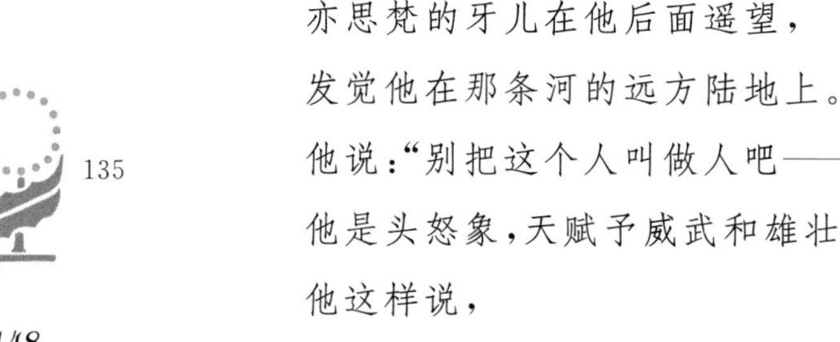

> 亦思梵的牙儿在他后面遥望，
> 发觉他在那条河的远方陆地上。
> 135 他说："别把这个人叫做人吧——
> 他是头怒象，天赋予威武和雄壮。"
> 他这样说，
> 向鲁思坦走的方向凝望着。[4]

简短说，扎兰丁的所有军队，没有溺死在河里的，都丧身刀下。他的妻儿，送给成吉思汗，凡属男性，哪怕婴儿，都丢了命，交与伊本大牙[5]（Ibn-Daya）去抚育，也就是说，扔给食肉的乌鸦。

> 我们难忍受的是：
> 伊本大牙还在观察那泪腺连结在何处。

算端携带的财物主要是金银币，他已在当天下令把它全部投进河里。蒙古人派潜水者尽量从水里打捞。

这个老天显的奇迹事件，发生在 618 年剌扎卜月〔1221 年 8 月至 9 月〕[6]。因而有句谚语说："剌扎卜月看得见奇迹。"

成吉思汗沿这条河岸前进[7]，但把窝阔台遣回哥疾宁，该地的
百姓自愿投降。窝阔台命令把他们全赶到城外，那里，工匠一类的
人留在一边，其余人被处死，城镇也遭摧毁。他留下忽秃忽那颜[8] 136
（Qutuqu Noyan）监管将在该地过冬的俘虏和工匠，他自己经也里
的该儿母西儿[9]（Garmsir）回师。

这时，成吉思汗到达迦儿漫（Karman）和桑忽兰[10]（Sanqu-ran）。他于该地得到消息说，扎兰丁重渡申河，埋葬死者。他把察合台留在迦儿漫，察合台[在他期望的地方]没有找到扎兰丁，仍继续追索。那年冬季，成吉思汗下营于不牙迦秃儿（Buya Katur）境内，这是阿昔塔哈儿（Ashtaqar）的一个城市[11]。当地的侯王萨剌儿·阿合马[12]（Salar Ahmad）屈膝称臣，尽力向军队供应粮草。

因气候不良，兵士大多病倒，兵力下降。他们把很多俘虏带到 137
那里，还从该地虏掠印度奴隶，因此每间房屋都住着十至二十个俘
囚。俘囚都被用来干舂米等类的炊事工作，气候适宜他们的体质。成吉思汗命令每间房屋的每名奴隶要舂四百芒特的谷米。他们很快在一礼拜内完成这项工作；因此，成吉思汗教把军中的俘虏杀光。这些可怜的家伙，丝毫不知道他们的命运；在一个夜晚，赶在天亮前，俘囚和印度人完全无影无踪了[13]。

附近的部族都遣使纳款。成吉思汗也遣使罗纳[14]（Rana）。他开始愿意投降，可是反复无常。成吉思汗派兵把他擒获，并把他杀死。成吉思汗还派兵把阿格刺黑包围在他筑的堡垒中。

军士体质恢复，成吉思汗打算从印度到唐兀国的道路回师[15]。
他走了几程，但无路可通，他返回去[16]，到达白沙瓦[17]（Peshawar）， 138
取原路而回。

注　释

① 赛甫丁·阿格剌黑(Saif-ad-Din Ïghrag)是个哈剌赤突厥人(Khalaj Turk),在白沙瓦的哈剌赤和突厥蛮大军的首领。(见后,第 ii 册,第 462 页)他和扎兰丁合师,参加八鲁弯(Parvan)战役,这里指的就是这次战役。有关此战的详情,见后,第 ii 册,第 406 - 407 页。关于哈剌赤,底里(Delhi)的哈勒吉算端们(Khalji Sultans)和坎大哈(Qandahar)的基勒佐阿富汗人(Ghilzai Afghans)共同的祖先,见米诺尔斯基,《哈剌赤的突厥方言》,第 426 - 434 页。

② 申河战役的地点,见巴尔托德,《突厥斯坦》,第 445 - 446 页。此战的地点可能在今卡拉巴黑(Kalabagh)附近的丁科特(Dinkot)。

③ 发勒斯编,《沙赫纳美》,第 1556 页,第 1074 行。

④ 头两段见发勒斯编,《沙赫纳美》,第 1693 页,第 3575 - 3576 行。第三段不见于发勒斯编本。

⑤ 意为乌鸦。意为"抚育"的双关语 dāya 在译文中不能体现。

⑥ 讷萨怖称在 11 月 24 日,礼拜三。见巴尔托德,前引书,第 445 页。

⑦ 据拉施特(斯米尔诺娃译,第 225 页)和《圣武亲征录》(见海涅士,《成吉思汗最后之远征及其死》,第 529 页),成吉思汗是循河而北,同时派窝阔台循河而南。

⑧ QTQW。这是失吉忽秃忽(Shigi-Qutuqu),八鲁弯的蒙古统帅。成吉思汗和汪罕,作为金国的联盟,打败塔塔儿部后,在塔塔儿遗弃的营盘里找到个小儿,这就是他。(见《元秘史》,第 135 节。)成吉思汗之母诃额仑把他收养(同上),但据拉施特说,收养他的是成吉思汗之妻孛儿台(赫塔吉诺夫译,第 107 页,斯米尔诺娃译,第 173 页)。1206 年在斡难河源举行的大忽邻勒塔上,他被授予大法官的职位。见《元秘史》,第 203 节,格鲁赛,《蒙古帝国》,第 183 页。

⑨ Garmsir〔-i-〕Harāt。原文或者应改读作 Garmsir va Harat,"该儿母西儿和也里"。拉施特(斯米尔诺娃译,第 225 页)仅称窝阔台"取道该儿母西儿"回师(D 本同),而斯米尔诺娃在同页注②中,认为该儿母西儿是赫尔曼德(Helmand)河中游的同名地区,今仍叫做加姆萨尔(Garmsel)。蒙古人在头一次出征中实际已走过这条路。成吉思汗曾从塔里寒派支蒙古军"取道该儿

母西儿”去进攻在哥疾宁的阿明灭里(Amin Malik)。阿明灭里把这支军队赶回不思忒(Bust)(今之卡拉依比斯特(Qal'a-yi-Bist))和帖津纳巴德(Tegin-abad)(或坎大哈),这就是说,正好赶回该儿母西儿地区;然后蒙古军向也里和呼罗珊方向退去。见后,第ⅱ册,第461-462页。据拉施特(前引书同页,参看《圣武亲征录》——见前引文并白莱脱胥乃德,第Ⅰ卷,第293页),窝阔台摧毁哥疾宁后,请求其父允许他进兵昔思田(Sistan)。但是,因气候炎热,成吉思汗命他回师,说将另派军队前往。据朱思扎尼(拉维特译,第1047页),窝阔台把他的冬营扎在普里阿罕迦兰(Pul-i-Āhangaran),也就是今赫里河(Herirud)上游之卡拉依阿罕迦兰(Qal'a-yi-Āhangarān)

⑩ 原文作SYQWRAN,读作SNQWRAN。今之库腊姆区(Kurram A-gency)。拉维特(见氏所译朱思扎尼,第498-499页的注释)把桑忽兰考证为今沙卢赞(Shalūzān)的dara(河谷)(沙卢赞见于《皇家印度地名词典》,拉维特的Kaṛmān在词典中作Kirmān)。沙卢赞和迦儿漫,除了是库腊姆河的两条支流名外,也是上库腊姆河广阔河谷中两个村名。

⑪ 不牙迦秃儿(BWYH KTWR)和阿昔塔哈儿(AŠTQAR)均未考证出来。据朱思扎尼(拉维特译,第1043-1045页),成吉思汗从申河出师,把阿格剌黑困在一座城堡内(见后,第137页),拉维特称该堡为吉巴里(Gībari),攻下它,并攻下“柯黑帕牙黑(Koh-Pāyah)〔山区〕的其他堡垒,”然后,“在吉巴里地区和柯黑帕牙黑”驻营三月。拉维特,第1043页,注①,认为吉巴里堡位于今迪尔(Dir)、斯伐特(Swat)和契特腊耳(Chitral)边境特区的巴乔尔(Bajaur)。另一方面,也可以把吉巴里读成吉里(Giri),而把此堡看成是哥疾宁朝的麻速忽(1030-1040)被囚禁和被害的城堡,它的位置紧靠今印度河,在白沙瓦附近。见拉维特,前引书,同页,及第1074页的注释。

⑫ 萨剌儿·阿合马(Sālār Aḥmad)也未考证出来。见拉维特,第1074页的注释。

⑬ 巴尔托德,《突厥斯坦》,第454页,倾向于怀疑此事的情节(如他所指出,这事是后来谈帖木儿的),特别如朱思扎尼,“他没有隐瞒蒙古人残暴行为的习惯,只字未提这件事,而他不可能不知道此事。”

⑭ 志费尼把北印度人的称号rānā当成一个专有名词了。此人可能是讷萨怖的罗纳沙忒剌(Rāna * Shatra)的继承人(奥达斯编译的讷萨怖书,罗

纳沙忒剌的阿拉伯原文作 ZANH ŠTRH，其译文第 142 页作 Zâna-Chatra)，“哲伯勒朱提(Djebel El-Djoudi)的君主”，在一次战役中被算端扎兰丁所杀(同上书，第 143 页)。朱思扎尼(拉维特译，第 815 页)提到，后来“朱提山(Jud)”(即索耳特岭(Salt Range))的一个罗纳，因头一年给蒙古人当向导，所以在 644/1246 - 1247 年受到惩罚性的讨伐。

⑮ 据朱思扎尼(拉维特译，第 1046 页、1081 页)，取道孟加拉(Bengal)、阿萨姆(Assam)和喜马拉雅山。

⑯ 拉施特(斯米尔诺娃译，第 225 页)的叙述更清楚。崎岖的山岭、稠密的森林、恶劣的气候、不洁的饮水，再加上唐兀反叛的消息，都是成吉思汗回师的原因。据朱思扎尼(拉维特译，第 1045、1081 - 1084 页)，他曾从吉巴里(即吉里)地区的驻地，遣使底里的亦勒秃惕迷失(Il-Tutmïsh)，请求假道印度回师；当唐兀反叛的消息传来时，他仍在那里的营盘中，灼羊胛骨以验吉凶(关于这种占卜形式，见柔克义，第 187 - 188 页)。据《元史》，他确已深入东印度，当一只神兽，一种独角兽，出现时，他才回师。见柯劳斯，第 39 页，海涅士，前引文，第 531 页，白莱脱胥乃德，第Ⅰ卷，第 289 页，多桑，第Ⅰ卷，第 318 页，注①。

⑰ 原文在这里作 Farshāvar，别处作 Parshāvar，这是当时的正规拼法(较早作 Purushapura，“布路沙城”)。Pēshāvar(本书之 Peshawar)之形，是蒙兀皇帝阿克巴儿(Akbar)所采用。

23. 成吉思汗的回师

春讯传到人间各地，青草就像伤心人的心在跳动，每天黎明，夜莺在枝头和斑鸠合唱哀歌丧曲；为悼念那些王孙公子，他们年年在园林、乐场中倾酒消愁于花丛下，云从眼内滚下泪珠，并且说：“这是雨”；满心期望获得尽情眷顾的玫瑰蓓蕾，由于伤痛，花萼充满血色，还让人相信它是笑脸；惋惜那些花容玉貌的人儿，蔷薇撕开衣裳，说：“我已盛开；”百合花像送丧人，穿上蓝袍，说明它是天蓝色；整洁的丝柏，思忆那些文雅的、体若丝柏的人，弯着腰，每天拂晓发出凄惨哀鸣，称这是“庄重”；和丝柏相配合，杨柳因悲伤，把
头枕在黑土上，自叹命苦，往头上堆尘土，说：“我是草原的法剌昔 139
(farrash)；”酒瓶喉中哽咽，琵琶和三弦琴在合奏。

瞧，每天凌晨听得见
夜莺唱的帕剌维(Pahlavi)之歌：
它哀悼亦思梵的牙儿的死亡，
对他，没有追忆，只有哀伤。
这年头，没有人开口欢笑，
这年头，世上因兵戈而无片刻安宁。
这年头，谁让我看见过娇红的脸蛋？
这年头，哪有光阴顾得上欣赏玫瑰？

成吉思汗决定从白沙瓦返回老营；他急于回去的原因是：契丹人和唐兀人乘他不在的时机，变得倔强，动摇于降叛之间。

取道范延群山，他重与他留在巴格兰①(Baghlan)的辎重会合。他在这片草原上度夏，当秋季来临，他再启程，渡过乌浒水。

渡河后，他把朵儿伯·朵黑申②(Törbei Toqshin)派回去追击算端。

那年冬，他驻扎在撒麻耳干境内，从那里遣使召长子术赤，教他从钦察③(Qifchaq)草原出发，把猎物(多系野驴)赶来。

140 察合台和窝阔台则赴哈剌库耳④(Qara-Köl)，猎取天鹅为乐；每一周，作为他们狩猎的样本，他们用五十头骆驼把天鹅送给成吉思汗。

最后，猎物已尽，冬季将过去，世界变成一枝春意盎然的花蕾，大地披上花衣裳，这时，成吉思汗决意离开和行动；在费纳客忒⑤河畔，诸王子团聚在父王身边，召开一次忽邻勒塔，然后，他们由此启程，直抵豁兰八失⑥(Qulan-Bashi)，术赤从另一方赶到，与其父会师。

术赤携来的贡礼中，有一千头灰马。遵从父命，他从钦察草原赶来大群野驴，像很多绵羊，据说野驴的蹄子在途中磨损，因此给它们安装上马掌呢。一行人到达一个叫兀秃合⑦(Utuqa)之地，成吉思汗和儿子们、军士们，上马游乐，猎取野驴。他们放马追逐，但野驴因疲劳过度，简直可以用手捉住。他们猎厌了，余下的仅是些瘦瘠的动物，他们便在猎得的野兽身打上自己的印记，把它们放掉。

141 简短说，他们在豁兰八失度夏；一群畏吾儿贵族被押到这里，因犯罪被处死。然后，成吉思汗离开那里，并在春季返抵自己的斡耳朵。

注　释

① 《元秘史》(第257、258节)的“巴鲁安地面”、《元史》(柯劳斯，第38页，海涅士，《成吉思汗最后之远征及其死》，第531页)及《圣武亲征录》(海涅士，前引文，第529页)的八鲁弯川，拉施特(斯米尔诺娃译，第225页)的“蒙古人称作八鲁弯的平原，”多半都指巴格兰(Baghlān)，非指八鲁弯(Parvān)。

② 见后，第24章。

③ 一般作 Dast-i-Qipchāq，应作 Dasht-i-Qifchāq，此名用来称从德涅斯特河至额尔齐斯河之间的大草原，它后来指金帐汗国的领土。

④ 今乌兹别克斯坦一城名(卡腊库耳(Karakul))；哈剌库耳义为“黑湖”，原系这片沼泽地带的名字，扎腊夫善(Zarafshan)河最终流失其中。据巴尔托德，《突厥斯坦》，第118页，“这里有大量的鱼和鸟。”

⑤ 见前，第64页，注⑧。

⑥ 原文作 QLAN TAŠY，读作 QLAN BAŠY。它是个山口，位于阿雷斯(Arǐs)和塔拉斯(Talas)之间，从奇姆肯特(Chimkent)到奥利亚阿塔(Aulia Ata)(即江布尔(Jambul))的中途，以酷寒而闻名。见马撒尔斯基(Masalsky)王子:《突厥斯坦的边境》(Turkestanskii krai)第757页。(弗.米.)豁兰八失义为“野驴头”。

⑦ AWTWQA，未考证出来。

24. 朵儿伯·朵黑申追击算端扎兰丁的征伐[1]

察合台没有找到算端而回，成吉思汗便派朵儿伯·朵黑申带两土绵蒙古军，渡过申河进行搜索。

朵儿伯·朵黑申进向南答纳[2]（* Nandana）地区，南答纳是印度的一州，从前为哈马鲁丁·迦儿漫尼[3]（Qamar-ad-Din Karmani）所统治，但是，算端的一名将官现在自立为它的君主。

朵儿伯·朵黑申攻陷南答纳堡，大肆杀戮。然后，他转攻木勒
142 坛（Multan）。木勒坛没有石头，因此他下令驱签军从那里造木筏，筏上满载弩石，放入河里。当他抵达木勒坛时，投石机就开动起来；城池大部被毁，城镇即将投降。然而，炎热的气候不容许他多留片刻；于是在剌火儿（Lahore）和木勒坛省到处烧杀抢劫后，他从那里班师，重渡申河，抵达哥疾宁，追随成吉思汗而去[4]。

注　释

① 这一章已在我的论文《元朝秘史中的亦鲁和马鲁》中予以披露。朵儿伯·朵黑申的名字，在原文中处处作 TRBAY TQŠY，或 TWRBAY TQŠY，但在第Ⅱ卷，第 144 页，及 E 本、G 本中，其第二部分作 TWQŠYN。

它是 Dörbei Doqshin 的突厥语形，义为“残忍者朵儿伯”，一个朵儿别台(Dörbet)将官之名，他因在 1217 年出征豁里秃马惕(Qori-Tumat)林木中百姓而知名。见《元秘史》，第 240 节，拉施特书(斯米尔诺娃译，第 178 页、255-256 页)；同见上述论文，第 405-406 页、410 页。

② 原文两处均作 BYH，但 B 本中城名作 NNDH，J 本(即：波德莱图书馆稿本，佛累瑟 154 号)作 YNDH，(我得感谢前东方图书馆保管员伯斯通教授(Professor A. F. L. Beeston)，并感谢牛津大学印刷部，替我影印这一段)这两种形式都必须看成是原形 NNDNH(即 Nandana)的讹误，朱思扎尼(拉维特，第 534 页)实作此形。至于这个地方，BYH 也无疑应看成是 NNDNH 的讹误，讷萨怖的 DBDBH WSAQWN(原阿拉伯文，第 86 页；奥达斯译文第 144 页作 Debdeba-Ousâqoun)的第一部分也相同。忽巴察(Qubacha)就是在这里听见扎兰丁跟朱提山区的罗纳打仗的消息。关于南答纳，见拉维特的长注(拉维特第 534-539 页)，同见《皇家印度地名词典》，第 XⅧ 卷，第 349 页，其中，它被描写为一个“有历史意义之地，位于旁遮普邦(Punjab)杰卢姆县(J̌helum)的品德达丹罕(Pind Dādan Khān)税区，北纬 32 度 43 分，东经 73 度 17 分，东距却赛丹夏(Chao Saidān Shāh)十四哩，外索耳特岭的一个大盆地中。至于城堡，尚遗有两座巨大而整齐的沙石柱筑成的棱堡。”

③ 斯米尔诺娃，第 224 页注③，认为哈马鲁丁·迦儿漫尼为哈马鲁丁·塔马儿·罕·基兰(Qamar-ad-Din Tamar Khan Qīrān)，未来的孟加拉长官(1244-1246 年)。然而，据朱思扎尼(拉维特译，第 743 页)，后一人物是亦勒秃惕迷失购买的一个钦察突厥人，直到拉兹雅(Razīya)统治时(1236-1239 年)，当他成为坎诺赤(Kanauj)诸侯，他才获得封地。事实上，我们所讨论的哈马鲁丁，不是别人，正是忽巴察，忻都(Sind)的君王，古耳朝(Ghurid)算端失哈不丁(Shihab-ad-Din)从前的奴隶。据讷萨怖(见前，注②)，当扎兰丁和朱提山的罗纳打仗时，他正在南答纳地区。同见后，第 ⅱ 册，第 414-416 页。我依据拉维特(第 536 页注)，把他称作迦儿漫尼(Kaṛmānī)，即迦儿漫(今库腊姆区)的人，而不把他称作起儿漫尼(Kirmānī)，即起儿漫人；实际上他很可能跟迦儿漫有点关系：迦儿漫是他的岳父由勒都思(Yulduz)的封地。见拉维特，第 498-500 页。

④ 有关这次远征的一些不同说法，见后，第 ⅱ 册，第 413 页。据《元秘

史》(第257、264节)、《圣武亲征录》(见海涅士,《成吉思汗最后之远征及其死》,第529页)、《元史》(同前文,第531页,并见柯劳斯,第38页)这次远征不是由朵儿伯,而是由札剌亦儿的八剌(Bala)率领;据拉施特(斯米尔诺娃译,第224页),它是由朵儿伯和八剌共同率领。

25. 哲别[1]和速不台追击算端摩诃末的远征

成吉思汗兵临撒麻耳干城下，包围该城，这时，他接到消息说：
“算端已在忒耳迷渡河，把他的大部军队及近卫军的将领分散到各 143
村落和乡间；他身边只留下少数人，而且他是在惊恐中渡河的。”

成吉思汗宣称：“必须赶在人马聚集在算端身旁、四方的贵族援助他之前，把他解决掉，把他消灭干净。”

因此，他从大将中挑选哲别和速不台去追击算端；又从身边的军队中，按比例[2]挑出三万人，他们个个都敌得过一千名算端的军队，犹如狼入羊群，热炭烧枯柴。

这支人马在般札卜[3]（Panjab）渡河；他们一溜烟地急进，追索 144
和搜寻算端，像从山头涌入河谷的洪水。

他们首先抵达巴里黑。城内的名绅遣代表去迎接他们，向他们献图苏湖及食品。因此，蒙古人没有伤害他们，派给他们一名沙黑纳。然后，蒙古人从他们当中找了个向导，遣太子[4]（Taisi）打前锋。

他们到达匝维[5]（Zava），要求供应粮草（'ulūfa）；但是，城内的百姓关闭城门，不理睬他们的话，拒绝供给任何东西。蒙古人因在赶路，没有停留，继续行军。匝维人见旌旗已远，望到蒙古人的背影，他们就昏了头，在城头擂动大鼓小鼓，张口辱骂。蒙古人发现他们态度傲慢，听见他们的骂声，回师对三座城堡一齐发动猛攻，把云梯搭上城头。第三天，当天边像只杯子盛满红霞血时，蒙古人爬上城墙，把遇到的人杀光。因不能滞留，他们把所有笨重不便携带的东西焚烧和破坏干净。

这是老天在灾难的棋盘上走的第一步卒子，也是从幻化苍穹的指环中变出的第一套戏法。这次交锋和杀戮，好像预示一场天降大祸，命定的灾害。因这声响动，一个大地震摇撼了呼罗珊，听见这前所未闻的暴行，人们恐怖失色。

145 617 年剌必阿 1 月[1220 年 5 月]初，哲别和速不台兵临你沙不儿城下，遣使给呼罗珊的官吏和赛德尔：抹智儿木勒克・迦菲・鲁黑希[6]（Mujir-al-Mulk Kafi Rukhhi）、法里答丁（Farid-ad-Din）、吉牙木勒克・佐扎尼[7]（Ziya-al-Mulk Zuzani），召谕他们投降，要求供应粮草（'ulūfa）及食品（nuzl）。他们从群众中派出三人去见哲别，进献礼物贡品，表示臣服。哲别警告他们说，不得进行反抗活动，凡有蒙古人或蒙古使者到来，当去迎接，而且不要仗恃城池坚固、兵马势众；这样，他们的房舍财物才能获全。作为凭证，蒙古人交给使者一份畏吾字书的塔木花[8]（al-tamgha），及一道成吉思汗的札儿里黑，要旨如下："诸异密、贵人及众黎庶，当知者……从日出至日没之一切土地，我均将其付托与汝等。因之，凡属归降者，慈恩将施及其身及其妻妾、子女和家族；但所有抗命者，将与其妻妾、子女和族人共遭毁灭。"

蒙古人照此立下文书，以甘言抚慰城内的百姓。接着，他们离开你沙不儿，哲别进向志费因[9]（Juvain），速不台经扎木[10]（Jam）进向徒思[11]（Tus）。无论何地，百姓只要投诚，就得到宽恕；但那些进行抵抗者则遭彻底毁灭。

徒思,也就是奴罕(Nuqan),其东部村落及整个该地区(rub
')[12],表示臣服,故此立即获免;蒙古人由此遣使进入该城;因居民 146
的答复不合他们的意,他们便在城内和附近村子大肆杀戮。

速不台抵剌的康(Radkan),草地青葱,泉水丰盛,他很感满意,以致没有伤害那里的百姓,并把一名沙黑纳留在该地。他来到哈不珊[13](Khabushan),因当地百姓缺乏接待,蒙古人开展大屠杀。他由此地抵亦思法剌因[14](Isfarayin);在亦思法剌因和阿的康[15](Adkan),蒙古人也大肆杀戮。

然后,哲别经志费因转向祃椤答而(Mazamdaran),速不台则由火迷失[16](Gumish)疾进。

哲别在祃椤答而,特别在阿模里(Amul)杀了很多人,他下令在该地进行总屠杀。他留军围攻算端后宫避难的城堡;一直把诸堡攻克。[17]

同时候,速不台兵临答木罕(Damghan),城内的名绅避难于吉儿都怯[18](Girdkuh),但一伙暴徒(runūd)留在城内,拒绝投降;他们在晚上冲出来,在城门前交锋,双方均有伤亡。

蒙古人从那里进抵西模娘(Samnan),他们在这里杀了很多
人,在剌夷(Ray)的胡瓦耳[19](Khuvar)也一样。当他们来到剌夷[20] 147
时,哈的[及别的几个人]前去投诚。这时候,听说算端已向哈马丹方向逃走,哲别便从剌夷火速去追赶,速不台则进向可疾云和该地区。

哲别抵哈马丹,哈马丹的阿老倒剌[21]('Ala-ad-Daula)表示归顺,进献饮料、奴婢、食物、服饰及骑乘作贡礼,而且接受一名沙黑

纳。

算端被迫逃跑时，哲别回师重临哈马丹。他得到消息说，算端的大部军队已在速扎思[22]（Sujas）集中，由别的斤·昔剌合答儿（Beg-Tegin Silahdar）和屈赤不花汗[23]（Küch-Bugha Khan）统领。他向他们进攻，把他们彻底击溃。

然后，蒙古军在伊剌克[24]大部地区抢劫和屠杀，再从那里进至额儿迭比勒（Ardabil），围困并攻占该地，杀戮居民，劫掠他们的财物。

148 冬季来临，他们到达木干[25]（Mughan），在那里过冬；那一年，道路被大雪封锁。

扎马剌丁·爱阿巴[26]（Jamal-ad-Din Ai-Aba）及别的一些人，又开始在伊剌克惹起骚乱和动荡，起兵造反。他们把派来监治哈马丹的沙黑纳杀死，捕获阿老倒剌，因他曾降敌，他们将他囚禁于吉里忒[27]（Girit）堡。

春天到来，哲别抵伊剌克，替遇害的沙黑纳报仇。扎马剌丁·爱阿巴投降，但这救不了他的命，他和别的很多人被处死。

蒙古人接着离开伊剌克，征服帖必力思（Tabriz）、蔑剌合（Maragha）、纳黑出汪[28]（Nakhchivan），在这些州邑都杀戮百姓。阿塔毕哈木失[29]（Khamush）表示归降，接受一纸文证和一份塔木花。

蒙古人从该地进至阿阑[30]（Arran），攻下拜勒寒[31]（Bailaqan），
149 经失儿湾[32]（Shirvan）前进。随后，他们抵打耳班（Darband），谁都不记得有任何军队从这条路通过，或者去打仗，可是，他们采取一种策略[33]，通过了它。

术赤的军队驻在钦察草原及该地区；他们在此会师，再从那里回师见成吉思汗㉞。

根据上述，他们的能力和勇敢已是显而易见，更确切说，“真主凌驾于其奴仆之上”㉟的力量也得到证明和肯定；因为，大军中遣出的一支师旅，击败那么多的国家、帝王和算端，四周又是难以对付的敌人和对手，这只能意味着一个帝国的衰亡，另一个帝国的兴起。㊱

注　释

① YMH。这显然是 Jebe 一名的突厥语形；也见于讷萨怖和朱思扎尼。这员著名大将属于泰亦赤兀惕的家臣伯速惕(Besüt)族，他的名字，据《元秘史》(第 147 节)，原叫做只儿豁阿歹(Jirqo'adai)。他在扎木合手下参加了阔亦田(Köyiten)之战(1201 年)，对阵中发矢射伤成吉思汗的“白口黄马”。泰亦赤兀惕最后失败，只儿豁阿歹自己去见征服者。当问到发矢一事时，他坦白承认这是他干的，但是保证，如果免他不死，他将忠诚地和很好地替新主子效劳。成吉思汗喜欢他的坦率，赐名哲别，词义为“军器”或“箭”(见伯希和-昂比斯，《亲征录》第 155 - 156 页)，以纪念他的行为，并收纳他作部下。拉施特(赫塔吉诺夫译，第 194 页)对哲别最初归降成吉思汗的过程，说法略有不同。哲别在他的部族战败后，躲藏起来。成吉思汗在一次狩猎中发现了他。征服者早年的朋友和亲密伴当，博尔术(Borji)(《元秘史》的孛斡儿出(Bo'-orchu))骑上成吉思汗的马(也是“白口黄马”)去追赶，发一箭未中。哲别回射一箭，射杀了这匹马，从而逃走了。可是，他最后不得不降。跪在征服者面前，他承认杀马之罪，但保证，如赦免了他的过失，他将献给成吉思汗“很多这样的马”。因为他是名勇士，成吉思汗不仅免他不死，还封他为十户。当他升到土绵长(万户)后，他奉命追击乃蛮人屈出律，这时，他记起自己的诺言，从那次战役中携回一千头白口黄马，作为献给主子的贡礼！同见格鲁赛，《蒙古帝国》，第 116 - 117 页。沃尔夫，《蒙古即韃靼史》，第 110 页，称，哲别在参加

横越高加索、绕行里海的大远征后，没有活多久，霍渥斯，第Ⅰ卷，第97页，重复这个说法。沃尔夫没有引用这个论断的证据，但事实似已足够为证，因为，跟他的同伴、仍旧闻名于中国和匈牙利的速不台不同，哲别这时似已从历史上消失；（据《元史·曷思麦里传》载：曷思麦里随哲伯（哲别）远征钦察后，“军还，哲伯卒，”可确证他从这次远征返回后便死了——中译者注）他也不像速不台那样，《元史》予以立传之荣。见伯希和-昂比斯，前引书，同页；同见伯希和，《金帐汗国》，第133页，注③。

② 参看下面，第151页：“在所有跟随成吉思汗的军队内，他从各子名下，有比例地抽调人马，每十人他派一人去追随拖雷。”

③ 般扎卜（Panjāb）或梅拉（Mēla），是瓦赫什河口附近一个“著名渡口”。（巴尔托德，《突厥斯坦》，第72页。）

④ ṬAYSY。taisĭ“太子”，是汉语的畏吾儿借词。见加巴因，同见伯希和-昂比斯，前引书，第94页。

⑤ 今东侯腊散（Khorasan）的托尔巴特黑达里（Turbat-i-Haidari）。

⑥ 即鲁黑黑（Rukhkh）人，鲁黑黑是匝维县的别名。

⑦ 即佐赞（Zuzan）人。

⑧ 关于这种蒙古人盖在文书上的“朱印，”见伯希和，《突厥斯坦评注》，第35-36页。

⑨ 在你沙不儿西北，志费尼的老家。今名扎哈台（Jaghatai）。

⑩ 今托尔巴特-亦-舍黑·贾姆（Turbat-i-Shaikh Jām），在阿富汗边境的托尔巴特黑达里以东。

⑪ 徒思（Ṭūs）的名字，既用来指整个塔巴兰（Ṭabarān）县，也指塔巴兰镇，其遗址在今麦什特（Meshed）以北几哩远。

⑫ 奴罕（Nūqān（或作 Nauqān）），曾一度是徒思县的首镇，此名仍保留在麦什特的一个区 Naughān 之名中。呼罗珊分为四区：你沙不儿区、马鲁区、也里区、巴里黑区，所以，“整个该地区”，多半指“你沙不儿区”的整个部分而言。见雷斯特朗治，《东方哈里发的国土》，第382页。但更可能的是，此处指你沙不儿自身划分的四“区”或“区域”之一。见后，第297页，注㊿。

⑬ 今库强（Quchan）。

⑭ 亦思法剌因（Isfarāyin）的遗址，今称沙里比尔吉斯（Shahr-i-Bilqīs）。

见斯米尔诺娃；第 120 页，注③。

⑮ ADKAN 或 AYKAN。未考证出来。

⑯ 火迷失(Kūmish、Qūmish 或 Qūmis)是厄尔布尔士(Elburz)山脉东端以南一小省。

⑰ 这次围攻的详情，见后，第 ii 册，第 467 页。

⑱ 答木罕(Dāmghān)(疑即刘郁《西使记》中之担寒——中译者注)附近山中一座城堡，阿杀辛人(Assassins)的城堡。

⑲ 剌夷的胡瓦耳(Khuvār)(这样称呼，为的是把它区别于法儿思(Fars)的胡瓦耳)在西模娘(Samnān)和剌夷之间；这个名字长期保存在哈耳(Khar)平原中。

⑳ 著名剌夷城(古典的剌吉思(Rhages))的遗址在德黑兰以南几哩远。

㉑ 讷萨怖(奥达斯译，第 121 页)把他叫做阿老倒剌·舍里甫·阿剌维('Alā-ad-Daula ash-Sharīf al-'Alawī)。

㉒ 速扎思(Sujās)是座小镇，在孙丹尼亚(Sultaniya)以西几哩远。

㉓ 可能就是讷萨怖(奥达斯译，第 118 页)提到的屈赤不花汗(Küch-Bugha Khan)：他由扎兰丁之弟鲁克那丁(Rukn-ad-Din)派去跟扎马剌丁·爱阿巴打仗，后来(同前，第 229 页)在扎兰丁和蒙古人战于亦思法杭时被杀。

㉔ 即波斯的伊剌克。见前，第 13 页，注㉙。

㉕ 木干草原在里海西岸的阿腊斯河(Aras)南，今大部在阿塞拜疆苏维埃社会主义共和国境内。蒙古人好像从这个基地发动他们对谷儿只人的首次攻击，并在 1221 年 2 月使谷儿只人惨败于第比利斯境内。见格鲁赛，前引书，第 258 页、516－517 页。

㉖ 原文作 AYBH，C 本作 ĀY ABH。这个突厥名的第一部分是 ai“月亮”，第二部分，我以为应系 aba“熊”；但也可能为 apa，一个含糊的词，词义中有“祖先”。关于后一词之用作称号，见哈密顿，《五代的回鹘》，第 96－97 页，146 页。据讷萨怖(奥达斯译，第 117、120 页)，他的全名是扎马剌丁·穆罕默德·本·爱阿巴。(奥达斯的阿拉伯原文作 ABY，非作 AY，而奥达斯因一个自然的错误，把他的名字转写成 Ibn Abou Abeh。)因此，爱阿巴好像实为他的父名，而志费尼的原文应读如 Jāmal-ād-Din-i-Ai-Aba，也就是爱阿巴之子扎马剌丁。

㉗ Qal'a-yi-Girīt。契利可夫(Cherikov),1848 - 1852 年土耳其-波斯边境立界委员会的俄国委员,称,该堡位于今北卢里斯坦(Luristan)的侯腊马巴德(Khurramabad)之南。见米诺尔斯基,《罗耳斯坦》,载《伊斯兰百科全书》;同见穆.可.编志费尼,第Ⅲ卷,第 471 - 472 页。

㉘ 纳黑出汪(Nakhchivān)省,在阿腊斯河北面,今天是阿塞拜疆境内的纳希契凡自治苏维埃社会主义共和国;亚美尼亚共和国天然地把阿塞拜疆和纳希契凡分开来。

㉙ 他是阿塔毕斡思别的儿子,一个聋哑人,从而他的名字 Khāmūsh 在波斯语中义为"安静的。"见奥达斯译讷萨怖,第 215 - 216 页。讷萨怖只字未提他投降蒙古人的事;据拉施特(斯米尔诺娃译,第 227 页)向蒙古人行贿求免的是斡思别本人。

㉚ 阿阑(Arrān)省,古典的阿勒班尼,位于库拉河(Kur)和阿腊斯河会合后形成的大三角洲中,大部在阿塞拜疆苏维埃社会主义共和国内,余下的属于亚美尼亚共和国。

㉛ 拜勒寒(Bailaqān),当时是阿阑的首镇:它的遗址,叫做米勒拜勒寒(Mīl-i-Bailaqān)(米勒,Mīller),在今舒沙(Shusha)东南。见米诺尔斯基,《霍杜德》,第 398 页。

㉜ 进入失儿湾(Shirvān)前,蒙古人再度进蹂谷儿只,又败谷儿只人。见拉施特(斯米尔诺娃译,第 228 页,赫塔吉诺夫译,第 194 - 195 页),格鲁赛,前引书,第 259、517 页。失儿湾省在里海岸的库拉河北,今为苏维埃阿塞拜疆的一部分。据拉施特(斯米尔诺娃译,同前页数),蒙古人在赴打耳班的途中,抢劫了该省的主要城镇沙马合(Shamakha),进行总屠杀,掠走大量俘虏。

㉝ 据拉施特(斯米尔诺娃译,第 228 - 229 页),这个"策略"是:邀请失儿湾的君王失儿湾沙派使团去议和。在他派去议和的十名要人中,其中一个倒霉鬼被处死,其余的人受到同样的威胁,除非他们给蒙古人带路通过山口!拉施特在另一处(赫塔吉诺夫译,第 195 页)说,打耳班人向蒙古人献图苏湖,表示臣服。

㉞ 志费尼完全没有谈到蒙古军进入草原后,与高加索、钦察联军之战;也没有谈到他们败斡罗思人于迦勒迦河之战。见格鲁赛,前引书,第 259 -

260 页，517－521 页。

㉟ 《古兰经》，第 vi 章，第 18 节。

㊱ “他们蹂躏了阻住他们去路的国家，穿过打耳班的关口，横越伏尔加河和沙漠，完成环绕里海之行，这样一次远征是空前绝后的。”（吉朋，第Ⅶ卷，第 10 页。）

150 26. 拖雷征服呼罗珊简述

算端摩诃末逃经呼罗珊时，哲别和速不台火速追赶他；他们犹如一股旋风，横扫呼罗珊大部土地，几乎没有不被他们军旅穿越的县份。在他们行军途中，凡到达一省，他们便向百姓派遣使者，宣告成吉思汗驾临，告诫他们不得敌对和反抗，不得拒绝投降，并且对他们极尽威胁恐吓之能事。而百姓只要选择投降，蒙古人就把一名沙黑纳派给他们，持一份塔木花为凭证，然后离开。可是，无论何地，百姓只要拒绝纳款投诚，当地又易于攻打，便于袭击，那他们毫不留情，攻占城镇，杀戮居民。他们通过时，百姓急忙增强他们的城池和堡垒，储备粮草；但过些时候，他们逐渐松懈，因有关蒙古军的消息消沉下去，他们遂幻想：这支军队也许是一股已经卷过去的洪流，或者是一阵曾在地面煽起尘暴的旋风，或者是一闪即逝的电光。

成吉思汗渡河，亲自去追击算端，派他的儿子兀鲁黑那颜(Ulugh Noyan)[1]出师呼罗珊；兀鲁黑那颜，论他的严酷，像猛烈若火的雪刃，为其刃风所及者，无不化为灰烬，而论其骑射，他又像云幕后射出的闪电，把击中之地变作焦土，不留一丝形迹，不作片
151 刻延缓。成吉思汗从随身的所有军队中，有比例地从诸子手下抽调人马，每十人他指派一人去追随拖雷。他们是这样的军士：若战

争风浪稍有响动，他们的胸膛中就燃起烈火，任何锁链都拴不住他们任性之手，哪怕他们的敌人是大海，他们也要把它埋葬在黑土深处。

拖雷在行军中，遣别将率左右两翼，自己居中路，同时派先锋进行侦察。他经马鲁察叶可[2]（Maruchuq）、巴黑（Bagh）和巴黑叔儿[3]（Baghshur）前进。

那时，呼罗珊分为四城区：巴里黑、马鲁、也里和你沙不儿[4]。成吉思汗亲自荡平巴里黑，如前所单独述及；关于其他三城，因在蒙古人到来的前后，这些地方尚发生别的事件，所以，其屡次遭遇将在[后面]详述[5]。而该地区所余之地，他向左右、东西遣师，把它全部征服，其中有：阿必瓦儿的[6]（Abivard）、奈撒[7]（Nisa）、牙即

儿[8]（Yazir）、徒思、札只儿木（Jajarm）、志费因、拜哈吉[9]（Baihaq）、 152
哈甫[10]（Khaf）、桑占[11]（Sanjan）、撒剌哈夕（Sarakhs）、祖剌巴的[12]（Zurabad）。取道也里，他们抵达昔吉思田[13]（Sijistan）州，屠杀、劫掠和蹂躏。霎那间，一个遍地富庶的世界变得荒芜，土地成为一片不毛之地，活人多已死亡，他们的皮骨化为黄土；俊杰被贱视，身罹毁灭之灾。即使有那等无事务缠身的人，能终生从事调查研究，致力于记录史实，那他也不能在一个长时间内对个别县份作出说明，更不能使之见诸笔墨。这远非本书作者力所能及，他尽管有此爱好，但除了长途跋涉中旅队休息时能抽出个把钟头录下这些史实外，他却没有什么时间去进行探索！

那么，简短说，两三个月内，拖雷征服了许多城镇，其人烟如此稠密，以致每个镇区本身就是一座城池，而且人群汹涌，其每座城镇都是海洋；整个地区变得像掌心，造反的豪杰就被粉碎在毁灭之

掌中。最后遭殃的是也里[14]，拖雷使她落到与其姊妹城镇的相同下场后，便回师去见其父。父子相见时，塔里寒尚未攻克；在他的援助下，塔里寒也被占领。两个月中，花剌子模、毡的，及整个该地区都被征服。可以说，自亚当出世迄至今天，没有任何帝王完成过这样的征服，类似的事也不见于任何史书。[15]

注　释

① 即拖雷（Toli、Tolui）。见我的论文，《志费尼书中一些蒙古宗王的称号》，第146－148页，其中我指出，这个称号（或者完全同义的蒙古称号也可那颜（Yeke Noyan），二者均义为“大那颜”）是拖雷死后的称号，以避免提到他的真名。

② 马鲁察叶可（Maruchuq，通常拼法是Maruchaq），突厥语义为“小马鲁”，在木尔加布（Murghab）河上，今天恰好在与土库曼斯坦接壤的阿富汗境内。

③ 巴黑（Bagh）和巴黑叔儿（Baghsūr）是一地两名。遗址在外里海铁路线的卡拉伊莫尔（Qal'a-yi-Mor）站。见米诺尔斯基，《霍杜德》，第327页。

④ 见原文第13页，注㉘。

⑤ 有整整两章（第27章和第28章）用来专谈马鲁和你沙不儿，但没有谈也里陷落的情况。见英译者序言。

⑥ 阿必瓦儿的（Abīvard），亦名巴瓦儿的（Bāvard），“在今阿必瓦儿的村落的附近，外里海铁路的卡赫卡（Qahqa）〔卡阿卡（Kaakha）〕站以西八公里。”（见米诺尔斯基，前引书，第326页。）

⑦ 奈撒（Nisā）或纳撒（Nasā），在今土库曼斯坦阿什哈巴德（Ashkabad）以西、巴吉尔（Bāgir、Baghir）村附近。（见前引书同页。）

⑧ 巴尔托德，《突厥斯坦农业史》（Kistorii Orosheniya Turkestana），第41页称：“大约在阿什哈巴德和基孜耳阿尔瓦特（Qizil Arvat）的中途，有都伦（Durun）城遗址。蒙古人统治前，这里耸立着塔黑（Tāq）堡，该堡在不迟于13

世纪初的时候,从定居这里的突厥蛮族得到牙即儿的名字。见图门斯基(Tumensky)《东方部札记》(Zap. V. O.),第Ⅸ卷,第 301 页。"(弗.米.)

⑨ 拜哈吉是萨布扎伐尔(Sabzavar)县的名字。

⑩ 波斯语作 Khwāf。

⑪ 显然就是托尔巴特-黑达里和哈甫之间的散甘(Sangān、Sangūn)。

⑫ 祖剌巴的(Zūrābād)似即今佐腊巴德(Zūrābād、Zūhrābād),在麦什特西南(似应在东南,恐有误——中译者注),近土库曼斯坦和阿富汗斯坦边境。

⑬ 这是昔思田(Sistan、Seistan)的阿拉伯名,指东波斯及西阿富汗的地区。

⑭ 见原文第 151 页,注⑤。朱思扎尼(拉维特,第 1038 页)称:蒙古军围攻八月,攻陷该堡,杀戮居民殆尽。

⑮ B 本的页边上,有人在此写道:"你也不曾记录它!"(穆.可.)

153 27. 马鲁及其命运

马鲁是算端桑扎儿的驻跸地，大小人物的中心。在呼罗珊诸地中，它的幅员最广阔，境内飞翔着和平、吉祥的鸟儿。它的首领人物之多，不下于四月的雨滴，土壤可与天堂相媲美。它的的合罕(dihqans)，因拥有大量财富，和当代的君王、异密同吸平等的空气，与世上的英雄豪杰不分高低。

美好的国土，仁慈的君王，
淌着龙涎香的土壤。
若有人想离开那里，
那它就用它的名义不让他离开。[①]

算端摩诃末(愿真主以他为殷鉴！)免去抹智儿木勒克·舍里甫丁·木扎法儿(Mujir-at-Mulk Sharaf-ad-Din Muzaffar)长官和宰相之职，因他的叔父犯了罪，并把该职交给捏只不丁·乞撒答儿[②](Najib-ad-Din Qissa-Dar)之子巴哈木勒克(Baha-al-Mulk)，这时候，抹智儿木勒克仍在算端麾下，直到算端从忒耳迷逃走，才离开他。屈失的斤·帕鲁汪[③](Küsh-Tegin Pahlavan)也在这个时候往见在马鲁的廷臣，为的是试探他们的看法，并带去分崩离析和
154 异军到来的消息。此后，算端传下圣旨，饰有玉玺和脱忽剌(togh-

ra)，满是些愚蠢和怯弱的话，其内容和大意是：签军、士兵及将官当避难于马儿哈(Margha)堡，的合罕及不能离开者当留在原地，鞑靼军至，均当隆重去迎接，接受一名沙黑纳，听从他们的指令，以保全自己的性命和财物。

请问，一个可说是心脏的国王，若在躯体中软弱不堪，那如何能使四肢有力呢？因此，事事胆怯，人人害怕，惶恐不安压倒他们。

巴哈木勒克和许多贵族、军士作好一切准备，但当他到达马儿哈堡时，他估计留在那里不妥当，便跟另一些人奔赴塔黑-亦-牙即儿[4](Taq-i-Yazir)堡，别的人也各按己见前往不同的地方，那些在劫难逃者则返回马鲁。

作为他的代表，巴哈木勒克曾留下一个当纳吉伯(naqib)的人。这人有意投降，沙亦黑-伊斯兰苫思丁·哈里昔(Shams-ad-Din Harisi)支持他的意见，可是，赛夷的首领和哈的离开正道，置之不理。哲别和速不台兵临马鲁察叶可的消息得到证实时，他们遣使去表示归顺和友善。

恰好在这时候，一个当过算端的向导的突厥蛮人，名叫不花(Buqa)，从一旁杀出，在身边聚集了一群突厥蛮人后，他出其不意地投入城内，城内很多反对向鞑靼军屈膝投降的人，都拥戴他。那个纳吉伯卸掉城守之职，于是，当地的突厥蛮人全做了不花一党。
许多从军中逃出，转向马鲁的毡的居民[5]，为其富庶所吸引，也在 155
这时到达，求他的庇护；故此，他获得一支庞大的人马。

这期间，因算端已在阿必思衮(Abaskun)岛找到他的归宿[6]，抹智儿木勒克便转过方向，时而骑驴，时而步行，从速鲁克[7](Su'luk)堡经过。该地的异密苫思丁·阿里(Shams-ad-Din'Ali)，隆重欢迎他；他由此再抵达马鲁，下榻于撒儿马赡（Sarmajan）门的马夏巴德（Mahiabad）园。马鲁的一些官吏是他的部下，分别去见他；但是，不花害怕百姓的压力，不愿让他入城。然而，当有那么几个人追随他时，他们突然在一个中午，用衣袍遮住铠甲[8]，投入城中。马鲁的军队马上效忠于他，不花也单独去见他，得到宽恕。城内的突厥蛮人和毡的人，为数虽超过七万，也服从他的领导。因此，他遂自视比丞相地位还高，一心幻想着算端的宝座，这是因为：他的母亲曾是算端的宠姬，算端把她赐给他父亲时，她已有身孕。总之，当他的成功消息传遍呼罗珊时，贱民（aubāsh）从〔四面八方〕投奔他，于是，他心生幻觉：没有他的许可，天体不能转动，空中也不能刮风。

同时候，撒剌哈夕的百姓已接受一名鞑靼派的沙黑纳，纳款投诚。那个一直倒向鞑靼人的沙亦黑-伊斯兰，给他的族人，撒剌哈
156 夕的哈的，捎去封密信。抹智儿木勒克已得知此事，但啥也不说。到有一天，城内的清真寺的讲坛上正布道时，这个沙亦黑-伊斯兰的嘴里溜出一句话："愿蒙古人的敌人死尽灭绝！"参加布道的人为这话非常忧虑；他本人沉默无言，惊惶失措，说："不由我自主，这话顺嘴而出，我的想法和看法，恰好跟我说的相反。"但是，时机一成熟，符合当时需要的祈祷就来到嘴边。全能真主说："汝等所求之事，已天命注定。"[9]

这话同样传到抹智儿木勒克耳里，证实了他的猜疑；不过，他和此人是亲属，而他又有沙亦黑-伊斯兰的称号，还是名学者；所以，拿不出人所共睹、而且无从抵赖狡辩的确凿证据，抹智儿木勒克不愿去碰他。最后，他写给撒剌哈夕哈的的一封亲笔信，在途中从使者身上截获；抹智儿木勒克读了这封信，派人把他召来，并且审问他。他把有关他遣使的传闻和说法，一股脑儿抵赖掉。这时，抹智儿木勒克便把那封好像木塔剌迷思[10]（Mutalammis）所写的信交给他，说："览汝所写，"[11]那个沙亦黑-伊斯兰，一见此信，变得狼狈不堪。抹智儿木勒克命带他下去，于是，众将官（sarhangān）抓住他，向他身上浇泼毁灭的火焰；他们拿刀子把他割碎，提着他的腿，倒拖到市场去。确实，虚伪、奸诈，结果可悲，变节、叛逆、下场惨痛。

由于撒剌哈夕叛敌，抹智儿木勒克不断派军队骚扰该城的百 157
姓。

这时，巴哈木勒克从塔黑-亦-牙即儿堡逃走，避难于衵椤答而。在此地，他去见蒙古人及军队，把马鲁的局势告诉他们，表示愿去那儿，说降该城，向每户一年征收一件亚麻衣上交国库。他们完全赞同他的话，便派他和七名蒙古人一起到马鲁去。

因为不知道马鲁城的变化，也没有察觉到时运的改变，他满怀贪欲，来到薛合里思塔纳[12]（Shahristana），得知马鲁被抹智儿木勒克占领。他派一名官员去宣告〔他的来临〕，致函与抹智儿木勒克，内容如下："如果我们之间对职位的看法，以前有所分歧，那这一切现在都已成为过去。蒙古军的力量是不可抗拒的，只有臣服归顺才能获免。七千蒙古军和一万签军正在接近马鲁，而我是他们的同盟；他们在片刻间把奈撒和巴瓦儿的[13]（Bavard）夷为平地。眼下，一来为同情心所驱使，二来期望我们言归于好，我就此先遣使通知你，让你不致顽抗下去，不致投身于毁灭的旋涡和沉沦的熔炉。"

抹智儿木勒克和贵族、名绅等，意见不同，看法分歧。一些负
责的官吏和抹智儿木勒克本人，希望分散，放弃城池；但是，他们想
到，相信当事人的话是很不慎重，很不明智的。因此，他们把巴哈
木勒克的使者，一个个拉到一旁，向他们打听敌军的规模。他们发
158 现事实真相，便斩掉来使，从算端的突厥残兵中派出两千五百人去
抵抗。巴哈木勒克和蒙古人得知他们的部署，向撒剌哈夕方向退
去，巴哈木勒克的将官也四分五裂。蒙古人把巴哈木勒克绑起来，
一直押到徒思，将他在该地处死。

抹智儿木勒克的军队进至撒剌哈夕。因哈的苫思丁在哲别那颜到来时，曾携带图苏湖出城迎接，把撒剌哈夕城交给蒙古人，当上该城的长官和篾力克(malik)，还接受一面成吉思汗赐的木牌子[14](paiza)，所以，抹智儿木勒克的军队逮住他，把他交给帕鲁汪・阿不-别克儿・迭瓦纳(Pahlavan Abu-Bakr Divana)的儿子，后者为报父仇，把他杀死。

有关蒙古军的消息，到此消沉下去，抹智儿木勒克和马鲁的名人就寻欢作乐，酗酒狂饮。这时候，阿母牙的篾力克奕赫抵雅尔丁(Ikhtiyar-ad-Din)到来，带来消息说：鞑靼军正在围攻哈剌-亦-卡剌特[15](Qal'a-yi-Kalat)和哈剌-亦-诺(Qal'a-yi-Nau)，一支蒙古偏师已抵阿母牙，并在跟踪他。抹智儿木勒克欢迎奕赫抵雅尔丁；他参加其他突厥蛮人一伙，和他们待在一起。

一支八百人的蒙古军，现在向马鲁城进攻；可是，沙亦黑汗[16]
159 和斡兀立哈只不[17]，率大约两千人从花剌子模前来，尾击蒙古军，
将他们打败，使他们横尸沙场。一些坐骑较健的蒙古人，落荒逃
走；算端的突厥兵和突厥蛮人，尾追不舍，生俘六十人，拿他们在市

区和市场上游行示众，然后处死。沙亦黑汗和斡兀立哈只不驻兵于答失塔吉儿的[18]（Dastajird）。

至于奕赫抵雅尔丁，突厥蛮人推他当他们的首领；在他们之间订立盟约后，他们离开抹智儿木勒克，开始兴风作浪，把大地弄得像伪君子的心肠一样黑，力图占领该城。抹智儿木勒克得到他们打算夜袭的消息，采取对付的措施。他们见不能取胜，处境越发不利，就退到河岸，动手虏掠；他们不时逼近城门，洗劫村落，见啥抢啥。

正在此刻，成吉思汗派拖雷，带领骁勇善战的健儿和武士，出征呼罗珊诸州；他们从沿途归顺之地，如阿必瓦儿的、撒剌哈夕等，征发签军，组成一支七千人的军队。接近马鲁时，他们遣四百骑打先锋，从渡口过河。这支骑兵在晚上抵达突厥蛮人扎营的河岸，窥探他们的活动。这里共集中一万二千名突厥蛮骑兵，他们常在黎明向城门进发，攻打城池。

在一个犹如用沥青刷洗过的黑夜， 160
看不见火星、土星和水星[19]，

这时，蒙古人在他们的道路上摆下埋伏，静静等候。突厥蛮人〔暗中〕彼此分辨不清，一当他们三三两两到来时，蒙古军把他们扔进水里，让毁灭的风刮走。这样击破突厥蛮人的兵力，蒙古军一股风似地袭击他们的营盘，留下狼扑羊的痕迹。为数超过七万人的突厥蛮人，就这样被仅仅一小撮人马打败。他们大多落入河里，惨遭没顶，余下的逃之夭夭。蒙古人因有天助神佑，无人能与之抗衡，而那些命不该绝者，只有弃甲丢兵，落荒逃走。

蒙古人这样一直追杀到傍晚，并且在草原上集中了六万头牲口（包括绵羊），这都是突厥蛮人从城门口驱掠来的，还有其他数不清的财物。第二天，也就是 618 年穆哈兰月 1 日〔1221 年 2 月 5 日〕——马鲁居民的末日——拖雷，这头凶猛的狮子，带领一支如茫茫黑夜、滔滔大海的军队，抵达马鲁，其人数赛过沙粒，而且个个都是英名远扬的武士。

拖雷亲率五百骑进抵凯旋门，绕城一周；他们用六天的时间去观察外垒、城池、壕堑和尖塔〔原文如此〕[20]，得出结论说，市民的粮草足够他们之用，城池是经得起攻击的坚固棱堡。

第七天，

当闪闪太阳从巍峨城头抛出它的光环时，

161 军队都集合起来，停驻在薛合里思坦（Shahristan）门前。他们进行交锋，有两百左右的人从城门冲出，发动攻击。拖雷亲自下马——

他像一头猛象发出怒吼，
把盾牌高举过头，露出他的手[21]

——向敌人迎战。蒙古人随他前进，把敌人赶回城去。另一支人马从旁门冲出，但是，在那里把守的蒙古军击退他们的进攻。因此，市民哪儿都得不到丝毫成果，甚至不能把头伸出城门。最后，当大地披上丧服时，蒙古军层层把城池包围，通宵保持警戒，所以，谁都出不去。

抹智儿木勒克发现仅剩下纳款投诚一条路可走。因此，在凌晨，当太阳把他月儿般面孔上的黑纱揭开时，他派马鲁的一名大伊祃木扎马鲁丁(Jamal-ad-Din)作为他的使者，去乞降。因得到甜言蜜语作保证，抹智儿木勒克征集城内的四足动物——马、骆驼、骡子——为礼物，〔亲自〕去见拖雷。拖雷向他打听有关该城的事，要求把豪门大姓的情况提供出来。抹智儿木勒克交给他一份两百人的名单，拖雷命把这些人带去见他。谈到对这些人的审讯，可以说："大地在颤抖"，[22]而谈到挖掘他们埋藏的钱财，又可以说"大地卸其重负"。[23]

蒙古人接着入城，把市民，不分贵贱统统赶到郊外。一连四天四夜，百姓不断离城。蒙古人把他们全部拘留，把妇女和男子分开来。天哪！他们从丈夫怀中夺走多少美人儿！他们拆散多少姐妹和兄弟！多少父母因他们的清白女儿遭蹂躏而发狂！ 162

蒙古人传令：除了从百姓中挑选的四百名工匠，及掠走为奴的部分童男童女外，其余所有居民，包括妇女、儿童，统统杀掉，不管是男是女，一个不留。

接着，把马鲁的居民分配给军士和签军，简言之，每名军士要杀三百或四百人。撒剌哈夕的百姓(arbāb)替他们的哈的报仇，〔其残忍〕超过那些不信伊斯兰或宗教的人，其卑鄙下贱更远胜〔他们的穆斯林同胞〕。到傍晚，死者如此之多，以致大山变成小丘，[24]原野浸透了豪杰的血。

在这土地上，人们践踏着少女的面颊、
青年的胸脯，我们就是在这国土中变老。

然后，奉拖雷之命，外垒被毁，城池被夷平，最伟大的伊祃木阿不哈尼法[25](Abu-Hanifa)(真主施恩于他！)，他的教派有座清真寺，寺内的马合苏剌遭焚毁。可以说，这是对过去一件事的报复，这事出在算端帖乞失[26]（Tekish）的丞相、也里的苫思丁·麻速忽（Shams-ad-Din Mas'ud）的公正统治时期；他替伊祃木沙菲亦[27]（Shafi'i）的信徒修造了一座清真寺，但暴徒在晚上把它火焚。

163 蒙古军烧杀虏掠后，马鲁的一名著名人物，因退隐而获免的吉牙丁·阿里（Ziya-ad-Din'Ali），奉命入城，当异密和长官，管治那些从洞窟沟穴出来，重又汇集的人。蒙古人还留下巴儿马思[28]（Barmas）作沙黑纳。

军队走后，藏身于沟洞者又爬出来，共计有五千人左右。一支殿后的蒙古军随着到来，想分享屠杀。故此他们命令每人替蒙古军送一衣兜的谷物到郊外；用这个办法，他们把上次逃生的人大半投进毁灭的深渊。然后他们沿大道进向你沙不儿，途中凡遇到从荒野逃回、躲避蒙古人的难民，斩杀无遗。很多人这样丢命，但后来，从哲别那颜军中返回的太子，也抵达马鲁；他再来个创口上涂药[29]，那里让蒙古人发现的人，全部把命送掉，被迫饮下致命的鸩毒。

天！我们活在残暴的年代：
倘若我们在梦中看见他们，我们要给吓坏。
百姓处在水深火热中，
死者倒值得庆幸[30]。

赛夷也速丁·纳撒巴（'Izz-ad-Din Nassaba）原来是一名大赛夷，以他的虔诚和品德而闻名。他这时和其他几个人，用十三个昼夜来计算城内受害者的数目，抛开那些在沟洞和郊野中被杀的人

不算，仅点一点一眼得见的尸体，他们就得到一百三十多万的数字。也速丁用乌马儿哈牙木的一首四行诗，咏此情景： 164

一个陶冶而成的杯型，
醉汉都不认为打碎它是合法的。
那么多可爱的头和脚——谁用手腕在爱中把它们结合，
谁又在恨中把它们打破？[31]

异密吉牙丁和巴儿马思两人在马鲁一直呆到传来消息说：帕鲁汪·阿不-别克儿·迭瓦纳之子苫思丁在撒剌哈夕发动叛乱。异密吉牙丁带些人去镇压；巴儿马思把那些赴不花剌的工匠等带到城外，在郊野扎营。因此，很多气数将尽、活该倒霉的人，以为这个沙黑纳得到算端的消息，正准备逃走。他们马上在618年剌马赞月最后一日〔1221年11月7日〕擂鼓造反。巴儿马思来到城门，遣人去召名绅。谁都不出头露面，或略事敷衍他；作为报复，他把在城门口找到的人杀了不少。接着，他和他的部下离开了；其中有火者木哈吉伯丁·答失塔巴的（Khoja Muhazzib-ad-Din Dashtabadi），他一直跟巴儿马思到不花剌。这个沙黑纳死于不花剌，从马鲁去的人却留在那里。

吉牙丁返回，以准备离开为借口，进入马鲁城，把抢劫来的财物分给百姓。他还把巴哈木勒克之子交给他们作人质，诡称是他的亲生子。他本人不出面，反跟他们一起谋反，修缮城堞、堡垒；很多人拥戴他。这时候，一支蒙古军抵达马鲁，他算计最好善待他们，就留他们驻守一些时候。

屈失的斤·帕鲁汪从算端麾下率领大军到来，开始围攻该城，

165 一些百姓造反，去投奔他。吉牙丁发现，他的事业在这种利害冲突
中不能成功，就带手下那支蒙古军赴马儿哈堡。屈失的斤入城，动
手打新的基础，缮治城堡，改进农业，修复水闸。城市有些居民给
吉牙丁送去封密信，怂恿他回城。他返回来，等候在城门，他的一
名部下入城，把他到达的消息告诉人。这事马上传给屈失的斤，并
传给吉牙丁的敌人。屈失的斤派一支人马把他逮捕。随着，屈失
的斤向他要钱。吉牙丁说，他把钱给了妓女。屈失的斤问，他们是
谁。他说："他们是品质高贵的人，忠诚可信者，他们今天侍候在你
面前，一如他们昨天侍候在我面前；但是，在关键时刻，他们抛弃
我，额头上打下叛逆的烙印。"屈失的斤见吉牙丁无钱，身上榨不出
油水，便把他杀了，视他之死为己之生，他之灭亡为国之兴复。

吉牙丁死后，他安心转向建设和农业规划，着手修筑一道拦河水闸，然而，命运之水已冲毁他的生命水闸，把他的生存之水[32]限制在灭亡的井中。

就在这样〔对世事〕漫不经心时，他得到消息称，哈剌察那颜
(Qaracha Noyan)到达撒剌哈夕。[33]他带一千精选(mufrad)骑兵，
166 在晚上经桑格巴思忒[34](Sangbast)撤退。哈剌察跟踪追击，在桑
格巴思忒赶上他，把他的人马杀死过半；但他的部将仍留下来管治
马鲁[35]。

三、四天后，约两百名投奔忽秃忽那颜[36]的骑兵抵达马鲁。一半人为执行命令，继续行进，另一半人围攻该城，并急遣使给在那黑沙不的朵儿伯[37](Törbei)和合班[38](Qaban)两将，向他们报告百姓集中于马鲁的消息。因为，在当时，各地的异乡人，为马鲁的富庶所吸引，离开本乡，到马鲁去；市民也出自爱国心，自行投入那口

臭井中。

五天时间中，朵儿伯带五千人抵达城门，由胡马叶·昔帕合撒剌儿（Humayun Sipahsalar）陪同，此人曾受封为阿黑灭里（Aq-Malik）。他们在一个时辰内攻下城池；用骆驼的缰绳套在信徒头上，他们把十个、二十个成串的人带走，投进血河。就这样屠杀了十万人；事后，他们把各种房屋分给军士，把大部分建筑物、宫殿、清真寺、庙宇，摧毁无遗。

众将官接着率蒙古军返回他们的驻地，把阿黑灭里及一小股兵力留下来，以捕获那些持慎重态度、藏身角落并逃掉剑鸦[39]利嘴 167
的人。阿黑灭里实行最恶毒的密探制。各种狡计都试过后，一个跟他们一起的那黑沙不人，扮演穆真的角色，发出祈祷的呼唤；从藏身的洞穴里出来的人，全给抓住，关进失哈比（Shihabi）书院，最后从屋顶给扔下去。更多的人这样丧命。阿黑灭里一口气干了四十一天这种勾当，再返回原地。全城剩下不到四个活人。

马鲁及其四郊已无军队时，留在乡间及逃往荒野的人，返回城内。一个异密的儿子，叫做阿儿思兰，窃据马鲁的异密位子，百姓（'avāmm）都集合在他身边。

有关马鲁事变的消息，传至奈撒，当地一个突厥蛮人[40]，纠集一支由其族人组成的军队，进抵马鲁。市民倒向他，因此，他集合了一万人，当了六个月的异密，这时期，他不时派兵到马鲁鲁德[41]（Marv-ar-Rud）、般只的黑[41]（Panj-Dih）和塔里寒，偷袭蒙古人的辎重，掠取他们的牲口、马匹。

同时候，企图夺取奈撒[42]，这个突厥蛮人带领他的大部兵力向那里进军，包围该城。城守是奴思剌惕[43]（Nusrat）。他不断攻城，

168 直到帕鲁汪[44]从牙即儿回师，突然袭击他，他才逃走。在归途中(dar miyān-i-rāh)他被城守所袭杀。[45]

这时，哈剌察那颜从塔里寒来攻打突厥蛮，忽然出现在马鲁前。他再来个灼伤上撒盐，把找到的人杀光，使他们自食其果。继他之后，忽秃忽那颜带十万人马到来，开始摧残居民。被征入签军的哥疾宁哈剌赤人(Khalaj)、阿富汗人，横施酷刑，以致前所未见。他们用火烧一些人，用别的刑法杀死另一些，不饶掉一个人。他们像这样干了四十天才离开。城乡中残存的活人不足一百，连这么几个衰弱的人，还缺乏足够的粮食。祸不单行，一个叫沙黑(Shah)的家伙，领着一小群歹徒，把坑窟洞穴搜了个遍，哪怕发现虚弱不堪的人，也把他杀死。有那么几个可怜虫逃出条命，散到乡间；城内除了十个或一打住了十年的印度人外，无一活人。

我等欢聚时皇城马鲁之夜啊！
真主让你啜饮那春雨之云！
当天意之目涂上睡膏时，
我等使你免遭天命的变化无常。
现在，天命的变化已醒来，重施故技，
把他们像雨点一样撒向四方。[46]

注　释

① 赛阿利比在《雅特马答儿》中，把它归之于阿不-阿里·撒吉(Abu-'Ali as-Saji)。马鲁的名字，阿拉伯语作 MRW，也可读作 ma-rau，"别走。"(穆.可.)

② 据讷萨怖(奥达斯译,第 168 页),捏只不丁乞撒答儿曾是“毡的的长官”。至于乞撒答儿(qissa-dār),他是“掌管有关请愿、乞求和上诉的官吏。他要在周末把所有文件集中起来,礼拜四晚上带到接见殿,算端审阅完毕,他再把文件连同所下的处理办法带走。”讷萨怖把他叫做 ash-Shahrazūrī,也就是:曲儿忒斯坦(Kurdistan)的薛合里竹儿人,把他的儿子巴哈木勒克叫做哈只(Ḥājjī)。

③ 他就是讷萨怖(奥达斯译,第 115 页)的屈赤的斤·帕鲁汪(Küch-Tegin Pahlavan)。据讷萨怖(同前,第 229 页),他后来参与算端扎兰丁和蒙古军之亦思法杭之战。关于此战役,见后,第 ii 册,第 436－437 页。küsh 仅仅是突厥语 küch“力量”、“权力”的方言转讹。

④ 也就是牙即儿。见前,第 151 页,注⑧。

⑤ 见前,第 90－91 页。

⑥ sukūn:Ābaskūn 的双关语,这里明显地不是指同名的港口,而是指里海本身。见后,第 ii 册,第 385 页,那里说,摩诃末避难于“阿必思衮海的一个岛上”。同见米诺尔斯基,《霍杜德》,第 386 页。

⑦ 据韩达剌(雷斯特朗治译,第 148 页),这座“壁垒坚固的速鲁克(Su'lūk)堡,”位于亦思法剌因城以北。

⑧ pūshishhā,它的一般意思是“衣服”,但比较 pūshan 之用作“铠甲”之义,见米诺尔斯基,《一个民政和军事的检查》,第 164 页。

⑨ 《古兰经》,第 xii 章,第 41 节。

⑩ 大意是说,这封信中有送信者的死刑判决。有关木塔剌迷思(即扎里儿(Jarir))的故事,见布伦诺(Brünnow)编《乞他卜阿迦尼》,第 XXI 卷,第 193 页。(弗.米.)

⑪ 《古兰经》,第 xvii 章,第 15 节。其中意思是:“览汝之书”。

⑫ 或即薛合里斯坦(Shahristān)。它在奈撒以北三哩远。见巴尔托德,《突厥斯坦》,第 135 页,注⑯。

⑬ 即阿必瓦儿的。见前,第 151 页,注⑥。

⑭ PAYZH。中国的牌子。关于这些马可波罗称之为“权力之牌”,见别奈代脱,第 112－113 页。同见玉尔对俄境发现的两面银牌图片所作的注释,《马可波罗游记》,第 I 卷,第 351－354 页。波罗仅谈到金牌和银牌,木牌

是给小官吏的。见维纳斯基,《蒙古人和俄罗斯》,第 125 - 126、128 页。

⑮ 哈剌-亦-卡拉特(Qal'a-yi-Kalāt)必定是后来叫做卡拉特-亦-纳的里(Kalāt-i-Nādirī)的著名城堡,有关它的情况,见寇松,《波斯和波斯问题》,第Ⅰ卷,第 126 - 140 页。义为“新堡”的哈剌-亦-诺,未考证出来。(弗.米.)

⑯ 他曾是撒麻耳干的守将之一,见前,第 118 页。

⑰ 前面第 124 页把他叫做木古勒哈只不。见巴尔托德,前引书,第 433 页,注②。他好像就是讷萨怖(奥达斯译,第 19 页)的斡兀立哈只不,此人曾受封为亦难赤汗(Ïnanch-Khan)。在专述这名将官的一章中(同上书,第 111 - 117 页),他叫做别都鲁丁亦难赤汗(Badr-ad-Din Ïnanch-Khan)。扎兰丁派他守不花剌。不花剌失守后,他向西逃走,先逃到奈撒和阿必瓦儿的,再到萨布扎伐尔,后又到里海东岸的朱里章(Jurjan),在该地打败蒙古人。没有提到他经过古耳干赤的事;但另一处,讷萨怖(奥达斯译,第 96 页)和志费尼都同样记载说,当扎兰丁从西方抵达花剌子模时,此人在那里,甚至还记载说,他曾经警告算端称:有人要谋害算端本人。

⑱ 多半就是韩达剌(雷斯特朗治译,第 169 页)提到的、在马鲁鲁德和巴里黑之间的答失塔基儿的(Dastagird)。

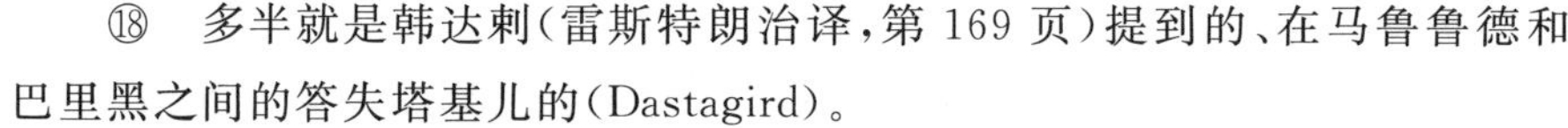

⑲ 发勒斯编,《沙赫纳美》,第 1065 页,第 1 行。

⑳ manāra:也许指城墙上的塔楼。

㉑ 发勒斯编,《沙赫纳美》,第 476 页,第 700 行。

㉒ 《古兰经》,第 xlix 章,第 1 节。

㉓ 同上,第 xlix 章,第 2 节。

㉔ 意思是说,当大山四周被巨大的死尸堆包围时,相形之下看来仅是小丘而已。穆.可.建议把 kūhhā“大山”读作 gauhā,“壕堑”,但这个改正似无必要。

㉕ 阿不哈尼法·奴曼(Abū-Ḥanīfa an-Nu'mān),是哈尼菲派的创始人,哈尼菲是苏尼(Sunni)四正统派之一。

㉖ 关于帖乞失,摩诃末花剌子模沙的父亲,见后,第 289 - 315 页。

㉗ 穆罕默德·本·艾德利里·沙菲亦(Muhammad b. Idrīs ash-Shafi'ī)是苏尼伊斯兰的沙菲亦派创始人。

㉘ 这里,原文作 BRMAS,但另一处作 BARMAS,含义显然是:“未走

的人”。

㉙ 注意志费尼的反话。

㉚ 赛阿利比在《雅特马答儿》中，把这诗归之于阿不勒-哈散·穆罕默德·本·穆罕默德(Abul-Hasan Muhammad b. Muhammad)——一般把他叫做伊本-兰迦克·巴思里(Ibn-Lankak al Basri)。(穆.可.)

㉛ 哈牙木的早期引句。

㉜ 更直译是:他的“生命之水,”ab-i-hayāt,意即“长生不死。”这个比喻的意思,好像仅指屈失的斤将遭到不幸,但不是指他死亡在即。事实上,他一直活到参加亦思法杭之战。见前,第153页,注③。

㉝ 据讷萨怖,蒙古军到来,是由于他进兵不花剌,杀死蒙古沙黑纳。见讷萨怖,奥达斯译,第115页;同见巴尔托德,前引书,第448页和注⑤。

㉞ 原文作 sang-pusht,“龟”! 桑格巴思忒是麦什特东南20哩的一个村子。见巴尔托德,前引书,第449页,注⑨。

㉟ 据讷萨怖,屈失的斤本认咸逃到萨布扎伐尔,再逃到朱里章,在此地与斡兀立哈只不亦难赤会师。见讷萨怖,奥达斯译,第115页;同见巴尔托德,前引书同页。

㊱ 即失吉忽秃忽。见前,第135页和注⑧。

㊲ TRBAY。E本作 TWRTAY,显然为 TWRBAY。如巴尔托德(前引书同页,注①)所指出,这个将官可能就是奉命渡申河去追击算端扎兰丁的朵儿伯·朵黑申。

㊳ 原文作 QBAY,据E本读作 QBAN。比较随异密阿儿浑出使中国的合班之名(第ii册,第506页)。合班也是察合台一曾孙之名,马可波罗的昔班(Ciban)。见昂比斯译,《元史》第CVⅡ章,第92页。

㊴ ghurāb-i-shamshīr:一个双关语,因为 ghurāb 在阿拉伯语中既有“乌鸦”,又有“(切削武器的)锋刃”之义。

㊵ 据讷萨怖(奥达斯译,第165页),他的名字是塔术丁·乌马儿·本·麻速忽(Taj-ad-Din'Umar b. Mas'ud),他已自立为忽儿罕(Khurqan)和阿必瓦儿的的君王。

㊶ 马鲁鲁德是今阿富汗斯坦的巴拉木尔加布(Bala Murghab)。般只的黑(Panj-Dih、Panjdeh)更在土库曼斯坦的木尔加布河下游。

㊷ 这里有个双关语：因为 nisā(nisā)，阿拉伯语义为“女人”。

㊸ 他的全名是奴思剌惕丁·哈木扎·本·穆罕默德·本·哈木扎·本·乌马儿·本·哈木扎（Nusrat-ad-Din Hamaz b. Muhammad b. Hamza b. 'Umar b. Hamza）。见讷萨怖，奥达斯译，第 165 页，173－179 页。

㊹ 显然就是苦思丁，帕鲁汪·阿不-别克儿·迭瓦纳之子。见前，第 158、164 页。

㊺ E 本在“城堡”(qal'a)一词后为一空白，巴尔托德，前引书同页，认为就是奈撒城。然而，看起来，这个突厥蛮人遭到攻击时，离奈撒有些距离。

㊻ 这些诗句见于《穆扎麻布尔丹》的马鲁条下，本文第三段中的 ṣayyarahum，在那里作 ṣayyaranā，即：“把我们像雨点一样撒开”。（穆.可.）

28. 你沙不儿的遭遇 169

如果大地可跟天空相比，那么，州邑像它的星星，而在群星中，你沙不儿又像星空的金星。如果大地像人体，那么，你沙不儿以它的精美质地，好像瞳孔。

既然你沙不儿在大地上就是人中的瞳孔[1]，
人们又何须去八吉打和苦法？
向你沙不儿致敬！
因为，倘若地上有天堂，那天堂就是你沙不儿，
若它不是天堂，那就根本没有天堂。

算端摩诃末离开巴里黑往你沙不儿，他的处境中显出末日的恐怖，谈吐中露出惧怕和忧虑。虽然因天体对地心的作用，事情已到这种地点：倘若山岳的思想中，片刻猜想到这情景，那山岳的躯干将会颤抖，其骨节将会永远松弛——

落在我头上的是这样的灾祸：
若它落在白昼头上，白昼将变成黑夜。[2]

——但是，不止于此，还有类似梦幻，凶兆的痛楚和虚惊，以此，他整个人已软弱和麻痹不堪，他的智力再不能为之筹谋划策了。

有天晚上，算端在梦中看见些发光的人，面带伤痕，披头散发，

170 像送丧人穿着黑袍；他们敲打自己的头，长声叹气。他问他们是谁，回答说："我们是伊斯兰"。类似的事常显示于他。

这时候，他去朝拜徒思的神庙[3]，看见两只猫，一白一黑，在门槛上打架。他想从这两只猫的胜负来预卜他自己的命运，和他的敌人的命运。他停下来观战；但是，他的敌人的猫获胜，他自己的猫败北，于是他长叹走开。

> 夜神铺开天幕，埃及杨柳上一只乌鸦哇哇叫，
> 你不被它惊醒吗？
> 难怪你眼里的泪水没有干；
> 因为，乌鸦的叫声意味着流放，
> 而埃及杨柳又意味着那不可及的远方。[4]

因为哀伤忧虑的军旅获胜，他的青春之夜已接近暮年之晨，格里牙[5]（ghaliya）上涌出樟脑之泉，[6]由于五脏如焚，胆液搅动，他四肢的皮肤上冒出点点脓疱，好像沸水的泡沫。

我的父亲叙述说："逃亡途中，从巴里黑出发，算端有一天在一个山头上休息。他低头凝视一阵他的须胡，惊叹老天的幻化。然后，他对你的祖父苫思丁撒希伯底万，叹口气说：'如老年和逆境联合进攻，青春和幸福、康宁也烟消云散，那么这苦难，这命运杯里的残渣，怎样医治？又有谁来解开这旋转星空所打之结？'"

简短说，如此抵你沙不儿后，在617年沙法儿月12日〔1220
171 年9月18日〕晚，他进入该城，在那里，因恐惧过度，他不断拿鞑靼军来吓唬百姓，并且悔不该把城堡堕毁，这是他在强盛的日子里干的，以为单靠幻想就会在困难时帮他的忙。他怂恿百姓分散和离

开,说:“集中的群众避不开,也打不退蒙古军,蒙古人如来到你沙不儿,这闻名的州郡,众赛德尔的驻地,他们决饶不掉一个活人,而会让所有人丧生刀下,你们的妻儿也会被贬为奴婢,那时再逃已来不及,不如你们现在就分散,那你们大部分人,至少你们中间一些人,可望得救。”

然而,人类爱恋故土,背井离乡好像魂离躯壳,在光荣的《古兰经》中,流放被比作重刑,真主,这最真诚的说教者,在下段中说:“如非主判定彼等迁徙,主必于今世惩治彼辈;”[7] 再者,老天已拖住他们的衣袍,更从暗中出头阻止他们,“主之接近吾人尤胜于吾人之血脉”[8];所以,大家不同意分散。算端发现和觉察大家无意接受忠告,便下令称:尽管强兵坚城无用和失效,大家仍应视缮治城池为必需。百姓因此动工。这几天内,有关蒙古人的消息逐渐消沉,算端遂以为他们并不急于渡河。他恢复和平思想,把扎兰丁派到巴里黑去;但扎兰丁走了一站地,得到哲别和速不台渡河的情
报,而且近在眼前。扎兰丁折回去;为不让百姓沮丧,算端以行猎 172
为借口,跨马登程,把他的部下多半抛在后面。

摩诃末王离开了,
给她留下祝祷的礼品;
因为命运多乖,
日子就像阴影掠过人类的头上。

他留下法合鲁-木勒克·匿咎马丁·阿不勒-马阿里·迦惕卜·扎迷(Fakhr-al-Mulk Nizam-ad-Din Abul-Ma'ali Katib Jami)、吉牙-木勒克·阿里思·佐扎尼(Ziya-al-Mul-k'Ariz Zuzani)

及抹智儿-木勒克·迦菲·乌马儿·鲁黑希(Mujir-al-Mulk Kafi' Umar Rukhkhi),共同管治你沙不儿的政事。

议会的异密(amir-i-majlis)舍里甫丁(Sharaf-ad-Din)是算端信任的宰相和大臣,受命为你沙不儿的篾力克。算端离开时,他从花剌子模赶来,进驻该城,接管政柄。他抵达离你沙不儿两站远的地方,突然一命呜呼。他的死被保守秘密,怕的是他的奴仆劫掠财物及他的私财。抹智儿木勒克假装去迎接他,把他的仆从带入城。他们不愿留下,而是动身去追随算端摩诃末。

第二天,617 年剌必阿 I 月 11 日〔1220 年 5 月 24 日〕哲别和速不台那颜的先锋部队,在太子的带领下,直抵城门。他们派出十四骑,这些骑兵驱散几群骆驼,得到有关舍里甫丁部属的消息。几骑飞驰追赶,在离城三帕列散的地方赶上他们。舍里甫丁的随从约一千骑:蒙古人把他们杀光。他们向他们遇到的人盘问算端的情况,对俘虏施加酷刑,强迫他们赌咒发誓。然后,他们召谕该城的百姓投诚,抹智儿木勒克回答说:"我替算端看守此城,又是个老
173 头和牧师。你们在追赶算端,如你们打败他,国土将属你们所有,我也将是你们的奴仆。"他们供给蒙古军粮草,于是后者离开。

新的队伍一天天到来,接受粮草,再走他们的路。最后,剌必阿 II 月 1 日〔6 月 6 日〕,哲别那颜亲自到来。他召沙亦黑-伊斯兰、哈的、长官前去;但他们却从中层人物中选派三人,以他们的名义安排粮食供应('ulūfa),提供其他零星役事。哲别授予他们一封畏吾儿字书的信函,责成他们供应续来的一切部队,并坠毁他们的城垣。接着他也离开;无论何地,只要百姓投降,蒙古人就存放辎重,而且留下一名沙黑纳。

过些时候，过路的蒙古军逐渐稀少，谣言又在人们嘴上流传：算端已在伊剌克打了胜仗。蛊惑的魔鬼在人心里产卵。

蒙古人留在徒思的沙黑纳，屡次捎信给沙的阿黑[9]（Shadyakh），要他们投降，不要被谣言所骗。他得到你沙不儿的粗暴回答。

就在这时，徒思的签军，在他们的将领昔剌扎丁（Siraj-ad-Din），一个离理性十万八千里远的人，率领下，杀死徒思的沙黑纳，把头送到你沙不儿；他们哪知道，因这颗人头，他们要使千万颗人头落地，而且，它的长眠将惹起一场大祸。如俗话说，“祸害使得狗悲鸣”，监管徒思工匠的赛夷阿不-秃剌伯（Abu-Turab），瞒过徒思的暴徒（fattānān）、市民（arbāb），逃往兀思秃哇[10]（Ustuva），把沙黑纳遇害及由此产生的混乱，告知忽失帖木儿（QushTemür），他和三百骑是留下来照看牲口的。忽失帖木儿遣人把情况向那颜们报告，他本人则带手下三百骑，离兀思秃哇赴徒思。他偷袭正坐在徒思指挥室内的昔剌扎丁及其手下三千人，把他们斩杀殆尽，在主 174
力军抵达前，他竭力去摧毁徒思的壁垒。

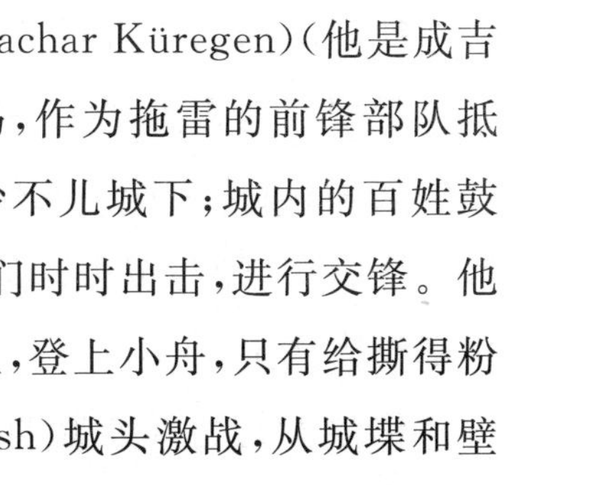

拖雷的先锋脱哈察儿古列坚（Toghachar Küregen）（他是成吉思汗的驸马[11]）及众大异密，率一万人马，作为拖雷的前锋部队抵达，并于剌马赞月〔11 月〕中旬兵临你沙不儿城下；城内的百姓鼓足十分勇气，因自己人多，蒙古军少，他们时时出击，进行交锋。他们活得不耐烦，才跟雄狮搏斗，不顾鳄鱼，登上小舟，只有给撕得粉碎。第三天，他们在哈剌忽失（Qara-Qush）城头激战，从城堞和壁垒发射方镞箭和弩矢。由于致所有百姓于死地的一个不幸巧合， 175
一支飞矢使脱哈察儿丧身尘埃，市民不知他是谁就结束他的生命。蒙古军白天撤退，有两个俘虏逃出，把他遇难的消息带进城。因

此，百姓认为他们作出了伟大功绩，哪知道："不久将有信息。"[12]

军队撤退下来，脱哈察儿的副帅博儿客亦[13]那颜(Börkei Noyan)分军为二。他自己进向萨布扎伐尔，激战三天后把它攻陷，下令屠城，从而被埋葬的尸体共计七万。另一支军队进向徒思，援助忽失帖木儿，并且攻取忽失帖木儿军未能攻占的余下城堡。尽管
176 奴罕和哈儿[14](Qar)的百姓猛烈抵抗，表现出无数的英雄事迹，蒙古人最后仍把哈儿攻陷，把居民屠尽。至于奴罕和萨布扎伐尔，这两座城池在〔剌马赞月〕28 日〔1220 年 11 月 26 日〕陷落，居民被屠无噍类。

这时，你沙不儿的百姓公开叛乱；蒙古军在哪儿出现，他们就派暴徒到哪儿去袭击他们。

那年冬天，你沙不儿物价高涨，百姓被禁止离城，因此，他们处在水深火热中。

618/1221－1222 年春季到来，拖雷解决了马鲁，进兵你沙不儿，谁都不知道他的来临。他征调一支大军，以此，他们一举就攻占了徒思境内的所有村落，让那些刀下余生者都去跟他们的死难亲友重聚。他再先派出一支大军，带着射石机及〔其他〕武器，兵临沙的阿黑；虽然你沙不儿位于一个多石地区，他们仍从几程远的地区搬运石头，随身带去。他们把石头像庄稼一样堆成山，连十分之一都没有用上。

你沙不儿的百姓见事态严重，这些人跟从前见到的不同；尽管他们在城头有三千把弩在发射，架有三百台射石机和弩炮，还备有相当数量的檑木和火油，可是他们的腿已发软，他们已士无斗志。他们发现〔获救〕无望，只得派大哈的鲁克那丁・阿里・本・亦卜

刺金・木吉昔(Rukn-ad-Din 'Ali b. Ibrahim al-Mughisi)去见拖雷。当[15]他见到拖雷,他请求宽恕你沙不儿的百姓,同意上贡。这毫无用场,他本人也不让回城。

沙法儿月12日〔1221年4月7日〕礼拜三拂晓,他们往杯中
斟满战斗的晨酒,激战到礼拜五午祷时刻,到这时,壕堑已几处被 177
填平,城墙也给打开一个缺口。由于在驼夫之门和哈剌忽失城楼的战斗较猛烈,投入的战士较多,蒙古人便在忽思老-库失克(Khusrau-Kushk)城头上竖起旌旗,爬上去跟驻守壁垒的人交锋;而另一支队伍也从驼夫之门登上城头。那一整天,从早到晚,他们不断爬上城墙,把百姓从上面赶下去。

到礼拜六晚,所有的城墙和城头上全都有蒙古人了;那一天,拖雷本人到达距昌迦剌克[16](Changarak)三帕列散远之地。蒙古人接着涌下城头,开始烧杀抢劫;市民进行回击,散入宫殿邸宅。蒙古人搜寻抹智儿木勒克,把他从一条地道中拖出来。为求速死,他破口大骂;他们终于使他受辱而死。然后,他们把残存者,不分男女,统统赶到郊外;为了替脱哈察儿报仇,有命把城池平毁,使其地可以耕种,施行报复到连猫犬都不得留下[17]。

成吉思汗之女[18],脱察哈儿的长妻,此时带领她的卫士入城,他们把活人杀光,仅剩下四百人,这些人因有技艺而被挑选出来,并被送到突厥斯坦,其中一些人的后裔至今仍能在那里找到。

他们割下死者的头,堆积如山,又把男人的头和妇女、儿童的 178
头分开来。之后,拖雷决定进兵也里,留下一个异密和四百大食人,以便把发现的活人都杀光。

苍蝇和豺狼以赛德尔的胸脯为餐;山鹰享用娇女的肉;兀鹫饱

食美妇的颈。

> 他们离开大地，大地因失去他们而死去：
> 好像他们是它的灵魂。

屋舍被夷为平地，曾经昂首跟木星比高低的宫殿，因为败落，自承低贱若黄土；宅馆无一丝欢乐和繁华；城堡在高傲之后，变得卑躬屈膝；玫瑰园成了熔炉；地上的街道成了“一片平川”。⑲

> 唉，大灾把它奴役，
> 它的山丘变成惯于下跪的贱货。
> 天啦，它的沉香像干燥中的湿芦荟，
> 它的泥土像捣碎的麝香。

注　释

① 直译是：人中之“人”，义即眼中之“人”，阿拉伯语为 insān-al-ʻain，“眼睛的瞳孔”。诗句的作者是阿不勒-哈散·穆罕默德·本·爱薛·迦剌只(Abul-Hasan Muhammad b. ʻIsa al-Karaji)。赛阿利比引用在《塔特马都尔-雅特马黑》中。(穆. 可.)见埃格巴尔编，第Ⅱ卷，第 68 页。

② 这首诗据认为是穆圣之女法迪马(Fatima)所写的。(穆. 可.)

③ Mashhad-i-Tūs，今麦什特。

④ 作者可能是阿布失-昔思·忽扎亦(Abush-Shīs al-Khuzāʻi)。马奴乞里(Manuchihri)把它的第一行引入他的一首合西答中，并被认为是该诗人所写。(穆. 可.)

⑤ 格里牙(ghāliya)是一种由麝香、龙脑等合制成的香料，色黑。

⑥ 意思是：他的头发变白了。

⑦ 《古兰经》，第 lix 章，第 3 节。

⑧ 参看《古兰经》，第 i 章，第 15 节：“……余较彼之静脉尤切近彼。”

⑨ 沙的阿黑(Shādyākh)是你沙不儿的一个郊区。

⑩ 兀思秃哇(Ustuvā),古典的'Ασταυηυή,今库强县。

⑪ 实际上,Kūregen(KWRKAN)本身训为“女婿”。关于此词的不同形式,见田清波和柯立福,《梵蒂岗秘密档案所的三份蒙文文件》,第474页。跛者帖木儿,作为成吉思汗系下一位公主的丈夫,后来也获得这同一称号(Tīmūr Gūrakān)。脱哈察儿(TΓAǰAR)为成吉思汗之婿,有讷萨怖(奥达斯编译,第87页)为证。(奥达斯把他叫做Tifdjâr,原阿拉伯文作TQǰAR,即Toqachar,或作TΓǰAR,即Toghachar,奥达斯代之以TFǰAR)朱思扎尼也说,成吉思汗的一个女婿,死于你沙不儿城下,但没有提他的名字,见拉维特译,第992页。巴尔托德,《突厥斯坦》,第423–424页,认为脱哈察儿就是《元秘史》(第257节)和拉施特(斯米尔诺娃译,第220页)的脱忽察儿(Toquchar或Toqochar),成吉思汗派他随哲别和速不台之后去追击算端;后来他犯了不得动篾力克汗(Malik Khan)百姓的禁令,(前者说)他被解除兵权,(后者说)他死于与古耳(Ghur)山民的一次战役。然而,二者均未称他是成吉思汗之婿。他是弘吉剌族人,名叫答兰-秃儿合黑秃·脱忽察儿(Dalan-Turqaqtu Toqochar)(赫塔吉诺夫,第163页),或叫做答兰-秃儿合黑·脱忽察儿(Dalan-Turqaq Toqochar)(斯米尔诺娃,第163页);如果他是跟阿剌浅(Arajen、Arachan)一起,在窝阔台时期受命管治站赤,即驿站的脱忽察儿(《元秘史》,第280节),那么他和死于你沙不儿城下的脱哈察儿显然不是一人。脱哈察儿可能是古列坚古列坚(Kūregen Kūregen),弘吉剌族族长之子,成吉思汗四女秃满伦(Tümelün)之夫。见拉施特,斯米尔诺娃译,第70页。拉施特好像对这个古怪名字感到惊奇,因为他解释说,“虽然küregen义为‘女婿’,但这就是他的名字。”有可能的是,按蒙古风俗,脱哈察儿的名字,随他之死成为禁忌,后来就叫做古列坚,“女婿”? 见我的论文,《志费尼书中一些蒙古宗王的称号》,其中我提出,兀鲁黑那颜(拖雷),兀鲁失-亦都(术赤)、合罕(窝阔台)都是这种忌讳的例证。使用古列坚这样含糊名称而产生的混乱,可以解释拉施特和远东史料之所以完全不提脱哈察儿在你沙不儿城下的凶死,甚至根本不提他的存在,如果他确实和《元秘史》的脱忽察儿是两人的话。这也可以解释拉施特之所以不确定秃满伦的丈夫是谁。拉施特在另一处(贝烈津,第Ⅶ卷,第200–201页)说,成吉思汗把秃满伦嫁给赤窟古列坚(Shinggü

(ŠNKKW)Küregen),他是弘吉剌异密按陈(Alchu)(原文作 ANǰW,据两个抄本和赫塔吉诺夫,读作 ALǰW)的儿子,按陈就是答儿客那颜(Dark(DARKH)Noyan)。而且,成吉思汗把他们遣往秃马惕之地(贝加尔湖以西),他们的子孙在那里一直住到拉施特的时代;但是,拉施特往下不远(同前,第 203 页)又说,秃满伦的丈夫是一个弘吉剌人,叫做答亦儿客亦古列坚(Dayirkei(DAYRKAY)Kūregen),显即赤窟之父答儿客。同见赫塔吉诺夫译,第 162 页,164 页。按陈,即答儿客亦(答儿客),似即《元秘史》第 202 节中的阿勒赤古列坚(Alchi Güregen),他奉成吉思汗之命管治三千翁吉剌人。

⑫ 参看《古兰经》,第 xxxviii 章,第 88 节:"……汝不久将知其信息"。

⑬ 原文作 NWRKAY,读作 BWRKAY。巴尔托德,前引书,第 424 页和注②,认为他就是扎剌亦儿的博儿客(Börke)(BWRKH),据拉施特,他曾参加哲别和速不台的大远征,但死于"河之彼岸,"也就是乌浒水的东面(贝烈津,第Ⅶ卷,第 52 页),在另一处(同前,第 278 页),拉施特仅称他死于"征途"。在赫塔吉诺夫的译文中,他的名字,第一处(第 97 页)拼作 Burke,但第二处(第 194 页)作 Nurke。我采用 Börke(i)的拼法,但是,这个名字的发音实际上极不确定,远东史料无征。见伯希和,《金帐汗国》,第 48 页,注①。据讷萨怖(奥达斯编译,第 87 - 89 页),博儿客(奥达斯把他叫做 Yerka,原阿拉伯文作 BRKA,奥达斯作 YRKA)和脱哈察儿一起奉命进攻呼罗珊,他们共同指挥了攻占奈撒的战役。

⑭ Qār。未考证出来。或许我们应把它读作* Fāz 或* Fāzh,即 Bāzh,菲尔道西的故乡。(弗.米.)

⑮ 据 B 本读作 chūn。原文作 BDRNA,似无意义。C 本作 bi-darraft-tā,"他走到城门,所以……"

⑯ 原文作 ḤNKRK,读作 ČNKRK。未考证出来。(弗.米.)

⑰ 参看讷萨怖,奥达斯译,第 92 页:"鞑靼人一声令下,俘虏就用铁铲平地;地面变得来如此光滑,以致再找不到一个土堆,一块石头,连骑兵在那里玩一场马球也不用担心马匹绊倒。大部居民死于地里,因为他们藏身于地底下,及挖出来的地洞中,指望逃掉危险。"

⑱ 或即成吉思汗四女秃满伦,见前,第 174 页,注⑪。

⑲ 《古兰经》,第 lv 章,第 106 节。

29. 世界的皇帝合罕登上汗位和世界帝国的威力

全能真主——圣哉主名，宏哉主恩——按照圣言："吾人略以惊恐饥饿，丧失财产、生命，果实，试验汝辈[1]"，已使他的奴仆在灾难的试金石上受到考验，在毁灭的熔炉中受到陶冶——

当汝揉泥出水时，我在考验的火中；
当汝试金时，我在试金石上。

——而且，他们因品德败坏，各自套上惩罚的绞索，并因其奸恶劣 179
行，啜饮那满斟的"恶有恶报"之杯；在这之后，按天意所定：凡事均有其极限，有始就有终。

一事了结，其收场就临近；

〔穆罕默德〕(愿他得到和平！)亦曾说："单祸不抵双福；"因此，有必要根据理性和圣传，真主——大哉主之荣耀！——的慈恩宝库应再度打开，他的奴仆应重获安乐和幸福，并按经文所说："余之怜悯已压倒余之愤怒，"主的无边宽仁的诸种显证，必将超过他的惩罚的种种灾殃；因为"开场已成收尾。"

当我活到我一生倒运的时候，

当我的身子必须背负骆驼重担的时候，
我不失望，因为唯一造物主的恩德施及主的每一生物
哪怕它仅仅是个细胞

逐渐地，有节奏地，这种仁爱的迹象由微到显，其征兆和标志趋于
清楚和明朗。帝国传给世界的主宰窝阔台合罕和蒙哥可汗，表明
这些说法的开始，这些基础的奠定。我将顺序先谈合罕的登基，以
简明的语言予以叙述，让那些赏脸读完本书的人，不致责怪本作者
啰哩啰嗦，而能理解所述的旨趣，得知合罕采取何种方式治理朝
政，保护公益；他怎样用威力和安抚来使那些徘徊于希望和失意之
间的国土，纳款投诚，把它们置于他的控制和指挥之下；他死后蒙
180 哥可汗又怎样支持崩溃后的正义大厦，巩固和增强其根基。愿全
能真主允许真理和正义获胜！

合罕御极前，叫做窝阔台。成吉思汗从他的举止和言谈中，时时看出他是皇位的适当人选，宜于〔统帅〕诸王和军队，而且在他的起承转合中，日益发现治理朝政和卫国御敌的英豪气魄。于是，通过提示和讽喻，他经常把这个念头的印象，铭刻在其他诸子的心里，“犹如刻图于石”，逐步把这个意见根植在他们的思想深处。

成吉思汗从西方诸国返回他的东方老营后，他就讨伐唐兀[②]
以遂他的宿愿。他把该地敌人的劣行肃清，把他们全部征服，这
时，他得了由不良气候而引起的不治之症[③]。他召诸子察合台、窝
阔台、兀鲁黑那颜、阔列坚[④]（Kölgen）、术赤台[⑤]（Jürchetei）、斡儿
181 长[⑥]（Orchan）去见他，对他们说[⑦]：“我的病势沉重，医治乏术，因
此，实在说，你们需有人保卫国威和帝位，支持这根基坚实的宝座。

若我等死去,他将满足于我等受辱骂,
但若他死去,我等将满足于他的祖先被提及[8]。

因为,如我的儿子个个都想成为汗,想当帝王,不相互谦让,岂非又像一头蛇和多头蛇的故事(本书一开始已述及)?”[9]

他说完这番话和这番训诫,这些也是他们的行为准则,他们的札撒,上述诸子便跪下来,说: 182

“吾人之父为王,吾人均为其奴仆;
吾人俯首听您的命令和吩咐。”[10]

成吉思汗接着说:“若你们想过安乐和幸福的生活,享受权力和富贵的果实,那么,如我近来让你们知道的那样,我的意见是:窝阔台继我登位,因为他雄才大略,足智多谋,在你们当中尤为出众;我意欲让他出谋划策,统帅军队和百姓,保卫帝国的疆域。因此,我立他当我的继承人,把帝国的权柄交给他的勇略和才智。我的儿子们,对这想法有何意见,对这意见又有何想法?”

他们再谦恭地屈膝,孝顺地跪倒在尘埃,以遵从的口吻说:“谁有权力反对成吉思汗的话,谁有能耐拒绝它?

你的大智所定下的条条戒律,
使老天开眼,命运侧耳。

吾辈的幸福及吾辈部属的幸福,有赖于成吉思汗的旨意,吾辈事业的成功有赖于他的教导。”

“既然这样,”成吉思汗说:“若你们的愿望和你们的话是一致的,若你们的口比着你们的心,你们须立下文书:我死后你们要承认窝阔台为汗，把他的话当作肉体内的灵魂，不许更改今天当着我的面决定的事，更不许违反我的法令。”

183 窝阔台的弟兄们遵照他的圣训，立下文书。

成吉思汗的病情愈来愈厉害，因为不能把他从所在之地挪走，他便在 624 年剌马赞月 4 日〔1227 年 8 月 18 日〕与世长辞[11]。

众王公这时各回他们的驻地，打算来年召开一次大会，蒙语叫做忽邻勒塔。他们回到自己的斡耳朵，准备参加这次忽邻勒塔。

当严寒、酷冷减退，和风的吹拂使大地欢悦——

> 和风用绿茵把人间打扮；
> 这世界变成未来世界的样本。
> 和风显奇绩，恢复大地的生命，
> 使耶稣的神异相形失色。

——这时，上述诸子及族人就派驿使向全世界传播成吉思汗崩驾的消息，并宣布：为使国家不受损害，必须召开一次大会，以决定汗位谁属。因此，大家都离开自己的斡耳朵，动身参加这次忽邻勒塔。从钦察[12]各地来的是术赤的儿子们：斡鲁朵[13]（Hordu）、拔
184 都[14]、昔班罕[15]（Sibaqan）、唐古忒[16]（Tangut）、别儿哥[17]（Berke）、别儿哥察耳[18]（Berkechar）、脱哈帖木儿[19]（Toghag-Temür）；来自忽牙思的是察合台；来自叶密立和霍博的是窝阔台；从东方来了他们的叔父：斡赤斤、别里古台[20]那颜（Belgütei Noyan）、按只带[21]那颜（Elchitei Noyan）、也苦（*Yekü）、也孙格[22]（*Yesüngei）；留守各地的异密、那颜，也从别的地方到来。至于兀鲁黑那颜及其诸弟，他们已在成吉思汗的斡耳朵。

上面提到的人都聚会于怯绿连河[23]（Kelüren）流域；当太阳登上白羊座，使大地露出笑容，当空气透过施雨的云彩，落下泪珠——

春天已到来，明媚光灿， 185
它的芳香空气通报情人的愿望。

——而且，当草原上花草已茂盛，斑鸠和夜莺惊叹这一片美景，为赞颂田野和牧地，用千百种调子唱出千百支歌儿——

我们现在要欢饮美酒，
因为麝香的气息从河流上升；
天空一片喧闹，大地一片欢腾；
快乐属于开心畅饮的人[24]

——所有的王公，那颜和异密，以及一支布满郊野、人数使沙漠变窄的大军——

当它投入大海，它的前锋没有
给它的后卫留下够一人喝的海水。
倘若它开赴陆地，它的前锋没有
给它的后卫留下仅容一骑的空隙

——首先愉快地一气宴乐三天三夜，他们的内心毫无猜忌和欺诈的念头——

他们摘掉虚伪的花朵，
靠近那团结的树木，
它的果实结在为无限欢乐，为宏大志向，

为美好的生活而干杯的地方

——几天后，他们商讨朝政及成吉思汗的遗嘱，一再宣读诸子立下的奉窝阔台为汗的文书。他们采纳这个意见，于是，众王公毫无恶意或倾轧，一致对窝阔台说："遵照成吉思汗的旨意，你应在天神的
186 护佑下登上宝座，以此，众英豪可以共同忠贞地献身，俯首帖耳服从你的命令。"

窝阔台回答说："成吉思汗的旨意虽则若此，但尚有我的兄长和叔伯，他们比我更能胜任此职；再者，据蒙古的风俗，长室中的幼子应成为其父的继承人，而兀鲁黑那颜是长斡耳朵的幼子，他一直日夜、晨昏地侍候成吉思汗，目睹、耳闻和领会他的所有札撒、法令。既然这些人仍都健在，就在眼前，我怎能继承汗位呢？"

那一整天，直至晚上，他们快乐、友爱地共同议论。同样，一连四十天，他们每天都换上不同颜色的新装[25]，边痛饮，边商讨国事。而每一天，窝阔台都用不同的方法，以既巧妙又得当的话，表达这同样的心情。四十天过去，第四十一天清晨，

当象征吉祥的黎明
升起一面普照全球的旗帜，
当阿比西尼亚的眉头皱成蹙容，
中国之镜从中国升起

187 ——众王公、各层自由民及奴隶的症结解开了，王公们一齐走到窝阔台面前，说"这个重任，成吉思汗从他的诸子和弟兄中交付给你，将生杀予夺的权柄委诸你的才智，那么，吾辈焉敢任意更改他的谕旨，或丝毫违反它呢？据占星家和珊蛮称，今日系黄道吉

日，你应在天神——圣哉神名——的扶助下登上天下君王的宝座，以正义和慈恩美饰环宇。”

最后，经过他们这方面的再三敦促、窝阔台那方面的再三拒绝，他终于服从其父的遗旨，采纳众弟兄及叔伯的劝告。按蒙古旧俗，他们脱掉帽子，把皮带扔向肩后；就在 626/1228－1229 年[㉖]，察合台引着他的右手，斡赤斤引着他的左手，把他拥上宝座，既有老成持重的赞助，又有鼎盛青春的扶持。兀鲁黑那颜举杯，宫廷内外的人都三次跪拜，发出祈祷，说：“愿他的登基使国家繁荣昌盛！”

> 如珍珠修饰美容，
> 你的美容却是珍珠的装饰。
> 只要你一抚摸，最香的香料也增添芬芳
> ——哪儿，哪儿有你这样的人啊？

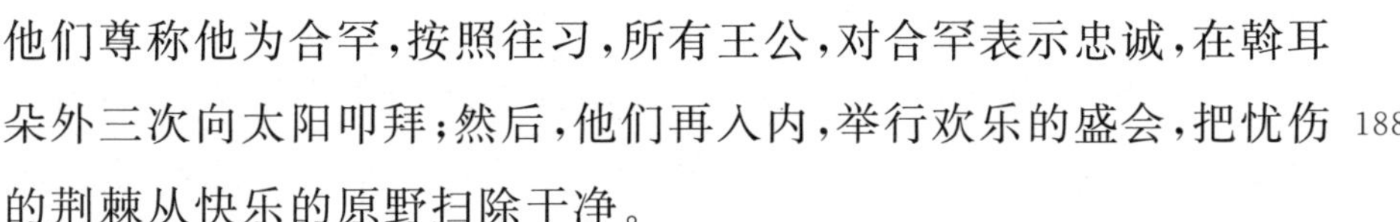

他们尊称他为合罕，按照往习，所有王公，对合罕表示忠诚，在斡耳
朵外三次向太阳叩拜；然后，他们再入内，举行欢乐的盛会，把忧伤 188
的荆棘从快乐的原野扫除干净。

统治世界的皇帝登上有洪福警卫的阶梯，苍天护佑，威风凛凛，而王公们，好像猎户星座，在宏大、有势的诸天太阳面前，温顺卑躬地执役；左边是后妃们，个个是天生的佳丽奇质，娇美鲜艳犹若花朵，甜蜜纯洁若春草。

> 她的好像玫瑰园的面孔是灵魂世界的春天；
> 她的锁甲般的卷发是耐心脖子上的圈套；
> 她的弓弦般的眉毛是天空的一弯新月；
> 她的散发龙涎香的小环是美颊的雅饰。

目睹这次盛会，及其大量的金童玉女、丰富的美酒奶汁，所有人都惊呼：

由此你将知道那至高天堂是怎样。

合罕的御极使时光的眼睛变得明亮，他的感化使人间变得无仇无怨。

因为宇宙有你这样的君王，
国土中就有了一座面目全新的市场。
风因他的刚毅而重，
地因他的仁爱而轻。

和平安宁之树在枯萎后重新生气勃勃，希望的面颊在遭到悲观失望的创伤后重新恢复光泽。白昼因安憩而获得黑夜的舒适，黑夜因酒火的温泽变得像大白天。

合罕接着下诏把多年来为成吉思汗从东西各国征集来的国库
189 贮藏打开，其总数连账簿的肚子都容纳不下。他封闭那些爱挑剔者之嘴，拒绝他们的劝谏，把他的份子赏给他的所有家属和士卒、他的军队和族人、贵人和黎庶、侯王和家臣、主子和奴婢，按权利各分一份；国库中为明天留下的财物，不多不少，不大也不小。

因为狮子不储一日之粮，
蚂蚁才备一年之食。[27]

他结束了宴乐和赏赐，遵照“余辈实以一种信仰以供奉吾人之父祖”[28]的风俗，他下令为成吉思汗在天之灵连续准备三天的祭品；又吩咐从那些容色可爱、性格温和、美中带甜、顾盼多姿、举动优美、起坐文雅——真个是“主许诺给畏主者”——[29]的月儿般处女中，挑选四十名出身于异密和那颜家族的女儿，用珠玉、首饰、美袍打扮，穿上贵重衣服，与良马一道，被打发去陪伴成吉思汗之灵。[30]

处理完这些事后，他开始治理国家，安排朝政。

首先，他制定一条札撒称：成吉思汗原来颁布的法令和敕旨，应予以维护、支持和保卫，不许恶意变动、窜改和混淆。这时候，到处都有造谣生事者来报告、揭发异密和长官们的行为。但是，合罕 190
说：“我登基之前，任何人嘴里散播的流言蜚语，我们予以原谅和勾销。但是，自今以后，谁要触犯新旧法令和札撒，那就按其罪行轻重给以惩处。”

制定这些札撒后，他派军征讨世界各地。

在呼罗珊和伊剌克，动乱的火焰尚未熄灭，算端扎兰丁仍活跃于该地。合罕派绰儿马罕[31]（Chormaghun）带领许多异密及三万军士，向那里出师。

他派阔阔台[32]（Köketei）和速不台[33]把阿秃儿（Sübetei Bahadur）带领一支人数相同的人马，出征钦察、撒哈辛和不里阿耳。

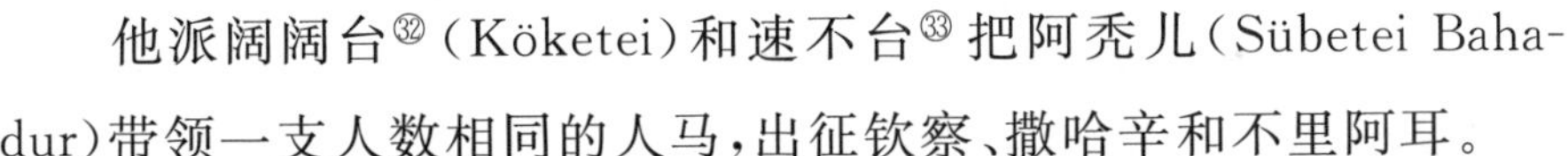

他再派大小不等的军队出征土番、肃良合[34]（Solangai）；他决定亲征契丹，由他的兄弟随同。

这些战役均将在后面分别叙述，使大家都知道各次战役的情况和性质：如全能真主意允的话。 191

注释

① 《古兰经》，第 ii 章，第 50 节。

② 有关最后征讨唐兀的战役，见格鲁赛，《蒙古帝国》，第 268－277 页。

③ 有关各种远东史料对成吉思汗之死的记载，见海涅士的文章：《成吉思汗最后之远征及其死》。《元秘史》第 265 节载：1226－1227 年冬，成吉思汗曾坠马跌伤，这可能是促使他死亡的一个因素；但是，晚出的《黄金史》（Altan Tobchi）（1601 年）是提到他的直接死因的唯一史料，它说，他在唐兀的朵儿篾该（Dörmegei）城染热病而亡。海涅士，前引文，第 548 页，指出，这种热病可能系斑疹伤寒，与志费尼所说："因气候不良而发生的不治之症"，也是符合的。

④ KLKAN。他的母亲是忽兰（Qulan）皇后，豁阿思篾儿乞（Uhaz-Merkit）族长答亦儿兀孙（Dayir-Üsün）之女。（斯米尔诺娃，第 71 页。）他阵亡在俄国奥卡（Oka）河上的科洛姆纳（Kolomna）城前。（伯劳舍，第 46 页；同见米诺尔斯基，《高加索》第Ⅲ卷，第 226、229 页）。

⑤ J̌WRJ̌TAY。据拉施特（斯米尔诺娃译，第 71 页），术赤台（Jūrchetei、Jūrchedei）——即"女真人"、"满洲人"——是一个乃蛮妃子生的。见后，注⑦。

⑥ 我把这个名字看成是拉施特的 Qodon Orchan（赫塔吉诺夫译，第 117 页，斯米尔诺娃译，第 89 页）及《元秘史》的 Qodun-Orchang、Qoton-Orchang 的第二部分。关于 Qodon Orchan，见伯希和－昂比斯，《亲征录》，第 147、286 页。在拉施特书中，此名的形式是 Orchaqan（AWRJ̌QAN）。这种指小词形的使用，可比较格利哥尔的 Ch'awrman 和 Ch'awrmaghan（见柯立福，《蒙古名字》，第 419 页，同见后，第 190 页，注㉛），并比较志费尼的 Qadaqan（见前，第 94 页，注⑦）及 Sibaqan（见后，第 184 页，注⑮），而正常拼法是 Qadan、Siban。据拉施特（斯米尔诺娃，第 72 页），斡儿察罕（Orchaqan）是一个塔塔儿妃子所生。远东史料未提到他。见昂比斯编译，《元史》第 CⅦ 章，第 52 页。参见下注。

⑦ 据拉施特（斯米尔诺娃译，第 231－232 页），这次会面在 1227 年春，其时与唐兀之战仍在进行。见面的地点叫翁古答兰忽都克（Onqon-Dalan-Quduq），成吉思汗的儿子中仅窝阔台和拖雷在场，征服者特别提到察合台不在。志费尼称术赤台和斡儿长也在场，很使人感兴趣。拉施特（斯米尔诺娃译，第 72 页）在一处断然说，前者"在诸子中最早"死去，后者"也死于童年"。

在另一处(同前,第 169 页),他又把参加 1213 年中国北部战役的术赤台说成是成吉思汗的“幼子”。事实上,如伯希和在其文章《说圣武亲征录中的一节》,第 919 页,所指出,这个术赤台可能系同名的另一个人,也就是兀鲁兀台(Uru'ut)的术赤台,《元秘史》曾屡次提到他,《元史》有传。然而,伯希和(同上文,第 923 页)提出:术赤台是《蒙韃备录》提到的成吉思汗的长子比因,他死于 1213 年或 1214 年蒙古军进攻西京,即山西大同的战役。

⑧ 巴沙马·本·哈真·纳黑沙里(Bashama b. Hazn an-Nahshali)。(穆.可)

⑨ 见前,第 41-42 页。

⑩ 发勒斯编,《沙赫纳美》,第 1639 页,第 2352 行。

⑪ 据《元史》(柯劳斯,第 40 页),成吉思汗死于 8 月 25 日,开始生病是在 18 日。

⑫ 钦察突厥人,俄罗斯人称之为波罗维赤(Polovtsï),拜占庭和西方称之为库蛮,在蒙古人入侵时已统治了南俄草原将近二百年。见米诺尔斯基,《霍杜德》,第 315-317 页,巴尔托德,《突厥史》,第 88-89 页,格鲁赛,《草原帝国》,第 241-242 页。志费尼的 Qifchāq,如同较早的 Khifchākh,看来都是此名的阿拉伯语化形式,但比较乞剌可思的 Khuch'akh、Khiwch'akh,瓦儿丹的 Khwch'agh(即:Khəwch'agh)。

⑬ HRDW。拉施特的 Orda(AWRDH),迦儿宾的 Hordu 或 Ordu。伯希和,《金帐汗国》,第 29-30 页,主张拼作 Ördü。斡鲁朵(Orda、Hordu、Ordu)是术赤的长子,也是所谓白帐汗国的创建者,国址在今哈萨克斯坦。见格鲁赛,前引书,第 469-470 页,又见兰浦尔,《回教王朝》,第 226-229 页。

⑭ 关于拔都,见后第 38 章。

⑮ 原文作 ŠYBQAN,读作 SYBQAN。Sibaqan,这个形式伯希和(同前引书,第 44 页)怀疑其真实存在,似即正常形式 Siban 的指小形式,它也出现在志费尼中(第Ⅰ卷,第 205 页,那里的原文作 ŠYBAN)。比较迦儿宾的 Siban、Syban,卢不鲁克的 Stican。该名的晚期拼法是 Shiban,因为猜想它跟叫做 Shaiban 的阿拉伯部落有关系,因此再转为 Shaiban。实际上昔班可能是个基督教名字:伯希和,前引书,第 46-47 页,指出它就是 Stephen 的突厥语词形。从该王公一支传下来的,除金帐汗国的临时君王外,还有土曼

(Tiuman)的沙皇,不花剌和基发的月即伯汗(Uzbeg)。见兰浦尔,前引书,第239－240页。格鲁赛,前引书,第556－568页。

⑯ TNKWT。拉施特(伯劳舍,第120页)的Tangqut(TANKQWT)。

⑰ BRKH。迦儿宾的Berca,马可波罗的Barca。别儿哥是皈依伊斯兰的信徒,作为金帐汗国的统治者,他是波斯伊儿汗(Il-Khans)的死敌,也是伊儿汗的可怕敌人埃及玛麦鲁克算端(Mameluke Sultan)的同盟。见格鲁赛,前引书,第474－478页,斯柏勒,《金帐汗国》,第33－52页。

⑱ BRKǰAR。意即"小别儿哥"。见伯希和,前引书,第51－52页。

⑲ TTATYMUR。迦儿宾的Tuatemur、Thuatamur,等等,文该尔特本作Chucenur,他是喀山和克里米亚诸汗的祖先。见兰浦尔,前引书,第233－235页,格鲁赛,前引书,第549－556页。

⑳ BYLKTAY。他是成吉思汗的异母兄弟。

㉑ AYLČTAY。他是成吉思汗的兄弟哈赤温(Qachi'un)之子。这个名字的其他形式是:野里知给歹(Eljigidei)(《元史》)、阿勒赤歹(Alchidai)(《元秘史》)。见昂比斯,前引书,第29－30页。

㉒ 原文作*YKWB* WRKAY,读作YKW W YSNKAY。《元秘史》第269节相应的一段记载是:"左手〔东方〕大王斡赤斤那颜、也古和也孙格等。"也苦和也孙格是成吉思汗弟搠只哈撒儿(Jöchi-Qasar)之子。(也孙格在《元史》中有亦孙哥、移相哥等异名——中译者注。)

㉓ KLRAN。今克鲁伦河。见伯希和,前引书,第121页,注①。据《元秘史》,第269节,这次选举的地点在阔迭兀阿拉勒(Köde'e-Aral)。(即《元史》的曲雕阿兰和库铁乌阿剌里——中译者注)

㉔ 发勒斯编,《沙赫纳美》,第1630页,第2372－2373行。本书之Jūibār"河流"(摩尔编译《沙赫纳美》同),发勒斯作kūhsār,"山岳"。

㉕ 参看迦儿宾对选举贵由的叙述:"第一天,他们〔鞑靼人〕全穿上白袍;第二天,贵由进帐之日,他们穿红(袍);第三天,他们穿蓝袍,第四天则穿最好的锦缎。"(柔克义译,第19页)据哈剌达万(Khara-Davan)称:第一天穿白袍,象征选举中有术赤的兀鲁思参加。见维纳斯基,《蒙古人和俄罗斯》,第138－139页。然而,应注意的是,迦儿宾谈到不同颜色顺序出现,系根据他的同伴、波兰人班尼狄克脱(Benedict)的报道,他"口头告诉我们,他和另一僧

侣在那里看见五千左右要人，选举国王的第一天，他们全穿锦缎；但是，在当天和第二天，当他们穿白色锦袍时，他们没有取得一致意见，而在第三天，当他们穿红锦袍时，他们才取得一致意见，进行选举。”（柔克义，第 3788 页）

㉖ 实际在 1229 年，虽然从志费尼的叙述看，这次选举好像在成吉思汗死后的下一年，即 1228 年春。《元秘史》对这次选举有明确的记载，第 269 节称：窝阔台是在鼠年，即 1228 年被推选的。但是，拉施特（伯劳舍，第 15 页）说：这次选举过了近两年的时间才进行的，时间是在牛年，即 1229 年（同前，第 16－17 页）。据《元史》（柯劳斯，第 41 页），1228 年帝国的摄政者是拖雷。

㉗ 赛阿利比在《塔特马都尔雅特马黑》中，有处说这诗的作者是阿不勒·哈里忒·本·塔马儿·瓦西帖（Abul Harith b. at-Tammar al-Wasiti），另一处又说是阿不-穆罕默德·鲁忒法剌黑·本·木阿菲（Abu-Muhammad Lutfallah b. al-Muʻafi）。（穆. 可.）见埃格巴尔编，第Ⅰ卷，第 48 页，第Ⅱ卷，第 89 页。

㉘ 《古兰经》，第 xiiii 章，第 22 节。

㉙ 同上，第 xlii 章，第 35 节。

㉚ 旭烈兀死后也遵循这个风俗。参看瓦撒夫（哈模儿柏格斯塔尔编译，第 97 页）：“他们按蒙古风俗给他准备墓地，放进大量金银珠宝，并且用星星般明丽的少女，盛装打扮，珠光闪闪，作他的陪葬，以此他可以在那阴暗的郊野、忧寂的孤居、狭窄的坟墓、及痛苦而漫长的冥年中，珍惜地度过他的岁月。”

㉛ J̌WRMAΓWN。《元秘史》的绰儿马罕（Chormaqan）。在格利哥尔《射手民族史》，第 301 页，此名系作为 Chorman 的指小形式。见柯立福，《蒙古名字》，第 49 页。绰儿马罕一名很难从迦儿宾的 Chirpodan、Cyrpodan 等形中辨认出来。

㉜ KWKTAY。比较合赞汗遣使教皇波尼菲八世的使者之一 Kökedei 的名字。见田清波、柯立福，《梵蒂冈秘密档案所的三份蒙文文件》，第 469、471 页。此名意为“黑黝面孔的人。”（见前引文，第 473－474 页）

㉝ 原文作 SNTAY，读作 SBTAY，然而，SNTAY 和拉施特的 SWNDAY（伯劳舍，第 18 页）相当，好像表示速你带（Sönitei）（Sönidei）的名字，即“速你惕（Sönit）部人。”名叫速你带的人确实出现在绰儿马罕的将官名单中。

见格利哥尔，第303页。他的原名是察合台，因为跟王子同名是犯死罪的，所以他更名速你带。见赫塔吉诺夫，第100页，同见我的文章《志费尼书中一些蒙古宗王的称号》，第153-154页，注㊴。但是，这里更可能指速不台把阿秃儿。见后，第269页。

㉞ SLNGAY。高丽北部，或高丽北部人，《元秘史》的莎郎合思(Solangqas)，迦儿宾的Solangi，卢不鲁克的Solanga。这次战役多半指《元秘史》第274节提到的扎剌亦儿台(Jalayirtai)的远征。同见后，第196页，注⑱。

30. 世界的皇帝合罕出征契丹以及契丹的征服[1]

世界的皇帝吉祥地头戴王冠，雄才的胸怀把帝国新娘拥抱。这时，他在遣军征讨有人烟的诸国后，开始实现亲征契丹国的宿愿，随驾的有他的兄弟察合台、兀鲁黑那颜，还有其他王公，带领很多彪形武士，甲兵闪耀，战马奔腾，把沙漠变成怒海，其纵深无法测定，海岸和中心分辨不清。郊原在骑兵压力下和山岳争地，铁蹄把山头踏平。

这支军队由那些把空气堵塞、
把山头粉碎的大将率领。

首先，他们抵达一座叫做河中府八剌合孙[2]（* Khojanfu Balaqaṡun）的城池，从哈剌沐涟[3]（Qara Müren）河岸把它包围。
按他们队伍的围攻部署，他们构筑新的堡垒；一连四十天，他们进 192
行激战，突厥射手（只要他们愿意，他们能一箭把天眼缝上）来回冲杀，以致

他们射出的支支急若流星的箭矢，
都把目标击中。

该城的百姓发现，跟棍棒相斗，除后悔外别无结果，跟运气争

吵只有招来祸害，且是〔被天〕遗弃的凶兆，他们就乞降，同时因衰弱和恐惧之极，乡人和市民

最后都把头靠在王宫门槛上，

另一方面，为数一土绵的契丹军士，登上一艘他们早就造好的船逃走。很多参加战斗的居民被投入“真主的烈火及地狱；”他们的少年和孩童被掠为奴，送到别的地方去。

蒙古人离开该城，窝阔台派兀鲁黑那颜和贵由率一万人马先行，他亲自缓慢地殿后。那些地方的汗，阿勒坛汗④（Altun-Khan），得到蒙古军来临的消息，遣出他的两员大将合达仑古（Qa-dai Rengü）及合马儿·涅苦解儿⑤（Qamar Neküder），领十万精兵
193 回师御敌。契丹军因自己人多势大，蒙古军人少，过于自信，把蒙古军围困，屯兵于他们四周，以为这就能把蒙古军俘去献给他们的汗，然后他来个狩猎检阅，亲自进行最后的斩杀。

兀鲁黑那颜看到战事紧迫，可以用计谋去对付契丹人——因为“战争就是欺骗”——而且可以用阴风吹灭他们的烛火。蒙古军中有个精通扎亦⑥（yai），即使用雨石的康里人，兀鲁黑那颜命他施展法术，又命全军在冬衣上加着雨衣，三天三夜不许下马。这个康里人大施邪法，因此，蒙古人后面开始下雨，最后一天雨转为雪，寒风助威。因这种他们在冬季都未经历过的夏季酷寒，契丹军垂头丧气，蒙古军则斗志昂扬。最后——

当红色晨珠分清黑白时

——蒙古人见契丹军因严寒酷冷，像群绵羊那样——“首尾相接”——挤作一团，缩头缩足犹若刺猬，冰雪满弓刀——“此时汝见

其人之颠仆不起，与枯棕榈根相类。”[7]同时候，扎亦赤[8]（yaichi）停 194
止施法，蒙古军冲往敌人身后，像鹞鹰扑向一群鸽子，雄狮扑向一群鹿，以野牛的目光、鹧鸪的步履、孔雀的神态，邀击那些驯鹿般的人，从四面八方向他们进攻。

> 鹰用尖嘴叼啄鸽子，
> 狮用利爪撕裂驯鹿。

蒙古人不让敌人的血玷污他们的刀，而用枪矛从马背上把他们送往地狱。

> 狠心的矛子把他们当中的勇士
> 扎得肢体破碎。[9]

至于前面提到的两员大将，他们带五千人逃跑，投入水里：蒙古人用一排箭矢使他们丧身，让他们横尸黑土；那两个统领十万人马[10]的有如恶魔的家伙，虽然他们一股风似地过了河，但是赶在前面过河的军队，向这两个贱货倾泼毁灭之火；有命令叫军队都按天意尽量进行报复[11]。

> 停止，当心那丛林似的矛尖，
> 蛇穿过它，也窒息而归。[12]

蒙古人把死者的右耳堆积成山，[13]遣使向合罕告捷。他也在 195
这时候到达，于是他们进攻南京[14]（Namging）城内的阿勒坛汗，他在那里继续抵抗一个礼拜；然后，他发现，他的王国根基中已失掉幸运的砖石，军队大多数伤亡，就跟他身边的妻妾子女进入一所房屋，吩咐在四周架上木柴，点一把火；因此他给活活烧死了。[15]“他失去今生和来世。此诚彻底之覆灭。”[16]

蒙古军入城，

> 他们伸手瞪眼去抢劫，
> 他们的士气激昂，因坚定不懈而倍增。[17]

他们大肆烧杀虏掠，杀人无数，夺得数不清的战利品。他们还攻占了另外几座城池，俘获了许多月儿般面孔的漂亮人儿，有少男，也有少女，使天尽头由此变得繁荣，但人心都感到凄凉。

窝阔台把阿吉思·牙老瓦赤('Aziz Yalavach)留在契丹，凯旋
196 返回自己的斡耳朵，遣师攻蛮子，进兵肃良合[18]及其他地方：唐兀、土番、水蒙兀[19](Su-Moghol)；这些，往后你将读到。

注　释

① 有关中国史料对这次战役所作的叙述，见佛朗克，《中华帝国史》，第4卷，第285－290页。同见格鲁赛，《草原帝国》，第321－324页，《蒙古帝国》，第291－294页。

② 原文作 XWǏATBWNSQYN，读作 XWǏANFWBLQSWN。Khojan-fu 就是汉语的河中府，今蒲州。至于八剌合孙，这个读法是柯立福教授在1955年6月14日的一封信中告诉我的。如他在1955年8月2日的另一封信中所指出，balaqasun 或 balaqasu，蒙语义为“城镇”、“城市”，在《元秘史》中屡次出现(第247、248、253、263诸节)，附在中文城名后。

③ QRAMWRAN。译意为“黑河”，黄河的蒙文名，马可波罗和高僧鄂多力克作 Caramoran。

④ 见原文第39页，注⑱。这是金朝的最后一个皇帝哀宗。

⑤ QDAY RNKW、QWR NKWDR。这两名金将，如柯立福教授在6月14日的信中所指出，前者必为《元秘史》第251、252节的合答，及《元史》本

纪卷二的合达。RNKW(或即 Y RNKW),可能为 SNKM,即 senggüm,汉语“将军”的讹误。见伯希和,《突厥斯坦评注》,第 45 页,注③。至于 QMR NKWDR、QMR 或为 TMR,即 Temür 的讹误,而 Neküder 为一个完好的蒙古名字(“奴隶”,见柯立福,《蒙古名字》,第 427 页)。然而,更可能的是,如柯立福在信中所指出,QMR NKWDR 是《元秘史》第 251 节的豁字格秃儿(Höbogetür)的讹误,一员金将之名,与合答在 251 节中相并提及。

⑥ 这种置胃石于水,以呼唤雨雪的巫术,突厥语叫 yai,蒙语叫 jada。据《元秘史》,第 143 节,及拉施特(斯米尔诺娃译,第 121 - 122 页),乃蛮曾用此术对付成吉思汗的军队,但是,及蛮呼来的暴风雪反扑向自己,伤亡惨重。同见格鲁赛,《蒙古帝国》,第 112 - 113 页。卡特麦尔,《波斯蒙古史》,第 328 - 335 页,搜集了许多中世纪回教著者对这种唤雨术的叙述。有关这种巫术的近代记载,见佛累瑟,《金色树枝》,第 I 卷,第 305 - 306 页。

⑦ 《古兰经》,第 lxix 章,第 7 节。

⑧ 即唤雨的术士。

⑨ 引自阿不亦沙黑·亦卜剌金·本·乌忒蛮·迦集为称赞起儿漫长官穆克兰·本·阿剌(Mukram b. al-ʿAla)的一首合西答。

⑩ 这好像跟刚才提到的“五千人”不符。全军为十万人。见前,第 193 页。(志费尼的记载含糊,但此战必为三峰之战,金兵共十五万人——中译者注)

⑪ 这显然是对金兵欺辱蒙古妇孺的报复行动。见拉施特,伯劳舍编,第 21、23 页。

⑫ 引自阿不亦沙黑·迦集的一首合西答,其中两巴依特(baits)前已引用,见第 I 卷,第 63 页〔第 i 册,第 81 - 82 页〕。(穆.可.)

⑬ 见后,第 270 页。同样,里格尼志(Liegnitz)战役后,“胜利的蒙古人割掉战场上每具敌人尸体上的一只耳朵;共装了九大口袋。”(维纳斯基,《蒙古人和俄罗斯》,第 55 页。)

⑭ NAMKYNK。《元秘史》的南京,金朝南部都城,今开封。

⑮ 志费尼对金帝自杀的情节,多少有些改动。哀宗不再在开封,而是先逃到归德,再逃到靠近宋朝边境的蔡州,今汝南。他再被蒙古军和宋军包围,失去进一步抵抗的可能性,于是他便在一座宫殿或楼阁里自缢,根据他的

遗旨，或者根据他的一个近亲后来下的命令，该楼被焚毁。见佛朗克，《中华帝国史》，第Ⅳ卷，第290页，第Ⅴ卷，第157页。

⑯ 《古兰经》，第xxii章，第11节。

⑰ 迦集赞颂突厥人的合西答的另一行，见前，第Ⅰ卷，第63页，〔第i册，第81-82页〕。（穆.可.）

⑱ 这也可能指扎剌亦儿台的远征。见前，第190页，注㉞。

⑲ SWMΓWL。译义为“水蒙古”，su是突厥语的“水”，迦儿宾（文该尔特，第51页）的“Sumongol id est aquatici Mongoli”，卢不鲁克（同前书，第269页）的“Su-Moal，hoc est Moal aquarum”，汉语的水达达：他们居住在满洲东部。见白莱脱胥乃德，第Ⅱ卷，第175页，注935。柯立福教授在1955年8月26日来信中告诉我，远东史料中没有找到窝阔台遣师征水达达的材料。但是，本书前面（第190页，注㉞）引用《元秘史》的一段话，称扎剌亦儿台出征是为增援前头往征主儿扯和和莎郎合的军队；柯立福教授指出，在此情况下，主儿扯一名多半把水达达包括进去，水达达似即主儿扯的一个分支，《元史》时时把二者并提。

31. 第二次忽邻勒塔

慷慨如哈惕木，仁爱如忽思老的皇帝，征服契丹而安心后，凯旋返回他的驻地；他遣往征伐世上诸国的王公、异密，也达到他们的目的和目标，怀着胜利的喜悦，班师回朝。这时候，他目光远大，再次召集他的诸子和族人，跟他们共同商讨，以确保新旧札撒和法令的实施，再遣师征伐宜于攻打的国家，并且让王公及军士、贵人和贱民，分享他的春雨般的恩赐。因此，他遣使宣召他们，他们就都离开他们的驻地，前往朝廷。在……年[①]，当大地变成了一座伊 197
刺木园[②]（Iram），花瓣因云彩的博施，宽宏大量如国王的气魄，诸天的眷顾使人间披上五颜六色的衣袍，树木和枝叶饮下幸福和绿色的汁液——

春天用露珠调制的花髓，
替它的府第织一件花缎衣裳。
天空在它上面倾落泪珠般的细雨，
它在清晨代替群星，露出笑容，
披一件绿袍，其刺绣饰有罗勒花，
缀一颗黄珠而显得富贵。

——众王公抵达合罕的宫廷。这次盛会，好比与明亮的满月幸会

的昴星，绚丽光灿。正是，

> 他们在长期分别后重聚在幼发拉底河畔。
> 他们使族人的牧地再变肥沃，
> 使调情的花园芳草如茵，

前来的尚有很多那颜、异密、大臣（arbāb-i-ashghāl），地方官吏（aṣḥāb-i-a‘māl）。

世界的皇帝很尊崇礼敬地欢迎他的兄长和叔伯，而对他的诸弟、子侄，如同他的子女，甚至，如同他的片片心肝，他示他们以殊恩宠幸。接连一月，他和同心同德的族人一起，在举世无双的亲属的扶持下，不分朝夕、晨昏，尽情宴乐，饮干貌美侍儿递上的酒杯。他们心里渴望虚幻命运的果实和花朵，也就是说，享受人间的欢乐。与会者及宫内的人，在合罕皇恩的庇护下，过了几天美好愉快
198 的日子，这有神的力量和行动所支持，而且符合我在哈剌和林听见的如下的四行诗：

> 啊，人生确实仅有寥寥数天的光阴，
> 即使整个世界帝国，对这寥寥几天又有何意义？
> 尽情享受你的一份生活吧，
> 因为这寥寥数日即将消逝。

然后，一如既往，按照惯例，合罕把国库大门打开，这大门从未有人见它关闭，把第一次忽邻勒塔以来从各地征集的珍宝，统统赏给所有与会者，有族人，也有百姓，像春云用雨水滋润草木，赐给大小人物。

在不幸时刻，你的手指倾泻着施舍物，

大地的子民因淹没在其中而大声呼救。

商人、投机者、寻求一官(a‘māl)半职的人，来自世界各地，都达到他们的目标和目的后归去，他们的愿望和要求得到了满足，而且所得倍于所求。多少穷人富裕起来，多少贫民发财变富！每个微不足道的人都变成显要人物。

宴乐如此结束，合罕回过头来处理朝政，部署军队。世上许多地方，叛乱的风暴还在骚扰人心，所以合罕派他的诸子和族人分头出师，并决定再次亲征，御驾出动。但是，在他拿定主意后，蒙哥可汗(尽管论年龄他是个血气方刚的青年，论智谋和威严他却侧身于 199
年长有识者之列)批评合罕〔亲〕征的〔决定〕说："我们这些弟兄子侄，都时时准备服从您的令出必行的诏旨，一心一意去完成任务，排除困难，以实现所命之事，而合罕本人则能娱乐消遣，享受荣华富贵，免除征途之劳，讨伐之险。否则，这样多的族人，这样大的军队，有何用场？

缓行吧，因为太阳之顶将不移动。"

与会者听见这位举世无双的王子说出这番老练的话，都以此为榜样、指导，纷纷谈出类似的话，直到把合罕说服。

以此，众王公、那颜，奉命分头出师，各赴东南西北。因为钦察和克列儿[③](Keler)各部尚未完全摧毁，所以，征服和消灭这些部族就成为首要的任务。诸王拔都、蒙哥可汗、贵由，领命指挥这次战役，他们率大食和突厥大军各返己营，准备在来年初春出师。他们作好这次远征的准备，在预定时间出发。

而合罕呢，他无需亲劳圣躬了。监官和书记被遣往征服的地区。收刀剑入鞘；锁住残暴酷虐之足；打开宽仁乐施之手；颁发法
200 令和札撒到四方，宣告称：人们不得彼此残害，强不得凌弱。骚乱、祸害的风暴止息，人人高枕无忧。在北风的播送下，合罕的美名像香风传遍大地，他的公道和慷慨的令誉远达天涯海角，像鹰一样翱翔。

你居住在一个国家中，但你的名声却不断旅行：
它憎恶午休，讨厌营帐[4]。

由于四面八方都在传播他的美好故事，各地的人出自诚意，选择当他的子民，认为向他臣服是人间的福气。他们因此遣使赍礼往朝他的宫廷；从那遥远的国家，因他的名字和盛誉使前代诸王不值一提，人类各族竞相前去向他表示归顺。

于是他这样过他的日子，尽情享乐：观看歌舞，亲近歌姬，畅饮美酒。

动荡不定算得什么生活？
欢乐普在才算得是生活。
当我受到敬重，我的命令被服从的时候，
我才把这些看成是生活。

他的余下岁月这样消磨过去，最后，突然间，在 639 年主马答 2 月 5 日〔1241 年 12 月 11 日〕，快乐的毁灭者从暗中跳出来，出其不意地从劫数的手指射出致命之矢。

这总是蓝色天轨的习惯：当它发现

一个无忧无虑的人时，它就迅速叫他死亡。⑤

死亡的尘土玷污了生命的宴席。

倘若蔷薇无刺也能生存，
那这世界每时每刻都有新的欢乐。
倘若死神不在门前，
这座古老的生命之宫会使我们愉快。

注 释

① A本和B本在这里都是个空白。如穆.可.所指出，这次忽邻勒塔召开的正确年代必为632/1234－1235年，因为拉施特称(伯劳舍，第40－41页)，此次会议在羊年，即1235年举行的。(据《元史·太宗本纪》载："(六年甲午)夏五月，帝在达兰达葩之地，大会诸王百僚"，或即指这次忽邻勒塔。六年甲午为1234年——中译者注)

② 传说中的地上乐园，在阿拉伯南部沙漠中，它是神灵为阿代之子撒答解(Shaddād)修建的。

③ 即匈牙利人。克列儿(KLAR)，如《元秘史》中的克列勒(Kerel)(第262节，270节)，都是匈牙利语király，"国王"的讹误，这个王号也被用来称呼其人民。见伯希和，《金帐汗国》，第115－123页。

④ 阿不—菲剌思·韩达尼(Abu-Firas al-Hamdani)的"狩猎诗"的第一行。(穆.可.)

⑤ 本书第Ⅲ卷，第6页(第ii册，第549页)还要引用。

201

32. 合罕言行录

当权力的创造者用手把帝国的印玺置于他的幸运的掌上时，如前所述，他就向四面八方派遣师旅，同时他的敌人在大部分国土上被肃清。他的公正和德行的声名变成所有耳上的耳饰，他的恩惠和仁爱又像一切人手和臂上的环镯。他的宫廷是全世界的收容所，他的御前是普天下的庇护和避难地。因为他的公道的晨曦不含夜晚(shām)的暗尘，所以他帝国的疆域从遥远的金和摩秦抵达西利亚(Shām)的边疆。他的恩赐溥及全人类，不等待岁月[1]。他的品德和大度是并驾齐驱的两头骏马，他的天性和忠实是同乳的双胞婴儿。在他生时不许提到哈惕木·塔亦，而阿纳甫[2](Ahnaf)的宽厚与他的相比不值分文。他统治期间，动荡的乾坤终获安宁，无情诸神的暴行得到减轻。当他御极时

> 老天，那匹从未被驯服的骏马，
> 在顺从于他的雕鞍下温和地徐行。

期待他的同情和怜悯，希望在所有心胸中复苏。而那些刀下余生者仍获得生存，高枕无忧。回教的旗帜飘扬在尚未嗅到伊斯兰芬香的遥远异端国土和偏僻的多神教邦邑上。慈悯真主的寺院耸立在偶像庙宇的对面。他的正义之名使迷途羔羊受束缚，他的博爱

之誉使凶兽遭捕获。因为他令人敬畏,刚愎者被奴役,由于他惩罚 202
严酷,傲慢者屈膝。他的札儿里黑发挥刀剑的作用,他的御函使马刀的光辉失色。

在追逐他们之前他用威名打败他们,
并且用书函使他们败逃,无需军旅。

他朝中的大将和他财富的奴仆率师出征东方和西方,而合罕则能免除亲征之劳,并且按诗句所说:

这人世一半是为了享乐,一半是为了获得英名。
当你放松时,你自己的束缚就放松,
而当你约束时,你自己就受到束缚,

反对进谏者和责难者的话,拒绝他们的这个说法:

当帝王乐不早朝时,
他的国家注定要受难和毁灭[③],

他总是在不断酗酒和亲近妖娆美姬中打开欢乐的地毯和踏上纵欲的道路。

在赏赐财物中,他胜过了他的一切前辈。因为天性极慷慨和大方,他把来自帝国远近各地的东西,不经司账(mutsaufī)或稽查(mushrif)登录就散发一空。同时他一笔勾销前代帝王故事的总账,因为跟他自己功业的开销相比,它显得是哈昔甫[④](hashv)而已,并把过去传说的巴里思[⑤](bariz)视为已赏付一清(tarqīn mī nihād),那从头到尾都是错的。没有人不得到他的赐物或份儿离开他的御前,也没有乞赏者从他嘴里听见"不"或"否"字。

203 回答“不”字切断愿望之翅，因此之故像把剪刀。⑥

从四方来求他的那些穷人，意外地满足了他们的期望，很快返回去，求一官半职者个个如愿以偿，立即回家。

因为在他听来乞赏者的声音
比音乐的旋律更甜蜜，更值得想望。⑦

对那些来自遥远的和叛乱的（yaghï）国土者，他赐给的财物与赏赐来自附近和臣服（il）国土的人无异。没有人失望或受挫地离开他的御前。国家和朝廷的大臣一次又一次反对他的浪费，说，如果避免不了财物的这种赏赐，那么他应当把财物赐给他的奴仆和臣属。合罕会回答说：“吹毛求疵者缺乏智慧和明智之宝，他们的话从两方面说是没有道理的。首先，由于我们习俗风尚的声名传给叛逆者，他们的心必然倾向我们，因为‘人是恩惠的俘虏’，而因这种善行，军队和百姓将免除征伐他们之劳，无需大量履危涉险。其次，这甚至更清楚——既然这人世众所周知地不忠于任何人，而最终凶相毕露——一个饰有智慧之光的清醒人应通过英名的长存来使他自己永垂不朽。

来吧，让我们别践踏罪恶的世界；
让我们努力抓紧一切行善的机会。
倘若我死后留下美名，那是好的；
我需要一个名字，因为肉体要死亡。”⑧

204 同时每当谈到古代帝王和他们的风尚习俗，提及他们贮存和收藏金银时，他会说，那些藏珍宝于地下的人毫无远见卓识，因为它既不能用来防止祸害，又不能用作获利之源，那么珍宝和粪土就毫无差异。末日一到，他们收藏的珍宝帮得了什么忙？对他们又有何用？

> 忽思老，那些最早的伟大人物，今在何处？
> 他们贮藏珍宝，而珍宝不持久，
> 他们也不久长。[9]

“至于我们，为了我们的英名起见，我们将把我们的财宝贮藏在人们的心坎里，不给明天留下任何东西。

> 当代的算端甚至在睡梦中都没有看见过
> 我们随手赏赐的十分之一的财物。
> 我们把全世界的金银赐给了人类，
> 因为它们是我们大方手掌乐施的证据。”

以上只不过是他的言行的一个概述。那些听到或读到这个历史的人，可能要把这些故事看成是属于“最美的诗也最虚假”的范畴。为证明其真实性，我们将用没有贬损或夸大之弊的简明笔法，重述一些轶事，从中这些故事可得到充分证实，尽管它们确实仅仅是无数中的几个，犹如千中之一而已。

〔i〕在蒙古人的札撒和法律中规定：春夏两季人们不可以白昼入水，或者在河流中洗手，或者用金银器皿汲水，也不得在原野上
晒洗过的衣服；他们相信，这些动作增加雷鸣和闪电。因为在他们 205
居住的国土中，从初春到夏末，大部分时间都有雨，而雷声如此之烈，以致当其震吼时，“彼辈因雷击而以指塞耳，深畏陨灭”，[10]电光也如此之亮，以致“闪电几攫去彼辈之目”[11]；据观察，当雷电交加时，他们变得来“若鱼无声”[12]。每年，当他们中间有人遭到雷击

时，他们便把他的部族和家室从诸族中赶走三年，在这期间他们不得进入诸王的斡耳朵。同样地，要是他们的牲畜和羊群中有一头也遭雷击，他们如法施行数月之久。而当这类事发生时，他们在该月余下的日子里不进食，就他们的哀悼期限说，他们在该月的末尾举行一个仪式（süyürmishī）。

有天，合罕和察合台从猎场归来，中午时他们看见一个穆斯林坐在河中洗身。察合台原来对执行札撒十分热心，而且不宽恕一个哪怕稍有违犯它的人。当他看见这个人在水中时，出自他的愤怒火焰，他想把这个人焚骨扬灰，要他的命。但合罕说："今天天晚了，我们也累了。把这个家伙监禁到明天，那时我们能审问他的案子，弄清楚他破坏我们札撒的原因。"于是他叫答失蛮哈只不把此人看守到早晨，以查清他有罪或无罪；他又偷偷叫答失蛮把一个银巴里失扔进那个人沐

206 浴的水中，教那个人在受审时说，他是个负了很多债的穷人，这个巴里失是他的全部家当，正是这个原因他才如此鲁莽行事。第二天，犯人当着合罕受审。合罕嘉纳地倾听申辩，但为慎重起见，有人到出事地点去把那个巴里失从水中捞出来。这时合罕说："谁个胆敢故意破坏我们的札撒和法令，或者胆敢丝毫违犯它？但看来这个人是个赤贫如洗的家伙，所以才为了仅仅一个巴里失而牺牲自己。"他命令在这一个巴里失外再给他十个巴里失；并从他那里得到一纸保证说他不再犯类似的罪行。因此他不仅逃脱一死，还获得了钱财。由此之故，自由民变成了这条法令的奴隶，它比巨大的财富还要好。

他的宝刀有着使自由民受奴役，

劳苦者得解脱的锋刃。[13]

〔ii〕当他们开始兴起时，他们制定一条札撒说，人们不得用断喉的方法屠宰牲畜，而当按蒙古人自己的方式剖开牲口的胸腹。

有个穆斯林在市场上买了只羊，把它带回家去，牢牢关上门，在两三间房屋〔之间的过道〕中，用穆斯林的方法杀羊，不知道他受到一个钦察人的监视，后者等待他的机会，已从市场跟踪而至。当他拿刀断羊喉时，钦察人从房顶跳下来，把他缚了个结实，并把他送到世界皇帝的宫廷。合罕审视这个案子，派出书记去作调查。当案情上达他明断时，他说出如下一番话："这个穷人注意到我们札撒的规定，而这个突厥人却违犯了它。"穆斯林获免，他受到恩遇 207
(soyurghamishī)，同时黑心的钦察人被交给了刽子手。

倘若你的一股恩惠和风吹过森林，
麝鹿就从狮子口中保住它的香脐。

〔iii〕一个戏班子从契丹来，演出前所未见的奇妙契丹戏。其中一幕有各族人的场面，当中是个有着长白胡子、头上围着头巾的老头，缚在马尾上给倒拖着走。合罕问这扮演的是谁。他们回答说，这表示一个叛乱的穆斯林，以此士兵用这种方法把他们从乡村拖出来。合罕命令停止演出，并叫他的仆从从库藏中取出来自呼罗珊和两伊刺克等地的各种珍宝，如珠子、红玉和绿玉等，并取出织金料子和衣服，阿拉伯马，以及来自不花剌和帖必力思的武器；又取出从契丹运来的东西，那是质量较差的衣服，瘦小的马匹和其他契丹产品；所有这些东西他命令并排放着，以致可以看出差别有多大。接着他说："最贫穷的穆斯林有很多契丹奴隶，而契丹大异密却连一个穆斯林驱奴也没有。这个原因只能归诸造物主的慈恩，他知道各族的地位和等级；这也和成吉思汗的旧札撒相符合，据此，一个穆斯林的命价是四十巴里失，一个契丹人的命价是一头驴子。鉴于这些证据和证明，你们怎能拿伊斯兰百姓当笑料呢？你们犯的这个罪行应当受到惩罚，但我饶了你们的命。以此作为全部报酬，马上从我面前离开，不许再在这个地方出现。”

〔iv〕……[14]的一个君王遣一名使者给他，表示希望臣服和归
208 顺于他，在其他贡礼中奉献一块从他祖先的武功传给他的光灿红玉。真主遣降的先知穆罕默德之名刻在宝石顶端，同时在它下面依次刻着他的祖先的名字。合罕命珠宝匠留下穆罕默德的名字以祈求恩福，但涂去诸算端的名字，把他自己的名字刻在穆圣（愿他获得怜悯与和平！）之名及遣降他的真主之名后。

〔v〕一个无力谋生，没有手艺的穷人，把铁片磨成尖锥形状，安在木片上。然后他坐在合罕车驾经过的地方，等候着。合罕老远看见了他，并差一名仆从去看他。这个穷人向他诉说他环境困若，财产微薄而家口大，并把锥子递给他。但当使者看见他的哪怕一百把也不值一粒大麦的粗陋锥子时，他认为这些值不得进献合罕，就把锥子留给他，并〔回去〕报告他见到的情况。合罕叫他再〔转去并且〕把那个家伙身边的锥子都拿来。于是手里拿着锥子，他说：“即使这种玩意儿也可以让牧人用来缝补他们忽迷思[15]（qumiz）皮囊的口子呢”。他赏给那个人每把锥子一个巴里失。

〔vi〕一个随着岁月的消逝而精力衰退的老人，去见合罕，要求赏给二百金巴里失跟他作个伴。一个廷臣说：“此人生命已日薄西山，而且他没有子孙，也没有任何固定的居室住宅，谁都不知道他的情况。”合罕回答说：“既然在他漫长的一生中他必定心怀此愿，

总在寻找这样的时机，让他失望和沮丧地离开我们面前，未免太不宽厚，这也不配真主赐给我们的王道。趁他寿数未尽之前赏给他 209
所求的东西。

吹毛求疵者啊！仁爱确实将不毁灭我，
而贪婪的灵魂将不因它的卑鄙而不朽。
英雄的品德仍将受到称颂，当他的尸骨埋入坟墓，
腐烂和朽坏的时候。[16]

满足不了他的愿望他会死不瞑目。”这个人还没有领得全部的巴里失就死了。该事的传说把很多人引向合罕的宫门。

他的声名指引通往他恩施之途，
犹如水的淙淙声把人们召向海洋。

〔vii〕有个人去见他，要求赏给五百巴里失作笔生意。他吩咐满足他的请求。他的廷臣们指出，这个人是个没有身份的家伙，他自己分文皆无，欠债恰与所求之数相当。合罕叫他们加倍赏赐，以此他可以拿一半去做资本，余下的去还债。

这些施舍行为不是两杯牛乳。[17]

〔viii〕发现了一份文书，它说，在合罕治下的某某地方，有阿甫剌西牙卜埋藏的宝藏。同时文书上写道，当地的所有牲口都驮不完那个宝库。但合罕说：“我们要别人埋的珍宝有什么用？我们把它通统赐给全能真主的奴仆和我们自己的子民吧。”

他的关怀至大无边，
而他的无微不至的关怀比天命更伟大。

〔ix〕一个斡脱[18]（Ortaq）去见他，领到一笔五百巴里失的资本。
210 他离开了一阵子，又回来说他没有剩下一个巴里失，提出一些不能接受的借口。合罕叫再给他同样的数目。在一年时间内，这个人再回来，比头一次更穷，并提出另一些理由。他领到另外的五百巴里失。当他第三次回来时，必阇赤们不敢通报他的消息。相反地他们斥责他挥霍浪费，说："他在某某地方耗费和吞没了这笔钱。"合罕问："人怎能吞没巴里失呢？"他们答道，他把钱给了小人，而且花在吃喝上。合罕说："既然巴里失自己还在那儿，既然从他那里接受钱的那些人也是我们的子民，那钱就仍然留在我们手中，不是散在脚下。给他头一次你们给他的数目，但叫他别再挥霍浪费。"

我在两种情况下试验他，
并发现他在归来时比在当初更加慷慨。[19]

〔x〕契丹国有一座叫做太原府[20]（*Tayanfu）的城市，该地的百姓提交一份申请说："我们欠了八百巴里失的债，它将使我们遭到破产，而我们的债主正在要求偿还。倘若降旨叫我们的债主宽限我们一个时期，那么我们能够逐步偿还他们，将不会破产流离"。合罕说："如果我们叫他们的债主宽限他们，他们要蒙受巨大损失，但如我们置此事于不顾，百姓又将倾家荡产。"他因此命令出一个告示，在整个国内公布说，凡有债权者可提出契约，要么负债者可
211 指出债主，他就可从国库领取现金。那从未关闭的国库大门，大大敞开，于是百姓前去领取巴里失；很多人没有债务，装成债主和负债者，也领取巴里失；因此他们所得倍于所求。

当他的施舍涌流时，雨水感到羞惭，

而且幼发拉底河陷落——那么幼发拉底在何处?

〔xi〕当他在猎场上时,有人献给他两三个西瓜。他的扈从中没有人有可供施舍的巴里失或衣服,但在场的木格哈敦[21](Möge Khatun)耳边戴着两颗珍珠,犹如两颗和明月会合而受福的光灿小熊星。合罕叫把这两颗珠子赏给那个人。但因它们太贵重,她说:"此人不知道珠子的价值和价钱,这好比把郁金花赏给一头驴子。倘若叫他明天到斡耳朵去,他将在那里领取巴里失和衣服"。合罕说:"他是个穷人,等不到明天。这些珠子会到哪儿去呢? 它们最后也会回到我们这里。

当一个乞丐到来时,那就施舍,不要吝啬,

因为我有此嗜好,不许再找任何借口。"[22]

奉合罕之命,她把珠子给了那个穷人,他喜悦而去,把珠子卖了一小笔钱,约两千的那。买主非常高兴,心里想:"我得到两颗美珠,值得献给皇上。他难得有像这样的珍品。"因此他把珠子进献皇
帝,这时木格哈敦在他身边。合罕收下珠子并说:"我们不是说过 212
珠子要回到我们这里吗? 那个穷人没有失望地离开我们,而是达到了他的目的,珠子也回到我们手里。"于是他对献珠者恩渥备至。

凡说大海和雨水彼此最相似的人,都提到您,

并因此赞美雨水和大海。

〔xii〕一个异乡人献给他两支箭,老远跪着。合罕叫他的仆从去询问此人的境况,看看他需要什么。这人说:"我职业是制箭匠。我欠了一笔七十巴里失的债,那就是我家计困难的原因。倘若下

命赐给我这笔巴里失的数目，我将每年献一万支箭”。当代的哈惕木说：“这个穷汉的境遇要不是糟透了，他要不是绝了望，他将不接受这区区的巴里失以偿还那么多的箭。给他一百巴里失，好让他能改善他的家境。”当他们取来巴里失时，老箭匠却搬不动它们。合罕笑着叫再准备一辆牛车，老人就把巴里失放在车上，走他的路。

你给他满载的财富，对越过沙漠的他说，
带着它旅途也显得轻松。[23]

〔xiii〕在他下令兴建哈剌和林，圣意忙于这个规划时，他有天走进国库，看见那里有一两土绵的巴里失。他说：“从这些必须经常看守的金钱上，我们得到什么乐趣？叫使者去宣布，凡短缺巴里失者都前来领取它们。”人人都从城镇出发，奔赴国库。主子和奴隶、富翁和贫民、贵族和百姓、老头和小孩，他们全领到所求的数目，每人在得到丰富的份子后，一面表示他们的感激，一面为他的
213 幸福祈祷，离开他的御前。

当我们的的儿海姆有一天集中时，
它们就不断地沿着行善者和守法者的道路滚动。[24]

〔xiv〕因为酷寒，在哈剌和林境内没有农业，但在他统治期间，他们开始耕垦土地。有个人种植萝卜，成功地生长了几株，他就把它们献给合罕。合罕叫点点萝卜及其叶子的数目。共计一百，于是他给此人一百巴里失。

倘若心和手是大海和矿藏，

那么它是国王的心和手。[25]

〔xv〕离哈剌和林以东两帕烈散之遥，在山腰的一角建筑了一座宫殿，他在往返于他的冬营时经常路过，以此可以从城镇把膳食供应（他们称之为图苏湖）运送给他。因这个缘故，他们把该地叫做图苏湖八里[26]（Tuzghu-Baligh）。有人在这座山脚下栽了几棵杏树和柳树。过去没有人曾经在该地区看见绿色的树木，但这些树长得枝叶青葱。合罕叫赏给植树人每株一巴里失。

当施降雨水时，云彩的态度几乎告诉他说，
如果他风度大方，他会雨金。[27]

〔xvi〕当他登上王位，而且他的仁爱和乐施之名传遍天下时，商旅开始从四面八方奔赴他的宫阙，同时他们运来的任何货物，不管好坏，他会下命一律全价收买。下面的事经常发生：不瞧一眼他 214
们的货色，或者问问价钱，他就把它们分赐一空。因此商人私自盘算，“这值多少，那值若干”，把“一”说成是“十”，每个贝壳他们都叫做珍珠。商人们注意到他的这种习惯后，常常打开他们的货色，然后走开；在一两天时间内，哪怕他们的货物是瓮蛮海，一滴水也剩不下。商人这时转回来，呈报他们货物的价钱；而合罕有命，不管价钱多少，他的官吏应把它增加百分之十（dah-yāzdah），把这笔钱付给商人。有一天，他朝中的官吏和臣僚向他提出，增加这百分之十的钱是不必要的，因为货物的价钱已经超过了它们的实际价值。“商人跟我们国库作生意”，合罕说，“是为了在我们的保护下获得蝇头微利。这些人确实有付给你们的必阇赤的花销，而我所支付的恰是他们欠你们的债，免使他们离开我们面前受到损失。”

为何人言阻止你行善？
谁又拦住他遭遇豺狼的道路？[28]

〔xvii〕有几个印度人献给他两条象牙。他问他们需要什么，并得到答复说“五百巴里失”。他毫不迟疑地叫如数以偿。他的官吏大声吆喝，询问他怎能为此区区小事赏赐偌大一笔钱呢。“更何况”，他们说，“这些人来自一个敌邦”。他回答道：“没有人是我的敌人。”

他如此无节制地极力施舍，
以致他使敌人接受他手中的礼物。

〔xviii〕在他的头脑热中于杯中物的某个时期，有次在酒宴中，
215 当他快活时，一个人献给他一顶照呼罗珊帽式制作的帽子。他叫他的官吏写给这个人一张支付两百巴里失的凭条。他们迟迟不盖上塔木花，以为他喝醉了酒才给这笔钱。第二天，在同一时候，此人又来到斡耳朵。合罕看见了他，于是在把那张凭条上呈他后，他叫他的书记把它增加到三百巴里失。这事搁了下来；每天他都叫增加一百巴里失，直到总数达到六百。然后把他的异密和书记召来，他问他们，在这有盛有衰的世界上有无永存之物。他们齐声回答说没有。这时，向着丞相牙老瓦赤，他说：“那就错了。好的令誉和声名在这世上永存。”接着，转向众书记，他说：“你们是我的真正敌人；因为你们不希望留下颂碑或佳誉作为对我的纪念。你们多半认为，倘若我喝酒时赏给某人东西，那是因为我醉了；这就是为什么你们不给钱，不干当干之事。除非你们当中一两个人因他们的行为而受到处罚，作为对他们同伴的警告，否则你们将是得不到

好处的。”

除我外别人都服从进谏者，
除我外别人都倾听责难者。
我反对那些怪我爱她的人，
我宁愿走得更远。[29]

〔xix〕泄剌失尚未归顺时，有个人从该地前来，跪着说出下面 216
一番话：“慕陛下厚道和仁德之名，我从泄剌失而来；因为我是个有家室之人，欠了很多债，没有家底；我的要求是五百巴里失，那是我欠债的数目。”合罕叫他的官吏给他所求之数，并再增加同样的钱数。他们迟疑了，说：“增加他所求之数是浪费，即使不破产。”他回答说：“这个操心的可怜人因慕我们之名，跋涉了多少山川，经历了寒暑；他要求的钱抵付不了他来往的旅费，也不够还债。若不增加它，有如他没有达到目的而归。一个穷人在千里跋涉后失望去见他的家人和子女，这怎能认为是正当呢？偿给他我说的数目，不要耽误延缓。”穷人富足和愉快地回家，皇帝的美名则留在这世界上。

当乞赏者老远来求他时，
他认为此人如有一大家人，拒绝是悖理的。[30]

〔xx〕一个穷人携带十条系在一根棍子上的皮带，来至他的宫廷。他张口〔为合罕〕祈祷，远远站着。御目看见了他，当官吏向他询问他的情况时，他说出下面的话：“我家有只小山羊。我把它的肉做了我家人的食物，又用它的皮做了军士的皮带，我已把它们随身带来”。合罕接过皮带，说：“这个穷汉献给我们比山羊要好的东西。”他叫赏给他一百巴里失和一千头羊。他再表示，当这些东西都花光时，再去找他，他会赏他更多的东西。

在清晨，他的恩施是晨雨的先兆，
也是食物和粮草的使者。

〔xxi〕有人献给他一百个骨箭头，他给他同样多的巴里失。

〔xxii〕他的习惯是，冬季三个月在狩猎之乐中度过，而其余九个月，他要每天早餐后坐在他宫外的御座上，那里，分门别类堆放
217 着世上有的各种货物；他要把这些分赐给穆斯林和蒙古人，扔给那些谋利者和乞丐。这样的事常常出现：他要叫身躯高大的人尽量抱走他们看中的货物。有一天，他又叫一个这样的人如此做，这人抱起好几个〔普通〕人两臂所能容纳的很多值钱衣物。当他离开时，一件衣服掉在地上；因此他把其余的衣服抱回家后，再返回来拾这一件掉在地上的。合罕说："一个人怎能为仅仅一件衣服跑一趟呢？"于是他叫他再尽量取走。

倘若哈惕木活着，他会领略您手掌的施舍，
无疑地他会在您手中被改造。

〔xxiii〕有人把那些地方当作柴火烧的红柳木制成的鞭柄献给他，他赏他每把鞭柄一巴里失。

乞求恩赐者成群地从四方去投奔他，
引颈而待。
他们从他手里得到所求之物，
而他一如既往地通报他乐施的喜讯。[31]

〔xxiv〕有人献给他三把这样的柄，他赏他一半的钱，即一百巴

里失。

〔xxv〕哈剌和林初建时，他偶尔走进市场，经过一家枣子店
铺。他想尝尝这种果子，因此当他坐在宫中时，他叫答失蛮哈只不
从库里取出一个巴里失，出去买一些。答失蛮到那家店去，买了一
盘枣子，付出四分之一的巴里失，它已是枣子价值的两倍了。这盘
枣子端到合罕面前，他说："买这么多枣子，一个巴里失真是太便宜
了。"答失蛮从他衣袖里取出余下的巴里失，说："它们不值几个
钱"。合罕严厉申斥他，说："这人几曾有过我们这样的顾客？把钱 218
添至十个巴里失，全部给他。"

那么说说他的恩泽，那不是恩泽，
而是人们脖子上的项圈。[32]

〔xxvi〕他去狩猎，丞相牙老瓦赤的府宅恰好在他经过的路上。摆出了图苏湖，牙老瓦赤给他讲所罗门、蚂蚁和蚱蜢腿的故事[33]。这是个舒适的地点；合罕想饮酒取乐，而他最宠爱的妃子木格哈敦在他身边。他屈驾停驻，在他的幄帐外，他铺设纳失失[34]（nasij）和锦缎（zarbaft）地毯，帐内缀有颗颗链珠。当他们坐上他们的席位后，他把大量的美珠洒在他们的头上。

若我赏赐值得你接受的东西，
那么我已把天上所有的福星都赏给了你。[35]

当天他观看了很多歌舞，把一件袍子和一匹马赐给在场为他执役者。第二天，他下诏恩赏丞相牙老瓦赤各种珍贵的礼物，外加四百巴里失。

他的施舍及于羊群和牧童。

〔xxvii〕他吩咐给一个穷人一百巴里失。朝中的大臣彼此说：
“他知道那么多的巴里失值多少的儿海姆吗？”他们取出一百巴里
失，把它们撒在他要经过的地方。当他经过时他问：“这是什么？”
219 他们回答说这是给穷人的一百巴里失。“这是个微不足道的数
目”，他说。因此他们增加一倍的钱，全给了那个穷人。

吻他的手指，那不是手指，是粮草之源。[36]

〔xviii〕有那么个人跟他的异密和司库官做了一笔一百巴里失的生意。他叫付给这个人现金。有一天，一个穷人站在哈儿石[37](Qarshi)门前。当世界皇帝出宫时，他看见这个人，他想：“这多半就是要给他一百巴里失的那个人吧？”他叫他的官吏来解释，说：“自从我叫立即给这个人现钱以来，已有好些天了”。他在所站之地等候，火儿赤[38](qorchis)则去库藏取巴里失。把一百巴里失放在他们的衣兜里，他们把钱交给那个穷人。“这些巴里失干什么用？”他问道，于是他们回答说：“这些是付给你的货物的巴里失”。他们发现他不是那个人，就把巴里失带回去，上奏皇帝。“这是他的运气”，他说。“从我们库里取出的不管什么东西，怎能送回去呢？”因此他们把钱都给了那个穷人。

侠义的呼声通过了对我的财富的裁决：
在慷慨者看来，侠义的德行是应尽的义务[39]。

〔xxix〕一个背着两个孩子的印度妇人经过哈儿石门前。刚从
220 乡下回来的合罕看见了她，叫司库官给她五个巴里失。他马上把

钱给她，但一个进了他的腰包，只给她四个。妇人发现少了一个，就要求他给她。合罕问他这个妇人说些什么。他答道，她是个有家室的妇人，正在作祈祷。合罕这时问："她家里有什么？"司库官回答说："有两个小孤儿。"合罕进入哈儿石，到国库去，叫把妇人召来。然后他叫她尽量挑选各种她喜爱的诸如富贵人家穿的绣花衣袍等服饰。

你是孤儿的保护人，代替他们的父亲，
因此我们希望我们自己也是孤儿[40]。

〔xxx〕一个养鹰人腕上带着只鹰去见他。"那是什么品种的鹰？"合罕问。"它是只生病的鹰"，那人说，"它的药物是鸡肉。"合罕叫他的司库官给此人一个巴里失。司库官领着他，把一个巴里失交给一家银号，从这笔钱贷给他几只鸡钱。当合罕下次看见司库官时，他问他那只鹰的情况，于是司库官把他的有效措施告诉他。合罕生气了，说："我把这世界上的财富都交给你手中，那数都数不清，点都点不完，即使那么多东西对你说来还不够。"他往下说："那个鹰人不要鸡，他仅以此为借口，要求给他点赏赐。来找我们的每个人——那些口称'我们要当斡脱，领巴里失去谋利'的人，那些贩运货物的人，再有那些来找我们的各色人——我们知道他们都制造不同的圈套，这也瞒不过我们。但我们希望人人都从我们这里得到快乐和安宁，以此让他们领取我们的一份财富，而我们装做不知道他们的把戏"。然后他叫给鹰人几个巴里失。

〔xxxi〕有个人是一名弓匠，制造劣弓。他在哈剌和林如此声名狼藉，以致没有人愿意拿一粒麦子换他的货物；他又别无手艺。

221 弓匠在他的家业中变得贫困潦倒;他想不出其他主意,只有拿二十把弓,拴在一根棍子的头上,往斡耳朵门前一站。当合罕出宫时,他差人去弄清楚这个人是谁。他说:“我就是那个没人买他的弓的人。我别无他长,所以家境日愈艰苦。我带来二十把弓献给合罕。”合罕叫他的扈从收下弓,给那个人二十巴里失。

〔xxxii〕一付珍贵的镶宝皮带献给了合罕。他检视它,把它围在腰上。它的一头有一颗扣钉松了,于是他把它交给一个廷臣去紧紧扣钉。该官吏又把皮带交给一个叫拉施特·苏答迦儿(Rashid Sudagar)的金匠。金匠收下皮带,卖掉了它。而每天他们去要它时,他都有一些不同的借口。到拖无可拖时,合罕派一名管事去要他把皮带交回来。他被迫说出他已把它卖掉,因这个无耻行为,他们把他绑起来,带他去见合罕,说明原委。“虽然罪行严重”,合罕说,“但他采取这种作法是贫困、无能和怯懦的证明,因为,倘若他的家境不是窘迫不堪,他哪能斗胆干这种勾当。放掉他,从库里赏他一百五十个巴里失,以此他可以贴补他的家用,不致再犯类似的罪行。”

倘若你的仁慈是你生存的本质,
那么它对肉体说是一付灵魂的图画。
唯有找理由赏赐者才大量赏赐,
也唯有强者才宽恕。[41]

〔xxxiii〕有人献给他一个阿勒坡[42](Aleppo)酒杯。那些在宫内的人收下它,把它上呈给他,没有让献杯人进宫。合罕说:“献杯
222 人历经艰苦,千里迢迢把这样的宝贝献给我们。给他两百巴里

失。”献杯人坐在斡耳朵门口，不知道有没有人把他的消息上达皇帝圣听。突然，总管出宫把他受赐的喜讯告诉他；同一天他们给他两百巴里失。也就在这天，当议论有关阿比西尼亚奴仆的事时，合罕叫他的扈从去问这个人能否替他找到奴仆。“那正是我的本行”，这人说，因此合罕叫他们再给他两百巴里失作为旅途费用，还给他敕令。那家伙再没有回来，没有人知道他的家和出身。

我散光了我的财富，这时我想要它的一个同类，
以此我可以再度欢饮，向它再敬一杯酒。

〔xxxiv〕除了一个来自巴哈儿思[43]（Bakharz）的麻林（Malin）的人外，从来没有听说有人失望地离开他的御前，此人四面八方散播谣言称，他找到一座宝藏，但不愿说出它在什么地方，除非他的眼睛因目睹合罕的御容而明亮。同时他向到那里去的每个使臣重复这番话。当他的话上达合罕圣听时，他叫给他一匹马。这人来到他的御前，进入斡耳朵，大家议论他的说法，他就说：“我不得不想方设法目睹合罕的圣容。我不知道什么宝藏。”既然这些话貌似无耻，不出大家所料，这使合罕不乐，他怒形于色。然而，他装作不懂，说：“你已见到我的面容[44]，现在你必须回去了。”他命令把此人交给使者，安全送他到家。 223

倘若云彩不从一个城镇上消失，
倘若云彩不准备某天笼罩在一个该受谴责者头上，
云彩又算什么？[45]

〔xxxv〕哈剌和林有个萧索和贫困的人。他用山羊角制成一只杯子，坐在大路上，等候着。当他老远看见合罕的车驾时，他站

起身来，取出杯子。合罕从他那里接过杯子，给他五十巴里失。有个书记念叨巴里失的数目，合罕说："我该多少遍要你不反对我的施舍，不吝惜把我的钱财施给乞丐？"为了向这个吹毛求疵者泄愤，他叫增加一倍的钱，用这笔巴里失使那个穷人成了富翁。

威凛崇高的当今之王啊！
人们中两个永不相聚一处的敌人是：
你的面容和贫穷。[46]

〔xxxvi〕一个穆斯林向一个畏吾儿异密[47]借了四个银巴里失，无力偿还这笔钱。他因此抓住他，辱骂他，要他放弃穆罕默德（愿他获得和平！）的教义，改信偶像教的律条，否则要他在市场中心出丑，挨一百脚掌。那个穆斯林，被他们[48]恐吓得手足失措，请求宽限三天，并且到合罕的朝见殿去，在那里他扬起棍端的一个标记。合罕叫把他带上来。当他了解到那个穷人的境况时，他命令把他的债主们找来，他们被控犯下迫害穆斯林的罪行。至于那个穆斯
224 林，他受赐一个畏吾儿妻子和一所房屋。接着合罕下令在市场中心打畏吾儿人一百脚掌，赏给穆斯林一百巴里失。

当旅客歇在海岸时，他们饮第一口水，
不能阻止他们不饮第二口。

〔xxxvii〕不花剌附近的察儿黑（Chargh）有个赛夷，叫做察儿黑的阿里后人。他曾向合罕领取一些巴里失去作笔买卖。到了偿还时，他说他已经交清了利息。书记们索取契约、收据和证人。他说他已把钱交给合罕本人。他们把他带进朝见殿。合罕问："这事在什么时候？当着谁的面？因为我不认识你。"此人说："那天你是

独个子,除我之外别无他人。”合罕想了一阵,然后说:“他的无耻已经清楚,他的撒谎欺骗也一目了然;但若我要把这些话解释明白,那些听见的人要说:‘世界皇帝自食其言了’。让他去吧,但不要收购他带来卖给我们库藏的货物。”很多商人当天到来。他们收下每个商人的货物,合罕给予他们比实价要多的钱。突然,他问起那个赛夷,说:“他在哪儿?”他们带他进来,合罕说:“我叫他们不要收买你的货物,你心里难受吗?”他马上痛哭流涕。合罕这时问:“你货物的价钱是多少?”“三十巴里失”,赛夷回答,“有这笔数目我就满足了”。合罕给他一百巴里失。

〔xxxviii〕他的一个女戚入宫,熟视他的后妃和嫔妾,打量她们的衣服,珍珠和镶宝服饰。丞相牙老瓦赤在场,合罕叫他把准备好的珍珠送进来。十二盘他用八万的那收买的珍珠这时捧上来。他叫把珍珠倾泻在她的衣袖和裙边中,然后他说:“现在你是满身珠宝,你还要看别人多少眼呢?” 225

阿儿马克(Armak)之子践踏出施舍的道路,
若哈惕木经过它,他会迷失方向。
他因他的英明而显得崇高,
贬低西马克(Simak)之巅和第二十四座月宫之角。[49]

〔xxxix〕有人献给他一个石榴作贡礼。他叫点一点石榴子,那些在场的人都分得一份。后来他赏给该人每粒石榴子一巴里失。

因这个缘故,群众在他宫门之拥塞,
就像石榴中种子之拥塞。[50]

〔xl〕一个操阿拉伯语的叛教者去见他,说:“晚上我梦见成吉思汗，他说：‘叫我的儿子杀戮穆斯林，因为他们是魔鬼。’”想了一会儿，合罕问，他跟他说话是通过翻译还是亲口说的。此人说：“是他亲口说的”。合罕问：“你懂蒙语和突厥语吗？”这人回答：“不懂。”合罕说：“我也不怀疑这点，但成吉思汗除蒙语外不懂其他语言。因此很清楚，你说的全是谎话。”他命令把这人处死。[51]

〔xli〕唐兀地区的一个穆斯林，来自一个叫做哈剌塔失[52]
226 (Qara-Tash)之地，献给他一车粮食，希望获允返回他的故里。合罕给他一车巴里失，给他自由。

> 大海的水是他天性的一个标志，
> 巴合蛮(Bahman)月的云是他宽仁的一个传说。

〔xlii〕某天，有个人为期待一个节日而来。发现守卫喝醉了，他就潜入寝宫，偷了一个杯子，逃走了。第二天，他们找那只杯子，找不着。合罕叫出个公告说，送还杯子者不仅免他的罪，还将赏给他所求的任何东西。窃贼第二天送回杯子。“为什么你干这个勾当？”合罕问。这人说：“为的是它可以警告世界皇帝不要信赖他的侍卫(他们把侍卫叫做秃儿合黑[53](turqaq))。否则，如我为偷而来，库藏中有比它更多的宝货。”一些异密主张拿他开刀，以使别的人不犯这样的罪行。合罕说：“我已赦免了他，那么我怎能再次控告他呢？杀了这样一个机灵的家伙，未免可惜，不然的话，我倒要下令剖开他的肚子，看看他长着什么样的肝胆，焉能在这种情况下不破裂。”于是合罕赏他五百巴里失以及很多马和衣服，让他当几千人的将官，并送他到契丹去。

〔xliii〕庄稼正在生长时，下了一场大冰雹，把它们毁光。在这灾荒期间，哈剌和林如此缺粮，以致一个的那还买不到一芒特谷物。合罕命令使者宣告，凡种庄稼的人都不用担忧，因为他的庄稼没有受灾。如他们再灌溉他们的田亩，耕种土地，仍无收获，他们将从他的库藏和仓廪得到足足相当的一份。赶巧那年收获了那样 227
多的谷物，自从他们首次耕垦土地以来尚无这样的谷物和年成。

〔xliv〕三个人因犯罪被带到他面前。他下令把他们处死。当他离开他的朝见殿时，他遇到一个扬尘嚎叫的妇人。他问："你这是为什么？"她回答："因为你下令处死的这些人，其中一个是我的丈夫，一个是我的儿子，另一个是我的兄弟"。合罕说："任择一个吧，为你的缘故饶他不死。"妇人答道："丈夫能够再找，孩子也可望再生；但兄弟不能再得。"他赦免了这三人的死罪。[54]

〔xlv〕他喜欢观看角力，最初有很多为他服务的蒙古人，钦察人和契丹人。呼罗珊被征服后，他听说到呼罗珊和伊剌克的角力士，因此他派一名使者给绰儿马罕，命他送一名角力士来。哈马丹有个叫做帕剌汪·菲剌(Pahlavan Fila)的人，他们送来的正好是他。当他见到合罕时，合罕深喜他的身材和相貌，体格的健壮和四肢的匀称；他叫他跟在场的一些别的角力士比赛。他把他们都击败了，没有人能摔倒他。除其他恩赏外，合罕给他五百巴里失；不久，他赐给他一个美貌、漂亮、甜嗓子的姑娘。角力士的习惯是禁绝肉欲以保存元气，故此他没有动她，宁愿躲避她的亲近。有一天，姑娘到斡耳朵去，合罕对她说："你觉得这个大食人怎样？你饱尝了爱情的乐趣吗？"因为蒙古人常开玩笑说大食人有特强的性欲 228
能力。如诗人说：

唉呀，我的阳具啊，你从衣裳底下昂起你的头，难道你不使我在我的同伴中感到羞耻？[55]

“我没有尝到，”姑娘说，“我们分开生活”。合罕遣人把菲剌找来，问他这是怎么回事。角力士说：“为陛下服劳我已出名，没有人打败我。如我进入角力场，我的精力必须不消耗，我的地位在为陛下服劳中必须不降低。”合罕说：“我的意思是要你们之间生儿育女，从今后我不要你摔跤比赛了。”

菲剌有个叫做穆罕默德沙[56]（Muhammad-Shah）的族人。一名使者被派去召他，他奉命携带几个同行角力士来。他们到达后，穆罕默德沙和几个角力士进入比赛场地，把他们都打败了。合罕问：“你愿意跟菲剌角力吗？”穆罕默德沙马上跪下并回答：“愿意。”合罕说：“你们是同族，在你们之间有手足之亲，不要像敌人那样相互搏斗。”过了五天后——这期间他不断眷顾他，他赐给他一些巴里失。当时从某地运来七百巴里失，他把这些也赐给了他。

财富必定明白，当它落入你掌中时，

它不是在一个永久的住宅中。

他赏给他们作为报酬等等的东西，如衣物，皮毛和巴里失，如流水之不可中断。常有这样的事：他要他们两人尽量搬走堆在斡耳朵前的衣服。

〔xlvi〕我的一个善于辞令的朋友告诉我如下的故事：

229 算端阿老丁·凯库拔[57]（‘Ala-ad-Din Kai-Qubad）统治时期，我在鲁木（Rum），我的亲友中有个家境窘迫，靠打诨说笑谋生的人。现在那个时候，天下的皇帝、当代的哈惕木博施的故事已在所有人的嘴上流传，据说，东方有一个视黄金如粪土的蒙族皇帝。

> 按他崇高的毅力作尺度，
> 七个行星的现金都不值钱。

赶巧那个小丑要到那里去旅行，可他既无骑乘，又乏旅粮。他的亲友共同资助，买了头驴子给他，他就骑驴登程。三年后，我正漫步市场，看见一位绅士，带着骑从、马匹、骡子和骆驼，以及左右的契丹奴隶。当他看到我，他立刻下了他的马，热情问我好，表示很高兴见到我。他再三邀我去他家，在那里，一如殷勤大方者的风度，他待我极周到，把点心和酒摆在我面前，尚有金银盘碟；我们四周整齐排列着歌姬、乐人和侍仆。如此这般他坚留我跟他待了一整天，第二天和第三天也如此；到他说“我是那个全部家当仅为一头驴子的某某人”时，我才认出了他。我问他有何奇遇，说：“我看你愚蠢，何时你变得聪明起来？”他说“我离开鲁木，骑着那头驴子行乞去见地面上的皇帝。我随身携带一些果脯，并坐在他要经过之地的山头上。他吉祥的目光老远望见我，于是他派人来询问我的情况。我诉说我家境贫乏，说我慕皇上乐施好善之名从鲁木而来，230
赤贫如洗地登上旅程，为的是四海之主的皇帝陛下可以垂顾我的卑贱之身，同时我的境遇可以改变，我的命星可化为吉祥。

> 我的父亲——愿他的灵魂因我而充满光明！——
> 曾给我一个聪慧和著名的忠告：
> 避灾如矢，择居于福巷。

他们把那盘果脯呈献给他，把我说的情况告诉他。他拾起三两片果脯，扔进一个苏鲁克[58]（suluq）中。发觉他的扈从们肚里反对他的作法，他对他们说：‘这人从一个遥远的国土来到这里。他经过很多神庙和圣地，伺候过许多大人物。向这样一个人的灵感祈福是有益的作法。我因此把果子扔进苏鲁克中，以此我和我的子女可以随时把它当点心吃，余下的你们可以分掉。’带着它，他策马向前，当他返回斡耳朵后，他从苏鲁克中取出果子，仔细计数，并且转向答失蛮哈只不，向他打听我的住处。答失蛮说他不知道，皇帝狠狠申诉他，说：‘你是个什么穆斯林？一个穷人从千里外来投奔我们，你却不管他的吃喝和起居。马上亲自去，把他找到，在你自己的家里给他预备一个体面地方。但无论如何要把他找到。’我住在市场附近。人们从左右跑来打听我，最后他们当中有个人找着了我，把我带到答失蛮家里。第二天，当合罕登上他的御座时，他看见一车巴里失，来自蛮子国的一个被征服的城市，正送征府库去。巴里失的数目是七百。合罕对答失蛮哈只不说：‘叫那个人来’。
231 当我出现时，他把它们赏给我，还用其他许诺来抚慰我。于是我收下所有这些巴里失，我的家业就从贫困的境地进入兴旺的辽原。”

当羊和骆驼的主人作为请愿人
去找他时，
你发现他在他的庭院中犹如
哈瓦儿纳吉(Khawarnaq)和沙的儿(Sadir)的君王[59]。

〔xlvii〕一个叫明忽里不哥[60](Minquli Böke)的蒙古人有一群羊。在一个寒风凛冽的夜晚，一头狼偷袭他的羊群，咬死过半。次日，蒙古人到宫廷去，述说羊和狼的事，称他的羊损失了一千头。合罕问狼的去向。恰好一班穆斯林角力士带进头嘴被缚住的活狼。合罕说：“我用一千的那向你们买这头狼。”又转向羊群的主人，他说："杀死这头畜牲你得不到什么好处或便宜。"他叫他的官吏给这人一千只羊，并说："我们把这头狼放掉，以此它能把所发生的事告诉它的同伴，它们许会离开这个地区。"当他们放掉这头狼时，看狗人的犹如狮子的猎犬追赶它，把它撕得粉碎。合罕生气了，下令将狗处死以偿狼命。他在一种郁郁不乐的心情中进入斡耳朵，然后转向他的丞相和廷臣，他说："我放掉那头狼，因为我觉得肠胃不适，我想，倘若我把一条生命从死亡中救出来，全能的上帝会让我也得到赦免。既然狼没有逃开猎犬，我多半也难逃此 232
劫。"几天后他去世了。

帝王被上帝攫取而去以及他们受到神灵的启示，这原本是瞒不过哲人智士的。上述故事类似载诸……者。

当末门(Ma'mun)派塔希儿·本·忽辛(Tahir b. al-Husain)和阿里·本·爱薛·本·马罕('Ali b. 'Isa b. Mahan)出师八吉打跟他的兄弟穆罕默德·阿明[61](Muhammad Amin)打仗，在同一时候，穆罕默德·阿明对他的一个廷臣哈马德·剌维牙(Hammad Rawiya)说："今天我们到外面去，饮酒寻乐。"他们准备好一只船，登上了它。现在阿明有个叫花比哈(Qabiha)的女奴，她有一颗黄牙，而她的美点就在那颗牙上。他随身携带她登船。同时他有一只用火红宝石制成的、呈船形的酒杯，在他眼里它抵得过世上的所有奇珍和他库藏的一切财宝。当一班人喝得面红耳赤，都乐不可支时，花比哈起身去作点什么，但她的脚被她的衣裙绊住，她就扑倒在杯上，把它打碎；又因她的牙齿碰着船，那颗穆罕默德视为掌上珠的黄牙也碎了。穆罕默德·阿明转向哈马德，说："我们全完了。"哈马德，按廷臣的习惯，发出乞免的祷告，说："愿您无灾无难！”于是他们开始谈论它。突然，一个来自上空的声音喊道：“汝等所询之事系天定。”[62]穆罕默德·阿明对哈马德说：“你听见了吗？”但他没有听见。阿明又听见这番话，用一种大而可怕的声音发出来，他对哈马德说：“毋庸再怀疑了。起身去自寻生路吧，因为我们将到审判日才再相见了。”

233 〔xlviii〕八吉打境内一个老人前来坐在大路中。当皇帝经过时，他发现那个老人挡住道路，因此召他前去。合罕问：“你为什么拦路呢？”老人答道：“我又老又穷，还有十个女儿，因为我穷，我不能给她们找到夫婿。”“你从八吉打来，”合罕说，“为什么哈里发不给你点东西，帮你替她们找丈夫呢？”“每当我向哈里发要求施舍时，”老人说，“他给我十个金的那，但我需要那笔钱供我自己花费。”合罕叫赐他一千银巴里失。他的廷臣建议下敕令给契丹国，但合罕吩咐从国库支给他现金。他们从库藏取出巴里失，放在老人面前，他说：“我哪能把所有这些巴里失从这里运走呢？我年老体衰，只拿得起一个巴里失，最多两个。”合罕叫他的官吏给他马匹、行囊和车辆，让他把巴里失带走。但老人说：“带这么多巴里失上路，我不能平安地到达我的家乡，倘若我在路上有个三长两短，我的女儿将领受不到陛下的恩赐。”合罕这时叫两个蒙古人去护送他和钱，迄至他们抵达友好(il)之邦，并送他和巴里失安全通过。蒙古人跟他一道动身，而他死于途中。他们上报皇帝，他问：“他有没有指明他的家，说他的女儿住在哪里？”他们回答说他已这样做了。“那么把这些巴里失送往八吉打，”合罕说，“到他的家去，把钱给他的女儿，并说：‘皇帝送来这些巴里失作施舍，好让女儿们找到

夫婿。’”

〔xlix〕他手下一个廷臣的女儿正被送往夫家，一箱八人抬的珍珠给运去作为她的嫁妆。当箱子从合罕前面经过时，他正在欢饮。他叫打开箱盖，把所有的珍珠，其价值从一个的那到六分之二 234
的那不等，散发给那些在场的人。有人告诉他说，他已把这口箱子赏给了某某闺女作她的嫁妆。他说：“明天你再给她一口跟这个一样的箱子。”

〔l〕泄剌失的阿塔毕[63]派他的兄弟塔哈木坦(Tahamtan)去见合罕，在他携来的贡礼中，有两个装满珍珠的玻璃瓶，这些很受他们的珍视，如俗话说：“东西是自己的好。”这份贡礼献给合罕时，他听说这些珍宝在进献它们的人看来价值连城，就命令他的仆从送进一口装满大珠的长箱子。使臣及一切在场者一见之下目瞪口呆。合罕下令把在宴席上传递的酒杯用这些珍珠盛满；珠子就这样都分给了那些与会者。

你把一滴水献给大海，这个想法类似疯狂。

我们叙述了必定存在的真主使之体现在他天性中的东西，诸如仁爱，宽大、公道、乐施以及真主的教义；而我们这样做，在于可以知道每个时代都有一位四海的君主，如前代有哈惕木、奴失儿汪及其他人，他们的英名将如日头照耀至万古，有关他们的故事和传说将被传诵和记录。“每个时代均有一位唆董(Sodon)和一位苫答卜(*Jandab)”[64]。如我们详尽谈这个题目，那它会导致冗长不堪；我们因此仅限于这个简要叙述。同时我们将谈一个有关他凶残严酷的故事，以此大家不仅可以知道他的恩泽怎样溥施，而且知道他的仇报和严峻怎样惩治。

235 他有使人类遭殃的艰辛日子，
也有使人类受福的舒适日子。
在仁爱的那天，他的手掌布施雨露，
而在严酷的那天，他的手掌流出鲜血。[65]

在千户……[66]的部落中，出现谣言说有诏括该部的少女去配人。因为给这个消息吓坏了，人们就把他们的闺女在族内婚配，有些他们实际是送上男家。有关的消息一口传一口，传到皇帝耳中。他派一队异密到那里去，调查此事。查明属实后，他下诏把七岁以上的少女都集中起来，当年许配人的均从夫家追回。四千名各有打动男人心弦处的星星般的少女，就这样聚集一处。

当把面纱从她的美色面孔上挪开时，
“自惭形秽”的月亮黯然无光。

首先他命令把那些异密之女和别的分开来，接着所有在场者奉命糟蹋她们。其中两个月儿般的少女毙命。至于剩下的纯洁少女，他让她们在斡耳朵前列队，那些品貌堪充下陈的送往后宫，另一些则被赐给豹子和野兽的看管人，还有一些赏给宫廷的各类奴仆，再有的送至妓院和使臣馆舍侍候旅客。至于那些仍然剩下来的，有
236 诏叫在场的人，不分蒙古人和穆斯林，可以把她们带走。而他们的父兄、亲属和丈夫，观看着，不能透气或出声。这是他的诏令严厉执行，他的军队顺从的一个绝对证明。

注 释

① 即是说，他不仅在节日，而且在所有时候都是仁慈的。

② 哈亦思（Qais）之子阿纳甫是一个以他的厚道（ḥilm）而知名的伊斯兰以前的阿拉伯人。

③ 阿不勒法特·不思忒。（穆.可.）

④ 即，其最后现金值尚拿不稳的实物收入账。

⑤ 即现金收入账。关于 ḥashv 和 bāriz，见前，第 32 页，注⑱。

⑥ 指的是通常写作 lā“否”的 lām-alif 一字的形状。

⑦ 引自阿不-塔马木的一首合西答。（穆.可.）

⑧ 第一行见于发勒斯编《沙赫纳美》，第 61 页，第 528 行。第二行不见于发勒斯。

⑨ 木塔纳比。（穆.可.）

⑩ 《古兰经》第 ii 章，第 18 节。

⑪ 同上，第 19 节。

⑫ 参看卢不鲁克："他们从不洗衣，因为他们说天神会因此发怒，并说如果他们挂起衣服来晒干，那会打雷的。他们甚至要打那些他们发现洗衣裳的人。他们特别害怕打雷；每当打雷时，他们把一切外人从他们的住所赶出去，用黑毯把自己包起来，这样，一直躲到雷声过去。"（柔克义，第 75 - 76 页。）

⑬ 引自亦卜剌金·本·乌忒蛮·迦集赞美起儿漫长官阿不-阿不答剌的一首合西答。（穆.可.）这个轶事也载于朱思扎尼。见拉维特，第 1107 - 1109 页。

⑭ D 本作："有人遣使者给他，此人是巴达哈伤国王之子（pādshāh）……"拉施特书（伯劳舍，第 64 页）相应的一段是："波斯（Irān Zamīn）的一个诸侯（mulūk）派一名使臣……"

⑮ qumīz，即发酵马乳，卢不鲁克的 Cosmos，他作出了生产它的详细叙述。见柔克义，第 16 - 17 页。

⑯ 《哈马沙》中归之于塔亦的哈惕木。（穆.可.）

⑰ 引自乌马牙·本·阿不思撒耳忒·赛哈菲（Umayya b. Abus Salt

ath-Thaqafi)颂扬舍甫·本·都牙赞(Saif b. Dhu-Yazan)的著名诗句,引在《乞他卜阿迦尼》的一个长故事中。(穆.可.)

⑱ 斡脱,突厥语义为“合伙”,是跟君王或大人物共同营商的商人。见米诺维和米诺尔斯基,《纳速鲁丁·徒昔论财政》,第788页,欣兹《一笔东方交易》,第334页。

⑲ 引自布叶朝(Buyids)著名丞相伊本阿迷德(Ibn-al-'Amid)的一首合西答。(穆.可.)

⑳ 原文作 ṬAYM'W,我把它订正为 ṬAYNFW,即 Tayanfu(太原府)。比较马可波罗的 Taianfu 即太原府,它当时是山西的都城。见玉尔《马可波罗游记》,第Ⅱ卷,第15页,注②。另一方面,参看伯劳舍,第66-67页,注K。

㉑ MWKA。据拉施特(赫塔吉诺夫译,第149-150页),她是别客邻(Bekrin)部酋长的女儿,其父将她嫁给成吉思汗。他死后,按蒙古风俗,她成为其子窝阔台之妃,他“爱她胜于爱其他嫔妃,因此她们妒忌她。”(参看下面第218页,那里说他爱她“超过爱所有其他妃子。”)她明显地是个很有魅力的女人。察合台也迷恋她,因娶她晚了一步,拒绝接受其父的其他嫔妾作代替。她没有给窝阔台生下子女,这多半是她不见于后妃表的原因(伯劳舍,第3-4页)。

㉒ 见布剌吉编《撒儿黑·哈马沙》,第Ⅳ卷,第67页。(穆.可.)

㉓ 引自亦卜剌金·本·乌忒蛮·迦集的一首合西答。(穆.可.)

㉔ 引自《哈马沙》。(穆.可.)

㉕ 安瓦里为颂扬算端桑扎儿而撰写的著名合西答的首行。

㉖ 这是图苏湖城,据《元史》,它筑于窝阔台统治的第十年,即1238年。见柯立福,《德黑兰博物馆藏的蒙古文书》,第90页。

㉗ 哈马丹的巴底阿扎蛮。(穆.可.)

㉘ 木塔纳比。(穆.可.)

㉙ 这两首巴依特的第二首,在《杜木雅特合思儿》(Dumyat-al-Qasr)中被归之于阿不-别克儿·阿里·忽希思塔尼(Abu-Bakr 'Ali al-Quhistani)。(穆.可.)

㉚ 引自亦卜剌金·本·乌忒蛮·迦集的一首合西答,其中一巴依特前

已引用,第 169 页〔第 212 页〕。(穆.可.)

㉛ 引自阿不-阿里·法的勒·本·穆罕默德·塔剌思惕(Abu-'Ali al-Fadl b. Muhammad at-Tarasti)的一首合西答。(穆.可.)

㉜ 哈的哈散·穆阿马勒·本·哈里勒·本·阿合马·不思忒(Cadi Hasan Mu'ammal b. Khalil b. Ahmad al-Busti),哥疾宁朝的同时代人。(穆.可.)

㉝ 蚂蚁把一支蚱蜢腿当作她的最好礼物献给所罗门。这个故事见于萨迪的《古里思坦》。见阿伯利,《国王和乞丐》,第 91 页和 110 页。

㉞ 纳失失,突厥语 nasich,卢不鲁克作 nasic,马可波罗作 nasich,"是一种用丝和金制成的绢。"见伯希和,《蒙古统治下中国北方的一座回教城镇》,第 269 页,注①。

㉟ 阿不勒法特·不思忒。(穆.可.)

㊱ 伊本都来德(Ibn-Duraid)。(穆.可.)

㊲ 哈儿石蒙语义为"宫殿"。当指哈儿石扫邻(Qarshi-Suri)。见后,第 237 页。(扫邻一名见《元史·太宗本纪》——中译者注)

㊳ 火儿赤意为"佩櫜鞬者"(佩箭筒者)。关于成吉思汗创设的这一职司及火儿赤的职掌,见《元秘史》,第 124、225 和 229 节。

㊴ 伊本都来德。(穆.可.)

㊵ 引自阿不-塔马木颂扬哈里发末门的一首合西答。(穆.可.)

㊶ 阿不勒高特·满吉比(Abul-Ghauth al-Manjibi)。(穆.可.)

㊷ "阿勒坡的"ḥalabī,可能指制造酒杯的金属:现代语言中它意为"洋铁"。(弗.米.)

㊸ 巴哈儿思(Bākharz)县在扎木(Jām),今托尔巴特谢赫·贾姆(Turbat-i-Shaikh Jam)之南。麻林(Mālin)似即今之薛合里诺(Shahr-i-Nau)。

㊹ 参看赫塔吉诺夫译拉施特,第 160 页:"蒙古人有一习惯,当他们见到国王后,他们说:'我们看见了国王的金面'。"(弗.米.)

㊺ 阿不-都法法·密昔里(Abu-Dufafa al-Misri)。(穆.可.)

㊻ 阿不勒-瓦法·答迷牙忒(Abul-Wafa ad-Damiyati)。(穆.可.)

㊼ 原文的 umarā-yi,据伯劳舍编拉施特(第 75 页)读作 amīrī。

㊽ 即畏吾儿人的。

㊾ 引自你沙不儿的阿不-撒里黑·本·阿合马(Abu-Salih b. Ahmad)颂扬阿不-撒的·本·阿儿马克(Abu-Sa'd b. Armak)的一首合西答。(穆.可.)

㊿ 引自迦集的一首合西答,其中一首巴依特前已引用,第Ⅰ卷,第163页〔第i册,第206页〕。(穆.可.)

51 在朱思扎尼对这个轶事的文字中(拉维特,第1110－1114页),攻击穆斯林者是一名脱因,即僧侣,他懂突厥语,但不懂蒙语。关于成吉思汗可能懂点汉语的说法,见韦利,《长春真人西游记》,第159页。

52 雷斯特朗治译韩达剌,第250页,称额里合牙(Eriqaya)(拼作Yarāqiyā,马可波罗的Egrigaia,即在甘肃的宁夏)和哈剌塔失是唐兀国"最著名的城市",二者是"有相当规模的城镇,有很多建筑物。"

53 和客卜帖兀勒(kebte'ül)即宿卫相对,秃儿合黑是白天的卫士。见米诺尔斯基《881/1476年法儿思一次民政和军事检阅》,第163页。关于他们的职责,见《元秘史》,第229节。(《元史》中作秃鲁花,译意是质子军——中译者注)

54 这个故事逐字逐句地记录在撒答丁·瓦剌维尼(Sa'd-ad-Din Varavini)的《马祖班那麻》(Marzuban-Nama)中,成书早于《世界征服者史》近五十年。它在那里指暴君答哈克而言。见我编的《马祖班那麻》,第16－17页。(穆.可.)

55 拉思-阿因(Ra's-'Ain)的阿不思-西木特(Abus-Simt)。(穆.可.)

56 提哈马的阿不勒-哈散·阿里·本·穆罕默德。(穆.可.)

57 鲁木即小亚细亚塞勒术克诸侯阿老丁·凯库拔一世。(1219－1236)

58 意为"盛水用的器皿"的突厥词。

59 引自花剌子模的阿不-别克儿(Abu-Bakr)颂扬阿不-阿里·本·昔木术儿(Abu-'Ali b. Simjur)的一首合西答。(穆.可.)哈瓦儿纳吉和沙的儿是两座宫殿的名字,据说是希剌(Hira)的阿拉伯王奴蛮·本·蒙的希儿(Nu'mān b. Mundhir)为撒珊朝君主巴合兰古耳(Bahrām Gūr)(费兹格拉德(Fitzgerald)的"伟大猎手巴合兰")所修建的。

60 原文作SNQWLY BWKA,读作MYNQWLY BWKA。拉施特(伯

劳舍,第 83 页)相应之处作 MYNΓWLY BWKH。Minquli 似为突厥语 Ming-Quï,来源于 ming“千”和 qul“奴隶”。不哥(Böke)意为“角力士”,它是蒙语,并且是附加成分。比较蒙哥亲弟阿里不哥的名字,意为角力士阿里。

61 哈里发阿明(809 - 813)和末门(813 - 833)都是著名的哈仑拉施特(Hārūn ar-Rashīd)(786 - 809)的儿子。如穆.可.所指出,在这两兄弟的内战中,阿里·本·爱薛·本·马罕实际是阿明军队的统帅,他在剌夷跟塔希儿·本·忽辛率领的末门的军队交战,死于战场。

62 《古兰经》第 xii 章,第 41 节。

63 这是阿不-别克儿(1226 - 1260),诗人萨迪的保护人。

64 J̌NDB。这个词穆.可.未能解释。整个成语明显地是某种谚语。

65 忽辛·穆塔牙儿·阿撒底(Husain al-Mutayyar al-Asadi)。(穆.可.)

66 A 本和 B 本中是一空白。D 本作“斡亦剌,”它在上下文中没有意义,尽管据拉施特对这个轶事的说法(伯劳舍,第 84 页),所说的部落确实是斡亦剌。(据《元史·太宗本纪》,“(九年丁酉- 1237)六月,左翼诸部讹言括民女。帝怒,因括以赐麾下,”当指此事——中译者注)

33. 合罕的宫室和驻地

当代的哈惕木和世界的统治者登上帝王的宝座，无需为讨伐契丹而操心，凯旋抵达他父亲的大斡耳朵，然后他把他自己的在叶密立地区的驻地，赐给他的儿子贵由，为他的〔新〕驻地和国都选中一个在斡耳寒河和哈剌和林诸山间的地方。除一堵叫做斡耳朵八里的颓垣外，该地从前没有城镇或村落。当他御极时期，从该堡遗址外找到一块碑石，上面的铭文说，此地的兴建者是不可汗。（在述畏吾儿地的一章中，这事已作详细叙述。[1]）蒙古人把它叫做卯危八里[2]，合罕就命令在它上面构筑一座城镇，他们称之为斡耳朵八里，尽管它更以哈剌和林而知名。从契丹往这里送来各类工匠，从伊斯兰各地也同样送来匠人；他们开始整治土地。因为合罕十分宽弘仁爱，百姓从四方奔赴那里，在一个短时期内它成为一座城市。

市镇中替合罕建造了一座有四扇门的花园，一门为统治世界的皇帝开设，一门为他的诸子和族人开设，再一门为后妃公主开设，第四门作为黎庶进出之用。那座花园的中央，契丹匠人筑有一座城堡，有像花园门一样的门；并在它的里面筑有一座分三层的御
237 殿，一层单供合罕之用，一层供他的后妃之用，第三层供侍臣和奴仆之用，左右还筑有为他的兄弟、诸子和秃儿合黑准备的房屋，〔这些房屋的墙上〕绘有图画。而在侍臣的住处中，他们放置有重得不

能移动的酒桶以及其他大小类似的器皿，尚有相应数量的大象、骆驼、马匹和它们的看管人，以此在举行公众节筵时，他们可以搬运各种饮料。所有的器皿都用金和银制成，并镶有珠宝。合罕要一年两次临幸这个安乐乡。每当太阳进入白羊宫，这世界感到欢喜，地面因云彩施雨，露出笑容，从花瓣放射光辉，这时他要在这个金星般的驻地，像太阳那样宴乐一个月；而且，既然雨露之恩遍及草木，大大小小的人物都参加盛宴，穷神则从那聚会上逃跑了。

雨水迟迟不施降给他们，
没有损害边疆的百姓，
因为他们当中有穆罕默德之子玉素甫。

又当春之美已臻其极，草木已生长到它们的最高度；他要亲往另一座穆斯林匠人为蔑视契丹人而修建的，叫做哈儿石扫邻(Qarshi-Suri)的乐园。它是一座非常雄伟的城堡，其中尽是各种五颜六色的镶宝刺绣和地毯。入口处设置有完全配得过该地的御座，宴乐殿内是碧玉瓶、镶珠子的水罐，以及其他与它们协调的器皿。在这里他要宴乐四十天。该堡的前面有水池（他们把它叫做库耳(köl)[3]），其中常聚有很多水禽。而他要观看猎取这些水禽，
然后纵情于饮酒之乐，打开永不收起的恩施地毯。每天不间断地， 238
只要他住在该地，他要把他的赐物散给一切人；至于宴乐和连连寻欢，就好像他曾以嘉纳之耳倾听忽希思塔尼[4](Quhistani)的劝告：

享受这人间吧，因为它的岁月短暂，
一个青年的生命，（愿你享受它！）
至多片刻即逝。

赶紧尽情寻乐吧，因为往者将不复返，
它也不能被停留。
与良朋度过佳会的时光吧，
勿忘你的欢乐，因为酣睡者无欢乐。
今日无需为明天担忧，而要和明日之事永别，
因为对此担忧是愚蠢的。
灵魂犹如一盏灯，酒是它的油，
由此去他的吧——这是要接受的忠告。
我将告诉你关于我自己以及我的经验，
不说从阿纳思(Anas)经合塔答(Qatada)
传下来的圣传。[5]

又当春之生命已达它的成熟期，而且其岁月已趋它的衰亡，这时他要返回他的夏季驻地。因为市镇中的花园和宫室在他经过的途中，他要按照他的习惯作法在那里住上好几天，实行上帝的训诫(amr-i-ma'rūf)，同时要从那里进向他的目的地。当他离开那里，他要到一座他修筑在离城三哩远一个山头上的小宫殿，从他的冬季驻地返回时他也要经过该处。在两种情况下，他都要在这个地方娱乐四、五礼拜，膳食则从城镇运送给他。而在夏季，他要从那里进入山中，山中为他修造了一座契丹帐殿，它的墙是用格子木制
239 成，而它的顶篷用的是织金料子，同时它整个覆以白毡：这个地方叫做昔剌斡耳朵[6](Shira-Ordu)。在这些地方有冷泉和沃草。在这里他要居留到太阳进入处女宫和落雪的时候。也在这里他的施舍要比在他的其他乐园更自由涌流。离开那里后，他要在秋末抵达他的冬季驻地，这是他们冬季的开始。那里，他要作乐三个月，

但在这几个月期间，他的恩赐和施舍有所节制，并不如此任意涌流。这也当验了这些双关含义的诗句：

在吾人和蔷薇之间经历了持久的严寒，
犹如吉兆隐藏在凶兆之中。
春及其美丽为雪所覆盖，
恰如雏凤藏在白色的蛋中。⑦

赞美全能的真主，这些驻地在今天为那强大的国王和光荣的皇帝，当代的奴失儿汪蒙哥可汗的御步所美饰，因他的大度和公正的庇护，这世界变得灿烂，各地处处都变成了蔷薇园。愿全能的真主赐给他亿万斯年，他的仁德日增，他的话永被遵从，而且通过他去增强正教的统制！

注　释

① 见前，第 7 章。

② 即“歹城”，蒙古人给范延取的名字。见前，第 133 页。

③ köl 是“湖”的标准突厥词。

④ 即阿不别克儿·阿里·本·哈散·忽希思塔尼（Abu-Bakr'Ali b. al-Hasan al-Quhistani），算端马合木的一个同时代人。（穆. 可.）

⑤ 阿纳思·本·灭里（Anas b. Malik）是穆圣的一个伴侣，最多产的圣传学者之一。死于 117/735－736 的合塔答（Qatāda）是另一圣传学者。

⑥ 据 E 本读作 ŠYRH ARDW。原文作 SYR ARDW，拉施特（伯劳舍，第 49 页）作 SRH ARDW，显即 Sira-Ordu。它是迦儿宾的 Sira-Orda，波兰人班尼狄克脱的 Syra-Orda，后者留下了对它的详细叙述。见柔克义，第 38 页。（《元史》《宪宗本纪》作昔剌兀鲁朵——中译者注）

⑦ 阿不满速儿·哈辛·本·亦卜剌金·哈亦尼（Abu-Mansur Qasin b. Ibrahim al-Qa'ini），其剌合卜是布祖儿哲迷合儿（Buzurjmihr）。他是算端马合木的宫廷诗人。（穆. 可.）

34. 脱列哥那[1]哈敦

当全能真主的诏令已经执行，同时世界的君王、当代的哈惕木
240 合罕已经去世，这时他的长子贵由还没有从远征钦察中归来[2]，因
此按照先例就在其妻木格哈敦的斡耳朵，即宫廷的门前发号施令
和召集百姓。木格哈敦是按照蒙古风俗从其父成吉思汗那里传给
他的。但因脱列哥那哈敦是他诸长子的母亲，而且比木格哈敦更
机智聪慧，她就向诸王公，即合罕的弟兄和子侄传送使信，把所发
生的事和合罕之死通告他们，并说在一致选定新汗之前，应有人当
摄政者和领袖，为的是朝政不致被荒废，国事不致陷于紊乱；也为
的是军队和朝廷可以得到控制，民生得到保护。

察合台和其他王公遣代表说，脱列哥那哈敦是有权继承汗位的诸王子之母；因此，迄至召开一次忽邻勒塔前，正是她应指导朝政，旧臣应留下来在宫中服劳，以此新旧札撒才可以不从法律上被改变。

脱列哥那哈敦原来是一个非常机智和能干的女人，她的地位
因这种联合和呼应大为加强。当木格哈敦不久步合罕的后尘后，
用巧妙和狡猾的手腕，她控制了一切朝政，并且施给各种小恩小
241 惠，请客送礼，赢得了她的族人的欢心。就大多数说，外姓和亲属、
家人和军队，都倾向于她，顺从她和愉快地听她的吩咐和指令，而
且接受她的统治。真主的先知(愿主赐福他，赐他和平！)曾说："善

使人者人心恒爱之，恶使人者人心辄恨之。”因此各色人都投靠他；同时，镇海[3]（Chinqai）和合罕的其他大臣如以往一样继续担任他们的职务，四方的长官也留在他们的位置上。

但在合罕活着期间，在她心中已经积存了对几个廷臣的仇怨，这个创痛日益加深。一旦她被委与朝政，她的地位增强，而且没有人敢于跟她争辩，她就决定立即行动，不丢失时间，也不坐失良机，如这半行诗说：

> 赶快，因为时间是把犀利的剑，[4]

向这些人一个个报复以消她的心头恨。她因此遣使者到契丹去取丞相牙老瓦赤来，也企图抓获异密镇海。然而，镇海以敏锐的分辨力看出她别有用心；就在她的阴谋能够实现前，他动身登程，自寻生路。因此急投她的儿子阔端[5]（Köten），他寻求他的庇护，如此以一走逃得他的命。至于牙老瓦赤，当使者们见到他，他用尊崇礼敬的仪式欢迎他们。而每天他对他们倍献殷勤照料，以致这样过了两三天。也就在这整个时间，他偷偷地集中马匹等作为逃跑之
用。最后在第三天晚上，这事实上是他幸运的日子，他使使者入 242
睡，[6]带着几骑投奔阔端，也逃脱他们的毒手。

> 我返回法合木（Fahm），尽管我不期望回去
> ——当他们〔无力地〕叫嚣时，
> 我曾怎样再三逃脱他们那类人啊！[7]

这两个名人抵达阔端处，求他的保护，把他的宫门当作他们的避难所，这时他们受到他的恩遇。脱列哥那哈敦遣一名使者去要他们回来，而阔端回答：“逃避鹰爪而藏身于丛林的雀鸟，不遭到鹰

的暴行[8]。这两人也是来求我们的庇护，并处于我们的势力范围内。把他们送回去既为宽宏大度的法典所禁止，也远离行侠仗义之道：我看不到亲和疏、突厥人和大食人可作借口。忽邻勒塔不久要召开，让他们的罪行和过失由族人和异密来处理，并且让他们受到任何他们应得的惩处。”她三番两次遣出使者，阔端用同样的理由推脱。她发现要他们回来是不可能的，他决不会送他们回来，这时她极力劝诱曾经是合罕的一名大臣，忽炭的异密亦马都木勒克·穆罕默德（'Imad-al-Mulk Muhammad）去揭发他们，杜撰一些谎言，申明他从前跟他们有密切勾结，以此用这个借口她可以在他们的道路上投下绊脚石，而且他们将因此理由在大忽邻勒塔上

243 受惩。但因忠义和仁德，这是伟人天性中最主要和最美丽者，当今犹如昔木儿黑[9]（simurgh）即点金石之不复存在，在他的质地中占主导地位，他拒绝去干污蔑毁谤的丑行和勾当，并使他的身子成为自由意志的俘囚，直到全能的真主因他的纯真信仰，把他从那可怖的深渊及类似的绝境中解脱出来，而在贵由汗的宫廷中他比在前朝享有甚至更大的权威。

同时异密麻速忽毕发现这个事情不妙，他也认为留在他自己的领地内不是办法，觉得以急投拔都的宫廷为宜。

合剌斡兀立[10]（Qara Oghul）和察合台的后妃遣忽儿八哈[11]额勒赤（Qurbagha Elchi）及异密阿儿浑[12]（Arghun）一起去逮捕阔儿吉思[13]（Körgüz）。

而在那个时期，有个叫法迪玛（Fatima）的女人，她在脱列哥那哈敦手下获得巨大的权势，所有的朝政都委付给她的主意和才智。她提拔奥都剌合蛮（'Abd-ar-Rahman），把他派到契丹去代替马

合木。下一章将单独用来谈这个女人[14]。

当异密阿儿浑把阔儿吉思带给脱列哥那哈敦时，她因旧恨将他囚禁，又派异密阿儿浑到呼罗珊去接替他。

因此人人都向四方派遣使臣，滥发诏旨牌符；他们四下结党，244
各自为政，通通如此，唯唆鲁禾帖尼别吉及其诸子除外，他们没有丝毫违背他们律文中的札撒和法令。

至于脱列哥那哈敦，她派遣使臣到世界的东方和西方，及其北方和南方，召请诸算端和异密、王公和长官，叫他们参加忽邻勒塔。

同时候贵由尚未归来，他的位子看来是空着的。如俗话说："强者得食，大丈夫的力量在于他能屈能伸，"斡赤斤想用武力和强暴夺取汗位。怀着这个野心，他前往合罕的斡耳朵。当他接近时，蒙力斡兀立[15]（Mengli Oghul），〔成吉思汗的〕孙子，率他的麾下和军队迎向他，使他悔不该出此策。他借口他是为奔丧而来，用这话来替自己开脱。在同一时候传来贵由抵达他的叶密立河岸的斡耳朵的消息；因此他更是后悔莫及。

但当贵由见到他的母亲时，他没有参预朝政；脱列哥那哈敦仍然执掌帝国的政令，尽管汗位已交给了她的儿子。可是当两三个月过去，儿子因法迪玛而跟他的母亲有所反目，这时伟大和光荣的真主的旨令被执行，脱列哥那去世了。

注　释

① TWRAKYNA。《元秘史》中的朵列格捏（Döregene）。据拉施特（伯劳舍，第3页），她属于豁阿思篾里乞（Uhaz-Merkit），曾经是，或者不是该部

之长答亦儿兀孙的妻子。在谈篾里乞的一章中(赫塔吉诺夫,第 116 页),她也被说成是答亦儿兀孙之妻。另一方面,据《元秘史》,第 198 节,她的第一个丈夫是忽都(Qodu),兀都亦惕篾里乞(Uduyit Merkit)部长脱黑脱阿的长子。据《元史》,(伯希和《蒙古和罗马教廷》〔第 193 页〕所引用),她不是一个篾里乞人,而是一个乃蛮人。

② 原文作 nuzūl karda,应据 E 本读作 nuzūl na-karda。拉施特(伯劳舍,第 232 页)相应的一段作 furū na-y-āmada。

③ 原文作 J̌YNQAY,读作 ČYNQAY。他是迦儿宾的"书记 Chingay"。关于他的生平和出身,见韦利,《长春真人西游记》第 34 - 38 页。

④ 引自阿不亦沙黑·迦集的一首合西答。(穆.可.)

⑤ KWTAN。在《元史》中他叫做阔端,即 Ködön。见昂比斯,《元史》第 CVII 章,第 71 页。

⑥ 把他们灌醉。这个故事在拉施特书(伯劳舍,第 233 - 234 页)中有更详细的叙述。

⑦ 塔阿巴塔·撒伦(Ta'abbata Sharran)。(穆.可.)

⑧ 巴尔托德,《突厥斯坦》,第 47 页注③引用这段作为志费尼使用蒙古史料的一个证明:当锁儿罕失剌(Sorqan Shira)对逃难的铁木真说话无礼时,他的儿子们就拿这个相同的譬喻来责备他们的父亲。见《元秘史》第 85 节:"雀儿被龙多儿(土林台(turumtai)〔一种肉食小鸟的名字,或即鸱隼〕)赶入丛草去呵,丛草也能救他性命。"见田清波:《说元朝秘史中的几节》,第 313 页。(《元史·土土哈传》有类似的记载:"逃鹯之雀,丛薄犹能生之"——中译者注)

⑨ 在《沙赫纳美》中作为鲁思坦父亲扎勒(Zāl)的养父母而出现的一种神鸟之名。

⑩ 即王子合剌。关于合剌,即合剌旭烈(Qara-Hülegü),察合台的孙子和第一个继承人,见后,第 273 - 274 页。

⑪ 原文作 QWRBQAY,读作 QWRBQA,它在别的地方作 QRBQA(第Ⅱ卷,第 230 页和 239 页)以及 QWRBΓA(第Ⅱ卷,第 243 页)。拉施特(伯劳舍,第 57 页)作 QWR BWQA,它看来像是一个以 buqa"公牛"为第二部分的复合名字。然而我把志费尼的 QWRBQA 即 QWRBQA 当作是代表突厥词

qurbaqa“蛙”。

⑫ 关于阿儿浑,见后第Ⅱ卷,第30和第31章。

⑬ 关于阔儿吉思,见后第Ⅱ卷,第28章。

⑭ 第35章。

⑮ 即王子蒙力(MNKLY)。这明显地是窝阔台的一子灭里(Mlik)(见后,第ii册,第573页,和注⑬)。他在《元史》中既以灭里(Meli〔k〕),又以明里(* Mingli〔k〕)而出现。见昂比斯,前引书,第72页注⑦。(《元史·宪宗本纪》中作蔑里——中译者注)

35. 法迪玛哈敦

在攻陷阿里·利扎（‘Ali ar-Riza）（愿最美的天恩和天福赐降给他！）神庙[1]所在之地时，她被虏掠而去。碰巧她来到哈剌和林，
245 在那里她是市场中的一个拉皮条的女人。要说是要阴谋和狡诈的手腕，诡计多端的底里那（Delilah）只能是她的学生。合罕统治期间，她不断接近脱列哥那哈敦的斡耳朵；而一旦时局变化，镇海退出舞台，她享受甚至更大的恩宠，她的权势倾朝；以此她变成机密的参与者，秘务的知情人，大臣不得干预朝政，她却任意发号施令。贵人从四方去求她的保护，特别是呼罗珊的贵人。神庙的一些赛夷也去找她，因为她自称是大赛夷的同族。

当贵由继承汗位时，有那么个撒麻耳干的土著，据说是个阿里的后人[2]（‘Alid），叫做失刺（Shira），合答[3]（Qadaq）的侍臣，讽示法迪玛曾蛊害阔端，那是他如此重病的原因。阔端归去后，他染的病愈发沉重，因此他遣一名使者去见他的兄长贵由，说他是因法迪玛的妖术才遭受那种病魔的袭击，倘若他有个三长两短，贵由应向她寻仇。紧接这个使信，传来了阔端的死讯。现在是一个当权人物的镇海，提醒贵由这番话，他就遣一名使者去向他的母亲索取法迪玛。他的母亲拒绝让她走，说她会亲自带她去。他屡次遣使，但每次她都用不同的方式拒绝他。结果他跟他母亲的关系变得十分恶

化，因此他派那个撒麻耳干人[4]带着指令去强取法迪玛，倘若他的母亲仍然迟不交出她或找理由拒绝的话。再不能为自己解释，她同意送出法迪玛；不久后她就死了。法迪玛被带去和贵由对面，给剥得精光，加上镣铐，许多日夜来饥渴交迫；她遭到各种酷刑拷问，恐吓威胁；最后她招认犯下进谗者的诽谤罪，并自承她的虚伪。她 246
的上下孔都被缝上，然后她被裹在一张毡子中，给扔进河里。

> 您抬举一个人，给他一个帝国，
> 然后您把他扔进海里去喂鱼。[5]

每个跟她有关系的人也完了。使者们被派去搜捕一些来自神庙，自称和她有亲的人；他们受到很多骚扰。

这是贵由汗步其父后尘的一年，而就在这时，叶密立[6]的阿里火者（'Ali Khoja）指控失剌犯下同样的罪行，即蛊害忽察（Khoja）。他被投入缧绁，给监禁了将近两年，其间因受到种种审问和处罚，他丧失了生的乐趣。当他认识到和弄明白这是“吾钱复归吾人”[7]的惩罚时，他唯求一死，而且在把他的身子交给老天和上苍摆布后，自供他不曾犯下的罪行。他也给抛进河里，他的妻儿被处斩。

> 他杀了他的祖父，他自己也没有留在这里，
> 世界上没有读到他的宣言。[8]

同一年，在一个吉祥如意的时刻，当蒙哥可汗登上汗位时，他以不怜吉解[9]（* Bürilgitei）管辖别失八里地区。而当忽察给带去见可汗时，一名使者被遣去召他的廷臣阿里火者。另一些人对他 247
进行同样的指控，蒙哥可汗下命从左右打他，一直打得他体无完肤；因此他死了。他的妻儿被贬为奴婢之贱，受到凌辱和虐待。

己所不欲，勿施于人。

而老天的声音大喊道："当汝口在吹嘘时，汝手被束缚。"

倘若它是丝，那是你自己织它，
但若它是一担荆棘，那是你自己种它。[⑩]

众先知之主(愿最美的天福及和平施降于他！)如实地说："汝曾杀人则将被人杀；杀汝者又将为人所杀。"古语说得好：

在它之上除真主之手外别无他手，
而没有不被更大暴君虐待的暴君。

因恶行和邪念而产生的欺诈的结局、谋逆的后果，是可耻的，其下场是不幸的，这瞒不过聪明有识之士，他以悟性来观察这些事，思考和推敲着它们。幸运属于能够接受前车之鉴者："以他人的遭遇为借鉴者才是快乐的"。

倘若他们知道罪恶给行恶者带来什么，
〔那是好的〕但他们不去顾及后果。[⑪]

真主保护我们不遭遇类似的处境，不侵入有意犯罪的领域！

注　释

① 即今麦什特。
② 指哈里发阿里的后裔。
③ 关于合答，见后，第 259 页和注㊲。
④ 原文作 Samarqant，显即 Samarqandi(撒麻耳干人)。
⑤ 发勒斯编《沙赫纳美》，第 1003 页，第 734 行。

⑥ 即以河命名的叶密立城，迦儿宾的 Omyl。

⑦ 《古兰经》，第 xii 章，第 65 节。

⑧ 发勒斯编《沙赫纳美》，第 1277 页，第 99 行。

⑨ 原文在这里作 BRNKWTAY，在另一处（第Ⅲ卷，第 53 页和 57 页）作 BRNKWTAY，鉴于他的名字在《元史》中拼作不怜吉觯（Bürilgidei），我把它读作 BRLKTAY。柯立福教授在 1954 年 12 月 5 日的信中，好意地提供给我两段有关的译文——《元史》第 3 卷，第 2 册，第 2 页下，第 5-6 行，以及第 8 页上，第 1-2 行，其中提到了这个将官。第一段在 1251 年条下："诸王也速忙可，不里火者等后期不至，遣不怜吉觯率兵备之。"第二段在 1257 年条下："元帅卜邻吉觯自邓州略地，遂渡汉江"。柯立福教授在下一封信——1955 年 2 月 4 日——中指出，不怜吉觯来源于蒙古词 bürilgi，意思是"放荡者"或"破坏者。"

⑩ 发勒斯编《沙赫纳美》，第 122 页，第 1042 行。

⑪ 引自阿不亦沙黑·迦集的一首合西答。（穆.可。）

248 36. 贵由汗登上汗位

就在合罕告辞这人生的荣华、抛弃这凡尘的欢乐的那一年，他遣人去召贵由，叫他转辔回程，一心一意赶去见他。遵从此令，贵由催马速行，放缰飞驰；但就在长途产生的劳累因接近目标而即将得到消除，离散分别的障碍即将被挪去，这时候，老天的不可避免的指令已经执行，因此没有片刻时间供那些在离别沙漠中饥渴的人用一滴重聚的清水止渴，或让父子用彼此英姿的药膏涂眼。当贵由接到那无法挽回的灾难消息，他认为应更加快赶路，而对这不幸事件的哀痛没有使他停驻，直到他抵达叶密立。在这里他也没有逗留，因为传来斡赤斤到来的消息，而是进抵他父亲的斡耳朵：野心家的图谋被他的抵达所挫败。于是他在该地住下来。

朝政仍委付给他母亲脱列哥那哈敦的才略，庶务的损益操持在她手中，贵由没有介入其中去执行札撒或法令，他也没有跟她争议这些事。

于是当使者们被派到远近地方去召诸王、那颜，宣算端、国王和书记时，每人都奉这个命令离开他们的家乡和邦邑。又当这世界因春之来临而美冠群星，使伊剌木园湮没无闻；大地因法瓦儿丁(Favardin)及她的辅助植物的到来，披上各色花朵的外衣；为感谢
249 这个奇妙的恩赐，春天用鲜花把它的整个身子做成一张嘴，用百合

把它的所有四肢变成舌；鸽子和斑鸠嬉戏，歌喉嘹亮的夜莺和云雀一起在半空中撰写了这首迦扎勒：

春之军旅把他们的营盘扎在郊外
——你也必须把你的营盘扎在郊外，
从朝至暮饮酒，从昏至晨采摘蔷薇，

——这时，诸王公抵达，每人都带着他的骑士和仆役、他的军队和扈从。人类被他们的行装搞得眼花缭乱，他们之间的团结一致搅乱了敌人的快乐源泉。

唆鲁禾帖尼别吉及她的儿子们带着“目未曾睹、耳未曾闻”的乘舆和服饰，首先抵达。从东方到来的有阔端及其诸子；斡赤斤和他的子女；按只带；尚有其他居住在该地区的叔伯和子侄。来自察合台斡耳朵的是：合刺、也速[①](Yesü)、不里[②](Büri)、拜答儿[③](Baidar)、也孙脱花[④](Yesün-Toqa)，及其他的孙子和重孙。从撒哈辛和不里阿耳之地，因拔都未亲临，他遣来他的兄长斡鲁朵、他的诸弟昔班、别儿哥、别儿哥察耳和脱哈帖木儿。属于这一党或那一党的著名那颜和大异密，陪同诸王公到来。从契丹来的有诸异密和大臣；来自河中和突厥斯坦的是异密麻速忽，由该地区的贵人随同。和异密阿儿浑一起来的是呼罗珊、伊剌克、罗耳(Lur)、阿 250
哲儿拜占和失儿湾的显贵和名人。来自鲁木的是算端鲁克那丁[⑤](Rukn-ad-Din)和塔迦窝儿(Takavor)的算端[⑥]。从谷儿只(Georgia)，两大维德[⑦](Davids)；从阿勒坡，阿勒坡侯王[⑧]的兄弟；从毛夕里(Mosul)，算端别都鲁丁·卢卢[⑨](Badr-ad-Din Lu'lu)的使臣；从和平城八吉打，大哈的法合鲁丁(Fakhr-ad-Din)。前来的还

有额儿哲鲁木(Erzerum)的算端[10],富浪(Franks)的使团[11],尚有来自起儿漫和法儿思的;从阿剌模忒(Alamut)的阿老丁[12]('Ala-ad-Din),遣来他在忽希思坦(Quhistan)的长官(muḥtasham)失哈不丁(Shihab-ad-Din)和苫思丁(Shams-ad-Din)。

所有这一大群人带着配得过这样一座宫廷的行装到达;从其他方向还来了那么多的使节和使臣,以致为他们准备了两千毡帐;前来的尚有带着产于东西方的奇珍异宝的商人。

当这个从未有人见过,类似者不见诸史册的集团会齐时,广阔
251 的原野变得狭窄,斡耳朵内无容身之地,更没有地方可以下马。

因为很多的帐幕、人马、营盘,
原野上没有留下一块平地。[13]

食物和饮料也很缺乏,没有给马匹和牲口留下饮料。

为首的王公们一致同意决定汗位的事,把帝国的权柄交给合罕的一子。阔端一心要获得这个荣誉,因为他的祖父一度提到他。其他的人认为,失烈门[14](Siremün)在成年后可以是一个治理国政的适当人选。但在合罕的所有儿子中,贵由以他的英武、严峻、刚毅和驭下而最知名;他是长子,处理危难最富实践,而且对祸福最有经验。阔端,相反地,病体奄奄,失烈门仅为一孩童。再者,脱列哥那哈敦属意贵由,别吉及其子在这点上与她意合,大多数异密在这件事上跟他们一致。因此大家同意汗位应交给贵由,他应当登上帝国的宝座。贵由一如旧习,暂时拒绝这份荣誉,时而荐举这个,时而那个作为代替。最后在珊蛮巫师选定的一个日子,所有王公齐聚一堂,脱去他们的帽子,松开他们的皮带。于是〔也速〕[15]引

着一手，斡鲁朵引着另一手，他们把他拥上御座和皇位，同时举起 252
他们的酒杯；朝见殿内外的人三次叩拜[16]，称他为“贵由汗。”又按照他们的风俗，他们立下文书称他们不违背他的话和命令，并为他的幸福祝祷；在这之后他们走出大殿，三次向太阳下跪。当他再度登上雄伟的宝座时，王公们坐在他右手的椅上，公主们在他的左手，每个人都像一颗珍珠那样极其高雅。充当侍儿的都是这样的俊童：风姿优美、紫罗兰面颊、玫瑰脸庞、乌黑头发、丝柏身材、嘴如鲜花、齿若贝珠、笑脸迎人。

> 倘若在约瑟时代，男人的心会被刺伤，
> 而不是女人的手。[17]
> 这些情人哟，倘若出家人看见他们的秀美面孔，
> 也要用祝福把他们搂在自己的怀中。

他们振奋一番，在当天开始时轮流把盏忽迷思和各种酒。

> 当泡沫缘着杯边跳动时，
> 你在红色盒中看见珍珠。

美女金星，凝视着那欢乐的盛会，仅仅是在绿色苍穹顶的一个观众；月亮和木星，惊羡那仙女般明亮面孔的人儿，受到刺激，藏身于尘垢。而乐人们，有如巴尔巴德[18]（Barbad），在世界的库萨和面前启唇歌唱，所有其他人因敬畏和恐惧，鸦雀无声。如此直到当天的午夜，酒杯满到边儿，王公们在这举世无双的皇帝面前

> 随着丝弦的调子和横笛的旋律， 253
> 拥着库萨和足下颊若素馨的美人，

欢饮直至午夜，乐人展喉歌唱。[19]

当他们喝醉了，在共同赞美和称颂这地面上的君主后，他们返回他们的寝室；而在第二天，当面容明亮的库萨和从他闪光脸庞上揭开黑色面纱，当黎明的使者把黑夜的突厥人浸沉在他的血光中——

迄至黎明支起她的营帐，
黑夜曳着她的裙边离开

——这时王公们、那颜们和黎庶

大摇大摆来到国王的宫廷，
愉快和善意地他们到来。[20]

又当太阳的灿烂旌旗在蔚蓝苍穹顶上招展时，那强大的国王和有势的君主，准备离开他的寝宫，

身披锦缎龙袍，头戴巍峨皇冠，[21]

目空一切，不可一世，

高视阔步走出幄殿，
一面闪光的旗帜跟在他身后，[22]

并且在他的朝见殿内登上华贵壮丽的宝座：贵人和黎庶被允许进入，每人都坐在他自己的位子上，然后

开始赞颂这位英雄，说：
“你警觉开通：
愿这世界，从这头到那头，都屈服在你足下；

愿你的位子始终在宝座上!”[23] 254

公主们和嫔妃们,青春貌美,像心情愉快的天使,高昂地进入,举杯敬酒。

我向你的面颊致敬,而且我愉快地
用蔷薇向蔷薇致敬,
用苹果向苹果致敬。

接着他们像北方的和风那样坐在左边。所有男人和女人,少男和少女,都穿上美珠的衣服,其闪耀和明亮致使晚上的星星因妒忌而想在隐没时刻之前四散。在欢乐的酒宴中,他们举杯为乐,愉快地涉足于游戏的场地,凝视歌姬以饱他们的眼福,倾听歌声以充悦他们之耳;——而他们的心情因欢乐连连而振奋——

在头中,醉酒的头痛,在手中,情妇的秀发。

就这样当天结束:又照这个方式一连七天,从早到晚,他们尽情轮番把盏,凝视美苔天仙,体态婀娜的美人。

他的手在丝弦上弹出很多逢迎的歌曲,
思慕的征象。

当他们宴乐完毕,他命令打开新旧库藏的大门,准备各种珍宝、金钱和衣服。主持这件事,即是说,散发这些财宝,他委诸唆鲁禾帖尼别吉的才智和持重,她在那次忽邻勒塔上享有最大的威望。最先得到他们份子的是在场的成吉思汗氏族中的王公和公主;还有他们
的所有奴仆和扈从,贵人和贱民,老头和幼儿;然后按顺序,那颜们, 255
土绵长、千夫长、百夫长、十夫长;按人口,算端们,蔑力克们、书记

们、官员们，以及他们的属下。其他每个在场的，不管他是谁，没有不分得一份而离开，确实，人人领到他的足额和该得的那份。

处理完这件事后，他们开始追究国事。首先他们审理斡赤斤的案子，他们认为应对它认真调查和仔细审视。而因这个审讯事关紧要，不能把它交给异姓，蒙哥和斡鲁朵就担任审判者，别的人不能对这件事置一词。当他们完成他们的任务后，一群异密按照札撒把他处死。用同样的方法他们处理其他要务，异密不得争论。

继合罕之后不久，察合台也去世了。他的孙子合剌斡兀立继承他，而他的嗣子也速没有干预。但因贵由汗对后者极为友好亲密，他说："有子怎能让孙子当继承人？"在他们生时，合罕和察合台都指定合剌作为察合台国土的继承人，但贵由把它交给也速，在所有事情上助他一臂之力。

合罕死后，诸王各自为政，贵人则分别依附他们当中的一个；因此他们在国土上宣写敕令，散发牌子。贵由命令把这些收回。因为这种作法不符他们的札撒和法令，他们感到羞愧，狼狈地低下他们的头。他们每个人的牌子，札儿里黑被追回，摆在颁发者面前，加上这句话："览汝所写。"[24]而别吉[25]和她的儿子们却昂着他们的头，因为没有人能够拿出他们违背札撒的任何东西。在整个
256 谈吐中贵由汗总是拿他们当榜样；又因他们遵守札撒，他轻视别人，但称赞和夸奖他们。

他制定一条札撒称，一如合罕即位时维护其父之札撒，不许丝毫改动其律文，因此同样地，其父之札撒和律文也不应任意损益增删，确保不受窜改之害，而每道饰有皇室塔木花的札儿里黑，无须呈报皇上，应重新加印。

在这之后，他们共商军机以及如何遣师到世界各地。当获悉最远方的契丹蛮子国已经败盟反侧时，他派遣速不台把阿秃儿和札罕[26]那颜(Jaghan Noyan)率领一支劲旅和一支大军出兵该地；又派同样的军队到唐兀和肃良合；同时他把野里知给歹[27](Eljigitei)和一支大军派往西方。他下令从每个王公处每十人中抽调两人去追随野里知给歹，该地所有的男子应随他上马，每十个大食人中应有两人随行，并且他们应从进攻异端[28]开始。大家同意他本人随后出发。
尽管他已把所有的军旅和被征服的百姓置于野里知给歹麾下，他还 257
特地把鲁木、谷儿只、阿勒坡、毛夕里和塔迦窝儿[29]的政事交给他，为了别的人不妨碍他们，也为了那些地方的算端们和长官们可向他负责他们的贡赋。他把契丹诸州交给大丞相牙老瓦赤，以及原在异密麻速忽毕治下的河中，突厥斯坦和其他的土地。伊剌克、阿哲儿拜占、失儿湾、罗耳，起儿漫、法儿思和印度方向的疆域，他委诸异密阿儿浑。而分别隶属于他们的异密和蔑力克，他都颁赐札儿里黑和牌子：他把重要职务交给他们，用虎头[30]牌子和札儿黑里宠荣之。他还把鲁木的算端位子交给算端鲁克那丁，因为后者前来向他表示臣服，同时废掉他的兄长[31]。吉思灭里[32](Qiz-Malik)之子大维德，他使之臣服于另一大维德。札儿里黑还颁给塔迦窝儿[33]和阿勒坡的算端们以及众使者。至于八吉打的使臣，过去他荣获的札儿里黑却从他
那里追回，同时贵由汗给伊斯兰大教主送去愤怒的使信，因为绰儿 258
马罕之子昔烈门[34](Siremün)对他们作出控告。至于阿剌模忒的使者们，他不屑一顾地把他们打发走；对他们携来的信函的回答，采用了相应严厉的措词。

重要事件这样处理完，王公们在告退和行过尊敬之礼后，启程

回家，忙于执行贵由汗的敕旨和命令，安排军旅的调遣和异密的任命。

当他登基的消息在整个世界上公布、他执法的严峻和可畏变得闻名时，就在诸军进抵他的敌人前，因害怕和畏惧他的凛烈，个个心中都有刀兵，人人胸中都有干戈。

在你的敌人前，你的箭矢是一支英勇的军队，
而在你的军队四周，
你的威猛是一座坚强的堡垒。

听到那个消息的各国诸侯，怕他的凶悍，畏他的残暴，“但求入地有门，上天有梯。”[35]

我没有在整个世界上看到
公开的或暗藏的敌人，
他在听见你的名字时不折腾。
我说折腾吗？他确实要吓死过去。[36]

他的宰辅，宠信和廷臣不能提出建议，他们也不能把任何事情，在他先提起它之前，呈报给他。除了那个经常在第一天呈献他
259 的贡物，然后甚至没有入内就离开的人，远近的访问者未曾逾马厩以上一步。

合答[37]原来从他的幼年起就作为阿塔毕侍奉他；因他从信仰说是一个基督徒，贵由也受到该教的培育，而其印象绘于他的心胸，“犹如刻在石头上的图画。”此外尚有镇海〔的影响〕。他因此极力礼遇基督徒及其教士；当这事到处盛传时，传教士就从大马士革、鲁木、八吉打、阿速[38]（As）和斡罗思[39]（Rus）奔赴他的宫廷；为

他服劳的也大部分是基督教医师。因为合答和镇海的侍奉，他自然倾向于攻击穆罕默德（愿最好的和平与恩福施降给他！）的宗教。既然这个皇帝天性疏懒，他就把政事的紧和松、弛和张委诸合答和镇海，要他们对好坏和祸福负责。结果基督教的教义在他统治期间兴盛起来，没有穆斯林敢于跟他们顶嘴。

现在贵由汗希望他自己的仁德之名超过他的父亲。他的厚施没有止境。当商人从这世界上远近各地集中，并且携来奇珍异宝时，他下令依照其父在位时所采用的办法估价。有次，一群侍候他的商人的款项，总计为七万巴里失，为此宣写敕令到各地。这时接受那些商人的货物，以及同天来自东方和西方，从契丹到鲁木的商品，连同各地各族的物货，堆积如山，分门别类堆放。“运送所有这些将有困难，”大臣说，“但必需把它们送进哈剌和林的仓库。”“看 260
守也会是困难的，”贵由说“而且对我们无益：把它赏给士卒和那些侍候我们的人吧。”因此一连几天把它分赐给左右的所有属民；没有一个乳儿不分得它的一份。还把它分赐给来自远近的一切人，不分主子和奴隶。最后仅有三分之一没有处理掉；这些也被分掉，但到头来还剩下很多。一天，贵由从斡耳朵出来，经过这些货物。他说：“难道我不曾叫你们把它都赏给军士和百姓吗？”他们回答：“这是每人足足分得两次后剩下来的。”他叫当时在场的每个人尽量取走。

那一年[40]，他在他的冬季驻地度过；当新的一年到来，这世界又摆脱冬天的严寒，柔适的云霭降临，地面披上春之彩袍，树木和枝叶又充满汁液，丰饶的风开始吹拂，空气（havā）犹如甜蜜女郎的爱情（havā），花园像公主的面颊那样容光焕发，鸟兽成双成对，情

侣蜜友趁肃秋未至之前享乐的日子，如诗所说既不睡眠又不休息：

用爱情打动素馨宁静心情的人，
起来吧，让我们在这素馨的时刻
共同享乐吧；
让我们从玫瑰色花园的面上采摘玫瑰，
让我们从美酒色素馨的唇上欢饮美酒，

——这时贵由汗实现他出游的打算，离开他的首都。[41]每逢他抵达
261 有耕垦之地或者他见到有百姓之处，他就叫他的随从赏给他们巴
里失和衣物，让他们免于冻馁和饥寒之辱。像这样极其威凛和显
耀，他进向西方诸邦。当他抵达距别失八里一周之程的横相乙
儿[42]（* Qum-Sengir）境内时，大限已到[43]，不给他片刻时间从该地
向前进一步。

多少希望因残酷苍天的幻化而没有实现啊！凶狠残暴都阻挡不住，军旅和干戈都制止不了。更奇怪的是，不管人们怎样观察和看到类似的事，他们决不接受教训；贪婪和欲念与日俱增；贪欲的力量时刻在增强；然而这无声说教者的声音不能阻拦，它在明智之耳中的戒谕也不能禁止。

这世界总在说："最好别把你的心花在我身上。"
你没有倾听这个无声说教者的话。
262 为何你去追求亚历山大为之丧身的凶妇之爱？
为何你去跟大流士为之丧失国土的女人调情？
你不曾发现这貌似娟好的刁妇，
时刻从这银色天幕变出的戏法吗？

注　释

① YSW。也速，也速蒙哥（Yesü-Mengü、Yesü-Möngke），是察合台的第五子。

② BWRY。蔑惕干（莫阿图堪）的第二子。

③ BAYDAR。察合台的第六子。

④ 原文作 YSNBWQH，读作 YSNTWQH。拉施特常有此形的异写，但在一处（伯劳舍，第 166 页）作 YYSWTWA 或 YYSWNTWA，即 Yesün-To'a。伯希和，《金帐汗国》第 88－92 页，把这个名字当作是《元秘史》的也孙帖额（Yesünte'e）或也孙脱额（Yesün Tö'e），然而在志费尼和拉施特中的形式似乎更支持伯劳舍在 242 页注中所提出的语原，即 Yesün-togha“第九”，由蒙语 yesün“九”和 togha（to'a）“数字”而来。也孙脱花，即也孙脱阿，是蔑惕干的第三子。

⑤ 乞里只-阿儿思兰四世（Qïlïj-Arslan Ⅳ）（1257－1265）。

⑥ *T*AKWR。如穆. 可. 所指出（第Ⅲ卷，第 484－490 页）这是亚美尼亚词 t'agawor“国王”，被志费尼错误地用来，不是指西里西亚即小亚美尼亚的侯王，而是指该国本身。然而这里非指国王海屯一世（King Het'uml）自己，而是指他的兄弟元帅仙拍德（Constable Sempad）（Smbat）。

⑦ 即皇后鲁速丹（Queen Rusudani）的儿子大维德四世及后兄阔里吉王（King Giorgi）的私生子大维德五世。见阿伦，《格鲁吉亚人民的历史》，第 113－114 页。

⑧ 这是阿由比朝的（Ayyubid）纳昔儿・撒剌合丁・玉素甫（Nāṣir Salāḥ-ad-Din Yūsuf），阿勒坡（1236－1260）和大马士革（1250－1260）的侯王。

⑨ 毛夕里的赞吉朝（Zangid）阿塔毕（1233－1259）。

⑩ 这是个年代错误，而有意思的是，在他史书的这部分中（伯劳舍，第 242 页）几乎逐字抄录志费尼的拉施特，略而不提“额儿哲鲁木的算端。”鲁克那丁・扎罕沙（Rukn-ad-Din Jahan-Shah），额儿哲鲁木的塞勒术克侯王，在扎兰丁花剌子模沙为鲁木和西利亚联军所败后，遭到废黜，并被处死（1230）；他的领土这时被并入他堂兄阿老丁・凯库拔一世（'Ala-ad-Din Kai-Qubad Ⅰ）的国土内。

⑪ 这看来指的是迦儿宾的出使。

⑫ 马可波罗的“山中老人，名叫阿老丁(Aloadin)”，即亦思马因或阿杀辛大长老穆罕默德三世(1221－1255)，关于他，见后，第 ii 册，第 703－712 页，同见荷治松《阿杀辛教派》，第 256－258 页。

⑬ 发勒斯编，《沙赫纳美》，第 474 页，第 652 行。

⑭ SYRAMWN。这个名字较早的拼法。比较格利哥尔的 Siramun 和汉语的昔烈门。后来的拼法(Shiremün)以迦儿宾的 Chirenen，拉施特的 ŠYRAMWN，以及汉语的转写失烈门为代表。见柯立福，《蒙古名字》，第 426－427 页。此名似即 Solomon 的突厥蒙古语形。见伯希和，《蒙古和罗马教廷》，第 203－204 页，注④，或见柯立福，前引文，那里全文引用了伯希和的注。昔烈门，即失烈门，是窝阔台次子阔出(Köchü)的长子。

⑮ 原文有一空白，A 本和 B 本同，但 E 本作 NYSW，即 YYSW。

⑯ 参看前面，第 187 页，D 本作“九次”。

⑰ 指的是约瑟传中一个著名的轶事。祖来哈(Zulaikha)(波特费尔(Potiphar)之妻)的客人们，埃及贵妇，不能把她们的眼睛离开俊美的年轻男仆，用削橘子的刀割伤了她们的手。

⑱ 巴尔巴德是撒珊朝时代一个著名宫廷乐人。

⑲ 发勒斯编《沙赫纳美》，第 472 页，第 623－624 行，那里以“张口颂扬伟人”代替“乐人启唇歌唱。”

⑳ 同上，第 465 页，第 504 行。

㉑ 同上，第 1648 页，第 2669 行。

㉒ 同上，第 2670 行。

㉓ 同上，第 470 页，第 571－572 行。

㉔ 《古兰经》，第 xvii 章，第 15 节。

㉕ 即唆鲁禾帖尼(唆鲁禾黑帖尼)别吉。别吉(“后妃”)可能是一种为避免提到她真名而采用的死后谥号。见我的文章，《志费尼书中一些蒙古宗王的称号》，第 153 页。

㉖ J̌ΓAN。在第Ⅲ卷第 64 页中，此名拼作 J̌ΓA，即 Jagha。jaghan 是蒙语的“象”。伯劳舍，第 306 页，采用 ČΓAN 即 Chaghan 之形，这也是有可能的，chaghan 的蒙语意思是“白”。据拉施特(贝烈津，第Ⅶ卷，第 156－157 页，

赫塔吉诺夫,第 144－145 页,在那里,此名拼作 Uchagan),扎罕原为一唐兀人,十五岁时被成吉思汗收为第五子。(这显然跟征服者塔塔儿妃子所出之子斡儿长,即斡儿察罕有些混淆。关于他,见前第 180－181 页,注⑥,又见赫塔吉诺夫,第 110 页,他的名字在那里拼作 Chagan。)他统率成吉思汗的"大土绵"(hazāra-yi-buzurg),后又为窝阔台委派为所有契丹即中国北部境内蒙古军的统帅,以及契丹本土的长官。(《元史》有察罕传。——中译者注)

㉗ 原文作 AYLČYKTAY,读作 AYLǏYKTAY。关于此名的形式和含义,见伯希和,《蒙古和罗马教廷》,第 116 页注②,第 171 页注②。这就是遣使去见路易九世(Louis Ⅸ)的"鞑靼之王"Eicheltay,等等。见伯希和,前引书,第 154－155 页,至于他致圣路易之函的拉丁译文,亦见第 161－164 页。参看格鲁赛,《草原帝国》,第 421－423 页。(《元史》中又写作野里知吉带和宴只吉带等等。——中译者注)

㉘ malāḥida(单数为mulḥid):这个词通常用来称亦思马因人即阿杀辛人。它为卢不鲁克所知,他谈及"他们称之为 Mulidet 的 Hacsasins"(柔克义,第 222 页),而且也为亚美尼亚史家瓦尔丹(Mlhedk')和乞剌可思(Mlhedk'和 Mulhedk')所使用。mulḥlid实际是个比 heretic 更强烈的词,因为亦思马因人被认为在伊斯兰的范围外。(汉文史料中作没里奚、木乃奚、木剌夷,等等。——中译者注)

㉙ 原文作 Diyar-Bekr(Diyār-Bakr),但 E 本作 TAKWR(B 本和 C 本＝讹为 BAKWR),即 Takavor,关于它,见前,第 250 页,注⑥。

㉚ shir-sar,它也可能意为"狮头"。参看别奈代脱编马可波罗,第 112 页:"汝须知者,百夫长获一银牌,千夫长金牌或镀银牌,万夫长获一狮头金牌。"在两种情况下指的都是中国的"虎符"(hu-fu)。如伯希和说,马可波罗始终用"狮"代替"虎"——"比方以虎符作狮符之类,好像是受了波斯语 šēr 、šīr 等字的影响。"(《巴尔托德著突厥斯坦评注》,第 17 页。)事实上,在古典波斯著作中,shīr(或如当时的拼法 shēr)并无区别地既用来指狮,又用来指虎。在今波斯,这个词仅有"狮"之义,但在印度,旧读法(shēr)仍保存下来,它是"虎"的普通称呼。比较《森林故事》的 Shere-Khan。

㉛ 也速丁·凯迦武斯二世('Izz-ad-Din Kai-Kā'ūs Ⅱ)(1245－1257)。关于这两个诸侯统治的复杂情节,见格鲁赛,前引书第 423 页。

㉜ 即鲁速丹 Qïz-Malik 多少算是“皇后”，来自突厥语 qïz“少女”和阿拉伯语 malik“国王”。

㉝ 见前，第 250 页，注⑥。

㉞ 不要跟窝阔台的孙子弄混了，关于他，见前，第 251 页，注⑭。

㉟ 《古兰经》，第 vi 章第 35 节的改写。

㊱ 发勒斯编《沙赫纳美》，第 1637 页，第 2492－2493 行。

㊲ 迦儿宾的“整个帝国的管治者合答（Kadac）”。（柔克义，第 27 页）

㊳ 阿速（Ās）即阿兰（Ālān）人是今天奥谢梯人（Ossetes）的祖先。

㊴ 即俄罗斯人，关于这个名字的起源，见维纳斯基《古代俄罗斯》，第 276－278 页。

㊵ 即 1247 年。

㊶ 据拉施特（伯劳舍，第 250 页），贵由借口他因健康原因进向叶密立地区，但唆鲁禾黑帖尼王后怀疑他的真正意图是进攻他的堂兄拔都，她因此向后者送去警报。

㊷ 原文作 SMRQND，即 Samarqand（撒麻耳干），这当然是不可能的，应读作 QMSNKR。在《蒙古和罗马教廷》第 196－197 页中，伯希和已基于 D 本的 MSKR 和把儿赫不烈思中相应一段的 QMSTKY，提出了这样一个订正，他把它的词形考证为《元史》中的横相乙儿（Hêng-sêng-yi-êrh）和乞剌可思的 Ghumsghur。据后者（第 213 页，白乃脱胥乃德，第 1 卷，第 168 页），小亚美尼亚王海屯离开哈剌和林回国途中，走了三十天后到达 Ghumsghur，再从那里进向Bēřbalekh和 Bēshbalekh，即别失八里。横相乙儿，“沙岬”，是《元秘史》（第 158 节）的忽木升吉儿（Qum-Shinggir），据伯希和，《亲征录》第 316 页，当沿乌伦古（Urungu）上游去寻找，该河在那里仍以布尔根（Bulgan）而知名，“可能在该处，它因形成一个朝西方和西北方的大转弯而停止从北往南流；今天通向古城（Gutchen）的邮道仍在那里。”

㊸ 据《元史》，贵由死于 1248 年 3 月（3 月 27 日－4 月 24 日）。见伯希和，《蒙古和罗马教廷》，第 195－196 页。

37. 斡兀立海迷失后[1]及其诸子

当一切凡人均不可避免的天命夺走了贵由汗时，大路被封锁了
（每逢一个国王驾崩，这是他们的风俗和习惯），同时颁了一条札撒
说，每人应在他已抵达的任何地方停留，不管那是有人烟之地或是
荒郊。对这个不幸事故的哀伤减轻后，斡兀立海迷失遣使去见唆鲁
禾帖尼别吉和拔都，向他们报告所发生的事；而且在跟大臣们商量
她应返回合罕的斡耳朵呢，还是前往贵由汗前斡耳朵所在之霍博和
叶密立后，按照她自己的意见，她启程到叶密立。唆鲁禾帖尼别吉，
按他们的旧习，送给她衣服和一顶顾姑[2]（boghtagh），以及劝慰和哀
悼的使信。拔都用同样的方式抚慰她，以美诺来勉励她；就中他提 263
出，斡兀立海迷失，一如既往，应与大臣们共同治理朝政，照拂一切
必须的庶务。借口他的马瘦，他驻留在阿剌豁马黑[3]（Ala-Qamaq）；
并带话给所有的王公和异密，要他们到该地，以便共商把汗位交给
一个适当人选的事，庶几朝政不致再度失序，骚乱不致发生。忽察
和脑忽也应前去，而合答务必陪随他们。忽察和脑忽他们那方面倒
动身去见拔都。至于合答，当因位高势大他把足踏在天上时，他曾
说了些不符他身份的胡话，又因愚蠢之极和无知到顶，发表了些成 264
为恐慌根源和是非材料的言论。因此出自畏惧，他裹足不前，低头
装病。尽管三番两次遣使者们去召他，他并不答应，斡兀立海迷失

和她的儿子们也不同意他去。使者因此马上向他告别。

忽察和脑忽抵达阿剌豁马黑，顶多住了一两天，便赶在其他诸王之前返回去了，因为他们的命星衰微了。他们把帖木儿那颜(Temür Noyan)留给拔都作为他们的代表，告诉他说，无论诸王达成了何种协定，他也要立下同样内容的文书。而当王公们同心翊戴贤明的君主蒙哥可汗登基时，他也作出了他的书面赞同。

为了对贵由汗的儿子们表示尊重，诸王公仍让他们执政到召开一次忽邻勒塔之时；他们遣一名使者对他们说，因镇海始终是个忠实的人，曾总握要务，他可继续指导政事和颁发札儿里黑，迄至新汗被推立和全能真主的秘密被揭开的时候。

王公们都从阿剌豁马黑返回他们自己的斡耳朵，以准备这次忽邻勒塔。至于帖木儿，他回去见忽察和脑忽，告诉他们王公们怎样一致同意蒙哥可汗承运登基。他们责备他给出了他的文书，同意别人的意见；同时他们阴谋在蒙哥可汗的道路上设下一面埋伏，从粗暴的指上射出叛逆之矢。然而，因福星警觉协助、仁慈，天命在他一边，运气是他的友伴，造物主(主的慈恩光荣，主的赐福众多!)的天恩在护佑他，加之百姓的热忱在支持和拥护他，他就在他们觉察前渡过了险境和危难。尽管如此，他们仍在他们心里怀着
265 那个念头，并继续处理时政，虽则这些事很少，不过跟商人交易，临时拨款给各地和各邦，派遣下层驿使和税吏而已。

斡兀立海迷失整天跟珊蛮策划于密室，以实现他们的妄念和狂想[4]。忽察和脑忽呢，他们在其母对面各据一宫；这样就在一个地方有了三个统治者。在别处，王公们也按他们自己的愿望做生意，各地的达官贵人凭他们的私意依附于一党。因为彼此不合以

及跟他们的年长族人有矛盾，斡兀立海迷失及其诸子的事情不可收拾了；他们的图谋和诡计更是逸出了正义之道。至于镇海，在办事中他既软弱又为难，他的劝告不为他们的明智之耳所采纳：因为年轻，他们任性胡来，斡兀立海迷失则以抑沮贤良为乐。

苦行者无能为力的两桩事是：
女人的心计和年轻人的专横；
就女人说，她们的性子容易激动，
而就年轻人说，他们放纵不羁[5]。

因此他们遣使者去见拔都说："我们不同意选举另外的汗，我们决不承认那个协定。"

判决被通过，文书立在先，
急躁或焦虑有何用场？
真主通过他喜爱的判决，然而一切皆妥，
你又为何烦恼不安？

他们送去所有这些使信，都有也速的鼓动，得到他的同意和支持。而他们的忠实的亲族别吉和拔都却屡次给他们送去忠告，说："当所有的阿合（aqa）和额尼[6]（ini）聚会时，无论如何你们应当出席忽 266
邻勒塔，再一次共同商讨和审议。"从拔都遣去的使者们说，倘若汗位交给了蒙哥可汗，他们会得到最大的好处。但因他们用幼稚和任性的目光来观看，又没有受到生活经验的锻炼和惩罚，他们固持这些意见。至于合答，因害怕他的蠢话和不成熟的想法的后果，他同意他们的反对意见。尽管使者们从四方去叫他们赶快应忽邻勒塔之召，他们仍坚持他们的拖拖拉拉，在敌对的幕后策划阴谋，在

野心的棋盘上投掷暗算的骰子；他们还是不去干有益的事。最后，王公们派去一名使者说，他们已聚会在〔蒙哥的〕御前。因此脑忽就启程去参加他们，随后是忽察，最后海迷失也去了，这将在谈世界皇帝蒙哥可汗登极的一章中披露；当因短见和狂妄，事情就达到这样的程度：智者之悟性在那思虑的泥潭中挣扎而不能找到出路。

注释

① AΓWL ΓAYMŠ。根据把她称为 Oqul-Qaimish 的拉施特，她是个篾里乞人；（赫塔吉诺夫，第 116 页）接见路易九世遣来第一次使节的正是她，她给法兰西国王的复函保存在约因维尔（Joinville）的书中。见伯希和《蒙古和罗马教廷》，第 213 页。在蒙哥致圣路易的信函中，她被称作迦木思（Camus）："……当贵由汗（Keu Chan）死后，你的使臣们到达此宫廷。而他的妻子迦木思送给你纳失失料子和函件。但对一个大国的幸福和安宁，以及战争和和平的事，这个比狗还贱的女人对它们能懂得什么？……"（柔克义，第 249－250 页）（Keu，我是据余大钧同志的意见读作贵由，其他一些译名也考虑了余大钧同志的意见，仅表谢意。Camus 当即 Qaimish 的拉丁文写法。——中译者注）

② 顾姑（boghtagh、boghtaq）是已婚妇女的头饰。它是卢不鲁克的 bocca，即 * bocta，卢不鲁克描写它如下："再者他们有一种他们称之为 bocca 的头饰，用树皮或他们能找到的这类轻物质制成，而它大如两手合掐，高有一腕尺多，阔如柱头。这个 bocca，他们用贵重的丝绢包起来，它里面是空的，在柱头顶，即在它的顶面，他们插上也有一腕尺多长的一簇羽茎或细枝。这个羽茎，他们在顶端饰以孔雀羽毛，围着（顶的）边上有野鸭尾制成的羽毛，尚有宝石。贵妇们在她们的头上戴上这种头饰，用一根 amess 把它向下拉紧，为那个目的在它的顶上替它打开一个孔，并且她们把她们的头发塞进去，将头发置于她们的脑后打成一个髻，把它放进 bocca 中，然后她们把 bocca 紧拉在颚下。因此当几个妇女一起骑马时，打老远看她们，她们就像士兵，头戴盔，

竖执矛。因这个 bocca 像一顶头盔,它上面的羽茎像一支矛”(柔克义,第 73 - 74 页。)

③ ALAQMAQ。显然就是《元史》的阿剌脱忽剌兀(* Ala-Toghra'u),伯希和,《蒙古和罗马教廷》,第 190 页,注②,把它看成是* Ala-Toghraq,“有斑的白杨,”原于突厥语 ala“有斑的”、“黑色和白色的,”以及 toghraq“白杨。”他解释这两个词形之间的差异时提出,Ala-Qamaq 可能是* Ala-Toghraq 之讹。问题的另一个解答可以是把 Ala-Qamaq 的第二部分看成是鄂图曼和阿哲儿拜占的“白杨”,即 qavaq(kavak)一词的异写或讹错。阿剌豁马黑距海押立为一周之程(见后,第 ii 册,第 557 页),或者,如巴尔托德在他为《伊斯兰百科全书》撰写的“拔都”条下所提出,位于伊塞克湖(Issik)和伊犁河之间的阿拉套(Ala-Tau)山中。据拉施特(伯劳舍,第 274 - 278 页),拔都和诸王相会,不是在阿剌豁马黑(没有地方提到它),而是在他自己领土内的某地。固在贵由死时害风湿成了瘸子(同见伯劳舍,第 251 页),拔都把诸王召到他在西方的大本营去;而窝阔台、察合台和贵由的儿子们被说成是拒绝长途跋涉去钦察草原。此外,拉施特关于这次相会的叙述,和志费尼记在阿剌豁马黑召开的忽邻勒塔的细节,决无不同。见后,第 ii 册,第 557 - 562 页。

④ 卢不鲁克的威廉听蒙哥“亲口说,迦木思是一个最坏的巫婆,她用她的巫术毁灭了她的整个家庭。”(柔克义,第 250 页。)

⑤ 马鲁鲁德的忽辛·本·阿里(Husain b. 'Ali),他享名于撒曼朝统治下。(穆.可.)

⑥ 即哥哥和弟弟。

38. 术赤及其继承人拔都[①]的登基

长子术赤曾到豁兰八失去见成吉思汗并从那里归去，这时大限已到。他的诸子中，孛哈勒[②](Boghal)、斡鲁朵、拔都、昔班罕、唐古忒、别儿哥和别儿哥察耳，这七个均已成年；而拔都继承他的父亲，
267 成为国土及他兄弟的统治者。当合罕登上帝位时，拔都征服和削平了与其本土接壤的所有疆域，包括所有钦察、阿兰、阿速、斡罗思等余下的土地，以及诸如不里阿耳、篾怯思[③](Magas)等其他国土。

拔都驻在他设在阿的勒[④](Etil)地区的幄帐；他在那里建筑了一座叫做萨莱[⑤](Sarai)的城市；而他的话是每个地方的法律。他是一个无宗教信仰的国王：他仅信仰天神，不盲目地皈依这派那教。他的施舍无数，他的恩泽无穷。各国的国王、四海的诸侯，及其他所有人都去朝见他；就在把他们多年积存的贡礼运进府库之前，他已把它们统统赏给了蒙古人、穆斯林及一切在场者，不管贡礼是多是少。四方的商人运给他各类货物，他一股脑儿收下，支给好几倍的价钱。他宣写敕令给鲁木和西利亚的算端，把札儿里黑赐给他们；前去朝见他的人没有不达到目的而离开的。

贵由汗继承汗位时，拔都应他的要求，出发去迎接他。他抵达阿剌豁马黑，贵由汗的死亡便来临了。他停驻在该地，王公们从四
268 方去见他；于是他们把汗位交给蒙哥可汗，其经过将在谈蒙哥可汗

的一章中披露。从那里他返回去，到达他自己的斡耳朵，纵情于声色歌舞。凡是组织远征时，他就会根据情况的缓急，调发由他的族人、亲属和将官率领的军旅。当在 653/1255－1256 年蒙哥可汗举行另一次忽邻勒塔时，他遣去信奉基督教的撒里答(Sartaq)。撒里答尚未抵达，这时真主的旨令得到执行，那不可避免的事[⑥]发生在……[⑦]年。撒里答到达后，蒙哥可汗优礼接待他，以种种超逾他的所有同辈的恩赏来显扬他；他又用宜于如此一个伟大国王的财富和珍宝送走他。他还没有到他的斡耳朵，而是仅到达……这时他也前去见他的父亲。蒙哥可汗遣他的异密去吊慰他的妻妾和弟兄；同时他教拔都的长妻孛剌黑真[⑧]哈敦(Boraqchin Khatun)颁发敕令和教育撒里答之子兀剌赤[⑨](Ulaghchi)，直到他长大继承他的父亲。但天不从人愿，兀剌赤同年就死了。

注　释

① 关于金帐汗国的建立者拔都的统治，见维纳斯基，《蒙古和俄罗斯》，第 140－149 页，格鲁赛，《草原帝国》，第 470－474 页，斯柏勒，《金帐汗国》，第 10－32 页。

② 原文作 BMHL，读作 BWΓL。拉施特作 BWWAL，即 Bowal 或 Bo'al，又作 BWQAL，即 Boq'al。Bo'ol 实际是义为“奴隶”的蒙古名 Bo'al 的西方拼法。见伯希和，《金帐汗国》，第 52－54 页。在兰浦尔《回教王朝》中作 Teval 的孛阿勒(Bo'al)，是著名将军那海(Noqai)，马可波罗的 Nogai 的祖父。

③ MKS。篾怯思，《元秘史》的篾格惕(Meget)等等，实为阿兰人即奥谢梯人的首府。见米诺尔斯基，《高加索》，第Ⅲ卷，第 232－238 页。

④ AYTYL。伏尔加河。迦儿宾是第一个用它的俄罗斯名字称呼这条

河的西方作家。甚至卢不鲁克都把它叫做 Etilia。见柔克义,第 8 页,注②。这个名字被不里阿耳人和阿瓦儿人(Avars)用来称伏尔加河;而 etil 至今仍是“河流”的楚瓦什(Chuvash)语。见巴尔托德,《突厥史》,第 22 页。

⑤　这是乔叟(Chaucer)的“在鞑靼(Tartarye)地面的萨莱(Sarray)”。萨莱(后被叫做“老萨莱”,以把它区别于别儿哥建造的“新萨莱”)位于阿赫土巴(Akhtuba)东岸,阿斯特拉罕(Astrakhan)以东约六十五哩。见维纳斯基,前引书,第 266 - 268 页。

⑥　即拔都之死。

⑦　拔都的死期,史料有很大的分歧,但看来最可能他死于 1255 年。见斯柏勒,前引书,第 32 页,注⑩⑧。

⑧　BRAQČYN。关于孛剌黑真(Boraqchin)——这个名字是蒙语 boro“灰色”的阴性形式——,见伯希和,前引书,第 39 - 44 页。据拉施特(赫塔吉诺夫,第 111 页),她是塔塔儿的按赤(Alchi)族。

⑨　据拉施特,兀剌赤(Ulaghchi)—“驿骑管理者”—并非撒里答之子,而系他的兄弟,但见伯希和,前引书,第 34 - 39 页。

39. 不里阿耳[1]以及阿速、斡罗思领域的征服[2]

当合罕召开第二次忽邻勒塔时，他们共同商议如何剪除和征
服所有余下的反抗者；并决定攻占与拔都营地接界的不里阿耳、阿 269
速和斡罗思等国；因为它们为自己领域的广阔所欺，还没有完全投
诚。他因此责成一些王公去援助拔都，他们是：蒙哥可汗及其弟拨
绰[3]（Böchek）；他自己的儿子贵由汗和合答罕；其他王公中的阔列
坚、不里、拜答儿；拔都的兄弟斡鲁朵和唐古忒；几个别的王公以及
从大将中挑选的速不台把阿秃儿。为组织他的兵力和军队，王公
们各返他们自己的驻地；而在春天时他们每人就从他自己的领域
出师，赶去进行这次战役。他们在不里阿耳境内会师。大地因他
们军旅的强大而震响共鸣，就连野兽都被他们兵力的规模和喧嚣
吓了一跳。首先他们袭取了以阵地坚固和资源丰富而名闻全世的
不里阿耳城；作为对他人的一个警告，他们屠杀百姓，掠他们为奴。
从那里他们进兵斡罗思国，征服了该邦[4]乃至篾怯思[5]城，它的居
民多如蚂蚁和蝗虫，而它的四周，树木和茂林密布，以致连一头蛇
都不能穿过。王公们均停驻在该城的郊野，同时他们在四面八方
修建宽阔足够三、四辆大车并排而行的道路。接着他们对着城墙 270
架起射石机，几天时间后，除了它的名字[6]外没有给该城留下什么

东西，并掠获了大量的战利品。他们下令割掉百姓的右耳，⑦计有二十七万只耳朵。从那里王公们班师而回。

注　释

① 不里阿耳在这章中既用来指城镇（关于它，见前，第 42 页，注⑫），又用来指民族。关于伏尔加不里阿耳人，见维纳斯基，《古代俄罗斯》，第 222－228 页。

② 这章和下一章已出现在付印的米诺尔斯基的《高加索》，第Ⅲ卷，第 222－223 页中。

③ BWČK。《元秘史》中的不者克（Büjek），迦儿宾的 Bichac 或 Bechac。拨绰实际是蒙哥的异母兄弟。见伯劳舍编拉施特，第 207 页，那里在提到他母亲名字处是一个空白。他必定是蒙哥和阿里不哥的“同父”的兄弟，据卢不鲁克，他曾“在匈牙利，在一个叫做贝尔格莱德（Belgrade）的城市”俘获了金匠威廉·布昔尔（William Buchier）。见柔克义，第 222 页。

④ 在这个地方，米诺尔斯基，前引书，第 222 页注②，认为有一个大脱漏。由此给人的印象是，蔑怯思是在俄罗斯战役期间被攻陷的，而它实际上是在以后高加索战争过程中被攻占的。

⑤ 在波斯语中，magas 意为“苍蝇”，连同下面提到的蚂蚁、蝗虫和蛇，因此是所谓的塔纳苏卜数字的一个例子。见前，第 117 页，注⑦。

⑥ 一个双关语：除苍蝇外一无所有。

⑦ 参看前面，第 195 页，及注⑬。

40. 克列儿和巴只吉惕[1]的骑兵[2]

斡罗思人、钦察人和阿兰人被消灭后，拔都决定进兵克列儿和巴只吉惕，它们是信仰基督教的两个大国，据说跟富浪人的国家接境。头脑中抱着这个目的，他配备他的军旅，并在新的一年出师。而那个民族因他们人多势大和甲兵强盛，目空一切；因此他们听见拔都临近的消息时，他们也用四十万个个以善战闻名、视逃跑可耻的骑兵，出发去迎击他。拔都遣他的兄弟昔班罕率一万人先行，以侦察他们的人数，探报他们兵力和武装的强弱。昔班罕奉他的命令出发，在一个礼拜后回来报告说，他们两倍于蒙古军的兵力，都是骁勇善战的人马。当两军彼此接近时，拔都登上一个山头[3]；而一天又一夜，他除了祷告和叹息外不跟任何人说话；同时他叫穆斯林也集合起来，向天祈祷。次日他们准备战斗。一条河[4]把两军 271
隔开，拔都遣一支军队在夜间渡河，然后他的〔主力〕军队过去了。拔都的兄弟亲自进入战场，进行一次又一次的攻击；但敌军强大，寸步不让。这时〔主力〕军从后到达；昔班罕同时全力出击；他们冲击敌人的御营，用他们的刀斩断绳索[5]。当蒙古人掀翻了他们的营盘时，克列儿军队[6]丧失斗志，逃跑了。但该军没有逃脱，那些国土也被征服。这是他们的最伟大的战绩和最激烈的战斗之一。

注　释

① 巴只吉惕在这里仅为克列儿，即匈牙利人的一个同义词，不是指乌拉尔的巴什基尔人（Uralian Bashkirs），其后代是今天巴什基尔苏维埃社会主义自治共和国（Bashkir Autonomous Soviet Socialist Republic）的居民。关于这后者，见米诺尔斯基，《霍杜德》，第 318－319 页。

② 或作“进兵克列儿和巴只吉惕的骑兵（khail）”。这是米诺尔斯基，《高加索》，第Ⅲ卷，第 223 页，所理解的标题。另一方面，参看下面提到的四十万匈牙利骑兵。

③ 参照前面，第 80 页。

④ 消约河（Sayó）。

⑤ 如米诺尔斯基，《高加索》，第Ⅲ卷，第 223 页注③，指出，迦儿宾在伏尔加河下游拔都的营地看见“用亚麻制的幄帐。它们大而十分美观，曾属于匈牙利国王。”（柔克义，第 10 页。）

⑥ “胜匈牙利人之战，是于 1241 年 4 月 11 日，在肖约河右岸、它与提索（Tisza）河会合处之莫希（Mohi）打的。这次战斗中，拔都和速不台之间发生争吵，见伯希和，〔《金帐汗国》〕第 131 页对汉文速不台传的译文。蒙古人在匈牙利平原度过 1241 年夏季，并于 1241 年 12 月 25 日从冰上越过多瑙河（Danube）。”（米诺尔斯基，前引书，第 228 页。）

41. 察合台

察合台是个勇猛和强大的汗，严厉而凛烈。河中和突厥斯坦诸地被征服后，他的驻地，以及他的子女和军队的驻地，从别失八里扩展到撒麻耳干，适合帝王居住的美丽富饶的地方。春夏两季，他在阿力麻里和忽牙思驻跸，此地在那些季节中好像伊剌木园。他在该地区筑有聚集水禽的大水塘（他们称之为库耳[1]）。他还兴修一座叫做忽都鲁（Qutlugh）的城镇[2]。秋冬两季他在亦剌（Ila）
河岸的〔？篾鲁疾克[3]（Marauzik）〕度过。而每一旅程，从头到尾，272
他储备有粮食和饮料。他总是耽溺于声乐歌舞，亲近妖姬美妇。

因为怕他的札撒和刑罚，他的臣民秩序井然，以致在他统治期间，旅客只要接近他的军队，在任何一段道路上都无需保镖和卫士；而且，有那么个夸大的说法：一个头顶黄金器皿的妇女可以不用担心害怕地单独行走。他制定了精密的札撒，这对诸如大食等类人说是难以忍受的重负，例如，人们不可以按照穆斯林的方式屠宰牲畜，不得白天入流水中沐浴，等等。禁止按照合法方式杀羊的札撒，他颁发到各地；因而一度没有人公开在呼罗珊杀羊，穆斯林被迫吃腐肉。

合罕死后，察合台的宫阙成为全人类的核心，人们从远近跋涉去朝拜他。但不久重病就袭击了他，以致病势不治。他有个突厥丞相，一个叫做胡只儿（Hujir）的人，在他统治末尾时拥有权势并接管朝政，和医师麦术督丁（Majd-ad-Din）一起，这个人尽他的一切能力来治疗察合台的病，表现出很大的关怀和忧虑。然而，察合台死后，他的长妻也速伦[4]（Yesülün）下令把他们两人连同他们的子女一起处死。

从征服河中起就追随察合台左右并已位居宰辅的异密哈巴失·阿迷的（Habash Amid），仍留下来为察合台的寡妻服劳。有
273 那么个叫做撒底德-阿瓦儿·沙亦儿（Sadid-i-A'var Sha'ir）的诗人。一个节日上他撰写了几句咏事诗，并把它们呈献给异密哈巴失·阿迷的：

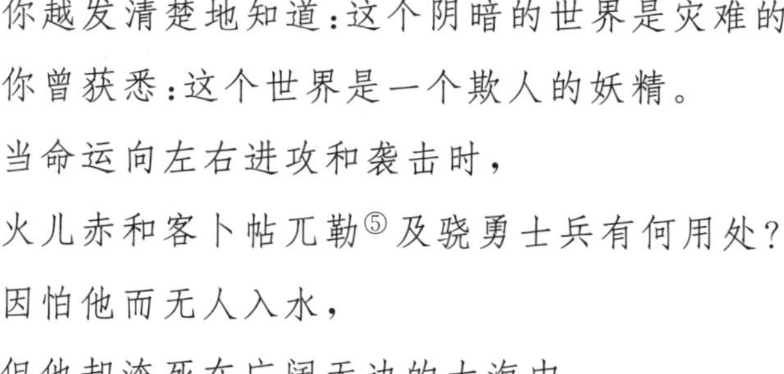

你越发清楚地知道：这个阴暗的世界是灾难的罗网，
你曾获悉：这个世界是一个欺人的妖精。
当命运向左右进攻和袭击时，
火儿赤和客卜帖兀勒[5]及骁勇士兵有何用处？
因怕他而无人入水，
但他却淹死在广阔无边的大海中。

察合台有很多儿子和孙子；但他的长子篾惕干死于范延，而合剌[6]当时刚出生，因此成吉思汗，以及在他之后，合罕和察合台，曾以他为察合台的后嗣和继承人。按此决定，察合台死后，他的妻子也速伦、哈巴失·阿迷的-木勒克，以及国家大臣都拥立他。但当贵由汗登上汗位时，因为跟察合台之子也速相好，他说：“有子为何孙子应继承？”因此之故，他以也速承袭其父的国土，委他执掌国政。现在也速是经常宴乐；他不知节制，以酗酒为习，从早喝到晚。

当他在国内牢牢立身后，他生哈巴失·阿迷的的气，因为后者支持合剌；于是他阴谋害他。哈巴失·阿迷的刚拥有权势时，原曾把他的儿子们交给察合台的诸子，把他们每个分配给一位王公。然而，察合台经常拿他们跟巴哈丁·马儿吉纳尼（Baha-ad-Din Marghinani）相比，因后者有才干和学识；而且他派他去侍奉也速。由于服劳日久，巴哈丁也拥有权势；他被授予辅佐也速的职位，哈巴失·阿迷的则被斥退。伊祃木巴哈丁尽到一切尊敬的礼仪，屡次阻止也速去实现他对哈巴失·阿迷的的图谋 。可是，异密哈巴 274
失·阿迷的心怀旧恨，他在等待一个时机以舒他的胸怀。

也速继续统治到蒙哥可汗登上汗国的宝座。也速反对他登基，所以蒙哥可汗根据在先的遗嘱把国土交给合剌。他用种种恩渥来表彰合剌，送他回家。在归途中，不能逃避的时刻不让他抵达他的斡耳朵。故此蒙哥可汗把国家交给他的儿子；因后者还仅为一幼童，他就把政权授与合剌的寡妻斡儿吉纳[7]（Orqina）掌握。当她回到她的斡耳朵时，也速，得到拔都的许可，不久也回到家里。对他，老天也没有给予宽恕[8]。

异密哈巴失·阿迷的及其子纳速鲁丁（Nasir-ad-Din）在为斡儿吉纳服劳中又获权力。而当合剌归来时[9]，他把巴哈丁·马儿吉纳尼连同他的财产和子女都交给哈巴失·阿米的，让后者向他报仇。

巴哈丁被收系在双叉的枷锁中时，他撰写如下的四行诗：

那些包扎他们生命包袱的人，
逃避了这世界的劳累和烦恼。
我的身子因我的很多罪孽而破碎，
因此他们捆绑的是这破碎东西。

275 为了乞求恩免，他也送去这另一首四行诗：

> 王啊，取走我的那些筋骨和脉络吧；
> 又倘若我的生命于你有用，也把它取走吧。
> 它是来到我嘴唇、离开我胸膛的生命。
> 这二者任你取走其一吧。

但当他发现无策可施，卑躬屈膝无用时，他撰写了下面两首诗，把它们送给哈巴失·阿迷的：

> 我跟朋友和敌人一起宴乐，然后离开；
> 我把生命之裳塞进我的臂下，然后离开。
> 命运之手给我洗涤灵魂的药丸；
> 我向她的药丸[10]发出一百个有效的咒骂，
> 然后离开。

哈巴失·阿迷的命他的人把他包在一块毛毡中，并殴击毡子，把他的肢体打得粉碎。

在 649/1251－1252 年，当我们从海迷失的斡耳朵返回时，我随异密阿儿浑到达也速的宫廷。我向伊祃木巴哈丁表示我的敬意，他在谈别的事之前先念了下面的诗：

> 当宽大的人是宽大的时，他是自己宽大，
> 但当宽大者之子是宽大的时，
> 他使他们两人都宽大。

他对我尽到尊敬和礼遇。

巴哈丁把高贵的门第和卓越的学识合而为一，因为在他的父

系方面，他是拔汗那的世袭沙亦黑伊斯兰，而在母系方面，他又和该邦的汗和君主脱欢汗[11]（Toghan Khan）有亲属关系；至于他的卓越学识，他把各种精神的和世俗的高尚知识施用于他晋升的宰辅高位。确实，我发现他的面前是世界上所有学者的中心，天下赛德尔的枢纽。凡是有一笔学术货物（它是非卖品）作资本者，始终 276
在巴哈丁那里找得到他货物的市场，受到他慈悯和矜恤的救济。要谈他的成就和品德会拖得太长，而既无时间又无地方去载录它们。甚么有德之士，命运把他抬举又不再把他抛弃呢？

什么丝柏她使之高耸
而不再痛苦地把它弯折呢？
光阴啊，为何你终生照料
有嫩枝和茂林的高尚德行之园？
光阴啊，你和居于高位的贵人有何相干？
倘若你留下一个贵人，
那对你有何损害？[12]

异密巴哈丁遗有儿子和乳幼，而哈巴失想把所有他的儿子都送去追随他们的父亲。

注　释

① 见前，第237页，注③。

② 或村疃（dih）。见前，前45页，注⑤。

③ 原文据A本作MRAWRYL，但有好几个异写。这个词要么是个专有名词，要么是义为“附近”、“河岸”等等的某个词的讹误，在此情况下整个短

语会是“靠近亦剌(的河岸)”。İla(亦剌)是伊犁的古突厥名。

④ YSLWN。据拉施特(伯劳舍,第154页),她是弘吉剌部答力台(Daritai)之子合塔那颜(Qata Noyan)的女儿。答力台是该部之长以及成吉思汗长妻孛儿台旭真(Börte Fujin)之父特薛禅(Dei Sechen)的兄弟:也速伦之父和孛儿台因此是亲堂兄妹。然而,拉施特往下说也速伦死后察合台娶她之妹之妻,反之,据志费尼的说法,她活过了她的丈夫。

⑤ 即宿卫,见前,第226页,注㊿。

⑥ 即合剌旭烈。

⑦ AWRQYNH·拉施特(伯劳舍,第102页)拼作AWRQNH和瓦撒夫(哈模尔-柏格斯塔尔编本第28页,孟买编本第14页)拼作HRΓNH,显即Horghïna。卢不鲁克的Organum,如玉尔,《中国以及通往中国去的道路》,第Ⅳ卷,第161页所已指出,是这个皇后的名字,转用到她居住的领土。据拉施特,她是斡亦剌的不花帖木儿(Buqa Temür)之妹,因此是成吉思汗的孙女,他的次女扯扯干(Checheken)所出。见赫塔吉诺夫,第119页,斯米尔诺娃,第70页。

⑧ 据拉施特的较详记载(伯劳舍,第175页,第184－193页),合剌旭烈的妻子斡儿吉纳在其夫死于归途后,奉蒙哥可汗之命把也速处死,然后继其夫统治了十年察合台的兀鲁思。(穆.可.)

⑨ 这不仅与事实不符,也与作者自己在前几行的说法不合。(穆.可.)

⑩ 即ḥabb-ash,它也能读作Habash。

⑪ 关于死在408/1017－1018年的可失哈耳君王脱欢汗,见巴尔托德,《突厥斯坦》,第274－275页,第279－282页。

⑫ 阿不勒法剌吉·本·阿不-哈辛(Abul-Faraj b. Abu-Hasin),阿勒坡的哈的。(穆.可.)

第　二　部

以真主的名义！

志费尼的世界征服者史

1. 花剌子模算端朝的起源 277

（愿真主昭示他们的典例！）

有个仳理伽的斤①（Bilge-Tegin）是塞勒术克王室的一名重要官吏，犹如在撒曼朝治下阿勒卜的斤②（Alp-Tegin）是呼罗珊的军队统帅一样，这件事载诸伊本-冯都克·拜哈吉（Ibn-Funduq al-Baihaqi）的《麦夏里布-塔扎里卜》③（Masharib-at-Tajarib），它是《塔扎里卜乌蛮》④（Tajarib-al-Uman）的续撰，又见于剌兹（Razi）的《扎瓦米兀鲁木》⑤（Jawami'-al-'Ulum），这后一著作是为算端帖乞失而撰写。这个仳理伽的斤从哈齐斯坦⑥（Gharchistan）购买了一个叫做讷失的斤·哈耳察（Nash-Tegin Gharcha）的奴隶，他依靠聪明和伶俐逐渐侪于高位，直到他成为塞勒术克朝廷中的一名要员，恰如娑匐的斤⑦（Sebük-Tegin）之在撒曼朝后期，而且获得"捧面盆者"⑧（ṭasht-dār） 278
的称号。在那些日子里，这个职位的费用原是由花剌子模的岁入来支付，如同衣橱的费用由胡济斯坦（Khuzistan）的岁入来支付一样。讷失的斤，因此，被授与花剌子模沙黑纳的称号。

他有好几个儿子，长子忽都不丁·穆罕默德（Qutb-ad-Din Muhammad），他被送到马鲁的学校，为的是他可以学习领导和指挥和规章及礼仪。

在那个时候，灭里沙之子别儿克-牙鲁克⑨（Berk-Yaruq）已把他

的整个帝国的绝对职权授与呼罗珊的异密，阿勒坛塔黑（Altun-Taq）之子答德别·哈巴失（Dadbeg Habashi），为颂扬他，当代的诗人撰写了很多诗歌，他的官家颂词作者是剌夷的阿不勒-马阿里·纳哈思（Abul-Ma'ali Nahhas）。答德别·哈巴失这时把花剌子模沙的职位从火赤哈儿花剌子模沙（Qochqar Khorazm-Shah）之子爱斤赤[10]（Ekinchi），一个桑扎儿的奴隶，转给忽都不丁·穆罕默德，在 491/1097－1098 年把那个称号授与他。从此后，忽都不丁为塞勒术克人服劳中多次表现出色，这将见诸史书载录。三十年来，他平易地、安分守己地统治着花剌子模，一年亲自入侍桑扎儿的宫廷，下一年又送他的儿子阿即思[11]（Atsiz）去代替他，如此继续到他死为止。

522/1128 年，他的儿子阿即思继承他。阿即思以他的品德和才艺而闻名；他是很多波斯诗歌和四行诗的作者。在勇敢和英武方面，他使他的所有敌人和对手相形出绌；他为算端桑扎儿服劳中赢得很多胜利，并且在尽到他作为一个藩属的责任时是忠实不变
279 的；其中一例如下：在 524/1129－1130 年，算端桑扎儿进入河中去镇压坛合赤汗[12]（Tamghach-Khan）的叛乱，并在抵不花剌时有一天到他的猎场去；那里，许多刚收录为他服劳的奴隶和家人，密谋伏击算端，把他杀死。当天没有去行猎的阿即思，在中午从他的睡梦中醒来，吩咐备马，赶去参加算端。当他抵达时，这个算端，被那群暴徒所包围，确实是处于危难，陷进绝境中。阿即思当即向那些恶棍进攻，解救了算端。后者问他怎么知道他的困境，于是他回答："我梦见算端在猎场上遭到意外事故，我就立刻赶去救他。"

由于这个忠义的表现，阿即思的事业昌隆；他的权力和威望日增，而算端总是赐他新的恩宠。他因此变成其他�力克和异密的

嫉恨对象，因他们的羡妒，他们设谋害他，企图要他的命。从 529 年祖勒哈答月〔1135 年 8－9 月〕算端进兵哥疾宁平巴合兰沙[13]（Bahram-Shah）之乱，迄至次年沙甫瓦勒月〔1136 年 7－8 月〕他抵达巴里黑，阿即思始终侍候着他。在这些征战的过程中，他逐渐觉察那些忌恨的异密们的阴谋以及他们对他的恶念，同时他也对算端本人忧虑。他获允归家；当他走时，算端对他的廷臣说："一个我们再见不到他的面的人，背着走了。"他们问道："倘若陛下肯定这点，那为什么他获允回家，得到这种恩许呢？"他回答说："他给我们 280
的服劳使我们受到他的大恩，伤害他不合我们的仁义之道。"

抵达花剌子模后阿即思进入叛逆之途，双方的敌意与日俱增，最后达到如此一个程度：在 553 年穆哈兰月〔1138 年 9－10 月〕算端桑扎儿进兵花剌子模向他开战。花剌子模沙调集了一支军队抵抗算端之军，甚至已摆开战阵；而这时，没有作打仗的任何尝试，感到他不能信赖他的军队，他就逃走以求生。他的儿子阿惕里黑（Atligh）被俘获，带去见算端，算端下令马上把他处斩。桑扎儿接着把花剌子模的国土赐给他的侄儿速来蛮・本・穆罕默德（Sulaiman b. Muhammad）并返回呼罗珊；由此阿即思再进入花剌子模，算端速来蛮在他前面逃跑，回去见桑扎儿。阿即思在叛逆的途中继续下去，直到 536/1141－1142 年，桑扎儿在撒麻耳干城门和契丹[14]之战中被击败，逃往巴里黑（此故事是著名的）：阿即思这时抓紧他的时机，进向马鲁，洗劫该城，大肆屠杀居民。然后他返回花剌子模。

这里我们从哈金哈散・合坦（Hakim Hasan Qattan）和拉施特丁・瓦特瓦特（Rashid-ad-Din vatvat）之间关于洗劫马鲁期间前

者图书室中图书之散失以及他怀疑瓦特瓦特攘书为己有的通讯中，重录一封信：

“从那些抵达花剌子模者之口以及从那些旅行至此者的言谈中，传到我的耳里说，阁下（愿真主使他的美德永存！）当他不忙于他的私事，不从事他的授课时，于他的徒众中开始说我的坏话，竭力诋毁和诬蔑我。并且他指责我劫掠他的藏书，拼他的命去撕下
281 品德的面纱和帷幕。对一个穆斯林兄弟，您竟杜撰如此扰乱的谎言和如此讨厌的诬枉，这谈得上仁义道德，符合宽宏大度吗？以真主为誓，当号角在复活日吹响，当这些朽骨穿上新生命的服装从坟墓被遣走；当真主的奴仆被集中于原野的驿站，又当人们品行之薄被散在其作为者之前；当每个灵魂被问及它之所获——既有被面朝地拖入狱火的罪犯之所获，又有由天使肩载而升天的义士之所获——：这时决没有人在那个恐怖的地方拖住我的衣袍，向我索取我抢劫的财产，我掠夺的财富，我杀人的血，或者我撕裂的一张面纱，或者我杀的一个人，或者我拒绝的一个道义。因为，看哪，真主已经使我用合法手段拥有千卷善本书籍和名著，而且我已把它们全部捐赠给设在伊斯兰诸邦的图书馆，使穆斯林可以利用它们。但凡有这种信仰的人，他怎能存心盗窃一个有学问的、尽其毕生精力收集到几本即使连同其皮封面出售也不抵悭吝人一顿饭钱的伊祃木的书籍？确实，让阁下敬畏真主，让他不——愿真主使他的美德永存！——犯诬蔑我这种人的罪行，不让他做将在审判日附在他衣袍上的罪孽。让他敬畏唯一的真主，让他想想当说真话者因他的实话而受奖、撒谎者因他的谎言而受罚的日子。再见！”

因为算端地位的这种削弱，阿即思脑子中越发自负。拉施

特·瓦特瓦特有一首咏此事的合西答，以下是其首行：

> 阿即思王登上帝国的宝座：
> 塞勒术克及其家族的运气告终。

他还有调子相同的其他合西答。

算端桑扎儿，为了报这一箭之仇，在538/1143－1144年进兵花剌子模向他开战；同时停驻在该城的门前，他架起他的射石机，展开 282
战旗。但当花剌子模被征服和阿即思转福为祸的时刻近在眼前时，他把礼物送给宫中的异密，求算端的宽大，邀他的恩赦。算端缓和下来，回到和平和妥协的道路上，以此阿即思一如既往昂首造反。算端于是派阿底卜·沙必儿（Adib-Sabir）出使去见他，而阿底卜暂时留在花剌子模。同时候，阿即思收买了两个花剌子模的异端[15]凶徒，买下他们的灵魂，付出价钱，并派他们出其不意地暗算算端。阿底卜·沙必儿得到这个情况，就写了一个关于这两个人的条子，把它放在一个老妇人的靴腿中送往马鲁。当这封信送给桑扎儿时，他命令搜捕这两个人；他们在一家酒店中被查出，并被送进狱火。阿即思得知这事，他把阿底卜·沙必儿扔进乌浒水。

在542年主马答2月〔1147年10－11月〕，算端再度进攻花剌子模，首先他围攻哈扎儿-阿昔甫[16]（Hazar-Asf）小城达两月之久，在今天它在蒙古军〔通过〕后已湮没。此次战役中追随桑扎儿的安瓦里（Anvari），把如下的四行诗写在一支他射进哈扎儿阿昔甫的箭上：

> 王啊，整个地上的国土，都算是你的；
> 靠天命和幸运这世界是你的囊中物：

今天一举拿下哈扎儿阿昔甫，[17]
而明天花剌子模和十万头马将归你所有。

在哈扎儿-阿昔甫的瓦特瓦特在箭上写了如下的诗，把它射回去：

283 倘若你的敌人，王啊，是英雄鲁思坦自己，
他不能从你的千匹马中牵走哪怕一头驴。

费尽千辛万苦后，算端终于攻下了哈扎儿-阿昔甫。因为刚提到的这首诗和前面引用的诗句，以及其他类似的诗，他大生瓦特瓦特的气，并发誓说找到他时要支裂他的七肢。因此他拼命追捕他，颁发一个接一个的告示。同时候，瓦特瓦特整宿〔藏匿〕在屋顶上，整个白天则在河床中[18]。后来，发现逃走对他不会有好处，他就偷偷去见国王的大臣们，但因算端发怒，他们没有人愿去替他说项。靠他们的共同职业，他这时托庇于本书作者高祖父之叔穆塔哲伯丁·巴的阿·迦惕卜（Muntajab-ad-Din Badi'al-Katib）（愿真主用主的圣云浇灌他的坟面！）。穆塔哲伯丁因他身兼秘书和廷臣之职，惯常赶在底万的权贵入朝前，在晨祷时刻接近算端，作完祈祷后他要开始进谏，并在要事完毕后讲几个应景的愉快故事；而算端经常跟他商讨国家的机密。简短说，谈话逐渐转至拉施特·瓦特瓦特，因此穆塔哲伯丁站起来，并且说："倘若陛下答应它，我有一个请求。"因算端答应这样做，穆塔哲伯丁接着说："瓦特瓦特仅仅是只弱小的鸟[19]；他受不了被分成七块。倘若陛下发令，让他仅被砍成两块吧。"因此算端笑了，饶了瓦特瓦特的命。

算端抵达花剌子模城门时，一个叫做扎希德阿胡普昔[20]（Za-
284 hid-i-Ahu-Push）、衣食为鹿皮和鹿肉和苦行头陀，出现在桑扎儿

前，在讲了一番大道理后，替该城的百姓求请。阿即思也派遣使者们进献礼物和贡品，要求饶恕。象征宽宏大量的算端，第三次赦免他的过失，并且安排好阿即思应去乌浒河岸向他表示臣服。在543年穆哈兰月12日礼拜一〔1148年6月2日〕，阿即思到来，在马背上敬礼；然后在算端能转辔之前驰骑而去。尽管桑扎儿对这种无礼发火，然而因他已赦免了他，他就尽量忍气，没有说什么。由是他立刻得到如下优秀诗句的褒扬："彼克制其愤怒，宽恕他人"，[21]因为"真主喜爱行善者"。[21]

于是在算端到达呼罗珊时，他遣出使者，用恩赐和厚礼以宠荣阿即思。阿即思这方面极为尊敬地接待使者们，以很多礼物和贡品送他们回去。此后阿即思进行了几次对异端[22]的战役，取得对他们的胜利。当时毡的的君王是阿儿思兰汗·马合木(Arslan-Khan Mahmud)之子怯马鲁丁[23](Kamal-ad-Din)，他们之间有很大的交情。阿即思征服了该地区的大部分时，他于547年穆哈兰月〔1152年4-5月〕进向速格纳黑及〔那边的〕其他领域，打算跟怯马鲁丁共同向那个方向出兵。他到达毡的境内，这时怯马鲁丁大吃一惊，带着他的军队逃往鲁德八儿[24](Rudbar)。阿即思听到他吃惊和逃跑，他派出许多知名人士和首脑人物用诺言和护卫去使他安心。怯马鲁丁去迎接他，但他下令把他囚禁，在囚禁中他待到死为止。

怯马鲁丁和拉施特·瓦特瓦特有亲密友好的关系，阿即思这时被告知瓦特瓦特曾知道怯马鲁丁的态度。因这个缘故，他暂时斥退他不用。瓦特瓦特有咏此事的合西答和乞塔(qit'a)。以下是 285
引自这样一首乞塔的两三首诗句。

王啊，当命运发现你的慈恩之手不再触摸我的头时，
她把我的身子在残暴的足下践踏。
没有你的恩渥和你的宠幸，
宇宙减少我的欢乐，命运增加我的痛苦。
更仁慈地垂顾我吧，因为若我遭到不幸，
那么，以真主为誓，命运将不指示像我这样的其他人。

这里是引自另一首的几句诗：

三十年来你的仆人在鞋间[25]唱你的颂歌，
同时你从你的御座上把那些颂词召唤。
〔天宫〕宝座之主知道在任何宫廷中
决无像你的仆人那样的颂词歌手，
现在你的心已经讨厌给你当了三十年仆人的人：
因为时久，厌倦侵入了
你的心窝。
但俗话说："主子在烦恼时挑错"，
——而你的可怜的仆人并无罪过。

肃清了毡的的反抗者后，阿即思派阿不勒法特·亦勒-阿儿思兰[26]（Abul-Fath Il-Arslan）到那里去，让他治理该地区。

就在这年，古思（Ghuzz）军队（hasham）获胜，生俘算端桑扎儿，白天把他放在御座上，晚上把他置于铁槛中[27]。有意攫取这个
286 国家，但把他报他恩主之德作为借口，阿即思率领所有他的麾下和军队进向阿母牙。他进兵非常缓慢，并在抵阿母牙时极力用手腕去占领该堡。然而，守令拒绝听从他，于是他送使信给算端桑扎

儿，表示效忠和勤王，乞赐阿母牙堡。算端送去如下的答复："我们不对你吝惜该堡，但先遣亦勒-阿儿思兰率师来救援我们，然后我们将把阿母牙堡和成倍的城堡赐给你。"使者们带着询问和答复，三番两次往返于他们之间，面临这种拒绝，阿即思班师，到达花剌子模，从那里他再度准备一次对异端的入侵。

在这个时候，算端桑扎儿之侄鲁克那丁·马合木·本·穆罕默德·博格剌汗[28]（Rukn-ad-Din Mahmud b. Muhammad Boghra-Khan）——军队已誓忠于他，而且他们把他当作桑扎儿的继承人推上算端之位——想起他和阿即思的旧谊，从呼罗珊遣一名使者去向他求援，以扑灭古思人的凶焰。花剌子模沙因此进向薛合里斯塔纳，随身带着亦勒-阿儿思兰，把另一子契丹汗[29]（Khitai-Khan）留在花剌子模作为摄政者。抵薛合里斯塔纳时，为了使一个已经丧失的国家和混乱的庶政得以恢复秩序，他把该地区的异密们召来。同时候传来消息说异密亦马都丁·阿合马·本·阿不-别克儿·哈马只（'Imad-ad-Din Ahmad b. Abu-Bakr Qamaj）已派出一千骑兵，把算端桑扎儿从猎场上劫走，送他到帖耳迷。贵人和黎庶欢欣鼓舞；花剌子模沙驻留在奈撒中等候马合木汗和其他异密们。这些人现在既后悔他的到来，又后悔他们曾派人去请他。287
然而他们派出阿吉兹丁·秃格拉依（'Aziz-ad-Din Tughra'i），并跟他缔结盟约。他这时离开了，到达兀思秃哇的哈不珊，可寒·鲁克那丁（Khaqan Rukn-ad-Din）也从你沙不儿到达那里。他们相遇了，结成了友谊，彼此形影不离达三个月之久，努力兴复这个国家的荒废。有一天花剌子模沙举行一次招待可寒·鲁克那丁的盛宴。以下是引自瓦特瓦特一首合西答中为称颂他们的一句诗：

他们像在一个宫室中的两颗吉星那样会合，

两个君主在一座快乐的宫廷中。

这之后花剌子模沙病倒。某天在他的病中，有人念古兰经的声音被他听见。想要预卜吉凶，他专心地听，叫他的廷臣们安静。诵经者读到如下的诗句：“任何灵魂均不知道它将死于何地。”[30]他认为这是一个凶兆；他的病情愈来愈恶化；在 551 年主马答 2 月 9 日〔1156 年 7 月 30 日〕晚他去世了，骄横的狂念从他头脑中消失殆尽。拉施特丁·瓦特瓦特对着他的尸体哭，指着他说：

“王啊，老天因你的严厉而发抖，

它像一个奴隶在你面前执役。

何处有明辨之士，

估量你的整个国土是否仅值这个？”

四天后他的死公开了，亦勒-阿儿思兰就进向花剌子模；而在他到那里去的途中所有异密和士兵都誓忠于他。他把他的兄弟速来蛮沙(Sulaiman-Shah)囚禁，在后者的额上他看出了叛迹，又把他的阿塔毕斡兀立别(Oghul - Beg)处死。在同一年剌扎卜月 3 日〔1156 年 8 月 22 日〕他登上了花剌子模沙的宝座：由此他拘捕了一些存心不良的人，并赐给异密们和士兵们比他们在其父的日子里所得更多的金钱和更大的采邑；他还广施博舍。鲁克那丁·
288 马合木汗遣使贺他登基，同时吊慰其父之死。

当传来算端桑扎儿于 552 年剌必阿 1 月 6 日〔1157 年 5 月 8 日〕去见真主的消息时，花剌子模的百姓居丧三天。

在 553/1158 - 1159 年，居住在花剌子模的一些哈剌鲁首领，在剌真别(Lachin Beg)、仳古汗[31](Bighu Khan)的儿子们以及其他类似他们者的率领下，从撒麻耳干的汗，叫做阔克沙吉儿[32](Kök-Saghir)的扎兰丁·阿里·本·忽辛[33](Jalal-ad-Din 'Ali b. al-Husain)那里逃走，抵达花剌子模称：扎兰丁已杀害了哈剌鲁的首领仳古汗，并图谋众首领。花剌子模沙亦勒-阿儿思兰给他们以鼓励，于同年主马答 2 月〔1158 年 7 月〕进兵河中。撒麻耳干的汗得到他兵临的消息时，他避入堡内，把定居在哈剌库耳和毡的之间的所有突厥蛮牧民随身带进撒麻耳干。他问哈剌契丹求援，后者派出夷离堇·突厥蛮[34](Ilig Türkmen)率一万骑去解救。同时候，花剌子模沙，在用许诺鼓励了不花剌的百姓后，从那里进向撒麻耳干。撒麻耳干汗在他这方面也摆开他的兵马，于是两军驻在速格德(Sughd)河两岸，年轻战士在战斗中相互攻击。但当夷离堇· 289
突厥蛮看见花剌子模沙及其军队时，他开始自形卑贱，因此撒麻耳干的伊祃木和乌列麻(ulema)进行斡旋和调停，要求和平。花剌子模沙接受了他们的祈求，极其体面地恢复了哈剌鲁异密们的地位后，他回到花剌子模。

这时在算端死后，马合木汗已即位，但因有古思人以及穆阿夷·爱阿巴[35](Mu'ayyid Ai-Aba)的胜利，呼罗珊的时事混乱不堪。穆阿夷·爱阿巴是桑扎儿宫廷中的一名古剌木[36](ghulam)，在那里他以他的骑术和马技压倒其他的古剌木。又在 557 年剌马赞月〔1162 年 8－9 月〕，穆阿夷·爱阿巴把算端马合木从你沙不儿的内城劫出来，把他弄瞎；他死于他被囚禁的城堡中。因此在 558/1162－1163 年，花剌子模沙率一支雄师劲旅进向沙的阿黑；他把爱阿巴暂时困在那里，直到使者往返于他们之间，他们缔和为止，然后他返回花剌子模。

在 566/1170 - 1171 年，契丹和河中的军队（ḥasham）大量集中去进攻他。获悉有关的情报，他准备战斗，遣他的统帅，一个河中的哈剌鲁人阿牙儿别（'Ayyar Beg）先进兵阿母牙。花剌子模沙到达前两军已交锋：阿牙儿别的军队被击败，他本人被俘。亦勒-阿和思兰得疾，回到花剌子模后，他死于同年剌扎卜月 19 日〔1170 年 8 月 8 日〕。

他的幼子、继承人算端沙（Sultan-Shah）继其父登上花剌子模的王位；而他的母亲秃儿罕（Terken）皇后摄政。他的长兄帖乞失当时在毡的。一名使者被派去召他，但他拒绝入朝。一支军队这

290 时准备好去攻打他，得到这个消息时他逃跑了，投奔哈剌契丹诸汗之汗的女儿，她在那时自己拥有汗的称号[37]，朝政由她的丈夫驸马[38]（Fuma）治理。他见到他们时，帖乞失向他们许下所有花剌子模的金银财宝，并且担保，一旦该邦被征服，就每年入贡。驸马因此奉命率一支大军援助帖乞失。他们接近花剌子模时，算端沙及其母，不是交锋和进行战斗，而是寻路逃跑，去投蔑力克穆阿夷；在 568 年剌必阿 1 月 22 日礼拜一〔1172 年 12 月 11 日礼拜一〕，帖乞失进入花剌子模，登上花剌子模沙的宝座。每个诗人和演说家都撰写了祝贺的词章和诗歌。为他的祖辈服役已年逾八十的拉施特丁·瓦特瓦特，被担架抬去见帖乞失。他说：“每人都凭他的想象和才华撰写他的祝词。但对你的仆人说，因年迈体衰，力不任此事。我仅限于我为祝福而撰写的一首四行诗：

您的祖父把专制从大地面上洗清，

您父的正义把所有的损毁完全修复，

王袍恰合于您的陛下啊，
来吧，让我们看您能作什么，
因为这番轮到您统治。”

于是帖乞失履行了公平和正义的礼仪，在尽到对驸马的义务后，极尽尊崇礼敬地送他回去。

至于算端沙之母，她把包括珍贵珠玉和各种财宝在内的礼物送给蔑力克穆阿夷，并把花剌子模国土及其整个疆域奉献给他，吹 291
嘘百姓和军队都依附他们母子。结果蔑力克穆阿夷被他们的话所欺骗，魔鬼要他贪求土地和财富的耳语使他远离正义之道。他收集他的残兵，和算端沙及其母一起进向花剌子模。当他们抵达苏布尔尼(Suburni)[39]，一个现在已沉没于河的城镇，穆阿夷的人马因不能全军越过沙漠，他们就分兵前进，不知道花剌子模沙本人已停驻在苏布尔尼中。蔑力克穆阿夷走在前面。他到达苏布尔尼，帖乞失袭击他的支队，杀伤过半，生俘穆阿夷本人。他被带到帖乞失面前，被斩于他的帐门。这件事发生在569年祖勒希扎月9日〔1174年7月11日〕。

同时候算端沙及其母逃往的希思丹[40](Dihistan)。帖乞失随他们到那里，的希思丹向他投诚：他把算端沙之母处死并返回家去。算端沙从那里逃走，投向沙的阿黑，蔑力克穆阿夷之子脱欢沙(Toghan-Shah)已继其父驻扎于此。他暂留在你沙不儿，但因脱欢沙不能用人马或金钱援助他，他就从那里去投奔古耳(Ghur)的算端们[41]，向他们求救：他们用对待这类宾客的厚礼欢迎他。

至于算端帖乞失，他实现了花剌子模秩序的恢复，国政井井有 292
序。同时候契丹的使者们往来不绝，而他们的征索和需求难以容忍，尤有甚者，他们不守礼节。但人类的傲劲必不容忍压制，不堪接受暴政。“自由人的本性中充满傲气”。他把一个出使的契丹贵人处死，因为他无礼；因此帖乞失和契丹人相互谩骂。

算端沙听说他们之间的这个疏远，他高兴了，把它看成是自己走运的兆头。为藐视帖乞失，契丹人召他去见他们；算端该牙思丁(Ghiyas-ad-Din)应他之请，用充分的行具和装备送他到那里去。他离开该牙思丁时，后者转向他的异密们，并说：“我看此人会在呼罗珊作乱，必定给我们带来许多困难和麻烦。也许这是一种神意。”

抵达契丹后，算端沙声称他有花剌子模百姓以及军队的拥戴，故此他们派驸马率领一支大军援助他。他们到达花剌子模境内，帖乞失用乌浒河水冲毁了通行的道路；因这个缘故，他们不能前后移动。算端这时在城内准备打仗，收拾他的砍刺武器。驸马停驻在城门，因为除了冲突和矛盾外看不到算端沙受该百姓拥戴的迹象，他后悔他的轻率，准备班师。算端沙发现攻击花剌子模无好处可言，又知道无其他逃生之法，他遂请求驸马派他的一支分队护送他到撒剌哈夕。驸马答应他的请求，接着他进攻撒剌哈夕，袭击一
293 个古思异密灭里·的那(Malik Dinar)。大部分守兵他拿去喂刀，而灭里·的那本人他投诸城壕。灭里·的那被那些在堡内的人从危急中救出水来，古思余部这时正在堡中避难。算端沙随后进兵马鲁，在那里驻扎，遣返契丹的军队。他不断袭击撒剌哈夕，直到古思人大部分溃散。灭里·的那呢，发现他自己在堡内无能为力，因为他的麾下大半抛弃了他，他就像留在口袋底的一个烂的那，所以他派一名使者去见脱欢沙，要求把撒剌哈夕换必思坛(Bistam)。

脱欢沙同意他的要求，派卑路斯忽（Firuzkuh）的异密乌马儿[42]（'Umar）到撒剌哈夕去从他那里接管该城；同时灭里·的那前往必思坛。[43]

当算端帖乞失在他赴伊剌克的途中从花剌子模抵扎只儿木时，灭里·的那抛弃了他的的那和封邑，并去投脱欢沙。后者这时把卑路斯忽的乌马儿从撒剌哈夕召回，另派其父的一个古剌木、异密哈剌忽失（Qara-Qush）去接替他。同时候，算端沙准备率不到三千人的军队攻打撒剌哈夕，寻找一个机会破坏和撕毁他的盟约和协定。脱欢沙，在他这方面，率领一万用金钱和给养充分装备的军队，从你沙不儿出师，进向撒剌哈夕，一意厮杀。576 年祖勒希扎月 22 日礼拜三〔1181 年 5 月 13 日〕，在阿昔牙-亦-哈甫思（As-iya-yi-Hafs），战争的磨石（āsiyā）开始转动，战士从两边进入战场；经过大肆厮杀和鏖战，算端沙军队的猛袭造成脱欢沙的失败和灭亡；靠真主之力，算端沙获胜，大量的财物和宝货作为战利品进入他的库藏，其中除其他东西外有三百付双六牌。

算端沙现在自立为撒剌哈夕、徒思和整个该地区的君主，他的福星在降落后重又升起。因为和脱欢沙不一样，是一个嗜杀好战之徒，并非铙钹弦琴的爱好者，他不断进攻后者，以此他的军队疲 294
惫不堪，他的多数异密和贵人都投奔算端沙，他的国土失掉它的颜色。他好几次向算端帖乞失和古耳的算端求援，向他们派遣使者，有一次亲自到也里去要求一支军队援助他。这徒劳无益，他继续遭到类似的失败，到 581 年穆哈兰月 12 日礼拜二〔1186 年 4 月 15 日〕晚，他从这尘世前往天国，他的儿子桑扎儿沙（Sanjar-Shah）继其父登上宝座。作为他的阿塔毕的明里别[44]（Mengli Beg）现在高

高在上，伸手敲诈勒索，因此脱欢沙的异密都去为算端沙服劳，后者控制了脱欢沙的大部分领土。

至于灭里·的那，他前往起儿漫，同时所有的古思突厥人，凡是留下来的，都到那里去投他。

在 582/1186－1187 年初，算端帖乞失从花剌子模到呼罗珊，而算端沙乘机率一支大军进入花剌子模。算端帖乞失到达马鲁，驻扎在该城的门前。至于算端沙，跟他的愿望相反，他被拒绝进入花剌子模；又因为帖乞失在马鲁城门前，他不敢在他所在之地停留。抵阿母牙后，他把他的军队大部分留在那里，在晚上和仅仅五十名战士穿过帖乞失的队伍，进入马鲁。次日，算端听说他的兄弟已经入城并在那里巩固他自己，这时他就转辔，不再等待就急奔沙的阿黑。在 582 年剌必阿 1 月〔1186 年 3－4 月〕，他兵临该城，把桑扎儿沙和明里别包围了两个月。当和局已定，算端返回家里时，他遣侍从长失哈不丁·麻速忽（Shihab-ad-Din Mas'ud）、饰席官赛甫丁·马儿丹失儿（Saif-ad-Din Mardan-Shir）和书记八吉打的巴
295 哈丁（Baha-ad-Din）出使明里别，去缔结和约以及确认他保证的协议。因算端的底下人没有护送他们，明里别把他们押送给算端沙，他们被囚禁到兄弟俩实现和解为止。

那时苦法的伊祃木不儿罕丁·阿不-赛义德·木·伊祃木·法合鲁丁·阿不答阿吉思（Burhan-ad-Din Abu-Sa'id b. al-Iam Fakhr-ad-Din' Abd-al-'Aziz）在算端手下服务。他是当时最大的学者之一和最知名的伊祃木，深受当代众算端的敬重；同时呼罗珊的哈的和沙亦黑-伊斯兰之职被授与他。这两三首他送到苦法并在我撰写这段关于他的事时由一个朋友口授（imlā）我的诗，是他智力的产物：

返回苦法境内将在我死前

消除思念的饥渴吗？

而我将在清晨散步在库纳思（al-Kunas）和金达[45]（* Kinda）间，

把我的眼泪洒向那些山头？

真主保佑我在伊剌克的同伴，

尽管他们把我的整个生命从他们那里掷成碎片。

缔和后他进入沙的阿黑，而明里别捉住他，把他处死。

获悉其兄班师回朝的消息，算端沙按照他统治你沙不儿的野心和他的习惯，再度进攻沙的阿黑，在那里打了一阵仗，但发现他毫无进展，市民对他说太强大了，他从那里返向萨布扎伐尔，包围该城，架起他的射石机。萨布扎伐尔的百姓对他抛出辱骂，他生了气，竭力攻夺该城。当居民陷入绝境，再无避难处或逃生之策时，他们去找当时的沙亦黑阿合马-亦-巴底里（Ahmad-i-Badili），他是这世上的一个圣徒（abdāl），在宗教和神秘的学术方面没有匹敌。296
他前去救他们，向算端沙求情，后者以尊敬的态度接待他，并答应他的祈请，宽免他们的过失和轻率言辞。沙亦黑阿合马原系萨布扎伐尔的土著，当他身负调解的使命离开该城时，百姓因他们跟苏菲[46]（Sufis）及沙亦黑们争吵，对他进行谩骂。因此他说："倘若有比这更难以驾驭的百姓，阿合马，我的老师[47]，会把我派给他们。"他们在他后面发出一支箭，射中他的脚后跟；但他不在意。沙亦黑阿合马是神秘诗、迦扎勒、四行诗和圣书的作者。下面是一首他的四行诗：

灵魂啊，倘若你把肉体的尘土从你自身洗清，
你将变成在天空中的圣灵。
宝座是你的位子：
你降临和居住在凡尘，难道不羞耻吗？

算端沙进入萨布扎伐尔，但遵守他的诺言，仅留一个时辰就到马鲁去。

于是在583年穆哈兰月14日礼拜五〔1187年3月27日〕，算端帖乞失兵临沙的阿黑，竖起他的射石机，开始一场激烈的战斗。明里别最后被迫指派伊祃木们和沙亦黑们作为调解者，遣他们去见他，拱手乞和。帖乞失答应他的恳求，用誓言来坚定他的话。然后明里别亲自去见算端，后者在同一年剌必阿1月17日[48]礼拜二

297 〔1187年5月27日〕入城，打开仁德和厚道的地毯，把暴虐和专制的荆棘和垃圾从该地扫清。他在明里别之上置一监官，以监督他把他非法得来的东西及时归还；这时为了替不儿罕丁报仇——因为“学者的肉体是有毒的——”，按照伊祃木的法特瓦（fatwas），他被交给苦法的伊祃木法合鲁丁·阿不答阿吉思（Fakhr-ad-Din ‘Abd-al-‘Aziz）处死，以偿其子之命——“以命抵命，凡伤害均有报应。”[49]肃清他的暴政后，整个你沙不儿地区[50]现在臣服于花剌子模沙，他把其政柄交给他的长子纳速鲁丁·灭里沙（Nasir-ad-Din Malik-Shah）有才能之手中，于同一年剌扎卜月〔1187年9－10月〕返回花剌子模。

因见海岸再度风平浪静，算端沙立即率领一支军队进攻灭里沙，使沙的阿黑的居民满饮刀兵之杯，并摧毁大部分城池。于是从两边，军队混战一场，在战斗和厮杀中彼此对阵。灭里沙遣一名急

使去见他父亲，送信要求支持和援助。以此帖乞失在他这方面也不容拖延，而是率领他手边的军队出发。同时他命令他的许多卫士[51]（mufradān-i-khāṣṣ），装成逃兵从奈撒前进，通知算端沙说帖乞失已经率一支大军抵呼罗珊。得到这些情报，算端沙焚毁他的射石机，屈辱地和飞速地离开。当算端到达该城时，他修复废墟，
并在冬季赴祃椤答儿的冬宫；从前没有为他服役的呼罗珊异密现 298
在都依附于他，被接纳为他的宠信以示褒奖和显荣。最后，当春天从严冬的幕后露出她的面容，给世界分享她的美丽，这时他返回呼罗珊，扎营于徒思的剌的康草原。使臣们在他和算端沙之间往来奔波，因此他们相互缔和。花剌子模沙为表示他的善意，把扎木、巴哈儿思、吉里普勒[52]（Zir-i-Pul）赠与算端沙之手；而后者在他这方面把明里别擒送给他的花剌子模官员用荣袍遣回；双方扫除了阋墙之污，呼罗珊的叛逆和敌人被肃清。在585年主马答1月18日礼拜二〔1189年7月24日〕花剌子模沙在徒思的剌的康草地登上算端的宝座；他的英名传遍天下，所有人心目中都深畏他的御容。诗人在这次大典上撰写了很多贺诗祝词，佐赞的亦马底（'Imadi）有一首咏此事的合西答，其开始几行如下：

赞美归于真主，
世界从东到西已委托给世界君主的锋刃。
最高的统帅，宇宙的帝王，
诸王御玺的赐与者，大地的主人帖乞失汗，
亦勒阿儿思兰之子，阿即思之孙——
从亚当时代起，父和子相继为王。
他已登上胜利的幸运宝座，

犹如太阳登上玉色天幂的皇位。

算端特别把礼物和赠品大量赏给诗人，也遍赐百姓；并于同年秋返回花剌子模。

现当兄弟之间出现和平时，算端沙和古耳的算端们就不断发生磨擦和冲突；但最后，算端沙在马鲁鲁德和般只的黑之战中被打败，他的权力和光荣之柱头被推倒，双方均认为谈判有利，公开彼
299 此缔和。

至于算端沙，他不断地逼迫他的兄长，向他提出很多要求；他的某些行动表明要破坏他们的协议，撕毁他们的条约。因此，在586/1190－1191年，算端从花剌子模去进攻他，并在抵达驻满算端沙兵马和无数甲兵武器的撒剌哈夕时，袭取了它，把它平毁。他从那里返回剌的康，于该地度夏。兄弟俩现在第二次缔和，算端沙修复撒剌哈夕城堡，用财宝和给养来充实它。两兄弟之间的手足和友善之情维系到588/1192－1193年，这时亦勒的吉思[53]（Ildegiz）之子阿塔毕穆罕默德的儿子忽都鲁－亦难赤（Qutlugh-Inanch），派使者从伊剌克去见算端，向他报告关于塞勒术克人算端脱黑鲁勒的事——他怎样从他被囚禁[54]的城堡逃走，怎样正从他手中夺取伊剌克的国土。

应他乞援之请，算端从花剌子模出兵。这时八吉打的书记巴哈丁[55]（Baha-ad-Din）在为算端服劳。当算端来至志费因〔并抵达〕阿萨德发城时，我的高祖父巴哈丁·穆罕默德·本·阿里前去侍候他。当着御前这两人[56]发生争执，算端的目光落到他们身上，因此在大臣们的示意下，我的高祖父即席撰写如下的四行诗：

您的恩德使地下珍宝的光灿失色；
您手掌的慷慨窃去乌浒水的壮丽；
您的决定，倘若你深思熟虑， 300
将打消老天头脑中的愚蠢幻想。

随这个调子算端饮酒至夜；他很看得起我的高祖父，以赠礼来宠荣他。

当太阳进入白羊宫时，他到伊剌克去平叛。而当他来临的消息传给了忽都鲁-亦难赤及其母[57]，他们后悔邀请他，决定在堡内避难。占有了剌夷后，算端在一两天内拿下了充满战士和甲兵的塔拔列克[58]（Tabarak）堡；他的军队因夺获大量战利品而斗志昂扬。他在剌夷境内度夏；因气候不良，食水不洁，他的很多士兵死亡。同时候，算端脱黑鲁勒，发现算端和忽都鲁-亦难赤之间产生隔膜，就献纳礼物和贡品，寻求保护以获全。因那个缘故，纷争之污就从友谊之途上被清除，亲密之杯斟满到边儿。因此算端征收赋税，派异密坛合赤（Tamghach）（他是大突厥异密）率一支军队驻守剌夷。

在他返回时，途中遇到探子，带来消息说，算端沙乘他不在之机，已兴师把花剌子模包围。算端帖乞失火速向那里赶去，但当他抵达的希思丹，使者们带着好消息到来，听说他回师后，算端沙已退兵。到达花剌子模，算端在冬季期间纵情于宴乐，但当新毛出现在大地的唇上，春的蓓蕾在张口欢笑中吐露它的舌时，他准备进兵呼罗珊，攻打他的兄弟。他抵达阿必瓦儿的，使臣们再往返于兄弟之间，重又进行和平和调解的工作。但尽管双方通讯和致函，不能消除矛盾的脓疮，而算端沙因他天性极端恶毒和脾气暴戾，说话背 301

离仁道，缺乏谦诚和礼仪。同时候撒剌哈夕的守令别都鲁丁·察吉儿[59]（Badr-ad-Din Chaghir），因有人在算端沙面前对他进行中伤和诽谤而越发担忧，就把他信不过的许多驻军囚禁，并派一名急使到阿必瓦儿的去召请算端。后者先派出一支大军，再亲自随他们之后出发。在他到达后，察吉儿出城迎接他，表示效忠；接着他交出城堡和府库的钥匙。因得到这个消息而痛心，得到这些情报而悔恨，对算端沙说，白昼之明已变黑，两天后，即589年剌马赞月最后一日〔1193年9月22日〕，礼拜三夜晚，他的生命和幸运的太阳西落。因这个消息，第二天对算端说犹如诺鲁思节，他扬扬得意地霸占了算端沙的国土和财产。

就这样承继了后者的宝座、宫廷、库藏和军队后，他派一名急使去花剌子模召灭里·忽都不丁·摩诃末[60]（Malik Qutb-ad-Din Muhammad）。然而，他的长子纳速鲁丁·灭里沙（Nasir-ad-Din Malik-Shah），他是你沙不儿的长官，热中于猎取鹰豹，又因马鲁四周有大量的猎场，他要求用你沙不儿换取该地。

尽管他们是我自己的百姓，
我的家又在他们之中，
302 对你说西利亚及其百姓是多么不足道的交换物！

算端答应他的请求，把你沙不儿交给灭里·忽都不丁；同时在他们的国土中以及在〔政事的〕弛和张、松和紧中助两子一臂之力。

这时，因为跟他兄弟争吵时已获悉算端脱黑鲁勒破坏了他们之间的盟约，后又听坛合赤说他进攻花剌子模的军队，占领了坛合赤麾下驻守的塔拔列克堡，算端就在590/1194－1195年初向该地区出兵，为的是向算端脱黑鲁勒寻仇并解决那个问题。亦难赤由伊剌克的异密们陪同，远到西摸娘去迎接他，并在一种羞愧和悔改的姿态中，忙着解释他过去的罪过。算端宽恕和赦免了他，打发他和伊剌克军队先返回去。同时候算端脱黑鲁勒率一支大军和无数的师旅在剌夷三帕列散外扎下他的营盘，展开抵抗和战斗的旌旗。当亦难赤接近时，他也布置他的兵力，披上战袍。算端脱黑鲁勒原有一柄他很以为自豪的重锤。他在军前左右飞驰，而且，按他的旧习，朗诵《沙赫纳美》中的诗句：

当灰尘起于那支无数的军队时，
吾人的英豪面无人色。
至于我，我举起一击杀人的锤，
就地打倒那支军旅。
我从我的马鞍上发出一声呐喊道：
“大地变成他们上面的一面磨石。”[61]

就在那当儿，老天之磨正把他生命之谷在毁灭的磨石下碾碎，把他的满腔希望化为泡影。他从他的马上掉下来，当他躺在地上时，忽都鲁-亦难赤赶上来，没有认出他就要给他一家伙。他揭开他的面罩让人看见，忽都鲁-亦难赤发现他是谁，喊道：“我从所有这些人 303
当中寻找的，正是你，这次敌友之间奔走的目标，也正是你”。在一击之下，他把他头脑中的骄狂和凶狠打掉，送他的灵魂回它的老家。违反了旋转星空的幻化，算端的重锤有何用？一旦老天为敌，大量的人马和党羽在哪儿讨得到任何便宜？他给挂在一头骆驼上，送给算端。而当后者在那种情况下看见他的敌人时，就从他的

马上下来，跪着感谢真主，以脸擦地。那颗对大教主纳速儿·里丁-阿拉[62]（an-Nasir li-Din-Allah）不怀好意的脱黑鲁勒的头，他送往八吉打；而他的尸体则被挂在剌夷的市场中。这件事发生在590年剌必阿1月29日礼拜四〔1194年4月24日〕。脱黑鲁勒的密友和一个颂词作者，诗人怯马鲁丁（Kamal-ad-Din）被俘获，并被带到丞相匿咱木木勒克·麻速忽（Nizam-al-Mulk Mas'ud）前，他说："脱黑鲁勒这家伙的力量和武勇，名气是这样大，然而他不能抵挡伊斯兰君主军队中一支斥候队进行的一次攻击。"怯马鲁丁立即回答：

> "胡蛮（Human）在力量上超过皮任：
> 当太阳西落时善却变成恶"。[63]

算端没有在剌夷久留，从那里他进向哈马丹，在一个短时期内他攻陷了伊剌克的大部分城堡。

这时大教主纳速儿·里丁-阿拉想要算端把伊剌克或它的一
304 部分交给大底万[64]（Supreme Divan）。使者们往返于双方之间，因算端不愿同意，哈里发就派他的丞相，穆阿夷德丁·伊本合撒卜（Mu'-ayyid-ad-Din Ibn-al-Qassab），携带袍子和礼物以及各种珍贵的礼品去见算端。这个丞相到达阿萨达巴德（Asadabad）时，一万多人——伊剌克和阿拉伯军中的曲儿忒人——已聚集在他身边；他之极端多事以及缺乏头脑和知识，促使他给算端送去如下的使信："算端的委任状和勋章已由大底万颁发，而国政的确保者，即丞相，已为该使命到这里来。他蒙此恩所担负的重任，要求算端带领少数扈从，万分恭顺地前去迎接丞相，并徒步为丞相的坐骑前导。”一来当国王和算端者有自尊心，二来知道这类会晤含有阴谋诡计，三来他洪福齐天，这使算端派一支军队去欢迎他，防止了那个谋害；在八吉打人吃完晚饭前，他们便让这个丞相尝尝早点的滋味。他逃跑了，给哈里发朝丢丑，军队把他的人马一直追到的纳瓦儿[65]（Dinavar）。他们的名声已经被毁掉；然后算端进入哈马丹，拥有数不清的的那，的儿海姆和财宝。他把税吏（'ummāl）派往伊剌克各邦，把该邑的政事交给异密和监官（gumāshtagān）。他将亦思法杭赐给忽都鲁-亦难赤，收纳诸异密为他的部属。剌夷，他交给他自己的儿子玉尼思汗（Yunis Khan），以马延术克[66]（Mayanchuq）为他的阿塔毕和军队的统帅（naqīb）。用同样方法处理完其他诸县后，算端凯旋地启程回呼罗珊。在到那里去的途中，他得到消息说，灭里沙因马鲁气候不良而病倒。他派人去召他来，当他到达徒思并恢复了他的健康时，他再把你沙不儿的异密位子给他，起营赴花剌子模。在把呼罗珊的一个采邑分给算端摩诃末后，他随身带着他。 305

591/1194－1195 年冬季过去，他赴速格纳黑及该地区，进攻哈只儿不忽汗[67]（Qayir-Buqu Khan）。算端和所有他的人马远抵毡的，这时哈只儿不忽汗，得到他到来的消息，转辔逃跑，算端赶紧追击。在算端军中原有许多扈从算端的斡兰人[68]（Orans）（他们常充作阿扎米[69]（A'jamis））。这些人现在捎一个使信给哈只儿不忽说，他应固守，而当两军交锋时他们会转过他们的脸，反戈相向。听信了这番话，哈只儿不忽返回去，两军在那一年主马答 2 月 6 日〔1195 年 2 月 7 日〕摆开战阵。算端的斡兰人在中军的后面撤退，劫掠辎重。伊斯兰军被击败；很多人丧身刀下，更多的人因炎热和饥渴葬身沙漠。算端本人在十八天后到达花剌子模。

正当算端准备这次远征时,玉尼思汗派亲信去见他在呼罗珊的兄弟灭里沙,宣称八吉打的军队到来,求他援助。应他之请,灭里沙进向伊剌克,但在他能够援助他的兄弟前,玉尼思汗自己打退了八吉打的军队,夺获大量战利品。哥儿俩在哈马丹相遇,他们暂时聚会,狂欢寻乐,然后灭里沙返回家里。

抵呼罗珊后,他送一道敕令给在沙的阿黑的阿儿思兰沙[70](Arslan-Shah),委他为他的代理人,并前往花剌子模侍候他的父
306 亲。因他不在,一些鬼魅式人物的活动在你沙不儿酿成了乌烟瘴气,在有如所罗门的算端[71]统治下,他们抓权之手曾受到约束,不能专横暴虐,犹如行凶作恶之刀当时仍留在他们野心的鞘中。这些家伙,从敌对的幕后,和脱欢沙之子桑扎儿沙一道,开始准备跟算端打仗;算端和桑扎儿沙保持双重关系,首先桑扎儿的母亲嫁给了算端其次算端的妹继他女儿之后进入桑扎儿门家室,故此算端经常用仁爱的心胸和宽宏的涵量把他抚育,宠若己子。他现在因倒霉背时,被上面提到的那些家伙拉去参加了他们的阴谋。他们暗中策划他们的行动,为的是不走漏消息,不泄露他们的企图,迄至他们从左右前后起兵之时。因为同情这些逆谋,桑扎儿的母亲把金银珠宝,从花剌子模送到你沙不儿,想用钱帛收买该城的名绅和首领,使他们的理智脱离正途。然而,他们的密谋被揭露,桑扎儿沙给召到花剌子模,在那里,当他观看世界的眼睛被弄瞎后[72],他遭到监禁。他的眼睛没有完全失明,但他不透露这一点。以下是他一首四行诗中〔的一部分〕:

当命运之手弄瞎了我的眼时,

从青春的世界发出一声呼唤。

不久后，异密和大臣们替他求情，以他的亲密姻属关系为理由，因
此他获释，重又被安置在他拥有的采邑中。这样他继续活到在死
神的追命下他的大限到来，即在 595/1198 - 1199 年。当铁条经过
他的眼前时，没有人知道〔他尚未完全失明〕，他也没有把这事告诉 307
任何人，以致就连他的家人都不知那个奥妙，而他会窥视所发生的
一切事，好的和坏的，由此不受伤害，因为“一丝形迹足够智者之
用”。

他死后，算端转而准备打仗，收拾砍刺武器，同时他向各方派出使者，召各地的异密来，以此他可以再次准备一次征讨。在这时刻，传来伊剌克的异密们发生争吵的消息。同时候，他的儿子玉尼思汗，因为一种影响他视力而且不能治愈的毛病（或许是一个报应，因为全能的真主曾说：“以眼还眼”[73]）从剌夷回去，留下马延术克作为他的代理人。而在八吉打，由丞相指挥的一支军队准备进攻伊剌克。忽都鲁-亦难赤到剌夷去援助马延术克。他们相处了几天，然后马延术克突然袭击忽都鲁-亦难赤，把他杀死。他把他的头送到花剌子模，声称他谋逆。算端为这个卑鄙的借口和明显的背叛所震动，察觉出这些是叛乱的征兆，但他认为以不暴露他的情绪为妙。最后，在〔592/1195 - 1196〕[74]，他第三次出师伊剌克。因哈里发的丞相率一支军队驻在哈马丹，算端在抵木思答罕[75]（Muzdaqan）后停留下来。一两天后双方交战，八吉打军发现除投降外别无出路。一如既往，算端饶了他们的命，以礼遣返他们。战前几天，指挥军队的丞相死了，而他的死被保守秘密，以致军队在
败后才知道它。死者的头被割下来并被送到花剌子模，这是不值 308

算端干的非道义的作法。

算端的捷报传遍了两个伊剌克，他的基业因此兴旺。从他兄弟那里逃走，阿塔毕斡思别从阿哲儿拜占去投他。算端以礼接待他，把哈马丹赐给他。

算端从哈马丹进向亦思法杭，在那里他略事驻留。以下是哈卡尼[76]（Khagani）〔为咏此情景〕而撰的乞塔诗：

> 喜讯！花剌子模沙取得了亦思法杭的国土；
> 他还取得了两伊剌克以及呼罗珊的土地。
> 他御伞上的新月[77]征服了天宫的堡垒；
> 他宝刀上的汹涌光辉[78]取得了所罗门的国家[79]。

不久后，他踏上归程，把他的孙子、脱欢-脱格底[80]（Toghan-
Toghdi）之子额儿布思汗[81]（Erbüz-Khan）留在亦思法杭城，并留下
佌古·昔帕合撒剌儿-亦-撒曼尼[82]（Bighu Sipahsalar-i-Samani）作
他的阿塔毕。抵达花剌子模后，他送一道敕令给纳速鲁丁·灭里
沙，把呼罗珊的异密位子授给他，但是说："别去马鲁，因为它的气
候不合你的体质。"然而，他对狩猎的狂热劲使他的理智成为俘虏，
终于他到马鲁去了，在那里他病倒。他前往你沙不儿，但他的病势
日益沉重；他的病压倒了他，他因此疾离开这短暂的人间，赴那永
309 生之地；这件事发生在 593 年剌必阿 2 月 9 日礼拜四〔1197 年 3
月 1 日〕。当他故去的消息传入算端耳中，他无济于事地大声痛哭
流涕，而且放弃了他打算对异端的讨伐。又因灭里沙的儿子们共
谋反叛和对抗算端，他派也里的匿咱木木勒克·撒都鲁丁·麻速
忽（Nizam-al-Mulk Sadr-ad-Din Mas'ud）到沙的阿黑去理政和平

乱;他把灭里沙的儿子们,其中最大的是欣都沙(Hindu-Shah),送到花剌子模;因他的考虑得当的措施,不安的骚乱和老天的灾祸消失在他有力的控制下。继这个丞相之后,算端又派他的次子忽都不丁·摩诃末去负责呼罗珊的庶政。当他抵达时,这个丞相已完成了他的工作,击退了和平的破坏者:两天后,在祖勒希扎月第二天〔1197 年 10 月 16 日〕,他回去见算端,灭里·忽都不丁则忙于呼罗珊的治理。

〔他继续治理该省〕到哈只儿不忽(Qadir-Buqu)和他的侄儿阿勒卜-底列克[83](Alp-Direk)之间发生反目之时。后者抵达毡的,遣使者们去见算端说,倘若他得到他的援助,他会消灭哈只儿不忽,而他的国土作为虏获物将归算端所有。愤怒的复仇,比凶眼还要恶毒,使他听信了一个异姓人,因此他遣使到四面八方去征集军队,订立盟约,还把灭里·忽都不丁从沙的阿黑召回。在后者抵达花剌子模时,他们遂于 594 年剌必阿 1 月〔1198 年 1-2 月〕共同出师,同时,为进攻阿勒卜-底列克,哈只儿不忽远侵到毡的。他抵达毡的和走在主力军前进行侦察的灭里·忽都不丁的抵达恰好同 310
时;其中天意支持算端的运道。两军摆开阵势并交锋。哈只儿不忽败北逃走,灭里·忽都不丁进行追击。〔在擒获了他后〕,他把他连同他的将官和军队——"以链系在一起"[84]——送给了算端,后者于同年剌必阿 2 月〔1198 年 2-3 月〕把他用手铐脚镣送往花剌子模。继他之后,得胜的算端们自己也抵达首都。

哈只儿不忽的余部,对他们的首领绝了望,就拥戴孔额儿底列克[85](* Kün-Er-Direk),聚众闹事,点燃战火。采用谚语所说"以铁碎铁"的[86]做法,算端把哈只儿不忽从牢笼的屈辱中提拔来荣任统军，在跟他订立坚盟后派他率一支大军去对付阿勒卜底列克。

同时候，算端亲自出师呼罗珊，并于594年祖勒希扎月2日礼拜二〔1198年10月5日〕到达沙的阿黑。三个月后，他到伊剌克去解决马延术克。因为他长期统治该邦，谙熟其政事，为独揽大权和完全独立的野心就在他头脑里牢牢地生了根，罪恶的魔鬼已侵入他狂妄的思想中，而且他被算端恩赐他的甲兵器仗所哄骗和迷惑。在那一年的冬季，算端驻留在祃椤答而，但在春天开始时，他准备打仗。至于马延术克，尽管他调集有一支大军，当他听见怒海的啸声，那就是算端军队的行动，他不能在他心中保持坚定，变得来极端恐惧和害怕；对于他应采取何种措施，他一筹莫展，骄傲和
311 镇静不符他的思想状态。带着几个仍跟随他的人，他两次被算端追得围着伊剌克团团转；在整个这个时期他不断遣使进行申辩，乞求宽恕，同时在惊恐中哀告算端不要召他去见他。当算端知道他存心撒谎时，他派一支军队像风一样去追他。他们突出不意地袭击他，把他的大部分部下杀死。他本人带领一小股败兵逃到俾路斯忽[87]（Firuzkuh）堡，这座堡垒他过去用阴谋诡计从算端的将官那里夺来，杀死了替算端守它的人，用他自己的人驻守它，准备了大量的给养和粮草。追击他到该堡前，算端的军队开始围攻它，在他们射石机的射击下，他们强行把他拖出堡来，把他缚在一头骆驼上，并把他送给在可疾云的算端。后者通过他的侍臣传话，列举他蒙受皇室的所有恩德和赏赐，并往下指出他的忘恩负义，诸如犯谋逆之罪、取消贡物、撤除赋税，把额儿布思汗从亦思法杭撵走，以及把他的税吏逐出底万。“尽管”，算端说，“他应得的报应只能是明正典刑，受到各种刑罚的处分，然而因他的哥哥，从来没有不忠行

为的阿合察(Aqcha),于我有恩,我饶了他的命,但条件是,作为对他叛逆的一个惩罚,他将被锁系和监押一年,然后到毡的边境防守异端的某个前哨度过他的余年”。

和这次胜利同时,传来哈只儿不忽打败孔额儿底列克的捷报,接着,第三,传来消息说,使臣们携带着华贵的和无数的礼品以及一道授予伊剌克、呼罗珊和突厥斯坦算端称号的敕令,从八吉打抵 312
达。

因为摆脱了所有这些事务,也没有别的害怕大底万的理由,算端现在打算根除和消灭异教徒,并率领一支军队抵达哈剌伊哈希拉[88](Qala'-yi-Qahira)堡下,这是一座曾被脱黑鲁勒之子阿儿思兰[89]所攻陷,因之以阿儿思兰古沙亦(Arslan-Gushai)而知名的堡垒。他继续围攻它达四个月之久,直到最后,被迫作城下之盟,守军开始分队撤出,前往阿剌模忒;这样他们都带着所有他们的财物安全离开。阿儿思兰古沙亦是一座在阿剌模忒的鲁德八儿境上可疾云附近的城堡,离地近,距天远,并非难于攻打,而且人员和财物均供应不足。赛夷撒都鲁丁(Sayyid Sadr-ad-Din)想宣扬算端[90]的功绩,在《祖布达特塔瓦里黑》(Zubdat-at-Tawarikh)中对它描写如下:“它是一座在巍峨山头上用硬石筑成的坚固堡垒,它抓住天的额发,碰着猎户星;而且它驻满了渴望献出他们生命的战士,储有各种武器”[91]。

那么,倘若赛夷撒都鲁丁目睹那名王[92]的军队在当今用短时间攻占了他们的坚垒(这将在它适当的地方叙述),他就会不好意思去提这次征服,且不说描绘该堡了,并且会认为昂苏里('Unsuri)的如下诗句恰如其景:

这些是在需要战斗时伟人的行动，
这些是忽思老的宝刀所留的痕迹。

313 又倘若任何没有见过这些堡垒的人认为，这不过是带有奉承迹象的饰辞，犹如描绘阿儿思兰古沙亦者，那么这样一个人，可以用阿布勒-法即勒·拜哈吉的俏皮话作回答，他在《塔里黑-亦-纳锡里》(Ta'rikh-i-Nasiri)中叙述如下："当算端从唆木纳忒[93](Somnat)回师时，他的一个养鹰人杀了一条大蛇。他们把它剥皮，而其皮有三十额尔(ells)长，四额尔宽。"这话的要旨原来是阿布勒-法即勒如下的话："倘若有人怀疑这个故事，让他到哥疾宁城去，亲眼看一看那张像帘幕一样挂在城门上的皮。"[94]本史书的编纂者在他这方面评论说，除了个传说外那张皮现在什么都没有留下，但让这样一个怀疑者动身，从西面的塔鲁母[95](Tarum)到昔思田地区，近三百帕列散远的途中，让他观察那些将坚固地屹立到发生"群山如梳毛羊群"[96]时的山岭和堡垒；让他用他的常识把那座矮小的堡垒跟在这个时代靠复仇者真主的天恩和威严君主旭烈兀的洪福所征服的成百座或更多的堡垒，其中每一座都比阿儿思兰古沙亦坚固百倍，作一番比较；并且从那里让他去推测他们每个士兵和战士的武勇和力量。

在攻克了该堡和平息了骚乱的火焰后，算端把他的儿子塔术丁·阿里沙(Taj-ad-Din'Ali-Shah)安置在伊剌克，以亦思法杭为他的驻地，他自己则班师回朝，进向花剌子模，在596年主马答2月10日〔1200年3月28日〕进入该城。

同时候，异教徒看到算端的敌意乃是由于大丞相匿咱木-木勒克的努力，因此一些菲达额(fida'is)埋伏在丞相要去的一座宫殿的

途中。当他走出宫殿时，一个该死的家伙，给他背后一刀，同时另 314
一个从另一面刺中他的头部，以此他立刻一命呜呼。以下确系这
世界上一个不可思议的事情：上述的丞相对侍从长花剌子模的失
哈不丁·麻速忽，还有佐赞的哈迷答丁·阿里思（Hamid-ad-Din
'Ariz）怀有敌意，而在那最后几天，他曾在算端面前攻击这两个权
贵。就在他自己死前，把他阿里思斩于那座宫门前，同时他设谋使
失哈不丁·麻速忽步其后尘。但复仇心重的命运，或者造物主的
最早戒律，要求在实现这个企图之前他自己的血要洒在阿里思的
血上。至于那些菲达额，他们当场被斩成碎片。真主的使徒（愿真
主赐福给他及其家人！）如实地说：“汝曾杀人则将被杀；杀汝者又
将被杀。”

算端帖乞失对此悲痛万分，决心报仇雪恨。他派灭里·忽都
不丁去干这件事，遣一名使者去指示他首先选择他的军队，然后从
忽希思坦[97]（Quhistan）开始。忽都不丁奉这个命令进行他的准
备，先攻打秃儿昔思[98]（Turshiz）。率领一支山岳都不能经受他们
践踏的军队，他包围了该堡。他连续作战了四个月；深如洞穴的秃
儿昔思城壕已被填平，围城进展到该堡在一周内就可被攻下。这
时候，在花剌子模征集四方军队并准备行动的算端，受到发展为扁
桃腺炎（愿真主保佑我们不害此病！）的多血症的袭击。他的医师
治愈这个病，当他开始恢复时，他进向〔秃儿昔思〕。医师们禁止他 315
旅行，但算端因性如烈火，不愿念那种纳谏之经（sura）。他继续行
进，直到他抵达叫做察合-亦-阿拉伯（Chah-i-'Arab）（“阿拉伯井”）
的驿站，而因他的生命犹如桶坠井底，他旧病复发，于是他从这短
暂的邸宅前往那永久的安息地。这发生在 596 年剌马赞月 19 日

〔1200 年 6 月 23 日〕。

大臣们立即遣使通知灭里·忽都不丁。这时发生一件怪事：他的帅旗无缘无故折断，垂下它的头。他认为这是一个凶兆，紧接这事传来了他父亲死亡的消息。他不让军队知道它，借口生病，准备班师。使者们来来往往，双方开始讨论和约。因为丝毫不知道其父之死，秃儿昔思的百姓提供很多劳役，献纳超过十万的那的贡赋。灭里·忽都不丁这时回师。像一股涌流的洪水，或一阵倾盆大雨，他日夜兼程并进，直至他抵达薛合里斯塔纳门前。在那里他举哀并赶回花剌子模。

注　释

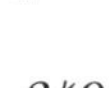

① 突厥语为“贤明的君主”。

② 阿勒卜的斤（“勇敢的君主”）是哥疾宁朝的创建者。

③ 关于拜哈吉的阿不勒-哈散·阿里·本·宰德（Abul-Hasan ʻAli b. Zaid）的《麦夏里布塔扎里卜·格瓦里布格来卜》（Mashāribat-Tajārib wa-Ghawārib-al-Gharāʾ ib），见巴尔托德，《突厥斯坦》，第 31 页。

④ 《塔扎里卜乌蛮》（“民族的经验”）是阿不-阿里·阿合马·本·穆罕默德·密思卡维（Abu-ʻAli Ahmad b. Muhammad Miskawaih）撰写的一部历史名著之名。见巴尔托德，前引书，第 31－32 页。

⑤ 《扎瓦米兀鲁木》是著名神学家法合鲁丁·阿不-阿不答剌·本·穆罕默德·本·乌马儿·剌兹（Fakhr-ad-Din Abu-ʻAbdallah b. Muhammad b. ʻUmar ar-Razi）编写的一部百科全书之名。

⑥ 哈齐斯坦山区在上木尔加布河沿岸、八吉思（Badghis）以东。它相当于今天的俾路斯忽（Firuzkuh）。

⑦ “受爱戴的君主”，来自突厥语 sebük（sevük）“受爱戴的”和 tegin“君主”。见伯希和、《巴尔托德著“突厥斯坦”评注》，第 16 页。娑匐的斤（976－

997)——阿勒卜的斤的奴隶,女婿、继承者——是著名算端马合木(998-1030)的父亲。

⑧ 据巴尔托德,前引书,第 323 页,"皇室盥洗器皿的掌管者"。塔昔特-答儿(ṭasht-dār)是负责在饭后或其他时候进奉脸盆(ṭasht)和水罐的仆人。

⑨ 1094-1104。他的名字意思是"强烈的明亮。"

⑩ 爱斤赤,即"播种者"。见豪茨马《语汇》,第 31 页。qochqar 是突厥语"公羊"。关于在十一世纪突厥部落大迁徙中作为一名首脑的爱斤赤,见米诺尔斯基,《马卫集》,第 101 和 104 页。

⑪ "无马的"。

⑫ 这就是合剌罕朝的君王阿儿思兰汗·穆罕默德·本·速来蛮(Arslan-Khan Muhammad b. Sulaiman)(1102-1130),关于此人,见巴尔托德前引书,第 319-321 页。他又叫做坛合赤汗,为奥菲以及《乞他卜-亦-穆拉扎答》(Kitāb-i-Mullā-Zāda)的作者所证实。(前引书,第 319 页注②)关于这个合剌罕朝的称号("中国皇帝"),见巴尔托德,前引书,第 304 页,《中亚突厥史》,第 77-78 页。Tamghach 或 Tabghach(Tavghach),汉语的拓跋(T'o-pa),是一支建立中国魏朝(436-557)而且其名成为北中国的同义语的突厥或原始蒙古部落。见格鲁赛,《草原帝国》,第 103-109 页,昂比斯,《亚洲高原》,第 29-31 页,加巴因,第 2 页。

⑬ 哥疾宁朝王(1118-1152)。

⑭ 即哈剌契丹,见前,第 44 页,注②。

⑮ 即亦思马因异端(ilḥād)。见前,第 256 页,注㉘。

⑯ 或哈扎儿阿昔普(Hazar-Asp),如迄至今日它为人们所称呼的那样。

⑰ 或"一千匹马",哈扎儿阿昔普的字意,来源于波斯语 hazār"千"和 asp(asb)"马"。

⑱ 不要照字面理解:vaṭāṭ(waṭwāṭ)在阿拉伯语中义为"燕子"或"褐雨燕"。

⑲ 参看前注。

⑳ 即"穿鹿皮的隐士。"

㉑ 《古兰经》,第 iii 章,第 128 节。

㉒ 即异端突厥人。

㉓ 显然是一个合剌罕朝人。见巴尔托德,《突厥斯坦》,第328页。

㉔ 或者是在撒昔(Shāsh)省(今塔什干(Tashkent)的鲁德八儿)。见巴尔托德,前引书,第173页,注③。

㉕ "'鞋间'(阿拉伯语 Ṣaffu'-niʿál,波斯语 pá-máchán)是门边的地方,在那里,那些进门者踢掉他们的鞋,而仆人和贱客则在那里站立"。(布朗,《波斯文学史》,第Ⅱ卷,第332页,注①。)

㉖ 他的儿子和继承人。

㉗ qāfaṣ-i-āhan。这个笼子看来是个真的,和传说中鄂图曼算端巴耶兹德(Bayezid)被帖木儿囚禁的笼子不一样。有关这后一笼子的故事,"长期地和再三地被作为一个道德训诫而重复着",在吉朋时代已经"被现代作家当作无稽之谈加以否定,他们对世俗之轻信一笑置之。"见吉朋,第Ⅶ卷,第60页和注53。

㉘ 阿儿思兰汗之子,关于此人,见前,第279页,注⑫。他的父亲在这里被误加上博格剌汗的称号。有可能因为跟他的叔父阿不勒-木扎法儿·坛合赤-博格剌汗·亦卜剌金(Abul-Muzaffar Tamghach-Boghra-Khan Ibrahim)弄混了。马合木汗在桑扎儿为菊儿汗所败后已放弃他在河中的领土。见巴尔托德,前引书,第322页和第326页。

㉙ 比较合剌罕朝的坛合赤汗的称号。见前,第279页,注⑫。

㉚ 《古兰经》,第xxxi章,第34页。

㉛ BYΓW。巴尔托德,前引书,第333页,把这个名字读成 Payghū,但主张读作 Yabghū(yabghu 是哈剌鲁古代君王的称号。见《霍杜德》,第97页。)另一方面,伯希和,前引书,第16页,宁把它看成是突厥词 bïghu,"一种与鹰极为相似的肉食鸟之名。"比较另一哈剌鲁首领剌真(Lachïn)"鹰"的名字。

㉜ 他的父亲的名字实际是哈散(Hasan)——吉里赤-坛合赤汗·阿不勒-马阿里·哈散·本·阿里·本·穆明(Qïlïch-Tamghach-Khan Abul-Maʿali Hasan b. ʿAlib. al-Muʾmin),也叫做哈散的斤(Hasan-Tegin)。见巴尔托德,前引书,第322页和第333页。

㉝ KWKSAΓR。或即"青牛"。比较在豪茨马《语汇》第81页中代替一

般的 sïghïr“牛”而作的 saghïr 形式。他也有察吉里汗(Chaghrï-Khan)的称号。见巴尔托德,前引书,第 333 页和注⑤。据可失哈利,Chaghrï 是“鹰”或“隼”的无数突厥语之一。

㉞ AYLK TRKMAN。显即突厥蛮人夷离堇。巴尔托德,前引书,第 333 页注⑩,提出说,这人多半是八剌撒浑的前君王,关于他,见后,第 355 页,及注⑦。ilig 是“王”的一个古突厥语。见伯希和,前引书,第 16 页。

㉟ 关于这个名字,见前,第 148 页,注㉖。

㊱ 作为君主私人卫队一员的 ghulām(“奴隶”),其经历见巴尔托德,前引书,第 227 页。

㊲ 这是普速完,承天太后(1164-1177)。她是已故的汗夷列皇帝(1151-1163)之妹,原菊儿汗耶律大石(1124-1143)之女。见魏特夫和冯,《中国社会史:辽》,第 62 和 644 页。

㊳ 原文作 FRMA,据巴尔托德读作 FWMA。驸马实为一称号,汉文的驸马“女婿”。见巴尔托德,前引书,第 337 页和注③,魏特夫和冯,前引书,第 665 页,670 页。

㊴ 原文作 SWBRLY。有很多不同的写法。据牙忽惕,它是在往薛合里斯坦(即往呼罗珊)的道路上花剌子模的最后一个地方。见巴尔托德,前引书,第 153 页和 337 页注⑤。

㊵ 的希思丹是里海东岸阿特腊克(Atrek)以北一个县名,在今土库曼斯坦境内。“的希思丹无疑地是雷同于古游牧民 Δáal、Dahae 的名字,其一支是阿帕诺埃人(Aparnoi);从后者产生未来的安息王室……”(米诺尔斯基,《霍杜德》,第 386 页。)

㊶ 即该牙思丁·穆罕默德(Ghiyās-ad-Din Muhammad)及其弟失哈不丁(Shihāb-ad-Din)(穆罕默德·古耳(Muhammad Ghūr))。关于古耳的算端们(古耳朝王(Ghurids 或 Ghorids)),见巴尔托德,前引书,第 338-339 页,兰浦尔,《回教王朝》,第 291-294 页。“古耳一名指的是位于也里以东和东南,以及哈吉斯坦(Gharjistan)和古兹根(Güzgān)以南的山区;这些山民的方言和呼罗珊的方言有本质差别。”(巴尔托德,前引书,第 338 页。)

㊷ 见后,第 328 页,注⑤。

㊸ 必思坛(Bistām),今布斯坦(Bustam)(波斯坦(Bostam)),以著名苏

菲教徒阿不-耶兹德(Abu-Yazid)(巴耶兹德(Bayazid))的墓地而知名,他于874年死在这里并埋葬在这里。

㊹ 伊本额梯儿把他叫做明里的斤(Mengli-Tegin)。(穆.可.)

㊺ 库纳思(al-Kunās)必定是库纳沙(al-Kunāsa)形式的缩写,苦法一个区的名字。KNDH的发音很不确定。它清楚地不是也门的金达(Kinda)县。(穆.可.)

㊻ ahl-i-ṣuffa和苏菲教徒毫无关系,但因一个虚假的语原,ṣuffa已和ṣūfi联系起来(见列肯多夫(Reckendorf)在《伊斯兰百科全书》中的条文):因此这里可能是"圣民","苏菲教徒"。(弗.米.)

㊼ pir.可能指的是扎木的阿合马(441-536/1049-1142),他的圣地(托尔巴特-亦-谢赫贾姆镇)位于阿富汗边境附近的呼罗珊中。(弗.米.)

㊽ 根据E本是这样。其余的抄本所记的日期是7日,但如巴尔托德所指出(前引书,第346页,注②),那天实际是一个礼拜天。剌必阿1月17日(它也出现在巴尔托德引用的一个彼得堡大学(Petrograd University)抄本中)会是礼拜三,仅相差一日。

㊾ 《古兰经》,第v章,第49节。全文是:"以命抵命,以眼还眼,以鼻还鼻,以耳还耳,以牙还牙,凡伤害均有抵偿。"

㊿ 原文作arbā'"区",明显地指你沙不儿的四个"区"。见《霍杜德》,第102页和325页。

51 见后,第ii册,第412页,注①。

52 未考证出来。

53 苫思丁·亦勒的吉思(Shams-ad-Din Ildegiz)(1136-1172)是阿哲儿拜占阿塔毕朝的创建者。他的儿子穆罕默德·扎罕-帕鲁汪(Muhammad Jahan-Pahlavan)(1172-1185)不仅是忽都鲁亦难赤之父,也是阿不-别克儿(1191-1210)和斡思别(1210-1125)两阿塔毕之父。他的直接继承人是他的兄弟吉思勒-阿儿思兰·斡思蛮(Qïzïl-Arslan'Usmān)(1185-1191)。

54 被刚死的吉思勒阿儿思兰所囚。脱黑鲁勒二世(1177-1194)是(波斯)伊剌克最后一个塞勒术克人。

55 关于巴哈丁·穆罕默德·本·穆阿夷·八吉打底(Baha-ad-Din Muhammad b. Mu'ayyid al-Baghdadi)及他收藏的官方文献,见巴尔托德,前引书,第 33－34 页。

(56) 即两个巴哈丁。

(57) 忽都鲁哈敦(Qutlugh-Khatun)(弗.米.)

(58) 关于建筑在剌夷以北一个同名山头的塔拔列克堡,见雷斯特朗治,《东哈里发的国土》,第 216－217 页。

(59) 原文作 ǰΓR,据 D 本读作 ČΓR。Chaghïr 是突厥词 Chaqïr"穴隼","岩隼"的一个变形。关于这个词用作专有名词,见豪茨马,前引书,第 28 页。

(60) 这是著名的摩诃末花剌子模沙,在他父亲死后,他采用阿老丁('Ala-ad-Din)的称号。(穆.可.)

(61) 发勒斯编《沙赫纳美》,第 188 页,第 1060－1062 行。

(62) 1180－1225。

(63) 发勒斯编《沙赫纳美》,第 1182 页,第 809 行。胡蛮(Hūmān)是一个被皮任所杀的都兰英雄。

(64) 即哈里发王朝。

(65) 的纳瓦儿(Dinavar)的遗址大约在坎加伐尔(Kangavar)和克尔曼夏(Kermanshah)的中途。

(66) 原文作 MYANǰQ,而 E 本作 MYANǰWQ。

(67) 原文作 QATR BWQW,据 E 本读作 QAYR BWQW。往下(第Ⅱ卷,第 40、41 页)原文作 QADR BWQW,即 Qsdïr-Buqu。qayïr 是标准突厥词 qadïr"强壮的"的西方形式:buqu 意为"雄鹿"。

(68) 原文作 ūrāniyān,即更准确地,Oranians。关于斡兰族,见巴尔托德,前引书,第 343 页,注②。并比较 Qara-Alp Oran,即斡兰人合剌阿勒卜。(见后,第 309 页,注(83))对这个名字的一个颇为不同的读法,见伯希和昂比斯,《亲征录》,第 107－108 页。

(69) a'jamiyān 即希腊语义的"蛮人"。因此土耳其新兵(Janissary novice),作为非穆斯林出身说,被叫做"ajemū oghlan"(外国少年)。见吉伯和波文:《伊斯兰社会和西方》,第 329 页,注④。

(70) 灭里沙之子。

(71) 即帖乞失。

(72) 用一根白热的铁棍经过受害者的眼前来做到这一点。

(73) 《古兰经》,第 v 章,第 49 节。见前,第 297 页,注㊾。

(74) 各抄本均为一空白,穆. 可. 据伊本-额梯儿把日期补上。

(75) 今在中波斯的萨弗(Saveh)以西的马兹答罕(Mazdaqan)。

(76) 据哈卡尼《诗集》的编纂者阿里·阿卜多拉苏利,德黑兰,1216/1937-1938,这些诗句的作者实际是怯马鲁丁·亦思马因(Kamal-ad-Din Isma'il)。(据英译本注释本中引用的书目,哈卡尼《诗集》编纂的日期为 1316,这里作 1216。——中译者注)

(77) māhcha“小月亮”,它也能指他御伞顶端的“球”。

(78) mūrcha,它的字面意义是“小蚂蚁”。

(79) 这通常指法儿思。

(80) 实际是一个句子:toghan toghdï“鹰出生了。”关于这类名字的其他例子,见豪茨马,前引书,第 34-35 页。

(81) ARBWZ。比较可失哈利的 Ervïz(Erwüz)一名。

(82) 意思是“撒曼的统帅。”可能这个称号是从一个为撒曼人(874-999)——河中的波斯君王,其王朝被合剌罕人所推翻——服役的祖先那里继承下来。

(83) ALB DRK。我把这个名字的第二部分看成是突厥语 tirek 或 direk“柱石”。关于这个词在古突厥语中训为“大臣”的用法,见哈密顿,《五代时的回鹘》,第 157 页。巴尔托德,前引书,第 343-344 页,把阿勒卜底列克考证为钦察部长合剌阿勒卜·斡兰(同前,第 340-341 页)。

(84) 《古兰经》,第 xiv 章,第 50 节,又第 xxxviii 章,第 37 节。

(85) KNAR DRK。这个名字的第一部分可能是一个突厥词 kün“太阳”和 er“人”的复合词。如穆. 可. 在一个脚注中说,孔额儿不花必定是哈只儿不忽之侄阿勒卜底列克。

(86) “以贼捉贼。”

(87) 即德马文德山(Mt. Damavand)斜坡上的著名堡垒(见雷斯特朗治,前引书,第 371 页和第 372 页,注①),不要把它跟在古耳的卑路斯忽弄混了,关于后者,见下,第 328 页,注⑤。

(88) 译意是“强大的城堡。”据拉凡提,第 289-290 页,该堡是在阿儿思兰之叔算端麻速忽(1133-1152)统治时阿杀辛人修筑的,并被取名为扎罕古

沙亦(Jahān-Gushāi)。麻速忽围攻它没有成功,但它最后被阿儿思兰(1161－1177)在他统治初期所攻克。

⑧⑨ 即脱黑鲁勒一世(1132－1133)。

⑨⓪ 即算端阿儿思兰,当然不是帖乞失。

⑨① 这段不见于穆汗默德・埃格巴尔编的撒都鲁丁史书(拉合儿,1933)。但这可能不是撒都鲁丁的原书,而是一个根据它的后期编本。缺乏志费尼引用的这段话,首先为豪茨马在《东方学文献》(Acta Orientalia),第Ⅲ卷,第145页中所指出。(弗.米.)

⑨② 即旭烈兀。

⑨③ 或Somnath,在卡提威尔(Kathiawar)半岛南岸。

⑨④ 这段话不见于《塔里黑-亦-拜哈吉》的编本。关于该作者及他的著作,见巴尔托德,前引书,第22－24页。

⑨⑤ 塔鲁木(Ṭārum)(塔罗木(Tarom)),是厄尔布尔士山西南坡曾姜(Zanjan)以北一个县,厄尔布尔士山把它和里海的基兰省分开来。

⑨⑥ 《古兰经》,第ci章,第4节。

⑨⑦ 忽希思坦(Quhistān),"山国,"是指从你沙不儿地方沿今阿富汗边界向南伸延的地区名。它是马可波罗的Tunocain,一个从它的两个首镇秃温(Tūn)(今费尔多斯(Firdaus))和克恩(Qā'in)而来的名字。其首镇今天是比尔姜德(Birjand)。

⑨⑧ 仍有一个在托尔巴特黑达里以西的秃儿昔思县。雷斯特朗治,前引书,第354页,注②,把该城置于今天的费鲁扎巴德(Firuzabad)的地址上。

2. 阿老丁花剌子模沙的登基

当他抵达都城时，诸异密和大臣共聚一堂，举行一个盛宴；在596年沙甫瓦勒月20日礼拜四〔1200年8月4日〕，他们在神的扶助下把他拥上帝王的宝座。王国的枯萎枝叶变得来葱茏繁茂，正义的死魂灵恢复了生命和健康；于是传达佳音的使臣分赴世界各地。

当其父去世的消息传给古耳的算端失哈不丁和该牙思丁时，
316 野心魔鬼的诱惑，犹如那些画师在他们头脑中描绘奸诈无益的妄想图画，及无知徒劳的空幻色彩；而人类的骄狂，犹如新娘的化妆师，给贪婪欲求的新娘撒香抹粉。他们因此把一支军队先派到马鲁，让穆罕默德·哈郎(Muhammad Kharang)驻扎在那里；他们自己则带领一支大军和九十头个个躯干如山的大象出发。首先他们到达徒思，在那里他们大肆烧杀虏掠，并于597年剌扎卜月〔1201年4-5月〕从那里进向沙的阿黑。算端摩诃末的兄弟阿里沙在此地，他和其他权贵一起已从伊剌克归来。两兄弟算端骑马绕城池一周，好像他们是在观光，然后他们停留在该城前。为了监视这支军队，有一大群百姓驻守在他们对面的一座楼塔中。该塔倒塌了。士兵们认为这是一个吉兆；他们就在当天袭取了该城，动手抢劫，把沙黑纳派往苦行僧和圣人的屋舍，使他们不致受到伤害。他们继续抢劫到中午，这时通令他们住手。按照军队的纪律要求，每个

士兵马上交出他手头的东西；所有的战利品被集中一起，当有人认出他的东西时，立即把它归还给他；因为他们抢劫有方。

至于花剌子模的军队，他们和塔术丁·阿里沙以及算端国中的达官贵人，被赶出沙的阿黑，并受到很多酷刑拷打，然后他们被送往古耳的都城。每个沾手过底万朝政的人都被没收了财产，同时沙黑纳被派到朱里章(Jurjan)和必思坛去占领那些地方。在把吉牙丁(Ziya-ad-Din)安置在你沙不儿统率一支大军和修复了城池后，算端们这时班师回朝。该牙思丁赴也里，失哈不丁则出兵忽希思坦去摧毁异端的住宅，堕毁他们的城堡。在开始抵抗后，朱纳比德[①](Junabid)的百姓乞和，表示他们投诚。他把秃剌克[②](Tulak)的哈的留在该地作监守，并前往也里。 317

算端摩诃末获悉在呼罗珊百姓中出现纷扰和骚乱，他率领一支大军和劲旅，像怒狮和吓人的闪电，从花剌子模出兵，并在同年祖勒杀扎月17日〔1201年9月18日〕兵临沙的阿黑，挥师包围该城。古耳人出击并进行战斗，充分自信他们的能力和本领。但在领略了花剌子模军队的英勇后，他们发现他们的努力是徒劳的，他们的战斗都无效果。他们像老鼠一样爬回他们的巢穴，同时城外的射石机开始发射，直至城池被夷平，壕堑被填满。发现他们即将沦为俘囚，他们求助于使臣，而且使沙亦黑和乌列麻替他们求情，他们卑躬屈膝地向算端乞降。他按俗话说："汝若为王，需有海量"，来对待他们，无视罪行和过错；在用大量的袍子和无数的金钱宠荣他们后，他打发他们满载礼物赠品去见古耳的算端，为的是他们可以学会怎样在得势时让步，又怎样在面对深仇大恨中宽宏大量。

下令把城池完全堕毁后，算端从那里进向马鲁和撒剌哈夕，该地有算端的侄儿忻都汗（Hindu Khan）替古耳的算端把守。忻都汗听说他的叔父到来，犹如失望的凉水淋头，他逃往古耳去了。当算端到达撒剌哈夕时，该堡的守令没有去〔迎接他〕，他就留下部分人马围攻该城，直到他们拿下了它，生俘城守。

318 同时候算端本人取道马鲁返回花剌子模，第二次准备打仗。同年[3]祖勒合答月，他再度出发，打算攻打也里，消灭它的高贵诸侯。他下营于剌的康草地，一当他的麾下从四方集中时，便从那里率一支大食和突厥大军出发。他的御营设在也里城外，他的军队连营把该城围个水泄不通，犹如环镯之包围手臂。双方都开动射石机，撞城车以战马的速度行动。城楼被击破，墙垣被捣得粉碎。该堡的守令（kūtvāl）也速丁·马儿格齐[4]（'Izz-ad-Din Marghazi）原是个饱经沧桑的人。他发现无逃生之法，只有屈膝投降。他因此遣出使者，同意交纳一笔重赋，并把他的亲生子交给算端作为人质。算端的暴怒以此平息下来，他接受百姓乞哀和告饶的请求，这成为套在他们脖子上的感恩锁链。

同时候古耳的算端们正在集中他们的兵力，准备返回呼罗珊。当算端忙于围攻也里时，他们决定利用算端及其盟军不在该国的州邑这个时机，率领他们的军队到那里去。获得这个情报，算端取道马鲁鲁德返回，同时算端失哈不丁经塔里寒赶来。算端摩诃末认为以不渡河为宜，以此河水可以像火一样作为两军之间的屏障。至于士兵们，他们对渡河和停驻发生意见分歧，有的实际已渡河。既然算端无意打一场仗，他决定进向马鲁。古耳的人马进击算端的军队。抵达撒剌哈夕后，他停留下来；使者往返于双方之间。算

端被要求交出呼罗珊的几个省，但因他耻于纳贡，他不愿同意，并 319
从撒剌哈夕赴花剌子模。至于算端失哈不丁，他率领他的军队到达徒思，用酷刑和抄掠搜刮居民的脂膏。因他的军队粮饷不继，他强使百姓出卖谷物，派人把他们输送到麦什特（Mashhad-i-Ṭūs）的谷米抢走，在那里，谷米是在圣地坟墓的保护下。因这些难以忍受的原因，再加上从前发生的事，贵族和黎庶的心里都同样充满对他们统治的仇恨，而百姓甚至更希望依附花剌子模沙一党。

在这个时刻，传来其兄该牙思丁去世的消息，失哈不丁就擂鼓班师。抵达马鲁，他把穆罕默德·哈郎留在那里。这个穆罕默德·哈郎是古耳的一个大异密和英雄，论英勇则是当代的鲁思坦。他袭击阿必瓦儿的，在那里他擒获了几个算端的异密，杀了很多人。从那里他出兵塔儿黑[5]（Tarq），攻打塔术丁·哈剌只（Taj-ad-Din Khalaj），后者把他的儿子送给他作为一名人质；又当他回师时，马儿哈[6]的异密也把他的儿子送给他作人质。因这个胜利而趾高气扬，他返回马鲁，这时他得到一支花剌子模军队经沙漠逼近该城的消息。他转而迎击他们，当两军碰头时，算端的吉风开始得到神助而吹动，他的敌人们则开始心怯。尽管花剌子模的军队不及古耳军的一半，他们袭击他们，使他们败逃。使尽千般狡计，哈
郎得以进入马鲁，但花剌子模军抵达该城前，打破城池，生俘了他。 320
怕他的凶暴，一个异密立即给他一刀，于是他的头被送往花剌子模，那里，算端不同意杀他。算端该牙思丁[7]得到他遇害的消息时，他惊恐失措，极其软弱无力，因为哈郎是古耳算端们的主将，他们在战斗中的堡垒；而他有如此的勇力和胆略，以致他们好几次叫他跟一头狮子[8]和一头大象搏斗，他打败了二者。当算端们让他

每隔几天去跟这些野兽拼斗时，他把它们都杀死了，并说：“我必须跟一只狗和一只猪搏斗多久呢？”他可以折断一匹三岁老马的腿。

在算端的军队打胜这一仗后，大臣们怂恿他进攻也里的国土[9]，他们美化该国以打动算端的心目。“长兄该牙思丁，”他们说，“现在完蛋，他的儿子们为国土和继承权，正在自相争吵。大部分异密倾向于支持算端，又因他的高扬的旌旗已在那些地区投下它的影子，他们都抓住了幸运的时机。”这些话在算端心里产生了一种极其愉快的效果，富贵梦变成了他脑子中的美景。在600年主马荅1月〔1204年1月〕，他率领一支装备精良，以勇敢无畏而著称的武士军，进向也里。这时阿勒卜-加齐（Alp-Ghazi），古耳的大异密，已受命为也里的长官。当算端的军旅抵达该城前，他们扎下御营。射石机这时瞄准了城头，石头像雹子那样从四面八方落向市集和街道，致使百姓不能走动。居民开始绝望，阿勒卜加齐遣使乞降。他说：“我从算端那里得到充分的权力去缔结和约，以此
321 保证走上统一的道路以及遵守正教的法令。没有人将在今后欺凌呼罗珊，算端的人马也决不欺凌和伤害这些地区。”在这些条约和协定外，他担保交纳一笔巨大的贡礼，并作为古耳人誓约的保证人。算端在他这方面，想要消除矛盾和仇怨的恶果，并以此保全穆斯林同胞的生命和面子，就欣然接受了阿勒卜加齐和也里人的请求，使他们不殒命丧财。阿勒卜加齐前去侍候算端，接见殿的地板都被他的嘴唇碰破了，他趴在地上谢恩，脑门子沾满了尘土。按照他们的协定，在优礼待他后，算端打发他回城，但阿勒卜加齐，为了征集他担保交付的贡赋，对百姓打开暴虐和勒索的手，开始用这种方法从他们身上榨出这笔贡赋来。算端听说他的专横和凶残，他

不忽视对百姓应尽的道义，认为放弃这个条件才是更永久的财富和更坚固的堡垒。履行完条约，他撤退了。他的军队蹂躏了八吉思[10]（Badghis）地区，因掠获财物和牲口而振奋，尽管他们因这次掠夺，担心和害怕算端。他进向马鲁，而阿勒卜加齐，他因实现妥协而离开算端失哈不丁手下，在算端离开后仅两三天就到了死期。

为了报他的仇恨，算端失哈不丁又准备进行战争，这次他打算从进攻花剌子模开始。当算端得知他的意图时，他果断地采取预防措施，经沙漠回到花剌子模。用这种方法他和那支人数超过蚂蚁和蝗虫的古耳军队赛跑，在抵达他的都城后，把那支军队的到来通知了百姓，并宣布这场意外灾难的降临。所有的百姓，义愤填 322
膺，怕遭受屈辱而怒形于色，同心同德地愿意抵抗和战斗，防守和拒敌；他们都忙着储备诸如刀枪等武器和战具。受尊敬的基发克[11]（Khivaq）的伊祃木失哈不丁（Shih-ab-ad-Din），他是正教的柱石，国家的中坚，竭尽他的全力去打退敌军，拒他们于室家和乡土之外，因此在讲坛的布道中，他按照真正的圣传来批准战争："凡为捍卫其生命和财产而被杀者，同样为殉道者。"因这个缘故，百姓的热情和信心倍增，他们像一个人一样进行工作。同时候，算端派遣驿使到呼罗珊各地去召集马步军，也求助于菊儿汗。他把他的营盘扎在诺思瓦儿[12]（Nuzvar）河岸，仅几天内就集中了七万骁勇善战的人马。古耳的军队，有如此多的士兵和大象，又那样扰攘和铿锵，以致只要他们愿意，他们能够把乌浒水变成一片平川，用血把平原变成一条乌浒水，在东岸[13]相对扎下他们的营盘。为了在第二天过河，捣毁算端的欢乐酒宴，古耳算端命令他们寻找渡口。同时他布置他的大象，指挥他的人马，为在次日拂晓他们可以用人头

来做战杯。突然传来消息称，答剌速[14]（Taraz）的塔阳古[15]（Tay-
323 angu），哈剌契丹军队的统帅，正率领一支犹如烈火的军旅到来，而且随他来的有撒麻耳干的众算端之算端。当象民[16]发现众主之主（意指上帝。——中译者注）把他们的计划打乱，从打仗和战斗中除失望外将一无所获，这时他们收起刀兵，卷甲撤退，宁择逃路，不愿停留；并且不顾挫折和丢失体面，照俗话所说那样行事：

此非汝之巢穴，
那么从一个不宜于汝的居宅滚开吧。

失哈不丁命令他的部下趁晚上焚烧辎重，不得合眼睡觉；因为极端凶残和乖僻，他们割断了马和骆驼的腿筋。当他们撤退时，算端像一头愤怒的狮子和一匹妒忌的种马，把他们一直追到哈扎儿阿昔甫，他们在那里翻身交战。算端的军队攻击他们的右翼，古耳人的军旗被推倒，他们的时运逆转。他们很多异密和将官沦为俘囚，残存者东颠西倒地穿过无水的沙漠，“像一些在沙漠中被魔鬼蛊惑的手足失措者。”[17]花剌子模军继续愤怒地追击他们，好像种马追逐牝马，直到他们用不光彩的诡计通过了赛法巴德[18]（Saifabad）。算端，浸沉于福荫，沐浴在荫福中，占有财宝，大象，骆驼和马匹，班师回朝；福神用祥瑞之口以诗句来激励人心：“真主允许你获得丰硕的战利品并使你迅速得到它。”[19]算端在花剌子模举行盛宴，他的一个廷臣要求撒麻耳干的歌女费尔道斯（Firdaus）作一首咏此景的四行诗。她即席作了如下一首：

王啊，古耳人从你面前狼狈逃走；
324 他像小鸡在逃避老鹰。

他下了他的马，藏起他的脸；
国王把他的大象献给你，免遭杀害。[20]

至于古耳的军队，当他们到达安都淮[21]（Andkhud）时，他们看见了他们所看见的东西；因为契丹军追上了他们，从四面把他们包围。从早到晚，双方用刀枪厮杀，很多人死去。第二天，当太阳的旌旗在天边升起，阳光侦探从东方的帘幕后出现，契丹军显出他们的勇气，发动总攻，他们敌人的抵抗之颈被摧折，战斗之手被束缚；那支军队的所有残余者，共五万人，死于战场，而算端失哈不丁发现他孤零零地和大约一百人留在中央。使用狡计，他投入安都淮堡，但契丹军在城墙上打开一个缺口，他眼看就要被俘，这时撒麻耳干的算端给他送去如下的使信："为伊斯兰的尊荣，我不愿一个穆斯林算端落入异端的罗网，死于他们之手。因此对你说最好交出你所有的一切，诸如大象，马匹，动产和不动产，作为你人身的赎金。以这个理由，我将替你斡旋，求得这些人的同意。"算端失哈不丁奉献他的一切作为赎金，霎那间金库和武库中的东西就像犒赏一样散发一空。使用了千般手段，他通过撒麻耳干算端的调解而获释，在一个"逃生无时"[22]的时刻保全他的性命而去。

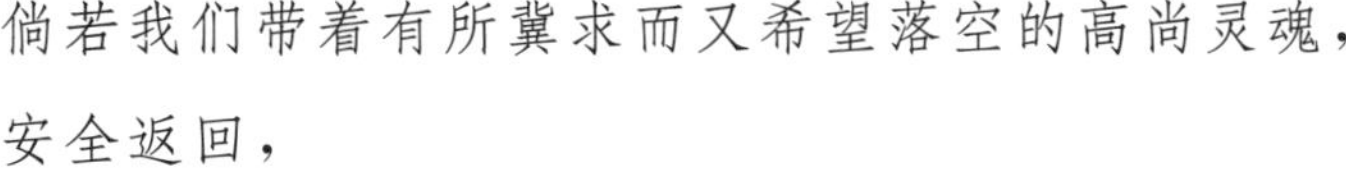

倘若我们带着有所冀求而又希望落空的高尚灵魂，
安全返回，
我们的灵魂就是最好的战利品：
他们是保存元气和生命返回的。[23]

当古耳算端丧失他的军队，财富，蒙受千耻百辱，抵达他自己的国家时，算端派他的一个侍臣携带如下的使信去见他："惹起这些战事的是你的人，而‘侵略者是更不义者’，但自今后让我们共循团结的道路，堵塞冲突的途径。”算端失哈不丁在他这方面立重誓以坚和约，并发誓说甚么时候算端有所吩咐，他就去帮助和支援他；两个算端之间按这个内容缔结了盟约。然而，两个月后，部分古耳军队集中在塔里寒境内，而这次骚乱的煽动者塔术丁·章吉(Taj-ad-Din Zangi)向马鲁鲁德发动一次进攻(其结果是他丢了脑袋)，把税收官(‘āmil)突然赶进毁灭的罗网，开始实施专制，进行压迫并勒索金钱。这个消息传给了算端，他把马鲁的别都鲁丁·察吉儿和阿必瓦的的塔术丁·阿里调去击退这些和平的破坏者。经过战斗后，章吉和十个异密被械送花剌子模，为惩罚他们的罪行，他们的脑袋(愿我的读者不要见到它！)跟他们的身子分了家。这些骚乱的暴行被平息，国家获得了和平。

但尽管庄严誓约之绳把两个算端系在一起，算端失哈不丁仍因愤于往事而咬他的手背，同时，为准备行动，以讨伐异端为借口，调集军队和打造武器。最后，在602/1205－1206年，他打算以入侵印度作为开端，为的是弥补其部属和麾下的军备，他们在最后几
326 年呼罗珊战役中已损失了他们的全部甲兵和器仗[24]。抵达印度后，他因真主赐给他的一次胜仗，能够填补府库和军队的所有亏额。他班师回朝，渡过杰卢姆[25](Jhelum)河，他的御营设在河[26]的岸边，以致它有一半伸延到水中；从而没有留心在那一面防御菲达额。突然，在算端休息的日中，两三个印度人[27]像火一样出其不意地从水里冒出来，潜入御营，他躺在那里疏忽了对敌人的警戒和防守，也忘了命运的邪恶。他们因杀害这个国王而把军队的白昼变成了黑夜，毁坏了他生命食物的香味。当我们的末日等待着我们

时,人的力量有什么用?当时运衰微时,大量战象帮得了什么忙?所有他的武器和装备,所有这白的和黑的,都对他没有用场。

一切进行统治的,受人服从的, 327
以及拥有财富和强兵的人,
称霸一时,为君为长,
然后不外变成了笑谈的资料。[28]

他曾辛劳了那么多的时间以致算端可以获得他勤劳的成果!更玄妙的是他的近亲、范延的蔑力克的事,此人自己衰弱下去,但仍等到失哈不丁的末日来临。当因后者之死,他达到他的宿愿时,他认为他的希望的枝头结了果实,他的幸运之园变得郁郁葱葱。毫不耽误和拖延,他兼程并进,一气赶了三帕列散的路程。他就要实现他的愿望时,奉真主之命,死神从暗中突袭,切断了他的满载这尘世野心的生命旅队。尸架代替了宝座,苦难取代了欢乐。

倘若任何人从这世界上达到了他终生的愿望,
命运就使 alif 跟它分离,
因为他的机体来源于她,
当他的愿望两头被略去时。[29]

现在这些事变是算端走运的原因,这将在另一章中披露。

注　释

① 今古纳巴德(Gūnābad)。

② 秃剌克(Tūlak)仍是也里以东一个城镇和一个县的名字。朱思扎尼

参加了该堡对蒙古人的防御战。(拉维特,第1961页。)

③ 哪年?志费尼不能指597年的祖勒合答月,因为在该年的祖勒希扎月17日(1201年9月19日),花剌子模沙曾围攻沙的阿黑。〔见前,第317页〕看来很可能他指的是下一年的祖勒合答月〔1202年8月〕。(穆.可.)

④ 即马鲁的人。

⑤ 未考证出来。其拼法不肯定,但可能跟在中波斯的叫做Ṭarq的村子拼法相同。见雷斯特朗治,《东哈里发的国土》,第209和449页。

⑥ 马鲁附近的城堡。见前,154、165页。

⑦ 在所有抄本中都这样代替失哈不丁。(穆.可.)

⑧ 或一只虎,见前,第257页,注㉚。

⑨ 即古耳人的王国。

⑩ 八吉思(Bādghīs)在今天是阿富汗斯坦的一个县,在土库曼斯坦边境的也里以北。

⑪ 后来的基发。

⑫ 原文作NWRAWR,读作NWZWAR。关于讷思瓦儿(Nūzvār),见巴尔托德,《突厥斯坦》,第148和155页。

⑬ 巴尔托德,前引书,第350页,注⑤,注释称:"多半不是主要的河床,而是指流经古耳干赤附近的河道。"

⑭ 答剌速(Ṭarār、Talas),后来的奥利亚阿塔,今江布尔,在塔剌斯(Talas)河岸。

⑮ ṬAYNKW。这可能是该人的称号而不是他的名字:tayangu在古突厥语中训为"管家"。

⑯ 指《古兰经》第cv章,那里"象民"指也门的阿比西尼亚总督亚伯拉哈(Abraha)的军队,他在穆圣出生的那一年出兵默伽。见尼科尔松,《阿拉伯文学史》,第65–69页。

⑰ 《古兰经》,第vi章,第70节。

⑱ 未考证出来。

⑲ 《古兰经》,第xlviii章,第20节。

⑳ 后两行有双重涵义,也可以翻译如下:

他从一名骑士变成一个卒子并藏起〔遮盖〕城堡。国王把主教交给你,因此被将死。

㉑ 今北阿富汗斯坦的安德胡伊(Andkhui)。(亦作安德库德——中译者注)

㉒ 《古兰经》,第 xxxviii 章,第 2 节。

㉓ 阿不答剌·本·乌泰伯(Abdallah b. 'Utaiba),弼斯罗的一个首脑人物。乌特比('Utbi)引用在他的史书中。见沙亦黑·阿合马·马尼尼(Shaikh Ahmad al-Manini),《撒儿黑牙迷尼》(Sharḥ-al-Yamīnī),开罗编本,第Ⅱ卷,第 417 页。(穆.可.)

㉔ 这次远征的目的匆宁是镇压科卡尔人(Khokars)和索尔特岭诸部落的一次起义。见拉维特译朱思扎尼,第 481-482 页,斯米尔诺娃译拉施特,第 156-157 页,哈格,《突厥人和阿富汗人》,第 47-48 页。

㉕ 原文作 ḤYLY,读作 ǏYLM,即 Jēlam,这系穆.可.所提出。

㉖ Jaiḥūn,即印度河。巴尔托德,《突厥斯坦》,第 352 页,把它当成是乌浒水,但如穆.可.在他给第Ⅱ卷写的序言第 10 页中所指出,志费尼书中的这个名字适用于任何大河,如高加索的库拉河,药杀水即锡尔河。

㉗ 据志费尼的叙述,刺客们是否菲达额即亦思马因教的间谍,这是不清楚的;拉施特(斯米尔诺娃,第 158 页)称他们是科卡尔人。另一方面,朱思扎尼(拉维特,第 484-485 页)特别说失哈不丁"在一个木剌夷(Mulāḥidah)信徒手中殉教。"哈格,前引书,第 48 页,讨论了对这次谋杀的各种说法,并得出结论说,尽管科卡尔人"多半参与了这个阴谋,而且,如其属实,必然促成它,真正的凶手看来仍然是异端亦思马因教中的狂热什叶徒(Shiahs)。"据朱思扎尼(拉维特,第 484 页和 486 页)和拉施特(斯米尔诺娃,第 157 页)二者,他死的地点是一个叫做答木雅克(Damyak)的地方;而日期在朱思扎尼(拉维特,第 486 页)引的一首四行诗中作 602 年沙班月第 3 日,即 1206 年 3 月 15 日。答木雅克的位置不知道,但它可能位于印度河北岸。然而,拉维特,前引书,注⑤,认为它最可能在杰卢姆河以西不远。

㉘ 哈马丹的阿不勒姆法剌只·阿合马·本·阿里·本·哈剌夫(Abul-Faraj Ahmad b. 'Ali b. Khalaf),赛阿利比的同时代人,引用在赛阿利比的《塔特马都尔雅特马黑》中。(穆.可.)见埃格巴尔编本,第Ⅱ卷,第 99 页。

㉙ 倘若 AMNYH(umnīya)“希望”的第一个 alif 被略掉,那就剩下 MNYH(manīya)“死亡”;又当最后的 hā 也被去掉,则剩下 MNY(manī)“精液”。(穆.可.)

3. 古耳算端们的国土
怎样落入算端摩诃末之手

当算端失哈不丁从这贱居前往那永生的府宅时，他的奴隶们，
每个都变成了地方诸侯，这时在他们治下的领土内获得独立。因 328
之忽都不丁·爱别(Qutb-ad-Din Ai-Beg)一度是底里和印度境内
的君王，发动了几次对该邦异教徒的大远征。他死后没有留下男
性继承人，他自己的一个奴隶，叫做亦勒-秃惕迷失(Il-Tutmish)，
以其聪明才智而知名，就作为他的继承人被拥上宝座[1]，并接受苫
思丁的剌合卜。他的名声传遍了大半个印度，深入到每个国家和
州邑，有很多关于他征伐和胜利的故事和传说。包括乌铗
(Ucha)[2]、木勒坛、剌合儿、白沙瓦在内的申河沿岸的诸州，都被忽
巴察所攻占，后又被算端扎兰丁所征服，这将在适当的地方提及。
谢飓斯坦[3](Zavulstan)和哥疾宁[4](Ghaznin)在多次叛乱和骚动
后被塔术丁·由勒都思(Taj-ad-Din Ilduz)夺取，他成为该地区的
侯王。该牙思丁的都城也里以及俾路斯忽[5]则由他的儿子异密马
合木占据。一如嗣君的习惯，他一味花天酒地，挥霍浪费，又因动
听的丝弦声，不能耐征伐之劳。异密们在他的行为中仅发现娇惰
懈怠、昏庸无能，因此达官贵人就生了异心，又有那哈迷尔
(Kharmil)之子、也里的长官、算端国家的支柱和骄傲，也速丁·忽 329

辛('Izz-ad-Din Husain),串通其他异密誓忠于算端摩诃末(愿真主昭示他的榜样!),而且遣送一封接一封的密信,一个接一个的使者给他,怂恿他首先进兵也里,把该邦合并于他的其他领土。但在那个时候,算端担心契丹[6]的汗,唯恐他偷袭自己并攻占曾在古耳算端手中、与契丹国土接壤的巴里黑及其邻近的土地。因此,想首先防备契丹的突厥人,他没有〔亲自〕到那个地方去,而是遣一名使者到沙的阿黑去调呼罗珊军队开赴也里。哈迷尔之子也速丁出城欢迎他们,把该城交给他们,并没有踏上反抗的道路。他大受算端以各种赍赏的宠荣,还得到一份把该地赐给他的盖有脱忽剌的敕令。同时候,站在算端马合木一边的其他异密们,联合进攻算端的军队。但在他们能够行动前,算端的军队袭击他们,犹如一头狮子扑向它的猎物,又如一只鹰攻击一只山鹧鸪。他们把敌人全部击溃和消灭,再派使者把这些捷报告之算端,要求他去见他们;当等候御旗的到达时,他们停留在途中。算端抵达巴里黑的地区,诸堡的守将前去迎候他,赶快交出他们堡垒的钥匙。至于巴里黑的长官、范延的大异密亦麻都丁('Imad-ad-Din),他最初热烈地流露对算端的效忠,经常发表对他宫廷忠贞不贰的申明。但当御旗在沙漠边上出现时,事情就明若曒日:他的申明是假的,他的话反复无常;因为依仗城垒坚实,根基牢固的欣都凡(Hinduvan)堡,他自食其言,在其中囤积珍贵的珠宝和金钱。那支凯旋之师,有骑兵和步卒,像
330 一支手镯把该堡的墙垣包围,倾泻矢石,直到城基开始堕毁,守军转身逃走。因为除了纳款投诚外,对亦麻都丁的创伤别无疗法,他开始叩乞降之门,哀请宽恕。算端怕他惊吓,就答应了他的请求,而且对他的恩惠超过了他的期望,约定让他拥有他治下的土地。

当他走出城堡并且亲吻接见殿的地面时，他接受的浩荡皇恩和优渥御赐，使他显扬；他的安全之鸟开始飞翔于有保卫的天空，同时他在欢乐酒宴上享受的宠荣使他成为神人共羡的对象——“而真主知道彼等心胸中隐藏之物。”[7] 突然，巡逻兵从急差手中截获一封密信，并把它交给算端。这封致范延长官的密信，内容从头到尾无非是贬损算端的功业，告诫不要投靠和效忠他。算端把该信置于他手中说：“览汝之书：今日仅需汝本人为汝剖白”。[8] 他跌倒于地，既然他的口不能为他的谋逆辩解，算端就宣布说，他破坏他的誓约，本该要他偿命，但是因皇恩已免他不死，为尽道义，对此作任何改变或更动都不符宽仁之道。他因此把他连同他乞求的一切，诸如珍宝和志投意合的同伴，都送往花剌子模。

他的儿子在忒耳迷堡中。获得有关他父亲的消息，他决定不出堡。然而他父亲派遣一名心腹使者去责备和胁迫他；于是他出了堡，并奉算端之命，把忒耳迷交给撒麻耳干的算端。 331

算端这时把巴里黑地区委付给别都鲁丁·察吉儿，调一支大军助他一臂之力。

扫清了该地的内乱后，算端决定赴也里。威武和凯旋地，他取道朱耳祖汪[9] (Jurzuvan)出发，天时也服从他的指令，星空按他的愿望旋转。佳音的传报者到达也里，居民们欢欣鼓舞，兴高采烈。贵人们赶快出城恭顺地欢迎他，而其他阶层忙着修饰市容。他们用各种织金料子把穿过市场和小巷的通道装点一新，并悬挂肖像和图画。那年[10] 主马答 1 月中旬算端进入该城，有着目未曾睹的车骑和仪仗，耳未曾闻的华丽和整肃。天使在他前面高喊：“陛下和平入城，平安无事。”[11] 百姓赞美真主，说：“赞美归于真主，宇宙之主！”[12]算端奠定正义的基础，在他的宽仁和公道的保护下，给全体百姓带来和平与安宁；地方诸侯都前去向他纳款。因此昔思田的篾力克赶快入朝他的宫廷，并被收录为国之大臣：论他受到的礼遇和恩宠，他已侪于所有他的同辈之上。

算端还遣起儿漫的阿剌麻（ʻAllama）去争取异密马合木，他用很多诺言来奖慰他。以下是异密马合木的诗句，摘自阿剌麻在这
332 次出使时撰写的一首合西答：

> 东方和西方的算端，西方和东方的皇帝，
> 马合木，穆罕默德之子，撒木之孙，忽辛之曾孙。[13]

为了请求任命他为俾路斯忽的总督并把该地区赐给他，马合木派遣一名使臣随阿剌麻入朝算端。而且通过该使者，他进献所有他祖辈积存的珍宝作为贡礼，还加上一头白象。下面的诗句引自起儿漫的阿剌麻为描写这头随他入朝的白象的一首合西答：

> 我领着一头大象到达王都，
> 尽管我不是沙巴黑（as-Sabbah）之子亚伯拉哈[14]。

算端答应马合木的要求，把该总督的位子授与他；于是他用算端的称号来抬高铸币和忽惕巴，并用其声音来美饰人们之耳。

现在解决了该地的事务，算端决定班师回朝。他把那些州邑的总督位子恩赐给哈迷尔之子也速丁·忽辛，为报答他的功劳，对他恩宠备至，并赐给他价值二十五万[15]鲁克尼金的那的土地。那年[16]主马答 2 月，他启驾向花剌子模，因胜利和成功的到来而喜悦，因达到他的愿望而受到吉运和天命的赐福。

注　释

① 事实上爱别是由他的儿子阿剌木沙(Aram Shah)继承,然而后者在统治了不到一年后被亦勒秃惕迷失所推翻。见哈格,《突厥人和阿富汗人》,第 50－51 页。

② 原文作 AWǰA,读作 AWČA,即在巴哈瓦尔普尔州(State of Bahawalpur)奇纳布河(Chenab)上的乌察(Uch)。

③ 谢飏斯坦(Zāvulistān,或 Zābulistān)是用来称呼赫尔曼德河上游诸水沿岸山区的名字。

④ Ghaznin 是 Ghazna 的另一形式(今加兹尼(Ghazni))。

⑤ 被荷尔迪什,《印度之门》,第 222－223 页,考证为古耳河谷的太瓦腊(Taiwara)。"太瓦腊在当地称作古耳,可能完全在旧都的遗址上,因为有足以支持这个说法的废墟……可以……毫无困难的在几乎任何方向越过这些太麻尼(Taimani)山区,而行动之方便,加之该地的秀美和肥沃,都无疑地指出太瓦腊及其领域是阿富汗王的古耳朝所在地。"

⑥ 即哈剌契丹。

⑦ 《古兰经》,第 xxviii 章,第 69 节。

⑧ 同前,第 xvii 章,第 15 节。阿拉伯语的"书",也有"信函"之意。

⑨ 朱耳祖汪(Jurzuvān)即古耳祖汪(Gurzuvān),要么位于巴拉木尔加布(Bala Murghab)以东阿富汗斯坦西北的塔黑特-依-哈敦(Takht-i-Khatun),要么位于卡拉瓦里(Qalʻa Wali)。见雷斯特朗治,《东哈里发的国土》,第 424 页和注①。

⑩ 何年? 本章中在前面没有提到任何年代。伊本额梯儿把这件事记录在 603/1206－1207 年条下。(穆.可.)

⑪ 《古兰经》,第 xv 章,第 46 节。

⑫ 同上,第 i 章,第 1 节。

⑬ Husain 无疑地被用来和 maghribain"东方和西方"谐韵。他的曾祖是也速丁·哈散(ʻIzz-ad-Din Hasan)。他的祖父是统治俾路斯忽的巴哈丁·沙本(Baha-ad-Din Sām)。

⑭ 见原文第 323 页,注⑯。

⑮ 在A本中这些数字是用siyāq记数法〔siyāq或dīvānī是波斯税吏用来记他们账目的数字体系〕,因这个抄本很古老,看来在那个时期siyāq记数法采用了多少跟今天相同的形式。(穆.可.)

⑯ 又在何年?据依本额梯儿以及上下文,显然是603/1206－1207年。(穆.可.)

4. 算端回师后哈迷尔的遭遇 333

在把也里诸州的政柄交给哈迷尔执掌后，算端打马回朝，然后忙于诸如进袭和征讨异教等其他事务。谣言盛传他在进攻契丹军时阵亡，于是邪魔就把愚蠢的幻想塞进哈迷尔的头脑，骄狂的虚荣就在他的心中安营扎寨。他遣一名使者去见算端马合木，因反对算端正合他们[1]的心意，他们许给他各种好处，于是他又用古耳人的名义铸造钱帑和诵读忽惕巴，并把那些据认为跟算端宫廷有某些关系的人投入囹圄。然而，当算端班师和凯旋进入花剌子模的消息传开时，哈迷尔对自己的蠢行(kharmailī)惊恐万状，害怕算端暴怒的凶狠和猛烈。他求助于不诚实的借口，企图通过弄虚作假向算端掩盖他的过失，免除晋见算端的义务。算端宽恕和原谅了他，认为以赦免他的罪行为宜。

古耳的人，看穿他的虚假和伪善，觉察他再度支持花剌子模的宫廷，准备要他的命。发现了他们的密谋，哈迷尔向在呼罗珊的算端官吏乞援，请求他们的帮助。将领都到也里去，在城外下营。取得他们的盟誓和恳求算端的保护后，哈迷尔出城，大家对消灭和摧毁古耳军取得一致意见。因这个缘故，圣言"汝之泉水将在天刚破
晓时消失"[2]就可以用于古耳人的力量源泉，因此他们的所有部下 334
都溃散了。

哈迷尔的两面性日愈暴露，人们不再相信他的言和行，因为首先，他没有理由进入归降的圈套，其次，没有任何担惊受怕的原因，又摆脱了臣服的束缚。由于这些嫌疑，有人在算端面前进他的谗言，遣使者对算端说："也里是一片森林，他则是林中之狮，也里是一个大海，他则是海中之兽。倘若你忘了对付他，将出现思想和情绪的混乱。"算端因此送信给异密们，命他们把他除去，割掉他这个祸根。他们继续按他们往常的态度以礼待他，仍然高兴愉快地来往。最后，有一天，他们召他去议事，跟他密谈。他们交谈了各种题目，当他们谈完时，佐赞的篾力克乞瓦麻丁（Qivam-ad-Din）就表面上邀他上他家去吃饭喝酒；但他坚决拒绝，找了一些无谓的借口（? bi-bahāna-yi-takhfif）。佐赞的蔑力克这时当众抓住他的马缰，暗示大将们拔出杀人的刀。他的部下溃散，他则被徒步拖进一座营帐。从那里他们把他送往哈甫附近的撒鲁迷德[3]（Salumid）堡，抢劫他的动产和不动产。几天后，他们把他的头送到花剌子模。

他的主要帮手和支持者是一个叫做撒都丁·伦底（Sa'd-ad-Din Rindi）的家伙，一个聪明机警的人，决非一个笨蛋或一个傻瓜。他现在像一只狐狸从猎人那里逃走，避难于也里的城砦内。跟着他，哈迷尔的部下除打退进攻外不存他望，因此也里的歹徒
335 （aubāsh）和浮民（rindī）准备跟伦底进行抵抗。他把哈迷尔的库藏和所有他的财产作为犒劳散发给百姓，他们当中从前除一根棍子外一无所有的人，现在都变成了富翁和财主。因这个缘故，他们像菲达额一样把命捏在手里，准备打仗和战斗。

在这时刻，阔思立[4]（Közli）在沙的阿黑从反叛的袖中伸出手来，这将在下一章中叙述。算端从花剌子模到沙的阿黑去，又从那

里到达撒剌哈夕。

现当伦底叛乱期间，有使者被遣去见他，责备和申诉他干那种于他处境无益的事，他用下面的话替自己辩解："我是算端的忠实奴仆，仅等候御旗到来便交出此城，履行忠义的礼仪；因为我信不过异密们的话"。这番话被告之算端，异密们就怂恿他到也里去，催促他赶快到那里。当他抵达时，伦底后悔他自己的作法，继续进行抵抗。算端的怒火上升，他命令引河水灌城，用树干和垃圾堆积在护城河岸。在过了些时间，河水浸透了城墙后，一堵堤坝被打开，河水像风一样汹涌回流。叫做灰土楼的城楼倒塌了，这之后他们填塞城门一带的护城河，用泥土和垃圾把它堆高，这样在四面八方给战士提供通道。有天伦底正在宴请一群愚民和歹徒，这时把阿秃儿[5]（bahadurs）把他们的旗子插在城头，就在那群人用完他们的早餐前，他们已给他们准备了报复的晚餐。狡猾的伦底，看出他的处境绝望，脱下罪恶的袍子，换上苏菲教的破烂衣裳，企图用 336
这个方法来掩藏自己。在街道和市集撒下了天罗地网，直到他被擒获于罗网中，被提着头发去见算端。后者这时颁布一道敕令，要士兵停止劫掠；该城的商店就在当天重新开业。

至于伦底，他给带去受审，并被盘问他非法从市民那里抢来的东西和财物；他交出了他所有的或他所知道的一切东西。到最后，他因他的罪行而受刑，因此由不义的暴虐和倾轧所产生的罪行便从也里扫除干净，算端的宽大仁德又把它装饰一新。从那里算端启程赴花剌子模。

注 释

① 大概指马合木及他的幕僚。

② 《古兰经》,第 lxvii 章,第 30 节。直译是"汝之河水将变成一个 ghaur(即沉没地中)"——Ghūr 的双关语。

③ 撒鲁迷德(Salūmid),《霍杜德》的 Salūmidh,也以 Salūmak 和 Salām 而知名,可能是今天通往托尔巴特黑达里道路上哈甫西北的撒拉米(Salāmi)。

④ KZLY。比较豪茨马,《语汇》,第 99 页的 közlü"看"。

⑤ bahādur,一个来自其胜利的敌人(蒙古人)的借词,在这里——弄错了年代——被用来指算端摩诃末自己的军队。这个词尚存于今蒙语 bātor 之形中。比较 Ulan Bator(乌兰巴托)"红色英雄",外蒙首都库伦(Urga)的今名。

5. 阔思立及其结局

阔思立是个突厥人，算端母亲的一个族人。你沙不儿的异密职位授给了他，该地区的权柄在他手中。听说算端对他有所猜疑，他大吃一惊，就在围攻也里时，赶在算端到那里去之前，他突然撤退[1]，并到达沙的阿黑。在这里他捏造谣言说，契丹军队已进入花剌子模，算端急躁地从也里退师，因此命令他加固沙的阿黑的城池。用这个借口，他占领了该城，伸手向底万的官吏和富人进行勒索和压榨。他还动手增固壁垒和墙垣，挖掘壕沟，并遣一名使者到花剌子模宫廷，企图用谎言和饰词暂时敷衍算端，以等到城池缮治完毕。他的想法是，当这些壁垒完工，他又拥有的那和的儿海姆 337
时，因国家处于混乱状态，算端会害怕其后果危险，以此不会丢掉太平的乐趣，而会按平等的条件对待他，对他一无所害。他的使者抵达花剌子模，从他赍送的使信中清楚的是，阔思立已背离了正道，于是当代众算端之主的御旗就率领一支无数的军队出征，每名军士都勇壮若比速通山[2]（Mount Bisutun），激昂的旋风在他们心胸中煽起怒火，而他们的闪光刀剑要把所有敌人化为灰烬。阔思立的使者逃回沙的阿黑，报告所发生的事。缺乏抵抗的物资，阔思立准备逃走，跟他的家人和部属弃城逃往沙漠。底万的较著名的官吏，如舍里甫木勒克（Sharaf-al-Mulk）（他是丞相）、阿里的后裔

赛夷阿老丁(Sayyid'Ala-ad-Din),等等,尚有大哈的鲁克那丁·木
吉昔(Rukn-ad-Din Mughisi)和其他名流,被迫跟随他。就在当夜
晚,率领他的突厥人和大食人,他取道往秃儿昔思。他抵达那里
时,守令[3](muḥtasham)请求他释放被他胁迫同行的名人。出自
害怕,而非出自本愿,他把他们留在秃儿昔思,没收了他们的所有
东西,然后向起儿漫方向逃走。同时候,在604年剌马赞月11日
〔1208年3月30日〕,算端抵达沙的阿黑,从那里他拜访了徒思的
圣地[4],然后,在他赴也里的途中进向撒剌哈夕。至于阔思立,他
在起儿漫没有获得成功,当他听见算端离开呼罗珊时,对沙的阿黑
土地的渴望煽起他心中的妄想欲火,以致他迅速地从起儿漫返回。
一些人从塔巴思(Tabas)到来,带来消息说他正在返回,但他目的
338 不明。接着传来他抵达秃儿昔思的消息。第三天夜晚,当晨鸟唱
着哀歌时,他的儿子和他的部分麾下向前推进,使城内产生混乱和
骚动。市民急忙关闭城门,同时士兵们在城头站好他们的位子。
阔思立的儿子及他的人马绕城巡视一番,然后在附近下营,拿不准
是留下好还是离开好。突然,因慈悯真主的恩福和仁爱所赐与的
一个机会,传来了亦思法合儿忒[5](isfahbad)抵达徒思的消息。舍
里甫木勒克就派一名急使去报告阔思立的叛乱,要求除去此害。
这个亦思法合八忒命令一千名骑士马上出发。他们袭击阔思立,
把他赶跑,接着开始烧杀劫掠。阔思立和他的人马返回来,攻打他
们,把他们都赶进一个〔不同的〕山谷。

然而,阔思立发现他不能获允进入该城,那个亦思法合八忒已抵达沙的阿黑,而且算端在也里城门,这时他开始像一只断喉的小鸟那样打哆嗦,又像一只被鹰犬追逐的小羚羊那样发抖。他后悔

他的行动，开始因谋逆之罪，这无药可治的病痛，咬他的手指，同时跟他的部下商量，他们应留下还是离开，他们的目标和目的又是什么。有的说他们应求算端母亲的保护，因此应到花剌子模去。他们当中有个牙即儿[6]的突厥蛮，说："我们的上策是到牙即儿，以其城堡自固。我先前去，想一些办法。也许我能马上轻易地占据一座城堡。"他的话正投阔思立之意，于是他派他率一支人马先行。他到达牙即儿，市民察觉他的图谋，发现了他的诡计。他们把他捆起来，槛送算端。

当这个计划也破灭在他们口头上时，他们更加慌乱，在阔思
立，他的儿子以及他的部下之间发生了意见分歧。他的儿子说"我 339
们必需到河中去，依附契丹汗。"他的父亲说："让我们去花剌子模，置身于秃儿罕哈敦的保护下。"谁都不接受别人的意见，阔思立的儿子就虏掠了他的财宝，前往河中。在抵达乌浒水的渡口时，他遇上了算端的一群廷臣，后者经过一番激烈的斗争，把他和他的部下俘获，并把他们的头送给算端。

阔思立本人呢，他抵达花剌子模时，秃儿罕哈敦以许诺来勉慰他，并说："〔你的事情的〕补救办法，莫如你在算端帖乞失的墓旁找个住的地方，穿上褴褛的衣裳。也许用这个法子，算端将被感动得宽恕你的过失和罪行。"他因此在帖乞失的坟土旁采用了苏菲教的做法，迄至秃儿罕哈敦突然听说他的头已跟他的身子分了家，并且被送给了算端。以此叛乱之风平息，算端的恩泽则普施及贵贱。

旋转的苍穹，吾人得知，是识别善恶的。

就在那同一年，即 605/1028－1029 年，全能的真主对他的奴

仆显示一个“大地因其颤抖而震动”[7]的恐怖事例；由于真主的慈
恩，该灾难的开始是在大白天，因此所有的百姓都涌到郊外，把他
们所有的东西留在城里。屋舍和宫殿都像礼拜者似地垂首于地，
该城的建筑物，除马尼埃（Mani'i）寺院，广场〔周围的建筑物〕及类
似者之外，少有站住的。同时它这样持续下去，百姓则暂时留在旷
野。不过，两千男人和女人葬身于墙下，在村子里死者如此之多，
340 以致他们的数字无法统计。答纳（Dana）和八纳思克[8]（Banask）两
个村落实际上霎那间堕毁，其中的百姓无一逃脱。全能的真主保
佑我们免遭这类灾祸以及今生和来世的惩罚！

注　释

① 显即从围攻也里中撤退。

② 克尔曼沙（Kermanshah）以北的大山，其山岩上刻有著名的阿契米尼朝铭文。

③ Muḥtasham是一个亦思马因的称号。

④ 即麦什特。

⑤ 即迦布德扎马（Kabūd-Jāma）的亦思法合八忒即君主，关于他，见后，第 351 页，注③。

⑥ 见前，第 151 页，注⑧。

⑦ 《古兰经》，第 xcix 章，第 1 节。

⑧ 均未考证出来。Banask（BNSK）的拼法不明确。

6. 祃椤答而和起儿漫的归并

当运气开始向着算端笑时，重要事件就从隐蔽的幕后时刻露面，无需他这方面费劲和努力，一个这样的例子是祃椤答而事件。

当算端于 606/1209 - 1210 年出师河中时，沙迦集[1]（Shah-Ghazi）从他的撒儿罕（sarhangs）中挑选一个叫布-利扎[2]（Bu-Riza）的人，对他加以宠幸：把他提拔到高位以致与他共治天下，并把他的妹妹许他为妻。沙迦集是国王耶兹答吉尔德[3]（Yazdajild）的后人，在其先辈的领地内仅保有祃椤答而的本土。布利扎的权势变得来比一个副手的更绝对，他开始窥望神器。他把沙迦集暗杀在他的猎场上，但后者之妹，他自己之妻，有如一个巾帼丈夫，为了替她的兄长报仇，用酷刑处死她的丈夫。

明里[4]（Mengli）从算端身边归来，到达朱里章后，他得到这个消息。抱着对祃椤答而国土的野心，他到那里去，占据了从古代帝
王和高贵诸侯传给沙迦集的财富，并向他的妹妹求婚。她拒绝了 341
他，派一名使者给算端，把她自己献给他当新娘，她的国土作为嫁妆。算端遣一个代表接管祃椤答而，召那个女人去见他。渴望嫁给算端，她到花剌子模去，但他把她赐给他的一个异密，一年后又把该国土交给的希思丹的阿明丁（Amin-ad-Din）。就这样获得了用干戈或军旅尚不能夺取的那个国家。

接着在下一年，即 607/1210 - 1211 年，起儿漫落入他手中。

注 释

① 亦思法合八忒或亦思帕合八忒（isfahbad）纳速鲁倒剌・苫思木勒克・沙迦集・鲁思坦（Nasīr-ad-Daula Shams-al-Mulūk Shāh-Ghāzī Rustam）是巴凡德（Bāvand）王室的最后一个君王。见拉比诺，《祃桚答而和阿斯特拉巴德》，第 134 - 136 页。

② 这是阿布利扎・忽辛・本・穆罕默德・阿剌维・马木特里（Abū-Rizā Husain b. Muhammad al-'Alavi al Mamtīrī）。见布朗译，《伊本・亦思梵的牙》，第 257 页。

③ 即耶兹答吉儿德三世（Yazdajird Ⅲ），撒珊朝的最后一个君王。

④ 显为纳速鲁丁・明里（Nāsir-ad-Din Mengli），阿塔华木偰非儿丁・斡思别（Muzaffar-ad-Din Öz-Beg）的一个奴隶，他曾自立为波斯伊剌克的君王。见后，第 ii 册，第 701 - 702 页，又见穆. 可. 的注，第Ⅲ卷，第 407 - 408 页。

7. 河中的征服[①]

在他肃清了呼罗珊诸国的叛逆后，河中的名人和首脑就一封接一封捎信给算端，要求他返回该方，扫荡该地区契丹暴君的暴虐和压迫；因为他们倦于服从偶像崇拜者，耻于听从他们的指令，不花剌的居民尤其如此；又因为该城老百姓中有个卖盾者的儿子，叫做桑扎儿，窃取了统治他们的权力，认为应当轻蔑无礼地对待那些应受尊崇和敬重者。他的名字变为桑扎儿灭里(Sanjar Malik)，于是不花剌的一个才子撰写了下面的一首咏他的四行诗：

> 王权是珍贵和无价之宝，
> 但磨刀匠[? maddai]之子把它变得不值一文。
> 王位和宝座对一个其父经常卖盾的人
> 是不相宜的。

在同一时候，算端本人已受够了契丹的跋扈态度，和契丹使 342
者、使臣的傲慢举动，纳贡也使他苦恼，这是他父亲在求契丹帮助攻打他的兄弟算端沙时同意交纳的。年复一年，契丹使臣要到来，而他要交付那笔贡金，对此痛心疾首，想找一个毁约的借口。最后，在……年，[②]当契丹使者们在秃失[③](* Tushi)率领下如常前来征收贡赋时，秃失按照他们一贯的作法，高踞在算端旁边的宝座上，对王者不予适当的礼敬。既然一个高贵的灵魂不屑于受所有贱货的侮辱，算端下令把那个蠢人碎尸万段，把他的尸体投进河里。同时如诗所说：

> 你受过这把刀的恩，那么清偿你欠它的债务，
> 因为这刀有向你的手讨债的正当权利。[4]

他公开声明他造反，宣布他起兵，并在……年[5]向该地区出师。当他渡过津口，抵达不花剌时，居民们就蒙受他海涵一切的正义和满溢的恩泽的滋润，他的宽大的声名使整个地区繁荣；而那个卖盾者之子受到他罪行的惩治，“以偿讨他们之所为。”[6]

从不花剌他进向撒麻耳干，选遣使者们去见撒麻耳干的算端——算端乌思蛮（'Usman）。后者因菊儿汗拒绝把他的一女嫁
343 给他，已和菊儿汗反目；他因此高高兴兴地欢迎算端车驾的光临，其喜悦之迹可明显地见于他的仪式之形。他同意服从和遵守皇室和帝国的诏旨敕令，以算端之名诵读忽惕巴和铸造钱币。撒麻耳干的百姓这时因算端亲临他们之中而振奋，于是两个君主共商他们怎样去击退菊儿汗，并一致宣布进行一场对他的圣战，跟他开仗。作为预防措施，算端命令加固城门。他还派一个跟他母亲沾亲的异密脱儿惕-阿巴[7]（Tört-Aba）作为他的代表留给撒麻耳干的算端；同时他们动手作战斗准备，调集他们的兵力去打仗。这时候算端亲自率领擅长袭击和进攻的骁勇战士，从那里出发去指挥圣战。当这个消息传给了菊儿汗时，他这方面命令他帝国衣袍上的绣花（ṭirāz）[8]和屯驻在答剌速（Taraz）的塔阳古预作准备。塔阳古，骄狂不可一世，调集一支〔其人数〕多如蛇和蚂蚁的军队。

在费纳克忒过河后，算端命令把供军队通行而修建的桥梁毁掉，以此他们可以一心为荣誉，不给他们的事业出丑和丢脸；而宁可去恢复在那些地方的河道中曾暂时枯竭的伊斯兰之水；并用正教之水去扑灭那支民族的孽火，或用“其薪材是为异端准备的人和石头”[9]的烈火去焚烧那些火的崇拜者；因之，有可能受阻的伊斯 344
兰之风可以再开始吹动，灾难的风暴可以摧毁他们的国土，祸害的逆风可以损坏那些骗子的野心收获，把正教的尘土投入那些坏蛋的眼里，并逼使那些贱人从国土上缩手。他远抵亦剌迷失[10]（Ilamish）草原，同时塔阳古率一支劲旅，受到对自己兵力满心自负的欺哄，被自己大量人马和甲兵所刺激和鼓动，抵达药杀水的渡口，忘记了幻化的真主说：“‘天命注定’，在劫难逃”。[11]

> 不要依靠水，否则你将白白地像泡影一样在水上绘图，
> 并且白白地去测量风。

现在碰巧在 607 年剌必阿 1 月〔1210 年 8－9 月〕的一个礼拜五，他们彼此碰面，相互对阵。算端命令他的人马松弛缓慢地行动，不前进一步，以待伊斯兰的牧师登上他们的祭坛，发出祈祷：“主啊，协助穆斯林的军旅和部队吧！”然后他们就在四面八方发动总进攻，因此有可能的是，为回答伊斯兰牧师的祈祷和穆斯林的心愿，真主会赐予胜利。服从算端的命令，他们等候那个时刻，双方的青年战士在这时交锋，骑士败步卒于战斗的棋盘。最后，当战争的熔炉炽热时，

> 铜鼓喧闹，战笛鸣响；
> 大地像星空一样从它的位子上出现；

将官们高举他们的战旗，
骁勇武士捐弃他们的生命——

345 双方抛开弓矢，拔出刀剑。从算端的阵营听见塔克必儿的声扬，从那恶魔的一方听见号笛和哨子的尖鸣。尘土如云雾般飞扬，刀剑如闪电般出鞘。算端成了“确实，吾人获胜”[12]这面旗子的主人，而他的敌人变成了“吾人必将向罪犯复仇”[13]的目标。天恩的和风开始吹动，那些邪教徒的心像小鸟那样打战。在祈祷的时刻，全军发出一声呐喊，进攻那些歹人。那罪恶[14]的百姓变得“像撒巴（Saba）的百姓，”[15]算端军中一人获胜，敌军千人溃败，一头狮子对千只羚羊，一只鹰对千只鹧鸪[16]。那支覆灭的军旅大部分在刀下丧生，塔阳古本人在战斗中受伤，像契丹汗的臣属那样俯跌于地。一个女孩站在他身旁，有人要割他的头时，她喊道：“这是塔阳古！”这个人立刻把他捆起来，把他送给算端。他随后又随捷书被送往花剌子模。由于这个胜利，他的军队变得强大，因这个恩赐，他们拥有了财富。人人均如愿以偿，都把值得他们爱恋的女人置于他们怀中。因这个适用于如下诗句的凯旋：

346 她有两个爱人：一个是鸡奸者，一个是奸夫，[17]

马吉侬（Majnun）得到莱拉（Laila），瓦米克（Vamiq）得到爱兹拉（‘Azra）；[18]酒色的爱好者开始拿月儿般面孔的美人取乐；利欲熏心者因获得财富，积攒马匹和骆驼而心满意足。带着获胜捷报的使者分赴算端领土内的一切地方。每个灵魂对这些消息感到慰藉，每个心灵因这些胜仗感到宽松；对算端的敬畏在人心中千倍增长。那时习惯把“第二个亚历山大”写作算端摩诃末的一个称号。算端说："桑扎儿的统治很长。倘若写这些称号是为了吉祥，那么让他们写作'算端桑扎儿'吧"。因此他的称号中就加进了算端桑扎儿。伊祃木吉牙丁·法儿西[19]（Ziya-ad-Din Farsi）有一首咏这次胜利以及咏算端被尊为算端桑扎儿的合西答。我将把我记得的几行录下来；它开始如下：

> 您的面孔以它的美丽使灵魂世界完美无缺；
> 您的爱以它的仁慈使心的容颜变得标致。
> 现在您的面孔已成为满月的光焰；
> 现在您的发卷已散发北风的芬芳。
> 看那符咒，黑夜因之跟纯麝掺和，
> 而您的发辫因之被赐与麝和龈的颜色。
> 我和他重聚中他给予的快乐，
> 是有德的库萨和抵达时所赏赐。
> 算端阿剌-依-都牙·桑扎儿（'Ala-yi-Dunya Sanjar），
> 荣耀的主宰把他从主的生物中挑选，
> 并赐他体面和荣誉。
> 波斯人的国王，第二个亚历山大，
> 他的才智指挥他的部下征服了突厥人的国土。
> 倘若时代的空气已被异端污染，
> 那么您的刀剑以它胜利的芬芳使它恢复了新鲜。
> 像太阳一样您的宝刀出现在正义的东方，
> 并造成了罪恶帝国的崩解。

我从我的堂兄、已故的赛德尔-亦-伊祃木（Sadr-i-Imam）、近 347

代人中的最优秀者，穆罕默德之子苫思丁·阿里（Shams-ad-Din 'Ali）（愿真主使他沐浴在主的慈悯中！）那里听到如下的话："当使者们带着算端战胜契丹的消息抵达沙的阿黑时，该城的所有百姓，各按自己的心意和条件，相互馈赠，彼此道贺。苦行派向真主谢恩；达官贵人随铜鼓和号笛声宴飨闹饮；黎庶欢欣寻乐，年轻人在园囿中喧闹地狂欢；老年人相互交谈。和几个别的人一起，我访问了我的老师、赛夷撒都鲁丁（Sadr-ad-Din）之子赛夷穆儿塔扎（Murtaza）（愿真主给他们俩穿上真主慈悯之衣！）。我发现他忧伤和沉静地坐在他家的一个角落里。我们询问他在如此喜庆的时刻悲伤的原因。'大意的人们啊，'他回答说：'在这些突厥人的后面，是一支以其凶残仇报而桀骜不驯、其人数之多超过果格（Gog）和马果格[20]（Magog）的民族。而契丹人实际上是一座把我们和他们隔开来的祖勒-哈儿纳因[21]（Zul-Qarnain）墙。当这堵墙除去时，在这个国土内将无和平可言，任何人将不得高枕无忧。今天我在为伊斯兰哀悼。'"

年轻人在一面镜子中所看到的，
老年人则在一块烧砖中看到。

当算端从这次对异端的战役中凯旋返回时，讹答剌的篾力克已在反抗正义的人们，一如他的既往，仗恃兵马和武力；而尽管不
348 断遣使去软化他的态度，他不愿俯首于臣服的圈套。他拒绝把骄狂和富贵妄想从他脑子里丢掉，也不愿让自己接受告诫从耻辱的危难中得救；他因自己跟契丹结盟而背离了"正道"。[22]全能的真主说："既然那个向导已抵达他们，那是什么东西不让人们信仰并请

求其主的宽恕——非等到古代的毁灭袭击他们,或者老天施罚于他们?"[23]算端听说他的顽固和跋扈,就出发去攻打他。当他接近他们的领土时,讹答剌的百姓,从他的大军中看到一股汹涌洪水的奔流,发觉用抵抗不能遏止它,便一致去见那个篾力克并说:"因你的鲁莽,你已把一头我们不能制服的饿狮引向我们;而你已经强行地和丢脸地把你自己和我们丢进一头怪兽之口。在这危急关头,尽量谦让些,不要耍你的粗暴态度。"讹答剌的君王发现用鹰爪去打鸢子是不可能的,他知道除纳款外无策可挽救他的事情。所以他手捧剑,但仅穿一件亚麻衫,出了城,正是,希望和失意参半,并且俯首于算端营帐的地上,要求宽恕他的罪行和过失。算端以宽宏大量来酬报他的罪恶和错误,保留他的生命和财产,其条件是,他须带着他的骑士和马匹、行囊和辎重,离开讹答剌到奈撒(bā-Nisā)去,跟他的妇孺(bā nisā)[24]和男人在那里定居。

照这样没有流血,同时在把那个篾力克送往奈撒后,算端返回撒麻耳干,在这里,算端乌思蛮恳请赐给王室贝壳中的一颗明珠,要求跟庄严星空中的一轮满月成婚。算端赐给这个恩典以宠荣
他,这将在另一章中披露,接着在任命秃儿罕哈敦的族人脱儿惕阿 349
巴为撒麻耳干的沙黑纳后,他赴花剌子模,福运的天使不离他左右,祥瑞之光照耀他的颈额。

他的鞍布铺在太阳的背上,
他的马镫把一枚耳环套进月亮的耳中;
国王头上的卡发[25](Kava)旗子
像月亮上的一团云雾。
他一笑戳穿了禁口,他老远对星空说:

“停住!”

抵花剌子模时,算端准备了一席盛筵,把塔阳古处死,扔进河里。因这次胜利,人心对算端的敬畏增长千倍,四方的诸侯向他的宫廷遣送驿使和贡礼。在他吉祥的脱忽剌上写着题辞“大地上真主的影子”,同时大书记扎木的法合鲁木勒克·匿赞马丁,法里德(Fakhr-ad-Mulk Nizam-ad-Din Farid)撰写了如下的诗句:

诸王之王啊,世界的摆布者,
您是诸天要模仿其高尚的人。
在您高尚的眼里,
世界的幅员看来都不及一粒微尘。
您同时代的所有纯洁天使,在履行了圣律规定的礼仪后,
当作护符来歌颂道:
“算端是真主在大地的影子。”

注　释

① 关于算端摩诃末和哈剌契丹之间的斗争,第 10 章中有很不相同的叙述。见巴尔托德,《突厥斯坦》,第 355 - 359 页。巴尔托德作出结论说:“第二个叙述比较接近真实,尽管它也有一些引起重大疑问的说法。”

② A 本和 B 本是一空白。C 本为 607 - 1210 年,但是,如穆.可.所指出,这和前一章(见前,第 340 页)说算端摩诃末在 606 - 1209 年出师河中,是不一致的。

③ 这个名字的拼法很不确定。原文作 TWYSY,我根据 C 本和 E 本读作 TWŠY。此名可能系汉文,因此不要考定为成吉思汗长子之名。

④ 引自阿不-别克儿·花剌子迷(Abu-Bakr al-Khuwarizmi)颂扬苫思

马阿里·合布思·本·瓦昔木吉儿(Shams-al-Ma'ali Qabus b. Vashmgir)的一首合西答。它被乌特比引用在他的史书中。(穆.可.)

⑤ 据C本和D本“在同一年”。A本和B本为一空白。必定系指606/1209-1210年,或者至迟是607/1210-1211年初。(穆.可.)

⑥ 《古兰经》,第xxxii章,第17节。

⑦ 原文作TRTYH,读作TRTBH。巴尔托德采用了Burtana之形。此名似为突厥语tört“四”和aba“熊”的复合词。第二部分也可能是apa,见前,第148页,注㉖。豪茨马,《语汇》,第34页,举出这类复合词的两个例子:由altï“六”和bars“豹”而来的Altï-Bars以及由toquz“九”和temür“铁”而来的Toquz-Temür。脱儿惕阿巴好像还是算端扎兰丁的“狩猎大总管”(amir-shikār)之名,讷萨怖(奥达斯编本,第198和244页)拼作ṬRT ABH。

⑧ 为了与Ṭarāz“Talas”成双关语而引入。

⑨ 《古兰经》,第ii章,第22节。

⑩ 据巴尔托德,前引书,第159页,在安集延(Andijan)县北部。

⑪ 《古兰经》,第ii章,第3节。

⑫ 同上,第xlviii章,第1节。

⑬ 同上,第xxxii章,第22节。

⑭ khaṭā:契丹(Khitai)的双关语。

⑮ 阿拉伯谚语,“(他们)像撒巴人那样(逃走)”,指马里卜(Ma'rib)堰堤决口造成的撒巴人的溃逃。见尼科尔松,《阿拉伯文学史》,第15-17页。

⑯ tihū:据豪通-辛德勒(Houtum-Schindler),《东波斯的伊剌克》,第36页,沙鹧鸪,Ammoperdix bonhami, Gray(A. grise-ogularis, Brandt),一种“在波斯海拔七千呎处处找得到”的鸟。

⑰ 引自阿不-奴瓦思(Abū-Nuwās)的一首著名合西答。(穆.可.)

⑱ 马吉侬(Majnūn)(“疯子”),他的真名是哈亦思·阿密里(Qais al-'Āmiri)和莱拉(Lailā)是阿拉伯人的罗密欧和茱丽叶。他们的故事构成波斯诗人尼扎米(Nizami)的一首史诗的主题。见布朗,“波斯文学史”,第Ⅱ卷,第406-408页。瓦米克(Vāmiq、Wāmiq)和爱兹拉('Aẓrā, 'Adhrā)的浪漫故事,尽管其男主角和女主角是阿拉伯名字,据说是为撒珊朝君王奴失儿汪所编写。(同上书,第275-276页。)

⑲ 这个诗人的诗集手稿(布朗在他的《波斯文学史》中没有提到)最近由罗伯特孙教授发现。见他的注释,《13 世纪一个被遗忘了的波斯诗人》。

⑳ 果格(Ya'jūj)和马果格(Ma'jūj)象征东北亚洲的蛮族。

㉑ 祖勒哈儿纳因(Ẓul-Qarnain、Dhul-Qarnain"有两角的男人")是称呼亚历山大大帝的一个诨名,据说他曾修筑一道铜墙铁壁来防御果格和马果格人。见《古兰经》,第 xviii 章,第 82 - 98 节,雷斯特朗治译韩达剌,第 236 - 237 页。"果格和马果格墙"实为中国的长城。

㉒ "汝导引吾人入正道,那些曾受汝恩者之道——汝对彼等不愠怒,彼等亦不迷途。"(《古兰经》,第 i 章,第 5 - 6 节。)

㉓ 同上,第 xviii 章,第 53 节。

㉔ 通常对奈撒(Nisa)的双关语。

㉕ dirafsh-i-kāviyāni。铁匠卡发(Kāva)是第一个起来反抗暴君扎哈克(答哈克)的人;而他的围裙变成一面旗子,成为伊朗的国旗。

8. 算端第二次回师与菊儿汗之战

算端离开花剌子模期间，哈只儿的一些余部在毡的地区已发
动叛乱。因这个缘故，算端没有在花剌子模多留，而是出师毡的去 350
清除他们这些祸根；算端乌思蛮则留下来完成他的婚礼。

算端消灭了那群叛逆后，传来了契丹军抵达撒麻耳干城门前并围攻该城的情报。算端就从毡的到那里去；并在同一时候，他把使者派到他国内的各地，征调他派驻各方的一切军旅，从整个他的国土内签发丁壮。他在这时进向撒麻耳干，在那里，契丹军已暂时下营于城门附近的河岸。他们打了七十次仗，除了有一次他们获胜，把撒麻耳干军队赶进城内之外，每次他们都遭到失败，伊斯兰军旅却打了胜仗。他们现在发现，他们进行战斗而一无所得，很快就会陷入绝境，因为面包一旦落水就捞不回来。再者，从一方传来算端到来的消息，从另一方又传来屈出律汗征进的谍报。他们因此以休兵为名撤退下去。

算端抵撒麻耳干时，军旅从四方会集，他就从该城离开。同时候，亦格纳黑[1]（Ighnaq）的守令，他虽为一穆斯林，但因同情那支伪善和好斗的民族，缺乏人的品德，拒绝尽他的职责，尽管算端几次要他纳款，并用温言来奖谕他；但因他已在他拥有的一座堡垒中自固，恶魔就把骄狂之风吹进他的头脑中。算端从大军中遣出一

351 支偏师，也就是怒海中的一个浪头，该军抵达那里，不久便把他生俘出堡，用手铐脚镣把他送给算端。

算端现在听说屈出律取得对契丹人的胜利，因此他变得更加野心勃勃。屈出律的使者们秘密地去见他，在他们之间达成了一条首先必须清除菊儿汗的协定：倘若算端取得对菊儿汗的胜利，那么他应得到所有远至忽炭和可失哈耳的疆域，但倘若屈出律是胜利者，那么他应得到直抵费纳客忒河畔的一切地方。在他们达成了这个约定后，屈出律时胜时败，如在谈哈剌契丹一章中所述及[②]。算端这时越过撒麻耳干，菊儿汗得到有关的消息，也作他的准备。当两军接近时，迦布德扎马[③]（Kab-ad-Jama）的亦思法合八忒和撒麻耳干的八思哈[④]脱儿惕阿巴共谋反对算端，并暗中遣一名使者给菊儿汗说，在交锋之日，他们和他们的军队会抛弃算端，条件是，菊儿汗得胜后，花剌子模应交给脱儿惕阿巴，呼罗珊应交给这个亦思法合八忒。在他的复信中菊儿汗答应倍给他们之所求。两军现在开始对阵，〔对方〕都发动一次又一次的进攻。契丹的左翼袭击算端的右翼，于是按照他们的约定，脱儿惕阿巴和亦思法合八忒撤退下去，他们的兵力也退到中路的后面。与此同时，算端的左翼击败了菊儿汗的右翼，他们败逃。两军的中路这时混战
352 一团，以致分不清谁胜谁负，双方都抢劫和俘掠，溜之大吉。算端本来有个习惯在打仗那天穿上他敌人的衣袍。而且他的一些部下也在两军混战中发现他们自己在契丹军中。算端在那个蛮族中几天没有被识破，直到抓住一个突然的机会他旋踵抵达在费纳客忒的河岸。他的到达给他的军队带来新生命。当他失踪的消息传开时，各人有各人的说法，有的说他在那支异军中当了俘虏，另一些

人说他给杀了；谁都不知道真实情况。因此使者们带着这个喜讯出发，敕书被送往四方。同时候，这世界的算端返回花剌子模城，又准备打仗和战争。

注 释

① AΓNAQ。据牙忽惕，亦格纳黑（ïghnaq，AΓNAQ）即玉格纳黑（Yïghnaq，YΓNAQ）是在突厥斯坦的一座市镇，别纳客忒的一个属邑。（穆.可.）巴尔托德，《突厥斯坦》，第 356 页，注⑦，提议把它考定为撒麻耳干附近的一个村子玉干克（Yūghank）。（同上，第 133 页。）

② 在这章〔第 10 章〕中，实际上没有谈屈出律第一次和第二次对菊儿汗的战役，它们仅在第Ⅰ卷第 47－48 页（第 i 册，第 63－65 页）被述及。（穆.可.）

③ 迦布德扎马县，今名哈杰拉耳（Hajjilar），在古尔甘（Gurgan）（阿斯特拉巴德）的极东。见拉比诺，《祃椤答而和阿斯特拉巴德》，第 84 页。

④ 脱儿惕阿巴曾被派作算端摩诃末"留给撒麻耳干算端的代表"（第 343 页）；他后来被说成是"撒麻耳干的沙黑纳"（第 349 页），而在这里又是八思哈。关于 basqaq 和shaḥna两个术语，见前，第 105 页，注㉔，第 44 页，注③。

9. 俾路斯忽和哥疾宁的征服

算端征服也里后，他把俾路斯忽分给算端马合木[1]，并未给予损害；因此算端马合木以算端之名诵读忽慯巴和打铸钱币。

在算端对异端的战役时期，他的兄弟塔术丁·阿里沙因跟他的兄长算端摩诃末反目，就去投奔算端马合木。算端马合木对他极尽礼遇，让他位于所有大贵人之上，赐给他各种礼物和赠品。过了些时间，有人从一条地道潜入算端马合木的后宫，发现他坐在一张御座上，并把他杀死。没有人知道谁下的手，但百姓中流传说，阿里沙因觊觎他的国土而把他暗杀。不管怎样，当他死时（而他死于 609/1212－1213 年），没有留下其他可以巩固帝国柱石以及增
353 强国家基础的古耳算端的后人；因此俾路斯忽的名人一致同意塔术丁·阿里沙〔当他的继承人〕，拥他登上算端的宝座。为了克尽礼仪，他向算端遣送使信，告诉他所发生的事，要求作为其兄的代表许给算端的等级。为册封他为算端，算端派去穆罕默德·亦·巴昔儿（Muhammad-i-Bashir），携带着荣袍和其他礼物，以及一封御玺和敕书。当巴昔儿完成了贺礼时，阿里沙为穿上御袍而退入他的更衣室。巴昔儿捧起袍子，随他入内。然后拔出刀来，他一刀砍掉了他的头。报喜人（bashīr）变成了报丧者（naẕīr），贺礼转为丧礼。随阿里沙之死，没有留下争夺宝座的人。这时宣读了另一

道颁给大官吏旨在争取他们的敕书，于是古耳和俾路斯忽的国土以及整个该地区都落入算端之手。

在这之后，在 611/1214－1215 年，传来消息称，塔术丁·由勒都思已死于哥疾宁，没有留下继承他的嗣子，而且一个古剌木已登上他的宝座。算端进向那个土地丰饶的国家，竭尽他的全力去征服那些国土，它们在这时被并入他的其他领地内。在算端失哈不丁设置的库藏中，发现了哈里发朝圣位颁发的敕书，其中煽动古耳人进攻花剌子模的算端，而且后者的(?)行为受到诽谤和诬蔑。算端因此对大底万更加发火，因为他现在知道，古耳人的敌对大半出自哈里发朝圣位的煽动和怂恿。占领了印度方面古耳算端的国土 354
后，他返回撒麻耳干。他暂时不提上述发现，想首先征服东方诸省。这个题目已在前一章中述及②。

也里、古耳、哈齐斯坦、昔吉思田，直到印度边境的诸邦现在并入了算端的领土。这是一个从来没有人征服过的国土。这些土地构成娑匐的斤之子算端马合木及其后人世代相传的帝国的根基；在古耳算端们的统治下它们仍然是一个分离的整体。眼下它们成为算端扎兰丁的驻地。

注　释

① 失哈不丁(穆罕默德·古里)之子。

② 事实上前面没有提这件事。然而后面在第 12 章(第 ii 册，第 390 页)提到。

10. 哈剌契丹的诸汗,[①]他们的兴起和他们的衰亡

他们的老家在契丹,在那里他们是有权有势的人物。某种强有力的因素使他们离开他们的国家,因此他们被迫流亡,去履危涉险,经受跋涉的辛劳。他们把他们的王公和首领称为菊儿汗,即众汗之汗。当他[②]离开契丹时,他由八十名他的家人和部下[③]陪同,尽管据另一说法,他是由一支极庞大的部属随同[④]。他们抵达吉
355 利吉思国,向该地区的部落发动进攻,后者也反过来袭扰契丹人。他们从那里征进,直到他们来到叶密立,在这里他们建筑了一座其基址至今尚存的城市。这儿有很多突厥人和部落大量集合在菊儿汗身边,以致他们达到四万户。但他们在这里也不能停留,因此他们继续前进,到达蒙古人现在称之为虎思八里[⑤](Ghuz-Baligh)的八剌撒浑。该邦的君王是一个把他的先世追溯到阿甫剌西牙卜、但无能无力的人。该地的哈剌鲁[⑥](Qarligh)和康里突厥人已摆脱了对他的隶属,而且经常欺凌他:袭击他的部属和牲口,进行抄掠。这个当君王的家伙,不能阻止他们或者把他们赶跑。听说菊儿汗及其部下的移居,以及他们人多,他向他们遣出使者,把自己的软弱、康里人和哈剌鲁人的强大和奸诈告诉他,并请求他到他的都城去,以此他可以把他的整个版图置于他的治下,从而使他自己摆脱

这尘世的烦恼。菊儿汗进抵八剌撒浑，登上那不费他分文的宝座。
他从阿甫剌西牙卜后人那里接受汗的称号，授与后者夷离堇·突
厥蛮[7]（ilig* türkmen）的头衔。他这时把沙黑纳派到从谦谦州[8]
到巴儿昔罕[9]（Barskhan），从答剌速到牙芬奇[10]（Yafinch）的各个 356
地方去。不久后他的百姓兴旺，他们的牲口长了膘，这时他使康里
人服从他的统治，并把一支军队遣往可失哈耳和忽炭，也征服了该
地区。他下一步派一支军队到吉利吉思人的国土，以报他在他们
手中受辱之仇。他还征服了别失八里，从那里出兵拔汗那和河中，
这些州邑也臣服于他，算端乌思蛮的祖先、河中的算端们承认他为
他们的宗主。在他获得这些胜利，他的军队由此受到鼓舞，他的骑
士和马匹为数大增后，他就派他的大将额儿布思（Erbüz）出师花
剌子模，在那里，他洗劫村落，进行大屠杀。花剌子模沙阿即思遣
一名使臣去见他，答应臣服于菊儿汗，并同意交纳一笔三千金的那
的贡赋，这笔钱他今后用货物或牲口的形式上交。按这些条件缔
和后，额儿布思班师回朝。菊儿汗不久后死了，他的妻子阔阳[11]
（Kuyang）作为他的继承人登上宝座，开始颁发敕旨。百姓都服从
她，后来她因为淫乱，和跟她通奸的人一起被处死[12]。还活着的菊
儿汗两兄弟[13]之一被选择来继承他。另一个兄弟企图篡国，因此 357
给除掉。前一个兄弟逐渐强大，委任官吏并把沙黑纳派到各地去。

当阿即思由他的儿子帖乞失继承时，后者继续交纳规定数目的贡赋，极力用种种方式讨好菊儿汗。他临死时告诫他的儿子们不要跟菊儿汗打仗，也不要撕毁已达成的协议，因为“他是一道其后有可怕敌人的长城。”[14]

算端摩诃末登基后，他暂时仍交纳贡赋，没有东西损害他们之

间的友谊。故此，当古耳的失哈不丁进攻算端时，菊儿汗派一支一万人的兵马去协助他。他们在俺都准参战，古耳人被击败。然而，算端的野心达到这样的程度：他认为群星之主论地位低于他自己的御伞，而且交纳赋税，向菊儿汗纳贡，使他烦恼。他中止了两三年的贡赋，迟迟不尽他的义务。最后菊儿汗派他的大丞相马合木·太[15]（Mahmad Tai）去督责应交的赋税。当他这个严厉使信的携带者来到花剌子模时，算端正准备对钦察的战役，不想给予无礼的答复，以此违反其父的训诫。再者他即将离开他的国土，不愿
358 哈剌契丹人利用这个时机，发动一次进攻，另一方面他又对自己接受藩属地位感到耻辱。在答复中，因此他不说好来也不说歹，而是把这件事交给他母亲秃儿罕哈敦的才智去解决，然后就离开了。

秃儿罕哈敦下令尊崇礼敬地接待菊儿汗的使臣。好殷勤地应酬他们，悉数交纳年贡。她还派她宫廷中几个贵人随马合木·太入朝菊儿汗，为迟不纳贡表示歉意。同时保证算端仍恪守藩属之约。然而马合木·太已看到算端的野心和无礼，并发觉他的脾气已达到他认为他的身份对他说来高得不能在任何人面前低声下气，或者丝毫屈尊；他视世上所有诸侯为他的臣仆，更可以说他把天老爷本身也看成是他的婢女。

> 在战争中我是一头怒狮，标枪是我的围栏，
> 我的刀是我的爪牙。
> 光阴是我的奴隶，仁爱是我的婢仆，
> 大地是我的屋舍，人类是我的宾客。

马合木·太把这些情况都上报给菊儿汗，并说："算端是不老

实的，不会再纳贡了。”菊儿汗就他这方说，并没有特别礼敬算端的使臣或者很重视他们。

算端从他对钦察的战役中凯旋回到他国家的都城花剌子模，开始策划征服河中，率领一支军队到不花剌，并遣密使到四方，用许诺来鼓动一切人，特别对算端乌思蛮进行拉拢。所有人都讨厌菊儿汗的长期统治，憎恨他的税吏（manṣūbān-i-ʿummāl）和地方官（muqalladān-i-aʿmāl）。他们一反他们从前的作法，已开始作威作福，无法无天。因此每人都接受算端的邀请，这既使他们鼓舞，又 359
使他们欢喜；于是算端从不花剌返回去，约定他要在来年回去进攻菊儿汗。

同样在东方，菊儿汗的异密们开始谋叛。在那时，屈出律在侍奉菊儿汗，不能如他所想的那样去反对他。他听说菊儿汗的时运已变，他的国家摇摇欲坠，这时他请求归去，召集他散在四方的残部，为的是他可以协助菊儿汗。这个托辞正合菊儿汗的心意，他信了他的出自虚情假意的话。他用贵重的荣袍来显扬他，封他为屈出律汗[16]。他走后菊儿汗后悔把他放掉——

在后悔不及时他后悔了。

他遣人去召四方的诸侯，这些是他的异密和代理人，如算端乌思蛮及其他的人。这时算端乌思蛮请求菊儿汗的一女为妻，遭到了拒绝。他因此对他心怀不满，拒不应召。反之，他向算端摩诃末遣一名使臣去宣布他效忠于他。他还在撒麻耳干用算端的名字来诵读忽惕巴和打铸钱币，公开起兵反抗菊儿汗。后者得到这个消息时，他征集了三万人，派他们去跟算端乌思蛮打仗。他再度攻下撒麻耳干，但不许给它造成重大损失，因为他视它为他的府库。但当屈出律在边远地区集中兵力，开始袭击和蹂躏他的领土时，为了打退他，他就从撒麻耳干撤回他的军队，派他们去对付他。听说屈出律制造骚乱，以及菊儿汗已调他的军队去摧毁和消灭他时，算端利用这个时机，进向撒麻耳干。众算端的算端出城接纳他，把撒麻耳干
360 的国土奉献给他手中。从那里他们共同进攻菊儿汗，最后到达有塔阳古的重兵戍守的答剌速。他也征调他的兵力，出城交锋。当两军相互对阵时，双方均展开攻势，而两军的左翼都把对方的右翼赶回去，在这之后双方撤退了。菊儿汗的军队这时退却，塔阳古被俘；算端也退兵了。当他们退兵时，契丹军动手在城镇、村落和农民中抄掠、屠杀和洗劫。当他们抵达八剌撒浑前，居民们，一心盼望算端征服该地区，紧闭他们的城门，并在哈剌契丹军到达时，拒绝接纳他们；他们反而跟他们打仗，苦战十六天，以为算端就在他们后面。马合木·太和菊儿汗的异密们试图与他们缔和，并提出忠告，但他们不愿相信他们。最后，散在四方的契丹军队都集中起来；以此他们驱赶着他们从算端军中虏获的大象去攻打城门，把城门摧毁。在四面八方汇集后，他们的军队现在进入该城，在那里他们挥舞他们的刀剑，不留下一个人。他们屠杀居民达三天三夜，大名绅中四万七千名被列入遇害者之中；同时菊儿汗的军队因得到大量战利品而士气大增。这时，部分因为虏掠，部分因支付粮饷和薪金，汗的国库已空无所有，于是马合木·太，唯恐贪婪的眼睛落在他自己的胜过哈仑的财富上，就提出把军士从屈出律那里夺回的私财再行集中。但当异密们听到这个主意时，他们退回去，变得不安；并开始煽动独立和叛乱。同时候，屈出律又准备行动，他听

说菊儿汗和他的军队分开来，城镇和农村都受到压迫，而且大部分 361
军队离他很远，这时他再利用他的时机，像从云中射出的闪电一样袭击菊儿汗，完全出其不意地把他擒获。全能的真主曾说："汝未曾发现吾人遣魔鬼去对付异端以使彼等陷入罪孽?"[17]他的所有军队四散，并离得老远，因此别无他法，他向屈出律称臣，在他面前屈膝；但屈出律不受这个，而是以礼待他，尊他为父，不伤他的感情。菊儿汗原来聘了一个使金星和木星忌妒的大异密之女。当他落到屈出律掌握中时，后者就自己娶了那个女儿。一两年后菊儿汗去世了[18]，在他们繁荣昌盛地统治了三合恩(qarn)又五年后[19]，那个王朝之风熄灭了，整个这个时期内，他们的运道没有受到丝毫挫伤。但当他们衰亡的时刻到来时，一个阶下囚变成了该族的汗的统治者，菊儿汗则得到一座坟墓作为他的居宅，同时所有他的百姓惊恐和沮丧。

时候一到该帝国不复存在；
一切那堂皇的活动一无用场。
时运到，有所得，时运去，有所悲；
赤手空拳胜似这些金银财宝。

全能的真主曾说："彼等之情况类似法老的百姓者，亦类似彼等之前那些视其主之预兆为谎言者。吾人因此将彼等毁灭于彼等之罪孽中，吾人并将法老之百姓溺毙；因彼等均为行恶者。"[20]

注 释

① 此章已由蒙格思博士(Dr. K. H. Menges)译为英文供魏特夫教授和

冯教授使用，附于他们的名著《中国社会史：辽(907－1125)》一书述哈剌契丹之后。

② 即最早的菊儿汗耶律大石。关于菊儿汗的称号，见前，第62页，注④。

③ “直译为‘八十个他的族人和他的随行者’。措词含糊。它可以指：八十个随行者，即他本族成员和其他人；也可以指：八十个他的族人和(此外的)其他随行者。第一种译法似乎可取，因为八十之数更可能系指整个扈从而非指它的一部分；但此说决非定论。第二种译法意为，除八十名族人外，尚有其他随行者，这就使总数接近《辽史》中提到的二百人的数字。”(魏特夫和冯，前引书，第631页，注⑯。)

④ “志费尼载录的两种说法好像有矛盾。然而二者均有道理，倘若我们采用汉文记载说，耶律大石仅携带少数麾下抵达可敦(K'o-tun)，当他停留在北庭都护府时才于这支核心队伍外增添了大量新军。他很快有了‘精兵万余’……志费尼的看来矛盾的说法可能指耶律大石在军事生涯中的这两个阶段，而这件事发生后一百五十年，从事撰述的穆斯林史家未能予以辨明。”(前引书同页，注⑰。)

⑤ 原文作 ΓR BALYΓ，读作 ΓZ BALYΓ。这个名字已以 Quz-Balïgh 的形式出现。见前，第58页，注㉑。在汉文记载中我们发现这个名字的更早的形式：Quz-Ordu(虎思斡耳朵)。见魏特夫和冯，前引书，第538页。

⑥ 以 Qarlïgh(QRLYΓ)代替一般的 Qarlugh(QRLΓ)。

⑦ 据巴尔托德的主张，原文的 AYLKTRKAN 应读作 AYLKTRKMAN。见前，第288页，注㉞。然而这个短语可能读成：ilig-i-Turkān“突厥人的夷离堇。”见马迦特，《库蛮族源考》，第164页。

⑧ 即上叶尼塞河流域，见前，第69页，注㉑。

⑨ 原文作 BARSRḤAN，读作 BARS XAN。显然就是上巴尔昔罕河(Upper Barskhan)，它在伊塞克湖以南，“最可能靠近今天的朴尔热瓦耳斯克(Przhevalsk)(哈剌科耳(Qara-qol))。”见米诺尔斯基，《霍杜德》，第292－293页。

⑩ 原文作 YAMNḤ，读作 YAFNČ。据可失哈利，牙芬奇是“伊犁附近的一个城镇”(第Ⅲ卷，第375页)，也是一条河名(第Ⅰ卷，第59页)，米诺尔

斯基，前引书，第 276 页，趋向于把它考定为流入伊犁以北巴尔哈什湖(Balkhash)的哈剌塔尔(Qara-Tal)。

⑪ KWYNK。这是塔不烟(1144－1150)，尊号为感天皇后，她统治的年号是咸清。见魏特夫和冯，前引书，第 621 页和 643 页。Kuyang 多半是来自汉语“国王”的蒙古称号 guyang，见伯希和-昂比斯，《亲征录》，第 221 页和 362－364 页。

⑫ 这里，志费尼把耶律大石的寡妻跟他的女儿普速完弄混了，关于后者，见前，第 290 页，注㊲。奸夫是她的夫弟萧朴古只。见魏特夫和冯，前引书，第 646 页。

⑬ 这两兄弟在事实上必为夷列帝(1151－1163)的儿子，据《辽史》，夷列遗诏以其妹继承他，因为他的儿子，显即他的长子，仍在幼冲。然而在普速完死后，登上宝座的是夷列的幼子。从志费尼的叙述看，其长兄这时曾企图维护他的权力。见魏特夫和冯，前引书，第 644 页，646 页和注⑱。次子即直鲁古，最后一个菊儿汗(1178－1211)。

⑭ 见前，第 347 页。

⑮ 比较 Öz-Beg Tai 之名(见后，第 ii 册，第 414 页)。太(TAY)既可能为 tai“舅父”(豪茨马，《语汇》，第 83 页)，也可能为 tai“小马”(同前)，它经常出现在复合名字中。

⑯ 见前，第 63 页。

⑰ 《古兰经》，第 xix 章，第 86 节。

⑱ 直鲁古在 1211 年被屈出律所废，死于 1213 年。见魏特夫和冯，前引书，第 652 页和 653 页。

⑲ 据 D 本读作 si qarn va panj sāl。原文据 A 本为 si qarnnavad va panj sāl，即可能为“三合恩(＝九十)又五年”。拉施特(见贝烈津，第 15 章，第 80 页)读与 D 本同。斯米尔诺娃，第 182 页，把这个短语翻译为“三百又五年”，明显地把 qarn 当作近代含义的“世纪”。关于合恩“三十年的时期”见米诺维和米诺尔斯基，《纳速鲁丁·徒昔论财政》，第 760 页和 772 页。事实上该朝(1124－1213)的统治尚不及九十五年，仅八十九阳历年，即九十二阴历年。

⑳ 《古兰经》，第 viii 章，第 56 节。

珍藏本

纪念版

汉译世界学术名著丛书

世界征服者史

下册

〔伊朗〕志费尼 著

J.A.波伊勒 英译

何高济 译

商务印书馆
SINCE 1897 The Commercial Press

2017年·北京

目　　录

（下　册）

第 三 部

11. 已故的算端摩诃末一生中 362
余下的大事和他的事业的危难

当吉祥福星〔的统治〕转为祸害灾星[①]〔的统治〕时，那么一个人的幸福太阳，它从前一向从喜庆东方的天际露头，这时就接近绝望的堕落和逆运的西方，同时凶兆的尾点变成了他的苦难的起因[②]。而尽管他富有极其明晰的智力，非常英明的果断，并有着一辈子和人打交道的经验，仍然他作的每一个打算，他干的每一桩事，都成为灾祸的根源，使他思想和精神混乱的原因，另一方面，他期待的件件美事总出现毛病和差错；乃至达到这样的地步：从观察吉星[③]之祥中他却受到凶星[④]的不祥影响，他的常如月亮照临黑暗海洋的睿智之光隐没于惊异帷幕后的漆黑罗网，消失在惶惑的迷雾中，他的愿望的燧石迸射不出火花，在他那里解救乏术，他看不见正道导向的目标，疏忽的面纱遮蔽了他的心和目，以此他的一切活动除使他的事
情遭受挫折外，一无所得。全能的真主曾说："当真主想降祸于人 363
时，没有人能逃脱它，他们也得不到真主以外的任何保护。"[⑤]

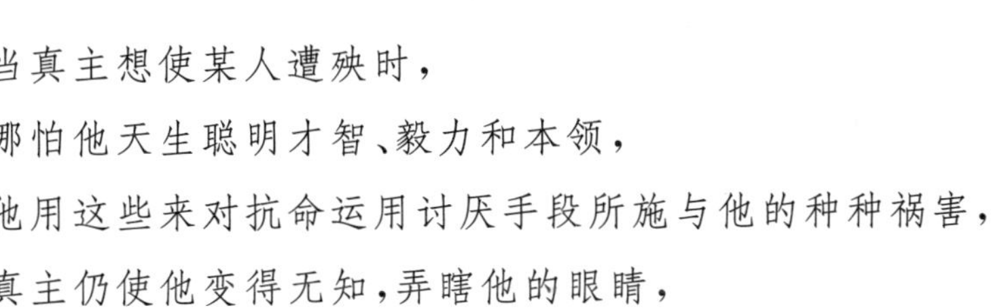

当真主想使某人遭殃时，
哪怕他天生聪明才智、毅力和本领，
他用这些来对抗命运用讨厌手段所施与他的种种祸害，
真主仍使他变得无知，弄瞎他的眼睛，

像拔一根头发那样拔掉他身上的智慧，
迄至真主对他的判决已经实现时，
为了他可以受到警告，真主让他重获智力[6]。

因此，仁慈和善良的朋友，倘若你怀疑和不相信这些叙述，不信古人的故事——

倘若你不相信我，那么伸出你的手，

并抓住这个明显譬喻的要领，用信赖的目光去观察这个事件，用明智之耳去倾听这个故事，以有经验之口从这锅怪事中品尝一下滋味，以赞许之鼻去嗅一下这个鉴戒的芬香！现在已故算端摩诃末（愿真主昭示他的典例，让他居住在主的花园中！）一生的经历和过程中，这些引喻得到了说明，这些奥妙和秘密得到了揭露。因为，只要伛偻的苍穹、昧心的星空、卑贱的轮回、变幻的世界和不仁的老天仍然顺从他的命令和愿望，那用不着他这方面费什么劲儿和努力，所有幸运的奇事就前去迎接他的野心的前锋，同时福神的代表去欢迎主力军和两翼。他无需致力于功业，而他的日盛洪福，以
364 他严惩之威势，就向敌人和叛逆之心发动夜袭。他军队的将领和统帅是始终觉醒的卫星，而他的卫队和探子是真主的守卫。中军和右翼包括天使，左翼则由神兵福将组成。他的御伞由天命和福运合制，他的旗帜因凯旋和胜利之助而升起，成功之笔用神助之墨在其边上写了如下的话："真主相助，神速征服！"

在南方是成功，在北方是胜利；
老天在马镫旁，命运在缰绳下。

但当他时运逆转，灾难的逆风扑灭了幸福火花时，成功的水就为失意的尘土所污染，他的深谋远虑的向导避开了正义之道，从公正的驿站迷途。一个往后事件的初期迹象和未来变故的先兆是，在……[7]年他出兵和平城（愿它继续繁荣！）[8]。在那时，哈里发朝之袍由大教主纳速儿里丁-阿拉[9]来美饰，他们之间怀有恶感，其原因之一是，当扎兰丁・哈散[10]（Jalal-ad-Din Hasan）归信伊斯兰教并派一名沙比耳[11]（sabil）去朝圣时，这个哈里发把他的旗子和沙比耳排在算端的旗子和沙比耳前，轻蔑地对待后者的代表。其他的事故也发生了，因此算端摩诃末深为触怒，就从他国内的伊祃木那里取得内容如下的法特瓦：阿拔斯人无权继承哈里发之位，该称号是属于忽辛一支的赛夷的，而凡是有力量这样做的人都有责任去纠正错误。再者，阿拔斯的哈里发们在为捍卫全能真主而进行的圣战中退缩不前，同时，尽管拥有对此的资力，却没有保卫住边境消灭邪教异端，并把异教徒召向正教，这对属下一切人说，是义务，更是职责；因此已放松了这一基础——它是伊斯兰的主要基础。拿这个理由作为他的借口，他选定一个大赛夷，忒耳迷的阿剌木剌克（ʻAla-al-Mulk）去当哈里发；然后他出兵去实现这个打算。 365

抵达答木罕时，他获悉阿塔毕撒德[12]（Saʻd）想攫取伊剌克的国土，已接近剌夷。算端率一队武士驰往，行军有若电掣的急先锋。他在海里-亦-布祖儿格[13]（Khail-i-Buaurg）遇上了那个阿塔毕，后者在那里与伊剌克军一起。一交锋伊剌克军就溃逃。阿塔毕撒德被生俘，算端想把他处死，但他求救于佐赞的篾力克，打通后者去替他调解；于是应这个篾力克的请求，算端饶了他的命。他把他的长子阿塔毕章吉[14]（Zangi）作为一名人质交给算端，还把亦思替黑

儿[15](Istakhr)和阿失迦纳汪[16](Ashkanavan)两堡以及法儿思三分
366 之二的赋税交给他；由此他获允归家。当他到达亦思替黑儿堡前，阿塔毕阿不别克儿在得知和约条款后出兵跟他打仗。父和子相互刺杀，阿塔毕撒德俘虏了他的儿子，然后履行他作出的约定和他接受的条件[17]。

同时候，也觊觎伊剌克国土的阿塔毕斡思别，从阿哲儿拜占进入哈马丹[18]，但在算端军队到达时逃走了。他们打算追击他，可是算端说一年内俘虏两个国王是不吉利的，叫他们任他逃走。安全回到阿哲儿拜占后，他以算端之名铸造钱币和诵读忽惕巴，遣使赍礼物和贡品进献算端。

算端从哈马丹进向八吉打。他抵达阿萨达巴德时适值仲秋。答亦[19](Dai)的前锋进行袭击，用他们的倾若矢雨的雪制刀剑砍杀。在那天晚上，算端的军队目击世界的末日，因胸甲挡不住风寒枪矛，他们尝到战合列儿[20](zamharir)的恐怖。很多人在雪中丧
367 生，没有留下哪怕一丝野兽的形迹，以此在天命的手中仅剩下悔恨和痛惜："因为真主的军队是天兵和地祇：而真主是大智，大觉。"[21]

> 让他们当心真主的愤怒：
> 美容因此变得丑陋难看。

而这是给他幸运面孔上的一巴掌(chashm-zakhm)，使他事业的脸颊上遭到的一个创伤，自此以后，灾难的声音相互呼应，失败和绝望的旅队接踵而至。

> 我不是爱汝者，这个我知道——
> 但命运在我眼前放下了面纱。

因为这次损兵折将沉重打击了他的事业，而且回教的神迹已脱离了他的掌握——

命运已躲开了我的幸福的掌握；
因此我的手不能触及我心爱者的卷发——

不得已他从那次战役中退兵，并在伊剌克停留了几天，仅为了休整他的队伍，扫荡该国土的叛逆。

当他返回朝中，讹答剌的异密哈只儿汗派遣的一名使者到达他那里，报告鞑靼所遣的商人到来及有关的情况。没有对这件事稍加思索和考虑，或者在脑子里权衡一下其得失和利弊，算端马上下命令把那队求他保护的穆斯林处死，并把他们的货物当作辉煌战利品予以没收。

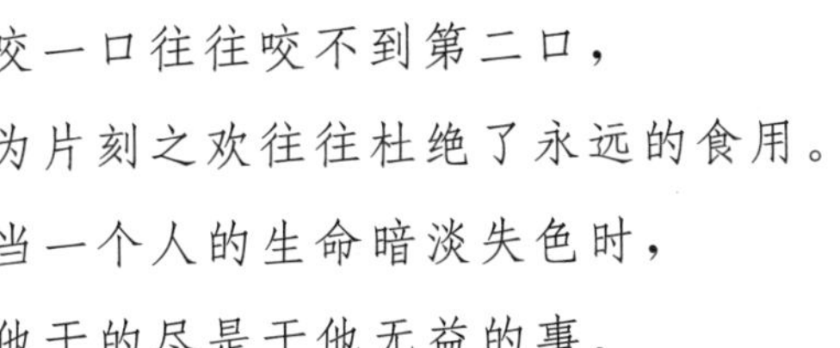

咬一口往往咬不到第二口，
为片刻之欢往往杜绝了永远的食用。
当一个人的生命暗淡失色时，
他干的尽是于他无益的事。

执行他的命令，哈只儿汗要了四百五十名穆斯林的命，这样做就使和平安宁遭到破坏。而在事实上，倘若一个措施的后果不是在开 368
始时考虑到，那么人们必然盼到起初并不明显的意外灾难。

当心人们的仇怨，
因为它玷污了每席酒宴的清白。
哪怕你有坚强的支持和有力的援助，
也不要挑起战争，

因为智者不因相信他手中一付试过的解毒剂，
而服下致命的鸩毒。

原来成吉思汗曾通过那些商人给算端送去内容如下的使信："与吾人领土接壤的地区已无敌人，而且已按吾人的愿望完全被征服和削平；因此吾人眼下有友邻之责。人类的智慧需要如此做；协调的途径应由双方遵循；友谊的责任应得到承担；吾人应有义务在不幸事故中相互支援和帮助；并且吾人应使常行的和荒废的道路平安开放，因之商人们可以安全地和无约束地来往。"

不仅算端没有用明智之耳去倾听这些忠言，他还实际上把使者处死。因此这些不足取的作法产生事端，引起恶感并且是仇报和猛袭的原因。

当有关这些事件的消息传入成吉思汗耳里，怒火使他暴跳如雷，以致用毁灭和沉沦之水，他把算端帝国的寸寸土壤冲毁干净。乃蛮〔部长之〕子屈出律从他那里逃走，并在击败哈剌契丹汗后占领了后者的国土，他的军队是两方中间的唯一障碍，因此成吉思汗首先派军队攻打屈出律，此事已见前述[22]。

算端离伊剌克赴河中时，他委算端鲁克那丁(Rukn-ad-Din)管
369 治该国土——在专门一章中将谈到他[23]——并于抵达呼罗珊后前往你沙不儿。他在那里停留了一个月，而且漫不经心，一反他的常态，依他的愿望不务正经，涉足于欢乐之野，领略了几天荒淫生活的乐趣。

饮酒吧，因为素馨将看到许多天空；
愉快生活吧，因为丝柏将看到许多苏哈[24](Suha)；

享受你借来的这片刻光阴——
须知草原将看到许多像我们这样的人。

他从那里赴不花剌，在该地他从……[25]沙班月 8 号呆到沙甫瓦勒月 10 号。既然正当春天，世界美如新妇，他就如诗所说忘记了冥冥苍天的歹意：

现在春已微笑，娇嫩而清新，
让我们享用音乐、红酒以及吾人情妇的秀发。

而在他残余的岁月中，他始终在妖姬的伴随下，不断痛饮美酒以满足他的愿望，求欢于各种乐趣和嗜好，并这样来回答酷命的责难：

这是蔷薇的季节。时间不长。干杯！
生命消逝时蔷薇算什么？干杯！
既然星空周转不休，在这荒废的旅舍中
无人久留，仅停驻瞬息光阴。干杯！

从那里他抱着进攻屈出律的打算启程往撒麻耳干，并征集所有屯驻在该地区的军队。在撒麻耳干也一样，因为骄逸，更由于心不在焉和运道已变，所以他暂时像金星一样铺开欢乐的地毯，沉醉于答儿干姆[26]（Dargham）酒，把期望的营帐扎在狂欢的旷野。同时随着这种（？ navir），和琵琶的高低音弦，这些话出自算端之口，370
进入智者之耳。

我的心田为血所覆盖，侍儿哟！
而疯狂已把我的心从宇宙携来，侍儿哟！
坦率地进酒，因为无人知道

什么东西将从那帷幕后出现,侍儿哟!

这时候他得到脱黑脱罕[27]在蒙古人前逃往康里人的故乡哈剌忽木[28]的消息。他离开撒麻耳干,经不花剌赴毡的,为的是尾随他们,但听说成吉思汗的异密们和主力军正在追击他们,他采取返回撒麻耳干的预防措施,在那里他集中了尚留在该地的所有军队,然后率一支雄师劲旅进向毡的,想一石两鸟,而不知道"贪多必失"[29]。他跟在他们后面,在海里(Qaili)和海迷赤[30](Qaimich)两
371 河间碰到一处战场,在那里他看见大堆尸体和鲜血。死尸中一个伤员给发现了,并受到询问。因探明了蒙古人是胜利者,就在当天离开了该地,算端没有停下来考虑,便动身上路,火速追赶他们。第二天,当黎明的前锋从东方天际的鞘中拔出他们的闪光宝刀,把夜军头上的黑汁除去时,算端赶上了他们,准备战斗。蒙古军没有动手打仗,而是退却,说:"我们没有得到成吉思汗的许可跟你们交锋。我们为另一目的而来,追捕一个从我们手里漏网的猎物。

王啊,不要像一个〔鲁莽〕汉子那样干事,
不要这样使你自己陷进那灾难的深渊。
372 王啊,不要让我的心悲伤,
不要危害我的生命和你自己的生命[31]。

然而,倘若算端走出第一步,动手打仗,那么我们别无选择,不能逃跑,而必须固守我们的阵地。但倘若他住手,不徒劳地引灾难之火烧身,而是考虑一场只能以后悔告终的争吵所产生的恶果,用明智之耳听从这个忠告,并且不要去碰毒蛇的尾巴,或者用毒矛去刺伤安宁的灵魂,而是收下一份奉献给他的厚礼,不坚持干这种事,

那将更符合他国家的利益，他也将不受到毁灭的耻辱和祸害的灾难。”但

> 每当厄运生气时，坚石变得像熔蜡——[32]

既然他的幸运之镜阴云密布，他的经验之目蒙眬不清，算端就不为这个忠言所动，更不被这些警告所阻挡——

> 你知道国王的坏脾气是一株
> 总是结果的柯罗辛树—[33]

于是他开始战争，以致刀剑的丁当，马匹的嘶叫，骑士和豪杰的呐喊，震聋了宇宙之耳，而且它的尘土遮蔽了太阳的面孔，露出了闪闪的群星。双方的右翼攻击对方的左翼，将它打退。这时蒙古军全力进攻算端驻守的中路。他们退却，几乎被击溃，同时算端扎兰丁从他和几骑驻守的右翼赶来援助。他屹立不动，打退了这个进攻。战事继续到晚祷和夜幕降临之间；双方均拼命厮杀，没有人临 373
阵逃跑，直到

> 夜神梳好了发辫，
> 异端的笔迹写在这世界上——

他们卷甲收兵，彼此相对扎营。

> 他们带着折断的枪矛返回，
> 我们带着弯曲的刀剑返回[34]。

蒙古军这时燃火为疑兵，跨上他们的快马离开，把尘土投进老天的眼里。至于算端，他在他已扎营的地方暂时停留，迄至

当真正的曙光在这世上出现，
天空的百条树叶都开始吐芽，
同时这黑人，夜神，好像用魔术，
开始从他的嘴里吐出一条火焰——

他发现敌人的营盘空了，因此一仗未胜就急忙返回撒麻耳干；[35]他心中充满踌躇和恐慌，他内在的不安影响到他的外表。因为当他想到那个民族的力量和强大，以及过去发生的事端，又当他察觉到他已用武力把这场灾难引到自己身上，这时他万分悲痛和遗憾，在他的谈吐中明显流露出悔恨。因那支军队仅不过是大海的一条
374 河，地上的一座市镇，头上的一根头发，而他已看到和领略到他们的绝对优势。当苦海开始怒啸，邪风齐发，安全之舟就不能抵达获救的海岸，毁灭的风暴会无所不在。又因疑惧重重，正确的策略之门对他说是关闭了；他的心被旋转苍穹的酷虐所刺伤；惊恐万状，坐卧不宁。“因为在胆怯和忧虑中成功化为泡影。”既然因他的无谓的野心，他已把骚乱之火惹到自己身上，并使灾害像热锅一样沸腾——

我的光阴因为贪婪使我失去它的好处，
而我越贪，我损失就越大，
愿望之绳犹如太阳之绳[36]，看来都一样，
但当接触它时它就折断——[37]

那国家和宗教的名声，其秘密被揭穿，而严刑惩处的法律公开了，以致胆怯和虚弱的梦魔占了上风，国土这只孔雀成为灾难枭鸟的口中食，国王迦乌斯[38]（Ka'us）则被禁制在灾祸的魔军手中。他使

自身屈服于那无情的命运，自承无能和失败，向厄运投降，并实践如下的话："吾人服从真主的意愿。"

倘若他们像贵人那样尽力，
那么他们会成功。
否则他们要服从他们在人生中
注定的地位[39]。

占星家也说，吉星从首星和第十宫的角度降落，凶星在潜伺；
迄至向暗宫〔势力的〕转移已经过去，要慎重地不采取与敌人遭遇 375
的行动。

这个情况增加了他处境的混乱，他决定返回，赶快到别的地方去。他把他的大部分军旅留在河中和突厥斯坦，包括在撒麻耳干的十一万人，在那里他下令增固城池。打开了城濠的一角放水进来，算端在他离开的那天经过时，说："倘若即将进攻我们的军队中每个军士都投进他的鞭子，它会被填平。"这些话使军民垂头丧气。至于算端，他从那里经那黑沙不前进，他每到一处，就劝告百姓照顾他们自己的事情，找一些躲藏或避难处，因为对他们说来，抵抗蒙古军是不可能的。他又差人把他的家小从花剌子模送到祃椤答而。他坐卧不宁，狼狈不堪，日胜一日，而且他老跟他宫廷的大臣商议，这个苦痛怎样疗治，用何种方法来应付这个局势。

医师要治愈老天破坏的东西吗?[40]

于是当搅乱人心的情报一个接一个到来，混乱越来越严重——

天上每天都产生新的灾难，

以致思难即使作出一番努力也不能猜想。
为了解决这个时代之谜，
人们需要比太阳还要明亮的智力——

所有的智囊和大人物都因此慌作一团，在时运的变化面前心神错乱；每人各按他自己的想法和认识发表意见，提出行动的方法。

命运的举动超出了思想的掌握：
人不过是事变的玩物。

376 那些受过一辈子实践考验，经历过祸福，并对事情的处理深思熟虑的人，提出如下意见："河中的局势已失去了我们的控制，再不可能守住该地区；但我们应尽我们的一切力量不失去伊剌克和呼罗珊的国土。必须重新召集驻扎在每个城市和在四方的军旅；必须发动总进攻；必须把乌浒水变成一条壕堑，更不要让他们着手渡过那条河。'或许真主将亲自带来他安排的某些胜利或事件'"[41]。

另一些人说："我们必须到哥疾宁去，在那里聚集兵力。若有可能，我们将报敌人以颜色；若不，我们能够把印度作为抵抗他的壁垒。"

算端摩诃末同意这后一种意见，并抱着实现它的目的一直进抵巴里黑。然而，他的儿子鲁克那丁已差亦马都木勒克('Imad-al-Mulk)赍礼物和贡品进献他。亦马都木勒克是个有影响的人物，很受敬重；而庶事的处理在他掌握中。对家园和故土的爱恋促进他劝算端到他那里去。"因为"，他说，"要是这些人得胜，我们到伊剌克就能使我们自己离他们更远，在那里我们能集中该邦的军队，留神地和充分装备地进行战斗"。

但他的儿子扎兰丁反对这些形形色色的意见，并说："我的看法是，我们应当，尽可能的，把军队集中起来，进攻他们。而如算端无心这样做，让他去伊剌克，把军队交给我，以此我可以开赴前线，跟他们打仗，狠狠地揍他们——[42]

帮助吧，强有力者啊，
使我变成向死神进攻，把整个军旅投进去的人。
当他想干任何事时，
他把其意图摆在他的眼前，不去考虑后果。
在他的事情中除他自己外他不求教于人， 377
除刀把子外也不欢喜其他同伴——[43]

这样我们可以在神人面前无愧色——

为的是受到谅解或得到好处，
因为使自己得到谅解者有如那获胜的人[44]。

倘若老天开恩，我们将用凯旋的球棍夺得我们的愿望之球，而倘若我们运气不济，我们将至少不成为百姓和奴隶谴责的对象，他们将不用侮辱之词来鞭挞我们并说：'他们向我们征收过多少次赋税和贡品啊！可是在需要的时候他们却使我们掉进失望中。'"

他几次重复这些话，等候他父亲的同意，而他从来没有离开过他父亲身边。但算端摩诃末，因恐惧和害怕得要命，不听他的实在话，而会说：

"不要为一顶王冠失去你的头，
因为没有国王生下来就有一顶王冠。"

同时，一如倒霉鬼的习惯，他会把他儿子的良言当成儿戏，不理睬它，因为福星仍留在衰微和灾难的宫中，他不懂得

在产生奇迹中刀比书更可靠：
真实和儿戏的分野就在它的刃上。
祛疑去惑靠的是雪白刀身，
而不是靠墨黑的书文[45]。

最后算端采纳了亦马都木勒克要他快去伊剌克的意见，并怀着一
378 种苦乐心情离开巴里黑，派一名探子从那里到般扎卜[46]去打听有关事态发展的消息。当他抵达忒耳迷的河岸时，探子赶来报告说，不花剌已失守，随这个消息又传来撒麻耳干陷落的情报。他马上为他的国土诵读四遍塔克必儿[47]，在王权这个新娘的面纱角上系紧三次离异书[48]，以此返回去是不能想象的。然后登上旅程。

他不再想好或歹，

“真主可以实现那将完成的事”[49]。

现在他的军队大部分是他母亲的族人所属的，叫做斡兰[50]部的突厥人。就在这动荡和骚乱的中间，他们阴谋杀死算端。有人把他们的阴谋报告了他，当天晚上他改换他的宿地，离开他的营帐。在半夜里他们发矢射击，因此在清晨时幄帐因为箭矢所穿就像筛子一样满是孔穴。因这个缘故，算端更加不安，他的恐惧和害怕倍增。

从天体轨道落下的每支箭矢，
好像给伤心的挨打者添加咸盐。

他火速前往你沙不儿，每至一处，他总是用威吓胁迫去责成百姓增强他们的城堞和加固他们的屋舍；因之人心中的畏惧和害怕陡增千倍，一件容易的事变得困难。当他们来到在徒思哈八兰[51]（Khabaran）的卜拉特[52]（Kalat）时，他麾下有人劝他说，上围为七帕列散、占有两三块田地的卡拉特堡，应当修缮，把积蓄和财宝集 379
中在里面，并把军士和部丁转移到那里——

到任何地方天空终归要旋转。

对这点算端不能作出决定，于是按他原来的打算，他在 617 年沙法儿月 12 日〔1220 年 9 月 18 日〕到达你沙不儿。在这里他对朝政置之不理，而是纵情于欢乐和佚游，以声色自娱。同时既然他现在已确信，噩运和酷命的欺诈不会让他按自己的愿望前进一步，也不会让他顺自己的心意呼一口气，那他就不管这世界，而且会说：

今天，人们必须像吃糖一样吃掉这世界，
明朝，如你将看到，人们将饮下肝血。

就好像如下的四行诗曾出自他之口：

蔷薇开时我们将振奋一个时刻，
而随着饮酒之乐我们将逃出悲伤的魔掌。
也许在另一个春天，我的友人啊，
蔷薇将飘零在地，我们也将四下分离。

他因此不断地沉溺于杯中物，不畏谴责之矢。从而那些擅长歌舞之徒，精于游乐之辈就把他包围，变成他的友伴和参谋。而他除寻欢外不知其他事务。因准备妇女的首饰，他能够不管兵马的操练，而在给他的妃子解衣时他不去解除大事中的混乱。现在那个时候，你沙不儿的丞相，继火者舍里甫木勒克（Khoja Sharaf-al-Mulk）之后，是鲁黑[53]（Rukh）的抹只儿木勒克·迦菲丁·乌马儿（Mujir-al-Mulk Kafi-ad-Din 'Umar）（愿真主怜悯他们两人！）。他
380 品德高尚，性格开朗，故此赛夷昔剌扎丁（Sayyid Siraj-ad-Din）在他受命为丞相之职时撰写了下面的诗句：

> 他们带来喜讯称："你们的丞相是鲁黑的乌马儿·迦菲。"
> 我说："胜利属于我们，
> 因为在城堡[54]（rukh）的道路中将无欺诈，
> 而正义总是跟乌马儿相联系。"[55]

现在因算端在你沙不儿，各色百姓，首领（quvvād）和请愿者，就从四方前来等候他；但没有人会解决他们的事情，因此他们惶惶不安。有天他们大量聚集在抹只儿木勒克的宫门，那里他们掀起一阵鼓噪，开始叫骂。抹只儿木勒克走出来，对着他们说了如下的话："你们说的完全真实，你们的怨言十分正当，但在有见识者眼里我也是无辜的。因为我的作为一个老皮条（qavvādagī）的职务，我不能过问那些管事的首脑（quvvād）的事情；又因我必须照管美女的供应，我没有时间去审核簿籍。几天前，算端叫我们为歌姬准备那么多的服饰，不叫干别的事。算端的命令必须执行，不过也有必要照顾请愿者的要求。"

他们进行这番交谈，这时噩讯的赍送者，即从般扎卜来的探子，带着哲别那颜和速不台把阿秃儿率领蒙古军渡河的消息到来。

大难落到算端头上，愁火在他胸中燃烧，幸运之风消逝无踪。

于是我度过这个夜晚，活像我曾遭到
一条牙中有致命之毒的黑白斑细蛇的攻击[56]。

饮尽了欢乐杯中每滴酒后，他应该料到接着来的头痛的刺激。

饮醇酒者就是喝下药渣的人。 381
人生不过是一场醉梦；
其欢乐消失，
由此引起的头痛却来临[57]。
我的脑子不再想酒和女人，
我的思想忘掉了竖琴和琵琶声。

种种欢乐为种种痛苦所代替，每朵蔷薇都化作了一根棘刺。

悲伤是我的朋友，苦痛是我的知交，
哀怨是我的歌手，
肝血是我的酒，瞳孔是我的侍仆。

别无他法，他宁取先知们的逃亡法则，不取真主的训诫，主说："以汝之资财和汝之人员为捍卫真主之道而战。"[58]命运犹如上酒人，继满斟的忍耐[59]酒杯后，强使所有的人饮下难以下咽的伤心之酒，于是耐着性子，他们不得不老老实实去尝那苦丸；而那些人类忧伤的歌手，按照忽辛的哀调[60]，用刺耳和难听的声音唱出下面的话：

忧伤的上酒人啊，倘若〔酒杯〕移向我，
请不要把〔这酒〕掺和，
因为我正把我的眼泪掺和在酒杯中。

而且，部落的青年啊，倘若你愉快地歌唱，
就唱“伤心啊，因我的呼吸发热。”

就在这一片警报和混乱当中，在剌必阿1月7日礼拜二〔1220年5月12日〕他取道亦思法剌因赴伊剌克，沮丧万分，因内心痛苦，胸中难受而撰写了如下的迦扎勒：

金星在黎明弹起天边的竖琴，
命运使我的挽歌发出哀诉，
382 不谐和的命运从我的头脑中赶走了
对芦笙悲泣的向往，还有抚弄竖琴的乐趣。

在他哀伤心胸中的挽歌是：

没有留下跟心爱者好合的欢乐，
也没有留下心爱者。
除悲伤和忧虑外一无所剩。
在希望的途中我们好合的基础，
转瞬间一丝不存。

当他抵达剌夷时，那确实是使人伤心的呼罗珊探子，带着异军近在眼前的消息，突然从另一面赶了上来。他后悔他到伊剌克去的决定，必定知道：“他把他的智谋留在了剌夷。”[61]

当乌鸦是人们的向导时，
祆教徒的墓地就是他们的归宿[62]。

他从那里赴法剌津[63]（Farrazin）堡，在此堡下他的儿子鲁克那丁和三万伊剌克军（hasham）扎有营盘。当他们得到算端到来的消息时，他们赶快出去迎接他，并以目睹他的士兵掀起的尘土为荣。同一天，他把算端该牙思丁和他的母亲以及他的其他后宫送给哈仑[64]（Qarun）堡中的塔术丁·脱欢（Taj-ad-Din Toghan），还派一名使者去召罗耳古王的后裔篾力克哈扎儿阿昔甫[65]（Hazar-Asf）。
这时候他和伊剌克的异密们商量如何抵挡和击退这支可怕的军 383
队。他们认为最好的办法莫如藏身于兀失秃栾库[66]（Ushturan-Kuh），把它当作他们的堡垒和庇护处，以此来抗拒他们的敌人。算端去观察这些山，同时说："这不是我们避难的地方，我们也不能在这样的山寨中抵挡蒙古军。"听见这些话后士兵们十分泄气。他下了山时，篾力克奴思剌惕丁·哈扎儿阿昔甫（Nusrat-ad-Din Hazar-Asf）到来，从路上直奔接见的幄帐。他吻地七处，算端命他就座以尊敬他。返回他的营帐后，算端遣亦马都木勒克和朵罕[67]（Dokhan）去跟他商量怎样对付这个困难的任务和这场可怕的灾祸。奴思剌惕丁回答说："最好的办法是，对我们说，不要等待左思右虑，这眼下就动身。法儿思和罗耳斯坦之间有一座叫做唐亦巴鲁[68]（Tang-i-* Balu）的山。当人们穿过它的峡谷时，有一片丰饶和肥沃的土地[69]。让我们到那里去，把它当作我们的避难处。我
们将从罗耳斯坦、树尔斯坦[70]（Shulistan）和法儿思征集十万步卒，384
派人把守所有通往该山的道路。蒙古军到达时，我们将鼓足勇气进攻他们，打一个漂亮仗。至于突然受到惊吓的算端军队，倘若在那种情况下我们获得一次胜利，他们将发现他们自己的武勇和力量，认识他们敌人的软弱无能；这样他们将重振士气。"但算端说："他出这个主意的目的在于公开表示跟法儿思的阿塔毕为敌，以此不让他的国家遭到征服。当我们解决了我们面前的敌人，届时将

有时间考虑如何对付这个阿塔毕。我的意见是，我们应留在这里，差人到四方去，以待把军队集中起来。”

这是他的打算，同时他的探子从剌夷到来，称蒙古人已抵达该城，攻陷了它，杀戮居民。在这个探子后面来了蒙古人自己。除了集合一堆哀伤和忧虑，失魂落魄外，没有准备军旅。“于是在弼斯罗荒废后”[71]，算端发现，

行动须及时；
一个不及时的行动是软弱又软弱。

篾力克奴思剌惕丁走他的路，返回家去；每支军旅各奔各的地方；而算端和他的儿子们一起逃往哈仑堡。蒙古军途中追上了他。他们不认识他，尚不知道〔他们在攻击谁〕时就发矢射击。算端的坐骑几处重创，但没有失蹄，一阵疾驰把他送出绝境。这样他来到哈仑，在那里停留一天，从异密们那里接受几匹马。然后离开哈仑和找着向导，他偷偷逃往八吉打。就在这同一时刻，蒙古军抵达，而且以为算端仍在堡中，就进行一场激战。这时发现他已经离开，他们遂出发去追赶他。在路上他们遇见算端遣回的向导，后者向他
385 们报告他到八吉打去的打算。他们跟踪追击，但算端已转回来，进向沙儿察罕[72]（Sarchahan）。没有发现他的踪影，蒙古人知道他已躲开了他们，就把向导处死后退兵。算端在沙儿察罕堡中停留七天，然后前往基兰（Gilan）。基兰的一个异密速鲁克（Su'luk）前去迎接他，听从算端的安排。他劝他留下，但一礼拜后算端就到兀思通答儿[73]（Ustundar）省去。在这里他剩下的财宝损失了，由此他来到阿模里的属邑答不夷[74]（Dabuye）县，祃楞答而的异密们前来

提供他们的劳役。不管他在什么地方停留一天，蒙古人都会赶上他；同时在这当儿，他的后宫也从花剌子模到来，进入诸堡。算端差人把一些受到他信赖的并且是他心腹的祃楞答而异密找来，跟他们商量他怎样可以躲到某个几天不给蒙古人发觉的城砦。他们认为对他说莫如避难于阿必思衮海[75]中的一个岛上。他前往其中的一个岛子，在那里暂时停留，然后当他在该岛的消息传播开时，他采取移往另一岛子的慎重作法。他的离开适逢哲别那颜从剌夷派去追击他的一支偏师的抵达。没有找到算端，他们返回去，围攻他寄留后宫和财宝的诸堡，几天内便攻下了它们。这个可怕的消息传给了算端，他获悉他的嫔妃遭到蹂躏，他的侍从备受侮辱，他的幼子们已被处斩，他的戴面纱的妇孺在异姓人的掌中，而且所有 386
他的已婚妻妾已落入〔他人〕的怀抱，在叫花子的怀里给糟踏——

她们一面送上她们的脸蛋，
一面疲倦地用羞耻之手捶她们的胸膛——

同时当他还听说他在该地区的所有臣属已引颈于劫数的套索中，涉足于灾祸的泥潭，落入苦痛的罗网和毁灭的深渊，并已成为不过是这世上的笑料，朋友中的陌生人——

当算端听见这个，他的头发晕，
宇宙在他眼前一片漆黑。
这就是一次又一次
重现于人的黑夜和它的事变——

这时苦痛无法医治，危及他自己的生存，于是他宁死勿生，但求归天，不愿活下去——

那么，死神啊，来拜访吧，因为生命可憎；
严肃吧，魂儿啊，因为你的命运危险。

他在这种苦痛和烦恼中挣扎，哀叹这场大灾和祸害，直到他把他的灵魂交给真主，从这人生的忧伤和冥冥苍天的残害中解脱出来。

向世界及其一切荣华富贵告别！
就好像牙忽比（Yaʿqub）从未在它中间栖止[76]。

而在他死时有人写道：

啊，你为求摆脱困境而死去，
你虽生自父母却孤独地死去，
啊，你化为尘土，饥渴于海岸；
387 啊，你在财富顶上贫穷地死去！

他当时就被葬在那个岛上，但后来算端扎兰丁叫把他的骸骨运到额儿担[77]（Ardahn）堡。一个骚客撰写如下的诗句以咏其景：

王啊，这场灾难因为凶兆而落到你头上；
你离开了，正教却受到许多挫折。
王啊，星空是一顶头盔，取代你的王冠，
你的王国有如斗篷之被中国[78]所紧束。

伊斯兰被这桩惨事弄得心碎和瘫痪，因这场使坚石眼里流出血泪的大祸，真信者的心悲痛和哀伤。

看那石头的哭泣，别说它〔仅仅〕是淌水；
388 瞧那大山的伤悼，别以为它〔不过〕是一声回响。

每间茅屋中都有哭声，每个角落人心都为这事悲伤。哭哭啼啼，扯他们的头发，他们叹息、呻吟、哀挽地念道和唱道：

穆斯林国土的算端在哪里？
大教主的榜样在哪里？
劲若锋刃的他在哪里？
柔若矛杆的他在哪里？
确实，那场灾害已给我们带来了
无法清除的不幸。

然而我们必须避免散漫的作法，离开华丽词藻的途径。

直趋事物的本质，不管色和味。

那么，这就是我们要照那个样子所说的：

为什么你叙述一个窃贼的历险？
不如倾听命运的故事。
让她去告诉那些贤人、聋子和瞎子：
是她把金钱和权力赐给他们，
也是她从他们手中夺走了钱财和权力，
她怎样捆住忽思老的手，
她怎样夷平〔他们的〕堡垒；
让她说她怎样用武力使高傲者折腰，
因此，当你听说那不可一世的骄狂时，
你可以不把你的心花在这变化的人生上。

从这个故事中明眼人可以知道这就是现世的结局和终了。她

是一个生气的骗子，奸诈而无耻；她的交往是离异的原因，她的作伴隐藏着气恼。她是一个挂羊头卖狗肉的家伙，蜜味的鸩毒，化装成穿细绸的美女的老乞婆；她的求爱者如痴如狂地，用千万声哀诉去追求她。

世界是一个皱额的骗子；
它时而这样干，时而那样做。
它用爱来召唤，用恨去驱赶——
389 所有它的作法始终如此。
你不知道，当它唤你时，它把你叫到什么地方，
你也不知道，当它赶你时，它把你赶到什么地方。
开始你不愿去，最后你不愿走。
在这两种失望中，人们焉能满意地生活在这世上。

必须是目光犀利者才体会到下面那种人注定有最大的快乐和崇高的情谊：他们从这尘世的反复无常的举止和行动中吸取教训，用“别碰我”的足踢开它，完全避免跟它接触，视其祸福为一，而且用知足之水去洗刷伸向这座塞满鹰犬和腐尸的崩堕大厦的贪婪之手——

它不过是一具可笑的腐尸，
麇集着逐臭而至的猎犬。
把这世界的法规和禁令看成是一场梦；
把它的酒仅看成是海市蜃楼。
像是一条狗，你渴求着腐肉：你是兀思秃罕哈儿[79]
(ustukhan-khar)的影子和法儿[80](farr)。

他们宁愿抛弃它的财货和名利——

> 真主的荣光将怎样向这颗轻浮的心
> 显示神威？——

并将探索的面孔转向天国，直到神威在他们明亮的胸中反照，他们在崇高意志的羽翼上，以大智作为向导，飞翔于神灵和奇迹的天际，肩并肩地和圣人站在贞洁的行列中，和天使并驾齐驱，把握住 390
信仰真主的舵把，并且确知这垃圾尘世是一根悬在风中的管子，其中没有人们能够指望，能够获益，或者能够得到安宁和幸福的地方——

> 情妇卷发的小环是灾祸的罗网，
> 我们迷恋它，这是罪恶之源——

人们更不应该被它的欺诈弄得苦恼和无能，不应该把心放在它的欢乐上，也不应该因它的不幸而悲愤交集。在智者眼里它的好和它的坏是相等的和相同的。

> 在我们看来莱拉的吝啬和慷慨是一回事。
> 为何赞美和贬损祸福？
> 因为当你闭上眼睛时你这也看不见，那也看不见。

注　释

① jirm-i-qāṭiʿ：招致死亡的行星，欧洲占星家的 Anareta（α'υαιρε΄τηç 的一个讹误）即 Abscissor，普林斯敦高级研究所的诺根保尔（O. Neugebauer）教授和贝鲁特美国大学的肯尼迪（E. S. Kennedy）教授好意地校对过我的这段

和其他两段占星学的文字(第 374 - 375 页,第 567 - 568 页)。

② ra'ss 直译是"头",即"头点"。头和尾点是 caput draconis 和 cauda draconis,在那里月亮的轨道和太阳的轨道相交——太阳和月亮二者都接近这样一个点,只有在这时,一次蚀才有可能发生。

③ 木星和金星。

④ 土星和火星。

⑤ 《古兰经》第 xiii,第 12 节。

⑥ 你沙不儿的长官阿不扎法儿·穆罕默德·本·阿不答剌·本·亦思马因·密迦里(Abu-Ja'far Muhammad b. 'Abdallah b. Isma'il-al-Mikali)。赛阿利比引用在《雅特马答儿》中,也为乌特比所引用。(穆.可.)

⑦ 在大多数抄本中均为一空白。据伊本额梯儿和讷萨怖,正确的日期是 614/1217 - 1218。(穆.可.)

⑧ 明显地写于阿拔斯哈里发朝覆灭之前。

⑨ 1180 - 1225。

⑩ 即阿剌模忒的亦思马因君主哈散三世(Hasan Ⅲ)(1210 - 1221),关于他,见后,第 698 - 703 页,同见荷治松《阿杀辛教派》第 217 - 225 页。

⑪ 明显地为一支朝圣的旅队。(穆.可.)

⑫ 法儿思的撒勒格儿朝(Salgharid)(1195 - 1226)。

⑬ 据牙忽惕,海里-亦-布祖儿格是在剌夷和可疾云之间的一个小城和县:它尽管更接近后者,却被当成是前者的属邑。(穆.可.)同见奥达斯译讷萨怖,第 25 页,在那里,这个名字被误拼为 Djebel-Bourzouk。

⑭ 兰浦尔的《回教王朝》及赞保尔的《伊斯兰史年表和帝王世系表》都没有提到。

⑮ 我采用 C 本,E 本和 G 本的 Istakhr(这个名字的一般拼法)来代替原文中的 Istarkh。亦思替黑儿的城堡也叫做亦思替黑儿-牙儿(Istakhr-Yār),"亦思替黑儿的朋友"。这座城堡和另两座城堡,阿失迦纳汪堡(见后注)和哈剌-依-失迦思塔(Qal'a-yi-Shikasta),即"破损的堡垒",坐落在亦思替黑儿城——一个撒珊朝的基址,在穆斯林征服时是法儿思的大城之一——西北的山上。它位于普瓦尔河(Pulvar)在进入马鲁-达希提(Marv-Dasht)前经过的一条狭窄谷口中,因此在百泄波里斯(Persepolis)的大阿契米尼台殿以

北不远。见雷斯特朗治《东哈里发朝的国土》，第 275－276 页，对亦思替黑儿堡的描述，见雷斯特朗治译韩达剌，第 131 页。

⑯ 原文作 ASKNAN，据 E 本读作 Ashkanavān（AŠKNWAN）。这个名字的其他形式是 Shaknavān（伊本巴里希）和 Shankavān（韩达剌）。讷萨怖（奥达斯译本，第 34 页）的 Askanābād 似为 Ashkanavān 的一个讹误。

⑰ 据讷萨怖（奥达斯译，第 34 页），这次战斗发生在泄剌失城门前。

⑱ 事实上这个阿塔毕不在阿哲儿拜占，而在亦思法杭，他攻占亦思法杭和撒德占领剌夷和可疾云是在同一时候，即在波斯伊剌克的长官阿格剌迷失（Ïghlamïsh）（见后，第 702 页，及注㉞）死时；同时他在得到撒德败北和被俘的消息时逃往哈马丹。见奥达斯译讷萨怖，第 25 和 27 页，又，关于斡思别的整个一生，见米诺尔斯基在《伊斯兰百科全书》中的《乌兹别克》条。

⑲ 波斯的太阳月，十二月到一月。

⑳ 严寒。

㉑ 《古兰经》，第 xlviii 章，第 4 节。

㉒ 见前，第 i 册，第 66－68 页。

㉓ 见后，第 24 章。

㉔ 大熊星座（Ursae Majoris）第 80 颗星。

㉕ B 本、E 本和 G 本是一个空白。据穆.可.和巴尔托德（《突厥斯坦》，第 370 页），可能是 615 年，即 1218 年 10 月 30 日到 12 月 30 日，它很难说是春天！

㉖ 撒麻耳干附近以产酒闻名的一个县。（穆.可.）

㉗ 关于这个名字，见前，第 i 册，第 61 页注①。这里不是指脱黑脱阿别乞，而是指他的一子——据巴尔托德，前引书，第 370 页为忽勒脱罕，据马迦特《库蛮族源考》第 134 页和注①为忽都。

㉘ 见前，第 i 册，第 89 页，注⑨。

㉙ 有关这第一次和蒙古人冲突的不同说法，见巴尔托德，前引书，第 369 页。史料在其纪年上这里有特别的分歧，巴尔托德和马迦特对这个难题所作的结论不一致。“在我们有更准确的材料前，必须认为，最可能的是，算端在土尔盖（Turgai）省的战役始于 1215－1216 年冬，他和蒙古人的交战则在 1216 年夏。”巴尔托德在前引书第 371 页中是这样说的。另外，马迦特，前

引书，第 133 页，得出结论说，与术赤之战大约是在 1219 年 7 月 15 日。

㉚ QYLY 和 QYMǏ。米诺尔斯基，《马发集》，第 100 页注③，主张把这些名字复原为 QNQLY 和 QBǏX，即 Qanglï 和 Qïpchakh(Qïpchaq)（康里和钦察）。然而志费尼书中所记录的形式可能是正确的。在《元史》中的速不台传（见马迦特，前引书，第 132 页，海涅士，《成吉思汗最后之战及其死》，第533－534 页，以及本书下面第 373 页注㉟），提到一次蒙古人和算端摩诃末在灰里河的非决定性战役，马迦特，前引书，第 133 页已把这条河考证为志费尼的 Qailï。至于 Qaimïch（Qïmïch，Qaimach 等等），马丁在他的文章《（1205－1227）蒙古与西夏之战》，第 217 页，引用一条成吉思汗和契丹王子耶律留哥的寡妻见面的汉文材料，在见面的过程中，这个征服者追述耶律留哥的长子怎样在术赤被穆斯林军包围在一个叫做 Qaimach 的地方时把他救出来。这段话重载于马丁的专著《成吉思汗之兴起及其征服中国北方》第 284 页中，但这里战场的名字拼作 kimach。据马丁的前引文章的一个注释，这个材料来自《通鉴纲目》。其实，如柯立福教授在 1955 年 9 月 15 日给我的一封信中说，这个故事的最早来源不是《通鉴纲目》，而是《元史》卷一四九的耶律留哥传。柯立福教授好意地把有关的一段译文提供给我。西征归来后，成吉思汗遇见留哥的寡妻姚里，在见面的过程中，成吉思汗赞扬留哥长子的英勇。“他说：‘薛阇今为蒙古人矣，其从朕之征西域也，回回围太子〔即长子术赤〕于合迷城，薛阇引千军救出之，身中槊……’”。可见马丁的 Qimaq 和 Kimach 实为合迷城，而如柯立福教授在他的信中告诉我说，这个地方看来像是 Qamïl，马可波罗的 Camul，今新疆的 Qomul(哈密)。然而在戈壁边上跟算端摩诃末的军队有过一次战斗，是决无疑问的；因此看起来这个传的编写者或他的材料提供者用常见的 Qamïl 一名来代替某个类似志费尼的 Qaimïch 这样的陌生词汇，其结尾的-ch 多半以 ch'êng“城”的 ch'-来表示。一个奇怪之处是，术赤被留哥之子所救，和算端摩诃末被他的儿子扎兰丁所救，有其确切相似的地方。见前第 i 册，第 69 页，及后第 372 页。至于海里和海迷赤的考证，米诺尔斯基教授在一篇通讯中提出它们可能是伊尔吉兹（Irghiz）和土尔盖（Turghai）。

㉛ 发勒斯编《沙赫纳美》，第 1680 页。第 3239－3240 行。鲁思坦在向亦思梵的牙儿喊话。

㉜ 同前书,第502页,第1146行。

㉝ 同前书,第509页,第1283行。tu dānī ki"你知道",发勒斯作 bidū guft"他对他说。"我宁用发勒斯的ḥanẓal"柯罗辛树"(D本也是这个词),不用本文的 jangī"好战的"或"一次战争"。

㉞ 《哈马沙》中一诗人阿不答沙里黑('Abd-ash-Shāriq)。(穆.可.)

㉟ 参看速不台传中的记载。有一个海涅士的德译文(见前,注㉚),而我在这里引的是柯立福教授好意提供给我的英译文。速不台和哲别追算端至灰里河,哲别在那里遭到一个失败,"速不台驻军河东,戒其从人爇三炬以张军势,其王夜遁。"从这个记载可清楚看出,燃火或火炬的目的是要恫吓敌人,而不是如志费尼所说为了掩盖蒙古人自己撤退的事实。成吉思汗本人对乃蛮人用过同一策略。见《元秘史》,第193节,格鲁赛,《蒙古帝国》,第161－162页。

㊱ ḥabl-ash-shams,即"阳光"。

㊲ 引自阿不亦沙黑·迦集颂扬突厥人的一首合西答。其首行及其他几行诗句引用在第Ⅰ卷第63页,153页和154页〔第ⅰ册,第82、194、195页〕(穆.可.)

㊳ 迦乌斯(Kā'ūs),一位传说中的波斯王,被祃栘答而的 dīvs 即魔王所囚禁。

㊴ 引自阿布勒哈散·提哈密的一首著名合西答,其中的首行已引用在第Ⅰ卷,第240页中。(穆.可.)

㊵ 穆巴拉德(Mubarrad)的《卡迷尔》(Kāmil)。来比锡编本,第176页。(穆.可.)

㊶ 《古兰经》,第v章,第57节。

㊷ 直译是,"连石头带水壶一起打"。

㊸ 《哈马沙》中一诗人撒德·本·纳希卜(Sa'd b. Nāshib)。(穆.可.)

㊹ 乌尔瓦·本·瓦尔德·阿布昔('Urwa b. al-Ward al-'Absi)。引用在《哈马沙》中。(穆.可.)

㊺ 阿不塔马木的一首著名合西答的开头几行,其中他赞美阿拔斯朝哈里发穆塔辛比拉(al-Mu'tasim billah)〔833－842〕,描写他攻克小亚细亚的阿母利亚(Ammuriya)〔阿谋利昂(Amorion)〕。(穆.可.)

㊻ 关于般扎卜，即梅拉，见前，第ⅰ册，第158页，注⑮。

㊼ 即：他为他的国家致悼词。

㊽ 据回教的法律，第三次宣布离婚是不能改变的。

㊾ 《古兰经》，第viii章，第43节或46节。

㊿ Ūrānīyān。见前，第ⅰ册，第305页，注㊳。

51 哈八兰（Khābarān）是阿必瓦儿的所在的县。“徒思的哈八兰”可能指的是该县最接近徒思的那个部分。

52 后来的卡拉特-亦-纳的里，见前，第ⅰ册，第158页注。

53 匝维县。

54 即象棋中的城堡。英语的rook实际来自波斯语的rukh。

55 指的是穆罕默德的岳父和第二个继承人乌马儿（'Umar）（Omar）。

56 引自前伊斯兰诗人杜卜扬（Dhubyan）族的纳比花（Nabigha）的一首著名合西答。在它里面，他反驳他的敌人在他的保护人，希剌的国王奴蛮·本·蒙的希儿面前所作的控告。（穆.可.）

57 毛夕里的撒里·拉法（As-Sarri ar-Raffa'）。（穆.可.）

58 《古兰经》，第ix章，第41节。

59 ṣabr，它也有“芦荟”之意。

60 可能指什叶派的挽歌。

61 对ra'y“智谋”和Rayy“剌夷”的双关语。

62 这个谚语的异文，见后，第704页。

63 法剌津（Farrazīn）是卡腊季（Karaj）城门前的一个堡垒，后者是一座在哈马丹东南三十帕列散，哈马丹到亦思法杭的道路上，今苏塔巴德（Sultanabad）附近的城镇〔它是法特阿里沙（Fath-'Ali Shah）在19世纪初兴建的，今额拉克（Erāk）〕。这个词在讷萨怖的奥达斯编本中四次出现（第15、17、69和73页），除最后一处，都错拼为Qazvīn；在奥达斯编本所依据的独特的巴黎抄本中，第一处也错拼为Qazvīn。〔在奥达斯的译文中处处都作可疾云。见第27、30、117和122页。〕（穆.可.）今法儿津（Farzīn）。（从布鲁吉尔德（Burujird）到苏塔巴德时）我于1905年在我的左面看见它。（穆.可.）

64 哈仑（Qārūn）必定在中波斯某地，可能在哈马丹地区中。（弗.米.）

65 一般的拼法是哈扎儿阿昔普（Hazār-Asp）。他从600/1203－1204

统治到 626/1228－1229 或 650/1252－1253。这个叫做大罗耳的阿塔毕，也叫做哈扎儿阿昔普的王朝，在 1155 和 1423 之间统治东部和南部罗耳斯坦，他们的首都是伊答季(Idaj)(马拉米尔(Malamir))。他们不是来自“罗耳人的古王”，该朝的创立者是来自西利亚的一个曲儿忒人。志费尼看来把他们跟另一王朝，以侯腊马巴德为首都的，在罗耳斯坦北部和西部的小罗耳王朝(1184－1597)弄混了。见米诺尔斯基在《伊斯兰百科全书》中的《大罗耳》(Lur-i Buzurg)和《小罗耳》(Lur-i Kūĉik)条。

⑯ 兀失秃栾-库(Ushturān-kūh)(“骆驼之山”)是从布鲁吉尔德向南伸延，把伊剌克即中波斯和罗耳斯坦分开来的山岭。

⑰ DWXAN。或者是代替 Doghan，Toghan 的一个形式。D 本作 ARDW-XAN，显然是 Ordu-Khan。

⑱ 据米诺尔斯基为《伊斯兰百科全书》撰写的《树尔斯坦》条中的建议，原文的 TKW 读作 BLW。唐亦巴鲁义为“橡树的山口”。

⑲ 可能是失比-亦-巴甫凡(Shi'b-i-Bavvān)。关于这个被认为是四座人间乐园之一的著名山谷，见雷斯特朗治译韩达剌，第 128 页。

⑳ 关于这个叫做树尔斯坦(Shūlistān)的法儿思的县，“树尔人(Shul)的土地”，马可波罗的 Cielstan 即 Suolstan，见米诺尔斯基在《伊斯兰百科全书》中的条文。

㉑ 意即：当为时太晚时。

㉒ 沙儿察罕(Sarchāhān)在通往基兰途中赞章和塔鲁母之间。

㉓ 原文作 ASPYDAR，读作 ASTNDAR。关于兀思通答儿(Ustundār)，祃椤答而的鲁思坦答儿(Rustamdār)县的别名，见拉比诺《祃椤答而和阿斯特拉巴德》第 26 页，同见米诺尔斯基在《伊斯兰百科全书》中的《鲁扬》(Rūyān)条。

㉔ Dābūyē(即 Dābūyī)。一般的形式是 Dābū。见拉比诺，前引书，第 40 页。

㉕ 即里海。见前，第 i 册，第 155 页，注⑥。

㉖ 和一首据称是刻在撒法儿朝王(Saffarid)牙忽卜·本·莱思(Ya'qub b. Laiṣ̈)(868－878)墓碑上并被伊本-哈里干(Ibn-Khallikan)引用在他撰写的牙忽卜传中的诗句大同小异。(穆.可.)

⑦ 原文作 Ardahīn，但我宁取 E 本的 Ardahn，这也是在讷萨怖和牙忽惕中此名的形式。后者把额儿担说成是位于德马文德和祃椤答而之间群山中、距剌夷三日程的一座坚堡。据讷萨怖，在围攻阿黑剌忒期间（1229 年 8 月到 1230 年 3 月），扎兰丁已有意在亦思法杭修筑一座马的剌撒作为其父骨骸的最后休眠地。他因此致函与他在祃椤答而的姑母，要求她照顾把棺材移往额儿担堡以待马的剌撒完工。写这封信的正是讷萨怖自己，但不是没有严重的预兆。"真要我的命！我是这样违心地写这封信，以致这个想法在我看来是可笑的……我知道，实际上，王公的尸体……没有免掉被鞑靼人那方面的焚毁，一旦他们能得到它，因为他们有焚烧葬在其国土内所有算端骨骸的习惯，认为所有算端都来源于一个共同的祖先。以此他们挖出埋在哥疾宁的……雅明・倒剌・马合木・本・娑匐的斤（Yemin ed-Daula Mahmoud ben Sebokteguin）的骨骸并把它烧毁……事情实际上一如我所预想的发生：鞑靼人在把算端解决于阿迷德（Amid）境内后，围攻这座额儿担堡；然后他们掘出大算端的尸骨，并把它运送给合罕〔即窝阔台〕，他叫把它烧掉"。（奥达斯译讷萨怖，第 319－321 页。）

⑱ Chīn"中国"，指蒙古人，或 chīn"折痕"，即很多的折痕。

⑲ ustukhwān-khwār，译意为"食骨头者"，是 humā 或 humāi 的别名（见前，第ⅰ册，第 19 页，注①），即普通髭鹰或秃鹰。它"是一种吉祥的鸟，它的影子也是吉祥的……它吃尸骨；他们谈到它说：'因这个原故 humāy 比所有其他的鸟都受尊重，它吃尸骨而不袭扰动物'。"（司提芬孙译韩达剌，第 73 页。）

⑳ farr 是一种晕光，特别是环绕传说中古波斯王头上的光环。

12. 算端摩诃末和大教主纳速儿·里-丁-阿拉·阿布勒-阿拔斯·阿合马之间反目的原因

自从帖乞失时代以来，为伊剌克的国土已发生过争执，帖乞失击败了八吉打的军队，杀死了大丞相(如前已叙述)[①]，哈里发不断向哈剌契丹诸汗送去秘密使信，要求他们进攻算端摩诃末，同时他也多次把〔内容相同的〕信函送给古耳的算端们。算端到达哥疾宁时这些密函被揭露，对他们的库藏搜索一番后，发现了信件，其中哈里发煽动和唆使他[②]进攻算端，要他援助哈剌契丹军队。算端 391
没有公开这个秘密，而是保留那些信函作为证明之用。

再者，当扎兰丁·哈散[③]因权宜之计皈依了伊斯兰，并且哈里发接受了他的皈依时，为了使他的归信广为人知，他希望派一个沙比耳去朝圣。哈里发叫他的旗帜走在算端摩诃末的旗帜前，而当这个消息传给了算端，他大大不快和生气。哈里发又向扎兰丁要一队菲达额，于是他送给他一队人，吩咐他们不得违反哈里发的一切命令。因后者和默伽的君王发生矛盾，他就差这些菲达额中的一些人去刺杀他。他们搞错了，刺中和杀死的不是默伽的君王，而是他的兄弟。这个暴行在阿剌法[④]('arafa)那天在阿剌法特[⑤]('Arafat)平原上发生。他还把这些菲达额中某些人派到伊剌克去刺杀阿格剌迷失[⑥]。被算端派往阿塔毕斡思别那里的阿格剌迷失,认为他自己是算端的奴仆和精选的〔密使〕。

这些表面原因外尚有其他因素。算端自视绝不低于布叶[⑦]诸王和塞勒术克的算端们,甚而他以为哪怕他的一个异密都与布叶王相匹敌,同时他把他自己的价值和尊严看得大大超过了塞勒术克人的价值和尊严。这时八吉打的国土,尽管在哈里发们手中,实际是在塞勒术克人的统治之下,而当时的哈里发们,诸如塔亦[⑧](Tayi')、穆思塔儿失[⑨](Mustarshid)等,已服从他们的统治,听命
392 于他们的敕旨和禁令,如在每部史书中所已载录。而倘若人们研读这些史实,事情就变得来清楚。然而,算端需要找个借口,以此他可以不遭到人类的责难和在他四周的君主的攻击,并且这可以防止有人说,一个信仰伊斯兰的算端,出自对帝国的欲望,曾进攻这样一位大伊祃木:向他表示礼敬也就是完成伊斯兰基业,并且在这样做当中把他的信仰抛到九霄外。真主的先知(愿主赐福给他,赐他和平!)曾说:"凡不曾向一个大伊祃木表示礼敬而死者,犹如他生活在愚昧时代而死去。"同时诗人说:

> 我们祷告,而我们祷告的完美在于我们相信
> 您是真主面前最好的伊祃木。

他因此向他自己国内的伊祃木们要一份内容如下的法特瓦:犯了上述这些罪行的任何伊祃木,其伊祃木圣职不是真正的伊祃木圣职;而且当这样一个伊祃木进攻一位援救伊斯兰并在圣战中度过一生的算端时,该算端有权否认那个伊祃木,推另一个〔来代替他〕。再者,忽辛这支的赛夷们有继承哈里发位子的权利,阿拔斯

人则是僭位者。取得了这个内容的法特瓦后，他就在他的全国内把哈里发的名字从忽惕巴中取消。然而，对阿拔斯人的这个攻击结果对算端不利。

注　释

① 见前，第 i 册，第 307 页，但那里说这个丞相死于（可能是正常死亡）战前数日。

② 即失哈不丁。见前，第 i 册，第 353 页。

③ 阿剌模忒的统治者。见前，第 364 页，注⑩。

④ 祖勒希扎月 9 日，'Id-al-Aẓḥā 即献祭节的前夕。

⑤ 阿剌法特（'Arafāt），"接引山"，距默伽十二哩，是香客在祖勒希扎月 9 日停留的地方。

⑥ 关于阿格剌迷失，见后，第 702 页，注㉞。ïghlamïsh 在突厥语中义为"他哭泣"。关于这种类型的名字，见前，第 i 册，第 308 页，注㊽。

⑦ 统治中部和南部波斯以及伊剌克的一个王朝（932 – 1055）。

⑧ 塔夷（Ṭāyi'）（974 – 991）的生和死都在塞勒术克人兴起（1037）以前很久。

⑨ 1118 – 1135。

13. 众算端之算端的覆灭及其覆灭的原因

他的先世溯源到夷离堇[1]和博格剌汗[2]，他们是河中的汗，有
393 关他们兴起的情况记录在乌特比的《牙迷尼》[3]（Yamini）中。在河
中他被称为众算端之算端。

当哈剌契丹的诸汗控制了河中时，算端乌思蛮也受菊儿汗的统治，服从他的敕旨和禁令。菊儿汗那方面让他继续拥有河中的国土，没有把他从那里撵走，满足于征收一小笔年贡和把一名沙黑纳派驻在他那里。算端乌思蛮过着安适和快乐的生活，每当他朝见菊儿汗时，总受到尊崇礼敬的接待。这时菊儿汗有个双颊和月亮面孔相辉映、美的诗篇为她而作的女儿。

你哪，因你的香囊，美人的头发仅仅是一股气味，
在你的面上，一万八千个世界仅仅是一条窄道。

她是她那个时代埃及的约瑟，因此众算端之算端被她的美迷住了，为恋爱像一朵盛开玫瑰的她，他的耐性之裙破裂了：他们的爱情跟约瑟和祖莱哈的爱情一样有名。众算端之算端要求娶她，但菊儿汗因他们国家不同，没有答应，拒绝了他的求婚。

把昂星许配给卡诺帕斯（Canopus）的你啊，

以真主之名，他们怎样凑到一块？④

算端被刺伤和触怒，而且除这个怨恨的原因外，还有由菊儿汗的税吏和沙黑纳的暴行而引起的其他原因。

现在那时候，地方侯王(mulūk-i-aṭrāf)和许多贵族都讨厌算端乌思蛮，因为，他们说，他是向多神教徒臣服和纳贡的伊斯兰国家的算端。倘若他无力抵抗，为何他不求助于伊斯兰的算端们，要他们援救和支持呢？全能的真主曾说："那些把信徒之外的异教徒 394
当作友人者——他们要在他们手里企求光荣吗？确实，一切光荣属于真主。"⑤在那个时候，算端的高尚、力量和威严原已深入人心，同时他帝国的幅员已大大扩展，凡是求不到他的友谊，得不到他好感之情的人，都要盼到给自己招来命运的祸害，指望经受奸诈老天的暴行。要反抗菊儿汗，那么，〔只有〕跟算端结盟才有可能。因此，算端乌思蛮向他遣使，并在整个河中的土地上，他以诵念他的名字来熏香祭坛之木，流通有他称号的铸币。

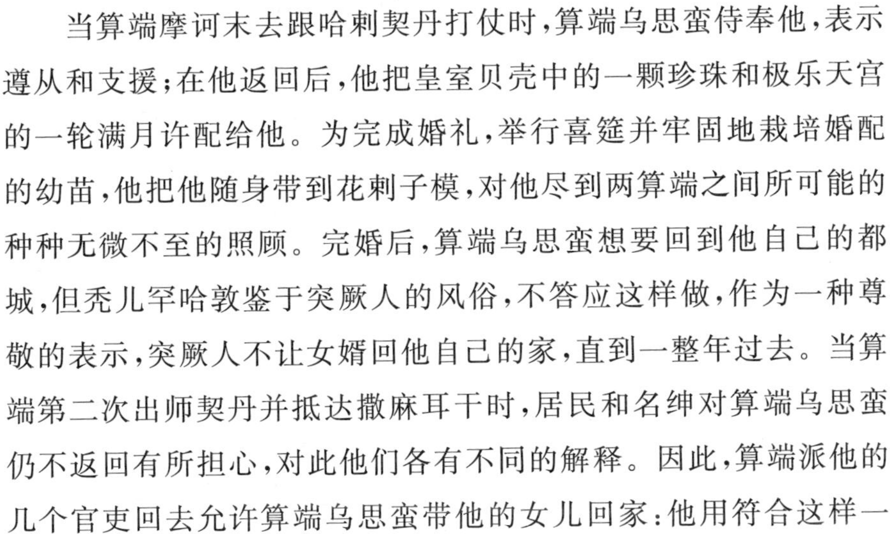

当算端摩诃末去跟哈剌契丹打仗时，算端乌思蛮侍奉他，表示遵从和支援；在他返回后，他把皇室贝壳中的一颗珍珠和极乐天宫的一轮满月许配给他。为完成婚礼，举行喜筵并牢固地栽培婚配的幼苗，他把他随身带到花剌子模，对他尽到两算端之间所可能的种种无微不至的照顾。完婚后，算端乌思蛮想要回到他自己的都城，但秃儿罕哈敦鉴于突厥人的风俗，不答应这样做，作为一种尊敬的表示，突厥人不让女婿回他自己的家，直到一整年过去。当算端第二次出师契丹并抵达撒麻耳干时，居民和名绅对算端乌思蛮仍不返回有所担心，对此他们各有不同的解释。因此，算端派他的几个官吏回去允许算端乌思蛮带他的女儿回家：他用符合这样一位算端的礼仪送走他，并遣一支卫队去护送他。

回花剌子模后，算端逐日打算抬高他的驸马的身份，但他的女
395 儿遣使者来说，算端乌思蛮如何背叛了她的父亲，并再度跟菊儿汗结盟，他又怎样嘲弄她：要她在一次节宴上，作为他这时从菊儿汗那里娶来的一个少女的随从出现。

算端耐心地忍受这个，不允许把它公开，直到另一个使者带着如下的消息到来：撒麻耳干的百姓奉算端乌思蛮之命，已杀害了护送王后的人，以及那些留在该城的军士。矛盾就这样公开了，算端不能在道义上等闲视之。他把受到他宠幸并且打算赐予一整片土地的算端乌思蛮的兄弟斡赤斤[⑥](Otegin)，囚于花剌子模；同时他自己进向撒麻耳干。市民们关闭了城门；但当他们发现羚羊不能抵抗猎狮时，算端乌思蛮就捧着一把刀和一件寿衣[⑦]，前去等候算端。然而，后者下令进行总屠杀，将近一万名穆斯林被杀死。赛夷、圣人、伊祃木和乌列麻捧着古兰经卷，进行调解；因此有命停止杀戮。当算端乌思蛮束身自呈时，算端对着他，说："不义的人哪，倘若你因我的缘故侮辱你的妻子，那么说到底她不是你的配偶吗？干这种丢脸的事，你从道德经中找到什么认可？"算端乌思蛮羞愧地低下他的头。算端在他那方面原无意害他，但他的女儿，她的名字是汗算端(Khan-Sultan)，却不愿饶了她丈夫的命。他因此下令在当晚把算端乌思蛮处决。这事发生在609/1212－1213年。

396 算端极力争取撒麻耳干的百姓，也向拔汗那和突厥斯坦的异密们遣使，要他们归顺他。他还把军队派往西必扎卜[⑧](Sibijab)，既防守该地，又连续进攻菊儿汗的残部，以此防止他们恢复兵力和储备粮饷。

当屈出律得知算端的活动以及他兵力之雄厚时，他遣使给他，因此他们达成一项协议，据此，他们将从两面夹攻菊儿汗，倘若算端先击败他，那么所有远到可失哈耳和忽炭的领土都归于他，而倘若屈出律占了先，那么直抵费纳客忒河的一切土地都是他的，他们以这些条件缔约；然后算端把一支又一支的军队派去进攻菊儿汗，同时这些进攻伸延到别失八里地区。撒麻耳干现在成为算端的都城，他在那里修建了一座礼拜五清真寺，并开始兴建其他华丽的建筑物。

一件稀奇的事是：当算端的后宫落入鞑靼军队手中时，那个讨厌算端乌思蛮的汗算端，被叶密立的一个染匠所据有：他娶了她，他们共同生活到她死为止。

注　释

① 夷离堇多半指博格剌汗之父，他有夷离堇的称号。见巴尔托德，《突厥斯坦》，第 257 页注⑤，又见前，第ⅰ册，第 288 页，注㉞。

② 关于合剌罕朝的兴起和博格剌汗·哈仑·本·木撒（Boghra-Khan Hārūn b. Mūsā），见巴尔托德，前引书，第 254－260 页。

③ 阿不纳速儿·穆罕默德·本·阿不答哲巴儿·乌特比（Abū-Nasr Muhammad b. 'Abd-al-Jabbār 'Utbi）（死于 1036 年）的《塔里黑牙迷尼》（Ta'rikh-al-Yamīnī），关于这部著作，见巴尔托德前引书，第 19－20 页。

④ 名诗人乌马儿·本·阿不拉必阿（'Umar b. Abū-Rabī'a）（死于 719 年）。（穆. 可.）

⑤ 《古兰经》，第 iv 章，第 138 节。

⑥ 他的称号显然是幼子和“火炉的守护者”——ot-tegin 或 ot-tigin。见前，第ⅰ册，第 42 页，注⑧。

⑦　表示他的生和死是在算端手中。参看后面,第416页。

⑧　据穆.可.的主张,原文的Panjāb读如Sibijāb。Sibījāb是Isbījāb即Isfijāb的旧形,它位于今赛拉木(Sairam)的城址上,一座在哈萨克斯坦的小城,塔什干的东北,奇姆肯特以东约六哩半。

14. 算端扎兰丁

魔鬼这个蛊惑者，已使他的父亲算端摩诃末心中恐怖和害怕到极点，以致为了不让那支无穷的军队抓到，为了在他们的袭击前紧踩[1]马镫逃生，他但求入地有缝，上天有梯。当他在鞑靼人前面撤退，并抱着迁居和逃亡的打算抵达撒麻耳干时，他开始把那些多 397
年来早就为这一情况所准备、为类似这些日子而保留的骁勇士卒和战士分散到全国，派作国土的守卫者。

而在他的儿子们当中，那年龄最长、最英武勇敢、犹如帝王头上的皇冠和圣教的明灯者——

大地上真主影子的后裔：
倘若他在算端们当中被提到，
他们将喊道："好样儿！"
当他身边排列着少壮和青年时，
国土的猎取者也卑怯地拜倒在他面前——

也就是算端扎兰丁，独自跟随他的父亲，其他的儿子们则是今生的装饰——并且是愚蠢的。

他老是抨击他父亲的计划，因它离开了正确的目标和正当的途径，而且老是说："在一个我们没有遭遇，甚至还没有离开他本土的敌人面前,转身逃跑,把军旅分散到各地,这是一个懦夫的表现,不是一个强大侯王的作法。倘若算端没有决心前进、打仗、攻击和进行肉搏战,而是坚持他的逃跑决定,那么让他把勇敢士兵的指挥权交给我,以此,我们可以挺身去防止事变,预防虚浮苍天的灾害,免得失掉机会,我们的足陷进惶惑的泥潭,并且免得我们像胶糖那样受到谴责之口的咀嚼,在全人类眼前溺毙在悔恨的洪流中。

要么闪耀的老天没有醒来,
否则这样的行动是不困难的。"[2]

他的父亲会直截了当地回答:"这世界的祸和福有个固定的界
398 限,万事的顺序和安排、其错乱和缺陷也有个明确的范围。除非那在没有开端的冥中注定的、载录于天命之簿的时间已过去,又除非一件已发生的事产生了它的充分效果,无论阻止和抵抗,放松和拖延,在那口坩埚中将是一模一样的滋味。因为,以人们在艰难和不幸的环境中盲目采用的,而且采用后他们不知道最后结果将如何,更不知帝国这颗骰子将在赌盘上掷出什么点数的那些软弱手段,成功和获胜的希望是不可想象的,在那种情况下强和弱[3]都是一个样子。圆中均有缺,满月均有亏蚀,缺中又均有圆;除非这事已达其顶峰,而且这场因苍天的影响出现在这地球上,特别危害我们本身事情的大祸,已经自己消耗,其洪流已退,灾难的火焰熄灭,毁灭的风暴缓和,否则,要恢复其秩序被打乱,其根基被动摇的事业,多半除辛劳和增添苦痛外,白白地在努力和奋斗,拼命和挣扎。因为在绞索中激动只有加速死亡,把揣测和幻想结合起来只能产生疯狂,这是人所共知的,也是一个成立的事实。

倘若命运之手抓住我们，
我们因她的各种暴行而受到伤害之苦，
那么在天空中有无数的星星，
而只有太阳和月亮才发生亏蚀，”[4]

他们屡次这样争辩，可是算端决不同意他儿子留下来，并强迫
他继续跟在他身边。当算端摩诃末从这现世的残舍赴那来世的永 399
休地，从一个满是尘土的沼泽到纯洁的天园，这时仅算端扎兰丁和他的兄弟们，还有几个其他的人，渡过阿必思衮，到了大陆[5]，在那里，如诗所说：

不要坐着让你的眼皮遮住一粒尘埃，
当在地上有一匹马，一支矛和一个同伴时[6]

他希望在雄伟的战场上驰骋，用智慧来制止天穹的旋转，以此他或许可以止息老天从这苦难大地上掀起的骚乱尘暴，挫折命运从暴虐之鞘中拔出来的苦难之刃。

而我除仁爱外不希望别的，
因为它是一个傲气十足的自由人的天性。

然而那些明察秋毫的人和那些潜入真理海洋的人都知道，当幸运之神退缩，甩掉它背上的重担，并且凶相毕露时，人们就决不能指望它再现忠实的面容；或者在磨尖了残暴和欺诈之齿后它将再用它的舌头触及软腭；或者一旦在它走开后能再把它抓住；或者在挫折了傲气后它将把仁爱的表示作为一种充分的鼓动；或者在敌视中紧皱憎恶和倔强的眉头后它将启齿露出抚慰的笑容。但当

它离开哪怕仅一根头发远时，尽管一个人使尽气力去重邀它的恩宠，把它拉回来，那也不能指望它再满意地鼓动它的唇舌。又倘若它走开哪怕仅一指之遥，人们也不能丝毫阻拦它。

400 倘若我的灵魂离开了躯壳，
迄至天穷时尽，将难得再见到它[7]。

同时，倘若在有些时候，一反常态地，它露头几天，像粪堆上的青草，那么它最后变成“风刮散了的干草梗。”[8]

更瞒不过算端目光的是：跟好争吵的老天斗，拼死去抵抗变化多端的命运，这是〔白白〕辛苦和劳累；万事的过程是命中注定的——“主的判决推翻不了，没有人改变得了主的法令”[9]——而且当我们的运气已失去时，要恢复它，不靠你的手或我的手，甚至这尘世自己就是一面灾难的罗网，一个狡猾的妖妇。

躲开操心的事，
因为饱经世故者找不到宇宙大海的海岸。
为什么你盲目地听任压迫和欺诈？
因为这世上的事都是压迫和欺诈。

幸福和成功已彻底地抛弃了帖乞失的王室，重重危难中的福星开始偏转和下落，而没有保住它的希望。“汝授权与汝所欲者”，[10]这条法令的秘密已书写和显现在成吉思汗及其后人的帝国头上，犹如“汝从汝所欲者那里夺走权力”[10]的旨意在他敌人境遇的书面上容易读到一样，尽管深究它超出了人类的想象力。还有，算端希望子不要像父那样受到众口的谴责，不要被全能真主的奴仆们用申斥之矢所攻击。

我应在光荣所在之地寻求光荣，

但倘若我寻求的东西离开了我，那不是我的过错。[11]

脑子里抱着所有这些看法，算端扎兰丁，听说蒙古军已向伊剌 401
克方向经过后，就赴曼吉失剌格[12](Manqishlagh)，并且索取了他在那里找到的马匹，遣使者到花剌子模。他由他的兄弟，其父的继承人兀思剌黑算端[13](Uzlaq-Sultan)和阿黑算端(Aq-Sultan)所陪同。

这时在花剌子模的大异密有布赤[14]帕鲁汪(* Buchi Pahlavan)，兀思剌黑算端的母舅，屈赤爱的斤(Küch-Ai Tegin)，斡兀立哈只不和帖木儿灭里[15]，以及九万康里人。因受到秃儿罕哈敦的宠爱，算端摩诃末把花剌子模的统治权和算端位子授与年龄极幼而且不勤于学的兀思剌黑算端[16]。当算端们抵达时，意见和情绪各异。每人依附于不同的党派，又因兀思剌黑算端昏庸无能，大臣们中缺乏一致，奴仆就都变成了主子，受压者变成了压人者。几个权势最大但跨上了愚昧和糊涂之马的异密们，以为他们能够〔靠他们自己〕干点事，但倘若作为坚强柱石和中流砥柱的算端扎兰丁当上了算端，那么每人都会有分配给他的位子和职务，不可能越此前进一步，而且职位〔仅仅〕是按照本领来授予的。

脚镣戴在脚上，巍峨皇冠高戴在头上。

珠链戴在颈上[17]。

他自己的多数部下，还有百姓和大部分上层人物，都拥戴算端，而几个比较有头脑的、随漫长岁月饱尝过人生苦甜、又经历过 402
安危的廷臣，极想为他尽力，并前去表示他们的效忠。此外，弟兄之间已经缔结了坚盟牢约。尽管这样，心怀敌意的异密们仍打算突施诡计杀死扎兰丁。其中一人[18]把他们的阴谋泄漏给他，因此当他发觉在这个时刻人们仅想到倾轧和谋逆，不想团结一致时，他就自行寻找〔逃跑的〕机会，对花剌子模城和王位完全绝了望，像一条汉子[19]，他取道奈撒赴沙的阿黑。抵兀思秃哇后，他跟鞑靼军战于沙牙罕(Shayaqan)山。他以他的少量兵力和那支军旅厮杀良久，而且在扎勒(Zal)之子也只能后退的困境中用不断的反复冲杀来对抗他们。最后，当宇宙披上黑纱——

将帅把缰索套在他的龙上
并用尘土使光明离开这世界——[20]

就在这"千钧一发"[21]的时候，他杀出了重围。

正在算端离开花剌子模的同一时辰，他们[22]得到消息说士兵们正集中起来反对他们，因没有抵挡的物资，他们赶忙离城去追随算端。第二天，在同一地区，他们碰上了那些曾和算端扎兰丁打仗和厮杀的人。但当阿黑算端——他追随着兀思剌黑算端——和大
403 王们看见鞑靼军旅时，他们像在太阳拔刀出鞘时的星星一样逃跑，第一次攻击时他们都从战斗中转过他们的脸，还没有动手战斗就逃之夭夭。于是当代的算端们变成鞑靼魔鬼手中的俘囚，他们的大将和他们的大部分部下作了闪烁锋刃[23]的食物，豺狼和鬣狗的点心。一连两天受到俘囚之辱后，算端们因他们的父亲对皇室和旧族的种种作法而受到惩罚，给埋在地里，甚至填进飞禽猛兽的腹中[24]。

倘若旋风起自一角，

把一个未熟的橘子吹到地上，
我们把它叫做残暴或者叫做正义？
我们把它叫做仁德或者把它叫做邪恶[25]？

这时抵达沙的阿黑的算端扎兰丁，用两三天时间来进行在机会一出现时就离开的准备。最后在一个午夜，当

不闻鸟鸣兽吼，
这世界闭口不言好或坏时[26]——

他突然地，像一颗流星，跨上了信赖真主的骏马，于617年祖勒希
扎月15日〔1221年2月10日〕前往其父分封给他的哥疾宁。他
的离开和蒙古军的到达不超过一个时辰的间隔。获悉算端已撤出
了该城，他们立即追击他，并来到一个三岔路口，这里，算端留下蔑
力克亦勒底列克[27]（Il-Direk）和一支人马去阻击片刻，以待他和敌 404
人间的距离稍远。不久后，因抵挡不住蒙古军，亦勒底列克撤退下
来，从算端没有采取的另一条路逃走。因此鞑靼军以为算端也走
的是那条道，就跟踪追击他。同时候，算端走另一条路，仅一站就
跋涉了四十帕列散，尽管他的雄心之马跛了；接着蒙古军停止了他
们的追击，离开他走的那条道。抵达佐赞，他想入城暂时休养他的
马匹，但居民跟他争吵，甚至不愿让他在城垣内避难，这一请求是
他提出来的，以此倘若蒙古军到达，他可以抵抗片刻而他们不能马
上从前后接近他。“倘若”，他们说，“蒙古军抵达，他们将用刀和箭
从那个方向攻击你，而我们将用石头从背后，在这一面，攻打你。”
你恰似古兰圣经中希迪儿（Khidr）的故事：“（他们继续前进）直到
他们遇到一座城市的百姓。他们向这百姓要食物，但他们拒绝让

他们作客。”[28]简言之，发现佐赞的诚实贵绅在其好客的邸宅中敞开叛逆的烟孔后，他便前往马必查纳巴德[29]（Mabizhanabad），午夜时他又离开它。拂晓，蒙古人[30]到来，并继续〔追他〕到也里的属邑巴儿都牙（Barduya），这时他们返回去了。

算端赶他的路，到达哥疾宁。率五万士卒驻扎在这里的阿明
405 灭里[31]出城迎接他；而所有的人，有士兵也有土著，欢呼他的到来，因他的出现而鼓舞。算端和阿明灭里的女儿成婚，在哥疾宁的麦登-亦-沙卜思（Maidan-i-Sabz）度过该冬。他到来的消息四下传开，成队的士兵和族人从各方前来，“经每条深谷抵达”。[32]赛甫丁·阿格剌黑和四万骁勇战士归附算端，古耳的异密们也从四面去投他。

一支军队从四面八方汇集在他身旁，

因为他既有高贵出身又是一名〔武勇〕战士。[33]

他的境况现在是赫赫显奕，他有一支大军和部属听他指挥。因此，当初春百花开始吐艳时，他从哥疾宁出发，进向八鲁湾[34]。在那里扎营后，他得到情报说帖客出克和蒙勒火儿[35]（Malghor）率一支蒙古军正在围攻瓦里延[36]（Valiyan）堡，并且即将攻下它。把他的辎重留在八鲁湾，算端率领他的军队进击帖客出克的蒙勒火儿。他杀死了一千名鞑靼前锋的人马；因他的军队人数更多，蒙古人就撤退过河[37]，折毁桥梁，在另一面下营。河流就这样形成两军之间的一面屏障，他们〔仅〕相互放箭到傍晚。接着在半夜里蒙古军退走，算端也回师，同时大量的物资运到那里，他现在从他的府库中把这些取出来，分赐给士卒。然后他回到八鲁湾。

这个消息传入成吉思汗耳里，他获悉算端怎样挽救他的事业，406
重振旗鼓——

阿甫剌西牙卜得到消息说
苏合剌卜(Suhrab)已把一只小艇放到水上[38]。
从军队中挑选出了很多骑士，
战场上的老兵——

他派出失吉忽秃忽[39](Shigi-Qutuqu)和三万人马。算端抵达八鲁湾后一礼拜，蒙古军在早晨出现。算端立刻上马，前进一帕列散的距离，摆开他的军队，把右翼交给阿明灭里，左翼交给赛甫丁·灭里·阿格剌黑，他自己则坐镇中路。他命令全军下马但抓住他们的马匹，进行殊死战。因为归阿明灭里负责的右翼，人数超过了蒙古军，所以有一万名骑士，都是骁勇人马，向右翼进攻，使它后退。从中路和左翼接连送去援兵，直到他们把蒙古军赶回他们的阵地。在所有这些冲杀中，双方伤亡惨重，有很多次白刃战以及不停地既用诡计又用武力，而没有人愿把他的背面给敌人看。最后，当天边的盘子为晚霞的血所染红时，双方各在它的阵地下营；蒙古人命令每名骑士在他多余的马上设置假人[40]。第二天，当天空的武士刀劈夜神的头盖时，双方摆开兵马，算端的军队因看见蒙古军后另有一排人，以为援军已到来。他们惊慌，共商他们是否逃走并躲到巴 407
思塔[41](* Basta)和提拉合[42](Tirah)山去。但算端不赞同这点，并按照如下诗句来反对他们的错误主张：

“我对〔我的灵魂〕所说的，
每当它动摇和受扰乱时，便是：

原地不动，你要么受到称赞，要么获得归宿”。[43]

再在下一天，他们下马，而蒙古军，感受到阿格剌黑军队的勇猛和势大，选出他们的拔都儿，攻击左翼。阿格剌黑的人马屹立不动，拉弓射击(ighrāq)；以箭矢的攻击挡住了蒙古人。当后者在那种射击下撤退并返回他们的阵地时，算端下令擂鼓，同时全军跨上马，发动总攻击，把蒙古军击溃。然而，在他们溃逃中，他们返身再战，袭击算端的军队，使将近五百名战士横尸沙场。在这节骨眼儿，算端像草原雄狮或怒海巨兽那样驰骋，蒙古人终被击败；两那颜[44]和一小股人马前去等候成吉思汗，算端的军队则忙于劫掠。

正当他们像这样劫掠时，阿明丁灭里和赛甫丁·灭里·阿格剌黑之间为一匹马发生争执。阿明丁灭里用鞭子打灭里·阿格剌
408 黑的头，而算端没有因这个行为实施惩治，因为算端不相信康里军士会服从制裁。赛甫丁整天呆在他所在之地，但当黑夜来临时他便像爱哈姆(Aiham)之子哲伯剌[45](Jabala)那样离开，赶往迦儿漫和桑忽兰山里去了[46]。

在信仰真理后我变成一个基督徒，
因为这一击之耻，而倘若我耐心地忍受它。
其中会是无害的[47]。

阿格剌黑后来的种种遭遇将在单独一章中披露[48]。

算端的兵力因他的背叛而崩溃，荣誉和胜利之途对算端说是断绝了。他抱着渡过申河的打算进向哥疾宁，而攻下了塔里寒的成吉思汗，获悉算端的兵力四分五裂，为击败他和报仇雪恨而出兵，像闪电或急流，他心怀愤怒，率领着一支多如雨滴的军队。算端得到有关他的消息，听说他率如此一支大军进攻自己，以致不可能抵挡那复仇之师和抗拒那大地上的帝王——

因为那个国王是一条想复仇的公龙，
一朵灾难的云。
倘若听见阿甫剌西牙卜的名字， 409
坚石之山变得像水的海洋——[49]

他准备渡过申河，命令备舟。殿后的斡儿寒[50]（Orkhan）阻击征服世界的皇帝成吉思汗的前锋，但他被击败并撤退下去跟算端会合。

同时当成吉思汗探出算端的意图时，他赶快前进，赶上了他；于是他的军旅把他前后围困。次日当白昼之光在黑夜的颊上显露，黎明之乳从天边的胸中喷射时，算端被留在水深火热中：这头是申河水，那头是一支像烈火的军队，甚至他一头把他的心放在火中，另一头把他的脸朝着水。他仍没有失掉信心，而是举动如大丈夫，准备战斗并点燃战火。当那个勇士因披上战袍变得像一头蹲着准备打掉敌人面罩的豹子时，他给复仇之马加鞍，一心要投入这场厮杀。七大洲君王的胜利之师进攻阿明灭里指挥的右翼：后者被击败，其中大部分被杀。阿明灭里败逃，奔往白沙瓦，想靠他的
马快来救他的命。但蒙古人已截断道路，他还在路上就被杀死。410
左翼也被击溃，而算端和一支七百人的队伍固守中路，从早抵抗到晚，从右攻到左，又从左攻到中；每次进攻他都斩杀了好些人。但成吉思汗的军队不断前进，他们的人数与时俱增，以致给算端留下越来越少的活动地盘。因形势绝望，他噙着眼泪和干着嘴唇，不再考虑声名和荣誉。算端的表弟阿哈失[51]灭里（Akhash Malik）抓住

他的马缰，把他拉回来。心如火焚，目中流泪，算端跟他的子女告别，并这样吹嘘：

当一个人不施诡计，哪怕作出了一切努力后，
他仍毁了他的根本，难以对付，
而且是不幸的。
但那果断之人，若他心中无打算，
他就免遭不幸——
他是他那个时代的英雄，只要他活着，就是聪明的，
而倘若一个鼻孔堵塞，另一个还要动——[52]

他吩咐带上他的备乘马，跨上它后再像怪兽一样冲进那灾难的大海。然后，击退了蒙古军，他旋辔，并在抛弃他的胸甲后鞭策他的骑乘，使它从十额尔或更远的距离跃入水中。

我挺胸向着它，
而我的宽背和细腰随它滑过岩石。

于是像一头怒狮泅过那条大河，他安全抵岸。

它一丝没有被岩石碰伤就接触平地，
死神则惭愧地观望着。[52]

411 看见他游过去，成吉思汗打马下到水边。蒙古人准备入水[追他]，但他阻止了他们。他们拉弓放箭，一些目击者说，水里遇害的是那么多，以致他们箭矢所及之处，河流为血所染红。至于算端，他带着一把刀、一支矛和一面盾牌出了水。

我返回法合木，尽管我不期望返回——

当他们〔无力地〕叫啸时，
我怎样屡次逃脱他们那种人啊！[52]

老天也惊异地叫喊：

没有人在这世上见过类似此人者，
也没有听说远古的豪杰中有他那样的人[53]。

成吉思汗和所有蒙古人都吃惊地以手捂嘴，而成吉思汗，在眼见那种武艺后，转向他的儿子们，并说："为父者应有这样的儿子！因逃脱水和火的双旋涡，他将是无数伟绩和无穷风波的创造者。一个俊杰焉能不重视他？"

在这世界上除扎勒的贤明和伟大的儿子外，
他没有匹敌。
论英勇他赛过了天神，他不把自己看轻。[54]

注　释

① 原文作 sabuk-girān，读作 sang-girān。

② 发勒斯编《沙赫纳美》第 464 页，第 479 行。

③ 原文作 quvvat va shaukat"力量和雄伟，"但是，如穆. 可. 所指出，其意思必定如本译文。

④ 苫思马阿里·合布思·本·瓦昔木吉儿。(穆. 可.)

⑤ az Ābaskūn bi-shaṭṭ-i-ān āmadand。或为："从阿必思衮〔海〕所至的土地"。见前，第 ⅰ 册，第 155 页，注⑥。

⑥ 引自阿不别克儿·花剌子迷颂扬苫思马阿里·合布思·本·瓦昔木吉儿的一首合西答。乌特比曾引用。这首合西答的另一巴依特已在前面引用，第 ⅰ 册，第 342 页。(穆. 可.)

⑦ 《哈马沙》中一诗人马恩·本·奥思(Ma'n b. 'Aus)。(穆.可.)

⑧ 《古兰经》,第 xviii 章,第 43 节。

⑨ 显为《古兰经》第 xiii 章第 41 节的一个摹仿:“真主宣布一项判决,而没有人能改变主的判决。”

⑩ 《古兰经》,第 iii 章,第 25 节。

⑪ 很可能这是阿不别克儿·花剌子迷写的合西答中的一首巴依特,其中另两首巴依特已引用在第 75 页〔342〕和第 129 页〔339 页〕中。〔穆.可.〕

⑫ 里海东岸的曼格什拉克半岛(Mangyshlak Peninsula)。

⑬ 原文作 ARZLAQ,读作 AWZLAQ。

⑭ 这个名字的拼法不明确。原文据 A 本作 BWḤ,然而其中读法可能是 BWḤY 即 BWǰY。在讷萨怖的抄本中出现类似的形式。见伯希和,《金帐汗国》,第 18 页,注②。

⑮ 关于帖木儿灭里,见前,第 i 册,第 91 - 95 页。

⑯ 据讷萨怖(奥达斯译,第 93 - 94 页),算端摩诃末在他死前不久剥夺了兀思剌黑算端的太子之号,并把它授予扎兰丁。

⑰ 引自阿布勒阿剌·马阿里的一首合西答,载于他的《撒黑特赞德》(Saqt-az-Zand)。(穆.可.)

⑱ 据讷萨怖(奥达斯译,第 96 页),他是斡兀立哈只不。又见前,第 i 册,第 158 页,注⑰。

⑲ 为了跟 Nisā=nisā“女人”成双关语而引进这个成语。

⑳ 发勒斯编《沙赫纳美》,第 451 页,第 302 行。gard“尘土”,发勒斯作 khashm“愤怒”。

㉑ 《古兰经》,第 xxxviii 章,第 2 节。

㉒ 即兀思剌黑算端,阿黑算端,以及他们的部属。见奥达斯译讷萨怖,第 103 - 106 页。

㉓ 原文中有个双关语,zubāb 有“边”和“苍蝇”两个意义。

㉔ 讷萨怖的说法(前引书同页)很不同。根本不是在逃跑时被俘,两王是死于战斗;随后蒙古人割掉他们的头,把头缚在枪尖上,在国内游行,为的是使百姓心里产生恐惧。

㉕ 发勒斯编《沙赫纳美》,第 433 页,第 3 - 4 行。

㉖ 同前,第 1065 页,第 13 行。

㉗ AYLDRK。关于 Direk 的称号,见前,第 i 册,第 309 页,注83。C 本和 D 本作 AYLDKZ,即 Ildegiz。

㉘ 《古兰经》,第 xviii 章,第 76 节。

㉙ MABYŽNABAD。穆.可.从帖木耳时代收藏的文献中引用了 MABŽNABAD 形式的两例。这后一地方看来在哈甫境内,因此几乎肯定的就是志费尼的 Mābīzhanābād。

㉚ 这里,原文以 Moghal(MWΓAL)代替通常的 Moghol(MΓWL)。Moghal(比较迦儿宾和卢不鲁克的 Moal)或 Moghol 是这个名字的突厥语形,本地的形式是 Mongghol。

㉛ 见后,第 460 页,注①。

㉜ 《古兰经》,第 xxii 章,第 28 节。

㉝ 发勒斯编《沙赫纳美》,第 445 页,第 201 行。

㉞ 在果尔班德(Ghorband)和喷赤西尔(Panjshir)汇合处恰里卡尔(Charikar)东北。据拉维特,第 288 页,1921 页和 1042 页,扎兰丁和蒙古人战于哥疾宁和范延之间、洛加尔(Logar)河源附近的另一同名地点。同见米诺尔斯基,《霍杜德》,第 348 页。

㉟ MLΓWR。多半就是乞剌可思和格利哥尔的 Mular、瓦儿丹的 Molar,但见柯立福,《蒙古名字》,第 424 页。

㊱ 恰里卡尔以北的瓦里安·科特尔(Walian Kotal)。

㊲ "可能为喷赤西尔河。"(巴尔托德,《突厥斯坦》,第 442 页。)

㊳ 发勒斯编《沙赫纳美》,第 445 页,第 208 行。下一行诗不见于发勒斯编本。至于把成吉思汗比作阿甫剌西牙卜,见前,英译者序。

㊴ 见前,第 i 册,第 135 页,注⑧。

㊵ 这个作法受到迦儿宾的注意:"……把假人放在马上,这样做为的是大多数人可大胆去进行战斗。"(文该尔特,第 82 页)据海涅士的译文,同一策略在 1204 年似已用来对付乃蛮(《元秘史》,第 193 节),但见柯立福对这段译文的评论,第 528-529 页。

㊶ 原文如此,BSTH=basta"束缚的","封闭的。"E 本作 PŠTH=pushta"山"。

㊷ Tīrāhī。关于在西北边境省的提拉合山区，见《印度皇家地图》，第23卷，第388－390页。伊本额梯儿，第12卷，第38页，在602/1205－1206年下记载了一次提拉合人对古耳失哈不丁的起义。

㊸ 阿模儿·本·爱特纳贝·哈兹拉吉（'Amr b. al-Itnaba al-Khazraji）。见穆巴拉德的《卡迷尔》，来比锡编本，第753页。（穆.可.）

㊹ 两那颜可能指帖客出克和蒙勒火儿；军队的统帅失吉忽秃忽则略而未提。

㊺ 格散（Ghassān）的最后一个阿拉伯王。他曾成为一个穆斯林，但后来改宗基督教。他变成一个基督徒的原因如下：经过大马士革的市场时，他让他的马践踏了一个旁观者，这人跳起来，给哲伯剌脸上一拳。格散人抓住这个家伙，把他带到阿不·乌伯答·本·哲拉合（Abú 'Ubayda b. al-Jarrah）面前，申诉说他打了他们的主人。阿不·乌伯答要证明。“你要证明有何用?”哲伯剌说。他回答说：“倘若他打了你，你将回他一拳。”“那么他不被处死吗?”“不”。“他的手不被斩断吗?”“不”，阿不·乌伯答说“上帝仅许报复——以拳还拳。”这时哲伯剌前行，来到罗马境内，成为一个基督徒；而他在那里度过他的余生。（尼科尔松译依本-忽太巴（Ibn-Qutaiba），《阿拉伯文学史》，第51页。）

㊻ 见前，第ⅰ册，第136页，注⑩。

㊼ 引自哲伯剌·本·爱哈姆在他变成一个基督徒后朗诵的著名诗句。（穆.可.）见前，注㊺。

㊽ 见后，第21章。

㊾ 第一行见发勒斯编《沙赫纳美》，第301页，第35行。“国王”，发勒斯作“突厥人”，而这行的后一半读如：“渴望着，在〔强行〕复仇中一朵灾难的云。”第二行不见于发勒斯。但在麦康本中“坚石”作“铁”。请再注意把成吉思汗当成阿甫剌西牙卜。

㊿ AWRXAN。根据乞剌可思，第119页，他是扎兰丁的继父。乞剌可思，第119页，和讷萨怖（奥达斯译，第220页），都说他被亦思马因人暗杀在甘扎（Ganja）（后来的伊丽沙维特波尔（Elizavetpol），今苏维埃阿塞拜疆的基洛夫巴德（Kirovabad）），据讷萨怖，这件事发生在算端返回该城时，显然是在1226年（同前书，第211页）；然而讷萨怖，同前书第406页，和志费尼一样

(第ⅱ册第456页),重述斡儿寒怎样把他的主子从沉醉中唤醒,好向接近的蒙古人作最后一次冲击,其结果是他死在曲儿忒山民之手。这是在1231年;讷萨怖补充说,(同前书第406－407页),斡儿寒这时进入额儿比勒,后又进攻并攻陷了亦思法杭。或许有两个叫做这个名字的人。

㉛ 原文作 AǏAŠ,读作 AXAŠ。奥达斯编讷萨怖(第138页和第186页)作 AXŠ,该抄本则作 AḤŠ。比较拉德洛夫和马洛夫,《畏吾儿文献》中的 Aqash 一名,以及讷萨怖(同前书,第152页)的 AQŠ,尽管这能够如豪茨马《语汇》第32页的 ĀQWŠ 一样读作 Aq-Qush"白鸟"。据奥达斯译讷萨怖第229和309页,阿哈失灭里死于亦思法杭之战。

㉜ 所有这些诗句都引自前伊斯兰诗人塔阿巴塔·撒兰的一首著名合西答。(穆.可.)

㉝ 发勒斯编《沙赫纳美》,第1650页,第2705行,那里指的是鲁思坦。

㉞ 同前书,第1637页,第2494和2496行。na-dārad"他没有",发勒斯作 na-dārī"你没有",这是正确的,因为古昔塔思卜是对他的儿子亦思梵的牙儿说话。原文的 bī-khirad"愚蠢的"(而它有最好的抄本为根据并见于摩尔编译本),我据 C 本读作 pur-khirad. D 本和 G 本,和发勒斯一样,作 pur-hunar"有德行的。"第二行和摩尔本完全相同,但发勒斯用 hamān"相同的"代替前一半中的不变词 hamī。

15. 他在印度的历险

算端逃脱申河洪水和成吉思汗怒火的水火之危，跟他手下的
412 五、六名卫士[1]（mufradān）会合，他们还没有把命送掉，也没有被灾难火焰的阵风化作一抔黄土。他们躲在树林中，一筹莫展，就这样躲了一两天，后来大约有五十人投奔他。出外侦察地形的探子，这时回来说，离算端营地两帕列散远，有群印度歹徒（runūd），有骑士，也有步卒，在干放肆的毁坏和游荡的勾当[2]（bi-'ais u fujūr mashghūl）。他叫同伴每人砍一根棍子，晚上向这群人袭击。他们把对方斩杀殆尽，抢走他们的牲口和武器。

接着另一群人投奔算端，有的骑马，有的骑牛（dirāz-dunbāl）。他们带来消息说，为数两、三千人的印度军队就在附近。算端率手下的一百二十人向他们进攻，用印度刀砍死很多印度人，并把夺来的战利品武装他的人马。

我们当中的穷人靠刀为生计，
其它的穷人都靠讨饭为生。
我们挥舞刀剑，
好像少女玩弄项圈或紫罗兰花环。

有关算端获得武装及他从失败中恢复的消息，传遍印度，这

时，士兵们就从巴剌剌[3]（Balala）和尼迦剌[4]（Nikala）两山汇集，并 413
有五、六千骑进攻他。听见他们到来的消息，他率他手下的五百名骑兵迎战他们，交战后把那些印度人马击溃和消灭。于是零散兵力从四方转向算端，直到约有三、四千人加入他的队伍。

他重振兵力的消息传给了当时在哥疾宁地区的征服世界的皇帝成吉思汗；因此他派一支军队去解决他。当朵儿伯·朵黑申[5]率领的蒙古军渡过河时，算端因没有强大到足以抵抗他们，便向底里方向逃去。蒙古人，在他们那方面，获悉他逃跑的情报，遂返回去并蹂躏了灭里克甫儿[6]（Malikfur）县。

同时候，算端在抵达距底里两三天路程之内时，差一个他曾授与爱纳木勒克（'Ain-al-Mulk）称号的人，赍使信给苫思丁[7]（Shams-ad-Din），按照俗话所说"贵人有容纳贵人的一席之地。"他的使信说："时运的变化确定了我会见你的权利，而且我这样的宾客是难得光临的。因此，倘若友谊的酒宴在双方都收拾干净，和睦的酒杯斟到边儿（？ muvaffā），我们在祸福中又尽到相互支持和援助的义务，那么我们的所有目的和目标定将达到；同时当我们的敌人发现我们之间存在着团结一致，他们的抵抗之齿将被挫断。"接着他要求提供给他一个能够驻留几天的地盘。

这时算端的英武和勇敢已名闻天下，他的盖世勇力和才干是全世界的话题。因此，当算端苫思丁听见他的使信时，他对这事盘
算了好几天，考虑了它的后果，唯恐算端压倒他，使他遭到毁灭。414
据说爱纳木勒克在底里受到袭击，并被杀死。总之，算端苫思丁差一名使臣奉上符合这类宾客身份的食品，但对不能提供一个居住地方表示歉意，理由是该地区中没有宜于帝王的恰当水土或地方。

倘若算端同意，一当他清除了底里的叛逆时，他愿划给他底里地区的一块地方并愿把该地区奉献给他。

这个使信送给算端时，他折回去，前往巴剌剌和尼迦剌山区。在这里，逃避各支军旅的难民从四方去投奔他，并在分成小股逃过锋刃后参加了算端的队伍，以致他的麾下总数达到一万人。

他现在派塔术丁·灭里·哈剌只(Taj-ad-Din Malik Khalaj)和一支军队到朱提[8](Jud)山去：他们劫掠该邦，抢走很多战利品。

他也遣人去见罗·科卡尔·散金[9](Rai Kokar Sankin)，求他的女儿为妻。他同意了，还把他的儿子和一支军队派给算端。算端封他的儿子为忽都鲁汗。

当时忽巴察是统治申河诸省的异密，有算端的身份，他和罗·科卡尔·散金不和。算端派一支在斡思别·太[10]率领下的军队去攻打他。在申河河岸，距乌仗一帕列散远，忽巴察和两万人扎有一

415 座营盘。斡思别·太率一支七千人的军队在晚上突然袭击他。忽巴察的军队被击败和溃散，他本人乘舟逃往阿卡尔(Akar)和巴卡尔[11](Bakar)，它们是一个岛上的两座堡垒。斡思别·太进入他的营盘，俘获了他在那里找到的所有人。他遣人向算端报捷，算端启程〔去见他〕，就在那个营地中为忽巴察所搭的幄帐前下马。同时候，后者从阿卡尔和巴卡尔逃往木勒坛。算端遣一名使者去索取在申河之战中逃走后落入忽巴察手中的阿密尔汗[12](Amir Khan)的子女；他并且向他要金钱。忽巴察服从了他的命令把阿密尔汗的子女和一大笔金钱送给他，同时请求不要袭扰他的领土。

当气候变暖时，算端离开乌仗到朱提山和巴剌剌及尼迦剌的夏营。路上他围攻帕拉斯拉伐尔[13](Parasravar)堡，打了一仗，其

中他的手被箭矢所伤。该堡被攻克，堡内的人悉遭屠杀。

在这里他得到蒙古军追索他的消息。他返回去，并在他经过木勒坛时遣一名使者给忽巴察，把他的旅程通知他，并征索“马蹄费。”[14]忽巴察拒绝了，为反抗算端而出城交战。经过一个时辰的激战，算端不愿多留，而是前往乌筏。乌筏百姓造反，算端在那里停留两天，在纵火焚毁该城后进向撒都散[15](Sadusan)，该城的长官是代 416
表忽巴察的法合鲁丁·撒剌立(Fakhr-ad-Din Salari)，其统军官是契丹人剌真[16](Lachin)。这个剌真进攻算端的前锋斡儿寒，但被杀死。斡儿寒接着围攻撒都散城，当算端到达时，法合鲁丁·撒剌立捧着一把刀和一张寿布卑躬地自投于他之前。算端进入该城，在那里停留一月。他赏赐法合鲁丁·撒剌立，把撒都散的长官职位授予他。他这时进向德瓦勒[17](Deval)、答默里拉[18](Damrila)，该省的统治者察提沙儿[19](Chatisar)在他前面逃走，乘一艘船入海。算端在德瓦勒和答默里拉附近下营，派哈思汗(Khass-Khan)和一支军队去进攻纳合儿哇拉[20](Nahrwala)，他们从那里带来很多骆驼。算端在德瓦勒一个偶像寺庙的基址上建筑了一座礼拜五清真寺。 417

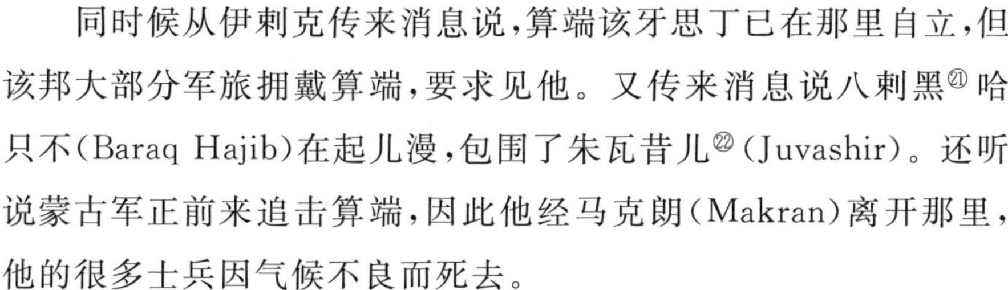

同时候从伊剌克传来消息说，算端该牙思丁已在那里自立，但该邦大部分军旅拥戴算端，要求见他。又传来消息说八剌黑[21]哈只不(Baraq Hajib)在起儿漫，包围了朱瓦昔儿[22](Juvashir)。还听说蒙古军正前来追击算端，因此他经马克朗(Makran)离开那里，他的很多士兵因气候不良而死去。

当算端军队来临的消息传给了八剌黑哈只不时，他送去大量粮草，企图用欢欣喜悦的表情来鼓励算端。后者抵达时，八剌黑哈只不要求他接受他的女儿为妻。算端同意了，并举行婚礼。该堡的守令也出城，把该城的钥匙(hisār)交给算端。他进入城内，在那里完婚；接着，两三天后他上马前去狩猎，征发粮草。八剌黑哈只不借口他害风湿(dard-i-pā)，留在后面。如俗话说：

因为你不想成跛子，所以你装跛。

在途中算端得到他留在后面和装病的消息。他知道，在人们觉察之前，这种落后会导致兵变，这种拖延会产生叛乱。为了试验他，他遣回一名随身的官员带去使信说，他已决定马上赴伊剌克，而这个计划压倒了一切其他的事情。因此，八剌黑哈只不应亲往
418 猎场，以便共同商讨这个计划，因为他是个有阅历的人，特别熟悉伊剌克，故此他的意见可以促进这个打算的实现。八剌黑回答说，因患风湿，他不能侍候算端，不得不离开算端留下来。然而可行之策是，因朱瓦昔儿不宜于他驻跸，容纳不了他的麾下和部属，算端应尽快地前往伊剌克。不过，该省必须有一个向算端负责的省长和守令，而除他自己外没有人更胜任或者更适合担当这个职位，他为算端服劳已经垂老，旧劳之上更添新劳。加之他是用他自己的刀剑征服了该邦土，凭他自己的勇力得到了它。他把使者打发回去，下令关闭城门，撵走那些算端留下来的人。

因为既无容身之地，又乏复仇之资，算端就前往泄剌失，遣一名使者向阿塔毕撒德宣告他的到来。后者派出他的儿子撒勒古儿沙[23](Salghur-Shah)和五千骑士去迎接算端。他解释他不亲自出迎的原因说，有次他曾立下了他决不出城迎接任何人的严誓，对此不能违反。算端接受了他的解释，极为礼遇撒勒古儿沙，并封他为哈因答失汗[24](qarindash-khan)。他抵达帕撒[25](Pasa)地区的泄剌

失[26]边境时，撒德送给他种种符合这类宾客身份的礼物——礼袍
和日用衣服，各类酒杯，装满的那的钱囊，大量的马匹，骡子和骆
驼，一个武器库，全套酒筵和烹调用具，尚有各种职司的突厥和阿
比西尼亚奴隶。他还表示与他结亲的愿望，于是养育在该高贵王
室的贝壳和贞节胸怀中的一颗明珠，倾听贤慧和谦顺之言，就串在 419
算端的项圈上[27]。通过这次婚姻，双方之间系上了和睦之索，牢固
地奠定了友爱和团结的基础，然后他居留数日，前往亦思法杭。

现在那个时候，阿塔毕木偰非儿丁·阿不别克儿（Muzaffar-ad-Din Abu-Bakr）——全能真主使他继承他父亲的国土和其他国王的国土——因为当他的父亲从算端摩诃末那里返回时，他曾跟他父亲打仗，而且把他刺伤，所以被他父亲像珍珠那样囚于牢狱的贝壳中。算端现在要求释放他，这个阿塔毕回答说：“尽管我的儿子不孝，打下大逆不道的烙印（同时他送去那件染有血痕的长衫），算端的命令仍需像肉体服从灵魂那样被遵从。算端离开后，我就把他送给算端，给予充分的装备”。他遵守他的诺言，确实释放了阿不别克儿。

当算端离开时，一个从亦思法杭逃走、属于也速丁·唆克默
思[28]（ʿIzz-ad-Din Sökmez）的奴隶，叫做乞立者（Qilij），到达这里并
被带去见算端。他是一个突厥人，天匠使其品貌足以与太阳相辉
映，俊秀和佳丽的赐与者则使他的美容足以和约瑟相匹敌，而在他
那娇嫩如花的面颊上，还有红润的光泽。诗人不若用下面的四行 420
诗来描写他：

当你昨天外出时，
那些唯独相信轮回的人注视你，

并以彼此的生命为誓说：
这就是美男子约瑟重生。

算端对乞立者表示宠爱，录用他为奴仆。

抵亦思法杭时，他得到消息说他的兄弟该牙思丁和大臣们以及军队的大将驻留在剌夷。轻装行军，〔他〕带领几名精选骑士〔出发〕，像蒙古军那样打着白布旗帜，在他们还没有任何人发觉前，他已经如老鹰扑鸽，突袭他们。该牙思丁和一些将官惊溃。出于宽宏慈悯，算端致函给该牙思丁及其母。他说，把自己藏起来不见任何客人，这是不对的，总之，现在无时间闹矛盾，也无地方搞倾轧和冲突。他们应信心充足和心情平静地前去，不要把自己弄得来惶恐不安。因此当那些赶去晋见算端的将官受到礼遇时，该牙思丁看出人心和众望都归向他的兄长，就在几个老部下的陪同下，怀着一颗火热的心前去等候他。算端保留了每人在军中的原位，并授给他们每人一个职务。至于地方长官（aṣḥāb-i-aʻmāl），他分别给予适当的工作，同时颁发必要的诏旨和敕令。随算端的到来，各地和各州都显出某种程度的和平和安定的前景。

那时国家的秘书和执宰是讷剌丁·蒙失[29]（Nur-ad-Din Mun-
421 shi），而这个讷剌丁常常酗酒。有个早晨，他还没有从醉乡中醒来时，亦思法杭人怯马鲁丁·亦思马因（Kamal-ad-Din Ismaʻil）和几个亦思法杭的伊祃木去拜访他。怯马鲁丁撰写了如下的四行诗，把它投进去，然后他们便走了：

你的才艺跟这种嗜酒相结合，
就像节操之结合于淫贱。

你的情况有如女人的眼睛，
因为在那里明亮和憔悴㉚始终不离。

讷剌丁·蒙失有一首咏算端的合西答，以下是它的起首：

来吧，我的灵魂，
因至高的库萨和、兀鲁黑算端㉛扎兰丁的荣光，
这世界又变得来甜美和愉快。

注 释

① mufrad 看来和 ghulām 同义(关于 ghulām，见前，第 i 册，第 289 页，注㊱)。因此志费尼把一名从算端该牙思丁那里逃奔灭里奴思剌惕的官吏叫做 mufrad(第 ii 册，第 470 页)，而讷萨怖(奥达斯编，第 142 页)则把这些官吏叫做 ghulāms(ghilmān)。

② 多半指一种印度仪式。

③ BLALH。

④ 原文作 RKALH，据 E 本(并据 C 本、E 本和 C 本的第 Ⅱ 卷第 145 页)读作 NKALH。拉维特，第 294 页的注，采用了 Nikālah 的拼法；艾略特和道孙，第 Ⅱ 卷，第 553 页注，说这个名字可以拼作 Bankāla，也可以拼作 Mankāla。据《塔里黑-亦-阿勒菲》(Ta'rikh-i-Alfi)，巴剌剌和尼迦剌在剌火儿境内。(同前。)

⑤ 见前，第 i 册，第 141 页注①。

⑥ 据拉维特，第 537 页的注，在拉瓦尔品第(Rawalpindi)县，"有一个灭里克普尔(Malikpūr)，在古代为州长官的驻地，它位于从杰卢姆的南答纳(NANDANAH)县到成吉思汗曾下营之地的直道上……"然而《皇家地名词典》没有提到它。

⑦ 即亦勒秃惕迷失。

⑧ 即索耳特岭。

⑨ 罗·科卡尔(Rāi Kōkār)是此人的称号:"科卡尔人的罗阇(Raja)"。他的名字(SNKYN)拼法不清楚。见艾略特和道孙,第Ⅱ卷,第396页,注①。(Raja为印度的君王。——中译者注)

⑩ 见前,第ⅰ册,第357页,注⑮。

⑪ "……总之我毫不怀疑著名的巴克卡尔(Bhakkar)岛堡就是所指的地方。巴克卡尔确实包括两个岛子。但是,当在该地开始调查时,我没有发现北面的那个小岛曾被叫做'阿卡尔'。它现在用的是在它上面的庙宇的名字。但它一度叫做这个名字却不是不可能的,一如巴克卡尔的复合名,其趋势甚至在今天也显得很少提及,除了和它两侧的城名之一连用外——如'巴剌巴克卡尔(Barā-Bhakkar)'、'沙克卡尔巴克卡尔(Sakkar Bhakkar)'。"(艾略特和道孙,第Ⅱ卷,第554页的注。)

⑫ 如穆.可.在对原文的一个足注中所指出,这个名字必定是誊写者对阿明汗,即阿明灭里的误写,关于阿明灭里,见前,第409-410页,并见后,第21章。

⑬ Parasrāvar看来是Parasrūr的一个异写,今旁遮普的锡亚耳科特(Sialkot)县中的帕斯鲁尔(Pasrur)。

⑭ na'l-bahā:"一个国王在经过时向当地诸侯征收的赋税,即在当时他所骑的马匹的蹄铁钱。"(穆.可.)

⑮ 原文作SADWSTAN,读作SADWSAN。撒都散经常被阿拉伯地理学家提到。它必定在印度河附近,萨合范(Sahwan)境内的某个地方,但印度河已改变它的河道。马迦特,《伊朗沙耳》(Ēranšahr),(你沙不儿的古名——中译者注),第190-195页,对撒都散没有得出明确的结论:"我们迄今还不知道撒都散的确切地点。"(弗.米.)

⑯ 即哈剌契丹人。

⑰ DYWL。这个名字的一般形式是Dēbul(Daybul)。在阿拉伯地理学家的时代,德布勒(Debul)是"在印度河主要出口处的一个良港。"它的遗址今天位于塔特塔(Tatta)西南的远陆内。见雷斯特朗治,《东哈里发的国土》,第331页,以及注①,米诺尔斯基,《霍杜德》,第372页。

⑱ "答默里拉是印度文献中的一个谜。像巴卡尔(Bakhar)一样,它到13世纪才出现。它这时必定和德布勒(Debal)一起出现;《塔巴合特-依-纳昔

里》、《扎罕古沙》以及拉施特的《扎米塔瓦里黑》在提到它时都是这样连结的，当塔特哈（Tatha）首次出现在伯尔尼（Barni）对国王穆罕默德沙（Muhammad Shah）追叛臣塔吉（Taghi）入印度的叙述中时，它又同样奇怪地和塔特哈并提。我不知道有 13 世纪和 14 世纪的作家单提它的例子，尽管伯多尼（Badaoni）的《蒙塔哈布塔瓦里黑》（Muntakhabu-t-Tawarikh）记载答默里拉被算端该牙思丁（Ghiyasuddin）的长子所征服。拉维特少校在一段文字中把它考定为伊本·巴都塔在洛哈里（Lohari）附近发现的遗址，这个考证因后来在关于塔吉的记载中提到答默里拉而成为不可能；在另一处，他把它置于在沙班答尔（Shahbandar）分区的沙合尔普尔（Shakhrpur）附近，那里，当地传说仍确实指出苏姆拉（Sumrah）酋长们居住的废址，其中有察尼沙尔（Chanisar）〔察提沙儿〕的，他的名字，史书和传说跟德布勒相联系〔原文如此〕”。（阿波特：《印度河》第 53 页的注）。

⑲ 原文作 XNYSR，读作 ČTYSR。灭里昔南丁·察提沙儿（Malik Sinān-ad-Din Chatisar）是“苏姆拉系、一个刹帝利（Rajput）朝的第十一代，其晚期的君王信奉伊斯兰”。见哈格，《突厥人和阿富汗人》，第 54 页。

⑳ 纳合儿哇拉（Nahrwāla）即安哈勒哇罗（Anhalwāra）是古杰拉特（Gujerat）的首府。它的地址今为北巴罗达（Northern Baroda）的帕坦（Pātan）城所占据。

㉑ BRAQ。拼作 Burāq（巴尔托德，《突厥斯坦》）或 Borāq（斯柏勒，《伊朗的蒙古人》），是因为在无母音符号的阿拉伯字书中这个词和穆圣乘以升天的异兽名 Burāq 相同。而在事实上，baraq 是“一种多少带有传说性质的长毛突厥狗名。”见伯希和，《金帐汗国》，第 57 页。关于八剌黑哈只不，起儿漫的第一个忽都鲁汗，见后，第 25 章。

㉒ 朱瓦昔儿（Juvāshīr）（古瓦昔儿（Guvāshīr））即伯尔答昔儿（Bardasīr），是起儿漫城的古名，与该省有区别。

㉓ 一般作撒勒格儿沙（Salghar-Shah）。他是撒勒术克沙（Saljuq-Shah）（1262－1263）的父亲，此朝的倒数第二个君主。

㉔ 即“兄弟汗”。原文作 QRA ANDAŠ，我据 B 本和 C 本读作 QRNDAŠ，即 qarīndash。

㉕ 一般拼法是法撒（Fasā）。

㉖ 即法儿思。

㉗ 在这个地方,C本的边上写有如下的话:"穆罕默德·穆纳吉姆(Muhammad Munajjim)的注释,他继阿塔篾里克志费尼之后搜集史料,有幸弄清楚如下事实:这个阿塔毕的女儿叫做玛利卡哈敦(Malika Khatun)。她成为摩诃末花剌子模沙之子、具有鲁思坦之心的扎兰丁之妻,因此他在这里居留了两个半月。当他到亦思法杭去时,木偰非儿丁·阿不别克儿得到其父的装备,并到那里去追随他。他侍候了三〔? 六〕年算端扎兰丁,而算端对他之珍视胜过了对他自己的兄弟。最后阿塔毕撒德遣人去召他,立他为嗣,于是当他死于627/1229-1230或628/1230-1231年时〔这必定指的是扎兰丁在1231年之死,不是指撒德在1226年之死〕木偰非儿丁·阿不别克儿继其父登上泄剌失的王位,并且是撒勒古儿朝的最贤明者。"(穆.可.)

㉘ SKMAZ。这个词可以有几种读法:sökmez的意思是"不下跪的人",也有"不责备的人"之意。

㉙ 这人非他,正是有名的讷萨怖,算端扎兰丁的书记(munshī)和后来扎兰丁传的作者。

㉚ 讷剌丁的意思是"正教之光",而mastī"憔悴"的普通意思是"醉"。

㉛ 即"大算端"。也许算端的突厥部下这样来称呼他。

16. 算端扎兰丁之进攻八吉打

在621/1224年初，他抱着去秃思塔儿[①]并在那里过冬的打算
出发。他派额勒赤帕鲁汪（Elchi Pahlavan）和一支二千人的队伍
先行侦察，而他自己随后继进；当他经过时，速来蛮沙[②]（Sulaiman-
Shah）拜访他，把他的姊妹嫁给他。抵达沙布儿哈思特[③]（Shabur-
Khast）（它向来是史书提到的一个大而知名的城市，尽管只有它 422
的废墟仍然存在），他在那里停留一月，罗耳人的首领前去迎候他。
他的马匹恢复气力时，他就前往八吉打，指望大教主纳速儿·里丁
阿拉给他援助，使他成为抗拒敌人的一面屏藩。他差一名使者去
宣布他的到来，说明他的意图。但大教主不理睬他的话，因为他曾
在算端的父亲和祖父手中吃过苦头，仍心怀怨恨。相反地，他派一
个任异密之职的奴隶忽失帖木儿（Qush-Temür）率一支二万人的
骁勇善战的军队去把算端赶出他的国土；并于同时候放信鸽捎信
给额儿比勒，叫木偰非儿丁[④]（Muzaffar-ad-Din）也派出一万人，以
此可以在他们之间擒获算端。因自己兵力雄厚和算端军势寡微而
过于自信的忽失帖木儿，不等到额儿比勒来师的约定时间就出兵。
算端接近时遣人给忽失帖木儿送去使信说：他到来的目的是托庇
于大教主广被的恩泽，就情况说强敌已获胜并征服了伊斯兰的国
土和人民，而没有军队能够阻挡他们。倘若他得到哈里发的援助，

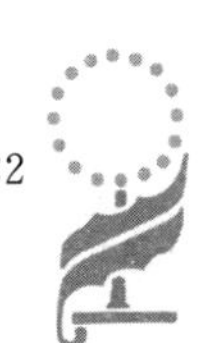

有他赞助的鼓励，那么他正是抵抗该民族的人物。然而，忽失帖木儿对这个意见置之不顾，把他的军旅摆开战阵；因此算端在他那方面除了准备战斗和抵挡外别无选择。因为他自己的兵马不及忽失帖木儿的十分之一，他就埋伏一支军队，他自己则和五百骑固守他的阵地。他向敌军的中路和两翼发动两三次攻击，然后假装败退。
423 忽失帖木儿的军队认为他们被打败了，跟踪追击。伏军这时从后面袭击他们，算端也返身向他们迎战。他们被击溃，算端把他们赶到八吉打城郊，这时他返回去，杀向答忽黑[⑤](Daquq)，在该地区点燃劫掠和掳杀之火。

在塔克里特(Takrit)没有熄灭的焚烧之火。[⑥]

正当他经过时，探子给他带来情报说，木偰非儿丁和额儿比勒军正在临近，并说他已打发一批装备先行，打算把他的人马列成战阵，从埋伏中攻击算端。后者命令把他的辎重仍沿迄今的同一道路运送，而他本人率一支骁勇骑兵绕山而行。一当他得知敌军已过时，他和他的蛇一样的武士[⑦]就发起进攻，出其不意地袭击木偰非儿丁。于是当算端俘获了他时，鉴于对诸侯理应尊敬和礼遇，他实行宽大和赦免，但不允许他向他走的方向继续前进。木偰非儿丁对他的行为感到羞愧，要求宽恕，而且表示悔恨说，迄至当天，他一直不知算端的开明见地，不了解他的谦和庄重。算端回过来说了些适合君王身份的话，并称赞和夸奖他，因为在他统治期间，尽
424 管在他手下视杀掠香客为合法的罗耳人和曲儿忒人当中行走，道路也是安全的，没有骚乱。他还赠给他各色礼物，对他恩渥备至；奉算端之命并得到他的许可，他返回该城，极力用提供各类无穷尽

的劳役来讨好算端。

从该地区算端进向阿兰和阿哲儿拜占，其君主在当时是阿塔毕斡思别。因没有强大到足以抵抗算端，他单身从帖必力思逃走，把他的老婆、算端脱黑鲁勒[8]之女马利卡（Malika）留在城内——

而雄马哪怕在加上脚镣时还要保护他的雌马。

当算端兵临帖必力思城下并围攻该城时，仍在那里的阿塔毕的军队统将进行顽强的抵抗；但马利卡自己，发现不能击退算端，再者又被那个阿塔毕深深得罪，就私自差人去见算端，把她心中对她丈夫的暗恨告诉他。她也把八吉打和大马士革的伊祃木的法特瓦送给他，其内容是，有条件的三次离婚现在生效[9]。于是订立一个条约说，双方应让步；马利卡应被允许带着她的行装到纳黑出汪；同时算端应随后跟她到那儿，与她成婚。他送去一个戒指作为记号。

女人和她们的盟誓犹如尘土；
东风及其盟誓犹如一物。

过了两天，马利卡派人把该城的异密和首脑人物召来，说："兵临城下的是一位大算端，而阿塔毕没有力量抵挡和抗拒他。如果我们不跟他缔和，他袭取了这个城市，那么他将干他的父亲在撒麻耳干所干的同样勾当。如果认为可行的话，让我们派哈的和名绅 425
去见他，跟他结约，以此他不致加害于阿塔毕的后宫和臣属，也不致阻止他们到他们愿去的地方。因此让我们把城交给他。这就是我想的主意：现在该你们这些阿塔毕的大臣来说说你们看如何办才好。"他们异口同声说马利卡的意见是个上策，她的想法是聪明的。于是大哈的、当代最有学识者之一、可疾云的也速丁（'Izz-ad-

Din)和几个侍臣就被派去见算端。他们乞求宽恕，要他不阻止马利卡和阿塔毕的臣子们到他们愿去的地方去。算端答应他们的请求，允许他们在他们愿意时离开。

第二天，当天空之手从天边的鞘中拔出太阳之剑，这时阿塔毕的大臣、异密和该城的首脑人物都立即携带着各种礼物和贡品来到算端的朝见厅。他们叩吻上面有天空作伞的地毯，并且在算端的眉目间看到欢欣喜悦和一种仁爱的神色——

他的开朗面孔把他的喜悦告诉你。

马利卡在她那方面，随她性子[10]的指使行事，前往豁亦(Khoi)；接着算端在622/1225年凯旋入城，接受百姓的欢呼。他在那里呆了几天，然后赴纳黑出汪，在那里，按照伊祃木们的法特瓦，他娶了马利卡，踏上那个阿塔毕的路子。

426 当时后者正在阿邻扎[11](Alinja)堡。听说算端抵达纳黑出汪，他就明白了他的目的何在。不能医治的内忧因这个外在的因素而加重，因此就在当天，由于伤痛和愤恨，他一命归西。

我的灵魂决心离开。我说“别走”。

“我有什么办法?”它说，“房子正在倒塌。”

但是按道义说，为非作歹者，特别那些淫人妻女者，在一切法典中都被视为该受谴责的，诸如此类的淫行邪举只有在人们的思想中产生恶感；因此穆圣(愿真主赐福与他，赐他和平!)如实地说：“除女人和女人的事外，万事皆易。”[12]

注 释

① 即休希塔尔。

② 这是失哈不丁·速来蛮沙(Shihab-ad-Din Sulaiman-Shah),艾维突厥蛮人(Ive Turcomans)的君主,后来抵抗蒙古人的八吉打将领。见米诺尔斯基,《高加索史研究》,第152页,注②,同见穆.可.,第Ⅲ卷,第453-463页。据讷萨怖,举行这次婚礼是在扎兰丁从八吉打地区返回并已下营于速来蛮的城堡,即哈马丹附近巴哈尔(Bahār)堡的近旁时。有关情况没有像奥达斯译文(第308-309页)中所说的那样可耻,因为这个女人是"城堡主人"——也就必然是速来蛮本人——的姊妹,而不是他的妻子。

③ 沙布儿哈思特(Shābūr-Khwāst)或沙普儿哈思特(Shāpūr-Khwāst)是后来的侯腊马巴德。见米诺尔斯基,《霍杜德》,第383页,同见他在《伊斯兰百科全书》中所撰写的《罗耳斯坦》条。

④ 这是木偰非儿丁·阔克布里(Muzaffar-ad-Din Kök-Böri,"青狼"),额儿比勒的最后一个毕特勤王朝(Begteginids)(1190-1232)。见兰浦尔,《回教王朝》第165页。

⑤ 答忽黑(Daqūq)即答忽哈(Daqūqā),今天的陶克(Tauk)。

⑥ 这首巴依特的前半段是:

说说祖拉(az-Zaura)

或希特(Hit)的故事。

它是阿布勒阿剌·马阿里在他的《撒黑特赞德》中一首合西答的首行。(穆.可.)祖拉是八吉打,希特是幼发拉底河旁一个城市的名字。

⑦ 仅仅是训为"勇敢"和"蛇"的 shujā'的双关语。

⑧ 即脱黑鲁勒二世(1177-1194),伊剌克的最后一个塞勒术克王。

⑨ 即,实现离婚有赖于在现时发生的某件事,如伊本额梯儿在622/1225-1226年条下(第Ⅻ卷,第284页)明白地说:"他合法地娶她,仅因为据记载说斡思别曾立誓称倘若他杀死一个叫做……的奴隶,那就跟她离婚。后来他杀死了他,因此当这个誓约使离婚生效时,扎兰丁就跟她结婚。"(穆.可.)

⑩ khūi 或 khōi。志费尼从不放弃对地名使用双关语。

⑪ “阿邻扎柴(Alinǰa-čai)河在纳黑出汪以东注入阿雷克斯河。在它的河口处有古代的朱尔法(J̌ulfa)城。阿邻扎堡坐落在它右岸、今哈纳格(Hanaga)村附近的一个难以攀登的山头上……”(米诺尔斯基,《外高加索》,第93页。)

⑫ 如穆.可.所指出,这不是一个哈迪特,仅为一谚语。

17. 扎兰丁和谷儿只人以及谷儿只人的覆灭

当命运按照她一贯的作法已使那个阿塔毕的权势土崩瓦解，并把他的国土转交给算端手中，再者，又当麾下和侍从已由四面八方去投奔算端，这时，那些粗野的异端谷儿只人，怀着占领该邦(vilāyat)的野心，想首先把算端撵走，攻占帖必力思的国土，然后进兵八吉打，以景教教长来代替哈里发，变清真寺为教堂，真理为邪说。充满这个妄想和狂傲的蠢念，仗恃他们人强马壮，刀枪犀利，他们集中了他们的兵力；在调发了三万多人后，他们踊跃出师。

真理闪光，刀剑出鞘，
慎防丛林中的狮子，慎防！①

当有关的情报传给算端时，他的兵力仍然微弱，他也还没有从
他事业的困境中恢复过来。然而，不假思索或游移，他率他所有的 427
军队迎击谷儿只人。在晨曦驱散夜色的时刻，他抵达他们在迦儿尼②(Garni)河谷的营地，在那里，他们喝得酩酊大醉，沉湎于声色。

初夜愉快安眠的你啊，
灾难可能在黎明袭击你。

在他们能够动手战斗前，他进攻并取得对他们的大捷。在迦儿尼的那座河谷中，原有一个在一条狭窄峡道内的洞穴，其深若智者的沉思。谷儿只人，尽管他们骑着马，仍奔向这个洞穴，并投入其中；但一切骚乱的罪魁和当时的祸首，即撒勒瓦（Shalva）和亦瓦涅（Ivane），以及其他谷儿只名将被俘虏，给系上缧绁带到算端面前。撒勒瓦身材魁伟，堂堂一表，好像阿代人[③]。当他们来到算端面前时，算端问他，他过去大喊“祖勒非哈儿[④]（Zul-Fiqar）的主人何在？他可尝尝我闪光宝刀的锋利”，这股劲儿现在到哪里去了？“这是算端的洪福，”他说。这时要他信仰伊斯兰，因此他回答说：“为防避邪眼，耕夫有在他们菜园中悬挂驴头的习惯[⑤]，现在撒勒瓦也愿是伊斯兰花园绿茵中的一颗驴头[⑥]。”是的，冒昧地说，他是一个纯粹的粗人[⑦]（kūn-i-khar）。

428 算端这时凯旋返回帖必力思；因为他令人懔然敬畏，在整个那些地区，人心都在打哆嗦，敌人吓得要命；而他的军队和从前相比，现在是真正强大了。他礼遇撒勒瓦和亦瓦勒，同时，认为在征服谷儿只中他们可能有助于他，他就把马朗德（Marand）、撒尔马斯（Salmas）、乌尔米牙（Urmiya）和乌昔奴（Ushnu）赐给他们，作为一种额外的恩赏。

你对这脏人抱什么希望？
因这埃塞俄比亚人洗也洗不白吗？

于是他装备一支大军，派撒勒瓦和亦瓦涅率领它，他们则顺着他的脾气说话，作出各种保证，用假誓言来欺骗他；图谋用奸诈的套索把他扔进毁灭的陷阱，像狐狸那样把那个猛虎般的英杰圈在他们阴谋的罗网中。这时候，独自出行的算端，已经动身去跟一个贵妇人[8]（kharīda），不是一个用钱买（kharīda）的女奴，相会，并前往豁亦。从这里他赴谷儿只，然后他们在谷儿只边境的都云[9]（Duvin）会师。首先，算端派捧面盆者[10]灭里（Malik the Basin-Holder）出使吉思灭里[11]。现在吉思灭里是个统治所有谷儿只人的女人。而有个关于大教主阿不别克儿（愿真主为他而高兴！）的传说：当他听说波斯的君王是个女人时他喊道："把他的事业付托给女人的人是下贱的！"

有天，捧面盆者灭里站在库拉（Kur）河岸上，这时一个从撒勒瓦那里来的喝醉了的哈昔思（qasis）（他们这样来称呼教士），对他无
礼，并说："灭里[12]马上要派出一支军队，因此我们可以把算端和他的 429
军队困在马儿卡布[13]（Markab）山谷，向他报我们的仇恨。"捧面盆者灭里当场杀了那个教士，像展翅的鸟那样飞逃往算端那里。拂晓时，当穆真的声音把信徒们从他们的睡梦中唤醒，他见到算端，向他报告事情真相和奸党的逆谋。算端叫把撒勒瓦、亦瓦涅以及四十名其他的异密带去见他，以此可以查明信息，得到警报。他对他们讲了如下一番话："我们想跟你们商量一下走哪条道为好，卡尔思[14]（Kars）道呢还是穿过马儿卡布山谷的道。"撒勒瓦和异密们回答说："卡尔思这条路处在设防的地带中，穿过它是不可能的，但马儿卡布道是捷径，距第比利斯[15]（Tiflis）较近。当我们到那里时，算端抵达的消息将使敌军溃散，我们将征服和削平第比利斯地区。"

对这些伪君子的狠毒心肠说，真相现已大白，算端站起身来，拔刀在手，他一挥砍在撒勒瓦的腰上，把他砍为两半，以此他的鲜血染红了宝刀。他接着下令把他们都送到地狱去，并跟他自己的异密商量他该走哪条路。他们各抒己见，算端这时说："我自己的

430 意见是，当他们还不知道撒勒瓦和亦涅瓦的下场，而且仍在等候他们的消息时，我们应突然袭击他们。”按他自己的计划，他立即率一万勇士出发，如此进军直到他抵达唯有山鹰才能飞越的班底-亦-潘巴[16](Band-i-Panba)隘道的下面。他下了马，他的军队跟在后面。山羊望着他通过，因为耻于走动和自己感到害怕，它们从岩石上倒撞下去。当黎明之泉喷射时，他碰上了那些私通者。双方进行激战，动手发矢舞刀，到最后，正教战胜了邪教，多神教的党徒大多落入毁灭的罗网，有罪的人被致命的毒蛇所咬；算端的伙伴获胜，魔鬼的朋友遭到失败。“彼等未曾看到在彼等之前吾人已曾毁灭若干代人？彼等不得恢复伪神。”[17]

那天在黑夜来临时，他们就地下营。第二天，当在这个时刻：

黎明紧跟着它的金星，
犹如枪手紧跟他前面的逃跑者，
取代了黑暗——[18]

他们抵达洛里[19](Lori)的平原。起了万丈黄尘，以致双方不能彼此辨识。当它平息下去，太阳升起时，他们远远看到谷儿只人，好似掉进陷阱的倦兽，五十成群。每个士兵一经看见一个谷儿只人，就把他杀死，更多的人就这样被杀，前去参加他们的同伴。扎兰丁
431 饶了洛里本城。从那里他进兵阿里亚巴德[20]('Aliabad)堡。守军乞降，因此他没有伤害他们。

他和军队一起度过了整个穆哈兰和沙法儿月[21]，但当剌必阿Ⅰ月的新月[22]运行时，他乐意去狩猎，仅和几名骑士单独出发。谷儿只人听见这个消息，他们派出五百骑，都是久经沙场的战士，指

望他们可以突然用圈套擒获算端,以此扑灭伊斯兰之火。

这世界的骑士,沙木(Sam)之子达斯坦(Dastan)之子,
不轻易地把他的头伸进网罟。[23]

从老远发现他们,算端明白这是一股强大的洪流,但希望从幸福的风源吹来一股伟大光荣的真主的慈恩和风,把灾害的尘土刮进那些歹徒的眼中。他跟他们交锋。进行一人击退五百人的攻击;每次他都杀死好些敌人。算端的军队现在听说他遇难,一支人马就去援救他;而在同一时候,越来越多的人参加了那些歹人,直到他们为数超过一万人。斡儿寒避难于第比利斯境内,保有以它为基地的军队,迄至算端和他麾下的一支人马大喊塔克必儿,向那些歹徒进攻,经过用刀枪左右砍杀后,很多敌人横尸沙场。

你曾看见海水洒向群山吗?
就这样他挥舞他的刀。
你会认为太阳是一片云,
倘若他可怕地打击它。

谷儿只人尝到他槌重,他们夺路逃跑;发现往该城的道路遍布 432
壮士,他们转向河流[24],在惊恐中,胆小鬼们连人带马和武器,以及一切东西,通统掉进水中溺毙,命归阴曹。

因他们畏他,在那些对他忌妒者的心上,
胸口是一座坟墓。
因他们怕他,在他敌人的身子上,
皮肤是一张尸布。

同时该堡的守军看见所发生的事时，他们动手战斗；但军队迈步前进，用一排射中星星和穿透心肺的箭矢袭扰和杀伤他们，接着他们把吉思灭里的财宝扔进河里，并在第二天乞降。算端答应了他们的请求，在他们赴阿布哈思（Abkhaz）邦㉕的途中经过他的各个驻地时亲自站在一旁。而第比利斯境内任何塞满异教党徒的村落和城镇，他把它们通统拔除；落到他部属手中的虏获不可胜计。他还堕毁了第比利斯的教堂，自古代以来在它的建筑上花费了若干珍贵的财宝；然后他在它们的基址上兴建伊斯兰的寺院。㉖

433 突然，使者带来消息说八剌黑已摆脱了臣服的羁绊，并抱着征服伊剌克的目的从起儿漫出师。为迎击八剌黑，算端催动有似布剌黑㉗（Buraq）的骏马，像闪电（barq）一样跃进。尽可能随身携带着他所有的军队，他像风那样掠过地面，渴望像火焰那样飞舞。在他行军的驿站中和他经过的道路上，士兵给远远落在后面；在十七天中他从第比利斯驰至起儿漫境内，随行不超过三百骑。八剌黑哈只不听说他到来，就向他进献很多贡礼，并表示悔意。㉘

算端这时到亦思法杭去了几天，以休养他的马匹㉙，伊剌克的
434 大人物前去迎接他。怯马鲁丁·亦思马因（Kamal-ad-Din Isma'il）有这首长合西答〔以咏此景〕：

因世界君主的军队吉祥地通行，
地面的茵毯再变得青葱，
那些残余的人和兽相互庆贺生存。
从算端国土的花园中，这株幼苗已昂起它的头，
它的树叶就是正义，它的果实就是慈恩。
为了他们可以朝拜他的宫廷，

老天又开创新一代人。
扎剌勒-亦-都牙-兀-丁[30]蒙-布儿尼[31]
(jalal-i-Dunya-u-Din Meng-Burni),
这位被真主正当地立为世界算端的君王。
你的能力和才智达到多么优秀的程度!
你的难以形容的品质多么高贵!
世界征服者啊,因为天下四海是你的国土,
真主才遣降你。去!占领它们!
正义是你的王权的证明:
把对你的仁性的证明传播到你所愿之地。
你将体验诺亚的生活,因为通过你,
繁荣随洪水之后来到这尘世。

你为伊斯兰的祭坛向十字架报仇:
你从阿赞的地方把丧钟挪走。
你从正义的面上揭开暴虐的帷幕,
你从正教的颊上卷起异端的面纱。
因你的手臂,
那曾被异端武士伤害的伊斯兰之臂
变得强壮。
你的意愿有如布剌黑,在印度举起它的蹄,
再在阿兰把它落下。
除了你这位当代的国王外,
有谁把第比利斯的燕麦和瓮蛮的水 435
拿来喂他的马?

因为在斫杀中你的刀叶飞舞，敌人被击败。
何需马[32]和象[33]？遣去一兵[34]足矣。

这时他得到消息说谷儿只人已重整他们的兵力，算端留在第比利斯作为他的总督的丞相由勒都思赤[35]（Yulduzchi）已逃往帖必力思；灭里阿失剌甫[36]（Malik Ashraf）已把哈只不阿里[37]（Hajib Ali）从大马士革派往阿黑剌忒[38]（Akhlat），每隔几天他就攻打它；马利卡已从豁亦到阿黑剌忒，被哈只不阿里收纳；同时谷儿只人已重入第比利斯，正在平毁清真寺，虐待穆斯林。算端被这个消息搞得神魂不安，马上进兵阿哲儿拜占。

每天在一座城镇前展开旌旗的人，
他过的是什么样的日子，又倘若风从老远把鼓声传来，
他的心里吃惊？
无需军旅和刺激的你啊，
晌觉和软床使你舒适！
有一片可以靠它为生的面包，
不蒙受他人之恩者，这人确实是主子！

436 当算端抵达阿黑剌忒境内，他的军队逢人便杀，见物就抢。来到城池本身的门前，他们投入城内，开始烧杀虏掠。男女都发出呼叫和啼喊，同时算端派他的私人侍从去把他们带到城外。老百姓掀起一阵骚嚷，一些士兵被杀，其余的被赶出城。局势现在失去控制，而尽管他们作出努力，算端的人被禁止重新入城。

同时候传来泰马思[39]（Taimas）和台纳勒[40]抵达伊剌克的消息，于是，因不能停留，他取道帖必力思赴伊剌克，并从那里到亦思法杭。而无论何地，凡有散兵游勇，他们都去投奔算端。蒙古军这时已至剌夷，因此算端准备战斗，召集所有的显贵和侯王——

> 他从军中去召贵人——[41]

对他们说出如下的话："这是我们遇到的一件大事，落到我们身上的一场巨祸。倘若我们甘愿软弱和退让，生存将是不可能的。不管怎样，最好是抵抗和坚持。若主恩护佑我们，那么我们和你们都将获救。而如情况是另一个样子，我们将不被剥夺殉教的资格和〔永生的〕天福。全能的真主曾说：'信徒们！当汝等遭遇一支军旅时，屹立不动，不断念真主之名，那么你们会得到成功'。"[42]

他们都同心同德地支持算端，于是他整治他的军队，布置中军 437
和两翼。他把右翼交给他的无信义的兄弟和暴虐的伙伴该牙思丁，同时他加强左翼……，[43]而他自己坐守中军和排列阵式。他正要命令左右翼跟他本人一齐攻击敌军的中路和相对的两翼，这时他的兄弟该牙思丁连同额勒赤帕鲁汪、他的部属和另外一些人旋辔逃走。

> 〔在企图恢复吾人的友谊中〕
> 凭我对赛德(Saʿid)的认识，
> 当我体验到他在放纵中的品德后
> 我就好比那种嗅到粪便还有所怀疑，
> 再品尝一下才确信的人。[44]

算端扎兰丁因此吃了一惊，充满了对军队的厌恶。他仍然没有逃走，而是攻击敌人的中路，于是蒙古人的右翼击退他的左翼，他的右翼击退了蒙古人的左翼，两军混战一扬。蒙古人穿到算端中军的后面，他的帅旗从它的位置上被移走，同时敌军的右翼继续追击他的左翼，以此没有人知道彼此之所在。这时候算端留在中路，除了他的备乘马的随从外，那里无人跟他一起。他四面被围，像是圆圈的中心。他时而把一骑杀下马来，时而斩断另一骑的手足，直至他杀出重围，逃往罗耳斯坦，在那里他藏身于一个山谷中，三三两两的溃卒不时去投奔他。在亦思法杭和在军队里的人都不知道他的下落，有人认为他战死在沙场，有人认为他当了俘虏。[45]

至于蒙古人，他们直抵亦思法杭城门，然后毫不停留，火速驰往剌夷，三天内就抵达那里[46]。从那里他们进向你沙不儿，于是回

438 师。

算端现在赴亦思法杭，遣佳音的使者先行，他本人跟在他们后面。该城的男男女女出城去欢迎他，视他的光临为苦尽甘来。

当伊朗人看见他的面容时，
他们都去迎接他。

算端对他的多数大将感到生气，他命令把那些在他朝中任廷臣和受封号，但在打仗那天一矢不发的诸汗和将领带去见他。给他们头上蒙上妇女的面纱[47]（miqna'a)，并把他们拉去游街。至于那些尚无异密身份，但在审判日的那天站在战斗的前列，屹立不动和忠实地坚守他们阵地的人，他授予其中一些以汗的称号，另一些以篾力克[48]的称号，并赠给荣袍和其他礼品：他示他们以殊恩，使他们的市场繁荣。

注　释

① 这行诗已被引用，第ⅰ册，第52页。

② 原文作KRBY，读作GRNY。迦儿尼(Garni)的城镇坐落在流入赞格(Zanga)以东阿腊克斯河的同名河上，今亚美尼亚首府埃里温(Erevan)建立在它之上。

③ 关于在古代阿拉伯地方的阿代人，见尼科尔松，《阿拉伯文学史》，第1-2页。

④ 祖勒非哈儿(Zul-Fiqār、Dhul-Fiqār)是哈里发阿里的宝刀。

⑤ 在萨迪《布斯坦》(孚卢基编，第158页)的一个轶事中提到这种迷信。

⑥ sar-i-khar，即一个不速之客。见布朗，《波斯一年》，第300页。

⑦ 直译是“驴屁股”。

⑧ 即斡思别的离婚的妻子马利卡。

⑨ 即Dvin(亚美尼亚语的Duin，读作Dəvin)，亚美尼亚的许多都城之一。它位于迦儿尼河左岸叫做那个名字的城镇下面。见米诺尔斯基，《高加索史研究》，第86页，125页和注④，又，关于此城的历史，见第116-124页。

⑩ 他显然据有扎兰丁的祖先讷失的斤的同样职位：见前，第ⅰ册，第278页和注⑧。

⑪ 即鲁速丹(1223-1247)。

⑫ 吉思灭里？

⑬ MARKAB。见后，注⑮。

⑭ 拼作Ghārs。

⑮ 在这次会议期间，扎兰丁必定在他后来越过的潘巴克(Pambak)山之南(见后，注⑯)，可能在潘巴克地区。到第比利斯的捷径是走波尔察拉(Borchala)(德白达(Debeda))河谷。这必定相当于马儿卡布道(Mārkāb road)。事实上在一个侧谷中有个可能跟马儿卡布道有关的叫做马尔兹(Marts)的地方。卡尔思道必定指从第比利斯经洛里和古姆里(Gumri)(后来的亚历山大普尔(Alexandropol)，今之列宁纳坎(Leninakan))至卡尔思的道路。沿潘巴克山南坡有条小道可达这条路，在它和第比利斯-卡尔思道的

交叉点，它受到谷儿只的帖特里思-察赫（T'et'ris-tsikhe）堡的控制。明显地为了避免走这条向西的、危险的迂回道路，扎兰丁决定北越群山，因此经过别佐卜达尔（Bezobdal）山口下至洛里草原。（弗. 米.）

⑯ E本如此。原文作 BND PNBH。这指的是从列宁纳坎伸延到谢万湖（Lake Sevan）地区的潘巴克山。

⑰ 《古兰经》，第 xxxvi 章，第 30－31 节。

⑱ 引自赛阿利比收在《塔特马都尔-雅特马黑》开始部分、异密阿布勒穆塔（Abul-Muta'）所撰的六首诗。（穆. 可.）见埃格巴尔编本，第 1 卷，第 6 页。

⑲ 洛里（亚美尼亚语（Lōṙē））是一个叫做塔希尔（Tashir）县的首镇。它的遗址在北苏维埃亚美尼亚的疗养地斯帖潘纳万（Stepanavan）附近。它曾在一个短时期内（约 980－1089）是一个亚美尼亚王朝的所在地。见米诺尔斯基，前引书，第 41 页和 102 页，格鲁赛，《亚美尼亚史》，第 507－508 页，520－521 页，564－566 页。

⑳ 奥达斯编讷萨怖第 178 页〔奥达斯译文第 295 页〕把阿里亚巴德（'Aliābād）说成是属于一个其残名似为塔木塔（T 'amt'a）的公主。它可能位于库拉河南，德白达以东不远的地方。（弗. 米.）

㉑ 1226 年 1 月和 2 月。

㉒ 3 月初。

㉓ 发勒斯编《沙赫纳美》第 1662 页，第 2940 行。

㉔ Jaiḥūn：这里指库拉河。见前，第 i 册，第 326 页，注㉖。

㉕ 也就是到达谷儿只本土，因第比利斯仍被认为是刚从穆斯林那里获得的。阿布哈思不是指阿布哈兹亚（Abkhazia）而是指谷儿只的阿布哈思朝的领土。（弗. 米.）

㉖ 参照既反对扎兰丁又反对谷儿只人的目击者、刚德赛克的乞剌可思对这些事件的描述，是饶有兴味的："上述来自东北叫做鞑靼的民族，紧逼呼罗珊的算端扎兰丁，打败他的军队，征服他的国土；同时他们像追一个亡命者那样把他赶到阿勒班尼人的土地上。他到了刚察（Ganja）城，攻占了它；接着他从波斯人、阿拉伯人和突厥人中把无数的士兵征集到他身边。这时他来到亚美尼亚的城镇，发现这个情况，亦瓦涅（Iwanē）通知了谷儿只人的国王，并

集中很多军队去抵挡算端。他们因狂傲而大大吹嘘，订立条约称，倘若他们取得对他的胜利，他们要使所有在他们掌握中的亚美尼亚人信仰谷儿只人的宗教，而那些反抗他们的人，他们要用刀来剿除。

算端这时进抵科太克(Kotayk')省〔今埃里温一带〕，亦瓦涅也率谷儿只军到来，在上面跟他对阵。但算端领着他的士兵，迎向他们。发现这点，谷儿只将领中的一个首脑(ishkhan)，名叫撒勒瓦(Shalwē)，和他的兄弟亦瓦涅——勇敢和著名的人物，常胜将军，就对其他的军队说：'暂时待着和等候，我们将去跟他们交战。倘若我们使他们一些人回去，胜利就是属于我们的：你们这时也前来并保全你们的性命。'当他们交战时，他们开始攻击算端的军队，但希腊军队〔即信仰希腊正教的谷儿只人〕不管这个，而是从战场上逃走，以致在路上彼此失顾：在没有追兵的情况下他们继续前逃，直到他们都涌到一个悬岩上，填塞了小城迦儿尼上面的一个山谷。而当算端的军队看到这点，他们随他们之后进入，杀死很多人，把另一些从悬岩上抛下去。接着当算端来到谷口时，他看见一副悲惨的景象，无数的男人和青壮堆积如山。他摇头说：'这个功绩不是人类的，而只是真主的，主系全能。'于是他转而掠夺死者。在蹂躏了很多市镇后，他来到第比利斯，同时他得到城内波斯人的帮助；他攻占了它，杀了很多人，也有很多人，他强迫放弃基督教并归信……阿拉伯人的教义。因此，很多贪生怕死者弃正归邪；另一些宁为玉碎不为瓦全的人，因死得光荣，离开这凡尘并继承了殉教之名。然后他下命，无需询问谁信教谁不信教，强行给所有的人行割礼。因此〔有人〕强把男人的双手按在一边，而另一个人用刀割掉阳具的包皮。他们又猥亵地奸淫妇女。在所有地方，他们发现十字架或教堂，就把它破坏和毁掉；他们不仅在第比利斯这样干，在刚察和纳黑出汪也一样。"(威尼斯编本，第 117 - 118 页。)

㉗ 见前，第 417 页，注㉑。

㉘ 讷萨怖没有记载这些举动，据他说(奥达斯译，第 207 页)，扎兰丁因获悉八剌黑采取有力的防守措施才返回去的。

㉙ 据穆. 可. 在第 Ⅱ 卷 354 页正误表中所提议，应据 C 本读作 istijmām。原文作 istiḥmām，即"入浴"！

㉚ "世界和正教的光荣"，对他的名字的一个苦心推敲。

㉛ 关于扎兰丁的称号蒙布儿尼，其拼法见穆. 可.，第 Ⅱ 卷，第 284 -

292 页。它好像来源于突厥语 meng“痣”和 burun 或 burïn“鼻”，因此意思是“鼻上有痣的人”。

㉜ 即骑士。

㉝ 即主教。

㉞ 或卒子。

㉟ 原文作 YLDRǏY，读作 YLDZČY 拉施特（伯劳舍，第 28 页）作 YWLDWZČY。这个丞相的全名是舍里甫木勒克・阿里・本・阿布勒-合辛・毡底（Sharaf-al-Mulk ʿAli b. Abul-Qasim al Jandi）（即毡的人，尽管奥达斯在他的译文中，第 159 页和 382 页，作 el-Djondi，即 al-Jundi，“军人”）；他也有火者扎罕（Khoja-Jahan）和法合鲁丁（Fakhr-ad-Din）的称号。至于由勒都思赤（“占星家”），它在奥达斯的编本中讹为 BLDWǏN——译文中的 Beledoudjen——而且被说成是一个“在他还是不知名的人物时人们给他的贱称”。（奥达斯译讷萨怖，第 376 页。并参看同书，第 382 页。）

㊱ 关于阿由比朝的灭里阿失剌甫，后来的大马士革的君主（1229－1237），见米诺尔斯基，前引书，第 149－156 页。

㊲ 这是毛夕里的哈只不忽撒马丁・阿里・本・哈马德（hājib Husam-ad-Din ʿAli b. Hammad），“一个精力非常旺盛的人，阿由比朝的事业在亚美尼亚的极大成功，归功于他。”见米诺尔斯基，前引书，第 150－154 页。

㊳ 阿黑剌忒（Akhlāt）（今拼作 Ahlât）在东土耳其的凡湖西北岸。这个名字的原亚美尼亚形是 Khlatʿ（即 Khəlatʿ）：它是布日努尼克（Bznunikʿ）县的首镇。

㊴ 原文作 NAYMAS，读作 TAYMAS（据 E 本，第Ⅱ卷，第 186 页）。泰马思的意思是“不退缩者”。奥达斯（编本，第 135 和 230 页）采用了 YATMAS 的形式，即 Yatmas“不躺倒者”，这也是可能的。

㊵ 见前，第 i 册，第 90 页，注⑭。

㊶ 发勒斯编《沙赫纳美》，第 26 页，第 66 行。

㊷ 《古兰经》，第 viii 章，第 47 节。

㊸ A 本和 B 本这里有一空白，意义脱漏。

㊹ 阿不阿合马・本・阿不别克儿・本・哈迷德（Abu-Ahmad b. Abu-Bakr b. Hamid），撒曼朝的一个书记。见《雅特马答儿》，第Ⅳ卷，第 5 页。

(穆.可.)

㊺ 据讷萨怖(奥达斯译,第 231 页)亦思法杭之战在 1228 年 8 月 26 日。

㊻ E 本和 C 本在这里加上:“部分军队围攻柯伤(Kashan),三天内他们攻占了它,大肆杀戮和抢劫;然后从那里进兵剌夷。”

㊼ 因为他们的胆怯?

㊽ 作为称号说汗比篾力克高,后者依次又高于异密。见奥达斯译讷萨怖,第 166 页。

18. 算端返回谷儿只

625/1227－1228年，算端从那里进兵谷儿只。现在，鲁木、西利亚、亚美尼亚和整个该地区的算端们，因为害怕他的凶狠和仇报，他的强攻和猛袭，为了抗击他，已经结成一个联盟[①]并团结起来[②]；集中了一支包括谷儿只人、阿兰人、亚美尼亚人、撒里尔人[③](Sarir)，拉克思人[④](Lakz)、钦察人、斯凡人[⑤](Svan)、阿布哈思
439 人[⑥](Abkhaz)、察涅特人[⑦](Chanet)、西利亚人和鲁木人的军队；
除他们外还有在人生之火中受过陶冶，在战斗之日精选的人马。

算端抵达离他们安营扎寨不远的明多尔[⑧](Mindor)。他因自己器用不足，武士和枪手缺乏，又因敌军强大，他的时运又不济，感到不安；因此他跟丞相由勒都思赤和其他大臣商议。

由勒都思赤认为，既然他们的人数不及敌军的百分之一，他们的上策当是穿过明多尔，不让敌人接近森林和水源，以此他们在炎热中会疲敝不堪，他们的马匹会瘦瘠。同时算端自己在四方的兵马将会到来；他们这时将处在有利的地位，能够察明他们的方向，然后他们能够动手和一心一意去打仗。

算端愤怒之极，抓起他面前的一个笔盒，朝那个丞相头上扔去。“他们是一群羊”，他说。“难道狮子还埋怨羊群多吗？”

由勒都思赤对他这番徒劳无益的话感到后悔，而且交纳五万

的那作为罚金。

“情况，”算端说，“是严重和困难的，但唯一的出路是战斗和信赖真主。要知道谁将获胜是不可能的。”

打开了帑藏，圈起了马群，于是异密和显贵们，连同那些中等阶层及普通士兵，都尽量领取，作他们的准备。

敌师带着他们的战鼓和号角，他们的公驼母驼到来，列成一行 440
又一行的阵式以待战，他们以为算端的军队跟他们自己相较，仅仅是大海之一流，乃至仅是他们田地中之一丸。全能的真主曾说：“汝等中屹立的二十人将击败两百人：而倘若汝等有一百人，彼等将击败一千异端，因为他们是无知的人。”⑨

当谷儿只军逼近时，算端的军队也全副披挂，同时算端登上一个山头，以观察敌人。他在右方看见钦察的旌旗和徽号及二万精兵。派人把火失哈儿(Qoshqar)找来，他给他一片面包和一撮盐，差他到钦察人那里去，提醒他们对他的义务。在他父亲统治时期，钦察人曾受到约束，丢尽面子，而他用计把他们救出，替他们在他父亲面前求情。他们现在拔刀向他，这说得上是在尽他们的道义吗？

因这个缘故，钦察军后撤，并在空出他们在战场中的位子后，离开其余的军队，一旁观战。

谷儿只军已摆开他们的阵式，算端就派一名使者带着这封使信去见他们的统帅亦万涅⑩(Ivane)：“你们今日远道而来。人疲马乏。让我们今日原地停留，双方一次各派一名勇士进入角斗场，彼此较量，砍刺和躲闪，我们则观看，把明日之事放在一边。”这番话很中亦万涅之意，因此从他们的壮士和好汉中，一个躯干赛大山的头目进入场地，而这一边是有如蒙卡尔⑪(Munkar)的算端，

441 像雄狮从军中杀出，
英勇地迎向胡只儿——[12]

这时双方观看着。当他催动他的骑乘，他大喊塔克必儿，并且

一枪刺在他的腰上，
以此哈弗坦(khaftan)和钉扣(bārband)都裂开。[13]

那个该死的家伙翻身落马，呜呼哀哉。他有三个儿子，一个接一个向前，而每次算端都靠全能真主的勇力，仅进行一次攻击，就打发其子随他父亲到阴间去。

当你的恐怖之鹰搏击时，
命运之隼变成一只鸽子，
啊，你的枪，在战场上，
封闭了星星之眼。

另一个体如必速通峰、其矛粗若柱头的阿兹诺儿[14] (aznaur)骑在一匹大象那样魁伟的马上，飞驰而出——

进攻和退守，同时有进有退，
有如被洪水冲下山坡的一方巨石。[15]

现在算端的骑乘因疲乏不堪，不能前进，眼看就要掉进败逃的枷锁。那个阿兹诺儿每时每刻都发动一次新的攻击，每次算端都靠动作敏捷把他挡开。他不断像这样进攻，向算端作无效的打击。
442 形势越来越严重，那个该死的魔鬼即将打败这位仁慈的算端，帝王即将落入黑鬼之手。阿兹诺儿在一次袭击中再冲上来，算端从他飞驰的马上跳下来并且

向阿失迦布思(Ashkabus)的头掷出一支矛：
这时天神亲吻他的手⑯。

于是地祇的喝彩声高飞到天境，而“赞美真主把胜利赐与他的仆人”的呐喊声传入人和神的耳中，双方对这个武艺惊叹不已，类似者超出了扎勒之子鲁思坦的能力，并且

每人都说：“这就是鲁思坦，要不就是初升的太阳。”⑰

当这些个个都是军中的大武士和猛将，顷刻间变成单人匹马的牺牲品，豺狼和鬣狗的口中食，那些坏人就失望和惊恐万状，伊斯兰军则不复有所畏惧。

算端从他站立之地把他的鞭梢一指，战士们就出击，谷儿只军溃逃。胜利的初兆明显起来，美丽的凯旋之光露面；霎那间，平原因尸体堆积变成峥嵘的山，地面被鲜血染得深红。

那些坏人的事情现在已无救，那些骗子的阴谋再不能靠诈骗来实现。他们发现，除了在还来得及逃生外，别无出路：抓紧夜神的衣裙，藏身于黑幕之后。“而真主不是不公道的。”⑱原野和山头的每个角落因他们的哭喊而战栗，大地因他们狂乱牲口的嘶叫而震动。

虏获了那么多的战利品(ghanā'im)，以致羊群(aghnām)不屑 443
一顾，财货(ni'mat)如此之寻常，牛群(an'ām)不足为道。

穆圣的正教又(bi-navī)变得强大，算端的威名传遍四海，这些捷报被送到各地，国王和贵人对他又肃然起敬。这时候，算端从那里赴阿黑剌忒。

注　释

① 直译是“彼此缔约(bai'at)”。

② yak-tīgh shoda。

③ 关于撒里尔人(Sarīr),即达格斯坦(Daghestan)的阿瓦尔人(Avars),见米诺尔斯基《霍杜德》,第447页。

④ Lakziyān。关于拉克思人——其名仍保留在今达格斯坦的列兹基人(Lezghians)之名中——,见米诺尔斯基,前引书,第411页和455页。

⑤ Suvaniyān。这个民族在今格鲁吉亚仍存在于上印古耳河(Upper Ingur)沿岸。同见阿伦,《格鲁吉亚人民史》,第27-28页。

⑥ 在格鲁吉亚最西北部黑海沿岸的阿布哈思人,今为阿布哈兹亚苏维埃社会主义自治共和国(Autonomous Soviet Socialist Republic of Abkhazia)的公民。

⑦ 原文作ḤANYT,读作ČANYT,D本和E本作J̌ANYT。察涅特是谷儿只的Ch'anet'i,严格说它的意思是“察恩(Ch'an)的土地”,察恩是拉思(Laz)的谷儿只名,他们仍居住在特拉比松(Trebizond)和巴统(Batum)之间黑海的东南岸 。同见阿伦,前引书,第54-56页。

⑧ 即洛里附近的明多里(Mindori)(谷儿只的“田地”、“平原”)。据谷儿只编年,这仗是在博耳尼西(Bolnisi)打的。(弗.米.)

⑨ 《古兰经》,第viii章,第66节。

⑩ 即著名的谷儿只大将亦万涅·穆哈格尔德茨立(Ivane Mkhargrdzeli),关于他,见米诺尔斯基《高加索史研究》,第102-103页。

⑪ 蒙卡尔是在其墓穴中审问死者的两天使之一(另一个叫做纳克尔(Nakīr))。

⑫ 发勒斯编《沙赫纳美》,第448页,第252行,然而在该处,此行的后半截完全不同,头半截以bād“风”代shīr“狮”。麦康的原文,在另一方面,全合于志费尼的引文。胡只儿是第兹-亦-沙皮德(Dizh-i-Sapīd)即白堡的守将,白堡遭到苏合剌卜率一支都兰军的攻击。

⑬ 同前,第263页,第341行,其中ū作ūi,khaftān和难解的bārband作bunyād“基础”和paivand“关节”。(khaftan是一种盔甲。——中译者注)

⑭ 谷儿只的 aznauri。关于谷儿只的这个官阶，见阿伦，前引书，第 225－227 页。

⑮ 引自英鲁阿-哈亦思(Imru'-al-Qais)的一首著名的木阿剌合(Mu'-al-laqa)。(穆.可.)关于著名的前伊斯兰诗人英鲁阿哈亦思，见尼科尔松，《阿拉伯文学史》，第 103－107 页。(mu'allaqa 据说是在集市上比赛获胜的诗歌，悬挂在默伽的古庙中，可译作悬诗。——中译者注)

⑯ 发勒斯编《沙赫纳美》，第 950 页，第 1410 行，在那里，这行的前半段是

当他向阿失迦布思的胸口射出一支箭时。

阿失迦布思(Ashkabūs)是在战场上被鲁思坦所杀的都兰武士。

⑰ 同前，第 436 页，第 57 行。

⑱ 比较《古兰经》，第 xli 章，第 46 节："……汝主将不偏私地对待他的奴仆。"

19. 算端进攻阿黑剌忒及该城的陷落

当算端为进兵伊剌克头次从阿黑剌忒返回时，该城的统治者已修复了城池，巩固了壁垒。在他第二次到达后，他派使者去宣布他的到来，要他们晋见。该城的守令系异姓人，拒绝应召，开始叩抵抗之门。他们关闭城门，不知道他们正在践踏自己的命运，拿荆刺来制造毡床。他放弃了要他们接受他的忠告的打算，命令他的军队四面包围该城，构筑屋舍[1]，准备射石机和其他诸如方镞箭、火油〔筒〕等战具。在城内，他们也准备打仗。双方均架起射石机，矢石如雹子般倾落。算端的怒火焚烧的武士日夜攻打城门，市民也在他们那方面不断设谋击退他们，直到若干月、日这样过去，饥馑在城内出现。他们暗中遣使给八吉打、鲁木和大马士革，要求它们的诸侯在算端面前斡旋。于是大教主穆斯坦昔儿比拉[2]（al-
444 Mustansir billah）以及鲁木和大马士革的算端们屡次遣使去替阿黑剌忒的百姓求情。但因该城的居民不愿归顺算端，这些阿黑剌忒蠢人的头脑被思想之腐朽（akhlāt）弄疯了，他们就破口大骂，鼓舌倾泻下流话，罪魔突然进入他们的血脉和思想中。他们因此充耳不接受忠告，坚持继续抵抗。将近十个月[3]这样过去，最后该城的百姓濒于饿死。算端这时命他的人马从四面进攻，并强行入城。

他和他的异密们对市民的辱骂非常生气和恼怒；因此他命士兵从晨到午杀戮他们，然后，他的怒火平息，他怜悯那些可怜的家伙，下令饶了他们的命。

他下榻于灭里阿失剌甫的宫廷，而后者的兄弟穆只剌丁（Mujir-ad-Din）和他的奴隶[4]也速丁爱毕（'Izz-ad-Din Ai-Beg）进入内堡（ḥisār-i-andarūnī）；缺水乏粮。穆只剌丁此时出堡迎候算端，后者对他礼遇有加。他递交也速丁爱毕的使信，要求免他一死，并建议缔和。算端转向穆只剌丁，说："当你能要求算端的称号时，你的自尊心怎能让你赍送一个阉奴的使信呢？他不能负责。他爱怎样干就让他怎样干。他明白。"

发觉算端不愿理睬他的话，他们感到这不是强求的时候。爱 445
毕让他的人在衣袍内穿上铠甲，亲自出堡，企图在他进见算端时制造骚乱，突出不意地袭击他。卫士们[5]的眼光（mufradān-i-abvāb）落在他们的衣袍上，他们看出其中有鬼。他们禁止他们入内，单独带爱毕进去见算端。后者不重视他，下令把他的从人拘囚。

最后，当天空的扎木失的前往大马士革（Shām）的旅行时，众君侯的太阳就去享用为晚餐（shām）准备的甜品，并进入宫殿（īvān），他在那里和伊万涅之女[6]、灭里阿失剌甫之妻共度良宵，以此消除他对马利卡淫奔的愤怒。

有识者将从这些事件中得到充分的鉴诫。当算端自己取了马利卡时，另一人[7]〔也〕得到了她；而灭里阿失剌甫之妻落入算端之手时，同一年还没有结束。

己所不欲勿施于人。

无数的金银财宝从灭里阿失剌甫的府库中被掠走,成倍的钱财又从该城的财主那里获得。算端的库藏因金钱珠宝的流入而满溢;士兵们因虏获物和战利品而振奋。

书记讷剌丁[8]撰写了一篇法忒纳美,其抄本如下。

法忒纳美的抄本

赞美并感谢造物主(主名荣哉伟哉!),主已使凯歌捷报跟随吾
446 人造福之智谋和吾人强国之旌旗,并已援助和增强吾人之伟大事业和吾人之吉祥规划。仅一举动便使一整个地方为吾朝(真主赐给它不朽!)奴仆所掌握和控制,而再动一步便使整个一支军队就范于吾人权力之中并使之服从吾人的命令。但"这是我主之洪恩,以试验我感恩与否。"[9]

故此,吾人的饰有捷报并象征胜利的旌旗(愿真主以主之援助恩护它们!)终于在亚美尼亚整个国土上飘扬,并且八个月来[10]在阿黑剌忒的城池和郊野四周形成一个圆圈。再三再四吾人向吾朝之敌人诵以祸福之诗章,五次三番吾人提出忠告和诫谕之词以阐明吾人之观点,论证吾人之立场,为的是他们可以用清醒的目光认明获救之途,避开吾人暴怒旋风和愤恨雷霆之途,哪怕一座大山都不能予以阻挡;又可以从吾人征服之师的怒浪冲击中逃往纳款臣服的朱底峰[11](Mount Judi);同时前来乞降,打开他们的城门。然而,在这长时期中,丝毫听不见对"主啊,指引我的百姓,因彼等无知"这祷告的回答,而吾人的敌人在他们的罪过和谬误中变得日益顽固——

真主可以实现已完成之事。

大量来自底雅儿别克儿(Diyar Bekr)和幼发拉底河岸、来自埃及和西利亚的军士,以及也来自东方诸国和来自突厥蛮、突厥部落的一些士兵,已云集在该城中,各色人从四方汇合,仗恃他们常用武装的强大、城池的坚固,以及他们弓弩(charkh u nāvak)、射石机、火油、守 447
城器械[12]的充分储备。同时它的城楼(burūj)确实和八重天(falak-al-burūj)相匹敌,而在它下面的壕堑沿[13]牛鱼[14]之背伸延。在缮治其基础如天律之不可动摇的防御工事中,天时地利皆全。

骄狂已深入这些反叛者的内心,以致无容纳忠告之余地,而且堕落的妄想已控制了敌人的头脑,以致他们不能持正确的看法。最后在主马答Ⅰ月末[15],吾人凯旋的队伍(真主帮助和增援他们!)奉命开战,有令叫每人应在他所立之处打开一个缺口,每人应寻求进入他前面的地方。吾人如雄狮般的麾下和英勇的部属,他们早已闲得发腻,并曾以各种方式请战,这时苦战了三天三夜,力图从四方攻入该城。主马答Ⅰ月28日礼拜日[16],在黎明时,当城楼和雉堞为一支旌旗的先锋所点缀,有如群星之密布天空,而且当呼啸和呐喊起自该城的四周,吾朝之敌人便躲进城中心的一座堡垒,吾人凯旋之师(愿他们永不停止获胜!)忙于虏掠。同时尽管阿黑剌忒的百姓,因他们固持错误,本无赦免之理,吾人仍以宽宏大量为怀,饶了他们的命,而且吾人命吾人的士兵停止抢劫。吾人无边仁德之云将其恩惠施降给那些无辜者的命运;因此一切人开始他们
从前的工作,一再为吾人凯旋之王室(愿真主巩固其根基!)祈祷。 448

吾人之某些敌人,察觉逃亡之路被封,而吾人无所不包的慈恩之门洞开,就告饶乞免,说:"主啊,我等所作是不义的。"[17]怜悯他们正是吾人始终恕罪和赐福的策略所决定;因此吾人饶恕了他们

的罪行，希望之门因这个无边宽大的行动而对所有罪人重新打开。今天，灭里阿失剌甫的兄弟们，即穆只剌丁和塔吉丁（Taqi-ad-Din），以及阿儿赞[18]（Arzan）的君王也速丁爱毕和异密阿合珊[19]（Aqsam），他们当中的每个人，尚有阿不答剌[20]（'Abdallah）之子阿撒德（Asad）和阿由比朝的所有官员，无论愿意不愿意，都给串在臣服的弦上；又因吾人已赦免他们的性命和他们受到宽大，他们举手为吾人力量和统治的增强，为吾人繁荣幸福的长久而祝祷。

因这次吉祥的战斗，这壮丽的江山已归并入吾人继承和征服的国土（愿真主扩大其疆域！），犹如西利亚和鲁木的王国迟早也将落入吾朝奴仆之手（愿真主使它永存，并赐他们胜利！）

在这些喜事已实现并且吾人的愿望已满足后，吾人把异密某某（愿真主支持他！）派给哈马丹（愿真主使它繁荣，促进其市民的事业！）的异密、首领、赛德尔、名流、哈的、将官、沙亦黑、智士、显贵、受尊敬者，简言之派给哈马丹的所有居民，让所有人为造物主

449（主系光荣而且崇高！）显示给吾人的这些佳兆而欢欣鼓舞，愿他们因吾人凯旋王室（愿它的机体继续强健，它的基础牢固！）的成功而振奋和激励，其益处对所有民族是共同的，又愿他们在其职责外为吾人之幸福祈祷，倘若全能的真主意愿如此。

注 释

① khānahā，多半指某种攻城的建筑。

② 1226－1242。

③ 据额梯儿，第Ⅻ卷，第318页，阿黑剌忒的围攻是从626年沙甫瓦勒

月初(1229 年 8 月)延续至 627 年主马答 I 月(1230 年 4 月),共计八个月,这也是讷萨怖在他的法忒纳美中所说的日期。见后,第 446 页。

④ mamlūk,也速丁爱毕继失宠的哈只不阿里被任命为阿黑剌忒的长官。见米诺尔斯基,《高加索史研究》,第 154 页。他后来被扎兰丁处死(见后,第 451 页,并见奥达斯译讷萨怖,第 334),因此不要跟将来的埃及玛麦鲁克算端穆阿亦兹·也速丁爱毕(Mu'izz'Izz-ad-Din Ai-Beg)(1250－1257)弄混了,尽管他们的名字和情况相同。

⑤ 见前,第 412 页,注①。

⑥ 她的名字是塔姆塔(T 'amt'a)。见米诺尔斯基,前引书,第 155－156 页对她后来历史的叙述。

⑦ 即哈只不阿里。见前,第 435 页,同见米诺尔斯基,前引书,第 152 页。

⑧ 即讷萨怖,算端扎兰丁的传记作者。

⑨ 《古兰经》,第 xxvii 章,第 40 节。

⑩ 见前,注③。

⑪ 在凡湖(Lake Van)以南曲儿忒的布赫坦(Bohtan,Bühtan)县。据美索不达米亚和后来的回教传说,诺亚的方舟就停留在朱底峰(Mount Jūdī)。

⑫ jarrhā-yi-ṣaqīl,多半是某种起物的器械。在今天 jarr-i-ṣaqīl 是"起重机"的普通词汇。

⑬ 原文作 ikhbār,据 C 本和 E 本读作 ijtiyāz。

⑭ gāv-māhī:据认为是背负世界的一种半牛半鱼的动物。

⑮ 1230 年 4 月。

⑯ 1230 年 4 月 15 日。

⑰ 《古兰经》,第 vii 章,第 22 节。

⑱ 阿儿赞是比特利斯(Bitlis)以南一个著名的侯国。讷萨怖(奥达斯译,第 335 页)记这个诸侯的名字是忽撒马丁·脱黑鲁勒(Husam-ad-Din Toghril)。他是驼背苦思倒剌·脱欢阿儿思兰(Shams-ad-Daula Toghan-Arslan the Hunchback)的后人,关于他,见米诺尔斯基,前引书,第 83 页。

⑲ 未考证出来。

⑳ 讷萨怖(奥达斯译,第 335 页)把他叫做阿撒德·本·阿不答剌·米哈剌尼(Asad b. 'Abdallah al-Mihrānī),即米合朗(Mihrān)的曲儿忒部人。

20. 算端出师和鲁木的算端打仗

算端战胜了谷儿只人。这是一个难以接近、城池坚固、财物充足、兵强马壮的民族，因此不受时运变化之害，同时候，强大的帝王，西利亚及鲁木的诸侯，害怕他们在战场上的勇猛，跟他们保持平等关系，甚至软弱无力到躲开他们。这支民族现在都向他俯首称臣，而且锦上添花，阿黑剌忒又被征服，犹如朝宴后继以夜饮。算端名震那些地方，他的酷烈、严峻的故事四下流传。

鲁木和西利亚的诸侯，仿效和平城的榜样，用驿骑把贡品送到算端的金碧辉煌的大殿。他的宫廷再度成为达官、贵人的朝拜处，他的扈从成群，财富丰足，府库满溢，他的恩泽使四方的果实累累。下面的四行诗是当时一个文人撰写的：

王啊，世界是依你的愿望形成的；
乖僻的命运是你的奴隶。
我耐心等待着：人类的铸币及忽惕巴，
都用你的名字来美饰。

450 算端从阿黑剌忒进向马剌兹吉儿德[1]（Malazjird），再到哈耳塔比儿特[2]（Khartabirt），生了一场病。这时，额儿哲鲁木的算端[3]备受恩渥，以酬奖他在阿黑剌忒围城战中提供粮草和肉食[4]

为援。他报告称：算端阿老丁已跟阿勒坡和大马士革的君王缔和；他们联合反对算端，忙于调集军队；同时他们不断恐吓他，声称，倘若算端在阿黑剌忒城下得不到粮草接济，他是不能维持自己的。

尽管病重体弱，算端仍跨上马。军队抵达莫什（Mush）附近的平原，六千援助西利亚的人马拦住他们的去路。他们仅花了顷刻时间就把这支人马包围和消灭。

几天后，两军相互接近，鲁木的算端，灭里阿失剌甫及该地的其他算端、诸侯，会师一处，集中多到无法计算的甲兵、武器及军士。他们把军队驻扎在一个山头上，前置牛皮盾掩护的弓箭手，火油投掷手，既有骑兵，又有步卒。

战火点燃，战斗达到高潮，幸运的风开始吹动，希望的蓓蕾开始吐露，这时算端决定离开病床，跨上马鞍。但是，他无力控制缰绳。它像胜利一样从他掌握中滑脱，马儿也违愿地转来转去，倒退 451
几步。他的侍从当时说，算端应容许片刻休息以待恢复体力，因此御旗后撤。右翼和左翼发现这情况，以为算端在退却，他们也向后转。然而，敌人却认为这是算端为把他们诱至平原而施的诡计，于是一名传令官就站在他们军中宣令不许从原地妄动，不许追击对方。算端的军队当下溃散，稳不住阵脚，算端进退维谷[5]。他回师阿黑剌忒，从该地召回他曾选派去守卫它的军队，再进至豁亦。灭里阿失剌甫的诸兄弟中，他优礼遣走穆只剌木勒克，并允许塔吉丁回去，替他在大教主穆斯坦昔儿比拉面前求情。忽撒马丁·海马里[6]（Husam-ad-Din Qaimari）已经逃走。他的妻子，灭里阿失剌甫的亲戚[7]（ham-shākh），仍留在那里，算端礼遇她，厚礼送她归去。也速丁爱毕则在底兹马耳[8]（Dizmar）堡遇害。

倘若始终走运，老天不从她的魔术杯中变出一套戏法，那倒确属怪事。

> 老天不帮我的忙，它干坏事是不难的。
> 我抱怨我的运气在睡觉。
> 哎！醒的时间不长。
> 天哪，一块石头压在我身上。
> 452 你不下雨会是奇怪的[9]。

算端还没有从他幸运面颊遭到的打击中恢复过来，便得到绰儿马罕渡过乌浒水的消息。他派丞相苫思丁·由勒都思赤守卫基朗[10](Giran)堡，把他留在该处的妇孺付托给他。算端亲赴帖必力思，虽然他跟大教主及西利亚、鲁木的算端们有隙，他仍从该地向他们遣使，告之皇帝[11]的军队渡河，赍去内容如下的使信：这支鞑靼大军人多势大，像蚂蚁和蛇。不管什么堡垒和城池都挡不住他们。那些地方的百姓对他们怕得要命。他往下说："如果我被解决，你们抵抗不了他们。我对你们好比是亚历山大墙。你们不妨派军亮旗援助我。我们同心协力的消息传给他们，他们的利齿将折断，我军则将斗志昂扬。'吾人已决定吾人所需之事。'但若你们忽视此事，你们将自作自受。

> 让你们各自当心性命：
> 为这事费你们的脑子吧。"

糟糕！糟糕！你把矛盾的种子种在某人心里，用人的心血去浇灌它的根芽，那么，除了仇恨[12]的荆棘和不祥的尖刺外，你能期待从中收获到什么果实呢？如你在杯中斟满要命的鸩毒，焉能指望从中尝到巴比伦美酒的滋味？挑起仇杀后祈求宽恕和谅解，犹如投药于因伤致死的人；那好比是在苏合剌卜死后才给他用药[13] 453

虽则我爱那住在格达[14](ghada)树中的人，

我仍不是头一个想得到他没有到手的东西[15]的人。

天下的皇帝成吉思汗[16]洪福齐天，使他们言语失和，使算端的希望化作泡影，一场空。突然，有消息说蒙古军已抵撒剌卜(Sarab)。算端就全速进向必失金[17](Bishkin)县。他到达的当晚，所住的宫殿顶塌陷，他认为这是个凶兆，并把这看成是个迹象，表明他的宏伟宝塔正在摇摇欲坠，他的满腔希望正在受挫折。他的王朝是长期来蒸蒸日上的王室，迄至死神的使者和通报离别的乌鸦，用知情之舌把它衰亡的不祥消息传至它耳里，但却在别人的宫中击响御鼓。他一时犹豫不决，好像要表示一下抵抗，好比鸟儿被割断咽喉还要挣扎；欺诈的命运作弄它，折磨它，像猎人为要弄落入网罟的野兽，把它拴在根绳上；野兽欢欣雀跃，但当它跳到系绳尽头时，猎人就把它拉回来。全能真主说："到他们正享用吾人馈礼时，吾人突然把他们拿获，瞧！他们陷入绝境。"[18]

次日，他进向木干。他停驻五天，蒙古军跟踪而至。他在拂晓抛弃帐幕和营地，进入合班[19](Qaban)山。蒙古人发现被弃的算端营地，马上回师。

算端在乌尔米牙和乌昔奴度过628/1230年冬季。他留在基朗堡保护后宫的舍里甫木勒克·由勒都思赤，被人诬告说，算端不 454
在期间，音讯断绝时，他对算端的嫔妃和财宝陡起贪念。算端得知这个消息，所以，当他抵达该地时，由勒都思赤害怕算端，唯恐这事

〔可能牵连〕到〔什么〕，就拒绝出堡，要求算端授与赦书（mīṣāq）。应他之请，算端派卜古罕（Buqu Khan）入城，后者用武力或劝说把他带出城。他来到大臣系马处，立刻被拘留，朝中的大臣和跟随他的其他权贵，看到他的事情不妙，一个接一个离开他，最后，这位丞相孤零零站在那里。然后算端扎兰丁说出下面一番话："我将由勒都思赤从贱微提拔到显贵，从皂隶之辈擢至位极人臣；因此，他辜负了我的好意。"算端命随身的童仆（vushāqān-i-ḥaẓrat）把他的马匹作赃物没收，把他本人交给该城的守将；不久，因忌妒者的挑唆，仇敌的诬告，算端把他打发到永久的囹圄，也就是把他送往墓狱。后来他后悔这样做。

接着，他赴底雅儿别克儿。同时候，蒙古军（ḥasham）回去见到绰儿马罕，绰儿马罕狠狠训斥他们退兵和放弃对算端的主动搜索。他说，在这关键时刻，当如此的敌人丧失了力量，无处藏身时，他们怎能让他喘息，放弃追寻呢。于是，他派泰马思[20]及其他大异密，率一支复仇心切的突厥军，像替阿甫剌西牙卜向古儿津[21]（Gurgin）报仇的那些人，闪电般追击算端。

455 这时，算端派卜古罕[22]回去当探子，侦察蒙古军的行动。他到达阿哲儿拜占，得到消息说，蒙古军也已从伊剌克呜金收兵，那些地方毫无他们的踪迹和消息。卜古罕没有持慎重态度，这是朝廷的忠实奴仆，更是帝国的异密的职掌，应尽的本分；他返回去，把蒙古人失踪的喜讯告诉算端，因此在欢乐中

国王吩咐举乐，

宫殿变得像春天的花园。

我并不爱酒，

除非它使我麻木到对灾难的创伤毫无感觉。

据说，有天穆塔瓦基尔[23]（Mutawakkil）谴责他的一个廷臣把时间花在玩乐上，纵情于不正当的冶游。此人回答说："因为只有靠点欢乐才能经受这人生的忧伤，所以我寻欢作乐以抵挡厄运。"自然，情况有所不同。

总之，大臣和大将跟算端一个模样，因轮番把盏而忘了保命。虽然他们前途绝望（bī-navā'ī），他们仍再（bi-navī）走上作乐（navā）之途；干戈正兴起，他们却弹弄琴鼓；他们宁要女人的腰肢，不要马背，宁爱窈窕淑女，不爱瘦马。杯里涌出的是鲜血，他们却把它当酒；丝弦（rag）弹出的是哀乐，他们却在唱高低曲调（bam v zīr）。正是这位算端，曾以马鞍为御座，鞍布为卧榻，甲胄当衣裳，头盔当皇冠。他现在一反常态，为拥抱妖姬美妇而抛弃了起码的冲杀酣战，一意宴乐，不愿打仗，把美酒当作医治时运创伤的灵丹妙药，贪
杯中忘掉了强敌的袭击，欣赏琴弦的轻快音乐，不去准备弓弦，痛 456
饮老酒，不去跨骏马。有人撰写一首咏此情景的诗：

王啊！〔喝〕烈酒结果如何？
国王醉了，世界毁了，敌人前后夹攻，
这结果明明白白！[24]

在空虚的欢乐中，两三天过去。突然，怀孕的夜神分娩出她的灾星婴儿，在午夜，当大智王的宝座被愚昧的恶魔所篡夺，当心灵深处变成人们的贪婪中心，当骏马般的崇高思想为肉欲的笼辔所制，当酗酒使大臣和宰相丧失了稳重和预见，当睡魔侵入思想的境界，最后，当一切人和卫士（mufradān）都醉倒和瘫痪，就在这时

当黑夜过了三分之一，晨星越过旋转星空[25]，

以泰马思为首的一支由强悍武士组成的鞑靼军队，接近那些既无守卫，又无警戒的人。一桩怪事是：当合罕命绰儿马罕去消灭算端，并任命诸异密时，他转向泰马思[26]说："众人中你将最后解决算端。"事情果真如此。行动谨慎，据信他们面前的敌人也有警戒守护，蒙古人像蚂蚁那样悄悄爬行。斡儿寒[27]发现敌人到来，立刻走到算端的枕边。算端在初睡中忘记

457 事变可能发生在黎明。
我在睡梦中做着美梦；
比赶走睡魔、醒来时果实更甜。

猛地从梦中惊醒，他再不怀疑全能真主的力量，清楚地觉察到，老天已牢牢抓住他的谋略的衣袍，智力犹如骏马驯服在命运的腿下；机缘弓弦上的策略之矢，没有击中目标就自行折断；灾祸介在他和安全之间，而且，他已在倒霉的驿站下马。不等到晚上，那不速之客在大清早就开怀畅饮，和平的神祇已准备离开。但是，这次的客人是勇猛的武士，因此主人知道该怎样消除酗酒引起的头痛。他要来凉水淋头，好像表示他已经使发热的头脑清醒过来，同时心如铁匠炉般火烧，眼似破壶般滴水，他带领几名随从，万分悲痛地出发，向他的帝国主妇告别，宁去收割他的运道的田地。

倘若夜神的眼睛暂时望着我们，
那我们应该把这当作是好事。
青春之日啊，愿你的夜晚愉快！
你和我都将看到那最后的审判日。

算端率一小队人出发时,他命斡儿寒不要移动他的御旗,并进行抵抗,等他走远。服从算端的命令,斡儿寒无力地挣扎片刻,便逃走了,蒙古军把他当作算端,像老鹰那样追击他。他们发现少了他们的主要对象(pāi az dast dāda and va pai girifta),便返回营地,把那里的将官、军士、朝臣斩首,使他们成为蝇食狼肴。虚荣的凤凰在人们的狂傲头脑中产卵,在孵育出快活的雏凤后,开始产一枚鸡蛋。他们对这瞬息人生抱有的一切幻想,现在都化为尘土,他们的生命之裳被毁灭之齿撕得粉碎。如果他们从前像大熊星[28] 458
(bantā-an-naʻsh)那样给捧得老高,那现在他们确实不过是给沙泥作巢穴的死尸(abnā-an-naʻsh)。

古老的轮回如此周而复始;
时而像一张弓,时而像一支箭[29]。
它时而是爱情和美酒,时而是仇恨和鸩毒,
这就是旋转的天轨。

那已故的算端,达不到他的愿望——

怀着一颗被人世的残酷和痛苦弄碎了的心,
依然感到恐惧,

转身上道。

如果苍天就是这样遵守信约,那它扮演暴君又该怎样?然而,人们把这布满罗网的地方叫做“人世”,把灾难的陷阱叫做“时光”,犹如他们把伤痛的中心称作“心脏”,把思虑的所在称作“灵魂”。

啊,你和我的身子完全合而为一,

分不清忧伤者仅仅是我，或者是你。
忧伤敲着心儿的门。心儿喊："进来！
身子没有分开：你就是我，我就是你。"
我不相信任何时代曾遭受
我们在世道变化中受的苦难。
这不是休生养息的时代；
它是灾难的季节，艰苦的年头。
世界之王命里遭磨难，
人间因此充满了不幸和骚乱。
仁者哪，须知这不幸和骚乱
仅仅是老妇人的悲哀。
令人惊异不止的怪事是，
我们把事变归咎于时间，
虽然他被允许讲话，但当他戴上口罩时，
459 我们用责骂去攻击他，
既然万物注定要跟死神打交道，
难道他不快快向前？[30]

算端结局如何，说法纷纭[31]。有人说，进入阿迷德[32]（Amid）山后，他在某地扎营过夜，一群曲儿忒人起意要抢他的衣服，就向他的胸膛戳了一刀，不知道他们干些什么事，更不知道他们捕获了什么猎物。这是不足怪的：哪儿的凤凰都要在枭爪中受虐待，哪儿的雄狮都要跟野犬搏斗而受罪。现在，这事被发现的过程如下：那群曲儿忒人[33]穿他的衣袍进入市镇，他有个部下认出这是他的衣服和兵器；于是，阿迷德的君主得知情况后把曲儿忒人处死，下令挖个墓穴，把据认为是算端的一名遇害者埋在里面。但是，另一些人说，这是他的扈从随身携带的衣服，穿着破衣的算端则听从一个苏菲教徒的召唤，流浪在伊斯兰的国土和民族中。不管怎样，结局总是：遭受这冷酷无情的人生打击后，他离开了尘世。

若干年后，百姓中出现谣言，说有人在某个地方，特别在伊剌克，看见了算端，于是，伊剌克的丞相，帖必力失[34]（Tabrish）的舍里甫丁·阿里（Sharaf-ad-Din Ali）就对此事严加一阵追查；一次又 460
一次，喜讯传遍城乡，说算端在某城或某地出现。

在 633/1235－1236 年，兀思通答儿[35]有人谋逆，自称是算端；因此他名扬四海。成帖木儿任职时，蒙古诸异密派几个曾见过和知道算端的人，去辨认这个家伙。他因撒谎而被处死。

652/1254－1255 年，一队商人来到乌浒河岸。其中一人告诉舟子，称他自己是算端扎兰丁。他被逮捕，事情受到查询。他坚称自己是算端，至死不改口。有许多这类的疯狂事。

简言之，这些谣传和消息都毫无用场。“除真主自身外，万物将毁灭！裁决之权属于真主，汝等将复归于主！”[36]

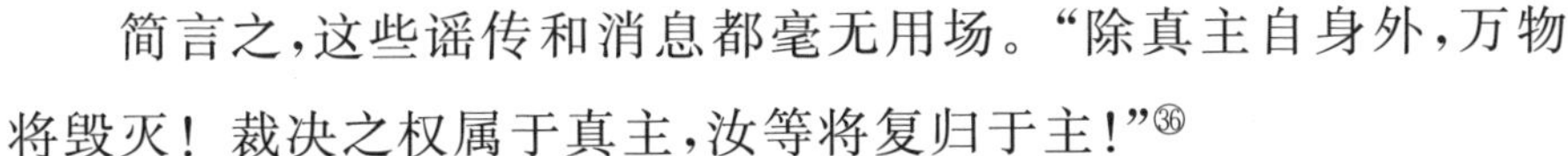

注　释

① 今马拉兹吉尔特（Malazgirt）。该城的亚美尼亚原名是观纳兹克尔特（Manazkert）。在这里，1071 年，阿勒卜阿儿思兰取得对拜占廷人的大捷。

② 今哈尔普特（Harput）。

③ 他的名字是鲁克那丁·扎罕沙。见前，第ⅰ册，第 250 页，注⑩。

④ gūshtī 原文作 kūshī。穆．可．没有解释这个词。gūshti 出现在第Ⅱ卷，第 163 页，第Ⅲ卷，第 32 页中，在这里，穆．可．把它释为“供屠宰食用的牲

口。”

⑤ 这一战的地点在阿尔津占(Arzinjan)(额尔津珊(Erzincan))附近,时间是 1230 年 8 月 10 日。见米诺尔斯基,《高加索史研究》,第 154 页。

⑥ 有关他逃走的情况,见奥达斯译讷萨怖书,第 334－335 页。他的全名是忽撒马丁·海马里·哈撒尼·本·阿布勒-法瓦里思(Husam-ad-Din al-Qaimari al-Hasani b. Abul-Fawaris)。他后来是阿勒坡的阿由比朝长官,旭烈兀到来时,他从那里逃走。见赞保尔,《伊斯兰史年表和帝王世系表》,第 34 页。

⑦ 据拉施特(伯劳舍,第 31 页),她是灭里阿失剌甫之女。

⑧ 底兹马耳(Dizmār),在(马朗德以东)的西卡腊扎答格(Qaraja-Dagh)。(弗.米.)

⑨ 意思是:“倘若你不开恩?”

⑩ Gīrān。今阿腊克斯以北的基兰(Gīlān)。(弗.米.)

⑪ 指窝阔台。

⑫ 原文作 ṣamār“水果”,据 C 本读作 ṣār,“复仇。”

⑬ 苏合剌卜垂死时,鲁思坦差人向凯迦乌斯讨药来治他儿子的创伤,这个要求遭到拒绝,鲁思坦亲自动身去求那位国王,但一名使者赶上他,称苏合剌卜已死。

⑭ 狄克孙(H. R. P. Dickson)在《科威特及其邻国》一书(伦敦,1956 年,第 549 页)中,把 ghaḍā 说成是一种“带碱味的灌木”“通称为 hamdh 的一个变种”。这个材料是曼彻斯特大学图书馆的拉塞博士(Dr. J. D. Lattham)提供给我的。

⑮ 见帖必力兹(Tabrizi),《撒儿黑哈马沙》,布剌吉编,第Ⅲ卷,第 148 页。(穆.可.)

⑯ 这当然是个错误,成吉思汗死于三年前(1227 年)。

⑰ 今密昔金(Mishkin)(阿哈耳(Ahar)附近的一个县)。

⑱ 《古兰经》,第 vi 章,第 44 节。

⑲ Qabān。亚美尼亚的卡般(Kapan),今卡范(Kafan),苏维埃亚美尼亚最东南的县,作为铜矿中心而知名。

⑳ 见前,第 436 页,注㊴。

㉑ 《沙赫纳美》中一英雄。

㉒ 见前，第ⅰ册，第305页，注㊲。

㉓ 阿拔斯朝哈里发(847－861)。

㉔ 这首四行诗引用在伊本帖黑塔哈的《克他卜-法合里》(Kitab-al-Fakhri)中，他认为作者是扎兰丁的一个廷臣。见我的注释，《伊本帖黑塔哈和志费尼的塔里黑-亦-扎罕古沙亦》。

㉕ 发勒斯编，《沙赫纳美》，第438页，第82行。原文之az"的"，发勒斯作zān"那个的"。

㉖ 见前，第436页，注㊴。

㉗ 见前，第409页，注㊿。

㉘ 直译是"尸架之女"及"尸架之子"。

㉙ 发勒斯编，《沙赫纳美》，第1061页，第229行。下一行不见于C、E本或G本，发勒斯本亦未收。

㉚ 要考证出这些诗的作者是不可能的，但几乎可以肯定，前面引用过的两行(第Ⅱ卷，第186页，188页)来自这同一首诗。(穆.可.)

㉛ 讷萨怖的说法，见奥达斯译本，第409－410页，同见多桑书，第Ⅲ卷，第61－62页。

㉜ 罗马的阿米达(Amida)，今天叫底雅儿别克儿，得名于它是其中首镇的县。

㉝ C本的边上，在这里有如下的注释："算端确实是被曲儿忒人杀害的。因为当他们害死他时，他的妻子马利卡哈敦和一小队人从那里逃到鲁木，于是阿塔毕木偰非儿丁·阿不别克儿派人把他的姊妹从鲁木接到泄剌失，由此可断定，那些歹徒为抢他的衣服，在不知情况下所杀的，确为算端。"(穆.可.)

㉞ 即Tafrish。

㉟ 见前，第385页，注㊸。

㊱ 《古兰经》，第xxviii章，第88节。

21. 雅明灭里[1]和阿格剌黑以及他们的下场

当算端摩诃末从河岸逃走时，也里的诸侯雅明灭里(Yamin
461 Malik)赶到那里，然后经该勒母西儿[2]赴哥疾宁。古耳的阿里·哈儿普斯特(Ali Khar-Pust)之子穆罕默德，这时作为算端的代表率两万人驻在哥疾宁。雅明灭里下营于离哥疾宁两三站的苏拉(Sura)〔?〕，遣一名使者去见哈儿普斯特，要求他拨给牧地，以此，他们可以待在一起，因为算端已逃往伊剌克，鞑靼人也进入呼罗珊，并且〔他们应共处〕到获得算端的消息。当时，算端扎兰丁的丞相、撒剌哈夕的苫思木勒克·失哈不丁(Shams-al-Mulk Shihab-ad-Din)也已在哥疾宁，而代表算端驻守该堡和内城的长官、讷萨的撒剌哈丁(Salah-ad-Din)同样在那里。哈儿普斯特和他的异密们，对雅明灭里答复如下："我们是古耳人，你们是突厥人；我们不能共同生活。算端已把封邑和牧地分给每个人。让大家各自留在自己的地方，观察事变。"使者们几次往返于他们之间，但达不成协议，古耳人坚持他们的不友好态度。于是，丞相苫思丁和撒剌哈丁共谋要哈儿普斯特的命。他们说："古耳人心里是对算端的反叛者，他们不愿让算端的亲属雅明灭里进入哥疾宁境内。"当时，哥疾宁的军队都集中在城外半帕列散远的地方，他们在那里有座兵营。

苫思木勒克和城守撒剌哈丁就密谋要解决掉穆罕默德·哈儿普斯特,他们在一座花园里宴请他。突然,讷萨的撒剌哈丁刺中哈儿普斯特,把他杀死。害死他后,苫思丁和撒剌哈丁赶在他的军队尚不知他的命运前,进入城内,占领该城。古耳人当时溃散,两三天后,雅明灭里进入哥疾宁,成为它的长官。

不久,有消息说,成吉思汗已抵达巴里黑附近的塔里寒,并有两三千蒙古人取道该勒母西儿去追击雅明灭里③。他集中一支军队,迎击蒙古人。发现他的人马比自己多,蒙古人未交锋便撤退了,雅 462
明灭里把他们一直追到不思忒④和帖津纳巴德⑤,蒙古人向也里和呼罗珊逃跑,雅明灭里则取道忽思答儿⑥(Qusdar)进向昔维思田⑦(Sivistan)。他随身带着苫思木勒克,现在却把他囚于不思忒和帖津纳巴德〔境内〕的库朱朗⑧(Kujuran)堡。他原把撒剌哈丁留在哥疾宁,但是,当他不在时,百姓起兵造反,杀死并肢裂了撒剌哈丁。

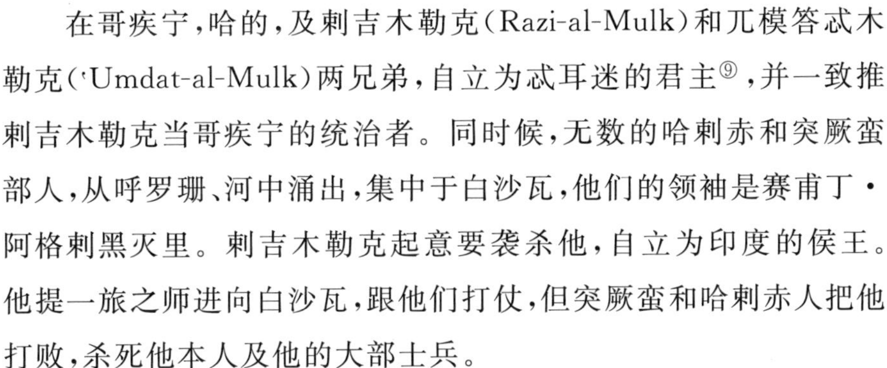

在哥疾宁,哈的,及剌吉木勒克(Razi-al-Mulk)和兀模答忒木勒克('Umdat-al-Mulk)两兄弟,自立为忒耳迷的君主⑨,并一致推剌吉木勒克当哥疾宁的统治者。同时候,无数的哈剌赤和突厥蛮部人,从呼罗珊、河中涌出,集中于白沙瓦,他们的领袖是赛甫丁·阿格剌黑灭里。剌吉木勒克起意要袭杀他,自立为印度的侯王。他提一旅之师进向白沙瓦,跟他们打仗,但突厥蛮和哈剌赤人把他打败,杀死他本人及他的大部士兵。

他的兄弟兀模答忒木勒克尚控制哥疾宁,巴里黑的亦马都丁('Imad-ad-Din)之子阿赞灭里(A'zam Malik)和可不里(Kabul)的守将灭里锡尔(Malik Shir),便率领一支手边的古耳军,向哥疾宁进兵,将他困在市镇中心的堡内;战斗中他们架起射石机,四十天后攻下该堡。

这时，算端扎兰丁在蒙古人的追击下逃出呼罗珊，抵达库朱朗
463 堡，把苫思木勒克释放，并派他到哥疾宁去，替自己在那里当君王作准备。苫思木勒克就在该堡陷落的同一天到达，宣告算端扎兰丁到来的喜讯。一周后，算端亲临，于是，军队从四方去投奔他，汇集在他身边，向他提供所有的御物。尚在印度的雅明灭里，听说算端到来，赶紧去追随他。阿格剌黑灭里也带领哈剌赤和突厥蛮军从白沙瓦去投算端。阿赞灭里和灭里锡尔，带一支古耳大军，同样把自己置于算端的指挥下。这样，他手下有了一支装备精良的六至七万人的队伍。

算端扎兰丁和这些军队进向八鲁湾[10]，它位于很多道路辐辏的范延边境，同时，他希望在那里得到有关战局发展的消息。这时候，约一万到一万二千追击算端的蒙古骑兵进抵哥疾宁。城内无兵，他们途中又无阻拦，因此他们在居民发现他们之前，突然进入城内。有些人纵火焚烧礼拜五清真寺，又一些人在街上逢人便杀。停留一天后，他们找到一个向导，向八鲁湾去追赶算端。双方在八鲁湾交战。算端获胜，蒙古军则返回塔里寒去见成吉思汗。

算端得胜后，为瓜分虏获的马匹，以哈剌赤人，突厥蛮人和古耳人为一方，和花剌子模人的另一方，发生争端。结果是算端军中内讧；阿格剌黑灭里和阿赞灭里带领所有的哈剌赤、突厥蛮和古耳军返回去，进向白沙瓦，而算端带着尚跟他一起的突厥和花剌子模军进向哥疾宁。

离开算端后，阿格剌黑灭里，阿赞灭里及其他诸异密，前往宁
464 拉哈耳[11]（Ningrahar），该地是阿赞灭里的封邑，他就在这里把他

们作为他的贵客来招待，提供食品及各种殷勤的款待。一个有五、六千营帐的哈剌赤异密奴合·章答儿(Nuh Jandar)，这时跟阿格剌黑灭里发生激烈的冲突。于是，后者带两万人赴白沙瓦，奴合·章答儿留下来在宁拉哈耳放牧。赛甫丁·阿格剌黑灭里，走了一程路，把如下的使信送给阿赞灭里："我与汝之间是父子关系。我为父来，汝为子。若你要讨我的欢心，那就不要让奴合·章答儿在你的境内居住，不要让他在那里停留。"阿赞灭里回答说："在这样的时刻，穆斯林诸军之间发生内战，是不合适的。"因此，从他的大将中选出五十骑作护卫，他出发去追赶赛甫丁·阿格剌黑，想给他和奴合·章答儿调解。赛甫丁·阿格剌黑款待他，请他入座，共同饮酒。阿赞灭里开始提到奴合·章答儿，替他说项，但阿格剌黑不听。突然间，尽管他喝醉了，他仍然上马，由一百骑陪同到奴合的营地。奴合以为他好意而来，就和他的儿子们去欢迎他，向他致敬。阿格剌黑依然大醉。他拔刀砍奴合，马上被奴合的士兵所擒，并被肢解。有关的消息传到他的营帐，他的部属大哗，说："这是阿赞灭里那方面的一个阴谋。他和奴合策划后才到这里来，目的是要害死阿格剌黑灭里。"因有这种看法，他们抓住阿赞灭里，把他处死。然后他们袭击奴合的营地，杀死奴合及其子。双方因此有很多人遇害，古耳人也跟他们打仗，大批人被杀死。

不久，帖客出克和弘都思(Qunduz)的赛夷阿剌木勒克(Say-
yid 'Ala-al-Mulk)袭击他们。帖客出克是蒙古军的统帅，阿剌木勒 465
克是步兵[12](cherig)将领，他们消灭了残余的哈剌赤、突厥蛮和古耳军。总之，两三万哈剌赤、突厥蛮和古耳人，和算端扎兰丁分手后，不到三个月，要么自相残杀，要么被成吉思汗军队攻击，全部溃散、伤亡、故此荡然无存。

注 释

① C本作 Yamin-al-Mulk。这个人，史家称呼各异。志费尼常称他为阿明灭里（Amin Malik），有时又称之为阿明丁灭里（Amin-ad-Din Malik）；但在整个这章中，他被称为雅明灭里。讷萨怖处处都把他叫做阿明灭里，而额梯儿，第Ⅻ卷，第259页，把他叫做灭里汗（Malik Khan）。朱思扎尼的《塔巴合特-依-纳昔里》，称他为灭里汗、也里的灭里汗，而在贝烈津编拉施特书，第ⅩⅤ卷，第126页〔斯米尔诺娃，第220－223页〕，他又叫做汗灭里（Khan Malik）。〔在《元秘史》，第257节，他被叫做罕篾力克，《元史》（柯劳斯，第38页，海涅士，《成吉思汗最后之远征及其死》，第530－531页）和《圣武亲征录》（海涅士，前引文，第528页）把他叫做灭里可汗。〕他是康里突厥人的一个部长，算端的表兄弟（他舅父之子）。他的女儿嫁给了算端。因为一开始算端摩诃末就让他治理也里，所以他后来又为算端扎兰丁服务，成为他的一员大将。见前，第405页，406－407页，并见奥达斯译讷萨怖书第109、144－145页。当扎兰丁渡过申河时，他最后在白沙瓦被蒙古人所杀。见前，第409－410页。（穆．可）（《元史》仅称成吉思汗擒“灭里可汗”，未言他之被杀。——中译者注）

② 见前，第ⅰ册，第136页，注⑨。

③ 见前，第ⅰ册，第136页，注⑨。

④ 今卡拉依比斯特。

⑤ 可能位于坎大哈的城址上。见米诺尔斯基，《霍杜德》，第345页。

⑥ Quṣdār。今卡拉特（Kalat）以南八十五哩之胡兹达尔（Khuzdar）。见米诺尔斯基，前引书，第373页。

⑦ Sīvistān，也叫做巴里斯（Bālis）或瓦里昔坦（Vālishtān），今奎塔（Quetta）东南的锡比（Sibi）县。

⑧ KǰWRAN。未考证出来。

⑨ 此处必定有误。没有史料提到他们攻占了乌浒水以北的忒耳迷

(Tirmiz、Termez)。

⑩ 见前,第 405 页,注㉞。

⑪ 原文作 BKRHAR,读作 NNGRHAR。宁拉哈耳是今阿富汗斯坦的贾拉拉巴德(Jalalabad)县。见米诺尔斯基,前引书,第 252 - 253 页。

⑫ 关于 cherig,见前,第 i 册,第 97 页,注④。

22. 算端的母亲秃儿罕哈敦[1]

论族源，她出身于康里[2]突厥部，因此，秃儿罕哈敦为她的出身，常袒护突厥人[3]，他们在她生时占优势。他们叫做阿扎迷[4]（A‘jami），而他们的内心中毫无同情和怜悯。他们所过之处，该地就化为废墟，百姓就躲进城堡。确实，他们的残忍、凶暴和奸诈[5]，造成算端王朝的覆灭。

这些人视五次祈祷为多余，
认为在圣地杀害香客是合法的。[6]

466 秃儿罕哈敦有她自己的宫廷和朝臣，处理她自己的供奉和封邑。而她的权力凌驾于算端之上，凌驾于他的财政、大臣和官吏之上。她常举行秘密的闹饮，很多古老的王室正是被她推翻。每当一国一邦被征服，其侯王被送往花剌子模作人质时，她在晚上就把他们扔进河里[7]，以保护她儿子的帝国不受敌人的破坏，他的权势之源不被尘土所污染。她没有发现，全能真主不仅在现世施行惩罚，而且知道怎样在来世施行报应处分

无论你干什么，残酷的苍天都用
尖锐的笔在你身上写道："压迫"。

算端在逃亡中从忒耳迷渡河，派一名使者到花剌子模，指示

说：他的母亲应和其他后宫一起转移到祃椤答而，避难于该地的堡垒中。她听信儿子的嘱咐，带着其他的幼子、孙子及妇孺，离开花剌子模。她把军队留在花剌子模，托大汗们照管。当她启程时，她命令把许多拘留作人质的地方侯王（Sāḥib-tarafān），除了非出身于王族的以外，都投入乌浒水。然后，她带着子女、财宝、取道的希思丹[8]，赴祃椤答而，由丞相纳速鲁丁护送他们。

算端进入祃椤答而后，把秃儿罕及其余的妇孺送往剌里赞[9]
(Larijan)和亦剌勒[10](Ilal)两堡。速不台[11]追击算端至祃椤答而，467
包围这些城堡。历史上原没有亦剌勒堡受缺水之害的记载，因施雨的云彩惯常免去居民贮水于桶的劳累：云彩用它的眼泪反使守军破颜而笑。但是，恰好在〔蒙古〕军围攻该堡时，雨水也成了敌人，像运气一样抛弃他们。

他就是算端

他用运水的大象把甜水从空中施给大地。

十至十五天后，滴水无存，秃儿罕哈敦及其他后宫，还有丞相纳速鲁丁，被迫出堡。就在他们抵达山麓的那个时刻，老天乖僻地降下云幕，在层层密布后，开始下雨[12]。这正是鸭子的故事，它对鱼说：

我们死时，这世界是大海还是幻梦，

又有何关系[13]？

在 618/1221－1222 年，秃儿罕哈敦及后宫其他人、纳速鲁丁，被送
给在塔里寒的成吉思汗。他们来到他面前时，纳速鲁丁受到酷刑，468
算端的儿子，不管年岁多么小，都被处死。其他的人，也就是随秃儿罕的算端的女儿、姐妹及嫔妃，成吉思汗命他们在离开的那天为

算端及其帝国唱挽歌。

算端扎兰丁投河逃生时，他的后妃也被送往他们那里。

秃儿罕哈敦被送到哈剌和林，她在那里悲惨地活了若干年，死于630/1232－1233年。

算端的诸女中，有两个给了察合台。其中一个他留作专宠，另一个他赐给了他的丞相忽都不丁·哈巴失·阿迷的。分给其他斡耳朵[14]的诸女，有个给了阿迷德哈只不('Amid Hajib)。

在绰儿马罕后来俘获的算端扎兰丁的后宫中，有个两岁的女孩，也叫秃儿罕。

绰儿马罕把她送给合罕，合罕教把她收养在斡耳朵中。当世界的王子旭烈兀远征西方诸国时，蒙哥可汗将此女交给他，以便择人而配。因为毛夕里的君主[15]服劳日久，显于他的同侪，旭烈兀就把秃儿罕赐给他的儿子灭里撒里合[16](Malik Salih)。她按沙利阿特的仪式成婚，还照蒙古习惯得到一笔嫁资。这件事发生在655/1257－1258年。

注　释

① 关于她的名字，见前，第ⅰ册，第79页，注⑤。

② 朱思扎尼(拉维特译，第240页)说，她是钦察汗之女，但据讷萨怖(奥达斯译，第44页、72页)，她出身于也灭克(Yemek)的分支伯岳吾(Baya'-ut)。关于也灭克(早期的吉灭克(Kimek))、钦察、康里之间的关系，“中亚史上最不清楚的问题之一”(伯希和，《亲征录》，第95页)，见米诺尔斯基，《霍杜德》，第304－310页，315－317页。关于蒙古伯岳吾族，马迦特的《库蛮族源考》第171页认为也灭克伯岳吾可能为一分支，见伯希和，前引书，第82－89页。

③ 有一个双关语，一个在原文中“可见”的双关语，因为 Terken(Tergen)和 Turkān(突厥)，二者均拼作 TRKAN。

④ 见前，第 i 册，第 305 页，注⑹。

⑤ nā-pākī，直译是“不洁”。可能指他们的异教。参看下一首诗。(弗.米.)

⑥ 稍加改动地引自木塔纳比的一首合西答。(穆.可.)

⑦ Dijla，底格里斯河的名字，这里用来指乌浒水。有关 Jaihūn“乌浒水”之用来指任何大河，其类似用法，见前，第 i 册，第 326 页和注㉖。

⑧ 见前，第 i 册，第 291 页，注㊵。

⑨ 剌里赞(Lārijān)，今为阿谋耳(Āmul)县的一个属区。这里，德黑兰东北 50 哩，有德马文德山。

⑩ 亦剌勒(Īlāl)：在杜达干(Du-Danga)镇的舍里(Sari)(提津(Tījīn))河源。(弗.米.)

⑪ 在另一处(第 i 册，第 146 页)，志费尼说，围攻这些堡垒的是哲别的军队。见巴尔托德，《突厥斯坦》，第 431 页。

⑫ “祃桚答而的气候受到普遍的唾骂。它极其反复无常，并非天然地分为旱季和雨季，冬天和夏天：某年它一气下一个月雨，下一年同一月又可能非常干旱。尽管没有基兰那样潮湿，它也应认为是属于湿润气候，因为全年中没有一天，百姓能指望到干燥的天气。”(拉比诺，《祃桚答而和阿斯特拉巴德》，第 9 页。)

⑬ 这是收在惠恩菲尔德编乌马儿·哈牙木的诗集中，一首四行诗的最后一行，那里的词句略有不同(如用 sharāb，“酒”，代替 sarāb，“海市蜃楼”)。它肯定不是真正哈牙木的四行诗，举例说，没有收进阿伯利教授最近所编的彻斯特尔·贝蒂(Chester Beatty)稿本。惠恩菲尔德的文字(第 16 页)如下：

鱼对鸭说：“那将是一桩悲惨事，
倘若这溪流让它的渠道干涸和光秃；”
鸭子对他说：“当我死去和受烹时，
管他妈的酒在沟里流。”

⑭ 哪个斡耳朵？可能是察合台的某个兄弟，窝阔台或拖雷的斡耳朵。

⑮ 别都鲁丁·卢卢(1233－1259)。

⑯ 撒里合·亦思马因(Salih Isma'il)(1259－1263)。

23. 算端该牙思丁

他的名字是皮尔沙(Pir-Shah),起儿漫省是他的封地。然而,“谋事在人,成事在天。”

他的父亲离开伊刺克,赴祃椤答而,把妇孺送往哈仑堡[①],把
469 该牙思丁也留在那儿。当算端摩诃末(愿真主以他为鉴诫!)在阿必思衮岛,沉溺于死的海洋时[②],而且蒙古军也已过去,他便离开该堡,因其父曾把起儿漫赐给他,他遂动身到那里去。

叔扎丁·阿不勒哈辛(Shuja‘-ad-Din Abul-Qasin),佐赞篾力克的家臣[③](mufrad),受命为朱瓦昔儿堡[④]的长官。眼看天下大乱,他不愿让该牙思丁入堡,但送去粮草,解释说,该堡需有一个忠实守将,他则是奉算端之命,驻守那里的这个老仆。

算端该牙思丁发现这家伙已入邪途。他无意打仗,带手下人离开,赴伊刺克。藏匿的个别异密,及大批人都投靠他,八剌黑哈只不和斡兀立灭里[⑤](Oghul Malik)也跟他会合。他们向阿塔毕撒德进攻,在一个叫底纳[⑥](Dina)之地交战。撒德在该牙思丁攻击前逃走,后者的军队赶到,获得各类四脚动物〔当战利品,〕然后回师。八剌黑哈只不跟该牙思丁的丞相塔术丁·迦里木沙儿吉(Taj-ad-Din Karim-ash-Sharq)言语失和。他十分恼怒,带他的部下往印度去了。

在619/1222－1223年,该牙思丁出师法儿思。阿塔毕撒出该

城[7]，该牙思丁的军队进城虏掠。他们由此赴胡济斯坦，在这里跟木偰非儿丁·瓦吉合沙布[8]（Muzaffar-ad-Din Wajhas-Sabu'）争吵一番，然后他们缔结和约，班师而回。时值隆冬，他们驻扎在剌夷。

突然，像雄狮奇袭羚羊，算端在那里出现。他光临该牙思丁的 470
营帐。该牙思丁惊慌失措，但扎兰丁一再使他安心。翌日，该牙思丁的异密和大将前去纳款。那些按理智行事，早就存心为算端效劳的人，受到高官厚爵的宠荣。但那些不循〔正〕道，不断捣乱的人，他下令把他们在他驻地附近处死。

算端该牙思丁及其手下一些大将，留下来为他服劳，算端扎兰丁以手足情谊待他；迄至有一天，在举行一次酒宴的过程中，当谈到某个官吏（sarhang）离开他去投靠哈迷尔之子灭里奴思剌惕[9]（Malik Nusrat）时，他问后者："为何你收容我的卫士（mufrad）？"灭里奴思剌惕原系算端的一个最亲密的伙伴，他手下的一名大异密。他得到算端的信任，在私室中扎兰丁常跟他谈笑，他也打趣作乐。他戏谑地回答该牙思丁说："官吏必需有面包才干活。"算端扎兰丁发现，他的兄弟生了气，就使个眼色教奴思剌惕灭里走开。算端该牙思丁一直待到当天结束，他已不胜酒力。随后他也退席，在经过灭里奴思剌惕的家时，他遣一名使者去说，有客人等着要见他。灭里奴思剌惕立刻从家里出来，把算端该牙思丁扶下马。他们进入室内，灭里奴思剌惕准备酒席，轮番把盏，最后他们都喝得烂醉。算端该牙思丁这时起身告辞，同时，像往常一样，灭里奴思剌惕扶他上马，与他并行。忽然，该牙思丁拔出刀来，砍伤他的肩 471
胛[10]。灭里遇害的喊声四起，砖瓦、泥块纷纷从屋顶飞来。该牙思丁催马从那条街逃回自己的家。算端扎兰丁马上得到事变的消

息。次日，他亲自去看灭里奴思剌惕，吩咐去找医师。然而，因为刀已深入胛骨，伤势无法治愈，一两天内他就一命呜呼。算端扎兰丁命所有的异密大将，及他的军士、官吏、奴婢，还有亦思法杭的百姓，都去为他举哀，披麻戴孝。该牙思丁因这个鄙行感到羞惭，整整一周未去侍候他的兄长，因此，算端扎兰丁命令把他带到接见室外，通过异密们的口严厉申斥他。然而，一些有影响的廷臣替他求情，带他去见算端，他因羞愧难当，低垂着头，张口结舌不能致一词。几天过去，该牙思丁一面深咎自己的行为，同时又怕他的兄长。尔后，当台纳勒兵临亦思法杭时，算端扎兰丁带手下的队伍出发，他却退下来，从罗耳往胡济斯坦，这样做是由于他年幼无知，灰心丧气。他见到他的姻亲（khusurān）哈扎儿阿昔甫及其他的异密，他们尊敬地接待他，但是，他们害怕受到算端的伤害，认为把他打发走，既对他们有利，也对他本人有利。他把他的母亲及异密们留在秃思塔儿，因哈里发敬赠他许多礼物，所以他前往阿剌模忒，在那里住了些时候。阿剌模忒的阿老丁用种种尊崇的礼仪来欢迎
472 他，经常赠与他符合这样一位侯王身份的礼物。然而，突然间，他觉得最好不让人知道就离开阿剌模忒，并前往胡济斯坦。接着，他致函给起儿漫的八剌黑哈只不，把他的处境告诉他；他们之间再度结盟，并以瓦耳库[11]（Varkuh）附近的沙漠为会面之地，八剌黑将在那里接待算端该牙思丁，当后者抵达该地时。

八剌黑带领一支三、四千人的队伍来到约会处，头两三天，他很礼遇算端。但是，后者的队伍不足五百，因此八剌黑起意要跟算端的母亲结婚。越逾他那类人的身份，他与算端同坐一张地毯，把一个异密的位子分配给他的奴仆。他开始在谈话中称算端为“亲

爱的孩子”，遣使向他的母亲求婚。眼见事已如此，无法阻止〔事态的发展〕，算端让他的母亲自己去决定。她那方面，经过一番推辞，拒绝，多方表示忧虑不安后，终于屈服，于是举行婚礼。在极力催促下，由她的一些奴婢陪同，她在她的袍内着甲[12]，进入〔八剌黑的〕房间，在那里圆房。菲尔道西之灵（愿它荣获天堂之一种芳香！）在如下诗句中描绘的也许恰是这情景：

丝柏从它的地面消失，
野草就霸占崇高丝柏的位子。[13]

拜哈吉的那名优秀学者法里答丁（Farid-ad-Din），有首咏舍里甫木勒克宰相的继承人的诗，这里引用它最合适：

从暗处抬起你的头，
看看坐在你位子上的人，排泄些什么。

该牙思丁来到该城，住了几天，有两个八剌黑的族人去找他，说：“八剌黑不堪信任。我们找到一个解决他的机会。你是算端，473
我们是你的忠实奴仆。”然而，他天性善良，资质纯厚，使他不破坏誓约，另外，他的信仰的力量也不让他背盟；因此，他丝毫没有参预这件事。

不要老向温良让步，
形势需要时皱你的眉头。
用温和手段达不到你的目的，
那么粗暴就胜过了温良。

然而，他们王室衰亡，一个叛逆朝代兴起，这个时刻已到来，因此，该牙思丁的一名腹心侍从，偷偷把这件事向八剌黑报告，八剌黑马上同时审问他自己的族人和该牙思丁。他们承认有密谋，于是，他首先下令，就在当时，在众人面前，把他的族人肢解，又下令把算端及他手下的人拘捕。尔后，过了一两个礼拜，他们拿索子套在算端的脖子上，要绞死他。他喊道："不管怎样，难道我们不曾立誓彼此不陷害吗？在还没有采取轻率行动时，你怎能认为背盟是正当的呢？"他的母亲听见儿子的声音，发现他已把脖子伸进圈套。出自对其子的哀怜，她不能抑制自己，开始呜咽悲泣。她也被绞死；同样，他们把他的整个军旅投进毁灭的炉灶，从而破坏了他们的盟约，违背了他们的誓言，使他们的纯真教义，如同眼内蒙受尘垢。

他们满足于——⑭他们因愚昧而缺少的东西，
漂亮的辞藻来源于漂亮的行动。

冥冥苍天哪，以你的谲诈和变幻，以你的专横和暴虐，你把众算端投入魔鬼的锁链，使刍狗成为高贵异密的君主，下帝王入地
474 狱，擢升不值一文的人于贱微，让他们高踞宝座，何时方休？这里，我的聪明而轻率的朋友啊，拿这些事作鉴诫吧，以此，你不致于受感情冲动的束缚，并且留心去看待这类事，拔出你的脚来，否则，绞架将是你的脑袋的归宿。

看透这尘世，那就足以〔发现〕，
奴隶在其中得到高升，贵人却受贬抑。
君子在它的脚下，
小人在它的背上。
除情人的眼和心，

没有盾牌能抵挡命运从指上发出的箭矢。
天降大祸和苦难，
仅光临异乡人的寠居。
黑夜来到，人人最后都走进家门，
那不幸的异乡人啦，你没有家和门！
流浪汉在苦痛中发出的呻吟，
冥冥地狱里也没有那种呻吟的火星。
异乡人眼里流出的泪水，
不过是胆汁和肝血。
千万别嘲笑异乡人的处境，
因为你不知道异乡人受创的心。

注 释

① 见前，第382页，注㉔。

② 见前，第ⅰ册，第155页，注⑥。

③ 见前，第412页，注①。

④ 见前，第417页，注㉒。

⑤ 这是斡兀立哈只不、木古勒哈只不，也就是亦难赤汗，关于此人，见前，第ⅰ册，第158页，注⑰。据讷萨怖（奥达斯译，第116，130页）他死在可咱隆（Kazerun）地区的杰拉（Jira）前，据说是被该牙思丁毒死的，因为他想向该牙思丁的母亲求婚，并被葬在一个叫昔比-亦-撒勒曼（Shiʿb-i-Salmān）之地。

⑥ Dīna。多半就是位于胡济斯坦边境，西法儿思境内的库合-亦-底纳岭（Kūh-i-Dīnā）。（弗.米.）

⑦ 可能系泄剌失。

⑧ 关于哈里发纳速儿的突厥奴隶(mamlūk)木偰非儿丁·孙忽儿(Muzaffar-ad-Din Sonqur)(1180－1225),其一生事迹,见穆.可.,第Ⅲ卷,第411－412页。Wajh-as-Sabu',阿拉伯语意为"狮子的脸"。

⑨ 奴思剌惕丁·穆罕默德(Nusrat-ad-Din Muhammad)。他不是哈迷尔之子,而是他的孙子,他的父名是哈散。投靠扎兰丁前,他曾一度在忽巴察手下。见奥达斯译讷萨怖书,第146、233－234页。

⑩ 讷萨怖(奥达斯译,第235－236页)对奴思剌惕的遇害,说法略有不同。

⑪ 即Abarkūh,今阿贝尔库(Abarqūh)。

⑫ 意思是:把她的真实感情隐藏起来。

⑬ 摩尔编《沙赫纳美》,第Ⅶ卷,第80页,第917行,以bāgh"花园",代替第一个jāi,"地方"。

⑭ 原文作ṢFAT(ṣifāt?)。

24. 算端鲁克那丁

算端摩诃末从伊剌克返回时，他把该国土分给他的儿子鲁克那丁，他的名字是古耳桑吉[①](Ghur-Sanji)，还赐予配得上这样一个国家和这样一位算端的甲兵和器仗，而且在他的扈从中，他派遣撒瓦(Sava)的亦马都木勒克为阿塔毕，治理该邦。鲁克那丁抵剌夷时，伊剌克的地方侯王联合起来反抗他，因此算端摩诃末派遣议会的异密(amir-i-majlis)舍里甫丁——他是个宦官(khādim)——去援助他的儿子。他进攻并击败了敌人，俘虏了伊剌克的大部分异密。然而他没有加害于他们当中的任何人，反将他们全都释放； 475
通过恢复他们的权力，饶了他们本已绝望的性命，他对所有人的过失和错误一概宽大，又分封给他们每人一块采邑或一个省。因这个恩德，他们都变得忠顺，从他们思想中打消谋逆之念。

当传来消息说算端摩诃末已从河中逃走时，鲁克那丁派亦马都木勒克去找他，劝他到伊剌克，表示援助之意，同时他亲自前去迎接他的父亲。然而一事无成，因算端已赴祃椤答而，鲁克那丁就到起儿漫去。他率领一小队部下抵达古瓦昔儿[②](Guvashir)，佐赞的篯力克在那里留有一些士兵。起初他们惊恐万状，打算逃跑。后来发现来者是算端鲁克那丁，他们赶快去致敬；同时百姓从四方去投他。他打开佐赞的篯力克的库藏，把其中的东西赐给士兵。

从那里他再赴伊剌克。

他抵亦思法杭后，散兵游勇汇集在他身旁，因此他恢复了力量。然而亦思法杭的哈的觉得不安全，敬而远之，持慎重小心的态度。算端鲁克那丁在他这方面认为最好不留在城里：他离城把他的营盘扎在郊外。但是，士兵不断来往，而老百姓，奉那个哈的之命，掀起骚乱，从屋顶上倾泻矢石。将近一千人被杀或受伤，鲁克那丁的军队在他们这方面也杀死了大批市民。因这个缘故，鲁克那丁离亦思法杭赴剌夷，在那里停留两月。当……[3]率领的蒙古军再度抵达时，他前往俾路斯忽堡[4]。蒙古人包围了它，五、六个

476 月后强迫他和该堡的所有百姓出堡。不管他们施加什么压力，他拒绝屈膝下跪；最后他们把他连同所有他的部属及该堡的戍军处死。

命运从老天的魔杯中，以看不见她的手的变幻，一再演出这些戏法，那么何时演出呢？或者根本不用她的手，她就把那杯鸩毒放入〔她的受害者的〕手中，从而不再(dast bar dast)给予掷骰子的机会。朋友啦，这事无法补救。不要把你的指头放在它上面，以免你受到伤害。牢牢立足于顺命的中心，信赖真主，以此你才不跌跤。而且不要向前迈步，以免你的足被抓住。

注　释

① “使古耳遭到的腹痛。”(弗.米.)据讷萨怖(奥达斯译，第 46 页)和朱思扎尼(拉维特，第 281 页)，他取这个名字是为了纪念其父打败古耳朝的失哈不丁。

② 即起儿漫城，见前，第417页，注㉒。

③ A本和B本中是一空白。

④ 据讷萨怖（奥达斯译，第119页）是兀思秃纳完德（Ustūnāvand），它像俾路斯忽那样都是德马文德地区的著名堡垒。

25. 八剌黑和起儿漫地的征服

八剌黑哈只不及其弟哈迷的不儿[1]，是哈剌契丹人，在哈剌契丹汗统治时期，哈迷的不儿屡次奉命出使算端，答剌速的塔阳古被俘时，他们跟他一起被虏，并在算端手下获得恩宠：哈迷的不儿逐渐成为一名异密，八剌黑受封为哈只不。算端赴河中，把哈迷的不儿和几千人留在不花剌，王位中绝之初，哈迷的不儿也死了。而八剌黑，他去投伊剌克的该牙思丁，为他效劳，成为他的一名大异密，受忽都鲁汗的封号。坚以盟誓后，该牙思丁任他为亦思法杭的长官。

当脱兰扯儿必[2]（Tolan Cherbi）率蒙古军抵达的消息传来时，八剌黑哈只不，得到该牙思丁的允许，赴亦思法杭，然后，率他的部
477 下经起儿漫到印度。他到达吉鲁弗特[3]（Jiruft）和迦马底[4]（Kamadi），朱瓦昔儿堡的青壮说服叔扎丁·阿布勒哈辛去袭击他们，以掳掠契丹奴隶。有五、六千人出发，把他们当成是许多猎物，甚至当成是一席酒宴。这支军队逼近时，八剌黑及其人马认为时机已至；他命令妇人也穿上男服，准备战斗。敌军分为四队，从四面进攻。叔扎丁军中一支突厥军，因有同族之亲，倒向八剌黑。附近有两个带围墙的村子（ḥiṣār），一个叫哈耳黑[5]（Harq），另一个叫阿拔昔（ʿAbbasi）。叔扎丁的队伍奔向这两个村子，打算在其中躲避。八剌黑的突厥人像劈开云雾的闪电，突袭他们，把那些大食人杀得

七零八落，遗尸遍野。叔扎丁带手下一些人避入有围墙的村子，他们被困一两天，因缺乏粮草，只好出村。叔扎丁成为俘囚，给系上沉重的铁链；八剌黑哈只不接着返回朱瓦昔儿。叔扎丁在铁链中被带到城（hiṣār）门前，叫他的儿子交出城池，以赎他的生命。他的儿子不管他，因此他被处死；然后他们开始围攻城池和堡垒。

有个守兵从城里开小差出来，〔声称〕他愿给他们指一条通往城内、没有守卫的道路，以把他们的军队从这条路带进城。八剌黑 478
许给很多的愿以奖励他，但谨慎地不全信他的话，要求一纸誓书。次日晚，这个人到城里去，偷偷把他在城里的一个姑娘[6]（sar-pūshīda）领下来，然后从他指的路把人带上去。拂晓时，他们击响战鼓，一声呐喊，攻占了该城，把城门打开。同一天，八剌黑把他的辎重送往那里。接着，他们把内城（ḥiṣār）中的叔扎丁之子包围。

突然，有消息说扎兰丁从印度方向前来。八剌黑哈只不先送去种种食物，再亲自去谒见，把他的一个女儿献给算端。算端到来，与八剌黑之女成婚，并遣使叔扎丁之子，宣告他的来临，召他去见他。叔扎丁之子答复说，他不相信他们，除非他眼见算端的御伞。算端亲自上马，出现在城（hiṣār）前，因此，他立刻准备去朝见，先送去种种贡礼。然后，他手捧刀，身披丧服，去恭候算端。他备受恩渥，同时算端进入城内。

八剌黑陪同算端进城。某天，算端和他的大部分麾下出猎，但八剌黑托词生病，拒绝出城。算端察觉他为谋逆才留下来；想要试验他，算端以商议要事为名，遣使召他来见。八剌黑回答称，他是用刀枪征服那些地方，而且该地并非御驾驻跸之处。诸堡需在安全的掌握中，而他是一个老仆，因卓有功勋，才享有权利。现在他

479 年岁已高，再无力走动。他打算乞得算端在该堡中的御室，若算端想入内，那将是不可能的。

因时间紧迫，算端送去安抚的答复，然后前往泄剌失。

八剌黑哈只不巩固了他的地位。他占领整个那片地方，拥有大量甲兵。把求他援助和庇护的算端该牙思丁处死后——

像个乞求用火来保护焦灼土地的人——⑦

他遣使去谒见大教主，申明他改宗伊斯兰，请赐他算端的称号。他的请求被批准，于是，他荣获忽都鲁算端的尊称。他的兵力因此日益增长，他的军队和部属人数大增。迄至奉塔亦儿把阿秃儿之命围攻昔思田⑧的异密们向他遣使，要他投诚，并要求供给士兵及援助。八剌黑哈只不本是个机智的人，他发现，权势现在是在成吉思汗后人手里。因此，他接见使者，就是接受他们的命令，表示归顺，也就是卑躬屈膝以乞庇护，免招大祸。他回答说，他会带自己的人马去解决昔思田，不劳蒙古军的大驾；但因他本人年迈，不堪跋涉，所以他愿遣他的儿子入侍朝廷。他如约进行准备，在……⑨年派鲁克那丁·火者·木八剌(Rukn-ad-Din Khoja Mubarak)去朝见
480 合罕。

鲁克那丁尚未到达目的地，便得到消息说，他的父亲已死，而他的堂兄忽都不丁(Qutb-ad-Din)僭取起儿漫的政柄。但他没有停留，直抵宫廷。合罕按他天生的习惯，对他示以宠幸，因他是头一个入朝宫廷，得见御容，所以，舍罕把起儿漫的国土赐给他，又颁发一道札儿里黑，让他承袭其父的称号忽都鲁算端。镇海受命当他的师傅，并有诏传忽都不丁入朝侍奉皇上。鲁克那丁归去时，忽

都不丁携带他的行装出发。他走哈维斯[10](Khavis)这条路,进抵佐赞,从那里到宫廷。他暂时侍〔侯合罕〕,后来,有诏遣他到契丹去,在马合木·牙老瓦赤手下服务,奉这些诏令,他跟牙老瓦赤相处了一个较长的时间,后者待他若慈父,对他礼敬,尊重他的身份。

当贵由汗的忽邻勒塔召开时,忽都不丁算端也参加了,并想重新得到算端的位子。但是,镇海是忽都鲁算端鲁克那丁的师傅,所以反对这样做,因此有诏命他仍然——如原先奉合罕之命——扈从丞相(ṣāḥib)牙老瓦赤,仍命鲁克那丁继续留在授予他的位子上。

故此,鲁克那丁仍拥有起儿漫的国土,并把定额贡赋,如巴里失和骆驼缴纳给征收的异密,直至蒙哥可汗荣登帝国的宝座。忽都不丁这时随同丞相牙老瓦赤入朝,蒙哥可汗仁慈地接待他,恩赐有加。他把该地区[11]的算端位子赐给他,派一名蒙古人作监护他的八思哈。一行人到达也里,忽都不丁先遣使给鲁克那丁,把世界 481
皇帝对自己的恩宠通知他,召他去听札儿里黑。

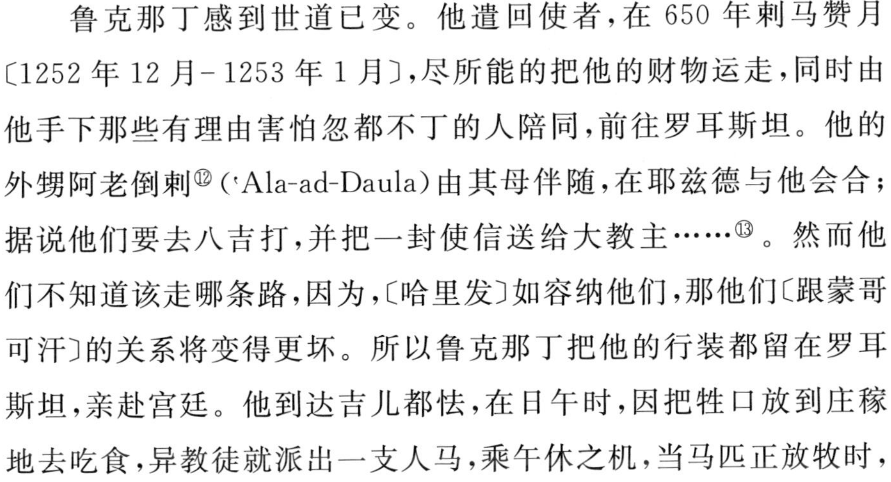

鲁克那丁感到世道已变。他遣回使者,在 650 年剌马赞月〔1252 年 12 月-1253 年 1 月〕,尽所能的把他的财物运走,同时由他手下那些有理由害怕忽都不丁的人陪同,前往罗耳斯坦。他的外甥阿老倒剌[12]('Ala-ad-Daula)由其母伴随,在耶兹德与他会合;据说他们要去八吉打,并把一封使信送给大教主……[13]。然而他们不知道该走哪条路,因为,〔哈里发〕如容纳他们,那他们〔跟蒙哥可汗〕的关系将变得更坏。所以鲁克那丁把他的行装都留在罗耳斯坦,亲赴宫廷。他到达吉儿都怯,在日午时,因把牲口放到庄稼地去吃食,异教徒就派出一支人马,乘午休之机,当马匹正放牧时,突出不意把它们掠获，使它们尝到毁灭之味。鲁克那丁醒来，那伙暴徒逼近时，他和五六个尚有鞍马的人跨上马，英勇战斗，直到他的同伴骑马来援救他；于是他们把那群异教徒杀死过半，再走他们的路。第二天，不花(Buqa)赶上来，因这场战斗，他对鲁克那丁极为钦佩，很器重他。他由此抵达世界帝王蒙哥可汗的宫廷。(在651年剌马赞月〔1253年10－11月〕，我碰巧从蒙哥可汗的大斡耳朵返回时，与他在阿力麻里相遇：他面带惊恐、畏惧之色，已无福运
482 的光彩。)当他朝见蒙哥可汗时，忽都不丁送来使信，揭发他曾向八吉打方面去；接着，忽都不丁亲自入朝。他们两人都受到鞫问，结果，鲁克那丁被交给忽都不丁，以执行天命对他的原判；因此他在忽都不丁的刀下丧命。现在，忽都不丁觉得，起儿漫国土内的暴虐迹印已扫清，命运一反常态，成为忠顺的主妇。返回他的首府，并把四周国土都征服后，他屡次入朝旭烈兀的宫廷，备受恩渥。这时，死神突然从幽冥进行袭击，他死于656/1258。

倘若你一辈子舒适地生活，
又一辈子尝到人生的乐趣，
那到头来你仍有一死，
你不过做了一辈子的梦。

注　释

① 见前，第ⅰ册，第103页，注⑰。

② TWLAN ǏRBY。《元秘史》和拉施特的脱栾扯儿必(Tolun Cherbi)。他是晃豁坛部人，据拉施特(赫塔吉诺夫译，第168页)，他和速亦客秃(见前，

第ⅰ册，第91页，注②)都是珊蛮帖卜腾格理之弟。跟速亦客秃一起，他是最早受命为扯儿必的五名官员之一。见《元秘史》，第267节，格鲁赛，《蒙古帝国》，第158页。在古耳干赤和阿富汗之战后(见巴尔托德，《突厥斯坦》，第433、442页)，他参加了对唐兀的最后战役，并据《元秘史》第267节，他负责把唐兀君王处斩。见格鲁赛，前引书，第279－280页，并参看斯米尔诺娃译拉施特，第233页。

③ 吉鲁弗特(Jīruft)的遗址叫做薛合-亦-答杰雅努思(Shahr-i-Daqiyānūs)，"德修斯(Decius)皇帝之城。"见雷斯特朗治，《东哈里发的国土》，第314－315页。

④ 迦马底(Kamādi)，马可波罗的Camadi，是吉鲁弗特的一个郊区。

⑤ ḤRQ。其拼法不确定。

⑥ 直译是"一个蒙着头的人"。意义不明。

⑦ 伯速斯(Baṣūs)战争故事中一首名诗的后半段。(穆.可.)关于这次伊斯兰以前的伯多因(Bedouin)战役，见尼科尔松，《阿拉伯文学史》，第55－60页。

⑧ 多半指昔思田的首镇扎朗杰(Zaranj)。见雷斯特朗治，前引书，第335页。

⑨ 多数抄本均为一片空白。据《塔里黑-亦-古兹答》(Ta'rikh-i-Guzīda)等书，八剌黑死于632年祖勒合答月〔1235年7－8月〕，因为鲁克那丁尚未达窝阔台的斡耳朵便得到其父的死讯，所以他动身赴斡耳朵的时间必在同一年，即632年，或者略早些。(穆.可.)

⑩ 哈维斯(Khavīs)即哈比斯(Khabīs)(一般的拼法)今夏达德(Shāh-Dād)，位于起儿漫以东、答昔特-亦-卢特(Daṣht-i-Lūt)边境。

⑪ 即起儿漫。

⑫ 未来的耶兹德的阿塔毕(670/1271－1272到大约685/1286－1287年)。

⑬ A本和B本在哈里发名字处为一空白，C本误作纳速儿里丁阿拉，当时即位的哈里发是穆斯塔辛比拉(al-Musta'sim billah)。(穆.可.)

26. 成帖木儿和他对呼罗珊及祃椤答而的治理

成帖木儿是头一个受命出守呼罗珊及祃椤答而的异密，他是哈剌契丹人[①]，曾在花剌子模被征服时，由术赤任命当该地的八思哈。世界的皇帝合罕把绰儿马罕派往第四大洲[②]，颁发一道札儿里黑称：四方的大将和八思哈应随军出发，向绰儿马罕提供援助；
483 于是成帖木儿从花剌子模，经薛合里斯塔纳出兵，同时候把代表诸王的其他异密，置于绰儿马罕麾下。绰儿马罕也同样把代表每个王公及王子的异密，置于他的指挥下：怯勒孛剌[③]（Kül-Bolat）代表合罕，诺撒耳[④]（Nosal）代表拔都，吉思勒不花[⑤]（Qizil-Buqa）代表察合台，也可[⑥]（Yeke）代表唆鲁禾帖尼别吉。当时，阔儿吉思[⑦]是成帖木儿的部下，在其中他逐渐升到侍从的职位。

成帖木儿要他进军路上的所有地方，纳款投诚——诸如牙即儿、讷萨、库克鲁黑[⑧]（Kukrukh）及扎里思单[⑨]（Jaristan）等地；他用安抚的手段使它们落入臣服的圈套：凡反抗的地方，他就发动进攻，用武力予以削平。

绰儿马罕使呼罗珊呈现一片骚乱状态。他攻占一些地方，置八思哈镇守，但另一些地方尚未俯首臣服。叛军和突厥人在四方出现，给百姓制造骚乱；同时乱民和暴徒（runūd va aubāsh）占了优势，使一个已经平定和归顺的地区，在灾害和动荡下，重陷混乱。因此，算端扎兰丁的两名异密，哈剌察（Qaracha）和牙罕孙忽儿（Yaghan-Sonqur），经常袭击你沙不儿及其属邑；再因人们的脑子里惦念着算端的消息，该地就毫无和平可言了。某个异密会突然 484
出现在某县，筑堡于山头。你会攻击我，我又会攻击、杀死他；绰儿马罕派往各地的八思哈，被哈剌察及其突厥人所杀，后者经常向所有降于蒙古者发动袭击。

因此，成帖木儿把怯勒孛罗剌派到你沙不儿去消灭哈剌察。我父及一些名绅、首脑，从该城口念逃亡经，跑到徒思。当时，徒思内城中有个叫塔术丁·法里扎尼[10]（Taj-ad-Din Farizani）的人，在杀掠和奸诈方面胜过所有异教徒，占据徒思的一座城堡。我父和首脑人物抵达那里，派一名可靠的人去见他，通告他们到来，要求避难，因为"行将淹死者，什么都要捞。"他用虚假的诺言安抚他们，因听信了他的谎话，他们遂前往该堡。

在危难中求阿模尔（'Amr）的保护，
好比求火的保护不受焦土之害[11]。

怯勒孛剌击败哈剌察，返回后，听说这些人逃走，他遣使向法里扎尼索还他们。法里扎尼把他们送回去，以为怯勒孛剌会把他们处死。恰好相反，他极殷勤地接待我父，及那些显贵，我父以此为题，写了一首如下的乞塔诗：

我出使见法里扎尼，
他的举动说明他毫无头脑。
他言谈猥亵，鄙俗不堪：

〔要讲述〕哪怕最容易讲述的东西，
连说书人的身份都不如。

485 这些骚动的消息上达合罕，天颜震怒，以致命塔亦儿把阿秃儿从八吉思带一支军队，去解决哈剌察：那些〔迄今为止〕刀下余生者，眼见要被卷入毁灭的旋风，呼罗珊诸地眼见将不剩一个活人，他们的家园庐舍眼见要被大水淹没，荡然无存。下面是一条著名谚语："狼必须学缝补，但他已能很好地撕咬。"正是这样，〔蒙古〕军要去进行杀戮，掠夺〔哪怕〕在地里的东西，因此，他们疾若星火地从八吉思出发。

行至中途，塔亦儿把阿秃儿得到消息说，怯勒孛剌已击败哈剌察，把他赶出呼罗珊；后者已逃往昔思田[12]，在那里把城砦作为他的据点。塔亦儿把阿秃儿挥师前往，包围该城；但经过将近两年的辛劳，他才把它攻占。然后，他从昔思田遣使成帖木儿，声称，按照合罕的札儿里黑，呼罗珊的政柄已授予他，因此成帖木儿应放弃他的统治。成帖木儿回答说，有关呼罗珊百姓叛乱的情报是虚假的，这个情报系出自个人利害的动机。因哈剌察之罪，怎能使如此多的国土和人民饮下毁灭之鸩？一个历经多年辛苦才获得稍许恢复的省份，怎能不必要地再把它破坏呢？他也将遣使上报情况，这事将根据颁发的诏令来解决。但在目前，他，成帖木儿，不允许加害于这些地方的任何百姓。塔亦儿的使者愤怒失望而归。

绰儿马罕这方面，已遣使召成帖木儿及上述诸异密，带兵去跟
486 他会合，把呼罗珊和祃桚答而留给塔亦儿把阿秃儿。但是，当过一天异密的人，怎甘再为人下？曾总摄政柄者怎肯去干卑微的工作？主子安肯成为奴仆？成帖木儿跟他的心腹和密友，共商如何招架

这个打击，大家一致认为，怯勒孛剌是地面上皇帝的一名亲信侍从，让他带几个投降的呼罗珊异密入朝〔宫廷〕。这时，已故的篾力克、速鲁克[13]的宝合丁(Baha-ad-Din)把他的兄弟送出城堡，表示归顺，其条件是，他本人出堡后，须送他入朝合罕。这正合他们自己的密谋，成帖木儿从祃桚答而返回，呼罗珊各地听说速鲁克的异密投诚，也纷纷表示归顺，但那些被死神拖住衣袍，不肯向前的人，则被扫荡无遗。篾力克匿赞马丁[14](Nizam-ad-Din)返回堡内，篾力克宝合丁就开始他的旅程。他见到成帖木儿，成帖木儿对他极尽礼遇；祃桚答而尚选派出迦布德扎马的亦思法合八忒奴思剌惕丁[15]，他们由怯勒孛剌护送往朝廷。(这些事发生在630/1232－1236年。)这两个人都是河中以西诸国的首次入朝者，所以，合罕非常欢喜，命设宴招待，一连几天酒席不绝。因这个缘故，他对成帖木儿和怯勒孛剌恩赏有加，说："自从绰儿马罕出师征服许多大邦，整个这段时间中从未送一个篾力克与寡人，而成帖木儿，尽管他地小势微，倒为我们做到这一点。朕嘉赏他，把呼罗珊和祃桚答而的政柄交他牢牢掌管，教绰儿马罕及别的异密交出他们在该地
的权力。"同时，他任怯勒孛剌为成帖木儿的行政副手，授予那个亦 487
思法合八忒以篾力克的职位，治理从迦布德扎马边境直到阿斯特拉巴德的疆域，并且任篾力克宝合丁为呼罗珊的篾力克，〔也就是治理〕[16]当时呼罗珊所辖的亦思法剌因、志费因、扎只儿木、朱耳巴德[17](Jurbad)、阿耳吉延[18](Arghiyan)诸地[19]。他赐他们每人一面金牌、一道盖有塔木花的敕令；他也对呼罗珊的百姓表示仁慈，赦免了活着的人。因真主的仁爱——"主显示与人的慈恩，无人能制止"[20]——呼罗珊在成帖木儿的关怀和照料下，因已故的篾力克宝

合丁的归降，没有遭受厄运的打击；一些靠腿快逃过千险，历尽艰辛才在刀下保存脑袋的人，怀着求生之望，现在听天由命，俯首服从冥冥苍天的残害。

成帖木儿，现在他的职位得到札儿里黑的批准，任命舍里甫
丁[21]（Sharaf-ad-Din）为代表拔都的臣僚，因为他资格老。他还任
命我父为撒希伯底万。别的异密各派一名必阇赤到底万以代表诸
王。使底万恢复兴旺的景况后，他遣阔儿吉思，由我父陪同，出使
合罕宫廷。他[22]把已故的匿赞马丁留在底万作他的代表，然后动
身。当他[23]见到合罕，合罕得知他们各自的来历，向阔儿吉思询问
488 有关该省的情况。他按照皇上的胃口来上报；因此，合罕赞赏他陈
述的事情和方式。他也示恩于我父，赏他一面牌子和一道有塔木
花的札儿里黑。他还任他为国家（mamālik）的撒希伯底万的职
位；我父更得到他的垂顾和宠幸。

他们满足了愿望，从斡耳朵归去，这时成帖木儿去世了。他的权势和财富之望化为一场空。他死于633/1235－1236年。

注　释

① 见前，第ⅰ册，第88页，注⑦。

② “第四大洲始于东方，中经土番地方，再经呼罗珊和河中、伊剌克及低廉（Daylam）的土地、西利亚和鲁木的部分地区，然后它穿过西利亚海、塞浦路斯和罗德斯岛、马格里布诸地，再经坦扎（Tanja）（坦格尔（Tanger）），止于马格里布海。”（马卫集，第13－14页）穆斯林地理学家追随希腊人，把世界分为七大洲。见马卫集，同页，及米诺尔斯基的注释，第63－64页。

③ KLBLAT。拉施特（贝烈津，第Ⅶ卷，第150页）作KWLBLAT。这个名字义为“光灿的钢。”据拉施特（贝烈津，同页，赫塔吉诺夫，第142页），他

是乃蛮人。

④ 关于诺撒耳，见下面，第 27 章。关于他的名字的拼写法，见伯希和，《金帐汗国》，第 54 - 55 页。

⑤ 意为“红牛”。

⑥ 原文作 YYKH，读作 YYKH。yeke，蒙语意为“大”。

⑦ 关于阔儿吉思，见后，第 28、第 29 章。忽必烈之孙和继承人铁木耳完泽笃(1295 - 1307)(即元成宗。——中译者注)，有个驸马也叫阔儿吉思(Körgüz 是 George 的突厥语形)，见格鲁赛，《草原帝国》，第 362、371 页。(即高唐王阔里吉思，《元史》有传。——中译者注)

⑧ 库克鲁黑(Kūkrūkh)即库-库鲁黑(Kū-Kurūkh)。阿富汗西北有个库鲁黑(Kurukh)。(弗. 米.)

⑨ 第一个音节的母音不确定。塔巴里，第Ⅱ卷，第 1605 - 1613 页，谈到南古兹根(Gūzgān)有个叫 J̌RYSTAN 的地方，120/783 年，阿拉伯人在那里打败突厥的可汗。(弗. 米.)

⑩ 原文作 Farīzana'ī，读作 Farīzanī，下面(B 本、C 本和 E 本在此处相同)作 Farīzanī。据牙忽惕，法里赞(Farīzan)是紧靠也里城外的一个村子。

⑪ 这是一首全诗，其后半部分在前已引用，第Ⅱ卷，第 214 页〔第 ii 册，第 479 页〕。(穆. 可.)

⑫ 见前，第 479 页，注⑧。

⑬ 关于亦思法剌因以北的速鲁克堡，见前，第 i 册，第 155 页，注⑦。

⑭ 显然是前面提到的篾力克宝合丁之弟。(穆. 可.)

⑮ 见前，第 i 册，第 351 页，注③。

⑯ 原文为 va“和”，在 B 本中，后人把它改为khusūṣan“特别是”。

⑰ 据牙忽惕，朱耳巴德(Jūrbad)是亦思法剌因县的一个村子。

⑱ 阿耳吉延(Arghiyān)是扎只儿木四周的县。

⑲ 意思大概说，只有这个呼罗珊最西北部的地区，作为蒙古人入侵结果说，尚未荒芜。

⑳ 《古兰经》第 xxv 章，第 2 节。

㉑ 关于舍里甫丁，见后，第 32 章。

㉒ 即志费尼之父。(穆. 可.)

㉓ 显然指阔儿吉思。

27. 诺撒耳

成帖木儿死后，他的死讯上报给世界的皇帝合罕，有诏叫年过百岁的蒙古老人诺撒耳[1]继他为异密。根据这道圣旨，异密们、底万的书记们和大臣们(aṣḥāb)就从成帖木儿的府邸迁往诺撒耳的营帐，在那里重新开始底万的工作。合里甫丁到拔都的宫廷去，而阔儿吉思，如往常那样，奔走于〔诸斡耳朵之间〕。

恰在这个时刻，篯力克宝合丁和萨布扎伐尔的马合木沙(Mahmud Shah)因牵涉到一场有关拜哈吉的争论和其他原因，再次前往合罕的宫廷。宝合丁把他的案子上奏给合罕，后者下诏称，因对方不在，对这件事不能作出明确的决定。他因此应当再返回去，好由他的对手陪同前来，以此这个案子可以得到充分的审查。同时再经篯力克宝合丁宣发和下达一道涉及我父亲的、批准他的职位的札儿里黑。

篯力克宝合丁返抵后，他们听了札儿里黑的内容，诺撒耳和怯
489 勒孛剌不喜欢阔儿吉思被召。当后者动身时，诺撒耳留在职位上，但当他返回时，诺撒耳就被撤除了该省的行政和管治权，他仅限于指挥军队，直至 637/1239 – 1240 年，他也随他的其他友人前往那一去不复返的地方。

注 释

① 他实际上属于克烈的土伯夷(Tübe'üt)部。见赫塔吉诺夫译拉施特,第141页,同见伯希和《金帐汗国》,第54-55页。

28. 阔儿吉思

他的出生地是个叫八儿里黑[1](Barligh)的小村子，离别失八里四帕列散远，在畏吾儿国西部，旅客经过该地的道路上。651/1253－1254 年，我们从世界皇帝蒙哥可汗的斡耳朵返回时，暂时在该地停留作午休。我回忆起我已忘掉了的一件事，那就是，已故的拜哈吉的匿赞马丁·阿里·撒底德(Nizam-ad-Din 'Ali as-Sadid)，途经该村时，曾撰写一首咏阔儿吉思的巴依特，并且念给我听：

548 我们在清晨驻留于八儿里黑的教堂；
我清楚看到人们从村落前来。

接着，就在当时，我按同样的韵律，撰写了几首尽管不如它的诗，以唱和他那首抒发内心感情的巴依特：

我确实知道，一个人靠他的努力和坚定才上升：
“大度的人，倘若他是大度的……”[2]
若是从山头走下坡路，
那好出身也无益于一个无知识的人。
因此，努力去争取光荣及牢固的声誉，
不要饶舌—这是众所公认的判断。
倘若他得到冀求的显职，

那好像是一棵幼树开始结果实。
但倘若他得不到冀求的东西，
愿望落空——因为老天对人类残忍——那么，
农夫受到原谅，若他的田地播种好，
但天不下雨，因此得不到灌溉：
战士在战场上受到原谅，
若他的战马在阵中失蹄。
因此，奋发图强，以免人们谴责你，
尽管万事天定。

我向该村的居民打听他父母的情况。他们说，阔儿吉思的父亲，在他幼年时就死了，除继母外，他别无亲人，而他的继母因他年幼贫困，毫不照管他。父死后不久，有人向她求婚，就在要成婚时，阔儿吉思去见亦都护，上告此事。按蒙古和畏吾儿的风俗，子有权娶其父妻，(但不是亲生母。——中译者注)跟她婚配；于是亦都护执行旧法。然而，阔儿吉思后来放弃他的权利，仅取走一点财物，让他的母亲另嫁。他就此研习畏吾儿文书，很快就精通了它。胸怀大志，他不甘心于贫贱和低微。但他的钱囊，对他说，没有丰足到使他脱离困境，他亦得不到供远游的资金。他没有可以依附的裙带关系，既无亲属救他于贫窭，又无友人解囊或借贷以资助他。

我抱负之大，愿望之高，娱乐之水平，
使我不堪忍受压抑。

在这种悲惨的境况中，他的堂兄别失忽剌赤[3] (Besh-Qulach)替他
跟一个农夫拉关系，从农夫那里，阔儿吉思借到相当于一匹马的 491

钱，以他堂兄的人身作抵押[4]。他买了一匹马，前往拔都的斡耳朵[5]。抵达后，他为宫中的一个异密服役，被派作牧夫。过了些时候，阔儿吉思在那项工作中显示出他的才能，因此被异密提拔来侍候自己。光阴过去，他成为一名亲信。有一次，随他的异密侍候术赤外出狩猎，成吉思汗宫廷中下达一道札儿里黑，内容大约是有关寻欢作乐的事。在场的书记无人读出这道札儿里黑，因此，要从部属中找一个识〔畏吾儿〕文的人。阔儿吉思被点到，并被带到术赤前。他读出了这道札儿里黑，不失礼仪，从捧马镫者（rikābī）和外仆（bīrūnī）之类人那里，多少难以指望到。他的态度和言词使术赤满意，他吩咐把他录用为书记。因对异密表示尊重，履行礼仪及工作中之要求，他逐渐有了影响，他的事业上日益显出走运的兆头。他以口才和文笔之擅长而知名，所以被派去教授蒙古儿童。当成帖木儿受任为玉龙杰赤的八思哈时，他被派遣去伴随他。他扈从成帖木儿，在交给他的工作中表现出他的干练和才能，直到他受到成帖木儿的充分信任，升任为他本人的副手和侍从长之职。成帖木儿遣他入朝合罕，合罕亲自询问他，他的回答使他欢喜，在场的人都对此惊叹不置。谈话转到呼罗珊诸县这个题目上，合罕
492 向他打听春、夏、冬季的牧地。他的回答如下："陛下国土内的奴仆们，过着丰衣足食的生活，他们的心儿像鸟一样飞翔于幸福的天际。冬营如春，处处都有各种水仙和芳草，像高山乐园；群峰在夏季与天堂相媲美，福绥千万，百鸟齐鸣。"他如此上奏，致以颂扬和感恩之词，合罕对他的聪慧、敏捷、才能和能力，更增加了信任，而异密镇海，因阔儿吉思是畏吾人[6]，并在刚抵达合罕宫廷就寻求自己的庇护，所以在合罕示恩于阔儿吉思时，予以赞助。于是阔儿吉

思满载荣誉而归(Soyurghamishī va navākht)。

他抵达呼罗珊，与成帖木儿之死恰好同时。成帖木儿由诺撒耳继承，阔儿吉思在他手下仍留原职，直到篾力克宝合丁从合罕宫中归来，宣旨要他去报告呼罗珊的政事。诺撒耳和怯勒孛剌不愿他去，因为，他们从他的言行中猜测，若他再次赴阙，那末，因他的登场，他们的谋生绿茵会凋残，他们的生命之食将化为腐毒。阔儿吉思呢，他一直在琢磨如何设法接近斡耳朵。一朝有此良机，他便开始作准备。有天，在这节骨眼上，他去找我的父亲撒希伯底万，并说："富贵有如一只鸟儿，谁也不知它将栖息在哪个枝头。我将作出努力，准确地找着命中注定的东西，及天道循环所需求的东西。"

诺撒耳和怯勒孛剌最后不得不同意他去，于是他由篾力克宝合丁、马合木沙及几个呼罗珊的头目陪同前去。他们谈到诸省情况，特别谈到呼罗珊和祃桚答而的赋税、差发和户籍，还涉及尚未 493
清缴的逋欠。尽管镇海支持阔儿吉思，答失蛮哈只不及别的一些人，却希望把权柄交给成帖木儿之子。当呼罗珊的首脑人物到场，阔儿吉思也在时，支持他的镇海，等到〔跟合罕〕私语的机会，说："呼罗珊的头目想要阔儿吉思。"合罕回答说："那就授与他一道札儿里黑：作为一个试验，我们派他去查实(istikhrāj)多年来的产量，及每人逋欠的数字，还让他去清查户籍；不许人打扰他。他回来后，倘若工作干得好，我们就知道怎样办了。"

得到这份诏旨，阔儿吉思如鹰击长空，离开斡耳朵，不久就返回呼罗珊和祃桚答而，在那里宣读札儿里黑。然后，强使众书记和官吏去见他，他忙着处理政事。至于诺撒耳，他是个蠢材，老朽无用，在一场争论中自身难保；而怯勒孛剌，他是个机智老练的家伙，但如他企图进行一些反抗，阔儿吉思就会把札儿里黑抛到他脸上，说："奉旨不许人干扰我的工作。你怎能对这事说东道西？"这是个专横的回答，怯勒孛剌只得罢手。诺撒耳呢，尽管根据札儿里黑的内容，他已被撤职，他仍不离开职位。

阔儿吉思使呼罗珊和祃椤答而的事务恢复秩序，并且保护财产。他从四方征集值得进献皇上的贡礼。他实施新的户口调查，重征赋税。他建立工场，对百姓普施仁政。现在，没有人敢于不讲明缘由就触水，奸商的贪婪受到限制。才智之士和愚昧之徒泾渭分明；由此，这个地区〔再度〕产生繁荣之望。

494 舍里甫丁这时从拔都的斡耳朵归来。因阔儿吉思当权，他和别的一些人没有任何实权，其中几个人，作为成帖木儿的部属，实际上已受到解职之危。他们因此向成帖木儿的长子额解古帖木儿[⑦](Edgü-Temür)进谗说，父位应由儿子继承，若他现在不谋求政柄，那往后阔儿吉思羽翼丰满，就难以把他撵走了。额解古帖木儿应赶在阔儿吉思巩固他在朝中的地位前，先发制人，把他的活动上报合罕宫廷。于是，额解古帖木儿推荐通忽思[⑧](Tonguz)，派他赴阙去进行种种诬陷和诽谤。一些极力要使镇海丢脸的人，乘他不在时，把这些指控上奏合罕，结果是，异密阿儿浑、忽儿八哈[⑨](Qurbaqa)及苫思丁·迦马格尔(Shams-ad-Din Kamagar)受命去审视此案。

阔儿吉思得悉遣使之事，他也作好准备，启程〔赴阙〕，任命我父撒希伯底万代他作为治下诸州的长官。他抵达费纳客忒，遇到前来调查情况的使者。阔儿吉思拒绝按他们的意见返回去，通忽思就跟他吵起来，态度横蛮到扭打起来，而且他打折了阔儿吉思的牙齿。阔儿吉思在晚上把他的血衣交帖木儿上呈朝廷。然后，不得已，他折回去。他回到他的府宅，蒙古异密们，如怯勒孛剌、额解古帖木儿、及诺撒耳，都凑到一块，用棍棒把必阇赤、篾力克和臣僚(aṣḥāb)赶出阔儿吉思的府第，并把他们带到自己的驻地，在那里他们开始审查。

阔儿吉思，在等候帖木儿额勒赤[10]返回时，争取时间，作出模棱两可的回答，但一些祃椤答而和别的地方的糊涂透顶的家伙，不 495
顾自身安危，不计后果，开始胡乱交代。第二天，帖木儿额勒赤，在四十五天中，从远方的哈剌和林返回阿斯特拉巴德附近的算端都温[11](Sultan-Duvin)。有诏要所有人赴朝，禁止就地审讯：皇上因阔儿吉思的血衣而震怒。

阔儿吉思的支持者，现在把篾力克和臣属从额解古帖木儿的驻地驱赶出来；但额解古帖木儿的人，骑着马用棍子再把他们赶回去。总之，官吏左右为难，若他们支持阔儿吉思，他们要受到使臣的攻击，反之，如他们跟使臣要好，他们又有理由害怕阔儿吉思。舍里甫丁晚上跟额解古帖木儿接交，白天支持阔儿吉思。

阔儿吉思捎信给他的对手称：帖木儿额勒赤已返回，他们必须亲自去听颁发的札儿里黑。然后，不等到他们的回音，他跨上马，驰向自己的家，带几名受到他信任、有远见卓识的呼罗珊首脑人物，启程赴阙。

得悉他离开的消息时，他的政敌们不能停留在原地不动；因此，怯勒孛剌和额解古帖木儿，在一群拨弄是非者、告密者的陪同下，也出发了。一行人到达不花剌，当地的篾力克赛因灭里沙(Sain-Malik-Shah)在他家里招待他们。怯勒孛剌出外便溺。有

496 一帮在不花剌等他好些时间的菲达额，埋伏在一扇门的角落。当他外出时，他们刺中了他和他的几个卫士，而且怯勒孛剌本人被刺身死。

他是那伙人的魁首和支柱。他的死吓破了他们的胆，他们惊慌失措，因为无知，他们已把灾难的毡子失落水里，再不能把它捞上岸来。不管怎样，当他们抵达斡耳朵后，他们[12]先搭起成帖木儿造的营帐。合罕进入这座帐幕，登上宝座，开始宴乐。合罕起身〔外出〕便溺。他步至帐门，刮起一阵风，把它撕裂，倒坍的帐柱压伤他的一个嫔妃。因这股烈火似的风，额解古帖木儿的茂盛庄稼被毁掉，他的体面一落千丈。合罕教把这座帐幕拆掉，赏给幕夫和驼夫。一周后，他们[12]搭起阔儿吉思造的幕帐，其中陈列了他携来进献的种种贡礼。那天，合罕欢乐倍常，阔儿吉思因此前景灿烂，他的敌手被击败。贡礼中有一条皮带，[13]镶有奥思[14]（'auz）宝石，也叫做黄疸石[15]，系阔儿吉思亲自设计和制作的，价值连城。看到这条皮带，合罕出自好奇，把它系在自己的腰上。恰好他腰上有个
497 疙瘩（? imtilā），给治好了。他视此为一个吉兆，并且说："再制一条这样的。"同时他对额解古帖木儿说："为何你，还有你父亲，不进献这样的唐苏合思[16]（tangsuqs）（意思是珍宝异物）？"

尽管指斥和责备如此清楚明白，随同额解古帖木儿的那些人仍不抛弃他们的盾牌，也不知道他们的利害所在。

蠢人干聪明人绝望时干的事，
但他们只是在丢脸后才这样干。

他们在那里停留一阵子，合罕命镇海、台纳尔[17]（* Tainal）及

札儿忽的其他一些首脑，鞫问他们的案子；于是，他们开始这项工作。阔儿吉思一党中尽是些老谋深算的人，财主和富翁，篾力克们如亦思法剌因的篾力克匿赞马丁、阿必瓦儿的的奕赫抵雅尔丁、必思坛的阿迷德木勒克·舍里甫丁，书记们如匿赞马丁沙等；而阔儿吉思一人敌得过千人。

他的敌人的军旅是散兵游勇，
但他们发现，他在军中犹如整支大军。

他会跟这些人商量，然后按大家的一致意见行事。大事不让舍里甫丁知道，尽管表面上阔儿吉思对他客客气气。

额解古帖木儿呢，他很年轻，怯勒孛剌的儿子们也都乳臭未干。他的支持者中，有两三个才能出众的人，意识到事情严重，不敢采取无法挽救的行动。那些目光短浅的，愚蠢的祃椤答而人——大群这些戴库剌黑班[18]（kulah-band）的家伙，干不了仅仅一个人的工作——自身既讲不出一句有道理的话，又重复不了别人的话。每当他们当中有人受到审问时，判决总是对他不利，尽管原因大半在于皇上的偏袒、异密们的善意——因为“法官的善意胜 498
过两个公正的证人”，下面的话是真理：“有人才有官府，但有钱才有人。”两党处在相反的位置上：因为阔儿吉思这一方面有人又有钱，他的敌手则二者俱无。

几个月如此过去，眼看没完没了，诸异密对这次札儿忽产生厌倦。合罕这时命两党掺和一起，命阔儿吉思和额解古帖木儿手下的人都共住一个营帐，吃饭共用一碗，同睡一张床。因此，阔儿吉思和额解古帖木儿俩住在一间房里，用一张盘子进餐，他们的从人

无不如此。合罕还命令他们身上不许带刀和武器，把他们的刀和
别的兵器都没收了。皇上的意思是，通过日夜共处，他们也许会变
得和解，放弃他们的敌视态度。但用这个方法也实现不了和解，所
以镇海和必阇赤们就把所有的供述和情况上奏；于是有一天，合罕
自己参加审讯，再亲自查问他们。秃蛮[19]（* Tümen）及他的兄弟、
怯勒孛剌的儿子们，还有额解古帖木儿的其余部下，跪在地上受
审。合罕的目光落到他们身上，他对他们喊道：“你们在这些人当
中干什么？站出来，跟执刀者站在一起。”然后，他审他们的案子，
发现额解古帖木儿及其部属有罪。他对额解古帖木儿本人说：“你
是拔都的人，因此我将把你的案子送给他。他知道该怎样处理
它。”不过，镇海尽管对额解古帖木儿的案子毫不同情，他仍不得不
对他表示点厚道。在提醒后者该怎样说后，他把他的供词上奏合
499 罕，这就是：“合罕系拔都的长上。我系何等人，我的案子尚需商
讨？地面上的皇帝合罕，他的才智知道如何处理它。”以此，合罕赦
免了他：如这个案子交给拔都，哪怕他是他的最亲密的友人，他会
开恩于他吗？

合罕命令额解古帖木儿和他的同伙去见阔儿吉思。一些人受杖，一些人被交给阔儿吉思，他给他们戴上枷，这是他们〔日后〕反叛的原因。剩下的人，合罕叫给他们驿骑，随阔儿吉思回去。他还让他们知道，按照他们应得的罪行和成吉思汗的札撒——据此，一个说谎的爱合黑[20]（aiqaq）要处以死刑——，本该把他们斩首，作为对他人的告诫；但因他们远道来他的宫廷，他们的妻儿盼望着他们，他不愿他们的家人得到噩讯，故此饶他们不死。但是，他们不得再犯这样的罪。对阔儿吉思，他谕以如下的旨意：“这些人是吾

人之奴仆。寡人已赦免他们的罪行。若你继续怀恨于他们，你也将犯错误，而处死你这样的人是不难的。”

这些札儿忽完结后，阔儿吉思开始办理政事和公务，诉讼的程序是按他的愿望进行的。绰儿马罕军征服的乌浒水[21]〔以西〕的所有州邑，合罕都委付他，并授予他这个内容的札儿里黑和牌子。

原来在札儿忽期间，合罕谈起过舍里甫丁：“这场灾祸的罪魁祸首，是那个教唆年轻人的大食人。如他现在追随阔儿吉思，他将扭头离开正道。他别跟他走。”舍里甫丁本人呢，他发现阔儿吉思心里生他的气，怕他报复。他因此乐于留下。然而，阔儿吉思在镇
海的赞助下，反对这个决定，理由是：多年来的账目，没有舍里甫丁 500
就不能解决，若他不在，税吏和财政官会有事找他。这样得到合罕的同意，让他回去，他便违反本愿，给送了回去。

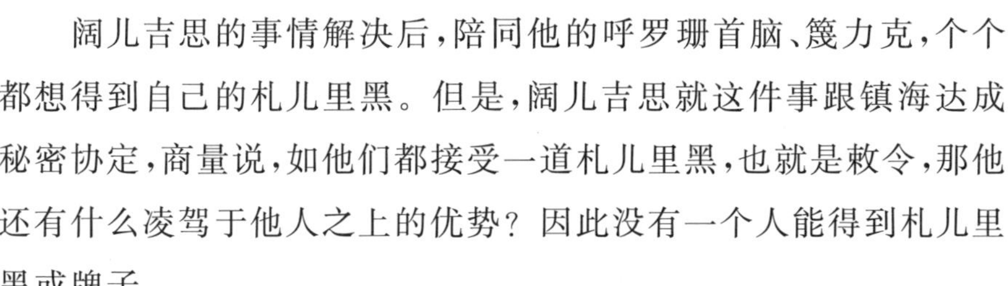

阔儿吉思的事情解决后，陪同他的呼罗珊首脑、篾力克，个个都想得到自己的札儿里黑。但是，阔儿吉思就这件事跟镇海达成秘密协定，商量说，如他们都接受一道札儿里黑，也就是敕令，那他还有什么凌驾于他人之上的优势？因此没有一个人能得到札儿里黑或牌子。

现在他们都返回去，阔儿吉思先遣使把合罕开恩(soyurghamishī va marḥamat)及敌人失败的喜讯，通报出去。这儿也有一些支持额解古帖木儿的蒙古人被拘捕，给戴上了枷；通忽思和秃蛮给背绑着手，押出斡耳朵。随后，阔儿吉思本人回去了。

注　释

① 原文作 YRLYΓ,据 E 本读作 BRLYΓ。它就是《霍杜德》中的 Bārlugh(第 94 页),米诺尔斯基以为(同前书,第 272 页)它位于别失八里以西。

② 整首巴依特——这里引用的是它的前半段,见前,第 i 册,第 275 页。

③ BYŠQLAǏ。译意为"五哻"。(一哻为六呎)

④ 这种以人身作抵押的作法,见拉德洛夫和马洛夫,《畏吾儿文献》中的畏吾儿契书。(弗.米.)

⑤ 如下面所述,拔都之父术赤尚在。

⑥ 意指镇海也是畏吾儿人,但见威利,《长春真人西游记》,第 36 - 38 页。(《元史》称镇海是怯烈台氏,但王国维已指出他是畏吾儿人,与志费尼的说法相同。——中译者注)

⑦ "好铁"。

⑧ "猪"。

⑨ 关于他的名字,见前,第 i 册,第 243 页,注⑪。

⑩ 也就是使者帖木儿,他是前面提到的阔儿吉思派去见窝阔台的帖木儿。

⑪ 算端都温(Sulṭān Duvin)(雷斯特朗治,《东哈里发的国土》,第 376 页,及氏所译韩达剌书,第 206 页,均误拼作 Sulṭan Darin)是古尔甘(Gurgan)河和卡腊速(Qara-Su)之间的一座山名。米诺尔斯基,《外高加索》,第 43 - 45 页,列举了在土库曼草原上、阿斯特拉巴德附近一连串叫做 duvin 的山头;他指出,老家在里海东南角的阿耳撒息人(Arsacids)可能把 duvin,"山",一词引入亚美尼亚语,作为他们的都城 Dvin 之名(同前,第 43 页,及《高加索史研究》,第 117 页)。

⑫ 志费尼用的动词是单数,但拉施特相应的一段是复数(伯劳舍,第 58 页);这似乎是所要表达的意思。

⑬ 它多半是金匠威廉·布昔尔送给路易九世的那种皮带:"曾是您的子民的匠人威廉,献给您一副饰有一颗宝石的腰带,这是他们系来防御雷电

的。”（柔克义，第 254 页）

⑭ 原文作ʻWR，读作ʻWZ。关于ʻauz，见比鲁尼的《乞他卜扎马希尔·菲·马里法特扎瓦希儿》（Kitāb-al-Jamāhir fī Maʻrifat-al-Jawāhir），海德拉巴德，1355/1926，第 216 页。（弗.米.）

⑮ sang-i-yaraqān。阿拉伯语为ḥajar-al-yarqān：普林尼（Pliny）的 icterias。见阿琴多夫（Achundow），《阿不满速儿·穆瓦法克·本·阿里·哈拉雅（Abu Mansur Muwaffak bin Ali Harawi）的药物原理……》，哈尔（Halle），1893，第 54、181 页。（弗.米.）

⑯ tangsuq 是意为“稀少”、“贵重”的突厥语形容词。

⑰ 原文作 *T*ARNAL，据 D 本读作 TAYNAL。

⑱ 显然为一种头饰。（穆.可.）

⑲ 原文作 Nurin（NWRYN），但这里明显指在后面第 500 页提到的秃蛮（Tümen），在那里，一个异写是 Nurin。

⑳ 突厥语“告密者”。

㉑ 在这里，Āmüya 似指河流，非指后来叫做查尔周（Charjui）的城市。见雷斯特朗治，《东哈里发的国土》，第 434 页。

29. 阔儿吉思抵呼罗珊和他后来的遭遇

如此获得恩渥，击退他的敌人后，阔儿吉思在归途中往侍拔都的兄弟唐古忒，然后从花剌子模前行。为准备他的图苏湖，[1]我父把一座营帐送到这里，其中有全套需用的设施，如金银器皿等

501 (? majlis-khāna)，并且举行必需的礼仪。留下来的呼罗珊首脑，都随我父去迎接他归来。他经薛合里斯塔纳抵达，于637年主马答Ⅰ月〔1239年11－12月〕在自己家门下马。因已遣使去召所有要人，所以他们这时都到来，蒙古异密们也来了。我父准备了另一座制作新奇、色彩瑰丽的营帐，备有金银器皿等种种东西。他搭起这座营帐，在其中一连宴乐数日，这个期间内宣读札儿里黑，向全体人员颁布新制定的札撒。伊剌克的首脑和赛德尔现在到达，同时候，他把他的儿子和底万中的那些书记，派到伊剌克、阿兰和阿哲儿拜占去。尽管名义上书记很多，工作的中心仍围绕着匿赞马丁沙转，因为他干练多才。

他们到达那些地区，跟绰儿马罕的将官发生多次摩擦，最后从他们那里接管这些土地，规定赋税，因为〔迄至当时〕，诸省都由那颜掌管，各城都由异密治理，他们仅愿意替底万征收一小笔赋税，而习惯把其余的攫为己有。现在向他们征索赋税，因此〔大量的〕

钱财从他们身上取得(bar-ishān mutavojjih gardīd)。

阔儿吉思以徒思为他的驻地，在迁往那里后，开始重建该城。除了个名字外，徒思一无所有，整个城内不超过五十户人家，即使这五十户，也东西南北分散在四处。市场毁坏得很厉害，两头驴子在瓦砾和荆棘中对过时，会“腿压着腿。”② 阔儿吉思兴建仓库，设计园林；赛德尔、篾力克和大人物都开始购置邸宅，着手重建市场，挖掘哈纳特，修复废墟。头一天卖两个半鲁克尼的那③ 的宅第，一周后卖到二百五十个的那。城县的重建就始于该时。阔儿吉思在行政管理中打下坚实的基础。他在各地遍设驿站，齐备马匹及其他需用之物，使百姓不受使臣的骚扰；他的法令如此严格，以致一个异密，从前砍人脑袋而谁也不敢反抗，现在不能杀一只鸡；同时，502
农夫变得来放心，如蒙古大军驻扎在田地里，他们甚至不叫一个农夫去捧马首，更不用说征索粮秣('ulūfa)和食物(nuzl)了，同样的办法适用于来往的使臣。大家心里都对他深为畏惧。

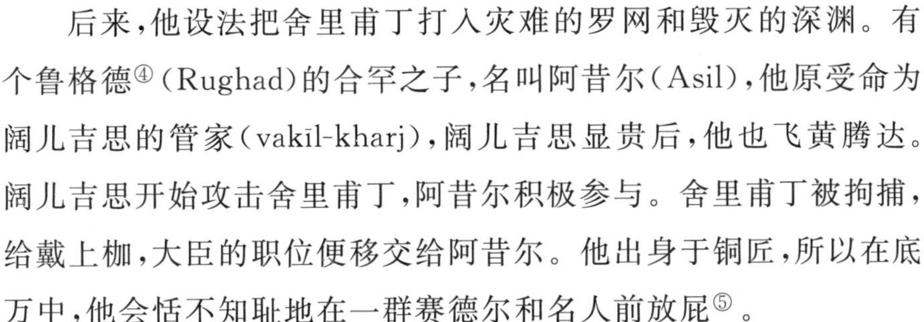

后来，他设法把舍里甫丁打入灾难的罗网和毁灭的深渊。有个鲁格德④ (Rughad)的合罕之子，名叫阿昔尔(Asil)，他原受命为阔儿吉思的管家(vakīl-kharj)，阔儿吉思显贵后，他也飞黄腾达。阔儿吉思开始攻击舍里甫丁，阿昔尔积极参与。舍里甫丁被拘捕，给戴上枷，大臣的职位便移交给阿昔尔。他出身于铜匠，所以在底万中，他会恬不知耻地在一群赛德尔和名人前放屁⑤。

阔儿吉思派前面提及的帖木儿额勒赤，赴阙上报有关舍里甫丁的事，随后又亲自入朝。途中他遇到一名使者，使者把合罕去世的消息告诉他，结果是出现一片混乱。在路上，阔儿吉思曾跟一个自称出自成吉思汗家族的察合台的大异密⑥，发生争吵，而且由于傲慢，给他以粗暴的回答。对这类人，言词比头发或锋刃更纤细，他们听不进真话或假话，他们认为他——

一言既出，解释它又有何用场？⑦

503 见情况不妙，阔儿吉思便回去了。那位异密告发此事，恰好舍里甫丁秘密派的一名使者也到来，好像要占他的座位(jāi-gīr)。察合台的妻妾、诸子，及其他王公，派遣阿儿浑和忽儿八哈，去押送阔儿吉思来朝廷，并且奉命，万一他拒绝来，就把他俘来。⑧

阔儿吉思〔刚〕返回徒思，使者们便到达了。他们派人召舍里甫丁，把他当作诱饵。违反蒙古法令，阔儿吉思曾在有墙的城镇(ḥisār)中心建筑一座坚实的仓库，住在那里。使者因此向军队将官求援，在他们看来，这个借口足够了，因为他们满腔怒火，心怀怨恨。大量蒙古人到来，把舍里甫丁从萨布扎伐尔带出来。至于阔儿吉思，他对使者们感到不安，但不管怎样，鲁格德的阿昔尔不让他去见使者，给他出坏主意，告诫他不要落入他们之手。因不知敕诏的内容，阔儿吉思心里害怕，在称作堡垒的仓库设下守卫(maḥfūẓ mī dāsht)，迄至有一天，使者们跨上马，和蒙古人一起，袍内穿上铠甲，进入门内。阔儿吉思下令关闭库门，于是，以此为理由，他们开始放箭。“我不是叛逆，”阔儿吉思说，同时候，门给打开了。蒙古人进去逮住阔儿吉思和阿昔尔，派人到各门去抓篾力克们及〔其他的〕人。但篾力克奕赫抵雅尔丁逃往阿必瓦儿的去了。呼罗珊和祃椤答而诸篾力克的事情给搞得一团糟，一个同时代人撰写如下的诗句，咏他们的处境：

当他们在迷途中前进时，

我看见足在绊倒，
但是，风将马上止息，[9] 504
一当大楼建筑在虚空时。

几天后，使者们把阔儿吉思和阿昔尔作为俘囚，押送回去。阔儿吉思一点不低头，根本不理睬他们。到达兀鲁黑额甫[10]（Ulugh-Ef）的斡耳朵后，札儿忽的异密们坐下来，开始札儿忽。阔儿吉思对他们说："如果你们能够处理我的案子，让我们说话，但如案子决定不了，不说为好。"

只要你什么都不说，你就还能够说，
你已说出的东西，你就再不能隐瞒。

审讯停止，他们认为应把他交给脱列哥那哈敦。舍里甫丁干预这次札儿忽，极力要跟阔儿吉思进行辩论，但后者狠狠申斥他，使他无言以对。斡耳朵的一个异密对舍里甫丁说："他因别的罪被捕，若他由此获释，你这种人还有什么机会反对他？求他的宽恕和谅解，比持敌对态度好。"

离开兀鲁黑额甫，他们到达脱列哥那哈敦的斡耳朵。那时镇海逃掉脱列哥那的毒手，托庇于贵由；丞相马合木·牙老瓦赤和阔儿吉思都曾因受到镇海的保护，对脱列哥那并不正眼相觑。而且，她的臣属多是些过去没有参预朝政的人，当时阔儿吉思并不礼敬他们，现在他又无钱用以改善跟他们的关系。再者，此刻掌朝政的是法迪马哈敦[11]，她曾选拔、培养舍里甫丁，后又把他送往呼罗珊和祃椤答而两州去侍奉异密阿儿浑[12]。

有诏称：因阔儿吉思系在兀鲁黑额甫的斡耳朵中口出恶言而 505

被捕，应把他押回那里，就地审理。一如既往，他不考虑后果，口吐恶言。合剌斡兀立命手下的人，拿石头堵他的嘴，这样把他处死。到他生命结束时，他已成为一个穆斯林，放弃了偶像教⑬。

至于阿昔尔，他回去后马上被囚于撒麻耳干。他⑭下令让他饿着，最后，令狱吏把毒药放进一盘秃惕麻其⑮（tutmach）中，给他吃下去，因此他也一命呜呼。

人间之事有如闪电，一闪之后立即消失，又如一个人向瓶里吹气，当他松开口时，瓶里一无所有。

若你活到一百，又活到十万〔年〕，

日子仍是同样的日子，事物仍是同样的事物。

注　释

① 见前，第ⅰ册，第102页，注⑫。

② 《古兰经》，第lxxv章，第29节。

③ 见前，第ⅰ册，第23页，注⑮。

④ 鲁格德（Rūghad）可能在迦布德扎马县。见拉比诺，《祃椤答而和阿斯特拉巴德》，第84页。

⑤ 铜匠以不能控制其天生的机能而知名。（穆.可.）

⑥ 据拉施特，他的名字是撒儿塔黑-曲者兀儿（Sartaq-Küje'ür）（赫塔吉诺夫，第142页，作Sartak-Kujan），而且他是斡兀立海迷失的侍仆（ev-oghlan）。

⑦ 引自奴蛮·本·蒙的希儿致剌必阿·本·兹雅德·阿比西（Rabi'b. Ziyad al-'Absi）的诗句。见《乞扎纳特阿答卜》（Khizanat-al-Adab），第Ⅳ卷，第171－176页。此诗的前段如下：

那已说的话，不管真或假。（穆.可.）

⑧ 据拉施特(赫塔吉诺夫译,第 142 页,伯劳舍,第 60 页),这件事发生在窝阔台生时,他接到察合台寡妻的申诉后,不仅亲自下令逮捕阔儿吉思,而且把他处死。(这是不可能的,因为察合台死于窝阔台之后。——中译者注)

⑨ 原文作 tarkanu,读作 tarkadu。

⑩ 直译是“大宫室”,ef 是突厥语 ev“宫室”的异文。这是察合台斡耳朵的名字。见巴尔托德,《突厥史》,第 142 页。

⑪ 关于法迪马,见前,第ⅰ册,第 244 - 246 页。

⑫ 在谈舍里甫丁的一章中,没有提到这件事。

⑬ but-parastī,它通常(见前,第ⅰ册,第 59 页,注㉒)指佛教。因此,阔儿吉思可能是个佛教徒,尽管他取基督教名,佐治(George),而且他的家乡确有一座教堂。见前,第 483 页,注⑦,第 489 页。

⑭ 此句的主语不明,可能指合剌。

⑮ 秃惕马其是切成细条,加肉烧制的鲜面食。

30. 异密阿儿浑

他是斡亦剌部人，父亲太出①（Taichu）是千户。斡亦剌是蒙古
诸部中最负盛名者之一，成吉思汗子孙的舅父多出自该部，原因是，
当成吉思汗开始兴起时，斡亦剌支持和援助他，竞相臣服，而为褒奖
506 他们的劳迹，有诏与该部称：他们的异密之女应与成吉思汗的子孙
婚配；同时，成吉思汗也把自己的女儿扯扯干别吉②（Checheken Be-
ki）赐给该部之长。这就是诸王从斡亦剌部娶妻的缘故。

异密阿儿浑，在通晓畏吾儿文和成年后，万事吉祥如意。尽管他年轻，他仍赴合罕的宫廷，被录用为必阇赤。合罕对他恩渥日隆，当他年华正茂时，就派他随合班到契丹去执行重要使命。他在契丹停留些时候，回见合罕，因他足堪信任，又受命审视额解古帖木儿及阔儿吉思的案子，其中，他和忽儿八哈、苫思丁·迦马格尔共同审理。抵达呼罗珊，他开始调查，接着，奉旨把所有人送往宫廷，他自己也回朝。在朝中，他支持、赞助阔儿吉思；当呼罗珊和伊剌克诸州被交给阔儿吉思时，异密阿儿浑受命为他的八思哈和那可儿③（nöker），也就是治理政事的同伴，以此，阔儿吉思可以跟他商量所有庶政的实施，没有他就办不了事。

507 阔儿吉思返回呼罗珊，开始独立处置那些州邑的政事，同时，异密阿儿浑返朝。到达兀鲁黑额甫的斡耳朵后，他再次被派回去

取阔儿吉思，而忽儿八哈和〔其他〕许多使者，也随他前去。他们逮捕阔儿吉思，释舍里甫丁于狱，已如前述。他们抵达脱列哥那哈敦的斡耳朵，阔儿吉思因出言不逊被囚禁，脱列哥那哈敦就把他统治的领土，从乌浒水到法儿思、谷儿只、鲁木和毛夕里，交给异密阿儿浑治理，并任舍里甫丁为兀鲁黑必阇赤[4]（ulugh bitikchi）去追随他，其他大臣各留原职。

641/1243－1244 年，异密阿儿浑到达呼罗珊，在那里宣读札儿里黑，把该州的政事治理得井井有条。然后，他留下昔剌合臣额勒赤[5]（Siraqchin Elchi），和脱列哥那哈敦斡耳朵的其他额勒赤，一起征收逋欠的赋税；他还把匿赞马丁沙留给昔剌合臣。他本人则赴伊剌克和阿哲儿拜占。他们到达的希思丹，舍里甫丁得到消息说，拔都宫中有人要陷害他。他遂赴拔都的宫廷，同时，异密阿儿浑进向帖必力思，指定异密忽辛、火者法合鲁丁（Khoja Fakhr-ad-Din）及一些书记，作为他在呼罗珊和祃椤答而的代理人。抵帖必力思后，他使该地的政事恢复秩序，这地方因绰儿马罕、拜住[6]（Baichu）等大异密，及别的人的光临而混乱不堪，他们视该地为自己的私财。他保护岁收，使这些人从那里缩手；他把所有居民，不 508
分贵贱，既有求这帮人的庇护者，也有逃避他们的残暴统治者，都从他们的控制下解脱出来。他把该地的事情办得有条不乱，为报答他的公正、仁德的治理，大小人物都愿追随和侍候他；人心被他的纯善天性所感动，他们祝福他康宁。鲁木、西利亚、阿勒坡的算端们，向他遣使，求他的庇护和恩幸；他也把额勒赤派到那些国土去征收贡赋。

舍里甫丁从拔都的斡耳朵抵达帖必力思，因征收逋欠，极力勒

索那里及别的地方的百姓。尽管舍里甫丁坚持，异密阿儿浑反对这样做；因此，人心对他更是感恩戴德。

当额勒赤被遣去召[7]地方官(mutaṣarrifān-i-aṭrāf)、篾力克赴朝时，他也出发了，并派人把四方的篾力克和税收官找来。他把我父撒希伯底万留在阿哲儿拜占、谷儿只、鲁木等地，当他的代理人，并任不花为八思哈。他抵达徒思时，舍里甫丁死了。异密阿儿浑废除了他强加给所有人，靠勒索得来的非法赋税，将此项新法除去，但已征收的税物，他送交〔国库〕。然后，他由篾力克、书记、官员(mutalabbisān-i-a'māl)陪同赴阙。

合罕死后，诸王各霸一方一镇，用敕令诏旨去征调(itlāq)赋税，〔以自己的名义〕滥发札儿里黑和牌子，这违反了他们的法规和
509 札撒。因此，异密阿儿浑教把合罕死后诸王滥发的牌子和札儿里黑集中起来。

他朝见贵由汗，贵由汗恩赏有加，他也讨好诸王，按每人的地位、身份，进献礼物，像云彩施雨，把珠宝成桶地倾泻给朝中的大臣和权贵。散发完财礼后，他转而面呈国事。首先，他在诸王都参加的大会上，摆出他们滥发的、他从持有者手里收回的那些牌子、札儿里黑。这是他的最主要的功劳，产生极大的影响。贵由汗示他以恩宠，批准他在他治下领土内的施政(taṣarruf)。他赐他一面虎头牌子及一道札儿里黑，把篾力克和大臣的事务转交给他。对后面这些人，他没有赐给札儿里黑和牌子，而且，除来自契丹和河中的撒希伯牙老瓦赤及其子，及来自西方诸地的异密阿儿浑外，他没有接见任何官员、篾力克、穆塔沙里夫(mutasarrifs)。

因舍里甫丁已死，贵由任火者法合鲁丁·比希昔惕(Bihishti)

为兀鲁黑必阇赤。他生长在花剌子模，但是，他以其称号所享之声誉，确如诗人所说：

> 我在族人中以阿斯马(Asma)为号，
> 犹如阿斯马已成为我的名字。[8]

他是个善良和好心的人。

从朝中返回后，异密阿儿浑为他的每名部属，不管是谁，按其愿望和志向，安排工作，并且，委付符合其地位和身份的要职和重任，满足他们的需求，因此，大官员都热爱他，一致颂扬他，他们兴 510
高采烈地回去侍候他。

旅途中，异密阿儿浑如四月的雨水，打开他那大海般的手掌，所有突厥斯坦和河中的地方都浸沉在他的恩施中，因他的慷慨乐施之名，〔哪怕〕外人的心也都倾慕他。他先遣使到呼罗珊及〔附近〕各州，宣布他的返回，因此，那些州邑和地区〔的百姓〕前去欢迎他归来，并在马鲁聚会。异密阿儿浑偕篾力克、异密、臣属，在……[9]下榻于马鲁附近的阿耳赞合巴德[10](Arzanqabad)。一连几天，他们在皇宫中宴乐，而且他使宫室得到重建，园林得到修复。奉他之命，诸臣开始在阿耳赞合巴德购置园池，建造府邸。他由此赴徒思，在那里下令修复曼殊利亚和宫殿，它们已完全堕毁，以致该地多年来看不到任何建筑物的痕迹。他把这个任务交给阿必瓦儿的的奕赫抵雅尔丁。他本人驻留在剌的康草地，在那里，由同僚和友辈陪同宴乐几天。贵人从四方去谒见他；政事按他的愿望实施；赛德尔和篾力克每天不断到来，他认为理所应当地奖励他们的工作。

当黑夜因告别了夏日而长叹，秋季逐渐衰老，树叶在晨风的袭
511 击下开始从树梢脱落，这时，异密阿儿浑取道祃椤答而赴帖必力思。他整顿他所到达的各州县的政事，因此，前进非常缓慢。他到达阿模里州，我父赍他在阿哲儿拜占准备的种种财宝、珠饰什物、宝石，去迎接他。此外，他还备有毡子、地毯和全副宴席的行头，举行一两天的盛筵。

当他启程〔赴阿哲儿拜占〕的日子临近时，传来有关忙哥孛剌[11]（Mengü-Bolad）的消息，此人是蒙古人，在绰儿马罕麾下被委任为帖必力思工匠的八思哈。机缘一至，他就投靠持掌贵由汗朝政的合答那颜[12]的卵翼之下。〔他这样做〕是因为合答为乃蛮部人，一个势必使他们结合起来的情况。[13]利用这个方便，他赴贵由汗的宫廷，揭发异密阿儿浑的活动。合答那颜获得一道札儿里黑，任命忙哥孛剌为八思哈和异密；他还得到一份盖有塔木花的敕令，任阿塔毕奴思剌惕丁为阿哲儿拜占和帖必力思的土绵长，后者为阿塔毕哈木失[14]之子，他曾离开鲁木，躲了一个时期后，〔再度〕作为篾力克撒都鲁丁的政敌而出现。

异密阿儿浑得知这些情况，发现那些忌恨他的人怎样等待他们的时机，他的傲劲不允许他无视他们的阴谋。他命他的副手准备行装，征集供宫廷开销的金钱，派匿赞马丁沙作为他的使者先走
512 一步，上报因散布那种谣言而产生的混乱。一个月后，他也登程，并且应篾力克撒都鲁丁之请，命他也从帖必力思动身。

异密阿儿浑在赴阙途中放开马缰，紧踩马镫。火者法合鲁丁·比希昔惕和我父陪伴着他，因他之命，本书作者也随他同行。一行人不断赶路，来到答剌速，这时传来贵由汗的死讯，恰好宴只

吉带[15](Eljigitei)同时到达该地。异密阿儿浑和一群蒙古人去迎接后者，轻装前进；他命令篾力克和赛德尔留在肯契克[16](Kenchek)。宴只吉带极力催他回去组织大军，准备军队的装备，若他不在就没法完成。因此，他返回原地，遣异密忽辛到斡耳朵去，报告他赴阙和返回的原因，及其他事情。异密忽辛和匿赞马丁上奏这些事，其结果一如异密阿儿浑所愿。

抵呼罗珊后，异密阿儿浑为宴只吉带准备粮草(ṭaghārusharāb)。同时候，各地的王公向四方遣使，滥发诏旨，因此，若干年的岁入为这些征索而耗尽。它的巨大数字、蒙古税吏不绝于途的驿马，再加上宴只吉带的征调(ikhrājāt)和需索，使百姓贫困，也使异密、篾力克、书记无能为力。

他的使者归来后，异密阿儿浑略事停留，再去谒见驻扎在八吉思境内的宴只吉带，返回后前往撒剌哈夕。冬季过去，春天来临，
气候变得暖和，百鸟开始在园中鸣唱，这时，他认为应当慎重地拿 513
定主意，于 647 年主马答Ⅰ月〔1249 年 8－9 月〕[17]启程〔赴阙〕。忙哥孛剌的命令在帖必力思无人服从，所以他也领异密阿儿浑之令，从那里出发。异密阿儿浑到斡耳朵后，举行了几次札儿忽，他的案子得到了清查。他的实话和忙哥孛剌的谎言，明显不同，他的明白的论证压倒他的对手的伪词。忙哥孛剌的大马士革(damask)钢变成一堆软铁[18]，他的希望之水发臭，而异密阿儿浑，在上帝的赞助下，大获全胜，因此，在那里暂时停留后，达到他的一切目的，他被打发回去。

他未能亲身到别吉[19](Beki)和蒙哥可汗的宫廷去，因为他们明显地流露出不快。以此，为表示不能侍奉他们而致歉，他遣篾力克纳速鲁丁·阿里·灭里(Nasir-ad-Din' Ali Malik),此人是一名最知名的篾力克,也是作为别吉的代表,任异密阿儿浑的同僚和那可儿,及另一个也代表她的必阇赤、火者昔剌扎丁·叔札阿(Khoja Siraj-ad-Din Shuja'i),赍贡礼往朝别吉和蒙哥可汗的宫廷。同时候,他派出匿赞马丁沙。匿赞马丁沙继舍里甫丁之后,作为拔都的代表,任火失浑[20](qoshqun)的必阇赤,但他实际上在该斡耳朵中死去。

于是异密阿儿浑返回去,抵达阿力麻里地区也速〔的斡耳朵〕,驻留一两个月,以举行他跟也速宫廷一位异密之女的婚礼。火者法合鲁丁和忙哥孛剌先行,本书作者随异密阿儿浑留在后面。

514 后者离开该地[21]时,已是冬季,大雪使平原和山头彼此连成一片,严寒使四肢动弹不得;但他在十三天的时间内,从该地到达马鲁。留在马鲁作为他的代理人的异密忽辛和撒希伯底万,不在该城,因为他们奉拔都之命到他的宫廷去了。不久,哲剌巴德(Jilabad)的火者匿只马丁·阿里(Khoja Najm-ad-Din 'Ali)从拔都宫廷归来,带回一道札儿里黑,任命他作为代表该火失浑的兀鲁黑必阇赤;为批准这个任命,大额勒赤们伴随着他。于是,当额勒赤们应异密阿儿浑之请,与贵人、首脑人物按时到达时,异密阿儿浑就指定脑忽(Naqu)和火者匿只马丁替他管治呼罗珊,他本人则动身去参加忽邻勒塔,这将在下一章中述及。

注　释

① 原文作 TAYǰW。关于这个名字,见伯希和-昂比斯,《亲征录》,第180－181页。据拉施特(赫塔吉诺夫译,第120－121页)阿儿浑的父亲,拉施

特没有说出他的名字，根本不是千户，而是个穷人，他在荒年拿他的儿子跟一个札剌亦儿异密换了一条牛腿！

② 原文作 ǏYǏAKAN，读作 ČYČAKAN。《元秘史》中的扯扯亦格泥(Chechegeyin)。这个名字，义为“小花朵”。据《元秘史》，第 239 节，她实际上不是嫁给了斡亦剌部长(忽都合别乞(Qutuqu Beki))，而是嫁给他的儿子亦纳勒赤(Inalchi)，据拉施特(赫塔吉诺夫译，第 119 页)则嫁给脱劣勒赤(Törelchi)。

③ 原文作 NWKR，但 B 本、D 本和 E 本作 NWKAR。蒙语中这个词的一般形式为 nökör，但一种形式 nöker，由库蛮抄本(Codex Cumanicus)中的 nöger，“伙伴”(见格罗别赫，《库蛮语汇》)和现代波斯语的 naukar(noukär)“仆人”，所表示。关于 nököt(nökör 的蒙语复数)之用作“自愿随从，也就是那些自由地为氏族、部落的酋长和首领服役、特别是当武士的人”，见弗拉基米尔索夫:《蒙古社会制度》，第 110－123 页。然而，弗拉基米尔索夫没有提到(nököt)之作为行政官。

④ 就是大必阇赤(书记)。

⑤ SYRAQǏYN。显然义为“黄色人”，来自蒙语形容词 sira 或 siro，“黄”。语尾-qchin 一般用来表示阴性名字(见前，第ⅰ册，第 268 页，注⑧，Boraqchin 之名)，但看来像-jin 一样，它也能出现在阳性名字中。见田清波和柯立福，《梵蒂岗秘密档案所的三份蒙文文件》，第 462 页，注㊾。

⑥ 原文作 TAYǏW，读作 BAYČW。这个名字的蒙语拼法是 Baiju(见伯希和，《蒙古和罗马教廷》，第 109－110 页，柯立福，《蒙古名字》，第 413 页。)，但看来它在西亚读作 Baichu。特别比较亚美尼亚语形：Bach'u(格利哥尔、乞剌柯思)、Bach'aw(瓦尔丹)。1241 年，拜住(Baichu、Baiju)继绰儿马罕为西方蒙古军的统帅；正是他征服了小亚细亚的塞勒术克诸王。见格鲁赛，《草原帝国》，第 420－424 页。

⑦ 也就是参加选举贵由为汗的忽邻勒塔。(穆. 可.)

⑧ 引自阿不-穆罕默德·哈津(Abu-Muhammad al-Khazin)颂扬丞相伊本-阿巴德(Ibn-'Abbad)的一首著名合西答。见《雅特马答儿》第Ⅲ卷，第 34－35 页。(穆. 可.)原文中有个双关语：asmā '是阿拉伯语的“名字”(复数)。

⑨ B本和E本为一空白。A本没有空白，而整个句子不见于D本和G本。C本作“648年”，即1250－1251年，如穆.可.所指出，这显然是错误的，因为志费尼往下说(见后，第512页)，阿儿浑再次赴斡耳朵，在抵达答剌速时得到贵由的死讯，便返回去了；同时(见后，第513页)他在647/1249－1250年又赴斡耳朵。因为贵由死于1248年初春(见前，第ⅰ册，第261页，注㊸)，所以阿儿浑抵达马鲁的日期不能迟于1247年春，可能还要早些。

⑩ 阿耳赞合巴德(Arzanqābād)，据牙忽惕说，是马鲁的一个村名。(穆.可.)

⑪ 关于这个名字的拼法，见前，第ⅰ册，第50页，注⑪。

⑫ 关于合答，见前，第ⅰ册，259页，注㊲。

⑬ 因此，忙哥孛剌也是个乃蛮人。

⑭ 见前，第ⅰ册，第148页，注㉙。

⑮ 见前，第ⅰ册，第256页，注㉗。

⑯ 原文作KNḤK，读作KNČK，C本和E本作KNǏK，瓦撒夫书孟买编本第12页同。这是卢不鲁克的Kinchat，即* Kinchac。见柔克义译，第135页，注①。在《马沙里克阿卜撒尔》(Masālik-ad-Absār)中，它被说成是答剌速河谷中的一个市镇。(有关的一段，引用在柔克义译本，第136页，注②中。)可失哈利，第Ⅰ卷，第480页，把它叫做肯契克-桑吉尔(Kenchek-Sengir)。

⑰ 看起来，如日期正确，他实际是在晚夏动身。

⑱ 他的名字(“永久的钢”)的双关语。

⑲ 即拖雷的寡妻唆鲁禾帖尼别吉，关于她，见前，第ⅰ册，第108页，注㉛。

⑳ 原文作QWSQWN，穆.可.主张把它读作QWŠQWN。这是此词的突厥语形，而其蒙语形式(qoshighun)，看来仅在较晚的阶段才有“(军队的)分支”的含义。见弗拉基米尔索夫，前引书，第172页，伯希和-昂比斯，《亲征录》，第168页。

㉑ 何地？当然不是阿力麻里，它位于今天的伊宁附近，因此在马鲁以东一千多哩。

31. 异密阿儿浑赴大忽邻勒塔

649年主马答Ⅱ月〔1251年8-9月〕，他决定出席忽邻勒塔，于是按通告，派额勒赤去召篯力克、异密和书记〔随他前往〕。一行人抵答剌速境，得到蒙哥可汗即位的喜讯[①]。他加快步伐，尽管大雪使行动不便，阻止前进，他却不予理睬。他抵达豁兰八失[②]境内，雪已填平沟谷山丘，封锁道路，铺满大路的雪深逾一马。那天，他们就地停留，但第二天，异密阿儿浑命骑兵都随他走在马前。他 515
离开(multafit)道路，越过河谷，沿山头行进。

他让骑兵一次下来十人，开辟道路。凡有坑洼，他就把它填平，骑兵随后继进。不能通过之地，他投下雨布(? bārpūshhā)，以此让牲口前进。感谢全能真主的慈恩，当天阳光普照，靠大量的劳动，到黄昏时已走了一帕列散的路，再感激光荣、崇高的造物主的仁爱，其危险的威胁已排除。这样，他一直不使自己停留和休息，直抵别失八里，异密麻速忽毕从蒙哥可汗的宫廷归来，也抵达该地。他们以各种高雅的礼仪，相互招待，举行酒宴。然后，他离开该地，先向蒙哥可汗遣使，报告说他们的牲口疲累。该使者途遇另一使者，携来谕旨要他赶快〔去见汗〕。随此，天惠的阵阵和风开始吹动，浩荡圣恩的希望蓓蕾开始吐露。服从这个命令，异密阿儿浑加快他的步伐，并于649年[③]沙法儿月中，到达宫廷。

第二天，他的同伴也抵达，进献他们的贡礼；同时他被录为国之大臣。受阻于风雪和严寒的篾力克撒都鲁丁、火者法合鲁丁·比希昔惕及其他名人随后到来，他们获得献纳贡品（tikishmishī）之荣。当他们献完他们的贡礼时，皇帝命令对土地和百姓的情况进行调查，同时异密孛鲁合（Bulghai）和一些〔别的〕异密把他们都
516 召集一起，讯问篾力克们和赛德尔们。因此，异密阿儿浑对起因于非法课赋连续不绝，苛虐额勒赤及税吏川流不息而赋入不敷和财政混乱状况，作了一个口头报告；并招承和供认因动乱时局而引起的缺点，它依次由时间的条件所造成。因为他对施政中失职的供状和对此的解释，有显而易见的例证作补充，世界的皇帝表示赞同，没有忘记异密阿儿浑过去提供的劳役，因此对他恩宠有加，同时，极为宽宏仁爱地，擢升他于所有他的同僚和同辈。蒙哥可汗这时叫把所有在场的赛德尔召集一处，磋商如何去减轻民瘼，并如何治理国家，以使贫弱可以得济，国土恢复繁荣。圣上思虑的只是，公道正义的香风应熏遍天下的四角，暴君和酷吏之手应不施害于他国家的子民，全能真主的奴仆的祈祷应包括他的与日俱增的幸运，而且那种幸运的福惠应和一个吉祥的时代相结合。再者，无庸怀疑，每人都熟悉他本国的利害，最明白它的弊端，因有那种知识，也就最清楚那些疾苦怎样得到医治。皇上因此命令，在认真考虑后，他们每人应写一份奏章，说明他们国家的得失，其起因若何，它又怎样可以得到补救，以此他可按他睿智的判断下令进行必要的改革。因为这不是秘密：熟练的医师在开始他的治疗前，先询问症状，它的来源，它的轻重，并通过脉搏和别的征兆使自己了解病情，
517 因之在认清了病因和病状后，治疗变成一件容易的事，然后他按

〔病人的〕体质下药。现在皇上的公道好比一个慈悲的医师，用一副苛猛之药把专制和暴虐之疾从这世界肌体中清除；而且，它是使暴政的受害者在顷刻间恢复生命的耶稣的呼吸。

奉他的旨令，他们每人写了一份奏章陈述世上的疾苦，而第二天，他们都奉命到接见的地方。他们被带到皇上的面前，开始照上述方式讨论国家和百姓的福利；他们结论的要点是，征收百姓的各种赋课(ikhrājāt)和五花八门的暴敛(iltimāsāt)，为数〔太〕多，百姓的流散正是基于这个原因，因此赋税应按丞相牙老瓦赤在河中采取的方法来征收，也就是所谓的忽卜绰儿(qupchur)税，按照它，每人一年的缴纳是按他的财富和交纳能力来决定，并且在缴纳了这个规定的数目后，在同一年内不得再找他，也不得给他别的摊派。就这样作出了决定。同时皇帝下诏，一个富人每年应被征收十个的那，如此按比例降至一个穷人为一的那，从这个来源得到的全部收入用于支付强征的签军(ḥashar)、驿站(yams)和使臣生活的开销(ikhrājāt)，除这之外，不得干扰百姓，不得用非法征索[4]向他们要东西，更不得接受贿赂。而对每种情况和变化，他都制定一条札撒，其中一些将在蒙哥可汗登基的一章中披露[5]。

同时当诏旨和札撒颁布完，这些州邑的政事交给了异密阿儿
浑，其政权也落到他手中，这时皇上首先赐给他一道札儿里黑及一 518
面虎头牌子，任命乃蛮台[6](Naimatai)和秃鲁麻台[7](Turumtai)为他的那可儿，还任命异密为代表每个兄弟，即忽必烈[8](Qubilai)，旭烈兀(Hülegü)、阿里不哥[9](Arigh Böke)和木哥[10](Möge)的那可儿。他这时对各种札撒颁发一道札儿里黑，其要旨是减轻百姓的困苦，同时也把札儿里黑和牌子赐给陪同阿儿浑的那些人。在

篾力克们当中，纳速鲁丁·阿里灭里，他实际是异密阿儿浑的同僚，被委付与你沙不儿和徒思的所有领土，特别是它们的土绵，以及亦思法杭、忽木（Qum）和柯伤的土绵。篾力克撒都鲁丁，他是整个阿兰，阿哲儿拜占的篾力克，被批准任该职位。也里、昔思田，巴里黑和迄今征服的印度方向的一切领土，其长官职位被授给篾
519 力克苫思丁·穆罕默德·迦儿忒[11]（Shams-ad-Din Muhammad Kart）。异密马合木则被授与迦儿漫和桑忽兰[12]。皇上把虎头牌子赐给所有这些人，其他人则各按他们的地位接受金牌或银牌，还有札儿里黑；然后他命他们回去。同时，跟随他们的人都被点数，他赐给他们契丹袍子，哪怕随同他们的骡夫和驼夫也受赐；在受到殊恩厚宠后，他们奉御旨随异密阿儿浑离开。本书著者和昔剌扎丁·叔扎阿留后数日。他们接受一道札儿里黑和一面牌子，授予本作者之父及昔剌扎丁为撒希伯底万的职务，后者曾是代表别吉的必阇赤（别吉死后，该职位隶属阿里不哥），然后在651年剌扎卜月〔1253年8-9月〕离开。

当异密阿儿浑抵达呼罗珊时，所有的大臣（aṣḥāb）和赛德尔都到场，于是他宣读札儿里黑，并向税吏（ʻummāl）和穆塔沙里夫解释蒙哥可汗的札撒。从每人那里他强迫交一纸保证称：他不会破坏有关的原则，也不忽略其中提到的事项；凡是反其道而行、犯下虐待百姓之罪者，要因此自陷法网，公开受刑。而且按照圣旨，他任命异密和书记，他们连日来共同商量奉命征收的忽卜绰儿的定额。最后决定说，在实施人口调查时，税额应定为每十人每年交七十个鲁克尼的那。他这时指派异密和书记去编制户籍和忽卜绰儿。在呼罗珊和祃楟答而，他派两三个作为诸王代表的蒙古异密，

以及他自己的一个亲戚脑忽、兀鲁黑必阇赤法合鲁丁·比希昔惕，丞相也速丁·塔希耳（'Izz-ad-Din Tahir）作为〔他的〕全权代表 520
（nāyib-i-muṭlaq）。他把乃蛮台和我的父亲，撒希伯底万，派往伊剌克和耶兹德，尽管命运之指（shast）已在后者的年龄上打了六十（shast）个结，使欲求和野心的力量减弱；他对底万的工作厌倦和疲累，同时因在陷入悔恨的深渊前〔及时〕醒悟，他已自己决定退享清闲，弥补他过去在繁琐无聊中度过的岁月。他以这个题目撰写了如下的两种语言的乞塔诗：

你将干多久那不义之事？
你将拖曳多久那幼稚的衣裙？
志费尼，你是大麦（javīn-ī），当你企求时，你将发现。
为何如此加紧去贪求？
你无知地算计别人，忘记了轻率算计人者，要受到严惩。
你算完自己那本没有总数的帐，
你是个多么可惊的鼠目寸光的人！
倘若有一天命运使别人满意，
那么你就严峻地谴责你自己的命运。
因你的怯懦，
你日夜为你的坏脾气折腾。
白发像闪闪〔云彩〕之光那样升起，
你的青春像云一样消逝。
青春一去不返，老年来临，那种欺骗告终，
你可说是在一场沉睡中。
青春已逝，暮年到来；灾难盛行，

因此你怏忏悔。
老年已紧踩永生之镫——
为何你把愿望之缰转向那空虚之物？
但不要被歌姬(ghawānī)所欺，
因为甜美的颂词坏过折磨的利齿。
丢掉满足的面纱，
因为没有月光从穆合纳[13](Muqanna')之月射到你。
再不要被贪杯所误，
因为它不过是对海市蜃楼的渴望。
521 倘若你不是一个虚假的品味者，
为何你像一只酒杯那样常盛满酒？
当违禁[14]的蛆虫聚集在皮囊[15]中时，
你闯入了财宝的殿堂吗？
像天空之雨你日夜不息，
像一只忽惕鲁卜[16](qutrub)你终生都在骚动。

然而，因异密们不同意他退休，我父就违愿地前往伊剌克。当他抵达亦思法杭县时，他得了几种共同致命的病，把他的灵魂交给真主，从这毁灭的场所到那永生的目的地。

异密阿儿浑还派秃鲁麻台、撒里合不花[17](Sariq-Buqa)及篾力克撒都鲁丁，在帖必力思的火者麦术督丁(Khoja Majd-ad-Din)的合作下，去安排户口的调查，千户的划分和忽卜绰儿的征收。

同时候，他自己动身到拔都的宫廷去处理一些事，火者匿只马丁[18]陪他抵拔都的斡耳朵。这些事按蒙哥可汗的敕令和他自己的当机立断处理完。他这时经打耳班赴谷儿只、阿兰、阿哲儿拜占，并完成了户口调查,征收忽卜绰儿和收税的工作,然后他前往伊剌克。

现当他不在皇宫时,一些人在对他的怨恨中勾结起来,并得到一道〔遣〕扎马鲁丁·哈思哈只不(Jamal-ad-Din Khass-Hajib)为御史的札儿里黑。抵达呼罗珊和发现它没有人时,他开始作查账的工作,伸手掠夺和侵吞。

异密阿儿浑办完他在伊剌克和阿哲儿拜占的工作,赶去迎接
旭烈兀王子,在碣石[19](Kish)见到他。在他的鼓励和支持下,他继
续他到蒙哥可汗宫廷的旅行,到达哈八兰。他离开旭烈兀后,扎马 522
鲁丁·哈思哈只不去见后者,交给他一份开列所有大臣、篾力克、异密和首脑人物的详尽名单,说:“我已经控告了他们每一个人,必须到蒙哥可汗的宫廷去。”旭烈兀回答说:“这事关系到异密阿儿浑,必须视他之意处理。奉蒙哥可汗的诏旨,并按我们的一致意见,我们已把那些州邑的政柄交给他手中。”名单中扎马鲁丁原把本书作者开列进去。当看到我的名字时,王子说:“若是控告他,那就当着我的面说罢,以此这事可以在此时此地进行调查,得出结论。”扎马鲁丁后悔他之所言,为自己解释;从那里返回后,他在马鲁与异密阿儿浑会合。

后者现在和火者法合鲁丁结成他们之间过去未曾有过的友谊,同时他们于654年剌必阿Ⅰ月〔1256年3-4月〕前往宫廷,异密阿儿浑派他的儿子克烈灭里(Kerei Malik)、异密阿合马和本书作者处理旭烈兀王位下的事务,并把伊剌克、呼罗珊和祃椤答而的施政权交给他们。

当异密阿儿浑抵达世界皇帝的斡耳朵时,一群奸邪和宵小已在那里等他到来,想采取某种行动,或者策划一个阴谋,以此伤害

他的真主护佑的前程。哈思哈只不和一些别的人现在跟这些家伙合伙。他们陈述理由，同时契丹书记动手查核账目，札儿忽的异密们则开始调查异密阿儿浑的案子。因为天庭法官的恩德仍照顾他的事情，他的敌人除灾害外什么都没有捞到，在竞争的场地中除丢脸和后悔外一无所得。一些罪魁祸首实际在斡儿朵中已经死了，
523 而〔皇上〕把哈思哈只不和另一些告密者交给异密阿儿浑；有的就地被处死，有的在他到徒思时被处决。至于哈思哈只不，他被单骑押送回去。

同时，诸省的户口调查完成后，世界皇帝把它们都分封给他的族人和兄弟，这将在适当的地方述及。又因蒙哥可汗安天的御伞现在进向遥远的契丹诸地，异密阿儿浑就再度奉命，和篾力克们、异密们返回在他控制下的州邑；同时他受到殊恩殊宠的显扬。至于异密和篾力克，那些在头一次没有荣获牌子和札儿里黑者，现在得到它们。火者法合鲁丁·比希昔惕死于斡耳朵。他的职位授予他的儿子忽撒马丁·阿米尔·忽辛（Husam-ad-Din Amir Husain），尽管他在他的儿子中年龄最小，可他能书写畏吾儿字[20]的蒙古语，而在当今，这是博学多识的根本[21]。代表拔都的兀鲁黑必阇赤的职位授与火者匿只马丁，而其他的必阇赤，篾力克、异密们官留原职。火者匿只马丁这时赴拔都的宫廷。

异密阿儿浑在 656 年剌马赞月〔1258 年 9 月〕抵达呼罗珊，因曾目睹宫廷的重要事件，体会到其中的奥妙，学会在那里施行的调查和询问的方法，他进行仔细的查账，惩处了一些穆塔沙里夫，并任命火者也速丁，一个其本质纯若其名[22]，其才干和能力为人所共
524 知的人，作为他在底万和私[23]库事务中的代表。毫无虚假的友谊

和亲善关系不让我详谈这个题目，因为

> 吾人之间的友爱超过了亲属关系，
> 而族人认为〔高尚〕的东西
> 〔相较之下〕变得微不足道。

在过去每一次的作法是进行户口调查、估定忽卜绰儿和其他赋税，但在这一次，为使事情轻易些，呼罗珊的户口调查延期。

异密阿儿浑现在往见在阿兰地区的旭烈兀。抵达那里并作了报告后，他赴谷儿只，在该地他开始进行一次户口调查，把居民划分为千户。头一次忽卜绰儿定为每十人征七十个的那，但因人丁签发(ḥashar)、驿站(yam)、驿骑(ulagh)的开销和军队的支付超过了估计，不能由当时规定的忽卜绰儿来支付，由此调整为：多余的需求按原额的比例估定。实施忽卜绰儿前，地主和富人，例如那些在十个不同地方有产业或四下广殖财产的人，每处产业都按比例征税，因此一个人必须交五百或一千的那。但当这种新税法实施时，税额是十个的那，对富人说哪怕加倍也不会是个大负担，反之，它沉重地压在穷人身上。异密阿儿浑曾把这种情况上报，有命令把富人的忽卜绰儿重定为五百的那，按比例降至穷人为一个的那，为的是那笔开销可得到支付。采取这个步骤后，户口调查就十分彻底地实施了。

异密阿儿浑先往谷儿只，因为吉思灭里之子大维德灭里在那里谋叛[24]，同时旭烈兀已把一支蒙古和穆斯林大军派往那里。异密阿儿浑率他自己随身的部下和一些士兵，从第比利斯驰往该地。525
军旅从四面会合，屠杀和俘获了大量的谷儿只人。异密阿儿浑然

后返回，于 657 年剌马赞月末〔1259 年 9 月初〕在帖必力思和正准备进兵西利亚的王子会师，同时向他报告谷儿只的形势。旭烈兀派一支军队去征调伊剌克及谷儿只臣服部分(il)的土绵。整个这支军队，置于异密阿儿浑的统率下。

当后者返抵第比利斯时，大大维德灭里因征索赋税余额也起兵造反㉕，挣脱了臣服的套索。㉖

注　释

① 登位的时间是 1251 年 7 月 1 日。见后，第 567 页。

② 见前，第ⅰ册，第 40 页，注⑥。

③ 650 年之误，据志费尼自己的叙述，第Ⅲ卷第 74 页〔第ⅱ册，第 597 页〕，阿儿浑在 650 年沙法儿月 20 日〔1252 年 5 月 2 日〕抵达蒙古宫廷。(穆.可.)

④ qismat va dast-andāz。关于 qismat，“居民中赋税的分配，”见米诺维和米诺尔斯基《纳速鲁丁·徒昔论财政》，第 784 页。

⑤ 见后，第 598－600 页。

⑥ “乃蛮男子”。

⑦ 关于 turumtai，一种肉食小鸟之名，见前第ⅰ册，第 242 页，注⑧。

⑧ 原文在这里作 QBLA，而不是作 QBLAY(拉施特的 QWBYLAY)。这当然是蒙哥的继承者，马可波罗的 Cablai kaan(忽必烈可汗)(1260－1294)。

⑨ ARYΓ BWKA。瓦撒夫(哈模尔柏格斯塔尔编，原文第 21、22、25 和 28 页，译文第 23、24、26 和 29 页)除了作 ĀRYΓ BWKA 外，还作 ĀRYΓ 之形，由此看来他的本名是 Arïgh，而 Böke 是附加成分，整个的意思是“角力士阿里。”对照曾砍伤成吉思汗异母兄弟别勒古台的不里孛阔(Büri Bökö)(《元秘史》，第 131 节)和成吉思汗的妻子孛儿帖在被篾儿乞人捕捉后所嫁的赤勒格孛阔(Chilger Bökö)(同上，第 111 节)。这似乎是对这个名字较自然的解

释，而不是把 arigh“纯粹的”或“瘦的”作为修饰 böke(bök'e)的形容词，如伯希和，《金帐汗国》，第 57 页，所作的结论说：其意或为“纯粹的角力士”。格鲁赛和伯鲁察(Baruch)(格鲁赛，《蒙古帝国》，第 317 页和 548 页)采用 Ariq-böge“纯粹的魔术师”之形，但如伯希和在前引书第 56 页中所指出，蒙语 böge“珊蛮”中之 g 纯属书面的，而其读音为 bö'e 或 bö，如他所说，它和汉语对此名的转写(阿里不哥)不符——它同样地和卢布鲁克的 Arabuccha 不一致。阿里不哥是拖雷长妻唆鲁禾帖尼所生的幼子。巴黎金匠威廉·布歇尔是他的奴隶。关于蒙哥死后他和忽必烈争夺汗位，见格鲁赛，前引书，第 317－324 页。

⑩　MWKA。据拉施特(伯劳舍，第 202 页)，他是拖雷的第八子。他死于 1261 年。见昂比斯，《元史第 CVII 章》，第 89 页，注⑦。

⑪　关于也里的迦儿忒朝(1245－1389)，见兰浦尔，《回教王朝》，第 252 页。

⑫　见前，第ⅰ册，第 136 页，注⑩。

⑬　关于穆合纳，“蒙面先知”，摩尔(Moore)在《拉勒拉·鲁黑》(Lalla Rookh)中所颂扬者，见布朗，《波斯文学史》，第 1 卷，第 318－323 页。这里指的是“他使之从那黑沙不一口井里夜以继日地升起的假月亮(由此他常被波斯人叫做 Mah-sazanda‘月亮的制造者’)……”

⑭　读作 nuhā 禁令。

⑮　原文作 ḥirāb，读作 Jirāb。

⑯　quṭrub 是一种特别的不休息的昆虫之名。

⑰　“黄牛”。

⑱　他的全名是哲剌巴德的匿只马丁·阿里。见前，第 514 页。

⑲　原文作 Kītū(据 A 本)，但 D 本作 KS，即 KŠ，Kish。又参看，第Ⅲ卷第 99 页(第ⅱ册，第 613 页)，那里，Kish 的拼法有与'inān-kash“收缰”的双关语为证。碣石，后来的沙赫里夏勃兹(Shahr-i-Sabz)，是帖木儿的出生地。

⑳　直译是“他把蒙语的艺术和畏吾儿文〔的艺术〕结合起来。”

㉑　志费尼难得如此公开地流露他的情绪。

㉒　Ṭāhir，即“纯洁者”。见前，第 519－520 页。

㉓　khāṣṣ，即与 Khassa“私囊”有关的。见米诺维和米诺尔斯基，前引

书,第 779 页。

㉔ 见阿伦《格鲁吉亚人民史》,第 116 页。

㉕ 在 1260 年秋。见阿伦,前引书,同页。

㉖ 在 B 本中随后是相当于原文六、七行的空白。这好像表明作者在他的原稿中为补充其后事件而留下的地方。(穆.可.)

32. 花剌子模的舍里甫丁

“真主无需理由就摈弃他所摈弃者，也无需理由就接纳他所接纳者”，这天庭的法官，当他创造人们的灵魂时，把一些人串在有福者的弦上，而把一些人系在倒霉者的链中；“有福者终身受惠，倒霉者永世受诅咒。”同时，灵魂在人们心里塑造和陶冶后，经过生殖繁息的过程，每个人就在预定时刻，按照天意，进入显露的平原，从最高的屋顶下至最低的门阶。那么，倘若某人实体之衣绣有天惠的锦绣，那用不着他作什么特殊的努力，善的效果就自己体现在他的
言行中，但倘若另一个人生有凶相，他的整个行为也与之相符。其 526
旨趣有穆圣（愿真主赐福他，赐他和平！）的珠雨般的话为证：“有被授予善之秘诀的人，也有被授予恶的秘诀的人。”现在按照这首诗：

> 我是一个用合西答来污辱他的敌人者，
> 确实，最坏的合西答是匿名的——①

此前言的要点，此绪论之意义，将在舍里甫丁的一生及言行中体现出来。

创造和发明工场中的天匠，在使他成为藏污纳垢的喷吐口和混杂种种肮脏信仰的皮囊后，希望他的名字也和他的行为一致，并有意确立“绰号自天而降”的真理，就用 Sharr 之 shin 和 ra 构成他

名字的字母，名他为 Sharr fid-Din[②]。为简便起见，去掉常用名字中的双音符号（tashdids）和不固定的字母，这是一个一般的习惯和长期采用的作法，故此在这种情况下，ra 的双音符号被去掉，他名字中的 ya 也被省略，他就被叫做 Sharaf-ad-Din（舍里甫丁）[③]。同时我们必须说一说他的劣根性之形成和那个卑贱恶棍的心脏中包含的东西——

我不因他的身份讥笑他，
但我看到这条被掷以石头的狗[④]——

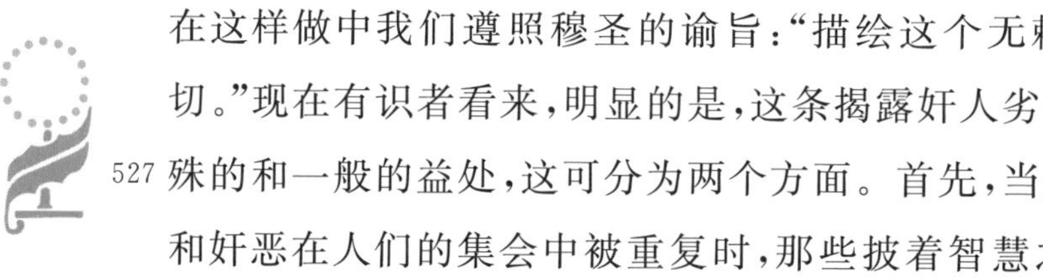

在这样做中我们遵照穆圣的谕旨："描绘这个无赖及有关他的一切。"现在有识者看来，明显的是，这条揭露奸人劣性的圣训不乏特
527 殊的和一般的益处，这可分为两个方面。首先，当这类蠢货的罪孽和奸恶在人们的集会中被重复时，那些披着智慧之裳和饰有幸运之宝的人，看出避免类似行为的必要性，不忘记去实践高尚的习俗，以此有关的印象可以勾划在他们的思想中，而他们的身子可以变成洁操之本。大教主阿里被问道："您向谁学习好的礼仪？"他回答说："从那些没有规矩的人学习。"其次，一个有这些缺点的人，倘若他准备接受神示之光，将无疑地不干这类事，谨畏挑剔者的谴责，免得成为众矢之的，以此当作他应尽的本分，并把达于至善之境看成是万事之先；为的是他可以从那种其教训永远铭刻在生命之容上的奇耻大辱中获救，又可以因恶行的排除，光明磊落地在他的人格中确立正直的质地和优秀的品德，以致在一个短时期内他就可以在他的同侪中以品行优良而著称。但倘若（惟愿不如此！）凶兆和失望之迹已显露在他的身上，那末没有圣训能把他耳里的

怠慢棉塞摘除掉，他也不痛改前非，而且他的顽固性将与日俱增，最后他将在其中愈陷愈深。

因为老人哪怕在他进了坟墓时
也不抛弃他的做法。[5]
他的罪行不能跟他分开：
人们怎能把臭气和粪便分开呢？
他抱怨说："为什么你讽刺我？"
但他自己就是讽刺的对象——
　那么你用什么讽刺他呢？

这个不配显贵的流氓也一样—— 528

高位不宜于阿不牙剌(Abu-Ya'la)这个人，
伊斯兰美丽之光也不宜于他——[6]

这个有毒蛇面孔、蝎子品貌、举止下流、面目可憎、貌似女人、动作带阴气的家伙——

阿布儿·丽达·合里(Abur-Rida al-Qari)
有像女人的长相。
他本性如女人，但缺乏女人轻快的性格——[7]

一个卑鄙无耻的两面派；一个给任何主子惹祸的人；一个毫无德行的恶棍；一个擅长专制暴虐的淫徒；一个世界上最高级的男娼；容貌残缺，本性如耶西德[8](Yazid)；道德败坏，臭气熏人；朋友的出卖者，上司的告密人；吹牛和昏乱如尼诺(Nimrod)；奸恶和愚昧为赛母待之侣；一个像法老的施椿刑者[9]，在伊斯兰民族和国土中制

造暴行和苦难有如阿代；一个如鸡奸犯的病态假面人；一个不顾宗教呼唤的流浪汉；骑人时像石头，被人骑像头驴；屠杀百姓，勾结暴
529 君；一个人形的妖精；好人憎恨[10]，坏人信任；一个面纱的撕毁者，一个请愿人的谋害者；一个无耻的守财奴；像一个斡罗思人那样愁眉苦脸，老在生气；是人皆骂，众口交攻；——

而我的听众要不跟着喊“阿门！”，
我决不对他进行咒骂——

一个直立的禽兽；一个人样的妖魔；一个像凶神的无赖；一个披人皮的畜牲；一个诡计多端的艾必利思；因他肮脏野心之奸恶而卑鄙不堪；一个化装成人的撒旦；他的鬼主意之多像猴子[11](nasnās)；——

这是一个人世间的奇迹——
人的样子，但不是亚当的子孙。
论奸诈他像一个妖怪，
从不停止坑蒙拐骗。
倘若吾人之父亚当收留他，
那么一条狗也比吾人之父亚当要好——[12]

(真主原谅我言多有失！)[13]一肚子草包；学识贫乏；不尽仁爱的本分；除对他的女人外妒忌一切人；身材魁伟而灵魂渺小；无礼义廉耻之念；一个〔仅〕在斤斤计较时才有锐利目光的人；长于作恶(taharmuz)，但对——[14]却是个蠢人；一个老吵闹的满嘴喷粪的流
530 氓；作为盗墓贼来说赛过最低层的贱民；对真主的命令不耐烦；热衷于干被禁止的罪行；放手行凶；吝于行善；除对罪恶外残忍无情；

否认真主的无边仁慈；胆小怯懦，玩弄懦夫的花招；无视宽恕者真主的善行；像狗一样追逐这世上的腐臭；不顾来世，“不希望真主慈悯”的铭文印刻在他灵魂之额上；疑虑的帷幕不让真理之光照进他阴暗的心胸。事情的真相是——

倘若艾必利思认清你的行为，
他会把你作为他的行当的继承人。
倘若亚当知道你会出世，
他会因羞惭自行阉割。

那么确实地，他在呼罗珊人中不祥的来临，有如答扎勒[15]（Dajjal）到来的序幕，更不如说它像死神的前锋的袭击。

他的眼睛是噩运的前兆，
即使在这前兆中已有了噩运。
早在亚当的腹内时
他已被叫做“苦难的先驱。”[16]

现在，这里隐藏的秘密及这里暗示的奥妙，其说明如下。这个一窍不通的贱货是花剌子模一个村子中某个挑夫的儿子。

倘若提到玛耶（Mayy），那她是坏透了，
此外马拉（al-Mala）的百姓多么优秀[17]。

在度过幼年，达到青春妙龄后，他因风和水甜，生有可爱的风姿和
俊美的容颜：他的发长及腰，他的面孔闭月羞花，他的齿若炫目的 531
贝珠，口像带笑的樱桃，因此很多人为爱他而悲泣。

玛耶的面孔上有美丽之形迹，

但在她的衣服底下，
要是能看见的话，却是下贱。[17]

有天，花剌子模的篾力克过路，他的目光落到他身上。他发现他面孔漂亮，四肢匀称；同时他热烈地爱上了他，被他的美所俘虏。他要他为自己服役，挪开廉耻的面纱。过了些时候，在熟习了服役的规章和手续后，他成了这个篾力克的书记（davātī），更恰当说成了他插笔的笔筒（davatī）、解疾的良药、倒垃圾的桶。又因为不断用笔，他逐渐懂得了黑白之别[18]，等等，直到暮色开始生于他的双颊，他的容颜褪色，而众所皆知，青年的美丽犹如妇女的忠贞一样转瞬即逝。

你双颊的蔷薇并不始终开放，
这个心碎的人也将不再充满忧虑和哀伤。

性爱原来是一种很快用尘土遮蔽理智之目的迷恋，但那种欲火仅用一滴水就被扑灭，它像风一样消逝无踪。

爱情是那种不变少的东西，
只要有它，人们就不离开它。

那个篾力克，当他年岁日长而越发老态龙钟时，他的兴味索然，他的热情化为乌有。

当我变老时，
我经常担心苗条女郎们的残酷，
但我的白发超出我的预料，
产生一种对她们的冷淡感情。
我担心她们会抛弃我，但看哪！

抛弃她们的却是我。 532

最后，宫廷传来一道敕令，命成帖木儿率领花剌子模军队往呼罗珊，协助绰儿马罕征服该邦。成帖木儿要书记，但由于两个原因，任何有身份的人都不愿意参加这次远征：首先因为其目的是要蹂躏一个伊斯兰国家，其次因为结果不得而知。然而花剌子模的篾力克强迫舍里甫丁去，在压力下他离开了他的身边。

无须青年的面孔在闪耀，
他们的牙齿迷人。
他们浑身是谄媚和妖态，
他们勾引人的力量是强的。
但当他们光洁的脸上长出须毛时，
它就像死神一样使朋友跟朋友分手。[19]
用蔷薇园典当荆棘的人哪，
因为你已种植荆棘，走开吧，去收获荆棘吧。
我曾说过："到这儿来，美人啊！"
现在我却对你说："滚开，你这丑脸！"

他被供给一头独眼的驴子，像答扎尔[20]一样骑上它后（"一只骑着蝎子入蛇洞的黄蜂"），他登上旅途，路上经历了千难万险。

这个冒烟臭的坏蛋，这个举目无亲的蠢货。
在任何城镇中都没有朋友，
在任何地方都没有亲人。

当他在成帖木儿手下干了个时期后，他掌握了突厥语，除他外没有用别的译员。

时局一片混乱时，一个蠢人被提拔到显职，
因他的高升，显职也受到损毁，
好比是，若你搅动水，
533 桶底的沉渣泛到水面[21]。

现在，呼罗珊的时势是在一片纷扰和混乱的状态中，叛乱骚动之火炽热；但尽管国土因军队通过而遭到蹂躏，百姓没有完全被灭绝，因为当一县一村投诚时，蒙古人根据该地的幅员，仅满足于收一点粮草和十额尔的亚麻布，至多一百，然后会收回骚扰之手；即使他们用武力攻克一个村子时，他们要，就真实情况言，抢走他们所能到手的一切牲口和衣物，但那些刀下余生的人，他们并不施以酷刑和残害。因为最初蒙古人不重视金银珠宝，但成帖木儿就任后，这位贵人，为显示成效，就使金钱在他们心里香甜起来，像艾必利思使人心爱上这花花世界，并使那种爱成为万恶之源。他所至之处和他的军队经过的地方，他都要向那些投降的人征收一笔赋税，而每当一个地方被袭取时，百姓会受到酷刑的折磨，直到他们交出了他们所有的东西才罢休；即使在这时，他们的性命也保不住；同时那些认为保命要紧的人用金钱来赎他们的命——但在当今这个时代，人们引以为傲的是，他们多半是用金钱换来他们的性命。如此这般迄至呼罗珊和祃椤答而给毁灭在这转动磨坊的灾难磨石下，在命运的践踏下被芟为平川。

该地区的政事现在稳妥地交给了成帖木儿，骚乱的影响被消除，奸党被根绝。因此，上述这个恶棍，他在经过贫穷困苦后，已成

为公驼、母驼的拥有者并已用孤儿寡妇的心血养肥了他自己(全能
的真主说:“在那一天,他们的财宝将在狱火中被焚,他们的额头将 534
打上财宝的烙印”)[22],这时因他过去的劳绩以及行家的退隐,被任
命为兀鲁黑必阇赤;文星和天神在发泄这些情绪时从眼里流下血
泪:

时代的面孔已翻过来,脖子变成了脸,
奇迹!
脑袋从肩上掉下来,
继神气之后变成了一条尾巴。
同时驴子的身份不再卑贱,
给安上了豹子[23]的雕鞍〔并且〕戴上了金冠。
有多少不配像他们父亲那样
被称作贵人的庶子,私生子!
老天帮助和指引他们,他们获得了财富,
自命不凡。

在每个征发赋税的县里,他都要用商贩的手法把事情记录在纸片上,等到呼罗珊的一些大员把这些情况录入档案和账簿的时刻。事情就这样继续下去,直到成帖木儿去世和由诺撒耳继承他,同时候,这个奸徒亲往拔都的宫廷,获得一道任他为原职的札儿里黑。阔儿吉思上任后,他继续任原职并被分配给同样的职务。阔儿吉思原以机智和能力著称,在他手下,若无他的指示,舍里甫丁不能再发号施令,甚至连大气都不敢出;他不能压迫任何人,也不能非法地攻击无防备者。因这个缘故,他不断怂恿成帖木儿之子额解

古帖木儿谋求他父亲的职位，他偷偷一再遣使给他，汇报有关阔儿吉思的情况，在他心里种下反叛的根苗，而表面上他却跟阔儿吉思一鼻孔出气，和他一起与额解古帖木儿为敌。“要阴就阴，要阳就阳。”他的鬼主意在额解古帖木儿的心中生了根，于是他遣一名使者到合罕的宫廷去上报阔儿吉思的活动。接着异密阿儿浑和几个
535 那可儿奉命从天子的宫廷前来调查情况和征收赋税。当他们抵达呼罗珊时，舍里甫丁仍在要两面派的手法，并作为一名扈从随阔儿吉思赴阙。他们到达时，他一面仍是阔儿吉思的扈从，另一方面又是向额解古帖木儿的通风报信者。当合罕的仁德和恩渥施于阔儿吉思，他的敌人被击败时，额解古帖木儿部下中一些人饱受笞刑，这后者中有人把一份那个两面派保存的，笔迹潦草若蛆卵的记录交给阔儿吉思。真相现在大白：那些骚乱大部分由那个该死家伙的主意，那个奸贼的汇报，那条豺狼的言语所挑起。事情的真相经异密镇海之口，上报给贤明的皇帝、聪慧的天子合罕，他说出如下一番话：“他那副模样和德性说明了这场无价值的灾祸。倘若他随同阔儿吉思，他将从正义之途中回头，因他的奸恶和狡猾，阔儿吉思治下的那些州县的事情将逸出正轨。他必须给送到别的什么地方去，以免呼罗珊的政局和事务陷于混乱。”

舍里甫丁发觉形势不妙，他害怕阔儿吉思报复，太乐意留在后面，呆在斡耳朵中。然而有人用下面的话来敦促阔儿吉思。“舍里甫丁”，他们说：“是历代智士在失掉良机和后悔莫及之前，极力要对付的一个弱敌；把这种情况下的疏忽大意看成是缺少全智和远见，并看到这有盛有衰的世界不是没有它的反复和变化。若他留在这里，让他找不到什么空子或缺口，并没有机会去惹起麻烦和灾

难。”但阔儿吉思说：“他是从捕蛇者篮子中逃走的一条蛇。凡要抓他的人都应被告之：‘让祸害去吧’。”然而作为一种慎重小心的作 536
法，这些人仍坚持他们的意见，直到阔儿吉思也被说服为止。因此要求让舍里甫丁回去，借口是，呼罗珊和祃栂答而的账目尚未了结，不愿看到这种情况：穆塔沙利夫和税收官吏因他不在，把一些亏空〔的原因〕归之于他，同时底万的岁入因此受损。于是那个举世无双的魔君就奉圣旨被打发回去，没有得到一道札儿里黑。阔儿吉思对他毫无愤懑和不快之色；但当他渡过乌浒水，呼罗珊和伊剌克的异密、篾力克和首脑人物前去迎接他时，没有人稍稍理睬舍里甫丁，他像个老百姓那样孤零零走来走去。

真正的宰相是那个被解职后
仍为宰相者。
当失掉对一个省份的权柄时
他重获对自己德行的控制。

当他们最后到达徒思时，他被逮捕并给戴上了枷，因为阔儿吉思尚在斡耳朵中就已和大臣们安排好，〔在他们返回时〕拘捕舍里甫丁并调查他的罪行。舍里甫丁供认不讳，接着派一名使者赴阙上报有关情况。该使者行至中途，时值合罕崩驾，道路被封，而灾难之门被打开。他返回去，见到阔儿吉思。同时候舍里甫丁在监禁中时时被交给不同的篾力克看管。在他被囚禁并像阿不剌哈卜(Abu-Lahab)那样给投入苦难和受罪的缧绁中时，那个“背负柴薪的妇人”[24]即他的老婆，原已遣使赴诸王的宫廷申诉他的苦处。使者有的途中被捕，没有抵达他们的目的地，但他们当中有一个到了

537 兀鲁黑额甫的宫廷;恰好有几个异密在那时奉命去召阔儿吉思:他们现在也就被委托处理舍里甫丁的案子。他们抵达徒思,然而,舍里甫丁已被交给萨布扎伐尔的马合木沙处死。马合木本来以他智力之低下、无知之到顶,对真主旨意和禁令之漠视以及他用非法手段(ibāḥat)吞没财物和杀害穆斯林而声名狼藉;想法是这样:倘若有敌人攻击他,那他也会被牵连进去,用这个方法可以一石两鸟,一计除两害。但是,呼罗珊百姓的灾害洪流尚未消退,一口苦酒仍留在他们杯中,就在能够除害前,传来了使者们抵达的消息。作为一种预防措施,阔儿吉思派一个人到萨布扎伐尔,命令停止舍里甫丁的案子,不要匆忙行事——然而"祸害生于拖延",据记载,阿里(愿他获得和平!)曾说:"我通过决心之消失和决定之破坏才认识我主。"萨布扎伐尔的马合木沙发现这世界的脾气现已符合他自己的看法,骚乱之刃已从时代之鞘中被拔出;酣睡的战神已醒来,日子犹如婴儿之厌倦他们的和平母亲。他因此开始礼遇和优待舍里甫丁。当使臣们到达时,他们逮捕阔儿吉思,遣一名使者去取舍里甫丁。使者把他带回来,他刚到达就伸手为非作歹,攻击首脑人物,虐待百姓。"骨子里的积恨将外及肌肤。"[25]同时他打破了在下野的日子和受难的黑夜中,他曾与光荣和权力的天庭订立的条约
538 和盟誓。全能的真主曾说:"凡毁约者将仅使毁约成为本人的祸害。"[26]他在这时期中尽情敲诈勒索,然后随使臣赴阙。

抵兀鲁黑额甫后,他企图在札儿忽上和阔儿吉思辩论他的案子。但阔儿吉思狠狠训斥[27]他,致使他的舌被禁于疲惫的"牢笼"。[28]他的精神被囚于狼狈和羞耻的"栅栏"。[29]一个异密这时转向他并说:"因为告发了他的一些短处或过失,这场大祸才落到阔

儿吉思头上。他不是因你的聪明才被卷进这场祸事。表示歉意，不进行打击，这会对你更有好处，因为，若他免掉这个控告，那么你将不是他的对手”。

从那里出发后，他们去见脱列哥那哈敦，后者因对阔儿吉思有宿怨，不管他的死话，把他的事情搞糟，另外却对异密阿儿浑示以恩宠，对他极为敬重。通过异密阿儿浑的求情，舍里甫丁的事情得到补救。他接受一道敕令[30]，并估计呼罗珊和祃椤答而的赋税欠额为四千金巴里失，这笔款项他保证征收。他因此随异密阿儿浑返回，抵呼罗珊后就接管了整个财政。

他用他的努力打败了这世界，因此爬了上来；
而这世界摔了个仰面朝天[31]。

异密阿儿浑也把所有事务交给他手中，但当他抵达的希思丹时，他被拔都遣人召去。因异密阿儿浑的保护和影响，也由于征收赋税欠额之必要，他又从那深渊中得救，因为，尽管他屡次受审，却
没有反对他的其他派别。当他返回时，异密阿儿浑已往帖必力思： 539
他没有收缰直到他赶到那里去见他。当阔儿吉思还活着时，他不敢干大买卖，但当他得到他的死讯时，他就放手去干他的蠢念和脏心所需求的、本质中固有的，以及天性中包含的勾当，即是说，煽起凶焰，挑唆变节——

因为每只桶都滴出其中的货色。

至于他答应征收的赋税，其百分之一在任何地方都再不能用正常征发(bi-vajh-i-muʿāmala)的方式获得，于是他开始掠夺和没

收财物，并为每一个别的(musammā)省份把税吏派到各地去；他的文字指示的要点是，他们不应对任何人开恩或照顾，而应当向有钱人索取现钱，因为要的是金钱，不是账目或税簿。他们因此极力向那些有点钱财的人榨出一切东西，同时他本人把他的大本营设在帖必力思，着手该地区的财政管理。他向穆斯林征收一笔使每个人(musammā)，贵和贱、领导和被领导、富和穷、虔诚和奸恶、老和少，都无力交纳和不堪忍受的赋税，并任命许多奸邪之徒为监官去使贵人折腰。真主的一些虔诚信徒，那些被异端豁免了额外赋役(mu'an va'avāriẓāt)并受到他们礼敬目光相待者，以告诫的方式向他进言，要求说，就一般说城镇的市民，特殊说他们自己，应当被免除这些苛捐。但他轻蔑藐视地接待他们，充耳不闻实话。

他蹙着脸迎接他们，

好像饲养真主的奴仆是他的责任。[32]

540 相反地，他加倍派给他们赋课，坚持征收它。神圣和崇高的真主曾通过诺亚(愿他得到和平!)之口说："再三地我向他们呼叫，使你可以饶恕他们，他们却以指塞耳，把他们自己裹在他们的衣袍中，固执他们的错误，轻蔑地桀骜不驯。"[33]同时常常有这样的事：孤儿和寡母，那些在真主的律令中被免除赋税、在成吉思汗的札撒中无差役者，会前去找他求免，而他会破口侮辱谩骂，封闭了宽大和仁爱之途，用拒绝之手推他们的额头，以此他们失意和绝望地退回去。异密阿儿浑这时就吩咐从他的私库中交纳他们拒付的款额。而在城镇中妇孺的呼叫、孤儿的哭泣、善人的祈祷、恶人的哀叹、受压者乞援的喊声、穷人的咒骂，上达苍天。酷刑施及每个角落；每所房屋驻有一个外人,每户都有一个监守者;对真主的敬畏不能予以制止,全世界面前的谴责和辱骂不能予以阻挡。已故的赛夷穆只塔伯(Sayyid Mujtaba)在如下诗句中所咏的正是这一情景:

> 当心,人必须努力维护人的体面。
> 而这个时刻人也必须努力维护人的体面。
> 他们不饶命,同时他们强征金钱——
> 人必须仍然努力维护人的体面!

刮尽了帖必力思的地皮后,他从那里赴可疾云,这是一个一神教的城市,伊斯兰的边境[34]。他在642年剌马赞月〔1245年2月〕到达,下榻于篾力克的宫殿。首脑人物这时被召去见他,他分别(musammā)规定他们每人的赋税,把他们囚禁在宫殿的顶上,无食无水;同时他不放他们在亦弗塔(iftar)[35]的时候出去,也不许任
何人送吃的给他们。他把税吏派到每一个别场所,让一群天生下 541
贱的小人骑在百姓头上,他们为两张烧饼会烧死一百人;因此豪侠之士体面扫地,他们的名誉和财富随风消逝;接着他把难以忍受的重担加给大小人物。因为酷刑和拷掠的处罚,可怜虫的呼唤、呻吟以及全体居民的哀叹,直冲云霄。即使看见在刑椿上,弟兄也不得相吊慰,父不得救其子,亲友不得援助亲友,哪怕他的血都流尽了。舍里甫丁待在那里的几天中,百姓经历了"父母兄弟相离散的那个日子。"[36]有多少拿他们孩子的自由作抵押,乃至出卖他们自己的人!一个临死的人被征收一小笔税款。当他已死并准备埋葬时,税吏转回来收这笔税,因别无所有,他们就夺走尸布,让死人原样放着。一些贫弱人户,在极端穷苦和绝望中找不到别的法子,就去

造访那个沙亦黑伊斯兰，人类的精选扎马剌密剌·瓦丁·吉里(Jamal-al-Milla vad-Din al-Jili)的茅舍，指望他可以给他的恶徒进点忠言。思索一阵后，他用吉祥的语言表达他的意见如下："残害的阴影已在他的黑心肠前形成一道屏障，它是一个所谓'坚若顽石，犹或胜之'[37]的例子，并已从那里断绝了吉兆和真理之光。忠告不能比雨点落到石头上对它产生更大的效果。然而，我们应当宽心，因为黎明的射手已从祈祷的指上向着他的生命之的，发出一矢，其创伤尚不明显。

542 倘若这支箭在他的内脏中搅动，

盾牌怎能为这个家伙抵挡它？

不管怎样，我希望跟你们共此患难，与你们同受这个迫害，而我每年从大底万[38](愿它继续至高无上！)领取的津贴中仅余五个的那，除此之外，在我房子的内外室中再无这世上的俗物了。"于是他吩咐把这笔钱给了他们。

在掠夺他所能掠夺的一切后，舍里甫丁现在前往剌夷，在那里他重复他的该受谴责的作法，这起到扫荡穆斯林财物的作用；因为他要把不戴面纱的妇女和赤足儿童从他们的屋子里赶出去，抢走他们的东西，其他诸如亦思法杭、忽木、柯伤、哈马丹等地的税吏，带着他们征收的钱物，都到这里来。他下令把它通统送进礼拜五清真寺，牲口也被赶入寺内。启程的那天，没有足够的东西用来包装箱子，他就亲自督着用清真寺的地毯来包装。

从那里出发，他先派人向答木罕的百姓征收一笔他们交纳不起的赋税。税吏抵达时，他们把妇女的乳房和男人的脚吊起来。

最后，在绝望中答木罕的居民转向异端，把他们的城池交给他们。异教徒到来，杀了些人，但把他们大部分驱往吉儿都怯堡。他们用水淹城的办法把城砦毁掉，夷城墙为平川，在原址上种庄稼。他们还破坏市镇和所有的房屋。

至于阿模里、阿斯特拉巴德和迦布德扎马，它们有类似的遭遇。

舍里甫丁派马合木沙从亦思法剌因、志费因、扎只儿、朱耳巴德以及在篾力克匿赞马丁治下的整个地区征收赋税。因为什叶教
徒对苏尼教徒的狂暴态度，也因为马合木沙和亦思法剌因首脑人 543
物之间的宿怨，压迫之火燃烧到连哈扎只[39]（Hajjaj）都从未干过类似勾当的程度，因此百姓大多家破人亡，面子丢尽。舍里甫丁还遣使者到阿必瓦儿的去收捕篾力克奕赫抵雅尔丁，他密谋要他的命，更不用说他的财产了。

舍里甫丁抵达兀思秃哇时，住在圣地[40]（mashad）附近。圣地的管理人向异密阿儿浑交涉，后者给他施舍，叫给予一份许以重建圣地和用牛耕地（dirāz-dunbāl）的专证。这份证书落入这个不识时务和忘记真主的相公手中，他下令狠狠地打管理人的耳光，使他昏倒在地，立即失去知觉，诺鲁思节后一个月，他把牛（chahār-pāyān）放到庄稼里去。

在他到达徒思时，他最早在帖必力思害的病越来越重，只有用气力他才能站得住。

我对这个恶人的忍耐，

表明我将不因天命无常而动摇[41]。

而死神磨尖了索命之齿。用命运之口说：

> 当死神伸出她的爪子时，
> 你将发现护身符毫无用场[41]。

最后他的身体垮了，他的疾病占了压倒优势。他躺在床上，再不能走动；而且他的右眼变瞎了。

> 544 你曾经在一只酒杯中饮无辜者的血：
> 翻转杯子的时刻现已到来。

但尽管他躺在死亡的卧席和床垫上，他仍然没有从他耳里取出无知的棉塞，他贪婪的肚皮仍不得饱。他不断张开他的嘴，把他的舌放在他的腭上，说："某某必须付多少钱，某某这样的人须付若干。"这甚至轮到他自己的亲人，同时，他打他自己老婆的算盘，也向她征收一万的那。他现在疼痛到群医束手，而他在内心里觉察到死神的袭击，发现不可能抵抗这个敌人。在召集一次会议后，他表达他的愿望，向异密阿儿浑送去如下的使信："我快死了，没有恢复之望。倘若在我所采取的任何措施或者我向某人征收的任何赋税中，进行丝毫改变，又倘若在这些事中出现一些毛病，那么整个管理的基础将陷入混乱。对于那些决定要除掉的人，决不要饶了他们的命。"

他的使信还没有送达异密阿儿浑，他就赶快投"往真主的烈火及主的地狱。"异密阿儿浑废除了他规定的所有赋税，释所有囚犯于囹圄。全人类都认为舍里甫丁之死是一个奇妙的解救，把他那可耻灾害的消除看成是预报这世上喜事的到来。全能真主曾说："现有两个类似的海：一个是新鲜，香甜，可口，另一是咸和苦。"[42]

光荣属于真主，主以他的能力创造他愿意创造的事物！一方面他使这种人存在，使他成为众矢之的，另一方面他使像丞相牙老瓦赤·马合木那样的人成为人心和众望之所归；一些人他以旧灾折磨之，而对另一些人他赐以后福。

事物跟类似它者远非一样： 545
天空像水一样也是蓝的。[43]

当这个恶徒在帖必力思的时候，特弗里失（Tafrish）的扎马剌丁·阿里（Jamal-ad-Din'Ali），伊剌克的首脑之一，为他效劳，参与了他的行动；扎马剌丁·阿里的敌人，要么由于妒忌，要么因为事实如此，把他骂成是一个祸精。当百姓的带有先兆的指责使他遭到解职和退休后，舍里甫丁因他助纣为虐，把他提拔上来。“因为一些暴君比另一些好。”任命他后，舍里甫丁死了，而每个同时代人都赋诗咏这件事，以下是其中之一：

正教的权势赖之生存的西马剌丁[44]（Simal-ad-Din）
死了，哎呀！
他们在他坟墓的墙上写道：
“这是那个赛德尔，扎马剌丁的作品。”

一个帖必力思的叫做祖扎只（Zujajii）的诗人，写了如下的乞塔诗：

幸运的扎马剌·阿里啊，全世界因你而高兴。
你跟他一直到徒思，到头来他没有逃脱你。
因为怕你，主子啊，当代的君王将不出外。
世界的帝王，不幸的人啊，

在你面前从帖必力思逃走。
〔哪怕〕逃你到天上，也没有人躲得开你。

另一个同时代人撰写了下面的诗：

一个恢复暴政、反叛真主的人死了。
546 他的死讯在它对我们炽热的肝脏
是冷的——[45]的时候，传给了我们。
老爷们，愿你们永远幸福地生活！
相互诵读："我问一个从呼罗珊来的急使……"[46]

那些见过舍里甫丁和知道他的行为的人，将发现上述他的作法仅不过是个例子，冗长故事的一个梗概，千分之一，无数当中的几个，但是，惟愿不曾目睹他的行为的本书读者不要指责著者夸大其辞，不要恶意[47]去攻击他，这种恶意来源于卑劣和怯懦，而关于这点，穆圣（愿和平及天福施降给他！）曾说："恶意是一个坏东西。"但即使一个人想逃出这深渊，那起因于下贱和胆怯的恶意仍不宜用。

向那些因我们失败而高兴的人说：
"清醒你们的头脑，
因为对我们的不幸感到高兴的人，
他们自己将遇到我们曾遭遇的不幸。"[48]

然而，受真主指引者从他考虑的事物中获得某些益处；而从这件事他将推出整个伦理：他将努力行善，回避和躲开那在尘世和信仰中使他失败或让他毁灭的任何事情，以此他可以在这现世得到美名，在来世满足他的正当愿望,如真主意愿如此。

要这样做人,以致你死时你将得到自由;
不要那样做人,以致你死时〔别人〕得到自由。

注　释

① 巴撒马·本·哈真,《哈马沙》中一诗人。见帖必力兹,《撒儿黑哈马沙》,布剌吉编,第Ⅰ卷。第207页。(穆.可.)

② 即“宗教中的罪恶。”

③ tashdīd是表示一个字母发双音的拼字符号的名字,而“不固定字母”是alif(A)、wāw(W)和yā(Y)。因此据志费尼的说法,ŠR FY ALDYN即Sharr fid-Dīn错讹为ŠRF ALDYN即Sharaf-ad-Dīn,他的真名,译义是“宗教之尊贵。”

④ 阿布玉素甫·牙忽卜·本·阿合马(Abu-Yusuf Ya'qub b. Ahmad),赛阿利比的一个同时代人,他把这些诗句引用在他的《塔特马都尔雅特马黑》中。(穆.可.)这里见埃格巴尔的编本,第Ⅱ卷,第21页。

⑤ 沙里哈·本·阿不答忽德里·哀底克(Salih b. 'Abd-ad-Quddus az-Zindiq)。见《乞他卜阿迦尼》,第XⅢ卷,第15页。(穆.可.)

⑥ 伊本哈扎只(Ibn-al-Hajjaj),著名多产诗人。亦卜剌金·库图比(Ibrahim al-Kutubi)在《古拉尔哈撒亦思·瓦底阿瓦乌拉尔纳合亦思·法的阿》(Ghurar-al-Khaṣā'iṣ al-Wāḍi'a wa-'Urar-an-Naqā'iṣ al-Fāḍi'a)(巴黎,阿拉伯抄本1301,对开本第266页)中把这首诗归于他。也见1326/1908－1909年新编本《穆哈底拉特拉吉卜》(Muḥāḍirāt-ar-Rāghib),第Ⅰ卷,第14页。(穆.可.)

⑦ 阿布勒哈亦儿·穆法撒尔·本·撒德·本·阿模尔·马阿利(Abul-Khair al-Mufassal b. Sa'id b. 'Amr al-Ma'arri),赛阿利比引用在他的《塔特马都尔雅特马黑》中。(穆.可.)见埃格巴尔编本,第Ⅰ卷,第9页。

⑧ 显然是两个倭马亚朝哈里发名字的双关语:耶西德·本·穆阿维牙

(Yazid b. Muʻawiya)〔680－683〕和耶西德·本·瓦利德·本·阿不答灭里(Yazid b. al-Walid b. ʻAbd-ad-Malik)〔720－724〕,其刺合卜是纳吉思(Nāqiṣ),意思是“有缺陷的”。在“增殖”(ziyādat)和“缺陷”(nuqṣān)的概念上也有一个双关语。(穆.可.)

⑨ 参看《古兰经》,第 xxxviii 章,第 11 节:“在他们之前,诺亚、阿代和施桩刑者法老的百姓把他们的先知者当作骗子对待。”

⑩ 据 B 本、D 本、E 本和 G 本读作 mamqūt。

⑪ 这个术语有时用来指类人猿,有时用来指一种神话中的怪物。见布朗:《波斯一年》,第 180 页和 291 页。

⑫ 这首巴依特系从一个撒曼朝诗人阿不勒哈散·阿里·本·哈散·拉合罕(Abul-Hasanʻ Ali b. al-Hasan al-Lahhan)的三首诗改写而来,其中他讽刺了花剌子模的百姓。它们被赛阿利比引用于《雅特马答儿》第Ⅳ卷,第 42 页,又被牙忽惕引用在《穆扎麻布尔丹》的花剌子模条下。在 A 本的边上,一个读者在涂掉了这首巴依特的大部分后,写道:“这是明显的亵渎神明:愿真主谴责说这话和死而不悔的人,但若他因此改悔,那就饶了他!”(穆.可.)

⑬ 参看前注。

⑭ 原文作 tabarruz“外出到旷野”,“骑着马出去”,但如来自 ḥarām-zāda(“私生子”)的 taḥarmuz 的例子,tabarruz,或者类似之词,多半在这里是一个来自波斯语根的阿拉伯化词汇。

⑮ 回教的反基督者,他的出现将预告世界的末日。

⑯ 阿布勒法的勒·法德里·库斯卡利(Abul-Fadl al-Fadli al-Kuskari)。赛阿利比引用在《塔特马都尔雅特马黑》中。(穆.可.)见埃格巴尔编本,第Ⅰ卷,第 86 页。

⑰ 引自祖尔鲁马(Dhur-Rumma)讽刺他的女主人玛耶(Mayya)〔Mayy〕的诗句。见《乞他卜阿迦尼》,第ⅩⅥ卷,第 119－120 页,并见《穆扎麻布尔丹》,马拉(al-Malā)和伊本哈利干(Ibn-Khalikan)条后之祖尔鲁马条。

⑱ 即,他开始学习书写的基础,尽管可能有一种淫猥的第二层含义。

⑲ 阿不穆罕默德·塔希耳·本·忽辛(Abu-Muhammad Tahir b. al-Husain)。引用在《塔特马都尔雅特马黑》中。(穆.可.)见埃格巴尔编本,第Ⅰ卷,第 23 页。

⑳ 答扎尔(见前,第 530 页)将骑在一头古怪和可怕的驴子上出现。

㉑ 阿布勒哈辛·忽辛·本·阿里(Abul-Qasim al-Husain b. ʻAli)。引用在《塔特马都尔雅特马黑》中。(穆.可.)见埃格巴尔编本,第Ⅰ卷,第 25 页。

㉒ 《古兰经》,第 ix 章,第 35 节。

㉓ 即豹皮封套。

㉔ 见《古兰经》第 cxi 章,那里说,穆罕默德之叔阿不剌哈卜(Abu-Lahab)("火焰之父"),他在其妻的挑唆下否认他的侄儿有预言的能力,将被烧死"在烈焰中,其妻则背负柴薪,——在她的颈上有一根棕榈纤维的绳子。"

㉕ 这看来是错讹的阿拉伯语的含义。

㉖ 《古兰经》,第 xlviii 章,10 节。

㉗ 直译是"捣碎他的骰子"(kaʻbatain-i-ū-rā bāz mālīd)。这个说法意思是"占了对手的上风,"但可能原义为"在双六中击败了某人,"如从上下文看来。

㉘ shish-dar。

㉙ ḥijāb。

㉚ miṣāl,可能是一道札儿里黑。

㉛ 阿不穆罕默德·耶西底(Abu-Muhammad al-Yazidi),《哈马沙》中一诗人,见帖必力兹,《撒儿黑哈马沙》,布剌吉编本,第Ⅳ卷,第 57 页。(穆.可.)

㉜ 在《哈马沙》中归之于一个无名的妇人。见帖必力兹,前引书,同页。(穆.可.)

㉝ 《古兰经》,第 lxxi 章,第 6 节。

㉞ 对亦思马因人的边境,他们并不被当成是穆斯林。

㉟ 亦弗塔(ifṭār)是穆斯林在剌马赞月开斋时傍晚用的清淡饮食。

㊱ 《古兰经》,第 lxxx 章,第 34-35 节。

㊲ 同上,第 ii 章,第 69 节。

㊳ 即哈里发朝的底万。

㊴ 阿拉伯伊剌克的倭马亚总督,以他的严峻而知名。

㊵ 即麦什特。

㊶ 引自阿不佐艾卜·胡德哈里(Abu-Dhu'aib al-Hudhali)的一首著名合西答,一篇悼他子女的挽歌。见布剌吉编《乞扎纳特阿答卜》(Khizanat-al-Adab),第Ⅰ卷,第202页。(穆.可.)

㊷ 《古兰经》,第xxxv章,第13节。

㊸ 赛阿利比在《塔特马都尔雅特马黑》中把这诗归之于阿不底雅·希木昔(Abu-Diyā al-Himsi)和阿布儿鲁马·弗赛昔(Abur-Rumma al-Fusaisi)二人。(穆.可.)见埃格巴尔编本,第Ⅰ卷,第27和73页。

㊹ Ṣimāl-ad-Dīn 义为"宗教的保护者",它也能读作 Ṣumāl-ad-Dīn,"宗教之毒"。指的自然是舍里甫丁。

㊺ 一个错讹的词。

㊻ 丞相伊本阿巴德(Ibn-'Abbad)咏阿不别克儿·花剌子米(Abu-Bakr Khuwarizmi)之死的两首著名合西答的起首:

我问来自呼罗珊的一名急使:"你们的花剌子米死了吗?"我被告知"死了"。

我说:"在他墓碑上写道:'难道真主不曾谴责任何一个破坏幸福者?'"(穆.可.)

㊼ shamātat:更确切是"幸灾乐祸。"

㊽ 《哈马沙》中归之于法拉兹答克(Farazdaq),《哈马沙·布合图里雅》(al-Hamasa al-Buhturiya)归之于灭里·本·阿模尔·阿萨底(Mālik b. 'Amr al-Asadi),《乞扎纳特阿答卜》则归之于佐尔阿思巴·阿德瓦尼(Dhul-Asba'al-'Adwani)。(穆.可.)

第　三　部

奉大仁大慈真主之名

愿主使它成功！

颂 词 547

赞美和感谢真主，灿烂群星因他的明亮和纯洁的光线而生辉，旋转星空因他的意愿和命令而保持运行；受崇拜者，礼拜他是恰当的；赐予者，向他之外任何其他人祈求都尝不到甜美；无中生有的创造者，因此从有到无的制造者；他把奴隶从卑微擢至显贵，又把高傲者从他们的王座上推倒；皇权归属他，神威宜于他。唯有在他的宫廷寻求宏大和显荣；非他的一切事物仅不过是点缀、虚假和儿戏；凡因愚昧而不选择他者，毁灭降诸其身：一切有实体之名的实体均属于他；善和恶、得和失都来源于他。

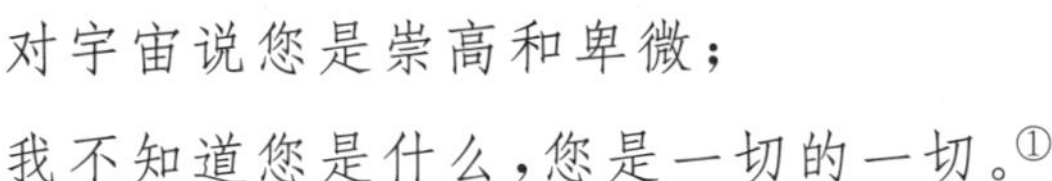

对宇宙说您是崇高和卑微；

我不知道您是什么，您是一切的一切。①

又愿天福施降给最后一个先知，从前众先知的领袖；一切束缚的开释者，一切智谋的施予者；他向迷途者指明道路，并且不嫌弃他自己人当中的罪犯；他被遣降给凡人和精灵，以正义说教；他的名字受到众口的称颂，他的声音为众耳所闻！

只要风、水、火和土仍在积极创造，嫩绿枝头上的蔷薇仍和荆棘亲密共存，愿天福还施降给他的精选的友人和可钦佩的亲族！②

548

序　　言

其实在前卷③中，据我们的有关见闻，我们载录了成吉思汗兴起和他征服各国的本末、合罕和贵由汗的登基，以及他们统治期间发生的大事原委，并且按我们掌握的史料范围，还叙述了花剌子模众算端和其他地方诸侯的历史，从他们每人的最初起源迄至他们时代的终结；我们现将在这下一卷④中陈述世界皇帝蒙哥可汗的御极和他的汗国在过去和现在的大事及情况、世界王子旭烈兀的进攻西方诸国，以及归降和反叛的当代国王和当今诸侯自始至终

612 的详情。因之在所有情况下，我们寻求至高天主对我们言行的宽恕，恳请原谅笔下的失误和文体中的缺点，并期待得到〔真主的〕无边宽仁厚德的开恩，舍此外罪人无其他庇护。

注　释

① 发勒斯编《沙赫纳美》，第1003页，第736行。

② 这节在原文中系用韵文写成（我仅在一处予以仿效！），而语言是纯波斯语，即是说，阿拉伯语源的词汇给有意地排除。然而使用了一个这样的词，havas“儿戏”，可能是因押韵所需。（中译文也没有用韵文。——中译者注）

③ mujallad-i-pīshīna。

④ mujallad-i-dīgar。关于志费尼原来把他的著作分为两卷，见英译者序言。

1. 兀鲁黑那颜[1]和 549
唆鲁禾帖尼[2]别吉

按蒙古的札撒的法律，父亲的位子传给长妻所生的幼子。这即是兀鲁黑那颜，但成吉思汗的札撒立窝阔台为汗，因此服从他父亲的吩咐，兀鲁黑那颜为把合罕推上汗国的宝座而煞费苦心，并且在拥他稳居皇位的努力中极尽勤劳。因为在弟兄之间，特别在合罕和他自己之间，存在着越逾同胞的感情。

吾人之间的友爱超过了亲族的友爱，
而族人认为〔深厚的〕情谊
〔相形之下〕变得微不足道[3]。

他随同合罕出征契丹，并且，如前所述，[4]以坚定和果决、才能和武勇去完成这个使命，由此那些东方的省份被征服和削平。

在他志得意满地归来时，宇宙是他的奴仆，星空服从他的愿望，他变得来从早到晚耽溺于杯中物，于是他害了病，两三天尚未过去他就一命呜呼[5]。

这始终是蓝色天轨的习惯；
当他看到满足时，就很快使它破灭。

合罕为此悲痛万分，非常激动和烦恼。同时只要他在世时，他在怀 550

念和珍惜跟他的相处和交往中,度过他的光阴。

> 当我们分手时,尽管我们长期结合,
> 好像灭里(Malik)和我未曾共度一个夜晚。[⑥]

而且每当他在朝夕贪杯中,酒入愁肠酩酊大醉时,合罕会哭泣并且会说:“我不断用酒,原因是遭到起因于惨痛离别的悲伤打击,因此我愿沉醉,庶几我可以暂时在我心里忘却那悲伤的激动。”

> 醉酒是甜美的,因为它使“我”跟“我”分离,
> 否则感官怎样赞成昏沉呢?

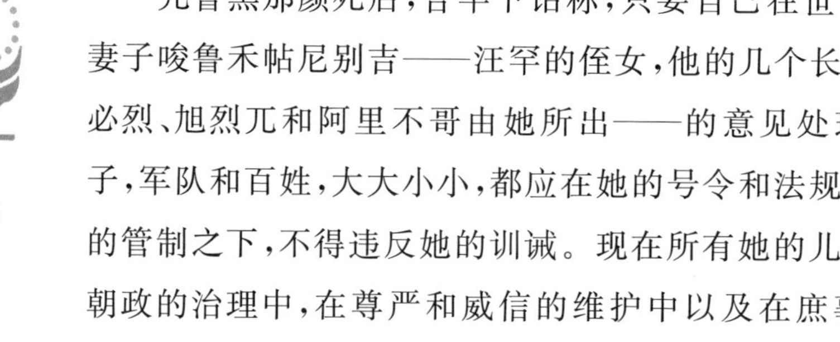

兀鲁黑那颜死后,合罕下诏称,只要自己在世,朝政应按他的妻子唆鲁禾帖尼别吉——汪罕的侄女,他的几个长子蒙哥可汗、忽必烈、旭烈兀和阿里不哥由她所出——的意见处理,而且上述诸子,军队和百姓,大大小小,都应在她的号令和法规、她的生杀予夺的管制之下,不得违反她的训诫。现在所有她的儿子的管教中,在朝政的治理中,在尊严和威信的维护中以及在庶事的处置中,别吉,因她判断和识别正确,打下了这样一个基础,而且为巩固这些建筑奠定了这样一个根基,以致戴头巾者[⑦](Kulāh-dar)都干不了同样的事,也不能同样漂亮地解决这些事。当合罕实施任何政事
551 时,不管是关系到帝国的前程还是关系到军队的布置,他总首先跟她商讨,并且不容许改动她提出的一切提议。使臣和额勒赤也非常尊敬她。她宫廷的臣属和子民,因他们享受的宠荣和保护,在远近东方和西方都有别于其他王公的臣民,又[⑧]因她对他们个个的关怀,他们的生活是满足的和无忧虑的。同时,税吏、沙黑纳和军士,因害怕她的惩罚和纪律,只得平等地对待百姓。每逢举行忽邻

勒塔，即诸王大会，在每人这方面都表现出非凡的高雅、装饰、奢靡和豪华时，她总是以她的扈从和军队压倒了一切人。而她的保护有如下述：在合罕统治时，有那么几个篾力克，对于征收她的子民[9]的赋税和忽卜绰儿，跟她的一些臣属发生争执，并且征收太多，她就遣使把那几个篾力克带去见她，在证据确凿后把他们处死。

至于她对她的儿子们的约束和管教，虽则他们每个都是汗和具有智力的人物，而且就机智聪慧说胜过了所有〔别的〕王子，然而，每因发生崩驾，他们等候新汗登基时，她不允许违反或变动旧的律令和札撒，尽管，在事实上，他们有发号施令和裁决的特权。因此例如说，当贵由汗被推上汗位并且追查有哪些宗王违反了札撒和既定法令、散发牌子和札儿里黑时，他下令把合罕去世后颁发的每道敕令和牌子收回。于是在忽邻勒塔上，当着所有人的面，他们颁发的有关征税和任免税吏的敕令，被放在〔对它们负责的〕诸王面前。人人都感到难为情，唯有别吉和她的儿子们除外，他们没 552
有丝毫违背法令，而这是因她的大智、自行约束和对事情后果的斟酌，哪怕贤明和老练的男人都忽略这些的。

如果女人都像她，女人就胜过了男人。[10]

而在蒙哥可汗登上汗国宝座时，同样的事再度发生，因为贵由汗死后，每个人颁发他自己的敕令。

至于别吉，自兀鲁黑那颜去世以来，她恩赐她的族人和亲属，犒赏军队和百姓，获得了各方面的拥戴，因此使所有人听从她的旨意，并在每人的心灵中种下了感情和恩义，以致贵由汗死时，大部分人对于把汗国的权柄交给她的儿子蒙哥可汗，一致赞同，同心翊戴。因为,她的智虑明达的声名,她的机警聪慧的令誉,已经传遍了四方,没有人会反对她的话。

再者,在她室家的治理和宫廷的礼节中,她为族人和百姓奠定了一个连世上众汗都不能做到的基础。

就这样她继续下去,迄至全能真主通过她富有经验的手腕,把王位这个新娘置于蒙哥可汗高贵的胸怀中。同时她在捐赠和布施时始终打开手,虽然她是基督教的信徒和皈依者,她却把施舍物和礼物赐给伊祃木和沙亦黑,并努力恢复穆罕默德(愿真主赐福他,赐他和平!)宗教的神圣戒律。而此说的徵象和证明是,她捐一千
553 银巴里失在不花剌建造一所学校(madrasa),其圣洁的基础由八哈儿思的沙亦黑伊斯兰赛甫丁(Saif-ad-Din)任主管和监护;她还叫购买村庄,准备捐款,并〔在该校中〕招收教师和学生。她总是把捐赠送到各地去,散发给穆斯林的贫乏和困苦者;她这样继续做下去,最后在 649 年祖勒希扎月〔1252 年 2 - 3 月〕,快乐的毁灭者发出了死亡的通牒。

注　释

① 即拖雷。见前,第ⅰ册,第 150 页,注①。

② 关于她的名字的拼法,见前,第ⅰ册,第 108 页,注㉛。

③ 前已引用,第Ⅱ卷,第 260 页〔第ⅱ册,第 524 页〕,(穆.可.)

④ 见前,第ⅰ册,第 191 - 195 页。

⑤ 这无疑地是事情的真相,因为蒙古人都是酗酒者。然而,在拖雷之死的蒙古说法中,事实被奇怪地理想化了。窝阔台在出征中国时生了病,珊蛮说他的病是当地山川鬼神作祟。拖雷请求由他代替,饮下一碗珊蛮念过符

咒的神水，不久后就死了。见《元秘史》，第 272 节，也见伯劳舍编拉施特，第 220－221 页。

⑥ 引自穆塔米姆·本·努威拉（Mutammim b. Nuwaira）悼念他兄弟灭里（Mālik）的著名挽歌。（穆. 可.）

⑦ 即男人。参看前面，第 i 册，第 84 页，（“蒙面纱者和那些戴库剌黑和头巾者”）和第 i 册，第 100 页，（“那些戴库剌黑和头巾者以及那些蒙面巾和面纱者”。）

⑧ 据 G 本略去 dar sharq va gharb“在东方和西方”。

⑨ raʿīyatān-i-khāṣṣa，即她的私属子民，她私库的臣属。

⑩ 木塔纳比。（穆. 可.）

2. 八赤蛮[①]及其灭亡

当合罕遣蒙哥可汗、拔都和别的王公去征服不里阿耳、阿速[②]、斡罗思、钦察、阿兰及其他部落的国土时，整个那些地区的肇事者就被肃清，刀下逃生者也俯首投诚。然而，被打败的钦察部长之一，一个叫八赤蛮的人，和一队钦察武士逃脱了追索，同时其他难民都去投奔他。因为没有巢穴或藏身处作为基地，他每天每夜逃到一个不同的地方。又因他本性若狗，他像豺狼一样四出打劫，抢走一些东西。逐渐地，他的罪恶越发严重，他造成了更大的祸害；而军队不管在什么地方搜寻他，他们都找他不到，因为他已逃到别处，隐藏了他的行踪。

他的避难和藏身地大多在阿的勒[③]河岸。在这里，他会躲在森林中，像恶狼一样从那里跳出来，抢劫东西，再躲藏起来。蒙哥
554 可汗王子命令建造二百艘船，并命令每船载一百名全副武装的蒙古人。这时他和他的兄弟拨绰[④](Böchek)沿着该河的两岸形成一个捏儿格[⑤]。抵达阿的勒河沿的一座森林后，他们发现了一个就在当天早晨撤出的营地的遗迹：破损的车辆和四周的人畜粪便。在这堆破烂中他们看见一个生病的老妇人。他们问她发生了什么事，这些骑士是谁，在什么地方，什么个样子。他们发现八赤蛮就在当时撤走，躲到河中央的一个岛子上，而且他行劫得来的牲口和

财物也在该岛上。他们没有随身带舟，同时河水汹涌若海浪，以此泅渡是不可能的，更不用说骑马了。霎那间，狂风骤起，刮开了通往岛子的河水，致使河底毕露。蒙哥可汗命令军士立即上马。八赤蛮在他发觉前被俘，他的军队在一个时辰内被消灭，有的给扔进河里，有的即刻被杀死。蒙古人掠他们的妻子儿女为奴，他们还抢走很多贵重的战利品。然后他们班师。河水开始流动，当军士通过后，它再回复，无一士卒受伤。

八赤蛮被带到蒙哥可汗面前，他请求由后者亲手把他处死。相反地，他却命他的兄弟拨绰把他斩首。[⑥]

这些征兆为帝国的权柄转移给世界皇帝蒙哥可汗提供了一个依据，以致无需更多的证明。

注　释

① BJMN。《元史》的八赤蛮，即 Bachman。见伯希和，《库蛮考》，第 166 页。

② 这种对阿速和阿兰的分别叙述，使人怀疑志费尼是否知道他们是同一个民族，今奥谢梯人的祖先。另一方面，可能阿速人形成这个联盟的西部，特别是在后来被不里阿耳突厥人占领的土地内。（弗.米.）

③ 即伏尔加河。见前，第 i 册，第 267 页，注④。

④ 他实际是蒙哥的异母兄弟。见前，第 i 册，第 269 页，注③。

⑤ 如在狩猎中的一个包围行动。见前，第 i 册第 28 页。

⑥ 这次对八赤蛮的战役发生在 1236－1237 年冬。见伯希和，前引书，第 167 页。伯希和，同前书第 166 页引用了《元史》中的记载。至于拉施特的说法，见米诺尔斯基，《高加索》，第Ⅲ卷，第 225 页。

3. 七大洲的君主、贤明的皇帝 蒙哥可汗登上汗国的宝座，他打开奴失儿汪的正义地毯，兴复帝室的功业，制定君王的法规

555

当光荣和崇高的真主想使他的一个奴仆成为首领，把皇冠和御冕加在他头上时，那么靠他的公正和公道，这荒芜的世界可以再度繁荣，这人世居民的命运可以从真主宏大怜悯的恩泽中获益；首
620 先，“主创造灵魂先于肉体”的天理，用恩福的锦绣把伊人之身来装饰，并用全智之光来烛照他的灵魂；然后，当他从最高的宇宙降至最低的驻地，真主就在聪慧知敏智的摇篮中培育他的天性，把堪称温顺及庄重的哺乳放进他的内在学识之口中，诱导他去干正义的事业和功绩，发表率直的言论，在他的往来中用理智之缰来约束他，因之逐渐地，日复一日，他登上宏伟的阶梯，而且，每时每刻，接受命星和福神的指导。

当福神想培养一朵蔷薇时，
她创造它，然后期待着那么个人。
首先幸运之神缝一顶库剌黑，
然后她把它戴在一个国王的头上。

一个潜水者从海里捞起珍珠，

不久它们便在王冠上找到体面的位置[1]。

于是，当表明智慧和权力的时刻到来时，在光辉灿烂的日出处，出现了幸福曙光的萌芽，而作为它的前兆，因为

事物因其对立面而明显[2]，

这世界被执拗的噩运搞得来充满了罪恶和不义的黑暗，人生的甜 556
美和生存的乐趣反在灵魂之口中产生没药(myrrh)之苦，以此真主的奴仆，当幸福由虚到实，由不存在到存在时，可知那种大恩的价值，并为那种厚福表示感谢。

那么此说的证明是，在合罕去世后，这世上的庶事逸出了正轨，交易和买卖的驾驭也脱离了公平的大道。专制的黑暗，也就是"重重的黑暗"，[3] 堆积起来，灾异的海涛相互冲击。百姓遭到权贵的践踏和蹂躏，又因压榨频繁而钱财两空；世界这只杯子斟满罪恶的鸩酒。额勒赤如雨点般洒向各地；税吏(muḥaṣṣilān)若脱弦之矢去征收非法赋税[4]；于是被摆布得时而这样，时而那样的百姓，惘然失措，因为他们既忍受不下去，又不知如何可以逃生。

旋转苍穹的残酷已达到无以复加的程度。

但当凶暴和不义达到极峰，邪恶和奸佞至于顶点时，圣传说"最严峻的时刻它将得到解脱"就被证实，圣诗说"安适确实地随苦难而至"[5] 也被肯定；同时"真主显示给人类的慈悯，无人能阻止"[6] 的门户被打开，而

在形势绝望时也最接近得救

的粮秣已经准备好。

557 欢乐继悲伤而至，
犹如来自初春福源的和风，在秋天抵达。
琵琶的泣诉，哀歌的声音和竖琴的悲叹，
从宴会传到宇宙的蓝天。
从这一切显露的花样，〔只〕能是：
造物主的恩典已把我们来救援。

这就是说，“因为大地是真主的：他把它赐给他喜爱的奴仆来继承”，[7]王国的权柄被授予崇高的君王、全人类的主宰、阿拉伯和非阿拉伯的众汗之汗，蒙哥可汗（愿他与天地齐寿！）的强有力的手中；大地的面上因他无所不包的仁德，再得到美化和修饰，而且总的说人类的事业，特殊说穆斯林的前程，呈现出新的朝气和光泽。对这一点，详情在下述的事件中得到披露，有关真相在以下撰写的诸章中得到阐明。“而吾人信赖吾主之慈恩。确实，吾人向之求助者正是真主！”

拔都晃已离开他在不里阿耳和撒哈辛地的斡耳朵，前往贵由汗的宫廷，并已抵达距海押立城有一周远的阿剌豁马黑[8]，这时他听到贵由汗的死讯。他就地停留，接连遣使给他在四方的族人，宣告他的抵达：他召他们到〔那里去见他〕。蒙哥可汗从哈剌和林地区出发。至于在该地区的失烈门及合罕的其他孙子、后妃，他们派出哈剌和林的异密晃兀儿塔海[9]那颜（Qonqurtaqai Noyan）作为他们的代表，并且立下一份内容如下的文书：“拔都对所有王子说

是阿合[10]。无论他命令什么，他的话就是法律。我们对此表示同
意，我们将不拒绝他规定的和他认为恰当的一切。”至于别的王子，558
〔即〕贵由汗的儿子们，因为已在该地，他们赶在〔别人〕之前去见拔都。他们呆了一两天，然后，不经同意，借口珊蛮巫师不允许久留，返回到他们自己的斡耳朵。他们把帖木儿那颜留给拔都作为他们的代表，指示说，当大会的项链给串在一起时，对阿合和额尼[11]之间一致达成的任何意见，他也应表示他的赞同。

王子们现在从四方到来。合罕诸子中前来的有合答罕斡兀立，察合台子孙中有合剌旭烈和莫希[12]（Mochi）。〔前来的还有〕蒙哥可汗及其弟木哥和阿里不哥，异密中有兀哈台[13]（Uhatai）和也速不花[14]（Yesü-Buqa）；同时，异密和那颜们，别的王子和拔都的诸侄从其他方向到来。他们举行大会，在宴饮数日后，共同商讨把汗位交给一个对此适当的、经历过事业中的祸福和安危、尝过人生的苦甜，并曾率师远征近讨、在酒宴中享有盛名、在战争中获得胜利的人选。一连几天几夜，他们权衡和琢磨这件事，就是说，成吉思
汗系中（urugh）和族内有哪位宗王可用他的仁明英睿来控制国土 559
和保卫道路；因为，如帝国的庶政照旧无所系属，那么连社稷的根基都会倾危，政纲会松弛，以此不可能用机智和策略的手腕予以整饬，要深思熟虑地予以弥补也不可想象。

君主对吾人说不可久缺，
而吉人将在吾人中培育一童子为吾人之君主[15]。

最后，经过再三思考，所有参与该次大会的人，不管是宗王还是异密和那颜，达成决议说，因拔都是诸王之长，是他们当中的首领，他

对国家和朝廷(daulat)的政事得失最有发言权。应由他来决定，要末他自己成为汗，要末推选另一人为汗。在一致同意这个决定后，他们立下文字保证称：他们决不会食言或者违背拔都的命令。接着，当天就这样结束和终止了他们的讨论后，他们开始饮酒作乐。

第二天，当白昼的光亮旌旗升起，夜幕消失——

一个〔连〕普照全球的灯火
因〔注视〕它而变得目光发亮的日子；
它的朝霞从天堂出现，
它的风嗅到救世主的呼吸——

诸王大会的项链如头天一样以昴星的姿态串连一起。拔都开始该天的发言，在没有人作补充后，他继续说出下面一番话："如此一个大国的治理，如此细致工作的开展，能由这样一个人来实现，也只有这样的人才能从进退维谷中摆脱出来：他懂得和体验过成吉思
560 汗的札撒及合罕的律令，在斗智的跑道和赛勇的竞技场中从所有他的对手和同辈那里夺得优胜的芦苇[16]，亲身负过重任，总过戎机，并在克服困难和镇压叛乱中提供了无可辩驳的证明。眼下成吉思汗的血统(urugh)中有蒙哥可汗，以他的机智和刚毅而知名，以他的贤明和英勇而著称。汗国的政事应由他盖世智谋的特长来整治，社稷和百姓的幸福应由他英决和远识的祥瑞来保证。

在这世界上总有适合每个人的事，
也有适合每件事的人。

胜任每件事业的人是有的，对这种天生适合它的人说，万事皆能做到。我将把这政事的权柄交给他干练的手中，把帝国的印玺置于他坚定和老练的指上，因为宇宙这头劣马将驯服在他凛烈和豪勇的胯下，保卫公益和防守边疆的宝刀将从他刚毅和勇武的鞘中拔出”。

以聪慧和领悟之耳倾听了这番话后，所有与会者都明确地知道，由此得到的利益和好处会归诸全人类，特别是归诸他们自己，而且知道，舍此之外一切均属多余——“过直则曲”。他们异口同声说：“‘你把弓赐给制弓者，把房子给盖房人居住’。[17]在这站外再无坦途。‘阿八丹[18]（‘Abbadan)外再无村落’。”同时每个人都诚心地讽喻说：

> “如果我丢掉我对你的真心，丧失了我对你的爱，
> 那么我将向谁表示那种爱？
> 我将把那颗心交到哪里？”[19]

而每颗宝石在找到它的恰当归宿时安静下来。

然而蒙哥可汗不同意，他继续推辞了几天，不愿担负这个重任或者接受这个显位。当这种坚持超过了所有极限时，他的兄弟、饰有智慧和威望之宝的木哥[20]斡兀立，站起身来，并且说：“在这个大会上我们都立下了书面保证，在这次聚会中我们都约定听从拔都可汗[21]的命令，不容许对此更改或变动，也不要求补充他的话。但因现在蒙哥可汗企图违背这个阿合的意见和他自己的声明，倘若今后阿合和额尼对某件事不同意，那就让它不要受到非难或成为指责的对象”。

他用这种方式发言，以他生花之舌击中了这事的要害。它是一个清楚的证明和一篇果断的论述，于是拔都称赞这些话，夸奖了

木哥。蒙哥可汗也被说服[22]。

既然真主的珍奇德行使帝室的秧苗在“吾人奉汝等为王”的[23]河旁根深蒂固和枝叶繁茂，拔都，按蒙古人的风俗，就站起来，同时所有宗王和那颜都跟他下跪。他这时举起酒杯，把汗位安放在它适当的地方。所有教士和沙弥[24]赞同他的作法。

领导权顺从地归于你，
562 朝你曳裾而来。
它仅宜于他，他也仅宜于它。
倘若除他之外别人窥望它，
大地会因颤抖而震动。[25]

出席该大会的每个人欢呼〔蒙哥可汗〕为君，接着他们安排在新的一年于斡难怯绿连[26]召开大忽邻勒塔。抱着这个打算，每人返回他自己的驻地。

有关的消息传遍全球，深入到大地的最远角落。而唆鲁禾帖尼别吉开始用各种厚礼和恩惠来交往百姓，使用种种手腕和策略去争取族人和亲友。

至于那些说话躲闪，对这件事迟不〔表态〕的人，因散布和传播流言蜚语，借口汗位应留在合罕或贵由汗系(urugh)内，他们忘记了“汝将权力授予汝所欲者”[27]的玄机，因此向四方遣出一个接一个的使者，也送使信给拔都说，他们反对那个决议，不同意那个条约。

拔都会回答：“按阿合和额尼的一致意见，我们已解决了这桩事，而讨论已结束——‘关于汝所询问者，其事已注定’。[28]取消它是不可能的，倘若我们不如此进行这件事，又倘若推选蒙哥可汗以外的其他人，那么庶事的秩序会给搞糟，国家的法纪和百姓的利益会混乱到事情不可收拾的地步。但倘若你们以熟虑和远识的目光来考虑这件事，你们将明白，合罕子孙的利害是得到重视的，因为
治理这样一个从极东亘延到极西的大帝国，超出了仅仅是孩提之 563
辈的能力和知识”。

在这样往返中预定的一年终了，第二年过了一半，该事的解决仍无迹象。同时候，每过一年，天下的事情就变得更加绝望，每一个月，百姓的生计之裳更加褴褛。

拔都派他的兄弟别儿哥和脱哈帖木儿为他的代表。合答罕也出发了，合剌旭烈也动身。同时，别的意见相同的王公开始〔向那里〕去。其他的王子从成吉思汗的斡耳朵兀鲁黑额甫[29]前来。

这时候，蒙哥可汗和唆鲁禾帖尼别吉向那些三心二意，持观望态度的人送去友情和有益的忠告——“挤驼奶前必须爱抚骆驼。”因为他们的劝谕和告诫对这些人没有产生作用，在他们的态度中没有丝毫改变的迹象，他们就接连遣使给他们，时而诱导他们，时而施加威胁和恐吓；因此他们补充他们的理由，希望他们可以受到安抚和调解的约束，从傲慢和疏忽的睡梦中猛省。但是远识的智慧之神会说：

责备情人者啊，让真主引入歧途的一伙人去吧，
因为主将指引他们上正道。
对于那种最接近你也就离你最远的努力，
谴责毫无作用。[30]
倒霉鬼决不照智者的吩咐做任何事；

倒运的人从不能因任何方法变得走运。

564 当那一年终了，来春的欢悦触动人心时，群星的君主开始逐渐地从他下落和偏堕的地方向他在雄伟和壮丽的宫邸顶峰前进，把他的行程向着他的巍峨宫室。像凯旋的忽思老·巴维思[31]（Khusrau Parviz），他把他普照全球的面孔朝向权力的驻地。而当他把御体置于白羊宫的舁床时，丰饶的风像北方的和风那样轻柔地开始吹动，它来自蔷薇的寝室，惊动甜草的根基。被答亦[32]（Dai）的严寒所束缚、像巴合门[33]（Bahman）那样为冰（bahman）雪囚禁的蜷缩[34]池塘，因温柔和风的努力，现在变得开心和无拘束。

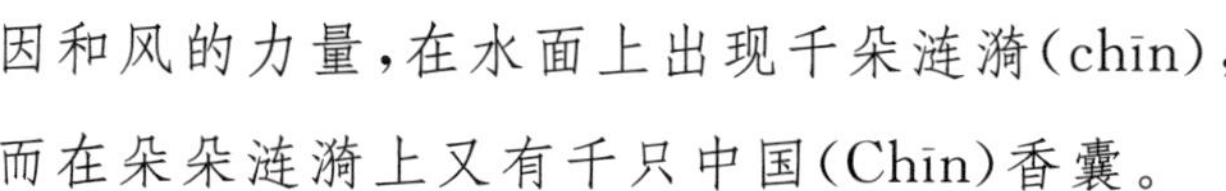

因和风的力量，在水面上出现千朵涟漪（chīn），

而在朵朵涟漪上又有千只中国（Chīn）香囊。

大地的土壤因猛烈蒸发的热气而欢欣喜悦。〔生物机体的〕天然力量随它们的生长和发展，开始活动，鸟儿在草地上迸发出歌声。

现在我们必须饮美味的酒，

因为麝香的气味从河中升起。

每座花园都铺满了花瓣；

郁金香和风信子遍及每个山冈。[35]

青葱翠绿的光泽出现在世界的面上。〔树的〕枝叶伸出它们的颈，冒出绿色的头。花园，像活泼、漂亮的少女，日益（rūzafzūn āmadand）达到她们的心愿。果木繁茂，睡莲千姿百态地鲜艳和灿烂。洋苏木窃取了面颊的颜色。甘菊模仿情妇贝齿的洁白和明亮。紫罗兰从它的格里牙[36]发卷散发芬香，像情人的面孔那样羞

565

缩(tūi bar tūi)。含苞待放的花儿像风骚的情妇,也就是无忧虑的欢乐。素馨在草地上吸引了所有的目光,黄水仙(nasrīn)像天空的双鹰[37](nasrain)点缀着大地。水仙,像佩箭袋的突厥人,昂首去照亮花园。而郁金香的嘴,如一只杯子的口,为红酒而快活。因花朵散落在水道上,你会把它们当成是镶钢的印度宝刀。歌喉嘹亮的夜莺,像十条舌头的百合,唱出千支歌儿来称颂花园和草地,乐人则唱和云雀的曲调。下面这首国之撒希伯底万[38](愿真主增添他的寿数!)用两种语言写成的乞塔诗,这是他在年华正茂时如东风吐露一样撰写和缀拾而成,成为竖琴和风琴(arghanūn)用高音和低音演奏的早晚乐曲:

斑鸠在树上哀歌,
花园散发沉香的芬芳。
空气变得馥郁:因你有麝香,
你最好应单独〔跟她〕熬过通宵。
把盏吧,朋友,让我们像野紫罗兰(khuzāma)
和香料(bahār)那样寻欢。
蓓蕾的口因春云而露齿微笑。
花园为甘菊开颜,
恰如闪闪群星出现在天际。
既然为欢乐作了准备,
你将同意在这今宵与我结合。

好像和有痣美女新婚的日子,气候的状况如所期望地那样温暖,当年的病痛转为健康。世界是一座蔷薇园,季节绚丽光灿。

566 这个春天和它的这些阳光——美丽啊
它的黑夜，美丽啊它的白天[39]。

大部分王公现在怯绿连聚会。他们派昔列门[40]必阇赤（Shilemün Bitikchi）去见斡兀立海迷失和她的儿子忽察和脑忽，派阿蓝答儿[41]必阇赤（'Alam-Dar Bitikchi）去见也速蒙哥，致以如下的使信："成吉思汗家族中的大多数人已会齐，忽邻勒塔之事因为你们拖延至今。再没有推却和耽误的时间了。如果你们有和解和团结的愿望，你们应亲自尽快地出席忽邻勒塔，庶几朝政可以一致地处理，猜忌和携贰（vaḥshat）的肮脏纱幕可以从和睦的面容上摘除。"

在先失烈门也曾向忽察和脑忽遣出使者，因为他们之间产生了一种友爱的感情，既然

在紧张时刻恶感消失[42]。

当他们发现拖延得不到便宜时，脑忽斡兀立就出发了。合答那颜和贵由汗宫中的几个异密也出发了。同时合剌旭烈的兄弟也孙脱花[43]斡兀立，从他的驻地〔动身〕后，跟他们一起去会合失烈门，因此所有这些人都聚在一处；而有谣言说他们正在策划对穆斯林的阴谋。

其后，忽察也开始移动，时而说"今天"，时而说"明天"，用"也许"、"可能"来拖延时间。并且他们都仍然想象，没有他们参加，忽邻勒塔之事就不能进行或成功，〔王位的〕问题就不能解决。因为
567 失烈门和脑忽离得最近，追随蒙哥可汗的宗王、异密和那颜便给他们送去一封内容如下的联名使信："如你们故意没精打采，对参加大会慢慢吞吞，我们将〔靠自己〕把蒙哥可汗拥上汗位。"发现拖延

不会有助于达他们的目的，他们作出在某某时间抵达大会的许诺。而他们用恒星的速度出发，和马匹、骑士和士兵，带着满载的骆驼和无数的车辆，缓慢地进行。

> 无论它们载运石头或铁，或蹲着的人们，
> 骆驼的步伐多么缓慢！[44]

约定的时间已经过去，他们仍不急于露面，而他们的拖延已超过了一切限度，这时，参加该大会的一群智士和占星家选定 649 年剌必阿Ⅱ月 9 日〔1251 年 7 月 1 日〕，因为据一张天宫图称，福星要拾它的福气，木星企图取得它的影响，金星用它的光来使自己发亮。日增福运的征兆之一是，在那几天中，云层密布，大雨倾盆，太阳的面孔隐没在汽幕和雾幔之后；同时在选定的时刻占星家正在书写，但黑云遮住了阳光，他们不能登临高处。突然，太阳的漂亮面容，像一个新娘在防卫、躲闪和推拒之后展示于新郎之前，在选定的时刻摘掉了它的面纱，同时天空开朗，充分露出日球，云雾的混浊消失；于是占星家开始登高。光明修饰了人间，黑暗和阴霾从地面失踪。大福星[45]（Greater Benefic）座的升起从星空的运行中 568
确定下来，首星（Ascendant）角的威力得到肯定：凶星和黑度[46]（Dark Degrees）堕离吉祥的首星，大光体[47]（Greater Luminary）矗立在它第十宫的顶峰，而岁星[48]（qavāṭi'）居于第十二宫。

所有那些与会者——宗王如别儿哥斡兀立及其弟脱哈帖木儿，他们的叔父[49]大按只带（Elchitei the elder），斡赤斤、阔端和阔列坚的儿子们，异密、那颜和成吉思汗斡耳朵的大臣以及在该地的其他将官，连同不计其数的士兵——〔所有这些人中〕王公们在斡

耳朵内脱掉他们的帽子，把他们的皮带扔向他们的肩上，在举起蒙哥后把他拥上君主和帝王的宝座。他们称他为蒙哥可汗，而从天空的鸣响中，这种作为吉兆的呼声传到灵魂深处的耳里：

“王啊，在你的王国内活一千年，
然后在一千年中以你的荣耀而自傲，
每年有一千个月，每月有一百天，
每天有一千个时辰，而每个时辰又是一千年。”

至于异密和军士，他们在斡耳朵外排列整齐——一千多名战士，著名的武士，他们在复仇时刻或在决死时确实是战场上的雄狮——

一支像凶神恶煞的人马
和许多如黑夜中曙光闪耀的大刀——

同时，与诸王在斡耳朵内的同一时刻，三次下跪。[50]

于是，当世界皇帝已吉祥地登上了帝国的御座，有如在权力的极峰的太阳，他的仁德就需要让各种各类的生物和形形色色的无
569 机物马上享受某种安逸和快乐。他因此制定一条札撒说，在那个幸福的日子，人们不得踏上冲突和争斗的道路；百姓不应相互械斗和打架，而应愉快过活，高高兴兴。既然人类在种种享受和自我放纵中得到生活的正当权利，所有其他动物也同样应有它们的份儿，因此那些用作骑乘或驮兽的家畜不应受到重负，缧绁、脚镣、束缚和鞭打的苦痛，而对那些供屠宰[51]的牲口说，按公正的沙利阿特，它们的血不得洒在安全的收容所中，以此有一天的时间，像在礼拜堂中的鸽子，它们可以悠闲和宁静地度过它们的时光。至于飞禽走兽，在陆地和在水中，它们应暂时不受到猎人的袭击[52]；在平安

的园林中随它们的心意鼓翼。

> 空气对你是清新的，那么产你的卵，
> 鸣叫，尽情啄食。
> 猎人已离开了你，那么欢乐吧。[53]

又因所有生物已从他日盛的洪福得到充分的好处，无机体也一样，它们同是造物主（荣哉主名！）的作品——而他创造的每粒微尘在其中有其特殊的秘密涵义："吾人之主啊！汝不曾无意义地创造此物"[54]——不应被剥夺了那恩典，因为"无物不赞美主"。[55]因此大地的头脑不得被帐钉和挖掘所产生的痛楚搞得来头疼；水的灵魂不得被倾泻脏物所污染。为这样一位人物而赞美真主：全能之主使他成为慈悯之源泉和正义之中心，乃至真主使他的慈善行为施及有名字的任何东西，甚至野兽和无生命的石头！现在倘若一个 570
有眼光的人推断地考察这些奥妙，从中作出结论，并推敲和琢磨这些事件的内在涵义，其印象随岁月的消逝将永志于人生之面，那么，他为改善贫弱人户命运的宏旨，他为把他的包容一切的正义和慈恩施予老小的至虑，其仁德的关注所达的范围和程度，将确定无疑。愿真主（伟哉主之荣耀！）使他永享帝国和统治权的欢乐和情趣！

像这样他们度过那一天，直到傍晚，而当黑夜来临时，每人都前往他的住所。在第二天，当夜神的黑衣部队在黎明的前锋面前转身逃跑，群星的忽思老，耀武扬威，在地平线上升起，这时王公们开始寻欢作乐，铺开快活的地毯，可说是把下面的话当作他们的口头禅：

从白昼的面颊上拂开黑夜的头发：
对醉汉说这是再度寻欢的时刻。
侍儿忙着斟进玫瑰色的美酒，
它的芬香来自香炉的沁人气息。[56]

而那一天，酒宴是在大丞相(ṣāḥib-i-aʿẓam)牙老瓦赤(真主巩固他的权力基础!)用华丽织料制成的帐殿中举行，它类似绿色圆屋顶和一个最高苍穹的雏形，因刺绣丰美和色彩绚丽，其图案(ashkāl)看来是星光如灯火闪耀的天空，或者是其中百花如珍珠般撒开的花园。帐幕的地面，铺着各种五颜六色的地毯，看似长满种种芳草如紫罗兰、洋苏花和黄水仙的草地。没有人在这之前建立过那种
571 形状和样式的营幕，或者设计过如此精致形式的帐殿。内部像伊刺木园，外表大方美观。当宴席重整，他们的欢乐超过了一切限度时，从四方响起了这支歌：

哈！曼殊利亚[57]的图画啊，
你是一座花园和一座宫殿，
或者是真主送入凡尘的天堂。
否，我不愿把你看成是在人间，
〔你是〕不属于这尘世的，因为尘世损减寿数，
而你，不像这人世，却延寿益年[58]。

于是天下的皇帝，像在他巍峨宫室中独自行走的忽思老[59]，现在稳坐在幸运的宝座和君主的席床上，靠着权力之垫，登上雄壮宏伟的阶梯，他的足站在幸福和成功的中心，跨上威武高大的战马。王公们，像昴星一样，集中在他的右边；他的七个兄弟，个个都是皇天中

的满月:忽必烈、旭烈兀、阿里不哥、木哥、拨绰、岁哥都[60](* Sögetü)和雪别台(Sübetei),如北斗七星[61]站在那里。而在他的左边,像花园一样的皇女,她们每个在漂亮和美丽方面赛过[62]日月,坐在"面对面向着他们的嵌花纹的榻上"。[63]美如天仙、面孔甜蜜的侍儿,在他们的容颜上写着美的诗篇,从壶罐中倾出一杯又一杯的忽迷思和酒,忧愁和不安的荆棘从所有心地里被扫清。

对这些侍儿我将说些什么而且怎样说呢,主啊,
他们从琥珀香的网中取出玫瑰色的月亮? 572
在凯旋的日子,当他们愉快地握着剑把时,
战神是他们剑上的一滴血。
在宴乐中,当他们用手抓着杯沿时,
美神像泡沫在他们的杯中舞蹈。[64]

而乖张的命运,因向正确方向迈步,必定要开始唱一支歌。幸运的美神选择了一首诗来抒她的胸怀,并在用吉祥之舌把话传入世界之口后,这样开始她的序曲:

喜讯!福神遵守她的诺言,
凶星悔恨她的残酷和暴虐。

同时,和下面这首咏此情景的迦扎勒合拍,旋转的星空以满意和赞许的目光观望着,开始舞蹈:

忽思老啊,愿国土使你高兴!
愿全世界对你臣服!
因为你,暴政的繁荣土地化为荒芜;

因为你,正义的基础可以牢固地奠定!

于是他们表演下面这首适时的曲调,因为他们没有受到命运的竖琴弦拨的打击:

您的祖父[65]把暴虐从世界的面上扫清。
您的伯父[66]的仁爱修复了破坏的东西。
御袍适体的陛下啊,
实施仁政,因为这番轮到您的统治[67]。

接着那颜们和异密们,随同他们的首领忙哥撒儿那颜[68](Mengeser Noyan)在武将的位子上一行行地就位,而以孛鲁合[69]阿合(Bulghai Aqa)为他们领袖的必阇赤们,大臣和侍臣们,立在他们的本位上,余下的异密和扈从,佩戴他们的武器,在幄帐外列成一百多
573 行(rasta)。

一个这样的民族,倘若你欢迎他们,
他们是美的天使,
但倘若你跟他们打仗,他们是凶神。[70]
突厥人是智慧和聪明的天使,
他们是黑发的美女和披甲的魔鬼。
在战斗中他们披甲时,他们是魔鬼;
在宴席上他们饮酒时,他们是美女。

如此这般,他们极尽种种欢乐地盛宴和狂欢了整整一个礼拜,忧虑和怨恨从他们心胸的庭院中被排出。而每一天,按照天子的服装,他们要穿上不同颜色的衣服[71],饮干杯盏。饮料和食物的日耗量

是，三千车的忽迷思和酒，三百头马或牛，以及三千只羊。又因有别儿哥，所以按这条戒律来处理这些牲畜："食用那种以真主的名义所宣判的东西。"[72]

在这宴乐期间，前来的有合答罕斡兀立，他的侄儿[73]灭里斡兀立（Melik Oghul），及合剌旭烈。他们行贺礼，执臣节，而作为回报，蒙哥可汗认为理应极力向他们表示各种恩渥、殷勤和照顾。因他们的到来，大会仍等待着将随他们之后而来的王子们；同时他们继续纵情于他们的欢乐，缺乏警惕和戒备。又因他们谁都没有想到世界皇帝成吉思汗的札撒能遭到破坏或改变，在他们中间没有过分歧，据蒙古人的习惯说更没有这种事，所以〔这种情况有可能
发生〕就从未掠过他们的头脑，更没有绘在他们想象的画廊中；他 574
们因此忘记了采取任何防备。

突然，因一个巧合，更因运气的指引和至荣真主的继续施恩，一个叫做克薛杰[74]（Keshik）的鹰人[75]丢失了一头可和先知沙里哈[76]（Salih）（愿和平施降于他！）的母驼相比的骆驼，成为真信者获救的机缘和不义者毁灭的原因[77]。这个鹰人在找寻丢失的牲口中不遗余力。他在该地区骑着马从左跑到右，跋涉了有两三天旅程的距离。他突然间闯入失烈门和脑忽的军中。他看见一大群人，满载的车辆和以哈瓦儿计的食物和饮料——所有这些在名义上是为了进贺和朝觐。然而，克薛杰没有看见要找的东西，继续向每个
人打听他的失物。忽然，在他寻找的当中他碰到一辆破车，车旁坐 575
着个小伙子。小伙子认为这个骑士是他的一个同伴，要求克薛杰帮助修理车子。克薛杰从马上下来，开始帮助修理。他的目光落到成捆堆着的武器和军用品上。"这都是些什么兵器？"他问。"跟

别的车中的一样”,小伙子回答说。聪明的克薛杰马上装作不在意,但当他完成了工作,就凑到另一个人面前,设法跟他结交。一步又一步他发现了事情是个什么样子,并当他推测出他们的秘密实质时,疑团完全消除,因为“浊而后清”。他认识到那些人正在策划谋反和叛逆,暴动和政变,企图在为欢迎他们而举行的宴会中,当人们思想中紧绷的弦折断,老少为酣醉所束缚时,越出正义的堂奥,突出不意地实现他们的阴谋。“但罪恶的策划仅绊住那些实施它的人”[78]。克薛杰解开了自由意志的约束,并对他的骆驼念了“汝之绳索在汝之鬐甲上”的谚语后,他一天走了三天的路程,在将近晚祷时到达斡耳朵。他未经允许便走进去,而且不害怕,不迟疑,不退缩,大着胆子勇敢地说出如下的话:“你们打开寻欢的地毯,在兴高采烈
576 中告别了人世的忧伤,而在他们的埋伏中,你们的敌人已磨尖他们的矛尖,等待他们的时机,准备和布置他们的行动。

倘若你不迅速进入它的门,
你的敌人将通过它的门去袭击你。”[79]

所有这事的要点,他都口头向他们陈述,敦促他们注意和重视他们的利害,嘱咐他们抓紧。但因类似的概念在蒙古人的风俗和习惯中,特别在成吉思汗子孙(urugh)的时代,从未出现过,他们完全不能相信有这种事,同时他们要他一遍遍重复。而每一次他重述他在头一次说的东西,涉及他们的[80]本性。

他的话没有在大汗耳里生根,他不理睬它们。克薛杰继续他的迫切请求,他的焦虑和不安显然可见,但大汗仍然镇定地不为所动。诸王和大那颜大呼这种固执之非。他们说:“上天不容它造成

一场灾祸，成为悔恨无及的原因。

> 慎防那种其入口宽而出口窄的事物[81]。

在复仇之手卡住希望的脖子、策略之途[82]被堵塞、权宜之计丧失、局势危若系发、智慧的明亮目光被眩惑，及一小撮敌人得逞之前，有识之士的责任是不放松警惕或防备的措施，不轻视他的哪怕是势孤力弱的敌人，那么倘若他的疑念是正确的，他将不因此惶恐不安，但若它没有根据，那也不能想象有什么损伤或害处，没有人将 577
因此遭殃。

> 不要轻视贱人的判断，
> 因为树干是用木屑来焚烧。

为机警和敏捷地行动，有必要采取安抚和怀柔的手段去对付这件事，庶几这反叛之火可以在它燃烧前给扑灭，灾难的邪风可以在它把地上的太平和沉静的土壤刮走前消失，而廉耻之水，它是万物的生命，可以留在命运之神的眼内，留在他们事变的面上。

> 粗鲁和暴力没有用处；
> 只有怀柔才使蛇出洞。

如果用这种方法没有作用，甜言蜜语和殷勤手法不能使这些人屈服，那么我们能把〔谚语所说〕‘最后的办法是加热’付诸实施，折断他们反抗的脊背。

> 在复仇时刻和服役期间，
> 一支锐若枪头矛尖的军队为你准备着；
> 像忽思老和他的酒杯，他们每人充满智慧；

像骑在剌黑昔(Rakhsh)上的鲁思坦，
他们每人都跨上雕鞍。”

当他们的方针和策略如此确定后，王公们个个都想涉足这条道路，亲自去调查和盘问这些情况，并视情况所需或用劝说或用武力达到那个目的。然而，因幸运的启示——

谋略是取胜的关键：
显然，坚定的谋略是金的钥匙。
良谋一条好过一百武士；
一顶王冠好过一百模子。
一支军旅的脊背可以用谋略折断；
一把刀〔只〕能杀死一人到一百人——[83]

诸王不用经历那种劳累，大家一致同意，宫中异密的首领和大臣中
578 的元老忙哥撒儿应前去调查这件事，并采取行动阻止阴谋；而且在这样做中应发表他认为得当的不管什么意见。按他的指示，他和大约二、三百名骑士，突厥武士和不洁的突厥人，跨上马，他们真正是

神灵之上的神灵，而如他们是人类，
那就好像他们是用针给缝上[84]。

在天亮时，当天空中扎木失的的前锋向夜神的师旅发动突袭，大那颜忙哥撒儿逼近那些来军的营盘。带着一百多名骑士，他驰至营门，士兵同时候从前后左右拥上来，像圆圈一样站好他们的位子。尽管在马上，这个那颜仍然喊话并说出如下一番话：“有关你

们的谣言已在流传，它传到了大汗耳里，倘若那些话是从谎言欺诈的壶中滴出，而且是假的，那么对你们说，忠诚老实的标志和表现将是毫不迟疑地和满怀信心地前来，执臣服之礼，不要求助于花言巧语，而要迅速和赶快地用水把这种疲惫的灰尘从诚实的面颊和团结的容颜上洗刷掉。”

听了这番合情合理的话，他们走出他们的营盘，尽他们的目力望去，他们不外看见无穷无尽的军队，他们自己像是圆的中心，而他们的友人和部下，他们的骑兵和步卒（khail u rajil），远在他们埋伏的地方。他们丧失了力量和意志，好像缰绳在自己手里失去控制，而他们的思考和决断，因忙乱、害怕和惊慌，犹如腿上给紧系枷锁。他们变得来非常沮丧和狼狈；又因有口难辩，进退维谷，他们发现逃走无望，留下也不成。没有他们依仗的靠山；他们既无那种 579
使他们能够进行抵抗的强大力量，也无胆量和勇气造反。从〔那片海洋〕中看不见海岸，以使他们可以诵念〔谚语：〕“以其生命逃亡者得救”，并可以找到他们的出路，避免自食其果。到头来他们在天命的圈套中俯首就擒，把他们的足伸进顺从的烟孔[85]（smoke-vent）中。

而一岁的驼驹，当它被拴在绳上时，
不能进攻已长出牙齿的六岁老驼[86]。

在监督下，并非出自选择，他们仅由几名骑士陪同，随那个那颜离开，去侍候地面上的皇帝。当他们接近斡耳朵时，他们的同伙大部分被拘留，他们的武装被解除。又有诏叫几个奸邪和犯罪的异密，不戴箭筒和弓鞘，在他们所在之地随诸王一起行帖克失迷昔[87](tikishmishi)礼,一次九下,然后进入斡耳朵。

一连两天他们完全没有受到盘问,调查和追究的文书仍然封
着。在第三天,当太阳吉祥地从东方升起,谋逆者的幸运时光就到
了沉沦的西方,伪君子的生命春天就接近它的暮秋。举行了另一
次会议,所有人都集中起来。蒙哥可汗说出下面一番话:“这就是
传说的关于你们的事。它不能置信和设想,未为理智之耳所闻,也
580 不为智慧之灵所接受。仍然,类似的印象,一旦变得来深入人心,
就不是玩笑之事,同时,这种言谈的谣传,一旦到了人们嘴上,就不
再仅仅是空话,所以〔我们〕的善良天性和〔我们〕的纯真信仰,要求
对这件事进行调查和追究,为的是疑垢可以从事实的面容上洗清,
模糊的面纱可从太阳的真实脸上摘除,以此倘若这不过是诬蔑和
诽谤,那造谣和诋毁者将在事件的书页上见到他的惩处,人类将接
受教训和警告。”

因此有令不许人进出斡耳朵,并且他下诏叫拘留许多异密和
那颜,如按只解那颜(Elchitei Noyan)、爪难(Taunal)、合答曲怜
(* Qata-Kürin)、章吉(Jangi)、刚疙疸(* Qan-Khitai)、唆鲁欢
(Sarghan)、小爪难(Taunal the Younger)、脱罕(Toghan)和牙撒
兀儿(Yasa'ur)[88],他们都认为自己身居这样的高位显职,以致老天
581 无力奈他何,而且他们随日夜旋转而串成的项珠决不能失散。他
们多半不知道〔下面的诗句〕:

有什么样的丝柏,
真主不使之耸立而不再痛苦地把它弯折呢。
并不是每块糖都能吞食;
一个人必须时而饮清〔水〕,时而饮沉滓。

来自叛将中的几个其他的土绵将官〔也被拘捕〕，一一列举他们的名字要花太多时间；于是调查和审讯开始。

以忙哥撒儿为大札儿忽赤，另一些异密和首脑调查了几天这个案件的疑难和微妙，慎重地进行。犯人们彼此矛盾，他们的罪行则是没有疑问的。在悔恨交集中他们默默地呼喊："天啦！愿我为尘土！"[89]他们也招供，承认和坦白他们的罪行。蒙哥可汗，遵照他的值得赞美的习惯，想假装看不见所发生的事，因为"当一个人拥有权力时，宽大就是仁德的一个根本。"然而，诸王和异密说："麻痹大意和过于自信，在对付敌人时，决不是正当和明智的办法。

在紧要事情中用药不用刀，
像用刀代替膏药一样有害。[90]
凡是应当制造伤疤的地方，
当你给它贴上膏药时，那是徒劳无益。[91]

而当智谋之士已经制服了凶恶的敌人时，倘若他不向他报仇，那确实根本谈不到有什么远见卓识，到头来将后悔[92]莫及。 582

若你对你的敌人稳操胜算，
别作其他考虑。

仁义对奸邪之徒不起作用；它像撒在盐泽中的种子：它不结果实，尽管一层又一层的云用雨水浇灌它，那也产生不了效果，什么都长不出来。

一株苦味的树，
倘若你把它种在天园中；

又倘若在浇灌时你从乐园的溪流中
用蜜和纯麝来浇它的根：
到头来它显出它的本质，
结出那种同样的苦果[93]。

如果惩罚是不必要的，强大的国王和有力的君主能够不用它，那么‘铁和剑’的诗句不会被送到世上，也就不会有关于复仇的戒律，它是生存和繁息增殖的原因：‘汝之生命〔保障〕在于这条报复的法律，有识之士啊！’[94]

一棵树只有冒出每个枝头时
才产生花朵。
主啊，你必须对你国土的敌人怀着仇恨，
同时你必须向太阳学习这条规则，
因为他从他的岗位(martaba)上
凯旋地挥舞他的刀[95]时，
这世界才被他的阳光照亮。”

蒙哥可汗觉得像这样的话是出于诚意，而不是出于私心或虚
583 伪的动机。于是对上述那些诱诸王走上邪道、使他们堕落和犯罪的奸臣，他愤怒地下令把他们斩首，如真主(伟哉主名!)的圣训所说：“彼等被溺毙，被送进狱火中。”[96]第一个是按只解：他的头和足被砍掉。接着爪难被踩死。合答曲怜想〔按〕俗话“用吾手，不用阿模尔(Amr)之手”〔就刑〕：他挺腹就刃，如此给杀掉。至于其余的人，他们挨个同样地结束了今生：“彼等将背负彼等之包袱！彼等负载者非罪恶而何？”[97]

这些消息传给了察合台之孙也孙脱花，他抛弃他的所有军旅，带着三十骑自动[98]前去。他被送往脑忽和失烈门的捏儿格[99]中，于是他们留在一个地方。

总之，如果任何人在他心里策划叛逆，天命马上就把绞索套在他的阴谋的脖子上，曳之以行，而〔蒙哥可汗的〕日盛福运和吉祥命星，使这些傲慢的暴君和魔王在俯首听命的掌握中归依服法，以此他们各自默默地说：

“你要我的头。它不能给任何人。
我将前来，把头留在脖子上。”[100]

同时额勒赤去追捕他们当中一些人，把他们逮捕。

至于合答那颜，他还没有抵达。他发现这次冲突的根子在他那里，这次内讧的起因由他产生，正是他煽起这场骚动的尘暴，把混乱的火种投入人世，而且这一切都不可用他的手来补救了。

我使多少军旅相互纷争， 584
而当他们陷入纠纷时，我却从中脱手[101]！

当失烈门和脑忽因此前去时，他想“在弼斯罗毁灭后”[102]从这事变中拔出他的足来，以手抚摸退隐的心胸，背靠享乐的大山，藏起他的面孔，希望安全地把他的头留在他的脖子上，把他的灵魂留在他的肉体中。同时这个企图，他放在他脑子这口锅中，用贪欲之火来烧煮，对自己唱道：

“争取平安地抵达一个避难地，
因为道路极其可怖，驿站十分遥远”

他夜以继日地这样琢磨和思量，拼命要找出一条通过它可以得到安全和活命的出路。但命运始终嘲笑他的忧愁和不安，他的哀伤和哭泣，并用譬喻说：

> “如果你的口舌谨慎，
> 刀剑跟你的头有何干系？”

宫廷的密探突然像许多死神一样抵达并说：

> “所有你的友人已经离开；现在轮到你。
> 来吧，宿营者，收起你的帐篷，
> 因为〔旅队的〕首领已离开驿站。”[103]

他们把他从他的营帐中抓出来，用一辆车把他一直送到哈剌和林。尽管他假装病重，他们仍然认为应把他从那里挪走，并送走了他。抵达宫廷后，他受到札儿忽赤们的审问，虽然他的罪行比艾必利思的罪恶更昭著，也〔仅〕在坦白和交代了〔他的罪行〕后他才继他的
585 伙伴和同党之后殒命，在灌水之地喝了个饱：“于是使彼等落入火中；而彼等由之降落的陡坡何其腌脏！”[104]

又因在别处的一些人还没有到来，〔诸王〕对他们的阴谋和诡计仍不放心。他们因此把不怜吉斛[105]那颜和一支由十土绵勇敢青年和英雄突厥人组成的军队派往位于别失八里和哈剌和林之间的兀鲁黑塔黑[106]（Ulugh-Taq）、杭海[107]（* Qanghai）和横相乙儿[108]（* Qum-Sengir）地区，以此一个捏儿格可以从那里伸延到弘吉兰[109]斡兀立（Qonghuran Oghul）的捏儿格，后者驻在海押立境内，并已把他的捏儿格扩展至斡答剌之地。同时也客那颜（Yeke Noyan）和两土绵人马被派到吉利吉思和谦谦[110]州（Kemchihüd）的地方。

这时候，因斡兀立海迷失及其子忽察均未到来，额勒赤们便赍内容如下的使信去见母子俩："倘若你们没有跟这些人共同策划这个阴谋，没有赞同或帮助他们，那么你们到朝廷来，尽快这样做，对你们的前程至关紧要，也将是〔你们无罪的〕表白。" 586

当往见忽察的额勒赤昔列门必阇赤传达完他的使信，忽察根本不听他的话，正要袭击他，干一桩可怕的勾当。但他的一个妻子，地位较其他的要低，而才智超群，阻止他的图谋并说："使者的责任在于传达他的使命，自古以来没有人凌辱哪怕是叛逆的使者。那么，当蒙哥可汗派来一名额勒赤时，我们怎能要他的命？杀死个把人又怎能损害或削弱他的国家？这种行为将产生许多祸害；苦海将怒啸；天下将被搞乱；灾难之火将燃烧；当事情超出了你的控制时，悔恨将无济于事。蒙哥可汗是阿合，犹如父辈：你必须去见他，听从他的命令，不管它是什么。"

因为老天保佑忽察，他考虑这些话并想到这件事会是危险的，而且是后悔的根源。他因此以赞同之耳听从了她的话，对昔列门优礼相待。然后他和他的妻子从他们所在之地出发，赶快入朝。

至于跟他的阿合合剌旭烈一起来的帖克失[111]斡兀立（Tekshi Oghul），他去找不里。同时突厥蛮必阇赤（Türkman Bitikchi）被派去见也速蒙哥、他的妻子脱合失[112]（Toqashi）以及兀鲁黑额甫的异密们和那颜们。在告之那些陷入他们罪行罗网中的人[113]的下场后，〔突厥蛮必阇赤说出如下的话〕："如果你们没有支持这些人谋 587
叛，为什么你们不必要地这样缓慢来见我们？这种耽误，拖延和迟缓原因何在？如果你们思想中没有那个念头，你们应马上出发。否则你们必须指定你们的战场，准备你们的甲兵。'而提出警告者有理’。”

听了这番话，他们对皇上害怕和恐惧得要命。他们打消了那些念头，完全跟它们分家。传达了他们的使命后，额勒赤们[114]马上返回，甚至没有停下来进食。不里、也速和脱合失[115]也动身了。

至于那些来自叶密立和海押立者，当他们各自来到不怜吉解军中，他便把他们连同较大的异密送走，解除他们的武装；他们当中留下来的，他视情况予以处理和处决。

一当忽察抵达宫廷，他就被送去参加失烈门和别的王子，随同他的异密，如不合台[116]火儿赤（* Bughatai Qorchi）、宴只吉带（Eljigitei）之子阿儿合孙[117]（Arghasun）和其他等人，他们均受到拷问，然后被送往他们的同类所曾走过的道路上。

镇海也到了。他在 650 年剌马赞月〔1252 年 11 月－12 月〕被答失蛮哈只不处死。单有一章谈到他。[118]

588 最后来的是海迷失哈敦：她和失烈门之母哈答合赤[119]（Qadaqach）一道被送往别吉的斡耳朵。忙哥撒儿赶到那里去，因这些女人的儿子们承认是阴谋的策划者，她们在受到审问和坦白了她们的罪行后因她们的行为而受刑[120]。

也速、他的妻子脱合失和不里也到来，许多高位的异密，必阇赤（Miran Bitikchi），如密兰[121]必阇赤（Miran Bitikchi）、速蛮[122]火儿赤（Suman Qorchi）、阿八赤[123]（Abachi）等人和其他指挥土绵的那颜们均到来。凡属异密〔马上〕被处决。也速和不里被送往拔都的宫廷[124]。至于脱合失哈敦，他被合剌旭烈当着也速的面审问：他命令把她的肢体踢成肉泥，以此来消他心头的旧恨。

同时候，在别失八里，多神教徒和偶像教徒[125]的首领亦都护和

一群叛贼勾结，跟他们安排好，要使清真寺中的穆斯林群众在大白 589
天出现黑夜，以此让他们在清晨看见午夜；这样他们将要用异端的乌云来遮盖伊斯兰的光辉，击溃集合的信徒，以致在审判日才可望把他们重新集中。“他们乐意用他们的嘴吹灭真主之光：但真主仅希望完善他的光，尽管异端憎恶它。”[126] 回教的奇迹揭开了这个谜(muṣaḥḥaf)底，阿合马法律的火光在阴暗面上暴露出这个逆谋。他们当中有个奴隶在知道他们阴谋的来龙去脉后，皈依了伊斯兰，成为揭发他们的爰合黑，把那个罪定在他们身上。亦都护和许多其他的人被送到斡耳朵，并且受到审问。而在控告被接受后，有命令把他押回别失八里，在那里，各阶层的百姓，穆斯林和偶像教徒，在郊外集合，当着百姓的面，他被交给地狱的魔鬼。那么因这个使他们得到新生的胜利，穆斯林们向真主表示感谢。

> 一个使天堂之门为之大开的胜利，
> 而且大地为之披上新的彩衣。[127]

同时这个惩罚和复仇使胜利的[128] 蒙哥可汗陛下更加受福，获得甚至更大的功勋。愿全能的真主使这次正义的仇报成为他的国家长
存和他的汗位永续的原因！（在关于亦都护的一章中，这个题目已 590
详尽地谈到。）[129]

与此同时，宴只吉带在伊剌克。葛答罕火儿赤（Ghadaqan Qorchi）出发，前去进见拔都，然后从那里由那可儿陪同去逮捕他。他们抵达伊剌克后，宴只吉带轻装逃走，到达八吉思。在这里他被额勒赤们逮捕，后者把他连同他的一些部下押解给拔都。他〔如其余人一样〕落得个同样下场。

> 他期望了片刻，然后变成一场空。
> 宇宙揶揄地说："彼亦归去。"

这事的详情可从专述宴只吉带的一章中得到阐明。[130]

所有现在残余的叛党〔藏匿〕在沟壑洞穴中，退却到穷乡僻壤；把他们一个个找出来花了些时间。八剌(Bala)札儿忽赤及那可儿们被遣往也速的军中，审查和鞫问他们的同党和同伙；参预阴谋者都被处死。另一个异密被派往契丹，负责同样的工作。

这些因邪恶的刺激而几乎火焚人世的骚乱，现在已经过去，大家的思想中解除了一切顾虑。那么上述的王子们，因为奸师的唆使和贼臣的煽动，狂傲不可一世，背离了忠恕和纳谏的道路，而"恶侣如火：如不为其热所伤，也难逃其烟。"[131] 再者，有福的皇上天性仁慈，他的心地纯善，这要求他赦免罪过以顾全同宗和血缘之情，以此为他的首要义务；在他显赫的时刻他也理应把履行俗话所说"为王者须仁慈"[132] 当作宽大法典中的恩惠。

> 为你的荣誉付出什一税，并且知道，
> 591 像财产[133]的什一税一样，它必须悉数付给。

他因此如凤凰那样，在他们的头上展开哀矜怜悯之翼，并以宽大和赦宥之裙来掩盖他们各自的罪愆和过失。

> 而他没有对他们心怀旧恨，
> 因为他不是怀恨者的首领。[134]

想要惩戒而非折磨他们，他下令称：按照"旅行获益"[135] 的圣传，他们应暂时涉足于流放之途——

月亮为变圆而经受旅途的劳累——

并应在征战和讨伐的风霜中显示人的机智和能者的才干——

历险之光荣在于历险〔自身〕[136]

为的是用经历险地的汗水来洗刷他们罪行的灰尘和污点，以此从他们的血脉中清除和涤荡谋逆之迹和罪孽之瑕。

确实地，烈火炼纯金。

而每个没有被至亲长辈教育成材的孩童，将无疑地从冷酷和变化的命运的教训中受到陶冶和锻炼。

未受其父母之教者将受岁月之教。

他因此下令把失烈门、脑忽和也孙脱花放逐到蛮子的各省去：失烈
门跟随忽必烈斡兀立，脑忽随扎罕那颜[137]（Jagha Noyan）而也孙脱 592
花到别处去。

至于忽察，为报其妻之恩，皇上免他参加征战，并把哈剌和林附近的肃良合[138]（Solangai）定为他的驻地。“这个美饰仁爱面颊和使各国诸侯的德行相形失色的行动，来自真主。”

他的恩典是真主的恩典，
视之则美，公布之则佳。
他们已把爱储存在所有人心中，
他们公开地和秘密地把爱献给他。

穆圣的珠雨般的言词意思是：“维系亲属的纽带”和“紧密的亲属关系延长生命。”[139]这条圣训不单指一个民族，因为所有民族在其中

都有份儿，它的涵义为智者一目了然地肯定下来，因为维系亲族纽带就是糅合掺杂。现如这条圣传是遵循字面的意义，那它与下面的诗句不合：“当他们的时候一到，他们将不使它耽误一个时辰；同时他们也不使它提前。”[140]但因圣传证实诗句，可靠的哈迪特与圣经和神圣的古兰经一致，所以作为一个无可反驳的事实，确定的是：由维系亲族纽带以延续生命，从两个方面来实现。首先，通过婚姻和配偶，以此生儿育女成为可能，一代又一代的子孙后人就从虚无的世界来到实在的庭院，从隐没的堂奥来到展露的平原。子
593 女固守他们父辈的习惯，使对父祖和先人的追忆留在地面上作为纪念。而聪明人通过生命才懂得什么是世上流传、他死后永垂不朽的美名和盛誉。一个不是俗物的高尚后人的生存，就是在他之前所有人的生命。其次，〔这种纽带的维系是〕通过族人和家庭内部的和睦团结，以及对远亲和外人的友善和仁爱，以此靠相互帮助，尽管他们微弱，他们仍可以打败好些强大的敌人，有如腱和发，当他们彼此支援时，一头象都不能把它折断。

一根线，当它孤零零时，
可以被一个老妇(zāl)之力所断：
当它倍增时，
扎勒-亦-扎耳[141](Zal-i-Zar)都不能折断它。

靠着团结互助之福，他们从绝望的危难中获救，没有人可以轻视他们，这样他们在安适的环境中与人类度过他们的一生，受尊敬，有权势，被推崇；要制服他们的途径对敌人说是堵塞了。而对一个有远大志向的人说，在尊贵的地位上这样活一天，确实比在穷途潦倒

中度过一整年要强。

> 对一个年轻人说，坐守贫困实不如死，
>
> 而〔这胜过〕一个其蛇蝎爬行的主人。[142]

用这个方式成吉思汗及其后人征服了世界的大部分；其余的人类纳臣服之款，答应交纳赋税（māl）和贡品（kharāj）。有天，在他初兴时，他把这个意见告诉他们，逐个地教训他们。作为一个例子，他从他的箭袋中抽出一支箭，把它交给他们。折断它显然无需大 594
气力。他添作两支，这样一直增到十四支，哪怕大力士都折不了它。他说："我的儿子们也是如此。只要他们走彼此相顾的道路，他们将不受事变之害，将自由地享受他们国土的果实。但如他们另行其是，他们将得到不同的结果。"[143]

现在，倘若伊斯兰的算端们在保护族人和百姓中打下同样的基础，又倘若他们巩固这个基础，在他们的庙堂中收容难民，并把对亲族的攻击视为宽仁之法典所不容，慈悯之规章所禁止，那么打败他们会是不可能的。

在成吉思汗的同族和同系（urugh）的后人中，现今享受荣华富贵的超过两万人。除此之外我不愿多说，而宁可回避〔这个题目〕，免得本史书的读者谴责这些文字的作者吹牛和夸大，并追问道，从一个人的腰肚里怎能在这样短的时间内产生出那么多的子孙。

一切事情现在无需蒙哥的圣虑，莅会诸王决定告退和返回。各种赏赐和各类恩遇使他们欢欣鼓舞，每人都各自受到不同方式的显荣和酬报。因拔都派来的别儿哥斡兀立[144]和脱哈帖木儿路程最远，离家最久，他先送走他们，〔赐给他们〕各种东西和礼物，及种

种报酬，以致叙述它们要使本书吃紧。同时他叫他们给拔都带去
595 国王赠给拥立国王者的厚礼；因为太阳把他自己充足的光线分给
行星和恒星，清洌的水流按汲水者和潜水者的愿望撒布珍珠和水。

至于合答罕斡兀立和灭里斡兀立，他从合罕的斡耳朵和驻地中赏给他们每人一个斡耳朵，并把斡耳朵的后妃赐给他们。他还赏赐他们约一土绵合罕的将官、士卒和神仙自己都吝惜的珍贵礼品，分给他们每人一处禹儿惕，他们可在其中抛弃旅杖，搭起驻跸的营盘。

继他们之后，他优礼送走合剌旭烈，把被他叔父霸占的其父的驻地赏给他。他耀武扬威地回去，并已抵达阿尔泰(Altai)，他的愿望还没有完全达到，这时在真主的旨意实现前他不能再进一步。

没有从你的猩红嘴唇中得到他的食物，
没有从期望的田地里收获他的谷穗。

至于余下的宗王，那颜和异密，他按各自的身份和地位，尽他自己仁德所施，把他们一一打发走。

他们返回去，当之无愧地赞美他，
而若他们沉默无语，
他们的鞍囊会赞美他。[145]

至于克薛杰，他封他为答剌罕[146]，赏给他那么多的财富，致使他成为一个富翁，位高而难以接近。

在诸王启程，他们的事情发落完之后，他把他的注意力转向朝
596 政，矫枉纠偏，惩奸平叛。而当他的御意虑及荡顽寇，清逆臣，他的
圣念专致于缓人力、减民劳[147]时，他的睿智宁择肃慎，不苟言笑，戒

长饮之俗，并用宽仁厚德的网罟和谷物[148]赢得人们内心的爱戴。

首先他遣师出征东方和西方，出征阿拉伯人和非阿拉伯人的国土。东方诸邦和契丹，蛮子、肃良合[149]和唐兀各省，他委付给予聪慧机智而著称的忽必烈斡兀立。他指派高位的那颜去伴随他，把驻在那些地区的所有左右翼[150]的异密置于他的统率下。西方诸邦邑，他交给他的另一个兄弟旭烈兀斡兀立，后者以他的刚毅威猛，机警持重，以及驭下有力、功名心切而享誉。同时他调双倍的兵力追随他。于是怯的不花[151]博儿赤[152]（Ked Buqa Bavurchi）在650年主马答Ⅰ月中〔1252年7月〕先出发，开始征伐异端。

> 按照你的已发布的命令，让他们日夜并进，
> 时而从中国到鲁木，时而从鲁木到中国。

又为了征发赋税、登录户名，他任命了一批长官、沙黑纳、书记。从乌浒河畔第五大洲始[153]，到契丹边境，即第一大洲[154]，其东 597 655
方诸邦邑，他如从前一样委付给大丞相（ṣāḥib-i-muʻaẓẓam）马合木·牙老瓦赤及其可敬的继承人麻速忽毕，把契丹地区交给马合木·牙老瓦赤，他的旧劳已得到恩遇的报酬，并且他是在皇上吉祥登基前到来；同时把河中、突厥斯坦、讹答剌、畏吾儿地、忽炭、可失哈耳、毡的、花剌子模、拔汗那交给麻速忽毕，因为他对皇上忠贞不渝，他曾惊恐和战栗而来，经历了艰难和险阻，迄至最后逃脱了那个危险，他变得权势赫赫，受到很大的尊敬。因他们在忽邻勒塔之前抵达宫廷，他就尽快遣走他们，而所有随同他们的人都受到种种恩赐的宠荣。

他们走后，大异密阿儿浑，他曾〔沿一条〕充满恐怖和危险的

〔道路〕跋涉万里，于 650 年沙法儿月 20 日〔1252 年 5 月 2 日〕抵达宫廷，此时忽邻勒塔已散，诸王各已动身回家。而因他终生有福气又有无穷的才干，同时在献身于朝廷和效忠于王室中，通过采用坚定的措施及推行有远见的政策，他过去已使自己出类拔萃(那么“在早晨人们称颂黄昏”)，所以他受到宠荣：他的愿望得到满足，他的目的达到。统辖呼罗珊、祃桚答而、印度、伊剌克、法儿思、起儿漫、罗耳、阿阑、阿哲儿拜占、谷儿只、毛夕里和阿勒坡诸州的政柄交给了他的手中。随同他的所有篾力克、异密和必阇赤，在他的提议下，因他的支持，受到另眼相待和敬重；在同年[155]剌马赞月 20
598 日，他们踏上〔归程〕。他们当中有的人[156]还有公事未了；他们多留了几天，然后愉快地在他之后动身。

皇上派那可儿陪随刚提到的这些长官，他命他们实行诸省的户口调查，征发赋税；并命他们事毕后返回，赶紧入朝。他们每人得到指示说：过去流行的情况应适当地调查和研究，并且他们当中不得有人回避工作中的困难。然而“真主宽恕已往”，皇帝关切减轻百姓的赋税，不增加库藏中的财富。因此他颁布一条减少百姓赋课[157](mu'an)的札儿里黑，其原文保存在档卷[158]中，从中清楚看出，对人类的事情及对他们利益的维护，他是何等之关怀和操心。

贵由汗死后，诸王滥发札儿里黑；他们经商营利，把额勒赤派到世界各地去。而且贵人和贱民通过充当斡脱以求得保护，子民逃避沉重的负担[159]。皇上现在下诏，从成吉思汗、合罕、贵由汗及其他诸王的时期以来、被他们当中任何一个人保留在属于他的省份中的一切札儿里黑和牌子，应当交回，此后诸王如不首先咨询朝
599 中的总管，不得颁发和宣写任何关于财务(maṣāliḥ)的敕令。至于

较重要的额勒赤，他们不得使用十四匹以上的兀剌黑；他们应从驿站到驿站，不得进入他们无特殊勾当的村子或城镇；而且他们不得取用超过每人定量的粮草（ʿulūfa）。再者，因压榨和勒索的实施超过了极限[160]，特别是农民被临时赋课（ʿavāriẓ）的征收搞得倾家荡产，乃至他们谷物的产量尚不到向他们征收的赋税（mu'ūnāt）的一半，所以他下命叫所有斡脱和财政、行政总管（aṣhāb-i-ʿamal va shughl）在他们和百姓打交道时应自我节制。[161] 每人应视其等第和物力，按照估定（bar vajh-i-muʿāmalat）交纳派给他的数字，例外的是那些因成吉思汗和合罕的法令而被蠲免了赋课（muʿan）之扰者，即：穆斯林中的大赛夷和优秀的伊祃木；他们称为也里可温[162]（erke'ün）的基督徒中，僧侣和学者（aḥbār）；偶像教徒中，他们叫做脱因[163]的教士、著名的脱因们；还有在所有这些种类的人中，那些年老和无力谋生者。犹太人听见这条诏令，因没有被列入上述人户，他们变得来非常悲伤和烦恼；他们手忙脚乱，以手捋须。如扎希耳[164]（Zahir）描写一个教士说：

> 在座有个红胡子。
> 当他听见那话时他用手摸他的胡子。
> 他说："我们不在那个数内。
> 我们在哪个世界中都不值分文。"

而为了不让每个总管（ṣāḥib-shughl）〔随他自己的意见〕摊派 600
（qismat）〔赋税〕，他制定了一个一年的计划（muvāẓaʿa），据此，在契丹各地，一个大财主被征收十一个的那，如此按比例降至仅交一个的那的穷人；在河中也是如此；在呼罗珊，一个富人交十个的那，一个穷人交一个的那。他进一步下令称，长官和书记不得表示开恩或偏袒；他们不得受贿；他们不得歪曲事实或以假为真。至于他们称为忽卜绰儿的牲口税(marā'i-yi-chahār-pāi)，倘若一个人拥有一百头某个种类的牲口，他要交一头，不及百者，免之。举凡有逋欠赋税(baqāyā)之地和欠下它们的农夫，将不交纳〔这些逋欠〕，也不得向他们征收它们。至于曾经跟贵由汗、他的妻子及子女作大买卖的商人和斡脱，他命令从新的赋入(az māl-i-nau)中赏付他们。[165]

在各色人和各宗教团体中，他对穆斯林们最表尊敬和礼遇。他把最大量的礼物和捐施赠给他们，享有最大权利的也正是他们。此说的一个证明如下。在650年的亦德-亦-菲特尔[166]('id-i-fitr)〔1252年12月5日〕节，穆斯林们随同大哈的扎马剌密剌瓦丁(Jamal-al-Milla vad-Din)，乌列麻的榜样，忽毡的马合木(Mahmud)(愿真主使他的美德永存!)，在斡耳朵宫门集会于皇帝之前。[167]这个大哈的领着祈祷和布道，用正统哈里发[168]及大教主之名来美饰

601 忽惕巴。当他们作完据穆圣的一条圣传说好过在卡巴(Ka'ba)跪拜两千次的节日祈祷时，大法官进入斡耳朵，以伊祃木身份〔为皇帝〕祈祷如下：

> “愿节星的升起使你吉祥如意，
> 因为你的鸿福使全人类幸运。
> 你的敌人像盈月遇蚀那样亏损；
> 但你的幸福，像新月一样，日愈圆满。”

他受到眷顾和优待，好几次奉命重复这祝词。作为节日的礼物，皇帝赏给[169]车载的金银巴里失和各种贵重的衣物，大家都有份儿：即

使在节日外的其他时候，他对穆斯林的恩施也量大而无穷尽。

因你的赏赐，我们天天都在过节日：
那么在节日重来的那天将如何区别节日呢？[170]

同时在他的国土内，无论什么地方，凡有在牢狱中的罪犯或俘囚，他下令把他释放[171]，免除他受到今世的裁判和侮辱。这里，我插进下面的诗句，尽管这不是适合它们的地方，它们仍将得到有眼光和有鉴识者的共鸣：

对真主说我是什么人，
当我犯罪时主不赦免我的罪行？
从亚当的子孙那里指望到宽大：
那怎么不指望从真主那里得到它呢？

当脖子留在身上，当的儿海姆和的那留在钱囊和口袋里时，希望在多少颗心中复苏！为这个目的，额勒赤们和使者们赶快前往他国内的每个角落。

让赏赐金银的国王向吾人之算端巴合兰沙[172]
(Bahram-Shah)学习赏赐生命[173]的作风，
有如中天的太阳，他的光普照东西诸国。[174]

现在，倘若有人开始描写每天从他身上产生的功德，并着手重 602
述这样表现出来的善行，那么整卷书都会满溢。无数中的几个、大海中的一滴、太阳的一颗微粒，已经，并且将要，由笔舌传入那些有兴趣者的耳里。“从一点可以窥见全豹。”

因为他的公平和正义的声名传遍全世，所有远近的人，怀着诚挚的愿望，托庇于他的翼下，这样得到他权力的保护。另一些极为遥远的人，抱有同样的希望，于是使臣们和额勒赤们来自富浪国、远方的西利亚及和平城；[175]算端们把马匹驮的无数礼物和贡品运往和送至他的宫廷。

他们从这些城市送来贡物，
因为他们没有力量和武力跟他打仗。[176]

他们在满足了他们的要求和达到了他们的目的后返回去。在专章中将分别谈到他们[177]。这里我们不多说，而限于为〔皇上的〕日盛洪福致以祷词：

忽思老啊，祝你的国土日广，寿数日增，
愿你的幸福面孔容光焕发。
你的恩福是太阳的中心，
愿它在衰落的轨道之外！

注　释

① 引自尼扎米的《忽思老和昔邻》(Khusrau u Shirin)。
② 木塔纳比。(穆.可.)
③ 《古兰经》，第 xxiv 章，第 40 节。
④ 或为“尚未交纳的赋税。”
⑤ 《古兰经》第 xciv 章，第 5 或 6 节。
⑥ 同上，第 xxx 章，第 2 节。
⑦ 同上，第 vii 章，第 125 节。
⑧ 见前，第 i 册，第 263 页，注③。
⑨ 原文作 QNQWRBQAY，读作 QNQWRTQAY。见伯希和，《金帐汗

国》注⑨。

⑩ 即“哥哥”，“兄长”。

⑪ 即指所有的人，译意是“哥哥和弟弟。”

⑫ 合剌旭烈是孙子（蔑惕干之子）。拉施特提到两个莫希——一个是儿子（莫希哲别（Mochi-Yebe）），一是孙子（拜住（Baiju）之子）。见伯劳舍，第156页和177页。这里可能指大莫希。看来他就是迦儿宾的Mauci，或Maucy。拘留携带着致教皇使信从拔都营地被遣回的迦儿宾一行人者，正是这个莫希（Mauci），他的领土沿德涅伯河（Dnieper）东岸伸延。见柔克义，第8页，11页和31页。他的名字意思是木匠。见格鲁赛，《蒙古帝国》，第483页。

⑬ AWHTAY。“豁阿思部（Uhaz）人。”关于豁阿思蔑儿乞（Uhaz-Merkit）或兀洼思蔑儿乞（Uwas-Merkit），见伯希和-昂比斯，《亲征录》，第275页。（疑此名为U〔riyang〕hatai的讹误，即速不台子兀良合台，据《元史·宪宗本纪》，他和也速不花参加了拥立蒙哥的大会。——中译者注）

⑭ YYSW BWQA。这是成吉思汗异母兄弟别里吉台的一个儿子的名字。见昂比斯，《元史》CVII章，第48页，第49页注①。

⑮ 引自巴沙马·本·哈真·纳沙里的诗句，其中一首前已引用，第Ⅰ卷，第143页〔第ⅰ册，第181页〕。（穆.可.）

⑯ 指的是把一根芦苇立在地上表示终点的阿拉伯风俗：领先的骑士会夺得它并把它抛在他的前面。

⑰ 引自哈利里（Hariri）的《马合麻特》。（Maqāmāt）（穆.可.）

⑱ ʿAbbādān是Abadan的原阿拉伯语拼法，它在中世纪坐落在海岸上。见雷斯特朗治，《东哈里发的国土》，第48－49页。

⑲ 这行诗出现在怯马鲁丁·亦思马因（死于1237）的一首迦扎勒中，但必定是一首更早的诗的引文，因为它见于将近一百年前写成的纳思拉剌（Nasrallah）的《卡里拉和笛木乃》（Kalīla u Dimna）中。见穆.可.在他为第Ⅲ卷所写序言末尾的补注，第xxix－xxx页。

⑳ 见前，第518页，注⑩。

㉑ 很怪的是，志费尼在这里给拔都加上可汗（qaʿan）即大汗的称号。有些抄本作拔都可汗阿合，但穆.可.指出，原文可能仅作拔都阿合，即长兄拔

都。

㉒ 据B本读作 mulzam。

㉓ 显然是《古兰经》第 v 章第 23 节的误引:“他〔真主〕立汝等为王。”

㉔ 显即“老和少”,或即指和尚。

㉕ 稍加改动地引自阿不勒-阿塔希亚(Abul-'Atahiya)赞美哈里发麻合底(al-Mahdi)的一首合西答。(穆.可.)

㉖ 即斡难和怯绿连之间的地方。参看卢不鲁克:“……斡难怯绿连,它看来是他们的老家,其中有成吉思汗的斡耳朵。”(柔克义,第 165 页。)

㉗ 《古兰经》,第 iii 章,第 25 节。

㉘ 同上,第 xii 章,第 41 节。

㉙ 兀鲁黑额甫(见前,第 504 页注⑩)不是成吉思汗的斡耳朵,而是他的儿子察合台的斡耳朵。然而这个名字意思仅是“巨室”,也可以用于某个其他的斡耳朵。总之,这里不能指察合台的斡耳朵,因为他的继承人合剌旭烈已被提到,可能来自别处。

㉚ 木塔纳比。(穆.可.)

㉛ 强大的撒珊王朝中的最后一个,库萨和二世(Chosroes Ⅱ)(590－628),赫拉克流斯(Heraclius)的敌手。

㉜ 十二月至一月。

㉝ 一月至二月。

㉞ dast-tang,即冰冻的。

㉟ 发勒斯编《沙赫纳美》,第 1630 页,第 2372 和 2376 行。

㊱ 见前,第ⅰ册,第 170 页,注⑤。

㊲ 天鹫星座和天琴星座。

㊳ 即志费尼之父。见前,第 488 页。

㊴ 引自阿不勒-格纳依姆·莫昔里(Abul-Ghanā'im al-Mausili)的诗句,赛阿利比收进《塔特马都尔雅特马黑》中。(穆.可.)见埃格巴尔编本,第Ⅰ卷,第 47 页。

㊵ Shilemün,如同 Siremün,看来是 Soloman 的突厥蒙古语形式。见前,第ⅰ册,第 251 页,注⑭。

㊶ 一个取波斯名'Alam-Dār(“旗手”)的蒙古人,见于伯劳舍编拉施特,

第 383 及以下各页。

㊷ 《哈马沙》中一诗人，乌维甫・哈瓦非（'Uwaif al-Qawāfī），所撰巴依特的后半部分。（穆. 可.）

㊸ 见前，第 i 册，第 249 页，注④。

㊹ 在《乞他卜阿迦尼》所述的一个故事中，归之于美索不达米亚皇后扎巴（az-Zabbā）。（穆. 可.）关于扎巴，见尼科尔松，《阿拉伯文学史》，第 35－37 页。

㊺ 即木星。

㊻ 关于黑度，见比鲁尼，《占星术原理说明书》，第 270 页。然而这里可能指黑宫——狮子座、天蝎座，人马麻。（前引书，第 214 页。）

㊼ 即太阳。

㊽ 见前，第 362 页，注①。

㊾ 非他们的堂兄，因为他是成吉思汗之弟哈赤温之子。

㊿ 或如几个抄本所载为九次。

51 gūshtī。见前，第 450 页，注④。

52 据 E 本读作 qāṣidān。

53 特列法・本・阿卜德・塔格剌比（Tarafa b. al-'Abd at-Taghlabi）。（穆. 可.）

54 《古兰经》，第 iii 章，第 188 节。

55 同上，第 xvii 章，第 46 节。

56 引自赛夷哈散・本・纳锡儿・哥疾宁维（Sayyid Hasan b. Nāsir Ghaznavi）的一首合西答，其中另外三首巴依特在后面引用，第Ⅲ卷，第 36 页〔第 ii 册，第 572 页。〕。（穆. 可.）

57 在徒思。见后，第 616 页。

58 安瓦里。（穆. 可.）

59 即太阳。

60 O 本作 SKTR，读作 SKTW。（原文作 SYKR。）关于这个名字在汉文史料中（岁哥都）及拉施特中的拼法，见昂比斯，前引书，第 88 和 89 页，注⑧和⑨。在拉施特和《穆阿兹安撒卜》（Mu'izz-al-Ansāb）中的形式，多半是原形 SWKTY 或 SWKTAY，即 Sögetei 的讹误。据拉施特（伯劳舍，第 202 页和

211页)这个王子是拖雷的第九子。

(61) 即大熊星座。

(62) 这看来是波斯文的意思(du rukh dāda)。

(63) 《古兰经》,第lvi章,第15-16节。

(64) 见前,第570页,注(56)。

(65) 即成吉思汗。

(66) 即窝阔台的。

(67) 这些诗句据以改写的拉施特·瓦特瓦特原诗,见第Ⅱ卷,第16页。(穆.可.)

(68) 关于忙哥撒儿,"大札儿忽赤",即大断事官,见后,第578及后面等页。他是扎剌亦儿部人。关于他的一生,见伯希和-昂比斯,《亲征录》,第368-369页。

(69) BLΓAY。这是卢不鲁克的Bulgai(不里该),"聂思脱基督徒的大书记。"(文该尔特,第245页和注②。)(疑为《元史·也先不花传》中之孛鲁欢,怯烈氏,与蒙哥撒儿密赞谋议,拥蒙哥登基,"拜中书右丞相,"后"以党附阿里不哥论罪伏诛。"——中译者注)

(70) 引自迦集赞美突厥人的一首合西答。见第Ⅰ卷第63页〔第ⅰ册,第81-82页〕。(穆.可.)

(71) 见前,第ⅰ册,第186页,及注㉕。

(72) 《古兰经》,第vi章,第118节。即:为照顾别儿哥而按回教仪式来屠宰牲口,别儿哥是一个伊斯兰的教徒。

(73) 或为兄弟,合答罕(合丹)和灭里(蒙力)均系窝阔台之子。

(74) KŠK,变形为KSK,KSL和KŠL。我把这个名字当成是蒙语keshik(keshig)"宿卫"。另一方面,它可能像第Ⅰ卷第27页的KLK一样(见前,第ⅰ册,第37页,注⑦)是Kishlik=Qïshlïq之名的讹误。参看伯希和,《蒙古和罗马教廷》,〔第201页〕:"……就揭发阴谋者的名字说,这段记载使人感到很像成吉思汗历史中的那个插曲。"

(75) jānvar-dār。据拉施特(伯劳舍,第288页),他是蒙哥可汗的一个鹰人(qushchi)。他是康里"种"(同前),即是说,明显地不属于康里突厥部,而属于一个取同样名字的蒙古部。至于叫做"种"即yasun的部落型,见弗拉基

米尔索夫《蒙古社会制度》，第 56－57 页。

(76) 关于沙里哈，见前，第 i 册，第 17 页注㊵。这里提到的故事见于《古兰经》，第 vii 章，第 71－77 节："于是吾人把他们的兄弟沙里哈遣给赛母待人。他说，吾民啊！崇拜真主：你们除主外没有别的神：现在我的使命的一个明证从你们之主那里显示给你们，这头真主的母驼是给你们的信号：因此让它自由地在主的土地上放牧：别碰它以免伤害它，否则你们要受到严惩……"然而赛母待的首领们拒绝沙里哈的布道。"接着他们割断母驼的腿筋，抗拒他们真主的命令，并说：'沙里哈呀，如你是主派来的人，让你的威吓应验在他们身上'。这时地震突袭他们；在早晨时他们被发现扑地死于他们的住宅中。"

(77) 和卢不鲁克的叙述相比较是有趣的："贵由（Keu）〔Güyük〕有一个叫失烈门的兄弟，他在贵由的妻子及其臣僚的指点下，极堂皇地往见蒙哥，好像要向他表示服从。然而，在实际上，他企图杀害他，并毁灭他的整个斡耳朵。当他已达距蒙哥一两天路程的地方时，他不得不把他的一辆破车留在路上；车夫正修它时，来了一个蒙哥的人帮助他，他问到许多关于旅途的事，以致车夫向他透露了失烈门打算干的勾当。这时对方在若无其事地离开他后，走到一群马处，从中尽量挑了一匹最壮的马，火速日夜骑行，直到他抵达蒙哥的斡耳朵，把他听见的话告诉他。接着蒙哥迅速地召集所有他的人马，用重兵把他的斡耳朵围了三圈，以致无人能够进入。其余的人马他派去对付这个失烈门，他们俘虏了他，因为他没有料到他的阴谋已泄露，同时把他连同他的所有手下人送往斡耳朵。蒙哥控他犯罪时，他马上招认。于是他被处死，他和贵由汗的长子，以及跟他们一起的三百鞑靼大贵人也被处死。他们也遣人逮捕他们的妻妾，用燃烧的木棍打她们，要她们坦白。"（柔克义，第 163－164 页。）

(78) 《古兰经》，第 xxv 章，第 41 节。

(79) 引自伊本穆塔兹（Ibn-al-Mu'tazz）的一首合西答。（穆. 可.）

(80) 指失烈门和脑忽。

(81) 引用在《哈马沙》中，在那里无作者之名。见帖必力兹《撒儿黑哈马沙》，第Ⅲ卷，第 89 页。（穆. 可.）

(82) 据 O 本读作 rāh。

(83) 引自尼扎米的《忽思老和昔邻》。（穆. 可.）

(84) 伊本额梯儿从阿不努瓦思(Abu-Nuwas)赞美马球的《乌尔术扎》(Urjūza)中作为一首巴依特来引用。(穆.可.)所说的自然是在马背上的突厥人。参看亚米努斯·马尔西里努斯(Ammianus Marcellinus)对匈奴人的描写:“他们几乎紧贴在他们的马上。”(全文引用在维纳斯基:《古代俄罗斯》,第128页。)

(85) 一个明显地想表达缓和意思的奇怪用法。见后,第599页,注(161)。

(86) 引自扎里儿的一首合西答。(穆.可.)

(87) 这个词的意思是“致敬”——不是用献礼的方式就是用坚持服劳的方式。看来在前面第515页及后面第724页中是用作第一种意思。同时参看贝烈津编拉施特,第Ⅶ卷,第278页,那里说,哲别怎样从征讨屈出律的战役中携回一千匹白口褐色马,他把这些马献给汗(tikishmishikarda)。

(88) 这些名字几乎都出现在《元史》相应的段落中——卷三(册二),第329-361页。下面是柯立福教授在1955年2月4日的信中好意提供给我的

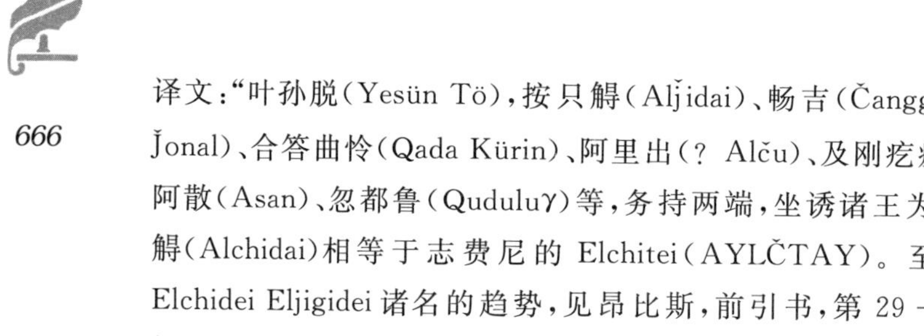

译文:“叶孙脱(Yesün Tö),按只斛(Alǰidai)、畅吉(Čanggi)、爪难(?J̌unal/?J̌onal)、合答曲怜(Qada Kürin)、阿里出(? Alču)、及刚疙疸(? Γang Kidan)、阿散(Asan)、忽都鲁(Quduluγ)等,务持两端,坐诱诸王为乱,并伏诛。”按只斛(Alchidai)相等于志费尼的Elchitei(AYLČTAY)。至于混用Alchidai、Elchidei Eljigidei诸名的趋势,见昂比斯,前引书,第29-30页注①。按只斛,如果他就是拉施特的Elchidei(赫塔吉诺夫,第95-96页),那么属于扎剌亦儿部。下一名字(畅吉)和穆.可.的原文ČNKY完全吻合。但这是以伯劳舍在他编拉施特书,(第293页)相应段落中的读法为根据。我恢复了E本和G本的J̌NKY。至于出现在《元秘史》(第277节)中的Janggi(掌吉),见伯希和-昂比斯,前引书,第278页。鉴于志费尼的TAWNAL(第Ⅲ卷,第50页)及本段之TWNAL,作为下一名字的拼法,Jaunal明显地比Jonal更可取。由汉文转写合答曲怜所代表的Qada-Kürin的形式,指出QATAKRYN(Qata-Kürin)是对志费尼书刊本中TATAKRYN的一个明显的订正。(伯劳舍,前引书同页,实际上作QATAKRYN,但这个读法似乎不是以他的诸抄本为依据,而是依据他在一个足注中引用的这同一段《元史》。)合答曲怜的第二部分

是一个克烈部长的名字，《圣武亲征录》中的曲怜拔都〔儿〕(Kürin Bādu〔r〕)，《元秘史》(第160节)中的兀卜赤黑台·古邻·把阿秃儿(Ubchiqtai Gürin Ba'atur)。见伯希和-昂比斯，前引书，第295和328－329页。最后，至于汉文转写刚疙疸所根据的Ghang Kidan或类似的词，穆.可.的原文作QLČQAY(根据B本的QLǰQAY)，它看来会是原来的QNXTAY即* Qan-Khitai的讹误。这个复合名的第二部分，自然是在中国北部建立辽王朝的满洲部族名(契丹)。《元史》中没有提到的人名，SRΓAN大概是蒙语的Sorghan或Sorqan，关于此名，见伯希和-昂比斯，前引书，第157－158页，而ṬΓAN是突厥语Toghan“鹰”。关于牙撒兀儿(原文作YSWR，读作YS'WR)，见前，第ⅰ册，第46页，注⑬。

⑧⑨ 《古兰经》，第lxxviii章，第41节。

⑨⓪ 木塔纳比。(穆.可.)

⑨① 引自撒纳依(Sana'i)的《哈底合》(Hadīqa)。(穆.可.)

⑨② 据H本读作ḥasrat。

⑨③ 引自菲尔道西对算端马合木的讽刺诗(摩尔，第Ⅰ卷，第xci页)。

⑨④ 《古兰经》，第ii章，第175节。

⑨⑤ 即：直到曙光出现在天边。

⑨⑥ 《古兰经》，第lxxi章，第25节。

⑨⑦ 同上，第vi章，第31节。

⑨⑧ bi-pā-yi-khwīsh。直译是“用他自己的足。”

⑨⑨ 大意是说他和脑忽、失烈门一起被囚在捏儿格中。

⑩⓪ 迦布德扎马的奴思剌惕丁(Nusrat-ad-Din)所撰一首四行诗的后半部。(穆.可.)

⑩① 作者为法拉尔·速剌米(al-Farrār as-Sulami)，《哈马沙》中一诗人。他因从战场上逃走而自我辩解。(穆.可.)“我从中脱手”，意即“我毁约”。

⑩② 即：为时已晚。

⑩③ 马奴乞黑里。(穆.可.)整首诗的译文见布朗，《波斯文学史》，第Ⅱ卷，第30－34页。

⑩④ 《古兰经》，第xi章，第100页。

⑩⑤ 见前，第ⅰ册，第246页，注⑨。

⑯ ALΓ TAQ。意思是“大山”，显然在今科布多(Kobdo)地区。

⑰ 原文作 MWTΓAY，读作 QNΓAY 或 QANΓAY。(几个抄本以 Q 为这个词的第一个字母。)关于在蒙古地方的杭海，即杭爱(Khangai)山脉，见后，第 609 页注⑨。

⑱ 原文作 YWRYLYK，读作 QWM SNKR。这个读法已由伯希和假定地提出，见前引书，〔第 197 页〕注。关于横相乙儿，见前，第ⅰ册，第 261 页，注㊷。

⑲ QNΓWRAN。拉施特(伯劳舍，第 103 页)的 Qongqïran(QWNK QYRAN)，斡鲁朵(Orda、Hordu)的第四子。他的名字，像《元秘史》(第 202 节)中翁吉阑(Onggiran)的名字一样，看来都是这个部落名字的单数形式(见前，第ⅰ册，第 38 页，注⑮)；而事实上，据拉施特(伯劳舍，第 92 页和 93 页)，他的母亲和祖母是弘吉剌部人。

⑳ KM ǰHWD。即谦谦州(Kem-Kemchi 'üt)，今克姆河(Kem)(即上叶尼塞河)及其左岸支流克姆契克河(Kemchik)之间的地方(严格说民族)。见伯希和-昂比斯，前引书，第 317 页。关于另一形式，Qan-Kemchik，见前，第ⅰ册，第 69 页，及注㉑。

⑪ 帖克失，如穆. 可. 所指出，是莫希之子，因此不是合剌旭烈之弟，而是他的堂兄，但阿合可能系随意使用。

⑫ 这里作 TQAŠY，但后面(第Ⅲ卷第 57 页)作 ṬΓAŠY：拉施特(伯劳舍，第 297 页)作 ṬWQAŠY。在 1955 年 4 月 20 日的一封信中，柯立福教授指出这个名字可能是蒙语 toghasi(toghashi)“可数的”，在这里多半用作“可尊敬的”之意。

⑬ 指谋逆者。

⑭ 指突厥蛮必阇赤和他的同事。(穆. 可.)

⑮ 见前，第 586 页，注⑫。

⑯ 原文据 A 本作 QWRBΓAY，显即 Qurbaghai(即 Qurbagha“蛙”，见前，第ⅰ册，第 243 页，注⑪)，但所有其他的抄本都是另一个词，在 O 本中它很清楚地是 BrTAY，多半相当于《元秘史》(第 168 节)的不合台(Buqatai)。

⑰ ARΓASWN。《元秘史》和拉施特的哈儿合孙(Harqasun)。志费尼中这个名字的形式，完全合于察合台突厥语 arghasum 一词的拼法，“在那里

它肯定是蒙语的借词，并且训为用作燃料的干粪”。见伯希和，《蒙古语中以h为起首的词》，第205页。此名之怪可解释如下：按蒙古风俗，母亲分娩后以她首先看见的东西来称呼子女。见格鲁赛，前引书，第541页。据《元秘史》（第275节），哈儿合孙和贵由、不里联合向拔都争吵（见后，第588页，注⑫④）；当时可能记起了他的这件事。参看格鲁赛，前引书；第302和310页。

⑪⑧ 如穆.可.所指出，在任何抄本中事实上都没有这一章。

⑪⑨ QDAQAǰ。拉施特之Qataqash（赫塔吉诺夫，第163页）。（关于此名的拼法，见伯希和，《蒙古和罗马教廷》第203页注③。）她是窝阔台第三子阔出（赫塔吉诺夫错拼为Kerju）的妻子，弘吉剌部人。她的祖父是成吉思汗长妻孛儿台旭真的兄弟按陈那颜（Alchi Noyan），因此孛儿台是她的姑祖。

⑫⓪ 关于斡兀立海迷失本人之受审和处决，见伯劳舍编拉施特，第304页，格鲁赛，前引书，第310页。

⑫① MYRAN。

⑫② SWMAN。

⑫③ ABAǰY。斡鲁朵的一个孙子和拔都的一个曾孙叫这个名字（猎人）。见伯劳舍编拉施特，第102页和111页，昂比斯，前引书，第54页。

⑫④ 拔都和不里有宿怨要报。说法各有不同。据《元秘史》（第278节，参看格鲁赛，前引书，第301－302页），在攻下篾格思（Magas），奥谢梯人的都城后，即大约在1240年某个时候，不里，连同贵由和哈儿合孙，在诸王举行的一个宴会上用侮辱的话攻击拔都。卢不鲁克的叙述（柔克义，第136－137页）仅提到不里，情景被安排在一个较晚的时期，即当蒙古人太平地占据了他们沿伏尔加河的牧地时。拉施特（伯劳舍，第164页）提到在蒙哥统治时的一次辱骂：因此不里被交给了拔都，并被拔都处死。卢不鲁克也提到他之被拔都处死。见伯希和，前引书，［第204页］和注①。不里从东欧之战中俘回很多日耳曼奴隶，这看来是教皇致书给他们主人的原因；主要为了这些人，卢不鲁克说，他才开始他的蒙古之行。见柔克义，前引书，第225和238页，伯希和，前引书，第216－218页。

⑫⑤ Mushrikān va but-parastān。可能指和尚。见前，第ⅰ册，第59页，第2册，第505页，注⑬。

⑫⑥ 《古兰经》，第ix章，第32节。

⑫⑦ 引自阿不塔马木赞美哈里发木塔辛比剌和庆祝阿母利亚之捷的著名合西答。(穆.可.)

⑫⑧ ghāzī“对异端的胜利”,一个在本文中难以置信的特殊伊斯兰称号。

⑫⑨ 见前,第ⅰ册,第48-53页。

⑬⓪ 据穆.可.说这一章也没有。可惜得很,因为它可能包含有他和路易九世交往的记载。见前,第ⅰ册,第256页,注㉗,并参看伯希和,前引书,第202-203页。

⑬① 关于两个意思多少相同而略有变化的谚语,见《马哲麻阿姆特哈尔》(Majma'-al-Amthāl),第Ⅰ卷,第115页,和第Ⅱ卷,第146页。(穆.可.)

⑬② 同前,第Ⅱ卷,第158页。(穆.可.)

⑬③ zakāt-al-māl。

⑬④ 略加改动地引自穆合纳·金迪(al-Muqanna'al-Kindi)。见帖必力兹,《撒儿黑哈马沙》,第Ⅲ卷,第100-101页。(穆.可.)

⑬⑤ 一个著名的哈迪特。(穆.可.)

⑬⑥ 引自提哈密(at-Tihami)的一首著名合西答。

⑬⑦ 或作Jaghan Noyan。见前,第ⅰ册,第256页,注㉖。

⑬⑧ SWLNKAY。肃良合,即朝鲜北部,看来不是。或许,不管原文(它是以A本为根据)和大多数抄本中的拼法,我们应读作SLNKAY,即Selenga(色楞格)。志费尼的记载比《元史》详尽,据《元史》,失烈门、也速和不里(孛里)被放逐,忽察(火者、和只)、脑忽(纳忽)和也孙脱花(孙脱)被“禁锢于军营”。见伯希和,前引书,第203-204页。

⑬⑨ 两个哈迪特。(穆.可.)

⑭⓪ 《古兰经》,第vii章,第32节。

⑭① Zāl-i-zar,即扎勒(Zāl)老人,鲁思坦之父。E本、G本和O本作pūr-i-Zāl,扎勒之子,即鲁思坦自己。

⑭② 阿布恩纳昔纳失(Abun-Nashnāsh),见《撒儿黑哈马沙》第Ⅰ卷,第167页,《乞他卜阿迦尼》,第Ⅱ卷,第45页。(穆.可.)

⑭③ 见前,第ⅰ册,第41页,及注⑦。

⑭④ 或蒙力(Mengli)。见前,第ⅰ册,第244页,注⑮。

⑭⑤ 努赛卜·本·拉巴合(Nuṣaib b. Rabāh)赞美速来蛮·本·阿卜答

灭里（Sulaiman b. ʿAbd-al-Malik）〔倭马亚朝哈里发，715－717〕。（穆. 可.）意思是，即使受赐者自己对哈里发的赏赐保持沉默，他们鼓鼓的鞍囊会证明他的慷慨。

⑭⑥ 见前，第ⅰ册，第37－38页。

⑭⑦ muʼan在这里好像是用作徭役之意。

⑭⑧ 即用作钓饵的谷物。

⑭⑨ SLNKAY。这里当然只能指朝鲜北部。见前，第592页，注⑬⑧。

⑮⓪ 即西方和东方的。

⑮① KYD BWQA。"好公牛。"这是旭烈兀的著名基督教将军，大马士革的征服者。见格鲁赛，《草原帝国》，第435－439页，斯柏勒，《伊朗的蒙古人》，第57页。

⑮② 即总管怯的不花，关于bavurchi（bawurchi）"食物和饮料的管理人"的职司，见《元秘史》第192节，巴尔托德，《突厥斯坦》，第382页，斯柏勒，前引书，第273页。（《元秘史》汉译作"厨子"。——中译者注）

⑮③ "第五大洲始于在东方的果格和马果格的土地，中经呼罗珊，河中和花剌子模北部，再经阿哲儿拜占、亚美尼亚和鲁木的国土，再经在它们北部的西利亚海，再经西班牙诸地，止于马格里布（Maghrib）海。"（马卫集，第14页。）

⑮④ "第一大洲始于东方最远的中国国土，越过它而达其南方的领土……"（同上，第13页。）

⑮⑤ 拉施特（伯劳舍，第309－310页）记载了相同的日期：它相当于1252年11月24日。这不符合志费尼前面的记载（见前，第519页），那里说，他和昔剌扎丁·叔扎阿在主要人马动身后多留了几天，于1253年8－9月离开哈剌和林。

⑮⑥ 志费尼和昔剌扎丁·叔扎阿。见前注。

⑮⑦ 见前，第596页，注⑭⑦。

⑮⑧ khazāyin-i-adrāj va aurāq。

⑮⑨ 原文为az bisyārī bā zīr-dastān jasta，读作az bisyārī-yi-bār，zīr-dastān jasta。但是，如穆. 可. 说，意思是不清楚的，而紧紧追随这段文字的拉施特，删去了这句话。

⑯⓪ 直译是“升到天上”。

⑯① pāi bi-rauzan furū kunand，直译是“把他们的足伸到烟孔。”见前，第579页，注㊽。

⑯② 关于erke'ün“基督徒”，“基督教士”，见米诺维和米诺尔斯基《纳速鲁丁·徒昔论财政》，第785页。

⑯③ 见前，第ⅰ册，第14页，注㉛。

⑯④ 即扎希耳-亦-法儿牙比(Zahir-i-Fāryābi)。

⑯⑤ 关于这整个一段，见米诺维和米诺尔斯基，前引书，第783-785页。

⑯⑥ 'īd-i-fiṭr，在阿拉伯语中为'īd-al-fiṭr，是在剌马赞斋月末举行的仪式名。

⑯⑦ darḥaẓrat-i-a'lā。

⑯⑧ 穆罕默德的最早继承者：阿不别克儿(Abū-Bakr)(632-634)、乌马儿('Umar)(634-644)、斡思蛮('Uthmān)(644-656)和阿里('Alī)(656-661)。

⑯⑨ 原文作ishārat，据大多数抄本读作iṣār。

⑰⓪ 阿必瓦尔底(Abivardi)。(穆.可.)

⑰① 据E本和O本读作khalāṣ va itlāq。

⑰② 可能是哥疾宁朝王(1118-1152)。

⑰③ 即“免死”。

⑰④ 木塔纳比。(穆.可.)

⑰⑤ 即八吉打。

⑰⑥ 发勒斯编《沙赫纳美》，第1646页，第3640行。

⑰⑦ 这些章根本没有写成。

4. 登上帝国宝座后世界皇帝蒙哥可汗陛下的德行一例

在本书序言中略述及他的高尚品德和作风，而在记他登基的一章中又对此作了更详尽的介绍，为证实以上所说，我们载录一个作为公正和大度典范的故事，使人们可以确实知道，此说既无夸大 603
之嫌，又无失实之弊。

商人曾从世界各地赶去朝见贵由汗，在达成了很大宗的交易后，被授予要东、西方各地支付的敕令（barāt）。但因他在位的时间不长，那笔钱大部分没有付给，没有到那些商人手中。而在他死后，他的妻妾、诸子和诸侄做了比他活着时规模更大的买卖，并用同样的方式宣写敕令。别的商人成群地接踵而至，跟他们进行交易。当那些人[1]的地位改变，他们的基业丧失时，有些商人，他们从过去的售卖（ḥavāla）中没有得到哪怕他们应得款项的十分之一；有的尚没有达到成交的程度；有的交了货而未定价，其他的还没有得到一份敕令。当世界皇帝蒙哥可汗吉祥地安坐凯旋的御座，仁义和公正的项链已经串成，这些商人中有的试着去接近他，一部分希望〔享受〕他的仁德〔的恩典〕，一部分因他们请求付给在这笔交易中的金钱〔一无所获〕而感到失望。所有朝中的官吏和宰臣都认为没有义务从皇帝的国库中清偿这笔交易的款项，〔如拒绝支付〕，谁都不会有反对或指责的理由，但按如下诗句的原则：

倘若荒芜蔓延，作为幸福基础的吾人的国土，
将变成什么样子？
云彩的仁德征服了世界，
因为它把奶赐给幼草，

604 他对他们所有的人展开慈悯之翼，下诏从他帝国的库藏中偿还全部的款项。它总计为五十万银巴里失，若他不偿付它，没有人会提出反对之理。

用这种恩施他掩盖了哈惕木般国王的光辉，用这种公道他把尘土投进奴失儿汪般君主的眼中。一个国王偿还另一个国王的债务，从哪本史书中读到过，或者从说书人那里听说过？而从来没有人清偿他的敌人的债务。这是作风和行为的一例，人们能够从中推测出他对其他事物的态度，因为“所有猎物都在野驴腹内”[2]

在他的力量面前，
九重天犹如一座剩下四壁的颓垣[3]。

像这样的一位皇帝，靠他的诏旨和敕令的威力，只能强大和长寿，如圣书说：“其于人类有益者，将永存于世”[4]。愿全能的真主允许他御极亿万斯年！

注　释

① 即贵由的家人和支持者。（穆.可.）
② 一个著名的谚语。
③ 扎希耳-亦-法儿牙比。（穆.可.）
④ 《古兰经》，第 xiii 章，第 18 节。

5. 国之大臣

当世界的庶事靠他的公道而得到整饬，扰乱人心的祸害被清除，已产生的骚动因他的御极而平息，暴虐和罪恶之手被束缚，这时军旅开赴世界的四面八方，叛逆俯首投诚，同时请愿者和官吏从各地动身去朝见他，从远近转向他的宫阙，这是人类的庇护所和懦夫的避难处。他们的人数很多，他们各自的需要超过限度，而且他 605
们的要求各不相同。他们在宫中停留一个长时期，至于书记和官员，他们的遭遇不一样，有的满意和幸运，另一些失望和沮丧。

仁慈皇帝极端的关切和怜悯，要求所有他的子民按分给他的数量各自享受他的份儿，因之他下诏叫异密忙哥撒儿那颜以及一群其他有经验的异密，掌管一切有关案件调查和百姓诉讼的事，他们应这样去巩固法治的基础。因卓有旧劳而拥有权势的孛鲁合阿合①，被任命为书记们的首长和领袖，当他们的宰丞。像一个总管，他要通报每个请愿者②的诉状并要处理它；宣写（nivīsad va savād kunad）诏旨（amṣila）和敕令的也正是他。为协同异密孛鲁合工作，皇帝任命了穆斯林的必阇赤：异密亦马都木勒克（'Imad-al-Mulk），他在合罕和贵由汗的朝中也占有这个职位，异密法合鲁木勒克（Fakhr-al-Mulk），他因服劳日久而高于朝中的其他官吏，以及其他一些蒙古人。他分派给他们各自不同的职司，在这上面，经过磋商并取得异密孛鲁合的批准后，他们将把他们的报告提交给世界皇帝明断。至于底万的事务，诸如赋税的征收，官职的授予，这些是异密孛鲁合及其他一两个人分内的事。

另一些人掌管商人和商贩的事。有好几种商人。有那些从库藏中领取巴里失、每年规定上交一笔钱者，还有那些近来变成斡脱者。

皇帝承运登基前，早先的时候，大斡脱曾得到札儿里黑和牌
606 子，各色人享受不到更大的尊崇和权力。有些拥有兀剌黑，并被蠲免了随时的课赋（'avāriẓāt）。但当他成为汗、国家的权柄由他严厉和公正地持掌时，有诏禁止把牌子发给商人，以此可以在他们和那些底万公务在身者之间作出区别。商人使用兀剌黑极不合理，因此百姓将通过这条法令不受骚扰。又因商人不断钻营他们的私利，他们各自当在他登录户籍之地，在与〔皇帝的其余〕子民平等的基础上，承担他的一份课赋（mu'an），不得要求特殊待遇。

另一些是把货物售卖给皇帝库藏的人。这些人也有好几类。有的估价[③]珍宝，有的估价衣物，有的估价禽兽，等等。

另一些人[④]征集和掌管分配给各省的衣物；另一些人同样掌皮货，两三个人掌金银现钱。

再有专人盖塔木花，发放牌子和监管武库。

有很多管理猎禽猎兽及其看守者的人。

〔最后〕有两三个人负责有关伊祃木、赛夷、托钵僧、基督徒及各宗教团体中圣者（aḥbār）的事。

所有这些官吏都奉命要防止放债[⑤]和贪赃的腐蚀。他们不得逮捕人，并要把每人的案情立即上达圣听。

他们由谙习波斯文、畏兀儿文、契丹文、土番文、唐兀文等等的 607
各种书记随同，以致无论向什么地方宣写敕旨，都可以用该民族的语言和文字颁发。

注　释

① 见前，第 572 页，注⑲。

② 读作 multamisān。

③ qīmat kunand。或为“卖”，按上下的要求看似为此义。

④ 在这里志费尼看来已经结束了关于商人的枝节，再谈到宫廷的官吏。

⑤ ribā，穆. 可. 指出它多半在这里用作“贿赂”之意。

6. 世界王子旭烈兀出征西方诸国

地面上的君王蒙哥可汗，温良谦和兼有上苍警卫，雄才大略兼有日盛的洪福（与他的美饰环宇的才智相较，太阳失色，在他的恩施面前，云雨无源。金和摩秦的诸汗在何处可学习帝王的典仪？往昔的算端们在何种情况下可瞻仰神圣的权力？倘若鲁木的凯撒有幸为他服劳，从他的教导中他们会学到治世之方。而波斯的库萨和、埃及的法老，从他的运筹和决断中会拾取征服世界之策）。他在他的兄弟旭烈兀的品德中看到帝王的气象，并在他的功业中觉察出征服的实践。因此在大忽邻勒塔上，当他已稳居汗位，他的注意力不再顾及那些自私自利者和忌妒者的案子后，他把他的思想转向征服世界上最遥远的东方和西方。首先他把忽必烈派往包括契丹在内的东部地区，然后在 650/1252－1253 年着手安排和组织他的另一兄弟旭烈兀的事情，委托他征服西部地方。一如忽必烈出征的情况，他从东、西大军中每十人抽二人拨归旭烈兀，并派
608 一位宗王，他的幼弟雪别台斡兀立去跟随他。他还把昔班罕之子八剌海[1]（Balaghai），秃斛儿[2]斡兀立（Tutar Oghul），忽里[3]（Quli），及拔都麾下的士卒，派作拔都的代表，以莫希斡兀立之子台古斛儿[4]斡兀立（Tegüder Oghul）为察合台的代表；从扯扯干别吉那

里派出不花帖木儿[5](Buqa-Temür)及一支斡亦剌部兵，又从四方的驸马，异密和大那颜那里调集一队将官，以致要一一列举会占太多的时间。同时他遣人到契丹去取射石机手和火油投掷手；于是他们从契丹取来一千户[6](khāna)契丹的射石机手，他们用石弹可把针眼变成骆驼的通道，因为用筋(pai)和胶如此结实地固定射石机架，以致当他们从下向上瞄准时石头不落回来。

接着额勒赤们被遣先行，去保存[7]世界国王的[8]军队可望通 609
过的所有牧场和草地，始自哈剌和林和别失八里之间的杭海[9](* Qanghai)山；一切牲畜都被禁止在那里放牧，以免牧场受害或草地受损。所有花园一样的山区和平原均被封禁，不许畜群之齿在那里嚼草。于是从突厥斯坦到呼罗珊及遥远的鲁木和谷儿只，草木变成了"不得接近此树"[10]的种类，乃至拿它的一片叶子喂他的牲口的人，都被没收了牲口；到头来，说实在话，草木(giyāh)变成罪恶(gunāh)，绿茵(sabzī)遍野(sīrī)[11]。额勒赤们这时离开，为的是把他们自己从草地和牧场挪至国王的军队不会通过的地方，因为他们实际是由一整支军队组成。至于拜住和绰儿马罕的军队，〔他们奉命〕进向鲁木。

在士兵的供应方面，有命令叫所有地方为每人提供一塔格耳[12](taghar)即一百芒特的面粉，五十芒特即一皮囊的酒。因此异密们和地方诸侯，无论他们是谁，都开始准备粮草('ulūfa)并集中图苏湖即食物献纳；他们在〔军队行进的〕每一站准备他们的供应。与此同时，蒙古和穆斯林异密带来成群的雌马[13]，各自轮番生产忽迷思，直到士兵移到另一异密处为止。而且预计国王要通过的道 610
路，荆棘瓦砾一段段地被扫清；江河上架起桥梁，渡口备下舟船。

听说他启驾，世界失去了平静和安宁，叛逆者害怕他的强大和威凛，卧不安枕，而那些是伊儿[14]（il）的人，因准备士兵、武器和粮草，不得安歇。

在任命了王公和那颜，从千户和百户中抽选了士卒后，任博儿赤之职[15]的怯的不花先出发。现在650/1252－1253年[16]的春天已从冬的蓓蕾上冒出。地面因草木五彩缤纷好像孔雀的羽毛；世界就安适说变成一张蔷薇床；花园因湿润和青葱，变得清新和开颜；池塘在冰封和枯竭后水满到边儿，自由地流动；花儿鲜明地闪耀，云彩散布珍珠；夜莺在蔷薇园的席桌上唱赞歌；嗅到鲜花的芬芳和馥郁，白发再转少。

旭烈兀准备酒宴辞行，亲赴世界皇帝的斡耳朵。阿里不哥从
另一方抵达，在该地的所有宗王和族人像昴星一样聚会在哈剌和
林的宫廷。每人轮流设宴，同时他们在狂欢的赌盘上投掷希望的
611 骰子干杯（jāmhā）并穿上一色的衣服（jāmahā），同时候不忘要事。

一周后，他决定返回他自己的斡耳朵，这时统治世界的皇帝，恩比天高，下令把珍宝、钱币和衣物的储存敷陈〔于地〕并从畜群中取回[17]良马和驮兽：然后把各自的一份分别赐给旭烈兀，他的诸妻和诸子，以致大地承受不了它的重量，宇宙变得轻松[18]。皇帝还恩赐随同他的异密和那颜，以及所有扈从的士卒。于是在651年剌必阿Ⅰ月2日礼拜六〔1253年5月2日[19]〕，旭烈兀跨上光荣和权力的骏马，旋辔而归。

抵达他自己的斡耳朵后，他在那里暂时停留，安排他的事情，劳慰他的人马，直到暑热稍减。在这期间，诸王前来为他送行，带来食物献纳。旭烈兀王子按照身份用礼物把他们每人打发走。最后在658年沙班月24日〔1253年10月19日〕，随同吉庆东方的升起，他驾离幸福的驻地，他自己的斡耳朵，凯旋之神在他前面高喊“开道！”胜利之神左右奔驰，征服之神殿后。

他任命出木哈儿[20]斡兀立(Jumghar Oghul)为他的代理人，让他管辖斡耳朵和军队，后者因他的母亲[21]长于其他妻妾，〔据有高
位〕，而从他的长子们中，他挑选阿八哈[22](Abaqa)和扎昔木[23] 612
(Yashmut)跟随他。军旅现在都从他们屯驻之地出发。因畏惧这个消息，山岳开始震动，侯王的心开始战栗。这位国王非常缓慢地进兵，八剌海和秃鲜儿在前面开道，其他人在左右推进。他们交替走夏季和冬季的道路[24]。当他们来到阿力麻里地区时，兀鲁黑额甫的后妃和斡儿吉纳[25]出来欢迎他们，设宴〔为他们洗尘〕。

御旗经过该地区时，大丞相(ṣāḥib-i-aʿẓam)麻速忽毕及河中的异密们参加他的队伍。652/1254的夏天，他们在山区牧地(yailagh)度过，在太阳的热威减退后再度出发，并于653年沙班月〔1255年9－10月〕，他们下营于撒麻耳干城门前的康依古耳[26](Kan-i-Gul)草地。丞相麻速忽毕搭起一座白毡为顶的纳失失[27]幄帐，将近四十天，他们停留在该地，不断欢饮寻乐。在这当中，残酷的老天施展故伎，他的兄弟雪别台斡兀立去世了，并从远方传来他的另一兄弟[28]的死讯。因这两桩灾祸，他哀痛异常，变得极其忧伤。

当那个月，即剌马赞月〔10－11月〕过去后，按照他们的风俗，他们在沙甫瓦勒月1日〔11月3日〕举行苏玉儿迷失[29](süyürmish)，再度开始寻欢作乐。在这当儿，密合答特[30](* Miqdat)之子穆罕默德先于所有他的同僚和同侪前来迎接国王，并受到很
多恩宠的表示以显扬于人类。 613

离开该地后，他们没有收缰，直至抵达碣石。异密阿儿浑和呼罗珊的大部分首领在这一站迎接他们，进献他们的礼物。在这里他们停留一月，然后击鼓出师，抱着渡过〔乌浒水〕的打算再次登程。当御师从夏季牧地(yailagh)出发时，原已下命拘集所有的舟楫及船夫，并命架舟为桥，以此王师抵达后，士兵(ḥasham)毫无困难地渡过。国王怜悯他们，取消了惯常从渡河舟楫征收的过河税，此税被取消后，所有渡河者心里如释重负。

军队渡过河，国王沿河岸骑行。恰好那儿的森林中有很多老虎[31]。他命令兵士摆开圆阵，形成一个捏儿格。因马匹害怕老虎，他们遂骑上春情发作[32]的大夏(Bactrian)骆驼，于是十只草地之虎

614 被战场之虎擒获，他们使马合木之子算端马思忽惕[33](Masʻud)的故事仅成为一个无稽之谈，在那里诗人说：

谁一举擒获八只狮子，
凡人就不在他的话下。[34]

次日，他们从那里出发，下营于苏夫耳罕[35](Shafurqan)草地，无意在那里久留。然而在亦的-依-阿兹哈[36](ʻid-i-azha)日，天开始下雪，一连七天七夜该地区乌云不散。那个冬季延续甚长，空气之寒和冷冻之酷致使所有地方像是"冰雪世界"。[37]很多牲口死于严寒。我从哈剌和林的大斡耳朵写给我父(愿他和平地安息！)的两三行诗，适合其景：

不用绳或柱，
风在我们头上搭起雪的营帐。
像一条身材魁伟的汉子在开弓，

它的箭矢穿透了我们的衣袍。
倘若她的秘密情人拥抱一个脸上有痣的女郎，
那么因为酷冷，他们俩变成了一人。
如果没有他们肝胆中欲火的热力，
唾液会在他们口中结冰。

同时在这个驻地，异密阿儿浑搭起一座绣有精美刺绣[38]的细麻大帐，有与之协调的金银器皿；并且他提供很多劳役。然后，奉国王之命，在指派他的儿子克烈[39]灭里(Kerei Malik)、阿合马必阇赤及本书作者在国王手下治理呼罗珊和伊剌克的政事后，他启程赴蒙 615
哥可汗的宫廷。

当春日的曙光从寒冬的长夜中出现，鲜花(bahār)和花朵的绿茵在草原的唇上吐露，春景装饰着大地，世界披上七彩的锦缎，花园吮吸云彩的胸乳，这首在生命的春天撰写的四行诗，变得适用：

因为春神准备了丰美的宴席，
快乐的夜莺去寻找它的伴侣，
朝阳啊，出来吧，今天高兴地
在柳荫下放射酒一样的阳光，[40]

而且牲口恢复了它们的气力，这时有命令把旌旗系在〔枪矛上〕并集中士卒，为进行圣战和拔除异端的城堡。因此在该地区的所有兵力，无论突厥人还是大食人，都整装待发。

既然秃温[41](Tun)城明显地尚未屈服，仍固持它过去的愚顽态度，旭烈兀就首先向那里进兵，并在剌必阿Ⅰ月初〔1256年3月末到4月初〕，靠吉运之助，他使凯旋和胜利的骑乘满载他的愿望。

在他抵达哈甫和匝维地区时，一次事变的密云投下它的阴影。他
派阔阔-亦勒该[42]（Köke-ilgei）、怯的不花和其他的异密们〔去平
乱〕。当他们到达时，那个地方的暴徒(runūd)进行了一阵抵抗，到
616 第七天，军队攻入内城(ḥiṣār)，把它的墙垣夷为平地。他们把所有
男人和女人赶到旷野，除年轻妇女外，十岁以上的人屠无噍类。从
那里回见世界国王后，他们再进兵徒思。

刺必阿Ⅱ月〔4－5月〕，在徒思附近的金合富花剌(Jinh-al-Fuqara)，他们把一座纳失失营帐搭在异密阿儿浑设计的花园门前，于是金合富花剌成为异密们的聚会地[43]。那座营帐是世界皇帝蒙哥可汗叫异密阿儿浑为其弟所准备者。奉皇帝的命令，名匠被召集起来并受到征询，最后决定，帐篷应由一匹有两面的料子制成。在完成它的织染中[44]，他们已超过了萨那(San'a)匠人的手艺：前后协调(hama-rūi)，里和外在色彩和图案的严格对应方面，像纯洁的心那样相互补充。剪刀的齿因裁它而变钝。那镀金的圆屋顶和天宫般的帐篷，也就是太阳的圆盘，因妒忌这座营帐的构造，失掉它的光亮，而因它的完美无缺，灿烂的满月露出愠色。他们在这里宴乐了几天，他们心胸里的欢乐道路畅通无阻。然后国王启程，为养息他的马匹，〔下营〕于曼殊利亚园，它在焚毁后被异密阿儿浑所修复，现在因它的非凡美丽而遭到世界上所有花园的羡慕。安瓦里咏这个地方说：

> 哈！曼殊利亚的图画啊，你是一座花园和一座宫殿，
> 或者是真主送到人间的乐园。

那天，异密阿儿浑和大臣也速丁·塔希耳的妻妾进献图苏湖

并举行宴会。次日他们离开那里,又在剌的康草地停留了一个时候。从远近所有省份,从马鲁、牙即儿和的希思丹,酒像水一样运来,无数的粮草('ulūfāt)在〔沿途〕每站转输和储存。 617

从那里出发,他们来到哈不珊[45],这是一座从蒙古军首次入侵迄至该年以来始终荒废和毁坏的城市,它的建筑物凄凉,哈纳特无水,除礼拜五清真寺的墙垣外没有一堵墙仍然直立。这时我已先从居民那里购买了一个城区。看到国王有修复废墟的兴致和乐趣,我把哈不珊的情况上达他的圣听。他听从我的话,颁发一道札儿里黑叫修理哈纳特,构筑房屋,兴建一座市场,减轻百姓的疾苦,允许他们在城中重聚。所有重建的费用他从国库中用现金支付,以致一毫不取于民。在〔长期〕中断后哈纳特都再度畅流,居民经过多年流亡后返回,从忽希思单带来他们安置在那里的农夫和哈纳特的挖掘者。他们建立工场,在礼拜五清真寺左近修了一座花园。清真寺和墓地曾遭到破坏。大丞相(ṣāḥib-i-a'ẓam)赛甫丁阿合(Saif-ad-Din Aqa)捐献三千金的那,以此重建和兴复工作得以开始。

旭烈兀在兀思秃[46](Ustu)停留一月,然后在山区和平原的草叶脱落后出师。

同时候鲁坤丁·忽儿沙(Rukn-ad-Din Khur-Shah)差他的兄弟撒罕沙(Shahan-shah)和他朝中的大臣们来宣布他纳款投诚和他对朝廷忠贞不贰。这些话上达圣听时,国王命令以礼相待他们,并派额勒赤去见鲁坤丁。他也把他们当中的一员随额勒赤遣回,强烈敦促鲁坤丁亲自入朝和坠毁城堡。当那道命令送抵鲁坤丁时,他因狂妄和幼稚,送来一个充满谎话和污蔑的回答。对国王说，清楚的是，此人的时运倒转，谦和与仁德不会产生作用；于是他从忽儿罕[47]（Khurqan）出师向他开战。

注　释

① BLΓAY。格利哥尔和乞剌可思的 Balakhay，Balaghay，等等。（见柯立福，《蒙古名字》，第 413－414 页）他是昔班的第四子。见伯劳舍编拉施特，第 115、117、137 页，在那里，他的名字作 Balaqan（BALAQAN）的形式，这个拼法，连同亚美尼亚史家中此名的形式，排除了它和 Bulghai 相同（如柯立福，前引书同页，在对亚美尼亚语形的说明中所指出）的可能性，尽管两个名字在志费尼的原文中均作 BLΓAY。

② TWTAR。格利哥尔的 Tut'ar，乞剌可思的 Tuthar。（柯立福，前引书，第 431 页。）他是孛斡勒（Bo'al）之子明合都儿（Mingqadur）的儿子。见伯劳舍编拉施特，第 123 和 137 页，在那里他的名字讹为 QWTAR 之形。（关于欧人中这个名字的种种错误拼法，见伯希和，《金帐汗国》，第 186 页。）

③ QWLY。格哥利尔的 Khul，乞剌可思的 Ghul 或 Ghuli。（柯立福，前引书，第 432 页。）他是斡鲁朵的第二子。（伯劳舍，第 99 页和 137 页。）

④ TKWDAR。格利哥尔的 T 'agudar。“台古觧儿意思是‘美满的人’”。（柯立福，前引书，第 427－428 页。）关于他对旭烈兀的继承人阿八哈的反叛，见斯柏勒，《伊朗的蒙古人》，第 69 页。（斯柏勒采用 Nikūdar 的拼法。）不要把台古觧儿跟他的同名者、阿八哈的兄弟和继承人（1282－1284）弄混了，后者更以他的回教名字阿合马而知名。

⑤ 据拉施特（赫塔吉诺夫，第 119 页），他是成吉思汗之女扯扯干和斡亦剌人脱劣勒赤的儿子，但见前，第 506 页，注②。

⑥ 或为“队”。

⑦ 直译是：“造成 qorïgh。”参看弗拉基米尔索夫，《蒙古社会制度》，第 146 页：“另外，游牧领主能完全按他的意愿：‘封禁’他的 nutuq（嫩秃黑）中某些地方，造成‘禁地’（qoriq），留作王族成员的墓地或领主的猎场。如其名字所指出，这些‘禁地’不让百姓接近。”

⑧ pādshāh-i-jahān，当它指大汗时我把它译作“世界皇帝。”这里指旭烈兀。

⑨ 即杭爱山脉（《元秘史》第194节中的康孩（Qangqai））。原文作TY‘-AB，我读作QNΓAY。同样的词形出现在后面，第Ⅲ卷第277页，那里，多桑用的抄本D本作TN'AT：多桑在两种情况下均读作Toungat。关于这些“Tungat山”，白莱脱胥乃德，第Ⅰ卷，第114页，有如下的注释：“这个名字有些像Tangnu（唐古努），它是在蒙古西北部一条山脉的名字，与杭爱山脉平行，在它的北面和西北面。然而，看来这里的Tungat就是指杭爱山本身。”

⑩ 《古兰经》第ii章，第33节。上帝在跟亚当和夏娃说话。

⑪ 在阿拉伯字体中，除了有区别的点外，giyāh和gunāh，sabzī和sīrī在形状上是相同的。志费尼很爱用这种“直观”的双关语。

⑫ 一种相当于675磅重的著名干量。见米诺尔斯基，《哈辛·本·扎罕吉尔·阿黑-火欲鲁的唆玉尔迦耳》，第948页。

⑬ 或为“他们牲畜中的雌马。”

⑭ 蒙语il常出现在成语il shudan“变成il”，我通常用“投诚”或“表示降服”来译它。il的意思是“服从的”，“顺从的”、“和平的”，跟bulgha“反叛的”、“打仗的”正相反。见伯希和，《蒙古和罗马教廷》，第126－127页，田清波和柯立福，《梵蒂冈秘密档案所的三份蒙文文件》，第454和492－493页。

⑮ 见前，第596页，注⑫。

⑯ 回历650年终于1253年3月2日，有可能指的是这后一年的春天。

⑰ 原文作guzīn KLHA，据O本读作guzīda。

⑱ sabuksār。或即“心情轻快”。

⑲ 1253年5月2日，实际是一个礼拜五。

⑳ ǏWMΓAR。拉施特作Jumqur（ǏWMQWR，卡特麦尔，第97页）和Jumghur（ǏWMΓWR，伯劳舍，第413页）。他是旭烈兀的第二子。在忽必烈和阿里不哥的斗争中他支持后者。他大约死于662/1263－1264年。（卡特麦尔，第99－100页，伯劳舍，前引书同页。）

㉑ 据拉施特（卡特麦尔，第96页）她的名字是阔帕克哈敦（Köpek Khatun），而且她是扯扯干公主和斡亦剌人脱劣勒赤之女。然而，在另一处，在谈斡亦剌部的一章中（赫塔吉诺夫，第119页），拉施特仅提到这次婚姻所生的

两女：阿里不哥之妻和合剌旭烈之妻斡儿吉纳。

㉒ 旭烈兀的长子和第一个继承人(1265－1282)。见斯柏勒，前引书，第 67－77 页。

㉓ YŠMT。他的名字出自波斯语原(Jamshīd)。

㉔ va dar rāh-i-tābistān va zamistān bi-tadrĭj ḥarakat mīkardand。

㉕ 见前，第ⅰ册，第 274 页，注⑦。

㉖ “蔷薇矿”。

㉗ 见前，第ⅰ册，第 218 页，注㉞。

㉘ 哪个兄弟？不是拨绰就是岁哥都。

㉙ 显然是“宴乐和闹饮”。

㉚ MQDAT。如穆.可.所指出，拉施特中相应的一段(卡特麦尔，第 148 页)很清楚地说明，穆罕默德必定指苫思丁·穆罕默德(Shams-ad-Din Muhammad)，也里的迦儿忒朝的创建者(1245－1278)，关于此朝，见前，第ⅰ册，第 121 页，注⑳，同见斯柏勒，前引书，第 155－157 页。至于* Miqdāt，穆.可.未能考证出这个有错讹的名字。作者们要么干脆不提苫思丁的父亲，仅称他继承了他的外公鲁克那丁·阿不别克儿·本·塔术丁·乌思蛮·马儿迦尼(Rukn-ad-Dīn Abū-Bakr b. Tājad-Dīn'Usmān Marghānī)；要么在别的地方，他们说这后一人实际就是他的父亲。不幸的是，鲁克那丁的本名，与他的剌合卜即绰号(Rukn-ad-Din)和他的父名(Abu-Bakr)有别者，不见诸记载，以此即使他是苫思丁之父(按斯柏勒的意见，他确实是，见前引书同页)，我们仍不能确定他的名字是否和 Miqdat 有任何相似之处。

㉛ 甚至在 19 世纪，俄国人在乌浒河沿岸还发现老虎。(弗.米.)关于既有“狮子”又有“老虎”之意的 shīr(shēr)这个词，其双重含义见前，第ⅰ册，第 257 页，注㉚。

㉜ mast，英印语的 must。这个词的基本意思是“醉”，因此它使多桑(第Ⅲ卷，第 140 页)错误地说“用酒灌醉的骆驼”！

㉝ 哥疾宁朝王(1030－1040)。

㉞ 见于阿不撒合勒(Abu-Sahl)赞美哥疾宁算端马思忽惕的一首诗，其中他描写后者怎样在一天内杀死八头狮子。(穆.可.)这里多半也指老虎。

㉟ 苏夫耳罕(Shafūrqān)即苏布耳罕(Shabūrqan)，今为北阿富汗斯坦

的昔巴尔罕(Shibarkhan)(巴里黑以西 53 哩)。

㊱ ʿīd-i-aẓḥā(阿拉伯语ʿīd-al-aḍḥā)即献祭节,在祖勒希扎月 10 日举行,在这里它当在 1256 年 1 月 10 日。

㊲ 可能指北极地区。

㊳ 或“图像”。

㊴ KRAY。

㊵ 后两行据 G 本的文字翻译。

㊶ 秃温(Tūn)(今名费尔多斯)是马可波罗的 Tunocain 的前半部分。见前,第 i 册,第 314 页,注㊲。

㊷ KWKA AYLKAY。A 本同。B 本、D 本和 H 本作 KWKA AYLKA,即 Köke -Ilge,卡特麦尔编拉施特书也相同。köke 在蒙语中义为“青”:关于此名的后半部分,见伯希和-昂比斯,前引书,第 331 - 332 页。

㊸ 金合富花剌(Jinḥ-al-Fuqarā)的意思是“贫民区”。

㊹ 按穆.可.的提议,读作 nasj u ṣibghat。

㊺ 今库强。

㊻ 兀思秃(Ustū)是兀思秃哇(Ustuvā)的另一形式,关于此地,见前,第 i 册,第 173 页,注⑩。

㊼ 忽儿罕(Khurqān)在通往阿斯特拉巴德的道路上离必思坛(不思坛(Bustam))四里格远。见雷斯特朗治,《东哈里发的国土》,第 366 页。(里格(league)为长度名,相当于三哩。——中译者注)

7. 世界国王旭烈兀进兵攻取异端的诸堡

618 鲁坤丁没有从使者和额勒赤的往返中接受警告。为迎合国王的愿望,他仅腾空大约五座无储备和大军的城堡,并从其他的城堡打开城门,坠毁城垛(sar-dīvār)[1],认为通过愚蠢的谎话和欺骗,用阴谋和诡计,他会扭转他的命运。“去,去他的断定!”[2]

因此在沙班月中〔1256 年 9 月〕从忽儿罕〔出发〕,国王为进攻诸堡和摧毁鲁坤丁的居宅作他的准备;同时他传令给驻伊剌克和别处的军旅准备好。不花帖木儿和阔阔亦勒该率领的右翼这时经祃椤答而进军,台古鲟儿斡兀立和怯的不花率领的左翼取道胡瓦耳和西模娘。宗王八剌海、秃鲟儿和和伊剌克的军旅从阿剌模忒方向出兵,国王亲自率领那些视艰苦为乐饮、不辞劳累的人马征进[3]。

> 他们出师,世界面上变得漆黑:
> 当[看见]苏合剌卜时,天神眼花缭乱[4]。

他再先派额勒赤去表示他已把进击鲁坤丁的打算付诸实现。后者
619 除了他从前的罪过外,又狡辩和诿遁,但如他再诚心实意,前来迎接国王,那么国王会对他的过错致以“既往不咎”的训诫,把宽大和

宥免的目光投向他的罪恶，并看在他请求的面上，表示赞同。

当国王安天平世的御驾从俾路斯忽经过时，他们送回额勒赤，动手拆毁城垒和墙垣。随着额勒赤来了那个伪善的丞相和倒运的大臣凯库拔(Kai-Qubad)，带来形形色色的谎言和遁辞。他保证拆毁他们的城堡和屋舍，请求让鲁坤丁缓期一年出堡，并请求不要堕毁他们的老巢阿剌模忒、兰麻撒耳[5](Lammasar)、剌勒[6](Lal)等堡。鲁坤丁会交出其他的城堡，执行颁发的任何命令。他已把一份照会(parvāna)送交吉儿都怯的长官(muḥtasham)和忽希思单诸堡的长官(muḥtasham)，要他们去见国王。用这类奉承话，鲁坤丁认为他能避开他的恶运，并认为那个丞相用这种欺骗就可以扭转老天的不变意志。

王师进抵哈施朗[7](Qasran)县时，在他们行军途中的沙底司(Shahdiz)堡被怯的不花[率领的军队]包围。他们四面围攻它，一两天后袭取了该堡。他们也攻占了在该地的其他两、三座堡垒。

国王现在第二次派出额勒赤，命他实现他出堡的约定。他再用借口把他们打发回去，希望使[战事]拖延下去，等到秋雪降落。他要求得到一个保证说：他的城堡不受到军队的围攻，并且不出现 620
战争和劫掠。他同意送出他的儿子和三百人作为一支签军(ḥashar)，平毁所有他的堡垒。

国王答应他的请求，停留在剌夷附近的阿八撒巴德('Abbasabad)等他践约；围攻诸堡的军队也解围。在约定的时刻，鲁坤丁送来一个七、八龄的孩童，说是他的儿子，还有他的许多大臣。因为是一个极有辨识力和机敏的人，国王觉察出这是个假子，需要拿出证明来确定他的父亲。他询问撒罕沙和鲁坤丁早先遣来的臣僚。一些良心被异端染黑的人不说真话，但国王敏锐地猜出事情真相。然而，他假装不知，在尊敬和仁慈地待遇这个孩子后，允许他回去。然后从阿八撒巴德出发，他下营于皮昔乞耳答刺[8](Pishkil-Dara)。

日复一日地鲁坤丁不断要求他的兄弟、丞相和其他人回去，而他的部下，因为是奸邪的同伴，一直[使他离开]投诚的正道，把他投入迷误的荒野。假子返回到他的倒运的父亲那里，后者送来另一兄弟失栾沙(Shiran-Shah)和三百人去充当一支签军，按已定的时间，在那个该死的家伙，即他的假子返回后，应送他们前去。他希望这个托词会使王师返回。同时他不断要求送回他的兄弟和他早先派去的大臣，乞请免他本人出堡，迄至冬去春来，他心里不再害怕和恐惧的时候。

国王遣回他的兄弟撒罕沙，要他增强他的诸堡，准备打仗，除
621 非他在五天内亲自出见。额勒赤返回时带来老一套理由，国王发现鲁坤丁满脑子奸邪，一肚皮诡计，他决意要解决他，于是驻扎在鲁坤丁四周的军旅奉命各自从其揑儿格以平行的阵式前进。在654年沙甫瓦勒月10日[1256年10月31日]，他从皮昔乞耳答刺出发，首先下令把所有那些囚于可疾云附近扎马剌巴德(Jamalabad)的该死家伙，鲁坤丁的臣子和士兵[9]，秘密地处死。从那以后，当有人被杀时，在可疾云有个谚语说他被“送到扎马剌巴德”。

额勒赤现在赴各地去取得和运输供应军队的塔格耳面粉，还有大量供屠宰和骑乘用的牲口。粮草必须[在一个]从亚美尼亚至耶兹德，从曲儿忒地至朱里章的[范围内]输送，而属于底万的牲畜不敷此用，所以下令把不管什么人的牲口，贵人的或贱民的，突厥人的和大食人的，都拘充兀剌黑，塔格耳就这样运出。

在同月 18 日[1256 年 11 月 8 日]，安天的御伞在一个从北面和麦门底司[10]（Maimun-Din）相对的山头上打开，第二天，国王骑马围着它走了一圈，为的是眺望和调查最宜于进攻的地点。现在麦门底司是一座多半如阿不勒阿剌（Abul-'Ala）所描写的堡垒，他说：

> 人们不能攀登它的巅峰，鸟也不能，
> 哪怕鹫和鹰都办不到。
> 探索者对它不抱希望，
> 它的狗仅向着星星而吠[11]。 622

国王因此跟诸王、那颜和大臣商量，他们是围攻此堡呢，还是退师以待来年。因为时值冬季，获得给养（'ulūfa）有困难，得不到饲料，他们的牲口因此瘦瘠，所以异密们多数主张班师。族人中不花帖木儿，大臣中异密赛甫丁——他是最坚强的栋梁——，异密中怯的不花和塔亦儿，仅愿闻及围攻之事[12]。既然他们按照国王的本愿发表意见，他也就不愿听别的主意，并传令全军准备围城，作战斗的准备。当鲁坤丁发现这个时，他前来纳款，从山头下来。设非如此，国之诸省会因输运塔格耳、食物和饮料而精疲力竭。因鲁坤丁以后的历史已载于附在本章中的法忒纳美，这里重述它是多余的，我们就不再谈这个题目了。

阿剌模忒的法忒纳美抄本

赞美真主，主守其信约，助其奴仆，强其军旅，并击败异教，主系唯一者！愿天福与和平降诸穆圣，在他之后将无圣哲。

从那个时候：当“天命攸归”[13]的坚强命令所树立的先例，首先
把人世间诸国的权柄按顺序交给当代诸算端和强大可汗的有力掌
握中，并在每个时期，依照它的命令和愿望，从冥冥世界中产生一
个人类的首领，同时，在东方和西方，用凯歌来美饰这样一个首领
623 的生命之裳，其芬芳熏香了一切生物之鼻，如典籍中所已载录，祭
坛上所已宣告；迄至当今这个时代：当大地的外观已被众汗之汗、
和平与安宁的福源、大地和当今的统帅、慈悯真主的神力所推举者
蒙哥可汗的普及一切的公正和睿智所美化，并且宽仁厚德的光线
已见于公道和正义的天际；这样明显的胜利没有人耳闻和目睹过。
它正是“确实，吾人为汝赢得一次无疑之捷”[14]的前奏，因为真主
（伟哉主之荣耀，宏哉主之恩施！）使它通过神圣国王和公正君主旭
烈兀的行动和果决而成为可能，并使它的症结由他的明智来解
开——

他有一位皇帝的气派和风度，
他的宝刀因信仰而永远坚强——

旭烈兀，他的大志有如不剌黑到达昴星之巅，而他的熟虑的意志如闪电触及地面。于是因全能的真主说：“勿忘真主于汝之恩”[15]，托庇于他的日盛洪福的贱奴、阿塔蔑里克·本·穆罕默德·志费尼，这个穆思托非，希望把这些喜讯传遍天下远近的一切地方，并希望发出由正教之口达于所有正教信徒之灵魂的呼声：

随同坚强的柱石，高升的星星，
以及雄伟的建筑，真理出现了，
而罪犯和奸邪、迷途者和反叛者，

正伸手为恶。

对这些将永存于世面的事件经过，他将作出简要的描写，略述诸两三行笔墨，使之达于从极东至遥远西利亚的伟人和贵人、上和下之耳（愿真主让他们听见喜讯！）：打从那只胡马，即征服世界的国王旭烈兀的安天御伞，把它吉祥的影子投向那些地区，并且当报捷的旌旗的长旒在这些国土和州邑上飘扬，这时他按照圣律所说："在吾人先遣出使徒之前吾人决不施惩罚"[16]，接连遣使给鲁坤丁，既抚慰又 624
警告他，希望通过礼仪和怀柔，他可以[被迫]前来，把纳款投诚作为他逃避时运变化的庇护。然而，每次都因他年幼无知，他送来一个不符真理目标和远离正义途径的回答，它显然跟它的真实含义不同，而且他的言和行也不一致。因此按国王的意见——它像太阳一样发光，并且是事物本质的明镜和智慧的精髓，决定摧毁鲁坤丁的诸堡，这些堡垒用角去摩擦金牛宫之角[17]，它们的巉岩(kamar)因为高峻而手触猎户星座之腰(kamar)，而且它们跟土星的宫阙比赛壮丽；并决定用在征战中像太岁[18]（Anaretae）一般的人马（倘若太阳与他们相遇，那么他像月亮那样开始在夜晚运行；又倘若火星遭到他们的箭矢，那么他像金星一样乞和）[19]〔去摧毁这些堡垒〕；折断这些人安乐地靠着大山的脊背；把鲁坤丁荣盛的顶峰变作败落的深渊，得意之极变作沮丧之至；最后使他的老巢，即他曾无知地以为系他力量所在的麦门底司，成为他葬身丧命之地。

在福神和吉运的鼓励下，在 654 年沙甫瓦勒月中[1256 年 11 月]，他把额勒赤派给异密们和那颜们，他们在不远地方围守诸堡，若带束蜂腰，同时他命令各自从他的驻地出兵。速浑察[20]那颜

625 (Suqunchaq Noyan)和塔木花[21](Tamgha),以及一支告别了睡眠和休息、以闪闪刀剑为餐的突厥军队,他遣作先锋进行侦察。在他们之后,智勇双全的君王本人、真主护佑的众王之王,率领一支阵势严整,其人数多得来连果格和马果格都会被它军旅的浪潮摧毁的军队,[22]向前推进。两翼都是好战的青年,他们在黑夜用枪的刺杀把西马克[23](Simak)变成海中的鱼食,并把巨蟹宫变成天空狮子座之鱼——

当他们跟合纳(al-Qana)一起
从死亡的旋涡中浮现时,
他们说:"回到它的深处去吧"。[24]

——射手们,他们的每支箭都把人马宫变作金星的丧身地,把雕鞍和刺黑昔上的男儿变作"尸架上之女"。[25]中军他则用饱尝人生苦乐和有经验的人马充任,这些人,他们把战斗之日当成是新婚之夜,把闪光锋刃当作是白皙妇女的面颊,并且视枪矛的刺戳为美女的亲吻[26]。

他们以风的速度经塔里寒出师[27],汹涌若洪水,登高若火焰;同时他们的马蹄把尘土踢进天神的眼中。就在出师的那天,他们中途遇到一头山羊。一些渴求功名的年轻武士,立即用他们的箭矢把它填满。国王认为这是一个预兆,并知道,冲撞的山羊是灾难
626 熔炉中的一份祭品,而且哈散萨巴(Hasan-i-Sabbah)的信仰将无后继[28]。

那天,王师在塔里寒县扎营,同时他命令起儿漫和耶兹德的军队围攻当地诸堡,诸如阿努奈辛(Aluh-Nishin)、曼殊利亚及其他

几个；他还用他们主力[29]（mu'avval）的蒙古军去助那些士兵一臂之力。

次日，当面容明亮的朝阳从地平线的领中探出头时，他们击响出师鼓，经哈咱儿歼[30]（Hazar-Cham）[前进]，此地如情妇的卷发那样盘绕，甚而窄若西拉特-亦-乞牙马特[31]（Sirat-i-qiyamat），暗如到地狱的道路。没有落足之地，人们怎能前行？羚羊尚不能轻易地立足，人又能怎样办？走在平坦部分不是一件轻易的事；在崎岖部分上人们除遭难外又能怎样？[仍然]国王渡越过去，宁择艰险，不择坦途。因此命运之口唱出这支歌：

听你自己的话吧，因为自我是一个世界的灵魂，
束缚在归你所有的那个珍贵灵魂中。

第二天，士兵和军旅抵达该堡之下，在中午时

那把御伞——比起它来天空要低一头，
[它]是一片遮住太阳的云彩——

在与该堡[32]相对的一个山头上打开。

从右面的兀思通答儿[33]方向，沿着曲如奸邪心肠、四周峰峦环绕、峡谷密布的陡峭道路，来了不花帖木儿和阔阔亦勒该以及如火如荼的师旅。从左面的阿剌模忒，来了宗王八剌海和秃鮮儿，率领 627
着一支为复仇而呐喊的大军。在他们后面，来了怯的不花和一支像铁山一样的军队。河谷和山峦起伏着大队的人马。曾经那样高昂着头而且有着如此坚实内脏的山峰，现在驼马的铁蹄下被践踏得颈骨折断。那些骆驼吼叫的骚嚷，号角和金鼓的鸣声，震聋了世界之耳，而马嘶枪闪又闭塞了敌人的心[34]目。“因为真主的命令是

注定的天意。”[35]

如此在一天内，那么多的劲旅就会合一起，围着所说的异端邪教的城堡和市镇，形成一个其恩福庇护大小人物的捏儿格。现在该堡的历史有如下述。当那些人在他们权势的顶峰时，他的[36]父亲阿老丁，按照〔法老的话：〕“哈蛮（Haman）啊，为我修筑一座我可以抵达大路，那天空大路的楼阁”，[37]曾命令他的官吏和大臣踏勘了十二年那些山的顶峰和高处，最后他们选中了那座向开帕拉（Capella）星吐露秘密的巍峨山头；而在它的绝顶，其上（dahān）[38]有一股泉水，其旁有另三股，他们开始构筑麦门底司堡，用灰泥和沙砾？（sang-i-rīkhta）建造壁垒。他们从一帕列散远的地方引来一条如朱亦-伊-阿儿吉思[39]的溪流，并使水流入堡内。因为严寒，
628 从初秋到仲春，野兽不可能在那个地方找到巢穴或者居住。因这个缘故，既然群山交错，连鹰隼都从隘道退缩，而山脚下禽兽绕道而行，鲁坤丁遂以为对人类说，要进入堡内和围攻它都是不可能的。那么，因它的高峻，那座崇高的山头本身就适用于〔阿里的〕话：“洪水自我往下奔流，飞鸟高不及我”。

现在堡内的人发现，一支多如蚂蚁的人马像蛇一样把它围了七个圈，并且迅速地设法在坚硬的岩石上驻扎。如在般扎[40]（panja）舞中，他们行行相连，手挽着手。在白天的时间，尽目力所及，麦门底司的人仅看见人马和旌旗，而在夜里，因为营火遍野，他们以为大地是布满星星的天空，[并且]是刀兵的世界，其中心和边际都看不分明。因过度忧虑，在城楼和城池上他们宴饮时都心里悲伤。“彼等将曰：‘此即仁慈真主所许给者；而使徒说出真情’”。[41]

然而，精明的国王，尽管深信他的兵力和力量，仍想不劳他的人马，用妙计把他们一网打尽。他因此差一名额勒赤给鲁坤丁，宣布御驾的到来；同时他仍然企图争取他和他的百姓，说是迄至今日，一群奸小（nasnas）[42]的谗言已使鲁坤丁的远大前程在他前面暗淡下来，因他年幼无知，理智之目尚未从昏睡中清醒过来。然而，倘若在他的蚁民，尽管他们鼠目寸光，遭到蹂躏前——“谨畏所罗门及其军队毁灭汝”——他如按照时势的要求，把“进入汝宅”[43] 629
的话换成“走出汝居”这句话，并把哈散萨巴的诫谕“守护汝之诸堡！”变成“使汝离开该地！”走出城堡，不要因一群坏蛋的阴谋和他们的无聊谎言而惹危险，而是在上苍的指点下迅速从灾难的漩涡抵达获救的彼岸，那么饶恕他及其百姓的诺言仍如以往一样有效，甚至不止于此。国王的宏量指望在所有情况下都得到宽恕和恩赦的快乐。

他[44]从堡内送出一个回答说：“如俗话说，豺狼不在它的洞里，他[44]不能做导致他们灭亡的事情，直到他得到信息为止”[45]，这即是说：“鲁坤丁不在，没有他的许可和同意，我们不能出来”。

额勒赤返回，第二天，当曙光之乳从夜的胸脯喷射，宇宙因声若霹雳的男儿和勇士的呐喊而骚动[46]，这时国王从左侧的道路登上绝顶，在眺望了所有进出的可能性并踏勘了不同的通道后，取别道返回他的驻地。在下一天，当天空中扎木失的的先锋从天边的鞘中拔出他们闪光的刀剑，击退夜神的黑衣军旅时，[蒙古军]随着他们的晨饮，弹响战争的竖琴，并且一心要摧毁敌人的防御，他们准备用射石机和石头作战。他们为这些射石机砍伐和修剪那些人多年来栽培、浇灌，而不知它们将作何用场或将结什么果实的树木。

我每天教他射箭，但当他射得准时，
他将射我[47]。

630 在这些日子里，他们在每一阿马只[48]（amaj）置一队力士把沉重的射石机架和脚柱送上山头。

次日，当夜盖从大地熔炉上揭开，饼一样的太阳圆盘从黑暗的腹中吐出，这时国王命令他的侍卫爬上绝峰之巅，在那里扎下御营。

我们登上大乌山[49]（Daushan），
跟随一个比山更坚强、在枪矛交刺时更坚定的人，
率领一支起伏着骑士的军队，
乃至你把陆地当成是甲兵的海洋[50]。

同时候，该堡的守军，在夜里备战并把他们倚天的城楼交给同伙的匪徒后，开始交战；他们竖起射石机的架子，在沙甫瓦勒月中[1256 年 11 月]发射一排猛烈的石头。

你们束紧绳索，勇敢地射击：
如果最后不失误，那该多好。

在这一边，年轻的士兵也用矛子般的箭矢劈开发丝，同时他们自己在矢石面前不退缩。箭矢，这是死神发出的致命之矛，飞向那些歹徒，像雹子穿过筛状云层那样飞行。

箭矢透过甲衣，有如晨风吹过花瓣。

当太阳收回他前面的影盾时，他们停止战斗，但在第四天，这是他们的生死关头，也是真理的证据得到明确之时，当天刚破晓

时，呼啸和呐喊四起，在两边，他们都涉足于战争之途。弓弩从城楼上射出飞矢，同时，在无策可施时，契丹匠人制造的、射程为二千 631
五百步的一种迦曼-亦-格甫[51](kaman-i-gav)就被用来射击那些蠢货；在妖魔般的异教徒中，很多士兵为那些疾若流星的箭杆烧伤。从城堡上，石头也像树叶一样倾落，但无一人因此受伤。

那天尝到蒙古人的军威后，他们停止战斗，城堡的守军在激战后叩打[52]和平之门。然后鲁坤丁差一名使者致以如下内容的使信："因为我不知道陛下到来，所以我迄今避而不出。军队现将停止战斗，今天或明天我愿出堡。"那个无聊的胡言乱语者，用这种诡计往火上浇水，以此那一天他们从战斗中收兵。下一天，他派出另一名使者，要求得到一份赐予他赦书的札儿里黑。依从他们的请求，这些喜讯的传报者[53]宣写了一道札儿里黑，其文字连同其他不宜收在这里的事情，已载入《志费尼的世界征服者史》中[54]。这道札儿里黑送给了他们，并当众宣读。那些不乏理智、珍视他们财产和他们生命的人，欢欣鼓舞。于是当那天结束，白昼转为黑夜时，他们约定他在第二天出堡。当黎明从黑夜中诞生，鲁坤丁准备下山时，一些更狂热的菲达额极力反对，不让他下来。他们甚至密谋除掉那些鼓励他作出上述决定的人。鲁坤丁再派人送来如下的使信："在我本人赶来晋见前，我曾准备了〔希你嘉纳〕的礼物，但我的 632
多数同伙生了气，共谋在这个计划实现前把我害死。因这个缘故，我的打算受到挫折。"

这番话上达伊儿汗[55](Il-Khan)圣听时，他丝毫没有露出他内心不快的迹象[56]。他说，鲁坤丁最好保卫他自己的人身；同时打发走那个使者。

使者们往返期间，竖立射石机的地点已选择好，部件[57]已轻易地装配起来。次日

当太阳揭开黑色面纱，从它后面出来时[58]。

下达了这样的命令：在该堡四周，每人都应攻击他前面的〔敌人〕，同时每个人不管他是谁，都应前进，跟他的敌人们交锋。从该堡的四面八方，一帕列散或更远的地方，呐喊声和回声交织一起，因自上扔下的礌石的滚动，山岳的四肢和躯干发出一阵震颤。岩石的互撞使中间的平地[59]及其坚石核心变成不过是齑粉；频繁的攻击又使九天的系梁[60]破裂。

至于竖立的射石机，就好像它们的支架是用百年老松制成（而它们的果实，“有如魔鬼之头”[61]）；随着它们射出的第一发石头，敌人的射石机被粉碎，很多人在它下面丧命。石弩射出的方镞箭使
633 他们十分害怕，以此他们万分慌乱，在石头角落的每个人都把面纱[62]当作盾牌，而站在城楼上的一些人恐怖地像老鼠一样爬进洞子，或者像蜥蜴逃进岩石的罅隙。有的受伤，有的丢命，那一整天，他们仅仅无力地挣扎，不过像女人那样动作。当老天摘掉太阳的帽子，地球把夜幔从土壤升高到昴星，这时他们撤出战斗。

在下一天，当光明之王从东方的领中伸出它的头时，王师中的剽悍武士再战斗，动手进行这场圣战，并坚定地背靠抵抗的大山。

鲁坤丁现在发现，他除悔恨外要一无所获。他曾企图用“也许”、“可能”来争取时间，用不能接受的借口遣回使者，并且仍然用同样的手段行缓兵计，指望冬季的棉花匠人可以把王师变成棉花。但现在他看到，盼望冬季落雪是一个幻想。靠全能真主的慈恩，国

王日盛洪福之荫，无一天显出阴沉的脸色，云师的屏幕没有遮住太阳；整个答亦[63]月，“昨天”冷过“今天”；而“明天”又好过“今天”，在那么多的敌人抵达前初秋降落的雪，丝毫没有冻结；但是百岁老人回忆不起，从太阳进入天平宫第一度时，因为严寒、霜降和大量的雪，曾有可能进出那些地区。在这些情况下，鲁坤丁除了投诚和乞降，托庇于国王慈恩的护翼外，别无出路；在万分恐惧中他求助[64] 634
于乞哀告免。

> 倘若你的暴怒把它的先锋引进大海，
> 那么珍珠变成贝壳喉中的一粒石榴子。

他差出一名使者，请求赦免他过去的罪恶。因此，国王宽仁和大度地用权力之笔在他和他百姓的罪行录上写下诗句：“天恩免罪”[65]。

鲁坤丁首先送出他的儿子及他的大部分名绅和官吏。第二天，在得到许给的照顾后，他亲自下山。这个吉祥的日子是沙甫瓦勒月最后一天〔1256 年 11 月 19 日〕，山民兴盛的结束，更是光荣天主的第一个喜讯。

鲁坤丁从那个高峰和山头下来，在那里他认为他满有资格说：

> 在这座扎勒纳巴德[66](Jalnabad)山上，
> 我可说是像天子在他的宝座上，
> 或波鲁斯[67](Porus)在他的王位上[68]，

其样子惶恐和茫然，东摔西倒地走着，“像个在沙漠中被魔鬼蛊惑的手足失措者”[69]。同时向着那熟悉的旧居和著名的宫室，他万分伤痛地表示告别，这次告辞致使再见成为不可想象。违背了无穷

时光的天命，城堡再多，壁垒再坚，有何用场？而当王朝崩溃时，谋
635 算和坚强意志焉能帮助它们？天命的一个表示就打消了人类策划
的千万个阴谋，命运半点头就使人类施展的亿万诡计化为乌有。

> 命运跟人类玩着棍子和球的游戏，
> 或者玩着风吹(你知道吧！)一把粟的游戏。
> 命运是一个猎人，而人不过是一只云雀[70]。

接着在跟他的家人、部属下山后，鲁坤丁荣幸地在亲吻世界国王的朝见殿门时求得庇护，同时，以羞愧交集的态度，承认他在前些日子和前几个月内曾犯下的罪过。既然国王把贤王宽厚之恩和圣皇仁爱之德全都结合在他的人格中，他就使鲁坤丁的凄凉和凶兆之感变作平静和愉快的情绪，并把喜讯通报给他的灵魂：已死的他和他的家人再获新生。

第二天，鲁坤丁把他的兄弟、子女、家人、奴仆及堡内的人带到平原上，每个士兵带着他的财物和东西出堡。这时蒙古军开进去，开始拆毁建筑物，用毁灭之帚把那里的尘土扫清[71]。

一些更狂热的、为邪说异端的目的而献身的菲达额，再次跳出来，而且一心寻死，像蚂蚁一样张开他们的双翼，飞到那座坚固宫殿的圆顶上，那是该国君王、更是那些灵魂和肉体上都倒霉者的所在。(“若真主不愿蚂蚁好，他不会让翅膀长在它身上”。)[72]同时他们在这里拿起武器进行战斗。在胜利之师这方面，射石机瞄准了那些愚顽的和心术不正的异教徒，于是猛烈地发出一排飞快的矢
636 石，像诅咒倾落在艾必利思上。

他们这样抵抗了三天三夜，但在第四天，军队中的英勇壮士和

蛇一样的武士，爬上了那个巍峨和雄壮的宫顶，彻底消灭了那些毒蛇般的异端，把那些歹人的肢体砍成碎片。

且不说在麦门底司府库中的储存，鲁坤丁别无有点价值的东西作为献给国王的贡礼(tikishmishi)[73]，因为在军旅往返期间，所有他的财物已经分散。[74]〔国王〕把它全部作犒赏分下去，把它赠给大臣和国家的士兵。

同时他把他的使者及官吏，随同伊儿汗的额勒赤，派到那个山谷中(rūd-khāna)的其他堡垒，下令把它们坠毁。然后国王凯旋回师。

一名额勒赤往见阿剌模忒的统帅，要他也照办，跟他的主子一道纳款臣服。他踌躇不立即下山，于是八剌海王子及一支大军被派去攻打该堡。八剌海率领他的军队抵阿剌模忒山麓，把它四面包围。瞥见事态后果和天命变化的守军，遣一名使者乞降，请求恩赦。鲁坤丁替他们调停，国王高兴地赦免他们的过失。于是在该年祖勒合答月末〔1256 年 12 月初〕，所有在那个罪恶[75]温床和魔鬼巢穴中的人，带着他们的财物下山。三天后，军队爬上该堡，掳掠那些人不能带走的不管什么东西。他们迅速地放火焚烧各种建筑物，并用毁灭之帚将其尘土随风扫除，把它们夷为平地。 637

有两个日子不允许防备死：
一个是注定要死的日子，
另一个是注定不死的日子。
在你注定要死的那天，挣扎白费力；
在你注定不死的那天，怕它是无益的。

在他们注定灭亡的晚上,〔真主说:〕“吾人倾覆那些城镇”[76]的天命,对那些人说变得明若白昼。但当时候尚不成熟时,在哈散萨巴统治时期,同一座守军和物资当时都不足的阿剌模忒堡,曾在十一年的时期中,几次遭到阿勒卜·阿儿思兰(Alp Arsan)之子灭里沙(Malik-Shah)的儿子穆罕默德的围攻(这可从史书中读到),但都没有效果。

现在智者看来,清楚和确定的是:有始必有终,有圆就有缺,时候一到,没有能够阻止它的力量。真主的使徒(主赐福给他,赐他和平!)说:“不破就不立,这是真主的权利。”

在这个礼拜,忽希思坦诸堡的长官(muḥtasham)苫思丁(Shams-ad-Din)到来并请求一道札儿里黑。接着,他和鲁坤丁的官吏出发,为的是,从吉儿都怯开始,他们可以坠毁仍留在忽希思坦境内的所有堡垒,为数超过五十,这些堡垒伸手触着天体并攻击星星;同时在坠毁它们中把他们理想之酒化为泡影。

长官们(kūtvālān)从低廉[77](Dailaman)、阿昔客瓦儿[78](Ashkavar)、塔鲁母和哈耳卡木[79](Kharkam)到来。他们被收录为国
638 王的忠实奴仆,在接受札儿里黑后平毁他们的城堡。

那年祖勒希扎月1日〔1256年12月21日〕,国王(愿他像光辉太阳一样永存!)向斡耳朵回师。所有收集的战利品,他分赐给大小人物,突厥和大食士兵。鲁坤丁和所有他的亲族,男的女的,他送往他指定为他们驻地的可疾云。这时候,国王本人,凯歌告捷(愿他万寿无疆!)在上述之月最后一天〔1257年1月中〕抵达斡耳朵,同时,像太阳一样,进入巍峨的宫室。

一位国王,诸王的太阳,

从狩猎中凯旋和威武地进入他的天宫。

谁曾眼见，一挥手整个世界就得到安宁？哪个智者之耳曾听说，随着一次行动，命运这头劣马“像高傲的骆驼那样”，在缰绳下殒折？因这次与开伯尔[80]的征服相媲美的胜利，——明眼人不要求说明，目击无需耳闻——真主秘旨的真相随成吉思汗的兴起而变得清楚，君权帝位转给世界皇帝蒙哥可汗所产生的恩惠也显然易见。因这次著名之捷，开启世界诸国的钥匙被置于〔蒙古人〕强大掌握中以备使用，残余天下的郡邑，它们因命运的作弄仍然徘徊歧路，其门闩现已拔除。好人称它是诸捷之关键，恶人称它是晨饮的明灯[81]。和风随这些喜报开始吹动，天空的鸟儿开始飞翔。圣哲向先知的灵魂道贺，生者向死者致敬。 639

一个天堂之门为之开放、
大地为之披上新彩衣的胜利[82]。

出现在这盛衰世界上的这次胜利，是怎样的良药？显现于这哀伤深谷中的这次胜利，是怎样的喜庆和欢乐？

我所看见的，是在清醒时或在睡梦中，主啊[83]？

在阿剌模忒的鲁德八儿[84]（Rudbar），那个异端的发源地，哈散萨巴的奸徒和艾八哈[85]（Ibaha）巫术的罪恶信奉者的老巢，没有留下一块彼此相依的基石。而在那新教[86]（bid'at）的繁荣驻地，幽冥中的神匠用残暴之笔在每所〔住宅的〕门廊上写下诗句：“这些，他们的屋舍，是一片废墟。”[87]在那些恶人的国土市场上，命运这个穆真发出吼声：“滚那些奸民的蛋！”[88]他们的倒霉的妇孺（ḥaram u ḥarīm)，像他们空虚的宗教，给彻底毁掉。那些疯狂的，口是心非的伪教徒，他们看来是没有杂质的纯金，结果证明是破铜烂铁。

今天，感谢普照世界的国王的洪福，如果一个刺客(kārdzan)仍在角落里闲荡，那他干着一个妇人的行业；凡有答亦[89](daʿi)处就有一个死刑的宣判者；每个拉非克[90](rafiq)都变成了奴隶。亦思马因派的传教士沦为伊斯兰武士的牺牲品。他们的莫剌纳，对
640 于他，他们曾致以如下之辞：“主啊，吾人之保护者(maulānā)”[91]——闭他们的鸟嘴！——（而“异端无保护者[92]”），现已变为杂种贱奴。他们的聪明的伊祃木，即他们在这世界上的主子，关于他，他们相信“每天都有某件新工作要他干”[93]，有如禽兽落入天网。他们的长官(muḥtasham)丧失权力，他们的侯王(kiyā)失掉尊荣。他们当中最伟大的人物变得贱若刍狗。砦子的统领都被认为宜上绞架，城堡的守令都丢了脑袋和权杖[94]。他们在人类中像犹太人一样不值钱，又像大路之同于尘土。全能的真主说：“在他们身上有下贱和贫窭的烙印”[95]，“这些人，诅咒等待着他们”[96]。

希腊和富浪的国王们现在高枕无忧，他们因害怕这些恶徒而变色，并向他们纳贡，不以那种屈辱为耻。世上的所有居民，特别是正教的居民，从他们的奸计和邪说中得到解救。确实，整个人类，高和低，贵和贱，同享此乐。和这些史实相比，答思坦(Dastan)之子鲁思坦的历史仅为一旧闻。所有观念的感知因这个明显的胜利而获得，照亮环宇的白昼之光因此被美饰。“于是那不虔诚之民悉被剪除。一切赞美归于真主，万物之主！”[97]

注 释

① 原文作 sar-dīvār pāidār，读作 B 本中的订正（va sar-dīvārhā bi-yandākht）。参看下面，第 714 页，及注⑦。

② 《古兰经》，第 xxiii 章，第 38 节。

③ 即率领主力军走在中路。（穆. 可.）

④ 发勒斯编《沙赫纳美》，第 492 页，第 966 行，以 havā“空气”，代替 jahan“世界”。

⑤ 关于兰麻撒耳，见后，第 679 页，注㊾。

⑥ Lāl。G 本作 Alān。在拉施特相应的段落中没有提到此堡。（卡特麦尔，第 198 页）。

⑦ 哈施朗（Qaṣrān）是剌夷附近的一个县。见雷斯特朗治，前引书，第 216 页，雷斯特朗治译韩达剌，第 59 页。

⑧ 我采用 B 本中的订正，不用原文的 BYSKLH DZ（? Pishkila-Diz）。关于在塔里寒西南和可疾云以东的皮昔乞耳答剌（普昔乞耳答剌（Pushkil-Dara）县，见穆. 可.，第Ⅲ卷，第 428 – 429 页。

⑨ 多半是跟失栾沙一同送去的三百人。

⑩ 关于麦门底司堡，见后，第 627 页。

⑪ 事实上这些诗句不是出自某个阿不勒阿剌，而是出自倭马亚诗人凯布・本・马丹・阿失合里（Ka'b b. Ma'dan al-Ashqari）。诗句描写耶兹德・本・穆哈剌卜（Yazid b. Muhallab）在 84/703 – 704 年之攻陷八吉思的尼咱克（Nīzak）堡。（穆. 可.）

⑫ 直译是“把他们的发言限于一次围攻。”

⑬ 《古兰经》，第 ii 章，第 111 节。

⑭ 《古兰经》，第 xlviii 章，第 1 节。

⑮ 同上，第 v 章，第 14 节。

⑯ 同上，第 xvii 章，第 16 节。

⑰ ξ 星或金牛星座的 υ 星。

⑱ akhtarān-i-qāṭi'。见前，第 362 页，注①。

⑲ 塔纳苏卜的一个好例子。土星的提及是为了引入其余的六颗行星。

其中仅太阳、月亮、火星和金星出现在译文中，而 tīr（“箭”）是水星，mushtarī（“乞和”）是木星。

⑳ SQNǰQ。速浑察（Suqunchaq、Sughunchaq 或 Sunchaq），未来的美索不达米亚和法儿思的长官，属于速勒都思族。他是锁儿罕失剌的曾孙，锁儿罕失罕在成吉思汗被泰亦赤兀惕俘囚时帮助过他。见穆.可.，第Ⅲ卷，第303－304页。木华黎（Muqali）的一个孙子也叫这个名字。见伯希和-昂比斯，《亲征录》，第371页。（见《元史·木华黎传》。——中译者注）

㉑ TMLA。或作 Tamagha。

㉒ 据O本读作 mauj-i-fauj。

㉓ 不是 α Virginis（角宿第一星）就是 α Boötis（大角星）。

㉔ 阿模尔·合纳（ʿAmr al-Qanā），引用在《哈马沙》中的一个哈里哲特（Kharijite）诗人。（穆.可.）

㉕ 也就是像 banāt-an-naʿsh，熊星座一样四散。比较我们的 Benetnasch（大熊星座第η星（ηUrsae Majoris））。在这节中，塔纳苏卜涉及黄道带的及其他的星座。

㉖ 参看前面，第ⅰ册，第82页，本节可作为它的一个典例。

㉗ 据O本读作 ravān shudand。

㉘ 原文中有双关语 kīsh“信仰”或“箭袋”，qurban“信徒”或“弓盒”。

㉙ 为了跟 mughūl（moghol）“蒙古人”形状相似而引用。

㉚ 哈咱儿歼（Hazār Cham）是厄尔布尔士山中的一个著名山口，约在德黑兰西北八十到九十哩，位于西为塔里寒、东为卡腊尔答昔特（Kalar-Dasht）和库朱尔（Kujur）、北为图纳卡奔（Tunakabun）的地区中。（穆.可.）

㉛ 从这尘世到天堂之桥，比头发更细，比刀锋更尖。

㉜ 即麦门底司。

㉝ 即在祃椤答而的鲁思坦答儿。见前，第385页，注⑬。

㉞ 即他们变得来 kūl-dil“昧心的”、“无知觉的”，这里多半指“惊恐的”。

㉟ 《古兰经》，第 xxxiii 章，第38节。

㊱ 即鲁坤丁。

㊲ 《古兰经》第 xl 章，第38－39节。

㊳ 直译是“嘴”。也许指它的漏斗形状？

㊴ 见前,第 i 册,第 121 页,注⑮。

㊵ 一种舞蹈。

㊶ 《古兰经》,第 xxxvi 章,第 52 节。(略有删节。)

㊷ 见前,第 529 页,注⑪。

㊸ "直到他们抵达蚂蚁之谷。一只蚂蚁说:'汝等蚂蚁啊,进入汝之居宅,以免所罗门及其军队毁灭汝等而不知道'"。(《古兰经》,第 xxvii 章,第 18 节。)

㊹ 显为该堡的守将。

㊺ 指豺狼,即鲁坤丁的消息。

㊻ 据 O 本读作 mardān u shīrān-i-ra'd-āvāz。

㊼ 分别认为是曼·本·奥思(Ma'n b. Aus)、灭里·本·法合木·阿兹底(Mālik b. Fahm al-Azdi)和阿乞尔·本·乌剌法('Aqilb. 'Ullafa)所撰。(穆.可.)引用在《古里斯坦》关于角力士及其学生的故事中。见阿伯利,《国王和乞丐》,第 62 - 63 页。

㊽ āmāj:一帕列散的二十四分之一,即约一哩的六分之一。

㊾ 根据马尼尼对乌特比的注释,大乌山即杜山(Dūshan),是一座山的名字。在《雅特马答儿》中,这个名字以 Jaushan 即 Jūshan 的形式出现。(穆.可.)

㊿ 阿不菲剌思·韩达尼。引用在《雅特马答儿》中。(穆.可.)

51 kamān-i-gāv,译义是"牛弩。"显为一种弩炮,即一种不像射石机那样发射石头,而是发射标枪的弓弩。见俄曼,《中世纪战争艺术史》,第 I 卷,第 137 - 138 页。

52 原文作 giriftand,按穆.可.的意见读作 kūftand。

53 即志费尼本人,他必定参加了和谈。

54 见前,第 i 册,第 10 页,注⑲。

55 AYLXAN。仅见于 A 本。有趣的是这是首次提到旭烈兀作为波斯的蒙古统治者所拥有的称号。关于 il-khan 或 il-qan"附属的汗"这个称号,见田清波和柯立福,《梵蒂冈秘密档案所的三份蒙文文件》,第 454 页。另一形式,El-Khan,由拜占庭的 'Ελxa'vηs 和瓦尔丹的 Ēlghan(第 149 页)所表示。

56 据 B 本,D 本和 E 本读作 zāhir na-shud。

(57) jarr-i-ālāt。意思不十分清楚。

(58) 发勒斯编《沙赫纳美》第 472 页,第 627 行。

(59) 我把 ṣaḥarāt 看成是由 ṣaḥrā“平原”所错误构成的复数。

(60) jaib,它也义为“正弦”。

(61) 《古兰经》,第 xxxvii 章,第 3 节。

(62) 意即他们利用那里有的这类不适当的隐蔽物。

(63) 为了跟 dī“昨天”成双关语而引用。实际上答亦的太阳月要稍晚些——12 月 22 日到 1 月 21 日。

(64) 读作 dād,这是穆.可.所提出,而 O 本实作此词。

(65) 《古兰经》,第 xv 章,第 85 节。

(66) 扎勒纳巴德(Jalnābād)——拼法不明确——是在本诗作者退休的山麓的一个村子。它是马鲁地区中一个更大的村子库班(Kūbān)(? Gūbān)的属村。见穆.可.,第Ⅰ卷,第 235 页,及注③。

(67) 原文作 Būr,即 Pūr,奥菲的文字(穆.可.,第Ⅰ卷,第 236 页)作 Fūr。这自然指的是亚历山大大帝的印度敌手。

(68) 这诗的一行已经引用。见前,第ⅰ册,第 19 页和注②。

(69) 《古兰经》,第 vi 章,第 70 节。

(70) 这些诗句已经引用。见前,第ⅰ册,第 106 页和注㉕。

(71) 据 C 本加上 fanā。

(72) 据认为作者是著名书记阿不答哈迷德·本·雅合叶('Abd al-Hamid b. Yahya),见于他写给阿不穆斯林(Abu-Muslim)的一封谈倭马亚朝哈里发末换二世(Marwan Ⅱ)的信。(穆.可.)

(73) 见前,第 579 页,注(87)。

(74) pā-yi-tafriqa uftāda būd。

(75) bid'at,严格的意思是“(该反对的)新教”,“异端”。参看路易士,《对伊斯兰教史中异教的意义的几点意见》,第 52-53 页。这里它主要被用作一个蔑视之辞,虽然 bid'at 本来特指尼咱儿(Nizar)的亦思马因教改革、哈散萨巴的“新布道。”见后,第 671、674 页,同见伊凡诺夫,《卡拉美皮尔》,第 xxviii 页和注①。

(76) 《古兰经》,第 xi 章,第 84 节。

⑰ 低廉(Dailam、Dailamān),低廉人的家乡,西波斯的布叶朝(932-1055),位于今东基兰和西祃椤答而的地区中。见米诺尔斯基,《霍杜德》,第385页和387-388页。

⑱ 在东基兰的拉希姜(Lahijan)县。

⑲ 拉比诺,《祃椤答而和阿斯特拉巴德》,第124页,提到在哈扎尔贾里卜(Hazar-Jarib)的一个叫哈耳卡木(Kharkām)的村子。

⑳ 在默底那东北,被穆罕默德在第七个逃亡年头所征服的一个犹太定居点。

㉑ 即每人按他的看法来解释这次胜利;但这句话可能是一个谚语,而"它"指太阳。(弗.米.)

㉒ 见前,第589页和注⑫⑦。

㉓ 见前,第i册,第104页和注㉒。

㉓ 鲁德八儿(Rūdbār)在这个时期指的是其东部形成今阿剌模忒县、西部形成鲁德八儿县的整个地区(也叫做可疾云的鲁德八儿,以把它跟基兰的鲁德八儿区别开来)。见穆.可.,第Ⅲ卷,第387页和390页。

㉕ ibāḥa,即"以非法为合法","自由主义"——对亦思马因人的一般攻击。

㉖ 见前,第636页,注⑮。

㉗ 《古兰经》,第xxvii章,第53节。

㉘ 同上,第xxviii章,第43节。

㉙ da'ī,即亦思马因的传道师或传教士。

㉚ "看来没有理由认为菲达额……在尼咱儿的体系中形成一个低于拉非克即同志——如大部分尼咱儿党徒所称呼他们自己者——的基层……"(荷治松,《阿杀辛教派》,第82页。)

㉛ maulānā"吾人之主",是亦思马因称呼伊祃木的普通方式。前致以成语"真主啊",看来是志费尼这方面的恶意增添,虽然"崇高的伊祃木和不可名状的真主,其混淆的程度超过二者名称的表面相同所能允许(达到这种程度:真主有一个名字,这名字就是伊祃木的)。"见荷治松,前引书,第290页。

㉜ 《古兰经》,第xlvii章,第12节。

㉝ 同上,第lv章,第29节。

㉔ 大概是他的职位标记。

㉕ 《古兰经》,第 ii 章,第 58 节。

㉖ 同上,第 xiii 章,第 25 节。

㉗ 同上,第 vi 章,第 45 节。

8. 对亦思马因人即巴特尼人教义的说明，以及该教派的历史 641

伊斯兰初期，正教哈里发[1]（真主赐福给他们所有的人！）时代之后，穆斯林中出现了一个思想毫不同情伊斯兰、心里倒跟祆教徒一脉相通的派别。为了散播怀疑和混乱，他们在人们中公布一个内容如下的说法：除明显的涵义外，沙利阿特也有一个为大多数人不知道的内在（bāṭin）涵义。而在支持这些邪说中，他们引证希腊哲学家传给他们的论断，其中他们也加进好些来自祆教教义的观点。为了穆斯林可以不嫌恶地对待他们，而可以站到他们一边，他们反对那些不拥护穆圣家人（真主赐福给他们！）的教派，当耶西德[2]（Yazid）及其党羽（愿他们罪有应得！）对他们肆行如此的公开暴虐，[3]异密和当权人物中没有人替他们报仇，反而默认耶西德家族的哈里发位，这时特别是这样。

当开撒尼人[4]（Kaisanis）从十叶的其余人中分裂出去，并向哈尼非亚（Hanafiya）之子穆罕默德表示归依时，这些人也依附于开撒尼人，并在阐述他们的秘教（bāṭin）教旨中援引穆罕默德作为他们的根据。当阿里[5]之子宰德（Zaid）起兵造反时，忽辛之子阿里的儿子穆罕默德[6]（真主赐福给他们所有的人！）这派人就抛弃了他，关于他们，有人说：拉法都宰丹（rafadu zaidan）“他们抛弃了宰 642

德”,从那时起,他们就有了拉非底(Rafidi)之名。因为开撒尼人这时人单势孤,这些人⑦遂依附于拉非底人。

现在他们的信徒中有个扎法儿·塔牙儿⑧(Jaʻfar Tayyar)的后人,叫做阿不答剌⑨(ʻAbdallāh),穆阿维亚(Muʻawiya)之子。他接受了拉非底人的召请,对该教派作了一个细密的研究,创立了一些替它辩护的法规。就中他造出一张测定阿拉伯月起首的天文表(jadwal)。他说,没有必要去看新月。同时他把发明那张谬误百出的表归功于穆圣家人中的伊祃木。(愿真主喜爱他们!)头个夜晚的老月亮,他说,仅伊祃木才看得见;别的任何人都看不到,因为每月的开始发生在能够看见新的月亮前。十叶教中的拉非底派不承认他,在他们之间产生分裂,扎德瓦里人(Jadwalis)自称为“秘识的人”,而把十叶中其余的人叫做“外识者。”

〔情况就是这样〕迄至扎法儿·撒底黑⑩(Jaʻfar Sadiq)(愿真主喜爱他!)的时代。扎法儿有四子,其中的最长者,亦思马因(Ismaʻil),从母系说是哈散之孙;次子木撒(Musa)是一个女奴的儿子;三子穆罕默德·底巴只(Muhammad Dibaj)葬于朱里章城外答夷⑪(Daʻi)墓侧;第四子,阿不答剌,以阿甫塔(Aftah)(“扁平头”)而知名。十叶教说(guftand),扎法儿是无罪的(maʻṣūm)伊祃木。他指定⑫他的儿子亦思马因为他的继承人。后来亦思马因酗酒,于是扎法儿·撒底
643 黑对此表示不满。据一个传说,他说:“亦思马因非我子;他是以他的形状出现的一个魔鬼。”⑬而据另一传说,他说:“真主对他有两种考虑,”因此他指定他的第二子木撒,作为他的继承人。

上面提到的从开撒尼转为拉非底的人,现在依附亦思马因,脱离了拉非底人。真正的指定,他们说,是第一次,而真主不能有两

次考虑。究习了沙利阿特内在涵义者，倘若他对外形有所忽视，也不会蒙受恶果。一个伊祃木无论说什么或做什么，都是对的：亦思马因不因喝酒而遭到伤害或损失。他们被称为亦思马因人。并以这个名字与十叶的其他人区别开来。

现在亦思马因在145/762－763年[14]死于扎法儿·撒底黑（愿真主喜爱他！）之前。扎法儿召集了代表阿拔斯朝哈里发（真主喜欢他们！）的默底那长官和许多默底那的名绅、耆长，把亦思马因〔的尸体〕指给他们看，这尸体是在他死于四帕列散远的兀雷德（'Uraid）村后给人背回城的。他这时起草了一份证实他死亡的文件，让那群人都在它上面签名，然后他葬亦思马因于八乞（Baqi'）[15]。

那些追随亦思马因的人说，亦思马因没有死，他的死是假装
的，为的是欺骗百姓，保护他和他的信徒不受到攻击。十叶中其余 644

的人说，扎法儿·撒底黑的目的在于暴露追随他的人教义的虚伪。看来两个说法是同样的错误，两党都以他们自己的动机来解释这个作法，而扎法儿的目的是要证明，在指定他的儿子继他为伊祃木上，他是无辜的，因那个缘故，哈里发曾对他和他的信徒不满。

当扎法儿（愿真主喜爱他！）死时[16]，十叶的大部分人追随木撒。一些叫做……[17]的人承认穆罕默德·底巴只为伊祃木。而一小部分被叫做法蒂（Fathi）的人承认阿不答剌·阿甫塔。

不久后，哈里发派人到默底那，把木撒带到八吉打，为的是恐吓（ishkhāṣ）他。他们把他关在那里，他就死于狱中。十叶说他是给毒死的。他们把他一直运到桥上，并把他指给八吉打的百姓看，以此他们可以看清他尸体上并没有伤痕。接着他们葬他于〔忽来失(Quraish)的〕墓地。

他的儿子阿里,木撒·丽达(Musa,ar-Rida)所生,在默底那一直住到末门把他带往呼罗珊(他的故事是有名的),后来他死于徒思。他们说他是被毒死的,并把他葬在那里[18]。

既然哈里发因为亦思马因的儿子们要求伊祃木位子而迫害他们,他们就躲了起来,离开默底那后,他们当中有的前往伊剌克和呼罗珊,有的往马格里布(Maghrib)[19]。

亦思马因人说(guftand),扎法儿死后亦思马因还活了五年,这时有人在弼斯罗的市场中看见他。一个中风病人乞求他的恩施。亦思马因即刻收下他,他给治好了;站起身来后,他随着他走
645 了。亦思马因还替一个盲人祈祷,因之他恢复了他的视力。

亦思马因死时,他的儿子穆罕默德,在扎法儿生时已长成而且比〔扎法儿的儿子〕木撒要大,前往哲伯尔[20](Jibal)并抵达剌夷,从那里又到在德马文德的沙朗巴[21](* Shalanba)。在剌夷的穆罕默德巴德(Muhammadabad)因他而得名。他有儿子,他们躲在呼罗珊,后又前往在忻都省的坎大哈[22](Qandahar),定居于该地。

亦思马因人的答亦,即传教士,现在涌入各地,号召百姓信奉他们的教义;于是很多人响应了他们的号召。

亦思马因之子阿里,在念着谚语所说:“带着脑袋逃跑者……”[23]之后,从那个方向前往西利亚和马格里布。而因他没有要求伊祃木的位子,也没有信徒,他就公开露面。他生有儿子,到今天他在那里还有后人。

亦思马因人中现在出现了解说他们的信条的领袖。这个世界,他们说,从未没有过伊祃木,将来也决不会没有。而若一个人

是伊祃木，他的父亲在他之前已是伊祃木，他父亲的父亲在他之前也一样，如此溯及亚当（愿他得到和平！），或者，如某些人说，溯及无穷的过去，因为他们相信世界的永存。在同样的方式中，一个伊祃木的儿子将是伊祃木，他儿子的儿子也一样，如此迄至无穷的未来。在他的要继他为伊祃木的儿子诞生或产生前，一个伊祃木是不可能死的。同时他们说，这就是诗句“子孙相继”[24]和“他把这个定为一条应在其子孙中保持的法则”[25]的涵义。

十叶派提出反对他们的论据称：阿里之子哈散被所有十叶教 646
徒公认为一个伊祃木，但他的儿子不是伊祃木，这时他们回答说，后者的伊祃木位子是委托的（mustauda'），也就是非永久的，他是借用它，而忽辛的伊祃木位子是永久的（mustaqarr），这在诗句中被提及：“一个住宅和一个休憩地。”[26]

他们还说一个伊祃木不总是可见的。有时他是可见的，有时他像昼夜循环一样隐匿起来。当伊祃木可见时，他的布道（da'vat）可能隐匿，但当伊祃木隐匿时，他的布道可能照样公开，他的答亦也得到指派，只要人类得不到有关上帝的证明[27]。

先知是启示者（tanzil），伊祃木是诠释者[28]（ta'vil）。没有时代缺乏一个伊祃木，无先知的时代就无伊祃木。《旧约》前《五经》中在亚伯拉罕（Abraham）之后提到一个人，那里说当时有个《五经》中用西利亚语和希伯莱语称之为麦尔启兹德克[29]·麦尔乞·唆兰（Melchizedc Melech Sholem）的国王，在阿拉伯语中就是灭里克西迪克（Malik-ar-Sidq）和灭里克撒兰（Malik-as-Salam）。又据说，当亚伯拉罕（真主赐福给他！）遇到他时，他把他的羊群的十分之一交给了亚伯拉罕。同时，想把关于上帝的知识传授摩西（Moses）的希迪儿[30](Khidr),是一个伊祃木,或被指定为伊祃木。[31]

647 伊斯兰兴起前,有一个隐没(satr)时期,但当阿里(愿真主喜欢他!)在世时,伊祃木,也就是阿里自己,变得可见,此后迄至亦思马因及其子,第七个伊祃木穆罕默德的时代,所有伊祃木都是可见的。隐没时期始于亦思马因和穆罕默德。穆罕默德是最后一个可见的伊祃木。他变得来不可见,在他之后所有的伊祃木将是不可见的,直到他们再变得来可见为止。

同时他们说(guftand),扎法儿之子木撒为亦思马因而献身,木撒·丽达之子阿里又为亦思马因之子穆罕默德而献身。而有关亚伯拉罕和献祭的故事——“吾人以昂贵的代价赎买其子”[32]——是对这类事的一个旁证。总之,他们谈了很多〔这种〕谬论。

在他们当中出现了若干答亦,其中有末门·哈答合(Maimun Qaddah)、他的儿子阿不答剌[33]('Abdallah),后者被认为是该教派的最大学者之一,以及哈散·沙亦黑·阿不丹[34](Hasan Shaikh 'Abdan)。另一个,在扎法儿·撒底黑(愿真主喜欢他!)生时,是阿不勒-哈塔卜[35](Abul-Khattab),他宣称扎法儿是上帝,忽鲁里人(Hululis)即亦惕哈底人[36](Ittihadis)也如此说。扎法儿提到他说:“该死的他及他的信徒!”有很多像他那样的人,他们各自见于历史著作和谈宗教派别的论文。

这是四下传播的教义和信条。在伊斯兰的大部分邦邑中,从
648 西方到东方,一些人出现了,有的秘密地,有的公开地,但都一致认为世界从来都有伊祃木,认为通过他,认识上帝才有可能,没有他就不能得到有关上帝的知识。各个时代的先知都曾提及他。至于沙利阿特,它有一个内在的涵义和一个外表的涵义,内在涵义是真

实的，当人们弄清楚了律文这个内在涵义时，他们不会因为忽视外表的涵义而受害。因这个缘故，他们的教条被认为是异于所有别的教派，即伊斯兰本身(millat)的那些教义。其中一些远走到允许[37](ibāḥat)干非法的勾当。

在 278/891－892 年，当哈里发穆塔迷德[38](Mu'tamid)统治时，卡尔马提人(Carmathians)(哈尔马提人(Qarmatis))[39]出现了，如史书所记载，他们当中第一个是哈木丹·哈尔马特(Hamdan Qarmat)。因苦法境内有一群人拥戴他，他就起兵造反。他们开始屠杀穆斯林，劫掠他们的财物，掳走他们的子女。他们常袭击[40]西利亚和伊剌克的城镇，然后消失在沙漠中。他们的叛乱规模越来越大，哈里发无力对付他们。他们攻占八哈剌因[41](Bahrain)，再进兵默迦。他们在那里杀戮香客，把他们的尸体拿去填扎母扎木(Zamzam)井，又把黑石打碎。他们保留黑石达二十五年之久[42]，尽管伊斯兰的王侯愿拿十万的那把它买回来，他们却拒绝卖它。二十五年末，他们送它到苦法，把它丢进礼拜五清真寺，随它留下一张条子，其中他们写道：“我们奉命拿走这块石头，我们又奉命把它送回”。穆斯林们把石头运到默迦，再把它竖起来。

卡尔马提人叛乱期间，亦思马因人的一个答亦，阿不答剌·
本·末门·哈答合的后人(az farzandān)，由一个儿子[43]陪同来到苦 649
法和伊剌克地区，并说：“我是伊祃木的答亦，伊祃木即将出现。”他把豪沙卜[44](Haushab)之子布勒哈辛(Bul-Qasim)派到也门(Yemen)去进行宣传；同时要他把答亦派到四方去。这个布勒哈辛在也门得到很大的成功，许多人响应了他的号召。其中之一，一个叫做布-阿不答剌·苏菲·穆合塔昔卜[45](Bu-'Abdallah Sufi Muhtasib)的人，出自马格里布的卜塔马(Katama)族[46],他派往那里去进行布道;一些人接受了他的话。此人跟那个是阿不答剌·本·末门后裔的人联系,致函给他,理由是他比豪沙卜之子布勒哈辛更接近伊祃木。那个家伙鼓励他去作宣传,而当他的事情获得成功,他占据了马格里布诸邦及海拉完(Qairawan)和昔吉尔马撒[47](Sijilmasa)四周地区时,这个是阿不答剌·本·末门后裔的人和他的儿子[48]就到那里去。在他们抵达昔吉尔马撒后,布-阿不答剌·卡塔米[49](Bu-'Abdallah Katami)前去迎接他[50],说:“我作为您的总督进行统治。现在既然您亲自来临,您就是上司。”他回答说:“迄今为止我说我是伊祃木的答
650 亦。我这样说是出自权宜之计,因为伊祃木显现的时候还没有到来。现在这个时候到来了,我宣布我就是伊祃木,并且是扎法儿之子亦思马因的后人。”他把自己叫做阿不答剌·麻合底('Abdallah al-Mahdi)[51],把他的儿子叫做哈因·比-阿模尔-阿拉·穆罕默德(al-Qa'im bi-Amr-Allah Muhammad),并且自立为伊祃木和哈里发;马格里布的百姓,特别是卡塔米人,承认他的申明。

在258年[52],他筑麻合底牙(Mahdiya)城于海拉完地区。他的事业兴旺,并且他企图破坏沙利阿特的宫殿,开始蔑视它的法令。

布-阿不答剌·苏菲·穆合塔昔卜开始对他产生怀疑,在为他的事业〔服劳〕时不卖劲。他的兄弟玉速夫[53](Yusuf)决定造反,要布-阿不答剌也起来反对麻合底。因这个缘故,布-阿不答剌和他的兄弟双双被麻合底处死。

麻合底在昔吉尔马撒——它在马格里布的州邑中——的出现,以及他对那里的征服,时间是296/908－909年。而在302/914－615年,他征服和推翻了代表阿拔斯哈里发的阿格剌比朝

(Aghlabid)诸侯，成为整个马格里布，非洲[54]和西西里等地的君王。同时他们重述穆圣(真主祝福他，赐他和平！)的一条圣传："在第三百年开始时，太阳将从西方升起"；他们说，这条圣传可解释为指麻合底的出现而言。他们又说，在亦思马因之子穆罕默德和麻合底之间有三个隐匿的伊祃木，他们的名字是穆罕默德、他的父亲
阿合马和他的父亲……[55]，而他们的剌合卜是剌底(Radi)、瓦非 651
(Wafi)和塔吉(Taqi)，麻合底系塔吉之子[56]。然而马格里布的穆斯林们说，麻合底是该派一个答亦、弼斯罗的阿不答剌·本·萨里木('Abdallah b. Salim)的后人[57](az aulād)，而八吉打和伊剌克的人说，他是阿不答剌·本·末门的后人。总之，他们拒绝承认他是扎法儿之子亦思马因的子孙。当哈只儿比拉[58](al-Qadir billah)统治期间，在八吉打起草了一份宣言(maḥẓar)，由当权人物、赛夷、哈的、乌列麻签名，其内容是：麻合底子孙的出身[59]存在疑问，在把他们的祖先追溯至扎法儿·撒底黑(愿真主喜欢他！)时，他们犯有捏造罪。(这份宣言的文字将在谈麻合底第五代孙哈金(Hakim)的一章中披露。)[60]麻合底绝对地统治了二十六年，他的死是在322/934-935年。

他由他的儿子[61]哈因继承。后者统治期间，一个叫做阿不耶兹德(Abu-Yazid)的家伙，马格里布人，起兵造反。他是一个敬畏真主的穆斯林，苏尼教徒，并且是一个圣者：[62]他向百姓历数麻合底和哈因的邪说(bid'at)，很多人拥护他。他跟哈因打仗，打败他的军队，把他围在麻合底牙。哈因的信徒称他为答扎勒，因为在战斗(malāhim)中，据说答扎勒正起来反对麻合底或哈因[63]。哈因在
334年沙甫瓦勒月〔946年5-6月〕死于这些斗争中，他的死被保 652

守秘密。

他由他的儿子满速儿·亦思马因(al-Mansur Isma'il)继承,后者采取对付阿不耶兹德的措施。他是个机智和勇敢的人。打败和战胜了阿不耶兹德,他继续把他追赶了一个时候,跟他交战,直到最后俘获并杀死了他,把他的尸体传示马格里布各地。他这时登上他父亲的位子,公布他死的消息。在 341/952 - 953 年,他也死了。

他的儿子穆亦思·阿不塔敏·马阿德(al-Mu'izz Abu-Tamim Ma'add),一个机警,有能力、勇敢和幸运的人,继承他。他为治理国家采用了充分的和恰当的措施,他的国土变得比他父辈的还要大。

他的全部野心集中在夺取埃及的国土上,它在那个时候是在亦黑施底人(Ikhshidi)迦弗儿[64](Kafur)手中。穆亦思于 358/968 -969 年派他的奴隶阿不勒-哈散·乔哈儿(Abul-Hasan Jauhar)到埃及去替他进行宣传。很多人响应他的号召,这时他接近迦弗儿本人,也向他宣讲他的布道。他赞许地接受了他的接近,并且不顾阿拔斯朝哈里发,忽惕巴是以穆亦思的名义来诵读[65]。

迦弗儿死于那同一年,即 358/968 - 969 年,于是乔哈儿成为代表穆亦思的唯一埃及君王。接着在那一年他筑开罗城于弗思塔特(Fustat)左近,它于 362/972 - 973 年竣工,被称为哈希拉·穆亦吉牙(Qahira Mu'jzziya)。

穆亦思携带无数的军队和数不清的金银财宝,在 362 年剌马赞月〔973 年 6 - 7 月〕抵达埃及。他以开罗为他的首都,埃及和赫扎思(Hejaz)就脱离了阿拔斯朝的统治,落入穆亦思之手。同时他用如此的方式普施仁政,以致有关其影响和效果的神奇故事仍在
653 流传。他死在 365 年剌必阿Ⅱ月〔975 年 12 月- 976 年 1 月〕。

他由他的儿子阿吉思·阿不满速儿·尼咱儿(al-'Aziz Abu-Mansur Nizar)继承，后者据有马格里布、埃及和赫扎思。有关他的征战和他打败代表塔夷比拉[66](at-Ta'i 'billah)驻西利亚长官阿勒卜的斤·穆亦兹(Alp-Tegin Mu'izzi)及援助他的哈散·本·阿合马·哈尔马提(Hasan b. Ahmad Qarmati)的故事，载诸马格里布诸邦的史书中。他的死是在386年剌马赞月〔996年9－10月〕。

阿吉思是一个温和的好心人——乃至大马士革的哈散·本·八撒儿(Hasan b. Bashar)在如下的乞塔诗中讽刺他和他的宰相伊本-乞里思[67](Ibn-Killis)，还有他的秘书阿不-纳锡儿·海拉完尼[68](*Abu-Nasr *Qairawani)：

向准备毁掉国家的宫廷书记
阿不纳锡儿说：
"替那个丞相解开王国之结，
你将赢得他的衷心感谢和赞扬。
不要退让和推辞，不要怕任何人，
因为宫廷的主子不在宫中，
并且不知道对他有何企图，
而如他知道，他会希望不知道。"

伊本-乞里思控诉了这个诗人并念了这首乞塔诗，阿吉思回答说："这是一件我们都分享讽刺的事。那么你跟我一起共同来宽恕它吧。"

诗人这时写了另一首讽刺诗，其中他把阿吉思的军队统帅法即勒(Fadl)包括进去：

成为一个基督徒吧，因为基督教是真正的宗教，
如我们的这些时代所证明。
并且赞扬那三德："他们是伟大的，光荣的，"[69]
同时不管所有别的人，因为那是不足道的。
在牙忽卜(Ya'qub)看来，那个丞相是父亲，
这个阿吉思是儿子，而法即勒是圣灵。

654 丞相再把诗送给阿吉思看。他生了气，但仍然说："饶了他。"于是他第二次赦免他。

最后丞相第三次去见阿吉思并说："再不能赦免了，因为皇上的威信受到损害。这次他在这首乞塔诗中既骂了是阿吉思[70]的陛下，又骂了是丞相的我，还有您的伴侣伊本-扎巴里只(Ibn-Zabarij)：

扎巴里哲是一个廷臣，乞里西是一个丞相——
是的，斩是跟那条狗的价值相一致。"

阿吉思大怒，允许丞相去逮捕诗人。后来又后悔了，他下命释放他。在赦令实际送到前得知这个消息，丞相赶快把他处死。对此，阿吉思非常惋惜和遗憾。

阿吉思把西利亚交给一个名叫密涅沙[71](Menesha)的犹太人，把埃及交给一个叫做爱薛·本·聂思脱里斯('Isa b. Nestorius)的基督徒，而遵循他们的教义的指挥，他们对穆斯林肆行专制和暴虐。由此一个妇人给阿吉思上了份状子，其中她说："大教主哦，您通过密捏沙·本·阿卜兰[72](Menesha b. ' Abram)来抬举犹太人，通过爱薛·本·聂思脱里斯来抬举基督徒，并要通过您自

己来贬低穆斯林，除非您照管我的案子。”阿吉思被这份状子深深感动。他解除了他们俩的职务，并向基督徒征收三十万马格里布的那以弥补他已造成的损失。同时他好几次把应向穆斯林征收的赋税[73](mu'an)加给犹太人和基督徒。

他的儿子哈金·阿不-阿里·满速儿(Hakim Abu-'Ali Mansur)在十一岁时继承他。他之轻率和狂暴犹如其父之温良谦和；他对埃及百姓的专制和残暴没个限度。他的一个习惯是，当他坐在皇位上，并且有人把对暴政的控诉呈递给他时，他会听着这些控诉，决不否认其中描写的罪恶。送给他的信函，常常包括对他本人 655
及其祖宗的恶毒辱骂，还有对他门第真实性的攻击。

高潮到来。有人用纸糊了个女人，给她穿上件察都儿(chadur)；把一封密封的便函放在那个假人手中，再把她竖在哈金要经过的地方。当那封信从假人手中取出并呈递给残暴的哈金时，〔他发现〕它全是对他本人和对他祖宗的臭骂，以及对他们的无耻丑行的详尽揭露。他勃然大怒，命令带这个女人去见他。但当左右赶向她时，他们发现它不过是个假人。给这件事搞烦了，哈金命令他的奴隶和士兵火烧开罗，杀戮百姓。市民集合起来阻止他们，并保护他们妇女的尊荣；但在他们不能制止的地方，哈金的人就烧杀掳掠。哈金每天亲自去视察，经常诡称干这些勾当并没有得到他的许可或同意。第三天，开罗的市民领袖和沙亦黑躲进礼拜五清真寺；举起附在棍端的古兰经，他们公布他们的罪恶，说：“如果这次暴行不是您允许或同意干的，让我们，您的奴仆和子民，去击退作恶者。”他回答说：“我没有命令干这坏事，那你们把他们赶走吧。”对士兵他却说：“继续你们的工作。”战斗开始，麇集的市民把士卒赶回开罗城门，那里是哈金自己的大本营。他大吃一惊，命令士兵们住手。在这次灾难的当中，开罗的四分之一被焚毁，一半遭到抢劫，而哈金的奴隶对该城的妇女干了那么多卑鄙的勾当，以致戴面纱者[74]怕受辱而自尽。

656 哈金经常晚上在市集中走动，调查他的臣民的事情。他也把一些老妇人派去刺探她们同性的阴私：她们会进出百姓家，真真假假地把戴面纱者的事向他报告。他用这个借口处死了许多女人，又颁发一个告示，禁止女人离开她们的屋舍或登上房顶，禁止鞋匠做女靴。

他禁止百姓喝酒，因他们不戒酒，他命令把葡萄树都拔掉。

他的另一个习惯是亲笔写一些便条，有的说："给赍送此条者一千的那，或给他某座城镇，或给他某件贵重的礼袍，"有的说："杀掉送这封信的人，或向他索取若干金钱，或砍掉他的手或足，并折磨和残害他。"他要用蜡、龙涎或粘土把信密封起来，在接见的日子他要散发它们，而每人视其运气好坏都贪婪地攫取其中的一封，再把它送往地方官(mutasarrifān-i-aʿmāl)，无论信的内容是什么，马上就予以兑现。

哈金颁发一道敕令禁止基督徒和犹太人骑马骡和使用铁马镫；同时他们每人必须戴上有几个铃子的项圈，以示他们有别于穆斯林。

因为这些该谴责的作法，全体百姓，穆斯林和非穆斯林，对他的不体面的罪恶行为和布告，予以唾弃；就连他的妇孺及他的密友、廷臣也都讨厌他。

他向他的一个异密伊本-倒瓦思[75](Ibn-Dawwas)控诉他的亲

姊西蒂木勒克（Sitt-al-Mulk）。伊本-倒瓦思是他军旅的统帅，也是他的朝政执掌者。因此，他的姐姐遣人去找伊本倒瓦思，他们一致同意杀死哈金，立他的儿子阿里代替他；并设谋害死他。他们用
一千的那收买倒瓦思的两个奴隶，要他们埋伏在开罗近郊的木哈 657
坦（Muqattam）山，同时，在哈金及其年轻的侍从（kūdak-i-rikābī）如往常一样到那里去时，把他们都杀死。现在哈金自称懂得占星术，他曾推算出那天晚上是他的关键，如果他平安地度过它，他会活过八十。他把这个告诉他的母亲，她哀求他〔安静地待在家里〕，说是他最好别动。他勉强听从了她的话。然而在拂晓时他有一种不安的感觉：他不能安静下来，无法睡眠或休息。他母亲哭着，抓住他的衣角，但没有用。“此刻我非动不可”，他说，“否则我的灵魂要出窍。”于是他和他的侍从前往木哈坦山。奴隶从他们的埋伏中跳出来，把哈金和他的侍从都杀死了。他们把他的尸体偷偷运给他的姐姐，她将它埋在她自己的宫里。除那个丞相外没有人知道这个秘密，在要他誓守秘密后才把情况通知他。得悉真相后，他同意跟他们合作，帮助去消除百姓的疑惧。他们解释哈金的失踪说，他已外出一周，并且每天他们要叫一个不同的人来报告他现在某某地方。

最后，他们把〔他的失踪〕通知了首脑人物和大臣，在缔结盟约和分赠礼物后，他们誓忠于他的儿子阿不勒-哈散阿里（Abul-Hasan'Ali），他接受扎希耳比拉[76]（az-Zahir billah）的称号，并拥他登上宝座。哈金死亡的消息这时泄露了，于是伊本-倒瓦思受赐华贵的礼袍，并受委掌管全部朝政。

〔西蒂木勒克〕现在遣人去找纳辛·哈定（Nasim Khadim），他

是宫廷的总管(qahramān),奴隶的总监,老是带着一百名佩刀的奴隶保卫哈里发;于是她跟他达成杀害伊本倒瓦思的密谋。她狡猾地使那一百个奴隶成为伊本倒瓦思的侍从,然后有一天,奉她的
658 指示,纳辛关闭宫门,捕逮伊本倒瓦思,对奴隶说:"我们的主人,扎希耳,说:'伊本-倒瓦思是害我父亲的凶手。杀死他。'"他们拿刀刺他,把他杀死。

继伊本-倒瓦思后,西蒂木勒克把参与她谋害哈金的人或知情的人都除掉。于是她独自无敌手地统治国家和治理王土;所有大臣和官吏心里都很怕她。

现在哈金之死和真主把那些地方的百姓从他的专制压迫、凶暴残忍下解脱出来,发生在411年沙甫瓦勒月〔1021年1-2月〕[77]。

从死神到马力克(Malik)[78]。

然后扎希耳当了十五年的哈里发,死于427/1035-1036。[79]

注 释

① 见前,第600页,注⑱。

② 第二个倭马亚朝哈里发(680-683)。

③ 指忽辛在克尔伯拉(Kerbela)之死。

④ 这些人是开散(Kaisān)即穆黑塔尔(Mukhtār)的信徒,他在685年反叛,布道称穆罕默德·本·哈尼非亚(Muhammad b. al-Hanafiya)(阿里和一个哈尼非女人生的儿子,因此是他跟穆圣之女法迪马所生的儿子哈散和忽辛的异母兄弟)是救世主。见路易士,《亦思马因教的起源》,第25-27页。

⑤ 即阿里·宰纳-阿必丁('Ali Zain-al-'Abidīn),第四个伊祃木。宰德

的党徒，即宰德的十叶教徒，在也门维持到今天。

⑥ 即宰德的兄弟，穆罕默德巴乞儿（Muhammad-al-Bāqir），第五个伊祃木。

⑦ 即神秘的祆教徒。

⑧ 穆罕默德之叔阿不塔里卜（Abū-Tālib）的儿子，因此是阿里的兄弟。

⑨ 扎法儿的曾孙。因反抗倭马亚朝，他自立为法儿思、亦思法杭和起儿漫的君王，但后来战败，并逃到呼罗珊。他在这里被阿不穆斯林（Abu-Muslim）俘获和囚禁，最后（约 103/721－722 年）被后者处死。见穆. 可.，第Ⅲ卷第 305－306 页，同见路易士，前引书，第 28 页。

⑩ 扎法儿·撒底黑（Ja'far as-Sādiq），第六个伊祃木。

⑪ 哈散·本·宰德（Hasan b. Zaid），塔拔里斯坦（Tabaristan）（祃椤答而）的一个阿里族赛夷。见穆. 可.，第Ⅲ卷，第 306－307 页。

⑫ 即他留下了 naṣṣ，即遗产。见路易士，前引书，第 37－38 页。

⑬ 路易士，前引书，第 39 页，从一个十叶教的史料中引用了一段话，说明亦思马因卷进了“一个扎法儿强烈反对的暴乱计划。”他因此解释现在这段话说：“其中志费尼提到扎法儿说的那句话，必须承认，倘若亦思马因的唯一罪行是不节酒，那它是非常不相称的。”

⑭ 关于亦思马因的死期，见穆. 可.，第Ⅲ卷，第 309 页，路易士，前引书，第 38 页。

⑮ 默底那墓地，叫做八乞，在该城以西。这里有穆圣的（唯一）儿子亦卜剌金（Ibrāhīm）之墓，还有他的女儿们的坟墓。（雷斯特朗治译韩达剌，第 15 页。）

⑯ 在 148/765 年。

⑰ A 本中是一个空白。D 本和 G 本作 Dibājī，拉施特作 Dībājīya，即底巴只人，但穆. 可. 认为这是出自抄写者的订正，因为穆罕默德·底巴只的信徒在别的任何地方都没有被叫做这个名字。

⑱ 他的祠堂（mashhad）产生麦什特的名字。

⑲ 即摩洛哥和西阿尔及利亚（译意是“西方”）

⑳ 哲伯尔（Jibāl），“群山”，是波斯的伊剌克即中波斯的古名。

㉑ 采用穆. 可. 提出的订正。原文作 SMLH，G 本和 H 本作 SLMH，拉

施特的相应一段中作ŠMLH。沙兰巴(Shalamba)即沙朗巴(Shalanba),是德马文德地区的一个城市。

㉒ 自然不是在阿富汗斯坦的坎大哈,而是在印度的刚德哈拉(Gandhāra)王国,其首府维辛德(Vaihind)在印度河和喀布尔河之间。见米诺尔斯基,《霍杜德》,第253-254页。

㉓ 即是说:"……由此获全。"

㉔ 《古兰经》,第iii章,第30节。

㉕ 同上,第xliii章,第27节。

㉖ 《古兰经》,第vi章,第98节。原文为mustauda'wa-mustaaqarr,即在形式上,而非在涵义上,与亦思马因的术语一致,关于它,见路易士,前引书,第49-54页。

㉗ tā khalq rā bar Khudāi ḥujjat na-bāshad。或许是"只要人类没有伊祃木"。hujjat("证人")在亦思马因的教阶中,是伊祃木指定的人;但这个词在早期十叶教的用法中被用来指伊祃木本人。见伊凡诺夫,《早期波斯亦思马因教研究》,第42-44页;《卡拉美-皮尔》,第xlx-xlvi页。

㉘ 关于"'Ta'wil',即符号的注释",见科尔宾,《乞他卜扎米·希克马太因》,第65-74页。

㉙ 《创世纪》,第xiv节,第18行。关于麦尔启兹德克在亦思马因神话中的任务,见荷治松,《阿杀辛教派》,第169-172页和292-293页。

㉚ 考订为《古兰经》中的Dhul-Qarnain,在其他段落中他代表亚历山大大帝。(见前,第i册,第347页,注㉑)"祖勒哈儿纳因-希迪儿(Dhul-Qarnayn-Khidr),就我们所知,甚至名字上都追溯到苏末尔人(Sumerians):希迪儿来源于不死的乌特纳皮昔定(Utnapishtim)本人的一个别名。"(荷治松,前引书,第292页。)

㉛ 据穆.可.的意见读作yā nām-zad-i-imān。

㉜ 《古兰经》,第xxxvii章,第107节。这个儿子,据穆斯林的传说,不是艾萨克(Issac),而是伊斯梅尔(Ishmael)。

㉝ 关于这两个人,见路易士,前引书,第54-67页。在概述"大量矛盾的证明"中,路易士也使用了穆.可.在第Ⅲ卷,第312-343页中收集的材料。

㉞ 或即"沙亦黑·阿不丹之子哈散。"然而,穆.可.得出结论(第Ⅲ卷,

第 343－344 页）说，哈散和 shaikh 的称号都是志费尼或他的抄写者这方面的误增。阿不丹是哈木丹·哈尔马特，卡尔马提派的同名创建者的亲戚，从各自与对方的姊妹为婚这个意义上说。

㉟ 关于阿不勒-哈塔卜（Abul-Khaṭṭāb），见路易士，前引书，第 32－37 页。

㊱ 那些分别相信 ḥulūl——造物主在创造物中的体现，和相信 ittiḥād——创造物与造物主合而为一的神秘结合——的人。

㊲ 关于 ibāḥat(ibāḥa)，见前，第 639 页，注㉟。

㊳ 870－892。

㊴ 关于卡尔马提人以及他们跟法蒂米朝（Fatimids）的关系问题，见路易士，前引书，第 76－89 页。

㊵ 据 D 本读作 mī uftād。

㊶ 自然不是波斯湾中的岛子，而是对面的大陆，今天的哈沙（Hasa）。

㊷ 实为二十二年。

㊸ pisarī，它也能译作"一个男孩"，一个不无兴趣之处，因为路易士（前引书，第 51 页）提出的理论说：穆罕默德·哈因（Muhammad al-Qā'im）不是乌伯都剌·麻合底（'Ubaidallah al-Mahdi）的儿子，"而是他为之工作的伊玛木穆斯塔合儿（Mustaqarr）。"

㊹ 阿不勒-哈辛·鲁思坦·本·忽辛·本·法剌治·本·豪沙卜·本·扎德罕·纳扎儿·苦非（Abul-Qāsim Rustam b. al-Husain b. Faraj b. Ḥaushab b. Zādhan an-Najjār al-Kūfī），以满速儿（Mansūr）的剌合卜而知名。见穆. 可.，第Ⅲ卷，第 348－349 页，对这个在也门的著名亦思马因教士的叙述。

㊺ 关于阿不阿不答剌·苏非·穆合塔昔卜（Abū-'Abdallah as-Ṣufī al-Muḥtasib），也叫做阿不-阿不都剌·十叶（Abū-'Abdullahash-Shī'i）见穆. 可.，第 349－350。他是法蒂米朝的实际创建者。

㊻ 阿不-阿不答剌根本不是一个马格里布人，尽管对他的出生地说法不同，有的说是苦法，有的说是拉姆忽尔模兹（Rām Hurmuz）和也门的萨那。

㊼ 昔吉尔马撒（Sijilmāsa）的遗址在撒哈拉边上费兹（Fez）以南二百哩。

㊽ 或“男孩”,见前,注㊸。

㊾ 好卡塔马族人。但见前,注㊻。

㊿ 实际上,在昔吉尔马撒的是乌伯都剌,他跟他的儿子(或主子)一起被囚在那里;而前往该城的却是阿不-阿不答剌,为的是解救他们。

51 一般称他为乌伯都剌,但穆.可.引用一部亦思马因教的作品,《都斯吐尔穆纳吉明》(Dustūr-al-Munajjimin),称他为阿不答剌,并补充说他在出世前的名字是乌伯都剌。

52 所有抄本均如此,应为 308/920-921。

53 这个名字不见于其他史料,阿不-阿不答剌的兄弟不是被称作阿不勒-阿拔斯·穆罕默德(Abul-'Abbās Muhammad)就是叫做阿不勒-阿拔斯·阿合马(Ahul-'Abbās Ahmad)。(穆.可.)

54 Ifrīqīya,即今天的黎波里塔尼亚(Tripolitania)和突尼斯(Tunisia)以及东阿尔及利亚。

55 为简明起见,我在两处用“他的父亲”来代替原文中的“……的儿子”。第三个名字也不见于《都斯吐尔穆纳吉明》。按穆.可.的意见(第Ⅲ卷,第 355-357 页),志费尼几乎肯定把这部书用作他谈亦思马因人的主要史源;同时穆.可.指出,保存在法国国立图书馆的抄本可能是他从阿剌模忒图书馆引用的真本。

56 据路易士,前引书,第 73 页,塔吉(Taqī)不会是乌伯都剌的父亲,而是穆罕默德·哈因的父亲。

57 同样的系谱见于阿里卜('Arib)对塔巴里的增补。见穆.可.,第Ⅲ卷,第 538 页。

58 991-1031。

59 所有抄本都作 maẕhab“信仰”,但拉施特在相应的一段中作 nasab“系谱”,这必定是要说的意思。

60 见后,第 659-660 页。

61 pisar-i-ū。这里不含糊。

62 他实际是一哈里哲人(Kharijite)。见穆.可.,第Ⅲ卷,第 358-359 页。

63 关于答扎勒,见前,第 530 页,注⑮。麻合底是一个救世的伊玛木,哈因也一样，他出现在一个七千年周期中的最后一千年初。见伊凡诺夫，《卡拉美皮尔》，第 xxxv 页。

⑭ 关于迦弗儿(Kāfūr)（“樟脑”），一个黑太监，见兰浦尔，《埃及中世纪史》，第 88－89 页。

⑮ 事实上，迦弗儿在乔哈儿抵达埃及前至少已死了一年，如果不是更长的话。

⑯ 974－991。

⑰ 牙忽卜·本·乞里思(Ya'qūb b. Killis)，如法蒂米朝的许多官吏一样，是个犹太人。见路易士，前引书，第 68 页。

⑱ 原文作阿不-满速儿·答尔瓦尼(Abū-Mansūr Darwānī)。伊本额梯儿称这个书记的名字是阿不-纳锡儿·阿不答剌·本·忽辛·海剌完尼(Abu-Nasr'Abdallah b. al-Husain al-Qairawāni)。（穆．可．）

⑲ 用于上帝(Allah)的成语复数。

⑳ 一个双关语，因为'azīz 也是义为“埃及君主”的称号。

㉑ 即 Menasseh。

㉒ 原作 LBSAM，读作 ABRAM。几种史料把他父亲的名字写作 Ibrāhīm。

㉓ 见前，第 596 页，注⑭。

㉔ 我采用穆．可．提出的订正，读作 arbāb-i-sitr，不用原文的 arbāb-i-shahr“市民”，在它后面是难解的词 MRWAT，可能是 mar 'a“女人”的错误复数。

㉕ 伊本倒瓦斯(Ibn-Dawwās)是马格里布的卡塔马族族长。见穆．可．，第Ⅲ卷，第 360 页。

㉖ 他的剌合卜实际是扎希耳·里-艾扎兹·丁-阿拉(az-Zāhir li-i'zāz Dīn-Allāh)。（穆．可．）

㉗ 在沙甫瓦勒月 27 日或 28 日——1021 年 2 月 24 日或 25 日。（穆．可．）

㉘ 阿不勒-法特·不思忒。马力克(Mālik)是地狱看守人的名字。

㉙ 在沙班月 15 日——1036 年 7 月 13 日。（穆．可．）

9. 对假麻合底的声明

在 309 年[1]，哈只儿比拉统治期间[2]，哈金开始跟代表阿拔斯哈里发的毛夕里君主、乌海勒人[3]（'Uqailid）穆塔迷德-倒剌·阿不马尼·乞儿瓦失·本·穆合剌德（Mutamid-ad-Daula Abu-Mani' Qirwash b. Muqallad）交往。他从埃及送给他一连串的礼物，要他效忠于他自己。穆塔剌迷德倒剌同意了。他使毛夕里的百姓臣服哈金，反叛哈只儿比拉。他用哈金的名字来诵读忽惕巴，在前往苦法后在那里也照样行事。那个时候，阿祖德倒剌（'Azud-ad-
659 Daula）之子巴哈倒剌[4]（Baha-ad-Daula）不在法儿思。得到这个消息后，他遣人去强烈谴责穆塔剌迷德倒剌。穆塔剌迷德倒剌后悔他的作法，从臣服于哈金的圈套中缩回他的头来。在那些邦邑中忽惕巴再以哈只儿比拉的名字来诵读，穆塔剌迷德倒剌则得到哈里发皇室赐以贵重礼袍的宠荣。有关的详情细节载诸史书中。我们在这里遵循简明的道路，我们的目的是要介绍一个针对他们世系的虚假性而起草的声明（maḥẓar），其文字如下：

"奉大仁大慈真主之名！

此系证人所提供之证据，即：占领埃及的马阿德，亦思马因之子，是奥都剌合蛮（'Abd-ar-Rahmann）的儿子马阿德，奥都剌合蛮又系赛亦德（Sa'id）之子，而彼等系出自赛亦德（Sa'id）之子带山

(Daisan),从他那里产生带山人[5];上述之赛亦德来到马格里布,在那里他称作阿不答剌,接受麻合底的称号,这个在埃及的暴发户是以哈金为剌合卜的满速儿,(愿真主判彼毁灭沉沦!)他系尼咱儿之子,尼咱儿系马阿德之子,马阿德系亦思马因之子,亦思马因系奥都剌合蛮之子,奥都剌合蛮系赛亦德之子;他的污浊肮脏的祖宗(真主的诅咒降诸彼等,众口皆诅咒之!)是虚伪的和异姓的族类,与阿不塔里卜之子阿里的后人无血缘关系,和他毫不相干;他们自称为他的后人,这是假的和不真实的,塔里卜家族中没有任何一个人停止把他们描绘为异类;当他们最早出现在马格里布时,对他们谎言的这种申斥在圣地已然流行,且已公布于四方;这个在埃及的暴发户,他和他的祖宗,是不信主者[6]、放荡者[7]、无神论者[8]、唯物 660
者[9]、异教徒[10],摈弃伊斯兰,崇奉二神教和袄教的教义,破坏一切约束,认可卖淫,允许酗酒,杀人流血,凌辱先知,求诸神异。

这份声明写于402年剌必阿Ⅱ月〔1011年11月〕,其证明人如下:阿里的撒里甫人(Sharifs)中有木撒族人[11]剌底(ar-Radi)和穆儿塔答(al-Murtada)及他们成员中的其他人,尚有杰出的法学家沙亦黑·阿不哈迷德·亦思法剌因尼(Shaikh Abu-Hamid al-Isfarayini)、阿不勒哈散[12]·忽都里(Abul-Hasan al-Quduri),大哈的阿不穆罕默德·本·阿弗迦尼(Abu-Muhammad b. al-Afkani)和阿不阿不答剌·拜答维(Abu-'Abdallah al-Baidawi)。"[13]

此声明从八吉打及其他地方的布道坛上宣读。

注 释

① 一个大错误,应为401/1010-1011。(穆.可.)

② 991－1031。

③ 关于乌海勒，即巴努乌海勒（Banū-'Uqail），阿拉伯巴努卡卜（Banū-Ka'b）族的一支，见兰浦尔，《回教王朝》，第116－117页。

④ 关于这些诸侯所属的布叶（布外希（Buwaihid））朝，见兰浦尔，前引书，第139－142页。这些低廉的王公"是暴发户，他们和一群来自基兰和低廉的其他冒险者，在将近308/920年时出现在舞台上。到323/935年，低廉的布叶的儿子们是亦思法杭和剌夷的君王。1月17日，八吉打为他们所占有，一个世纪来，正教诸哈里发成为这些异端僭位者手里的傀儡。"（米诺尔斯基，《高加索史研究》，第112页。）

⑤ 即把儿带山人（Bardesanians），把儿带山（Bar Daisan）的信徒，他是一个从异教皈依基督教的西利亚人，约死于222年。

⑥ kāfir。关于kāfir"异教徒"和kufr"异教"（"……用这些可怕的和含糊的词，我们多半就极为接近一个相当于异端的伊斯兰词"）见路易士，《对伊斯兰教史中异教的意义的几点意见》，第58－60页。

⑦ fāsiq。

⑧ zindīq。"这个词来源不明——可能是西利亚词，更可能是波斯词。在撒珊朝时期，它似乎被用来指摩尼教徒，而且更一般地指伊朗宗教中非正教派别和禁欲者的信徒们。在伊斯兰时代，这个词也首先用来指摩尼教徒和有关的集团，特别指那些持二元论而名义上信奉伊斯兰的人。后来它被归纳来指所有非正教——不受欢迎的和怀疑论的教派——的信徒，特别是那些被社会秩序和国家认为是危险的分子。同时候它被广泛地用来指唯物者、无神论者和不可知论者，等等，因此最后有了自由思想者和自由思想家的一般涵义。"（路易士，前引书，第54－55页。）

⑨ mu'aṭṭil，"使真主失去其特性者。"

⑩ mulḥid"迷途者"，一个后来专门用来指阿剌模忒亦思马因人的术语。见前，第ⅰ册，第256页，注㉘，同见路易士，前引书，第56页。

⑪ 即扎法儿之子木撒，伊祃木的十叶教中第七个伊祃木。

⑫ 阿不勒忽辛（Abul-Husain）之误。（穆.可.）

⑬ 关于穆斯林法典中的这四个博士，见穆.可.，第Ⅲ卷，第361－362页。

10. 扎希耳之子穆思坦昔儿的登基

当扎希耳死时，他的儿子阿不塔敏·马阿德（Abu-Tamim Ma
‘add）是七岁。他登上哈里发的宝座，以穆思坦昔儿（Mustansir）为
称号。他以他的极端癫狂和无知而著称；又因他行为反复、举止失 661
常——在他该当大方之处不恰当地挥霍浪费和一毛不拔——他被
叫做疯子穆思坦昔儿。有关他的奇闻，不符哈里发和算端的德行
风尚者，载诸典籍，录入史书。我们在这里将仅引用一两个例子，
从中可以窥见他那方面其他类似行为的性质。

他挥霍浪费的一个例子是：他经常向国库要色彩鲜艳的宝石，然后他会把它们像药一样捣碎，把粉末倒进河里。而他的一毛不拔有如下述：他会通过停发正规粮草和克扣平时军饷来使他的士兵陷入绝境，其结果是他们暴乱和哗变。有天，他们把他围在他的宫中，要求发饷。他亲笔写了一张条子解释他克扣和停发〔他们的军饷〕说：

> “我已变得来除我主外不害怕和尊敬任何人，
> 荣耀来自真主。
> 我的祖父是我的先知，我的父亲是我的伊祃木，
> 而我的言论是对主的唯一性和正义性的证明。

财富是真主的财富，奴仆是他的奴仆，给比不给好。那些行为不端者将知道他们要受到什么报应。”

他的其他行为跟这些一致，从中可以推测出来。

> 它们是穷凶极恶的典例：
> 他因吝啬或大方而施舍或不施舍[①]。

疯子穆思坦昔儿如此度过他的一生，据有哈里发位达六十年之久。全能真主说：“吾人仅赐予彼等漫长之岁月，致使彼等可增其罪愆。”[②]

他有两个儿子，其中一个叫做阿不满速儿·尼咱儿（Abu-
662 Mansur Nizar）。他最初立此子为他的继承人，赐他穆思塔法·里-丁-阿拉（al-Mustafa li-Din-Allah）的称号。尔后他后悔采取这一步，把他废黜，立他的另一子阿不勒哈辛·阿合马（Abul-Qasim Ahmad）为嗣，号为穆思塔里比拉（al-Musta'li billah）[③]。

穆思坦昔儿死后，异端的异密和答亦[④]分为两派，一派支持尼咱儿的伊祃木之位，理由是〔只有〕第一次指定才是有效的。伊剌克、西利亚、火迷失[⑤]和呼罗珊的亦思马因人，即异教徒，属于这一派，叫做尼咱儿人。另一派拥护穆思塔里的伊祃木之位。埃及和那些地方的亦思马因人是这派，他们被叫做穆思塔剌维人（Musta'lawis）。

穆思坦昔儿统治期间，哈散萨巴已在低廉地区进行公开宣传[⑥]，这将在后面叙述。现在对尼咱儿的党派使用了超级异端[⑦]（ilḥād）的称呼，因为在哈散萨巴的宣传中，穆罕默德（愿他得到和平！）的法规被废除，而被禁止的事合法化。全能真主说：“凡不按真主下达的旨意判断者——此为恶徒。”[8]穆思塔剌维人在另一方面不违背沙利阿特的外在形式，而是遵守他们祖宗的法规。

在开罗，军民支持穆思塔里，把他拥上哈里发的宝座。尼咱儿和他的两个儿子逃离了穆思塔里，[9]前往亚历山大城（Alexandria），那里的百姓誓忠于他。穆思塔里派军队把他暂困在亚历山大，
直到最后该城投降，他们就把尼咱儿及其子送到开罗。三人都在 663
那里被囚至死。尼咱儿人声称，按他们的邪说被指定为伊玛木的尼咱儿，有个儿子在亚历山大城生下一子，因不认识他，所以没有人去抓他。而今天，阿剌模忒的异端首领把他的先世追溯到这个儿子，这将在谈新宣传〔的一章中〕披露。[10]

至于穆思塔里，他保有哈里发位子到死为止。

他由他的儿子阿不阿里・满速儿[11]（Abu-'Ali Mansur）继承，后者在524年祖勒合答月4日〔1130年10月10日〕被一些尼咱儿的极端分子刺杀。

因为无子，他曾指定他的堂弟阿不勒末门・阿不答-麦吉德（Abul-Maimun 'Abd-al-Majid），穆罕穆德[12]之子，作为他的继承人[13]，他现在继他为哈里发，接受哈非兹・里-丁-阿拉（al-Hafiz li-Din-Allah）的称号。他统治了二十年。

他由阿不满速儿・亦思马因[14]（Abu-Mansur Isma'il）继承，后者接受扎非儿（az-Zafir）的称号。[15]他被他的丞相阿拔斯・本・塔敏（'Abbas b. Tamim）谋害[16]。

他的五岁的儿子阿不勒・哈辛・爱薛（Abul-Qasim 'Isa）继他登上宝座，接受法亦兹（al-Faryiz）的称号。他统治六年后死去。

他死后，他的堂弟阿不穆罕默德・阿不答剌・本・玉速夫

(Abu-Muhammad'Abdallah b. Yusuf)立为哈里发,获得阿底德·里-丁-阿拉(al-'Adid li-Din-Allah)的称号。当阿由比朝自立为埃及的君王时,他仍在统治着。

注　释

① 见于八吉打诗人穆阿维牙·本·苏甫扬(Mu'awiya b. Sufyān)对哈里发末门的丞相哈散·本·撒合勒(Hasan b. Sahl)的一首讽刺诗。(穆.可.)

② 《古兰经》,第 iii 章,第 172 节。

③ 这是不正确的。哈里发死后,拥立穆思塔里、废黜他的长兄皇太子者,是穆思塔里的丞相。见兰浦尔,《埃及中世纪史》,第 161 - 162 页。

④ 据所有的抄本读作 dā'iyan,仅一个抄本作 a'yān"名人",原文的读法。

⑤ 见前,第 i 册,第 146 页,注⑯。

⑥ 即代表尼咱儿。

⑦ 见前,第 i 册,第 256 页,注㉘,及第 282 页,注⑮。

⑧ 《古兰经》,第 v 章,第 51 节。

⑨ 尼咱儿由两个儿子陪同的事,一般著作没有记载,穆.可.,第Ⅲ卷,第 364 - 365 页,倾向于认为志费尼在某个亦思马因教的著作中发现了这一情节。尼咱儿事实上是两子之父,有《都斯吐儿穆纳吉明》为证,它记他们的名字是异密阿不-阿不答剌·忽辛(Abu-'Abdallah Husain)和异密阿不阿里·哈散(Abu-'Ali Hasan)。

⑩ 见后,第 691 - 694 页。

⑪ 他的剌合卜是阿密尔(Āmir)。

⑫ 穆罕默德是穆思坦昔儿的一子。

⑬ 这是不正确的。哈非兹先是作为摄改者继承阿密尔,因为有遗腹子

悬而未决，最后生出来的是个女孩。见兰浦尔，前引书，第 166－167 页。

⑭ 他的儿子。

⑮ 他的全称是扎非儿·比-阿模尔-阿拉(az-Ẓāfir bi-Amr-Allah)。

⑯ 如穆.可.所指出，谋杀者实为阿拔斯之子。见兰浦尔，前引书，第 171－172 页。

664 # 11. 对这些事件[1]及其原因的叙述

在554年[2]初，一支富浪大军侵入埃及，开始烧杀掳掠。他们围攻埃及，而哈里发、丞相以及埃及和开罗的全体百姓断了希望，因此阿底德的丞相、朝政在握的撒普尔[3]（Shabur），奉献一百万部分赊欠，部分现付的埃及的那，与富浪的统将[4]缔和。富浪人这时解除开罗之围，但留在埃及等待收齐约定交纳的剩余款项。

744

在那个时候，讷剌丁·穆罕默德·本·章吉·本·阿黑-宋忽儿（Nur-ad-Din Muhammad b. Zangi b. Aq-Sonqur）是西利亚的诸侯。阿底德、丞相和开罗的百姓请求他帮助抵抗富浪人的入侵，而且乞求他的救援迫切到甚至把他们妇女的头发都送给了他。讷剌丁派遣希木思（Hims）的君王失儿忽（Shirkuh）和一支大军去保卫埃及，同时失儿忽之侄撒剌合丁·玉速失[5]（Salah-ad-Din Yusuf）随同他的叔父。当富浪军获悉西利亚出兵的消息时，他们返回他们的家乡，失儿忽进向开罗，于564年剌必阿Ⅱ月7日〔1169年1月16日〕抵达该城。

阿底德和撒普尔，为对他表示敬意，出城去迎接他。失儿忽要求撒普尔给士兵一些钱，但他有意迟迟不给。友爱转为仇怨，撒普尔密谋以宴请为名把失儿忽除掉。但是阿底德，因为在撒普尔手
665 中软弱无权，把他的阴谋通知了失儿忽，这就是他丧命的原因。有

天，撒普尔向失儿忽作一次友好访问。后者之侄撒剌合丁·玉速夫率一支武装出来，好像平时一样欢迎他。他逮捕了他，并且，按阿底德所命，把他的头送给他。这事发生在 564 年剌必阿Ⅱ月 17 日〔1169 年 1 月 26 日〕。

阿底德任失儿忽为相，赐给他灭里满速儿（Malik Mansur）的称号。不到三个月[6]他就死了。阿底德这时又任他的侄儿撒剌合丁·玉速夫为相。撒剌合丁整饬了朝政；他控制了阿底德和埃及，阿底德完全听命于他。

西利亚君主讷剌丁·马合木致函给撒剌合丁·玉速夫称，在那些邦邑中秩序重建后，真理应战胜邪说，恢复它的正当地位，〔即是说，〕在公众祈祷中用阿拔斯朝哈里发的名义再显伊斯兰的外观。撒剌合丁同意了，并在 566[7] 年穆哈兰月第一个礼拜五，他用纳速儿·里-丁-阿拉[8]的名字在埃及的讲道坛上诵念忽惕巴和铸造钱币。

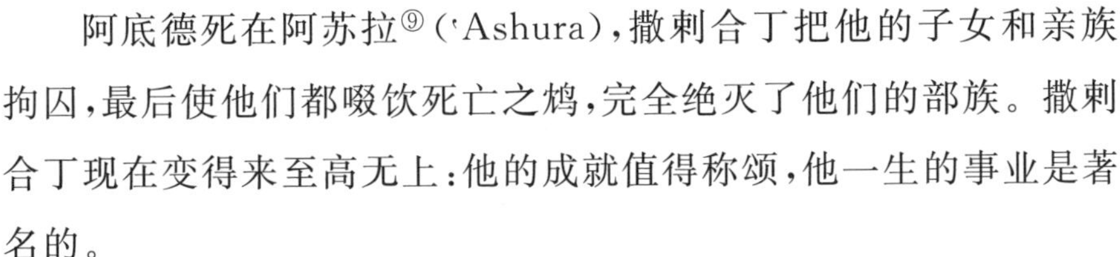

阿底德死在阿苏拉[9]（'Ashura），撒剌合丁把他的子女和亲族拘囚，最后使他们都啜饮死亡之鸩，完全绝灭了他们的部族。撒剌合丁现在变得来至高无上：他的成就值得称颂，他一生的事业是著名的。

注　释

① 指法蒂米哈里发朝的覆灭。

② 一个大错误，应为 564/1168－1169。（穆.可.）

③ 代替一般的 Shāwar。穆.可.相当详尽地讨论了这个名字（第Ⅲ卷，

第 371－378 页)并得出结论说,它可能(如志费尼的 Shābūr 所表示)来源于波斯语的 Shābūr。

④ 阿马尔里克一世(Amalric Ⅰ)。

⑤ 十字军的撒剌丁(Saladin)。关于这个曲儿忒家族的起源,见米诺尔斯基,《高加索史研究》,第 124－132 页。

⑥ 失儿忽任丞相位实际延续了两个(阴历)月又五天。他死于 564 年主马答Ⅱ月 20 日[1169 年 3 月 24 日]。(穆.可.)

⑦ 567 年之误。(穆.可.)1171 年 9 月 10 日。

⑧ 明显地是纳速儿前任穆思塔底(Mustaḍī)(1170－1180)之误。

⑨ 穆哈兰月 10 日,即 1171 年 9 月 14 日。

12. 哈散萨巴和他的革新以及他们称为“新宣传”的异端宣传 666

（愿真主不让它恢复！）

全能真主通过世界王子旭烈兀的决心和行动摧毁了那些恶徒的城堡和巢穴，结束了他们的恶行，然后当征服阿剌模忒时，本书作者接受并执行命令去审查贮存在他们府库中以及收藏在他们图书馆内的东西，以便从中挑选值得私库（Khāṣṣ）收纳之物。现在我检查了他们用多年的时间收集的藏书，按照“彼从死者引出活者”[1]的方式，从涉及他们宗教信仰的大量伪文[2]和邪说中（他们把这些跟神圣古兰经抄本和各种好书混在一起，良莠掺杂），挑出我找到的不管什么罕见的和珍贵的卷帙，这时我见到一本包括哈散萨巴生平和经历的书，他们称之为《撒尔-古扎昔特-赛亦德纳》（Sar-Guzasht-i-Sayyidna）。从这部书我抄录了一切中肯而且宜于载入本史书的东西，援引所有确凿无疑的事实。[3]

他把他的祖先上溯到希木雅（Himyar）族。他的父亲从也门 667
到苦法，又从苦法到忽木，从忽木到剌夷。他在这里安家，哈散就在这里出生。

论根源你来自哈因（Qayin），

你的家在库失卡克(Kushkak)。

愚蠢的王八哟,你在忽特朗(Khutlan)何干?[4]

他名叫哈散,阿里之子,阿里是穆罕默德之子,穆罕默德是扎法儿之子,扎法儿是忽辛之子,忽辛是穆罕德默之子,穆罕默德是希木雅人萨巴〔之子〕——愿真主、天使们和全人类均诅咒他!

《撒尔古扎昔特》中记载说,他的一些信徒写了份关于他祖宗的说明,把它交给他;但出自欺骗和蒙混的意图,他不愿承认它,而是把记录付诸流水。

这个该死的哈散叙述如下:“我信奉我父辈的宗教,那就是十二个十叶主义[5]。剌夷有个叫阿米拉·扎拉卜[6](Amira Zarrab)的人,他信仰埃及的巴特尼教。我们常相互辩论,他试图驳倒我的信仰。我没有向他让步,但他的话在我心里生了根。这时候我害了一场重病,我自思:那才是真正的宗教,而因我的执迷不悟,我不愿承认它。倘若,惟愿不如此,我的大限将临,我将得不到真理而死去。碰巧我从那场病中恢复过来。现在有另一个叫做不

668 -捏只木·撒剌只[7](Bu-Najm Sarraj)的巴特尼教徒。我向他请教关于他们的宗教。他把它详细解释给我听,以此我精通了它的秘传(ghavāmiż)。还有一个叫穆明(Mu'min)的,他由阿塔失('Attash)之子阿不答灭里[8]('Abd-al-Malik)授权去作宣传。我要他作归依的宣誓。他回答说:‘因你是哈散[9],你的级别高于我,我不过是穆明而已[10]。我怎能给你宣誓呢?就是说,我怎能要你向伊祃木誓忠呢?’然而,在我这方面再三请求后,他给我作了宣誓。”

在464/1071－1072年,阿塔失之子阿不答灭里到达剌夷,他

当时是伊剌克的答亦。我得到他的承认，同时他任我为副答亦，指示说我应去见那时是穆思坦昔儿的埃及皇帝陛下。

在 469/1076－1077 年，我在赴埃及的途中抵达亦思法杭。（从那里，在经历了其详情载于该史书的种种危难后，他经阿哲儿拜占到西利亚。）

我最后在 471/1078－1079 年抵达埃及。在那里我停留了将近一年半，而当我停留期间，尽管我没有获允会见穆思坦昔儿，他却知道我，好几次谈话中夸奖我。那时他的统师阿密尔朱耶昔[11]（Amir-al-Juyush），一个专制的和权势熏天的统治者，是他的幼子穆思塔里的岳父[12]。在第二次指定时他立穆思塔里为他的继承人。那么我，按照我的宗教的原则，替尼咱儿进行宣传。（这在前面已谈到。）[13]因这个缘故，阿密尔朱耶昔对我有恶感，准备攻击我，因此他们不得不用船把我和一群富浪人送往马格里布。 669

海上波涛汹涌，把船驱向西利亚，在那里，一个奇迹[14]（vāqi'a）向我显现。我由此前往阿勒坡，从该地，取道八吉打和胡济斯坦，我在 473 年祖勒希扎月〔1081 年 5－6 月〕到达亦思法杭。由此我赴起儿漫和耶兹德，并在那里暂时进行宣传。然后我返回亦思法杭，再次赴胡济斯坦，又从那里经过沙漠到费里木[15]（Firrim）和沙黑儿雅尔-库[16]（Shahryar-Kuh）。

我在答木罕停留了三年，从那里我把答亦派到安底只鲁德[17]（Andij-Rud）和阿剌模忒的其他县份去转化百姓。同时我前往朱里章，塔儿思[18]（Tarz）、撒儿哈德[19]（Sarhadd）、赤纳昔克[20]（Chinashk），再从那里返回。

匿咱木木勒克要布-穆斯林·剌兹（Bu-Muslim Razi）捉拿我，

他极力寻找我。我因此不能去剌夷，尽管我想前往低廉，向那里我曾派出答亦。以此我赴撒里（Sari），从那里经顿巴文德[21]（Dunbavand）和剌夷的胡瓦儿到达可疾云；这样避开了剌夷本城。

从可疾云我再派答亦去阿剌模忒堡，它作为灭里沙[22]（Malik-Shah）所赐的采邑被一个叫做麻合底（Mahdi）的阿里后人所据有。
670 阿剌模忒原来是“阿鲁合-阿模忒”，即“鹰巢”，一只鹰在那里安下它的窝。阿剌模忒中一些人被答亦所转化，他们也企图使那个阿里后人改宗。他假装被争取过来，但后来设法把改宗者都送下山去，然后关闭城门，说是它属于算端。在多次争论后，他重又接纳他们，打那之后他们拒绝听他的命令下山。

从可疾云我前往低廉，再到阿昔客瓦儿县，又到与阿剌模忒毗邻的安底只鲁德，在这里停留一些时候。

因为他的极端的禁欲主义，很多人沦为他的牺牲品，被他转化。同时在 483 年剌扎卜月 6 日〔1090 年 9 月 4 日〕礼拜五前夕——由一个奇妙的巧合，阿鲁合阿模忒（Aluh-Amut）的字母，若按其字母顺序（abjad）的值加在一起[23]，恰好是他登上阿剌模忒的日期——他被偷偷地带上该堡。他乔装打扮地在那里暂留，自称是底合忽答（Dihkhuda）。那个阿里后人听说他到来，束手无策。他被允许离开，同时哈散给吉儿都怯和答木罕的长官，拉耶思[24]（ra'is）木偰非儿·穆思托非（Muzaffar Mustaufi），他的一个秘密信徒，写了封信，要一笔三千金的那的款子作为该堡的价钱。现在哈散因他的大苦行，经常在他的通信中极简明地表达他的意思，如在这封信的情况一样，其原文如下：“拉耶思木·偰（MZ）（愿真主保佑他！）要付给这个阿里后人麻合底三千的那，阿剌模忒的价钱。

天福降诸选民穆圣及其家人！‘吾人之力量来自真主，主系优秀之保护者’。”[25]

阿里的后人拿着这封信，自思道：“拉耶思木偰非儿是个大人物，是阿勒屯塔黑（Altun Taq）之子阿迷儿答德·哈八失[26] 671
（Amirdad Habashi）的副职。他焉能为区区一纸给我点什么呢？”不久后他碰巧在答木罕，因家境窘迫，他就试办一下这件事，把那封便函交给拉耶思木偰非儿。他立刻亲吻这封书信，把钱给了他。

一当哈散萨巴（愿真主使他遭难！）在阿剌模忒牢固地自立并在那里取得完全的控制时，他把答亦派到四面八方去，把他的全部时间用来传播他的宣传，煽惑目光短浅的人。现在他对他们异端[27]（bid'at）的改革，在他死后他们称之为新宣传者，是按下面的方式进行的[28]。他的先辈曾以神示的符号解释[29]（ta'vīl），特别是古兰经的暧昧诗句，还有来源于圣传（akhbār va āṣār）及类似东西的奇异推论（istikhrāj-i-ma'ānī），作为他们教义的根据；同时他们常说，每个神示都有一个符号的解释，每个外形都有一个内在的涵义。但哈散萨巴除了教和学[30]（ta'līm va ta'allum）外什么都不愿承认。有关上帝的知识，他说，不是通过理性和反省（naẓar）而获得，而是通过伊祃木的教导才得到，因为大多数人都有理性，每个人均有对宗教形式的观点（naẓar）。倘若理性的运用（naẓar-i-'aql）对关于上帝的知识是足够的，那么没有哪个教派的成员能够反对其他教派，大家都会是平等的，假定（chi）每个人通过理性的运用都具有信仰。但因〔对人们说来〕对立和否认是公开的，一些人感到需要仿效他人，所以这不是别的什么，而是（khud）教导（ta'līm）的原则（maẕhab），即是说，理性是不够的，还需要一个伊祃木，为 672

的是在每个时代人们可以受到教诲，并通过他得到信仰。

因此他制造了若干简明格言，用作他诈骗罗网中的诱饵；这些他称作伊勒赞[31]（ilzam）。凡夫愚民认为这些简明的辞句有充分的涵义。其中最妙的一个是问他的对手，理性是足够的还是不够的；因为，若〔回答是〕理性对上帝的知识是足够的，〔这意味着〕每人都具有理性，那人们不能反对任何人；而若他的对手说理性是不够的，除理性的运用（naẕar-i-ʻaql）外也需一个导师，那么这正是他自己的说法。

现在提出上述问题，即理性够不够时，他的意思是说，他试图证明他自己的论点是，教导必须跟理性相结合，而他的敌手的论点则是教导不必跟理性结合。现在，倘若教导是不必需的，那它可以是许可的（jāyiz）并有助于理性的作用（khirad rā muʻīn dāshad bar naẕar），要么它是不许可的并且理性须单独使用，否则就得不到关于上帝的知识。这些原是一个疑难的两端，而哈散使自己否定了第二点，然后称他已经驳倒了他们的看法（maẕhab）。但事情并非如此，因为大多数人的看法是，理性的独自存在是不够的，并且理性须以一种特殊方式来运用，教导和指引有助于那些具有理性者中的某些人，而另一些人对此却无需要，尽管如能得到教导和指引，也不予以反对。那么清楚的是，他对多数人意见的反驳是一无所为。

673 至于他说教导限于某个特定的人，那就需要证明了，而他提供的唯一证明是他的话，他说：“我已证明了教导〔的必需〕，因为除我之外没有旁人提到教导，所以我的话便是教导的明证”。这原是露骨的谬论：就像是有人说：“我说某某是伊祃木，其证明在于我如是说。”如果他说：“穆斯林的一致意见(ijmāʻ)是正确的；因此，若我的话不对，并且我已反驳了别人的意见，那么穆斯林就是同意错误的东西了”——那对这个论点的回答是，多数人方面意见一致之正确，因为〔它基于〕古兰经和圣传，而在他的情况下这并不如此。因此对他说，以一致意见为他的理论根据，也就是以他的敌手的话为它的根据，于他无所裨益。除这个之外，他对伊祃木的选定拿不出证明。

再者，他说，当穆圣(愿他得到和平!)称：“我奉命向人们开战，直至他们说‘除真主外别无上帝’”，他的意思是他们必须学他说“除真主外别无上帝”——这是教导〔的原则〕。对此的回答是，它跟那个老妇人的故事不一致，那个老妇人，当人们向她问及真主时，指着苍天。同时穆圣(愿他得到和平!)说：“由她去吧，因为她是个信徒。”他也说：“汝等采纳老妇人的宗教”。他没有对那个老妇人说：“你不向我学习有关真主的知识；你不是一个信徒。”再有一个伯多因人说：“光阴不是上帝吗?”穆圣(愿他得到和平!)说：“由他去吧，因为他说得好。”还能够举出更多类似的例子。然而本书不是驳斥邪说和伸张正教的地方；我因此认为最好限于上述。那么这些就是他阐述的谬论；其外表是欺诈的陷阱，其内涵是艾必利思的奸谋，其目的是要阻止理性的使用和知识的获得。“真主已封闭了他们的心和耳；他们的眼前是一片漆黑。对于他们，严加惩治!”[32]

哈散拼命要占领与阿剌模式邻近或在该范围内的地方。有可 674
能之处，他就用他宣传的骗术把他们争取过去，而那些不为他的奉承所动之处，他就用杀戮、蹂躏、抢劫、流血和战争夺取之。他攻占

他能够攻占的城堡，无论什么地方他发现有合适的山岩，便在它上面构筑堡垒。

算端灭里沙的大臣中有个叫玉伦大石[33]（Yürün-Tash）的异密，他占据阿剌模忒县作为封邑（iqṭā'）。他常不断袭击阿剌模忒山麓〔的乡村〕，杀戮和蹂躏举凡百姓是哈散的信徒和属民的地方。因为迄今阿剌模忒中尚无储备，居民给搞得异常困难和无能为力，并决定把该堡交给一些没有牵挂（jarīda）的人，他们自己则逃到别处去。因此哈散萨巴声称收到他的伊祃木，即穆思坦昔儿的一封信，内容说他们不应抛弃该地，因为好运道在那儿等着他们。用这种欺骗手段，他说服他的徒众甘心忍受困苦，留在阿剌模忒，因这番话，他们把它叫做“巴剌答特-爱合巴尔”（baladat-al-iqbal）。[34]

在 484/1091－1092 年，他派他的一个答亦，哈因的忽辛到忽希思坦去传道。很多人被他转化，他们就在该邦的一部分地方自立。一个代理人[35]这时被派去替哈散萨巴管治他们；而正当哈散在阿剌模忒获得进展时，他们也同样在忽希思坦开始传播他们的教义，用捏造谎言和略取城池的方式去征服他们四周的地方。

当有关他的新异端（bid'at）的消息四下传播，他的徒众对穆斯
675 林施加的迫害广为所知时，算端灭里沙，在 485/1092 年初，派出一个叫阿儿思兰大石[36]（Arslan Tash）的异密去剪除和驱逐哈散萨巴及其所有的徒众。这个异密在该年主马答Ⅰ月〔1092 年 6－7 月〕兵临阿剌模忒。在那个时候哈散萨巴随身在阿剌模忒不超过六十或七十人；而且他们仅有一点粮草。他们靠他们的那点东西，可怜的一点给养，维持生活，持续跟围城者打仗。现在哈散有一个答亦，一个叫底合答儿·不-阿里（Dihdar Bu-'Ali）的家伙，他来自

佐瓦拉[37](Zuvara)和阿底思单(Ardistan),居住在可疾云,可疾云的一些居民是他的信徒;同样在塔里寒和库合-亦-巴拉[38](Kuh-i-Bara)县,还有在剌夷县,很多人相信哈散萨巴的宣传,于是他们都投奔那个住在可疾云的人。哈散萨巴现在向不-阿里·底合答儿求援,他就从库合-亦-巴拉和塔里寒煽动一支人马,还从可疾云送去武器和军备。这些人中约三百人前去援助哈散萨巴。他们投入阿剌模忒,然后在守军的协助和在堡外跟他们结盟的一些鲁德八儿人的支援下,那年沙班月末〔1092 年 9 - 10 月〕的一个晚上,他们向阿儿思兰大石的军队发动突袭。由于天意注定,那支军队被击败,并于离开阿剌模忒后返回灭里沙处。

算端灭里沙对这次失败非常不安,但坚持要剪除该教派的意见。然而他的寿命已尽,随着他的死,消灭那些恶徒的计划延期,他们在叛乱中增强了。

在 485/1092 年初,算端也曾派他的另一个叫做吉思尔-撒里黑[39](Ghizil-Sarigh)的大异密去驱逐忽希思坦的异端;同时他命呼罗珊的军旅去追随和支援他。吉思尔撒里黑把他们困在答剌[40] 676
(Dara)堡(ḥiṣār)中,此堡与昔思田邻近,并且是穆明纳巴德[41](Mu'minābād)的一个属邑,跟他们交锋。然而,在他能够攻占该地前,他得到灭里沙的死讯,因此他解了围,他的军队溃散。像阿剌模忒人一样,这些人也放手为虐,大肆蹂躏。如下所说:

耕地中一只多快乐的云雀哟!
空气对你是清新的,因此下你的蛋和鸣叫吧[42]!

现当哈散刚叛乱时,徒思的匿咱木木勒克·哈散·本·阿里·本·亦沙黑(Nizam-al-Mulk Hasan b. 'Ali b. Ishaq)(愿真主怜悯他!)是灭里沙的丞相。以他犀利的目光,他在哈散萨巴及其徒众干的勾当的特征上,看出伊斯兰中骚扰的迹象,从中察觉出动乱的征兆;因此他竭尽他的力量去消除萨巴叛乱的祸害,尽力武装和派遣军队去镇压和制服他们。

哈散萨巴布下阴谋的陷阱,为的是在第一个机会就把匿咱木木勒克这样的非凡猎物收捕在毁灭之网中,从而提高他自己的威望。以欺诈的戏法和虚妄的圈套,用荒唐的预习和假造的哄骗[43],他奠定了菲达额人的基础。一个叫做不-塔希儿(Bu-Tahir)的家伙,族源和出身是阿兰人(Arrani),受到"失掉今生和来世"[44]的折磨,在被误引去寻求来世之福中,于485年剌马赞月12日〔1092
677 年10月16日〕礼拜五晚上,在那哈完的(Nihavand)地区一个叫做沙合纳[45](Sahna)的驿站,接近了匿咱木木勒克的舁床。匿咱木木勒克,在开斋后,正乘着舁床从算端的朝见处前往他妻妾的营帐。化装成一个苏菲的不-塔希耳用一把匕首刺中了他,匿咱木木勒克因这一刀而殉难。他是第一个被菲达额人刺杀的人。

当哈散萨巴从埃及返回时,他原曾到亦思法杭。有关他的教义、他与巴特尼人的关系的消息,还有他替他们进行的宣传,已四下传开,那些为伊斯兰和信仰的不幸而感到关切的人,企图捉拿他,他因此躲了起来。在亦思法杭,他躲进他的一个秘密信徒拉耶思阿不勒法即勒(Abul-Fazl)的家,在那里暂住;每逢这个拉耶思进去看他时,他们会共同交谈,讨论他们的困境。有天,在哀叹他的命运和提起算端及其大臣们的狂热态度时,哈散萨巴长叹一声并说:"哎!只要我有两个同心同德的人跟我一起,我就把这国家

搞个底朝天。”拉耶思阿不勒法即勒得出结论说：由于过多的思虑
和恐惧，以及作危险的旅行，哈散已得了忧郁症，否则他怎能想象
用两个同心的人就能把一个诸侯的国家搞个底朝天呢？从埃及到
可失哈耳都是以这个诸侯的名字来诵读忽惕巴和铸造钱币，而且
在他的旗帜下成千上万的马步兵，只要他一声令下就能打破整个
世界。他琢磨这事，对自己说：“他不是个吹牛或说大话的人，毫无
疑问的是他害了脑病。”按他的想法行事，他不告诉哈散便采用治
忧郁症的疗法。他准备了适用于这类患者的芬香饮料和食物以增
强体质和滋补脑子；在平时用饭的时间，他把这种食物和饮料摆在
他面前。一当哈散看见它，他明白了拉耶思阿不勒法即勒想些什 678
么，于是他马上准备离开。那个拉耶思乞求和向他解释，但他拒绝
留下。据说他到了起儿漫。在他从那里返回后，他在阿剌模忒自
立，并使他的菲达额人刺杀了匿咱木木勒克。四十天后算端灭里
沙本人也死了，于是国政陷入混乱，诸省一片骚动。哈散抓住了他
的时机，他的根基日益坚固，而那些有某种害怕之理的人去求他的
保护。上面提到的拉耶思阿不勒法即勒找到一个机会前往阿剌模
忒，在那里他被收录为他的部下。有天，哈散萨巴转向他，并说：
“现在看来是我还是你害了忧郁症？你已看到，当我有两个朋友帮
助我时，我遵守了我的诺言，证实了我的主张。”拉耶思阿不勒法即
勒跪下来，请求宽恕[46]。

匿咱木木勒克死后不久，他的两个儿子也遇刺，其中一个叫阿合马，在八吉打——他变成瘫痪——另一个法合鲁木勒克(Fakhr-al-Mulk)在你沙不儿。打那之后，他常使异密、将军和名人一个接一个被他的菲达额人刺杀；任何一个稍稍反对他的人，他就用这种

手段把他除掉。记录所有这些人的名字会花太多时间。

因这个缘故，远近的地方侯王(aṣḥāb-i-aṭzāf)都有生命之危，不管是他们的朋友还是他们的敌人，同时会掉进毁灭的深渊——他们的朋友，因为伊斯兰的国王们要镇压和消灭他们，他们要受到“今生和来世的损失；”[47]而他们的敌人，因害怕他的阴谋诡计，会逃进戒备森严的密室，〔即使这样〕也大多遇害。

679 当灭里沙的儿子别儿克牙鲁克[48]和他的兄弟穆罕默德发生内讧，国内出现骚动和混乱时，答木罕的长官拉耶思木偰非儿劝他的上司，阿迷儿答德·哈八失，向算端别儿克牙鲁克索取吉儿都怯堡；算端答应了他的要求。拉耶思木偰非儿这时作为哈八失的代理人登上吉儿都怯，并花费大量金钱去修复和增强该堡；在这之后，他把他上司的所有财宝运到那里。如此得到储备和财物而增强后，他公开了他改宗新异端(ṣāḥib-bid‘at)宣传和他信奉异教邪说的秘密；他在那里住了四十年，为哈散萨巴看守该堡。他在吉儿都怯寨的坚固石头中挖一口井；但因深入三百额尔(gaz)后没有出水，他放弃了它。他死后若干年发生了一次地震，那口井里冒出了一股泉水。

拉耶思木偰非儿是一堵坚固的墙和一个巨大的祸害，在他的帮助下，哈散的基业及他的宣传蒸蒸日上。兰麻撒儿堡[49]——它也在阿剌模忒的鲁德八儿——的居民，因为拒绝改宗，他就派出他的一个同道[50](rafīq)，一个叫做乞雅·布祖尔格-乌迷德(Kiya Buzurg-Umid)的家伙，和一支异端军旅；他们在495年祖勒合答月24日〔1102年9月10日〕晚上偷偷爬上去，屠杀居民。布祖尔格乌迷德在该堡住了二十年。迄至他被哈散召见前一直没有下堡。

哈散萨巴有两个儿子，其中一个叫做乌思塔德·忽辛（Ustad
Husain）。现在阿剌模忒堡中有个叫宰德·哈散尼（Zaid Hasani）
的阿里后人，他秘密地站在他自己的立场上进行宣传，眼看就要解
决哈散萨巴。他首先假顿巴文德的阿合马之手杀了忽希思坦的答
亦，哈因的忽辛。哈因的忽辛的遇害被归罪于哈散之子乌思塔 680
德·忽辛，于是哈散下令把他的儿子和顿巴文德的阿合马都处死。
一年后，因为知道了事情的真相，他把阿里后人连他生的一个儿子
处死。

现在哈散萨巴把他的教义和他的法律（nāmūs）建筑在禁欲、克已和“遵循正义及禁止不义”上，他居住在阿剌模忒的三十五年间，没有人公开饮酒，或把酒倒在壶里。他的严峻确实达到这种程度：有个人因为在堡内吹笛子，他就把他驱逐出去，再不愿接纳他。这时他的另一个名叫穆罕默德的儿子被人控告喝酒，他下令把他处死。同时他常拿他两个儿子的处决作为理由去驳斥任何人的这种看法：他是为他们作宣传并且心里有那个目的。

按照这条法律（nāmūs），在另一次，当围城时期[51]，他把他的老婆和两个女儿送往吉儿都怯，并致书给拉耶思木傈非儿：“因这些女人为我们的宣传作纺织工作，故此给她们所需的东西作为薪金。”从那次以后，他们的长官们（muḥtasham），只要他们任该职守，身边不要妇女。

因哈散萨巴的势力不断增长，灭里沙之子算端穆罕默德遂调集士兵去解决他，以匿咱木木勒克之子匿咱木木勒克·阿合马（Nizam-al-Mulk Ahmad）为他们的统帅。他包围了阿剌模忒和兀思塔完德[52]（Ustavand），后者在阿剌模忒的附近，安底只[53]河岸

上；他们厮杀了一些时候，毁掉了庄稼。这时，因不能取得进展，这支军队从鲁德八儿撤退。在他们的堡垒中出现大饥荒，人们靠吃草为生；因这个缘故，他们把他们的妻儿送往别处，他也把他的妻
681 子和女儿送至吉儿都怯。一连八年，士兵来到鲁德八儿，毁掉庄稼，而且双方进行交战。当听说哈散及其徒众缺兵又乏粮时，〔算端穆罕默德〕于511/1117-1118年初任命阿塔毕讷失的斤·锡尔-吉尔(Nush-Tegin Shir-Gir)为军队统帅，命他从那时起围攻诸堡。在沙法儿月1日〔1117年6月4日〕，他们包围兰麻撒耳，剌必阿Ⅱ月11日〔7月13日〕又包围阿剌模忒。竖起他们的射石机，他们奋勇作战，到该年祖勒希扎月〔1118年3-4月〕眼看就要拿下诸堡，把人类从他们的邪恶中解脱出来，这时他们得到算端穆罕默德死于亦思法杭的消息。士兵当时溃散，异端留下了活命，并把算端军队集中的所有给养、武器和战具运入他们的堡内。

现在幸运均有尽头，有始就有终，这是全能真主在太初以他完善的知识和权力所规定的，而迄至时候一到，充足的兵力和甲兵器用将全无用场。此说的证明是，这些城垒的征服及其毁灭是依靠世界皇帝蒙哥可汗的洪福齐天，并且是由他的兄弟世界之王旭烈兀的力量，威严和行动来实现，他在一周内干净彻底地摧毁了他们的整个居室和住宅，从而它们变得像“吾人予以颠覆”[54]的〔那些城镇〕，这将在下面叙述。

因其侄的反目，算端桑扎儿不能解决那些异教徒，他们恢复了他们的力量；但当他使国家恢复秩序后，他企图剪除他们，并先把一支军队开进忽希思坦。战事持续了若干年；哈散萨巴愿遣使乞和，但他的请求没有被接纳。他这时用种种手段收买了算端的某

个廷臣替他在算端面前辩护；同时他用一大笔钱贿赂他的一个太 682
监(khādim)，给他一把匕首，乘算端在一个晚上醉卧时插在他床侧的地上。算端醒来发现了匕首，他万分惊恐，但因不知是谁干的，他下令把这事保密。哈散萨巴这时遣一名使者送去如下的使信：“若我不想算端好，那把插在硬地上的匕首就会插进他的软胸。”算端大吃一惊，从此以后愿跟他们讲和。总之，因这种欺诈，算端停止进攻他们，在他统治期间，他们的事业昌盛。他允许他们从火迷失地区内属于他们的土地的税收中得到一笔三千的那的年金(idrār)，也让他们向经过吉儿都怯的旅客征收一小笔过境税，一笔到今天仍存在的赋税。我见到好几份桑扎儿的御书(manshūr)，保存在他们的图书馆内，其中他安抚和讨好他们；我从这些能够推测出算端姑息他们的罪行，企图跟他们和好到了什么程度。总之，在他统治期间，他们享受安逸和宁静。

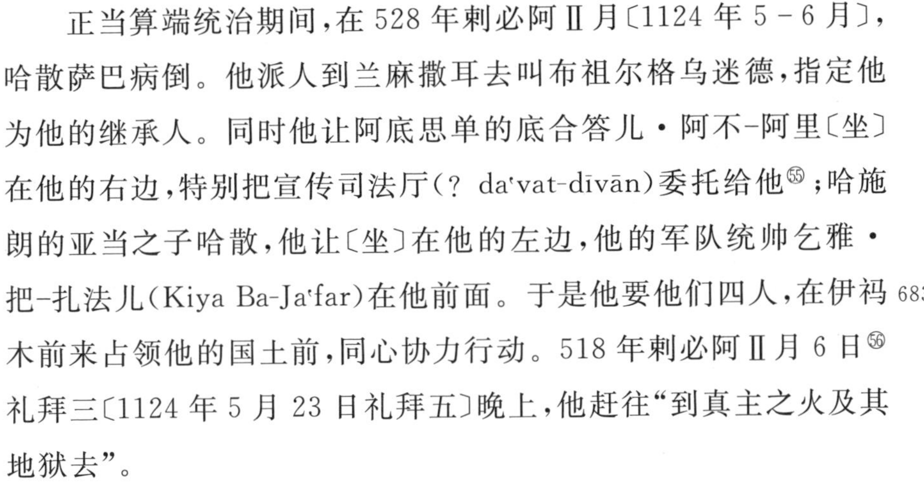

正当算端统治期间，在528年剌必阿Ⅱ月〔1124年5－6月〕，哈散萨巴病倒。他派人到兰麻撒耳去叫布祖尔格乌迷德，指定他为他的继承人。同时他让阿底思单的底合答儿·阿不-阿里〔坐〕在他的右边，特别把宣传司法厅(？da'vat-dīvān)委托给他[55]；哈施朗的亚当之子哈散，他让〔坐〕在他的左边，他的军队统帅乞雅·把-扎法儿(Kiya Ba-Ja'far)在他前面。于是他要他们四人，在伊祃 683
木前来占领他的国土前，同心协力行动。518年剌必阿Ⅱ月6日[56]礼拜三〔1124年5月23日礼拜五〕晚上，他赶往“到真主之火及其地狱去”。

如上所述，从哈散最早登上阿剌模忒堡之日起，迄至他离开这尘世，即是说，三十五年期间，他从来没有从那里下来，而他仅有两次走出他住的房间（sarāi）。这两次他是登上房顶。

其他的时间，他在他的屋里度过，斋戒、祈祷、读书，把他的邪说写下来，治理他国家的政事。据说萨比[57]（Sabi）在他编写《塔里黑-亦-塔吉》（Tarikh-i-Taji）时，一个朋友问他在干什么，他回答说：“串集谎言，润色废话”。

一个无聊的故事，阿模尔之母啊！[58]

继哈散萨巴之后，布祖尔格乌迷德及他的同僚们奉行他主子的那些同样的作风和实践，达二十年之久，同时增强那座建在“倒塌岸边”[59]的大厦。又因桑扎儿仍在统治，所以没有努力拔除他们城堡和摧毁他们居宅的人。

现在那个时候，大教主穆思塔儿失比拉[60]和塞勒术克算端麻速忽——他作为其叔的总督统治伊剌克、阿兰和阿哲儿拜占，发生争吵。在那些日子里，当在八吉打诵读忽慯巴时，如在布叶朝时代那样，习惯的作法是，继哈里发名字之后，要提到首要算端的名字；但在布道坛上不提算端麻速忽之名。因此，麻速忽决心要向八吉
684 打发动一次进攻。要想占他的先手，穆思塔儿失比拉率一支大军〔进攻他〕。他进至哈马丹，算端麻速忽和他自己的人马从另一方迎上来。八吉打的一些士兵变节，参加了算端的军队，其结果是哈里发的军队削弱了，算端的兵力倍增。他们的敌人被击败；穆思塔儿失比拉落入算端之手；他的丞相和他的所有大臣也被俘。算端麻速忽命他的士兵不伤一人，而限于虏获和抄掠。此战中双方伤亡不超过五人。

尽管他把他的臣子们囚在一座堡垒中，他仍礼待哈里发本人。

他陪他到蔑剌合，派一名使者给他的叔父，算端桑扎儿，报告情况。恰好那些天中发生连续不断的地震和雷霹，暴风把世界搞得一片混乱；因此人人都把所有的灾异归因于那同一事变。算端桑扎儿派出使者，写给算端麻速忽一封内容如下的信：“吾子麻速忽·该牙思丁览此函时，让他马上去见大教主，在亲吻接见厅的尘土，那是全世界的庇护地，之后，让他恳请恩赦〔被真主〕抛弃所产生的过失和罪行，要求原谅他犯的错误；同时让他知道，如此多的雷电的降落和暴风的袭击，没有人在这个年代曾经历过类似的情况，现已持续了二十天——这些灾异，我认为是由那次事变所引起，并且我担心军旅和百姓要因这个骚动陷入慌乱。天哪！让他把赔罪视为理所应当，让他以此为他应尽的本分！”

从这个事件人们能够对算端桑扎儿的虔诚和他信仰的纯正有个概念。

算端麻速忽奉这道命令去见大教主，在表示歉意和谢罪，承认
他的不是和罪行后，他请求宽恕，同时为了取得功劳，他拣起哈里 685
发的鞍囊，在他马前走到替他准备的帐殿。大教主登上宝座，算端麻速忽则侧身于总管（ḥujjāb）和侍臣（nuvvāb）之列。

算端桑扎儿现在派另一个使者去表示，大教主多半想返回和平之城，在那种情况下，麻速忽应当作好与这样一位大皇帝相称的准备。同时为传达这个通知，算端桑扎儿把一个可靠的人，他的最亲近的宠臣之一，作为他的使臣派给算端麻速忽。算端麻速忽上马前去迎接使臣，这时一队该死的菲达额人和异端，等候到幄帐空无士兵的时机，突然进去刺死了大教主，这事发生在 529 年祖勒合答月 17 日〔1135 年 8 月 29 日〕。算端麻速忽十分悲痛。他举行

一个对双方均相称的盛大追悼会，并把哈里发葬在蔑剌合内。

一些对桑扎儿王室别有用心者和目光短浅者，把这次事变的责任归之于他们。但“江湖术士在说谎，以卡巴之主为誓！”算端桑扎儿本质之善良，天性之纯洁，如他之信奉和支持哈尼非教及沙利阿特，以及他之礼敬一切跟哈里发朝有关的人，还有他的慈悯和体恤，与对他的人身，那是仁厚的根本和怜爱的源头，所作的这类虚假无耻的攻击相比较，是太清楚明白了。然而，“由此及彼”，我们结束了我们当说的事。

布祖尔格乌迷德在愚昧宝座上统治异端到 532 年主马答Ⅰ月 26 日〔1138 年 2 月 9 日〕，这时他毁灭在死神的足下，地狱因他尸体作薪材而发热。

他的儿子，穆罕默德，仅在他死前三天他才立为他的继承人，按照诗句说：“确实，吾人发现吾人之父辈有一信仰”，[61] 遵循他的
686 脚步。一如其父最后之恶行是杀害穆思塔儿失，他自己的首次罪行也是杀害穆思塔儿失之子拉施特比拉[62]（ar-Rashid billah）。而其原因如下。

拉施特继承哈里发之位时，有些人想废黜他，另一些人则坚持忠于他。在几次跟算端麻速忽打仗后，他从八吉打出师讨伐异端，报杀父之仇。他在途中病倒，在那种虚弱的情况下抵达亦思法杭。一些邪恶的菲达额人突然进入他的接见室，把他刺死。他被葬在该地。从那以后，阿拔斯朝的哈里发就躲了起来，不让百姓发现。

布祖尔格乌迷德之子穆罕默德，奉行哈散萨巴及其父的教义，极力增强它的基础，并且继续按伊斯兰的习惯行事，以他们已申明的方式遵行真主的戒律，迄至 557 年剌必阿Ⅰ月 3 日〔1162 年 2

月 20 日〕，这时他死了，加入那些“尽丧其劳力，今世目标已误而又自认所行为是”[63]的人。

注 释

① 《古兰经》，第 xxx 章，第 18 节。

② 原文作 fuẓul，读作 fuṣūl。

③ 关于志费尼从这部书的引文和拉施特的更完整的引文，其间的关系见波文：《撒尔古扎昔特赛亦德纳：三个同学的故事和尼咱木木勒克的瓦撒雅》。波文的结论由荷治松概括如下，《阿杀辛教派》，第 73 页，注㉞：“在志费尼比拉施特有更多发挥的地方，拉施特往往有比志费尼更多的史实。在他们一致之处，词句几乎一模一样——因此，人们会认为，志费尼是摘录拉施特所抄的原本。然而在开始他的故事时，拉施特看来援引了志费尼的引言，后者写作的时间要早一代；因此波文指出，共同的原本系志费尼的第一个和较完整的稿本，但志费尼删去了较有异议的部分，包括明显的无稽之谈和乏味之处；同时他矫正了原书中的语言，使之不那么开罪于苏尼教人。”

④ 哈因的库什卡基(Kushkaki)，桑扎儿时代的一个诗人。诗人是在对自己说话。(穆.可.)原文作 Jīlān，即 Gīlān，我代之以 M 本和《马哲麻甫撒哈》(Majama'-al-Fuṣaḥā)的忽特兰(Khutlān)，按原诗上下文看这更恰当些。忽特兰(Khutlān、Khuttalān)是今苏维埃塔吉克斯坦境内瓦赫什河和喷赤河之间的山区名字。

⑤ 即伊祃木的十叶教，今波斯的国教。十二位的信徒，如他们的名字所表明，相信十二位伊祃木，其中第一位是穆圣的外甥和女婿阿里，而第十二位，麻合底，仍活在某个秘密地方，他有天将从那里出现，以使世界充满正义。七位的信徒，即亦思马因人，在这十二位伊祃木中仅承认前六位，除这六位外，他们把扎法儿撒底黑之子亦思马因或者他的孙子穆罕默德算作第七位伊祃木。

⑥ Ẓarrāb“造币者”。

⑦ Sarrāj“鞍工”。

⑧ 他是阿合马——他攻占了亦思法杭的沙底司堡——之父。见荷治

松，前引书，第 85－86 页和 95－96 页。

⑨ 即阿里之子哈散，ḥasan 意为“好的”。

⑩ mu'min 是阿拉伯语的“信徒”。

⑪ Amīr-al-Juyūsh 本身的意思就是“元帅”。这是著名丞相、原为一亚美尼亚奴隶别都鲁扎马里（Badr al-Jamālī）的称号，关于此人，见兰浦尔，《埃及中世纪史》，第 150－153 页。

⑫ 见前，第 662 页，注③。

⑬ 见前，第 662 页。

⑭ 据拉施特更完整的记载，这个奇迹是他预言船不会沉没。（穆.可.）

⑮ 费里木（Firrīm），巴凡德朝的旧都，位于东祃桚答而的山里，在帖张（Tejan）河一条支流的岸边、撒里（Sari）之南。同名（Farim）的一个县仍存在于该地区，即在哈扎尔贾里卜（Hazar-Jarib）的杜旦格（Du-Danga）区。（穆.可.）同见米诺尔斯基，《霍杜德》，第 387 页。

⑯ 今哈扎尔贾里卜山脉。（穆.可.）

⑰ 安底只鲁德（Andīj-Rūd）是今天阿剌模忒的四个属县之一。见穆.可.，第Ⅲ卷，第 388、389 页。

⑱ 穆.可.，第Ⅲ卷，第 398－399 页，指出，这可能是伊本额梯儿在 520/1126－1127 年条下提到的拜哈吉地区中的亦思马因村子。

⑲ 拉比诺，《祃桚答而和阿斯特拉巴德》，第 21 页，提到一个在图纳卡崩（Tunakabun）——祃桚答而最西的县中叫做这个名字的属县，但在本文中我们宁可估计它在阿斯特拉巴德地区的某地。

⑳ 关于赤纳昔克（Chināshk），东阿斯特拉巴德中库撒尔（Kuhsar）的一个属县，见穆.可.，第Ⅲ卷，第 399－400 页，拉比诺，前引书，第 83－84 页。

㉑ 顿巴文德（Dunbāvand）是德马文德的古形。（或为《元史 · 曷思麦里传》之秃马温。——中译者注）

㉒ 著名的塞勒术克诸侯（1072－1092）。

㉓ abjad 是仍用作计数的按其旧顺序排列的阿拉伯字母。Aluh-Amūt（ALH AMWT）的字母之价值——要注意的是，并不是此名的通常形式 Alamūt（ALMWT）的价值——是 1＋30＋5＋1＋40＋6＋400＝483 。

㉔ 关于 ra'īs 的职位，见前，第ⅰ册，第 112 页，注⑧，同见朗布通，《波斯

的伊斯兰社会》,第 10 页。

㉕ 《古兰经》,第 iii 章,第 167 节。

㉖ 塞勒术克朝的一个异密。见前,第 i 册,第 278 页,同见荷治松,前引书,第 86 - 87 页。

㉗ 见前,第 636 页,注⑦⑤。

㉘ 关于拉施特的相应段落的译文,见列维:《拉施特的史集中对亦思马因教的解释》,第 534 - 536 页。

㉙ 见前,第 646 页,注㉘。

㉚ 直译是“紧闭教和学之门。”关于 ta'līm 的原则,见荷治松,前引书,第 51 - 61 页。

㉛ 译意是“强迫”。

㉜ 《古兰经》,第 ii 章,第 6 节。

㉝ “白石”。

㉞ “幸运之城”。

㉟ nā 'ib。这里多半用来代替一般的muḥtasham“长官”。参看荷治松,前引书,第 118 页,注㊿。

㊱ “狮石”。

㊲ 佐瓦拉(Zuvāra)位于中波斯的阿底思单东北。

㊳ 穆. 可. 考证为韩达剌的八剌(Bara)(雷斯特朗治译,第 209 页,210 页),即今在沙鲁德(Shah-Rud)和沙非德鲁德(Safid-Rud)(吉兹尔乌赞(Qizil-Uzan))汇合处的曼吉尔(Manjil)。

㊴ “红-黄”,来自突厥语 qïzïl“红”,sarïgh“黄”。

㊵ 答剌村在塔巴斯(Tabas)以南,比尔姜德(Birjand)的东南;在附近的山里尚有一座古堡。(穆. 可.)雷斯特朗治译韩达剌,第 144 页,把答剌堡描写成“一座非常坚固的堡垒;在堡内的山头上有一股泉水”。

㊶ 穆明纳巴德(Mu'mināb ād)县在比尔姜德以东一日程。

㊷ 引自前面第 569 页录用的一首诗。

㊸ 多半说的是马可波罗描写的“乐园”。见别奈代脱,第 49 - 51 页。

㊹ 《古兰经》,第 xxii 章,第 11 节。

㊺ 今沙合纳(Sahna)村,在西为必速通,东为坎加伐尔(Kangavar)之间

的路上，几乎和两地等距离。（穆.可.）

㊻ 在拉施特的文字中，哈散萨巴向阿不勒法即勒作预言是在他访问埃及之前。志费尼把这件事置于“很使它适当之处，在他返回后”，这被波文，前引书，第775页，引作志费尼“校改”《撒尔古扎昔特》的一例。

㊼ 《古兰经》，第xxii章，第11节。

㊽ 见前，第ⅰ册，第278页，注⑨。

㊾ 兰麻撒耳（兰巴撒耳（Lambasar）的另一拼法）的遗址被弗累亚·斯塔克小姐在1931年访问过。见《阿杀辛的山谷》，第Ⅳ章（“阿杀辛人的兰麻撒耳堡”）。

㊿ 见前，第639页，注⑽。

51 指下面提到的八年围城。

52 兀思塔完德（Ustāvand）完全不为人所知。

53 阿剌模忒河的一条支流（安底只鲁德，属县的名字，由此而来）。

54 《古兰经》，第xi章，第84节。

55 这段话不清楚。荷治松，前引书，第118页-119页，认为这的意思是阿不阿里被委托管理财政。

56 另一读法是剌必阿Ⅱ月26日，即6月12日，一个礼拜四，仅差一天。这看来更有可能。路易士教授告诉我，亦思马因的日期常相差一天，因为他们使用一种天文历。

57 关于这个史学家，阿不-亦撒黑·亦卜剌金·本·希剌尔·萨比（Abū-Ishāq Ibrāhīm b. Hilāl as-Sābi'）（死于994）及其著作（一部布叶朝的历史），见巴尔托德，《突厥斯坦》，第8页。

58 穆圣同时代著名诗人阿不答剌·本·哲伯拉（'Abdallah baz-Ziba'rā）撰写的一首巴依特的后半部。（穆.可.）

59 《古兰经》，第ix章，第110节。

60 1118-1135。

61 《古兰经》，第xliii章，第22节。

62 1135-1136。在他遇刺前两年他已被他的叔父穆合塔非（Muqtafī）（1136-1160）所废。

63 《古兰经》，第xviii章，第103-104节。

13. 布祖尔格乌迷德之子穆罕默德的儿子哈散的出世

哈散生于 520/1126－1127 年。当他快到晓事年龄时，他抱着愿
望去研习哈散萨巴和他自己父祖的学说；他按萨巴的方式，使用同
一伊勒扎马特[①]（ilzamat），认真阅读了宣传的经文（sukhan）。因此
他变得擅长于解说他们的教义。在把苏菲教的微言（mavā'iz）大义
（nikat）跟这些格言相糅合，并把他自己的诠释或多或少地注入同一
模子后，他在其父穆罕默德生时不断发表些德行警句和类似的东 687
西，以此凡夫俗子初次耳闻时（这叫做“蠢闻”）对之惊叹不已，由是
推崇了该宣传；同时以他态度之谦和，言辞之雄辩，他争取到那些人
中的大部分。因他的父亲原来毫无这种本领，他的儿子，连同所有
这些装饰和点缀，就成为他旁边的大学者，因此无知百姓的愚昧愈
发严重，愚民企求跟他走。又因不曾听到过他父亲有类似的言论
（maqālāt），他们开始认为这就是哈散萨巴曾许诺的伊玛木。百姓对
他的信仰日增，他们赶紧把他当作他们的首领来追随。

他的父亲，穆罕默德，听到了这种事情，注意到百姓在想些什么。他在恪守他父亲和哈散（指哈散萨巴。——中译者注）立下的法规中，对于替伊玛木进行宣传和形式上遵奉穆斯林的做法，是一丝不苟的；故此他认为他儿子的行为跟那些法规不合。他因之严

厉训斥他，并在召集百姓后说出如下的话："这个哈散是我的儿子，而我不是伊祃木，仅是他的一个答亦。不管谁听了这些话并相信它们，谁就是一个异端（kāfir）和无神论者（bī-dīn）。"以这些理由，他用种种酷刑和拷打惩罚了一些相信其子是伊祃木的人，并且一次就在阿剌模忒把二百五十人处死，然后把尸体缚在另二百五十个判同样罪者的背上，他驱逐后面这些人出堡。于是在这种方式下他们受到挫折和镇压。

哈散本人变得担心事态的后果，因害怕他的父亲，他撰写了申明他没有犯这种罪行（ḥavālat）的文章，否认他信奉那些教义，并且
688 申斥和咒骂自称相信这类说法的人。他煞费苦心地去批驳这些原则，拥护和支持他父亲的教义，其结果是编写了其言论至今仍在该百姓中著称的小册子。

哈散经常偷偷喝酒。他的父亲对此有所风闻，极力要查明真相。哈散使用种种手腕去开脱自己的罪责；最后他父亲的怀疑被打消。

现在他们的反宗教的和无廉耻的信徒，完全抛弃了沙利阿特的作法者，认为犯罪和酗酒是许给的伊祃木出世的信号。当哈散由此继承他的父亲时，他的信徒和支持者因为信仰他，竭力向他表示尊崇：他们认为他就是伊祃木。他在他那方面，一朝大权在握，并不斥责和处罚他们发表这些谬论，反之，在他登基的头几天他就开始废除或修改从哈散萨巴时代以来奉行的合法实施及伊斯兰的惯例。同时在559年剌马赞月〔1164年7－8月〕，他命令在阿剌模忒下面一个广场上搭一座讲坛，其方式是坛面（qibla）应在跟伊斯兰习惯相反的方向。于是当剌马赞月17日〔8月8日〕到来时，

他命令把他召到阿剌模忒的各省居民集中到那个广场上。四面白、红、绿、黄四色大旗,那是为此目的弄来的,拴在讲坛的四根柱子上。然后登上讲坛,他向着那些在他错误领导下正走向毁灭和沉沦的惊讶歹徒,表示说,从他们的邪恶首领,即根本不存在的想象的伊祃木那里,有个人曾秘密地去找他,带来,用他们的话说,一篇有关遵行他们的邪说的忽惕巴和稿子(sijill)。同时站在那座放错地方的讲坛上,他以他自己的牵强附会的信条为题,发表了一篇演说。他们的伊祃木,他说,已向穆斯林们,还有他们,打开了他的哀怜之门和慈 689
悯之户,并且把〔他的〕怜悯〔证据〕送给他们;他曾召集了他的精选奴仆,解脱了他们对沙利阿特的责任、负担和义务,使他们复活。他这时用阿拉伯语读一篇忽惕巴,其中不仅内容全是胡说八道和谬论之杂凑,连语言本身也大都支离破碎,满是大别字和混乱的辞句;而这些,他申明,就是他们不存在的伊祃木的未知言论。

他的一个愚昧的、走上邪路的信徒,一个懂得点阿拉伯语的家伙②,被哈散安置在讲坛的台阶上,翻译这篇邪说和这些罪过的话,用波斯语把它们向那些在场者作解说。忽惕巴的要旨如下:"布祖尔格乌迷德之子穆罕默德的儿子哈散,系吾人之哈里发,呼扎特(hujjat)和答亦③。吾人之教派(shī ʿa)必须在一切精神的和世俗的事上服从和追随他,视他的命令为约束,并把他的话当作吾人之话,还须明白,莫剌纳,(泥土堵塞彼等之嘴!)④已开恩于他们,使他们得到他的怜悯,带他们去见真主。"⑤

他宣讲了这些既不见于真主的法典,又不为理智所接受的谎言和妄语、骗人的鬼话和无神的谬论。

结束了他的乏味演说和无说服力的忽惕巴诵读,哈散走下讲

坛，行了两次节日[⑥]祈祷的礼拜，这时，摆开一桌筵席，邀请百姓开
690 斋，在歌舞的奴仆和禁用乐器的包围下，他们这样做了，一如在节日期间尽情欢乐。同时哈散说：“今天是一个节日”。从那时以后，异端（愿他们当中的残存者罪有应得！）习惯把剌马赞月 17 日叫做“复活节”，他们大多要在那天贪婪地喝酒，公开地纵情于冶游；那些愚徒用类似的丑行，甚至用更无耻的作法，企图侮辱和骚扰不幸住在他们当中的穆斯林。

> 尽管我住在他们当中，我却不是他们中间的一员，
> 但泥土是一座金矿。[⑦]

现在这个本性丑恶的哈散，人类的愚蠢蛊惑者，在上述的演说和忽惕巴中宣称他是代表伊祃木的呼扎特和答亦，即他的唯一的副摄政者和代理，[⑧]而在实际上他是布祖尔格乌迷德之子穆罕默德的儿子，因为在他们堡垒和山寨的门上，在墙上的铭文中，以及在他著作的题名中，他处处都写道：“哈散，穆罕默德之子，穆罕默德系布祖尔格乌迷德之子”。但在尔后，在那些迷途愚民的其他不外乎谎言和杜撰的言行中——有似俗话所说：“在喝泡沫时他偷偷地吸〔奶〕”；在他撰写的无根据的论文和他对自己的粗俗教义的解说中，他有时暗示，有时直言不讳地声称，尽管表面上他被认为是布祖尔格乌迷德之子穆罕默德的儿子，事实上他却是一个伊祃木和一个伊祃木的儿子，穆思坦昔儿之子尼咱儿的一个后人。

这样，当他把宣传的文字连同他们称为“复活宣传”的标记[⑨]送往忽希思坦，要求把那个怪物也在那里宣传时，这个声明就明确
691 地公布了。其经过如下。忽希思坦的长官叫做拉耶思木僎非儿，

他是他在该邦的代表。上面提到的忽惕巴、稿子和讲话，哈散通过可寒(Khaqan)之子穆罕默德之手交给了他，以便在那里向百姓宣读。同时通过那个家伙之口，他按上述谎言的调子把信息传给忽希思坦的居民。

559年祖勒合答月28日〔1164年10月18日〕，在叫做穆明纳巴德[10]的城堡，那是他们邪说异教的巢穴，拉耶思木傑非儿搭起一座离开正道和通往迷津的讲坛，一如他的无耻的伊祃木在阿剌模忒之所为。接着登上这座讲坛，他宣读交给他的忽惕巴稿子和演说，随后，可寒之子穆罕默德踏上讲坛的第二级，传达哈散的口头指示，其内容如下："穆思坦昔儿原先送信给阿剌模忒说，全能真主始终有一个在人们当中的教主(khalifa)，这个教主又有他自己的教主。他，穆思坦昔儿，当时是教主，而哈散萨巴是他的教主。如百姓服从哈散并追随他，那么他们也要服从他，穆思坦昔儿。现在今天，我，哈散，表明我是真主在地面上的教主，这个拉耶思木傑非儿是我的教主。你们须服从他的命令，把他说的无论什么话当作你们的职责。"

在那异端的老巢穆明纳巴德[11]泄露这些丑事和公开这些罪恶的当天，那群人就在那座讲坛的阶梯上和在它的四周，弹起竖琴和三弦琴，并且公开酗酒。

现在这些可耻的蠢货和伪善的歹人，对于恶徒哈散的无足道的出身和空虚的家世，有两个传说，而且它们是两者皆误；哈散实为一该咒骂的偶像，他们把他的先世追溯到一个假伊祃木，如他们企图根据一份错误系谱所表明，系出自尼咱儿家族。"以谬论为依据者必定是荒谬的。"然而，它们当中较著名的传说和在他们中间 692

更普遍相信的一个，有如下述。根据它，他们并不回避把他玷辱为一个私生子，并一致说，有个来自埃及的人，叫做哈的阿不勒-哈散赛底（Cadi Abul-Hasan Saʻidi），穆思坦昔儿的近亲和心腹，他在488/1095年，即穆思坦昔儿死后一年，到阿剌模忒去找哈散萨巴，在那里待了六个月，于同年剌扎卜月〔1095年7－8月〕返回埃及。哈散萨巴严令要优礼厚待他，并尽力把他来款待。同时他把尼咱儿的孙子，他们的一个伊祃木，乔装改扮，携至阿剌模忒；但他除哈散萨巴外没有把那个秘密告诉任何人。于是他们让他住在阿剌模忒下面的一个村子里。因为在冥冥中天意的安排，由此伊祃木圣位的驻地要从埃及移至低廉地方，而且他们称为“复活宣传”的丑剧要在阿剌模忒演出，于是来自埃及的那同一个人[11]，或者他在阿剌模忒境内生的儿子——因为他们并没有被告之事情的真相——跟布祖尔格乌迷德之子穆罕默德的老婆私通，她就给这个伊祃木怀了哈散，而当他在布祖尔格乌迷德之子穆罕默德家里不祥诞生时，穆罕默德本人和他的信徒都认为他是穆罕默德的儿子，而他实际上是一个伊祃木，并且是伊祃木的儿子。

这是比较著名的传说，并且是作为更真实可靠的说法在他们当中被普遍接受的一个；然而它是以种种丑闻和秽史为根据。首先，他们承认他的伊祃木圣位的那个年轻人，是一个私生子和通奸的产儿。如诗人说：

当眼光愉快地落在私生子身上并且
贱种的品质是高尚的……

693 其次，他们给他立的假系谱违反了选民穆圣（真主祝福他，赐

他和平!)的圣传:“扔在毡子和石头上的孩子属于奸夫!”真主的使徒说得对,

> 因为这话是哈德罕(Hadham)说的。[12]

再有第三点——而这是来世中苦难和毁灭的根源,最大的灾祸——想要弥补这个错误的传说,他们拿真主派出的先知们来作类比,把这同样的假情况加给那些圣人,宣称哈散的血统有似哈里勒-阿拉·亚伯拉罕(Khalil-Allah Abraham)之子扎比哈-阿拉·伊斯梅尔[13](Zabih-Allah Ishmael)(真主赐福给他们两人!)的血统,后者实际是那个以麦尔启兹德克之名在《旧约》五经中提到的篾力克撒兰的儿子,如本书所已述及;[14]伊斯梅尔,根据这个迷途的教派的说法,是他们的一个伊祃木,仅外表上是亚伯拉罕(真主的恩福降诸其身!)的儿子。而根据他们的这个声明,伊斯梅尔是一个伊祃木,但亚伯拉罕却不是。

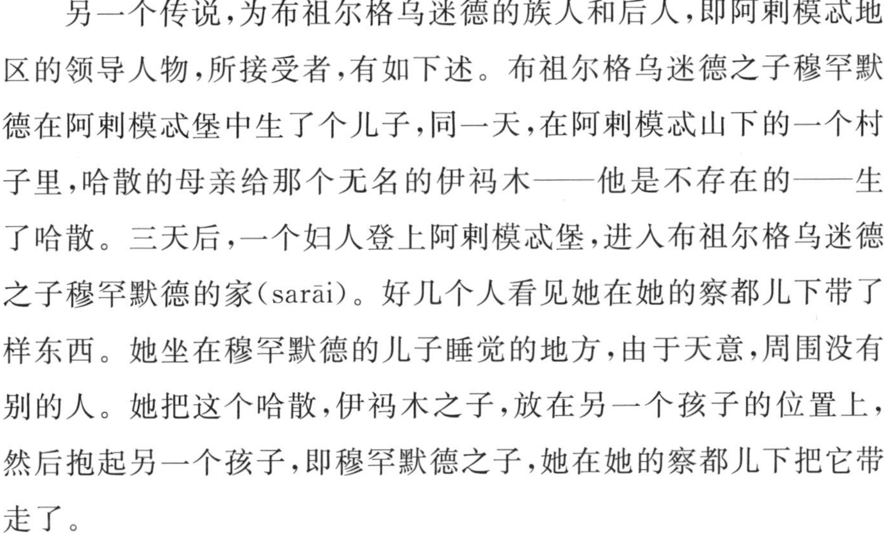

另一个传说,为布祖尔格乌迷德的族人和后人,即阿剌模忒地区的领导人物,所接受者,有如下述。布祖尔格乌迷德之子穆罕默德在阿剌模忒堡中生了个儿子,同一天,在阿剌模忒山下的一个村子里,哈散的母亲给那个无名的伊祃木——他是不存在的——生了哈散。三天后,一个妇人登上阿剌模忒堡,进入布祖尔格乌迷德之子穆罕默德的家(sarāi)。好几个人看见她在她的察都儿下带了样东西。她坐在穆罕默德的儿子睡觉的地方,由于天意,周围没有别的人。她把这个哈散,伊祃木之子,放在另一个孩子的位置上,
然后抱起另一个孩子,即穆罕默德之子,她在她的察都儿下把它带 694
走了。

这个传说的说法，比头一个甚至更荒诞不经——一个陌生女人进入一个国王的宫室，那里没有人守在王子身边，拿一个别的孩子换了小王子，没有任何人发现就把它抱走了；而父母、保姆、奴仆和侍从竟然看不出这个陌生孩子和他们自己的孩子之间有所不同！此说法无疑地是秉性高傲、背离常情和违反风俗习惯的结果。作为对此说的支持，据说这个哈散的儿子穆罕默德说：“哈散对布祖尔格乌迷德之子穆罕默德的犹子关系，有似伊斯梅尔对亚伯拉罕（和平赐降给他俩！）的关系。唯一不同的是，亚伯拉罕知道伊斯梅尔是伊祃木的儿子，不是他自己的儿子，因为交换儿子是他知道和同意的，没有向他保密；而布祖尔格乌迷德之子穆罕默德却不知道这个秘密，把伊祃木哈散看成是他自己的儿子。”

那些主张另一说法和前一传说的人称：在孩子出生后，布祖尔格乌迷德之子穆罕默德发觉孩子不是他的，并且发觉据该异端教派认为系伊祃木的那个家伙，跟他的老婆通奸；因此他秘密地把那个家伙处死。按这个推测，布祖尔格乌迷德之子穆罕默德杀了个伊祃木。

如我们在前所提到，穆罕默德在实施伊斯兰的风俗，以及在把沙利阿特的原则用于万恶之源的哈散萨巴教义时，曾是一丝不苟的。

〔因这个缘故〕，他们对他没有好感，大多咒骂他；同时他们不许[15]朝拜他的坟墓，这墓就在哈散萨巴、布祖尔格乌迷德和阿底思
685 单的不阿里等的墓侧。而且整个异教徒（愿真主抛弃他们！）再度[16]分为两派，这次是对这个哈散和尼咱儿之间的代数上有分歧。有人说在他们之间有三代人，并且必须用他们作为伊祃木的称号

来叫他们，因为，如他们所说，他们的名字是不知道的，而在事实上，如俗话说，它们是无关紧要的名字。那么，他的世系，据这派人看来如下：哈散系哈希尔·比-忽瓦特-哈拉（al-Qahir bi-Quwwat-Allah）之子，哈希尔系穆合塔底（al-Muhtadi）之子，穆合塔底系哈底（al-Hadi）之子，哈底系穆思塔法·尼咱儿（al-Mustafa Nizar）之子，尼咱儿系穆思坦昔儿之子。另一派人说在他们之间只有两代，因为哈希尔·比-忽瓦特-阿拉是哈散自己的称号，他们说的世系如下：哈散系穆合塔底之子，穆合塔底系哈底之子，哈底系尼咱儿之子。

在异端的普通言谈中，哈散被叫做阿拉·兹克里希·撒兰[17]（'Ala zikrihi 's-Salam），而在最初，当开始用于他时，这个称号是他活着时他们彼此常用来打招呼的祈祷，后来它变成他的一个著名称号，他也就不叫别的什么了。

现在这个无价值的教义的本质，这个坏到底的宣传的秘密，有如下述：仿效哲学家，他们把这世界说成是未经创造的（qadīm），时间是无穷的，复活是精神的。他们用这样一种方式来解释天堂和地狱"及其中的一切"，以至赋予这些概念（vujūh）一种精神的涵义。然后在这个基础上，他们说，复活发生在人们去见真主，万物的真相和秘密得到揭露，而且礼拜的行为被废除的时候，因为在这尘世上一切都是行为，没有清算，但在未来世界中，一切是清算，没有行为。这是精神的〔复活〕，一切宗教信仰所期待的和许给的复活也是这个，它是由哈散揭示的。而作为它的结果说，人们摆脱了沙利阿特强加给的责任，因为在这个复活时期，他们必须在每一点上都归于真主，抛弃宗教法律的仪式和已定的礼拜习惯。沙利阿 696

特中规定，人们必须每天礼拜真主五次，与主一起。那个规定仅仅是形式上的（Zāhir），但现时在复活〔的日子〕里，他们必须始终心里与主一起，保持他们的灵魂面孔恒久地朝向神体，因为这是真正的祈祷。

他们用同样方式解释所有沙利阿特的原则和一切伊斯兰的习惯，从而视过去的礼仪已被废除；同时就大部分说，他们取消了合法与非法〔的概念〕。哈散曾屡次有时隐晦地，有时露骨地说，一如在沙利阿特时期，倘若一个人不服从和礼拜，而是按复活的法令行事，把信仰和礼拜视为精神的，那么他要受到惩戒，遭到处罚，并被掷以石头；同样地，倘若在复活时期，一个人按照沙利阿特的法令行事，勤勉地去作物质的礼拜和其他类似的仪式，那么他受到惩戒，被处以死刑，掷以石头和遭受严刑，那就更有必要的了[18]。他按这个调子发表了更多的奇谈怪论。

沿着这条蛊惑、煽动、反对和挑唆的道路，那些可怜的家伙在孽海中沉浮，在惶恐的沙漠中迷途。同时"因失掉了今世和来世"，[19]他们最终实行纵欲主义（ibāḥat），他们当中的一些极端分子把它采纳作他们的教义，有些人（泥土堵塞他们之嘴！）把他们迷途的伊禡木，那些贱若禽兽爬虫者，奉为神明。

当他们认为应当公开这个新异教（bid'at va ilḥād）时，该地区中一些理智未泯、头脑尚有辨识之明的居民，念着〔谚语：〕"带着他

697 的脑袋逃跑者，由此获全"。他们抛弃了在那些迷途之民中的住宅，秘密地和公开地流入穆斯林的国土，特别从忽希思坦，大量百姓从该邦迁居，在呼罗珊安家。"由是，遣送信徒为吾人应尽之责。"[20]不能够或者不愿意离开他们老家的其他人，仍保有他们的

家庭、土地、财产，同时在他们的困境中不得不背上异端的称呼和丑名，但他们心里还是穆斯林，而且，凡在他们可能之处，秘密地遵行沙利阿特的法规和禁戒。这样，在异端（愿真主抛弃他们！）州邑中百姓的总情况有如下面古兰圣经的诗句所说："吾人导引彼等中某些人入正途；但很多人是作恶者。"[21]

因为这个伪证和赝铸，被他们叫做比拉·兹克里希·撒兰的哈散，布祖尔格乌迷德之子穆罕默德的儿子，被奉为复活之主（qā'im），而他的宣传称为复活宣传。

现在，在那些虔诚和信仰的芳香尚达其心灵之鼻的人当中，有那么个哈散的连襟，叫做哈散，纳麻瓦儿（Namavar）之子，布叶朝最后的残存者之一，他的老家在低廉县，如史书所记载[22]。这个人不能容忍那些可耻罪行的蔓延。真主怜悯他，酬奖他意图之善良！在 561 年剌必阿 I 月 6 日〔1166 年 1 月 9 日〕，他刺杀蛊惑者哈散于兰麻撒耳堡，于是他从这尘世"奔赴真主的烈焰"。

他的儿子，名叫穆罕默德，被这个已死的家伙安置来掌管他们的邪教，并且按他们的信仰被指定为伊祃木，在他继承他的父亲时是十九岁。"黑暗一层压一层"。[23]他用酷刑处死了纳麻瓦儿之子哈散，还有所有他的亲族、妇孺和子女，该邦中布叶朝的一切后人，698
并且绝灭了布叶[24]的一族。

这个家伙，名为穆罕默德，即该称赞的[25]，但实为该咒骂的，在传播他们称为复活宣传、其必然结果是纵欲主义（ibāḥat）的异端（bid'at）中，比他的父亲更极端，而且更露骨地以伊祃木自任。他也自称懂得哲学，尽管对它和所有其他的科学一窍不通。他要把得自哲学家的辞句塞进他写的粗俗论文和他发表的东扯西拉的原则中，而且通过对他们那种神秘观点的介绍，要极力炫耀他的博学。穆圣（天福及和平降诸其身！）曾说："以非其本人所有之物来装饰自身者，有如披上伪装之人。"在他对阿拉伯文体、哲学、训诂、圣训、谚语和诗歌——因为他假装懂得所有这些东西——的评论中，他的词句和语言充满了讹误、荒诞、差错和别字。

按照神示的经文："主将留下彼等在其流浪中神志错乱，"[26]他被允许统治四十六年之久，在他统治期间，异教徒流了许多无辜的血。他们挑起事端，干尽坏事，进行打劫掳掠的勾当；而且固持异端的罪恶，巩固邪教的基础。

穆罕默德有两个儿子，长子哈散，按扎兰丁的称号来称呼。他生于 562/1166 - 1167 年。在他幼年时，他的父亲曾指定他为继承人。当他长大和显露出才能时，他拒绝他父亲的教义，对纵欲主义(ibāḥat)和异端的习惯感到厌恶。因他的父亲猜出了他的感情是什么，一种对立便出现在他们之间，他们彼此猜忌和不信任。每逢有朝见或大会，扎兰丁想进入朝见殿时，他的父亲常提防他，对他
699 提心吊胆，并且常在袍内穿上盔甲。而一些异教徒，那些他能够在他们对罪恶宣传的阐释中作为极端分子予以信赖的人，他总是留在身边保护他免遭其子所施的毒手。

现在扎兰丁·哈散，不管是因为他的正教信仰还是因为他对他父亲的敌视（"真主最知道人们思想中的东西，因为人们自己从外表来判断，而真主掌握内心；因此让他按其功过要么受到赞扬，要么受到谴责"），图谋穆罕默德，暗中遣人去见八吉打的哈里发和其他国家的算端和诸侯，申明说，跟他的父亲不一样，他在信仰上是个穆斯林，当轮到他统治时，他会废除异教，重行伊斯兰的仪式。

他用这种方式铺平道路，〔为未来〕作好准备。

那个值不得称赞的[27]穆罕默德和堕落的首领，死于 607 年剌必阿 I 月 10 日〔1210 年 9 月 1 日〕；而有人说他是给毒死的。

他由他的嗣子扎兰丁·哈散继承。就从登基之时起，扎兰丁宣布信仰伊斯兰，严厉斥责他的百姓和党徒信奉异端，严禁他们继续信下去，要他们接受伊斯兰和遵行沙利阿特的典仪。他遣使给八吉打的哈里发、摩诃末花剌子模沙及伊剌克和别的地方的蔑力克和异密，把这些变化通知他们；因他在他父亲生时已把他的情况告之了他们所有的人而准备好途径，他们现在相信他的话，特别在八吉打，那里颁发了一道承认他改宗伊斯兰的敕令(ḥukm)，并向他表示种种恩宠：开放跟他的联系，用尊号来称呼他。因这个良好的转机，在所有伊斯兰国家中都宣写了法特瓦认可他和他的百姓归依伊斯兰和允许跟他交往通婚。他以新穆斯林扎兰丁而知名，700
当他统治期间，他的信徒被叫做新穆斯林人。

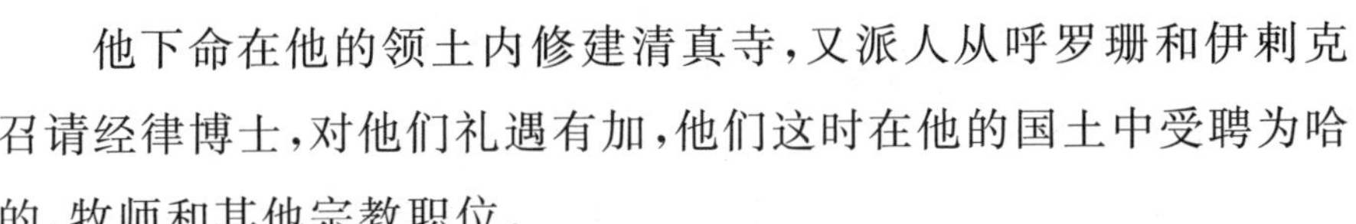

他下命在他的领土内修建清真寺，又派人从呼罗珊和伊剌克召请经律博士，对他们礼遇有加，他们这时在他的国土中受聘为哈的、牧师和其他宗教职位。

可疾云的百姓起初拒绝接受扎兰丁及其信徒为穆斯林。这是因为他们的虔诚和他们教规的严格，也因为，由于他们接近异端，他们是太知道他们的假话和欺诈；他们在他们手中曾吃苦受害，双方打过仗，他们之间的仇怨根深蒂固。所以他们的哈的和伊祃木们进行调查，持慎重态度，要求那个申明的事实证明和证据。然而，在他们的改宗为八吉打颁发的法特瓦以及其他伊斯兰国家的伊祃木们所承认后，扎兰丁尽量去争取〔可疾云的人〕。他力图得到〔该城〕首脑人物的好感，说服他们派几个知名人士到阿剌模忒去查阅哈散萨巴及扎兰丁自己祖先的图书馆，从中选出他父祖和哈散萨巴撰写的大量文章，尚有论述异教及无神论的教义、反对穆斯林的信仰的其他书籍。扎兰丁下令就当着那些可疾云人的面，应他们的敦请，把这些书焚毁；同时他对他的祖辈和那个宣传的作者们进行咒骂和攻击。我看见一封在可疾云的哈的和名人手中的由扎兰丁·哈散口授的书信，其中他谈到他之接受伊斯兰，采纳沙利阿特的仪式以及从他父祖的邪说和信仰中之解脱。而且扎兰丁亲笔在该信前面写了几句话，在叙述他从他们的信仰（maẕhab）得
701 到解放中，当他遇到他的父亲和祖辈的名字时，他添上这句咒语："愿真主火烧他们的坟墓！"

那么，像这样，扎兰丁及其信徒的改宗公开了，穆斯林们终于跟他们保持很友好的关系，当代的哈里发和同时的算端们禁止他们的部下进攻和杀害他们。

扎兰丁的母亲是一个穆斯林女人，在 609/1212－1213 年前去朝圣，扎兰丁派了一个沙比耳陪同她。她在八吉打受到尊敬和礼遇，在进香途中她的沙比耳被放在〔其他〕诸侯（muluk-i-aṭrāf）的沙比耳之前。[28]

扎兰丁跟阿塔毕木偰非儿丁·斡思别——他是阿兰和阿哲儿拜占的国王，变得十分友好；而他为他之卖力胜过了对别的诸侯。伊剌克的君王（mutamalik）纳速鲁丁·明里[29]跟这个阿塔毕敌对，他的士兵正计划进袭扎兰丁的国土。阿塔毕和扎兰丁结成同盟，在 610/1213－1214 年，扎兰丁进入阿哲儿拜占援助阿塔毕，向明里开战。当扎兰丁在他国土中的一年半时间内，阿塔毕隆重地招

待他，他们之间情同手足。阿塔毕常送他丰足的粮草供应和大量的金钱，以致在满足了扎兰丁在各种口粮(anzāl 'ulūfāt)方面的需要，以及在散发了不仅授予他的大官、也授予他的普通士兵的礼物和荣袍后，他仍要每天把一个帕尔帕拉[30](parpara)金的那送给他的库藏作为日常费用(ḥavā'ji-bahā)。

扎兰丁和阿塔毕斡思别在拜勒寒暂时驻留，他们联合遣使给
八吉打、西利亚和其他国家，要求帮助把明里赶出伊剌克。从八吉 702
打派出木偰非儿丁·瓦吉合沙布[31]和一支大军去援助他们，并有命令叫宰奴丁·阿里·屈出克[32](Zain-ad-Din 'Ali Küchük)之子木偰非儿丁·阔克布里[33](Muzaffar-ad-Din Kök-Böri)率一支军旅从额儿比勒去跟他们会合，其条件是，在战斗之日他们应按他的意见和计划行动，并服从他的指挥和调遣。从西利亚也派出一支军队去援助他们。

在611/1214－1215年，他们打败纳速鲁丁·明里。此战的记述是著名的，这里介绍它不符本史书的安排。赛甫丁·阿格剌迷失[34]被安置在伊剌克代替明里，同时把阿八哈耳(Abhar)和赞章交给扎兰丁作为他劳苦的酬赏；这两个城市和县由他的官吏(gumāshtagān)治理了若干年。

在伊剌克、阿兰和阿哲儿拜占住了一年半后，扎兰丁现在返回阿剌模忒。在这些征途期间和居留在那些州邑的过程中，他作为一个穆斯林的要求得到更广泛的承认。穆斯林们现在更自由地跟他交往。他向基兰的异密们要求跟他们的妇女通婚。他们不干，拒绝不经八吉打的许可就同意。因此扎兰丁派一名使者到八吉打，大教主纳速儿·里-丁-阿拉答应他的请求，允许基兰的异密按

伊斯兰的法律跟他联姻。根据这个判决，扎兰丁取了基兰异密们
703 的四个女儿为妻，其中头一个是凯迦乌斯之妹，她仍然在世，并且是库突姆[35]（Kutum）县的统治者（mutamalik）。扎兰丁的儿子阿老丁·穆罕默德（'Ala-ad-Din Muhammad）就是这个妻子所生。

他们[36]说，当世界皇帝成吉思汗从突厥斯坦出师，到达伊斯兰诸邦之前，扎兰丁曾秘密地遣急使给他，致书表示他的臣服和归顺。这是由异端所供述，真相不明，但这点是很明显的：当征服世界的皇帝成吉思汗进入伊斯兰诸邦时，乌浒水这一边第一个派出使臣，表示效忠，愿意归降的君王就是扎兰丁。

他采用公道的作法，奠定正义的基础，但他死后，他的蠢子和獃徒们由于卑劣和愚顽，并不去巩固和完成那个基础，而是因他们的恶意，或者，因不可抗拒的厄运，他们着手破坏那个规划，迄至他们自食其果。“搞阴谋只能害行使阴谋的人。”[37]

阿不塔里卜之子，大教主阿里（愿他得到和平！）有次在一篇训诫中谈到一些因他们的诡谋而受到恶报的叛逆者。他所说的只言片语适用于前面提到的那些人和刚载录的有关他们的情况：“彼等种下罪恶，用傲慢浇灌它，但是他们却遭到毁灭。”

阿老丁继承扎兰丁时是九岁，后者死于 618 年剌马赞月中〔1221 年 11 月初〕。他就这么一个儿子，前面提到的阿老丁。

致扎兰丁于死的疾病是赤痢，有人怀疑他是被他的妻妾跟他
704 的姐姐和一些族人共谋毒死的。按他的意思掌管国政和监护其子阿老丁的丞相，把他的很多亲戚、他的姐姐、妻妾、心腹和密友处死，因有这种嫌疑。

现在阿老丁仅仅是个孩子，没有受过教育，因为据他们的邪说

和迷信，他们的伊祃木，不管是婴儿，青年或老头，本质上都一样，他无论说什么或做什么，也无论他是怎么个情况，必定都是正确的，服从他的命令就是那些没有宗教的人的宗教。所以，阿老丁采取的不管什么样的行动，没有人能够对它表示反对，又因他们的罪恶信条，他们不愿让他受到谴责，规劝或正确教导。其结果是，他们不顾他们的精神和世俗的责任，不顾他们随伊斯兰采纳的法律习惯，也不顾国事的治理；而这个被他们选来负责精神和世俗事务并被推为他们利益保护者的傻小子——

谁要找乌鸦为向导，
祆教徒的墓地就是他午休之处——[38]

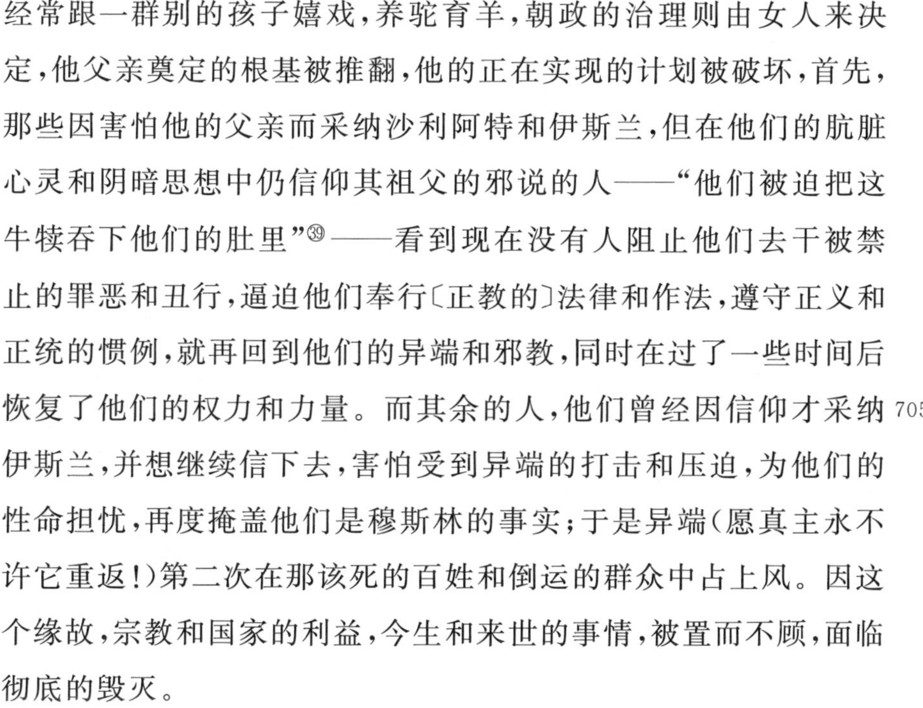

经常跟一群别的孩子嬉戏，养驼育羊，朝政的治理则由女人来决定，他父亲奠定的根基被推翻，他的正在实现的计划被破坏，首先，那些因害怕他的父亲而采纳沙利阿特和伊斯兰，但在他们的肮脏心灵和阴暗思想中仍信仰其祖父的邪说的人——“他们被迫把这牛犊吞下他们的肚里”[39]——看到现在没有人阻止他们去干被禁止的罪恶和丑行，逼迫他们奉行〔正教的〕法律和作法，遵守正义和正统的惯例，就再回到他们的异端和邪教，同时在过了一些时间后恢复了他们的权力和力量。而其余的人，他们曾经因信仰才采纳 705
伊斯兰，并想继续信下去，害怕受到异端的打击和压迫，为他们的性命担忧，再度掩盖他们是穆斯林的事实；于是异端（愿真主永不许它重返！）第二次在那该死的百姓和倒运的群众中占上风。因这个缘故，宗教和国家的利益，今生和来世的事情，被置而不顾，面临彻底的毁灭。

这个孩子统治了约五、六年后，他们雇请的一个医师，不按指示和劝告办事，尽管这个孩子没有病，也找不到其他理由，却切开他的一条血管，放出大量的血。他的脑子受损，妖魔出现在他面前，不久他就害了忧郁症。没有人有胆子提出让他进行调理或者作某种治疗，那里的医师们和那些有点头脑和常识的人不敢说他害了忧郁症或类似的病，否则该教的平民会要他们的命，因为这类病，实际连同神志不清和智力衰退，不可以加诸伊祃木，要不然他的一些命令和行动可以归因于思想的混乱，机体和脑子的损坏。结果病势日增，他完全给病压垮了。在他统治的最后几年中，这个病的影响，加上天生缺乏智力，幼年失教，把愚顽的阿老丁变成一个仅宜系以手铐脚镣的疯子。（既然这事发生在现代，人人皆知他的恶习，他的颓废空想，他的痴昧和失常，他的极端疯狂和他的可憎习癖，那就无需在此重提这些事：重述它们要占太多时间，实在
706 说其中仅百分之一的事都不能写进〔许多本〕书里）〔除这些事外〕还要加上为王的高傲，以及这样一种人的狂妄：他的信徒和支持者从他幼年到他生命结束，始终不过是愚蠢之徒；因为他们的空想和蠢念，使他脑子里记住，并且使他阴暗的心胸和盲目的思想中深信：他所想的每件事，他都是从“永存碑”[40]上的铭文读来，他所说的每句话都是由神的启示而说出，而他思想言谈中的任何过失或错误都是不可能的。最后，已经入邪的他也受到这个欺骗，不时对过去事件发表些〔在他们看来〕是奇迹的谎话，也对未来透露些神秘的信息，这都是暗中瞎撞，信口雌黄，露骨撒谎和纯粹无耻；在发表这些胡话中，他不计较聪明人怎样把谎话告诉他。

因为缺乏教养和阅历，他是那样脾气坏和无耐性，以致没有人

敢反对他，或者当着他的面提到他多少有些烦恼的国政：无疑地，对提意见的人的回答是立即予以处决，其中包括可耻的肢裂和断肢在内的酷刑。其结果是，所有关于他国家的内政外交及敌友的行动的消息，都对他进行封锁——甚至他派往各个王宫的使臣，当他们返回时，决不把国王们对他的要求和提议的回答告诉他，因为这不合他的胃口。尽管他发觉了这点，他不把它说出来；没有谋士斗胆向他透露一个字。现在所有这些致国王们的使信，不过是成堆谎言，一套假话；但他认为这些被他自己的蠢徒或出自无知或出自害怕而假装相信的谎话，会在国王的宫廷中得到采纳，而且智士也会被它们欺骗。

盗窃，拦路打劫和袭击，在他的纵容或不在他的纵容下，每天 707
都在他国内发生；同时他认为他能够用假话和赏钱来开脱这种行为。当这些事超过了一切限度时，他的性命、妻妾、子女、家庭、国家和财产就因那种癫狂和错乱而丧失殆尽。这是一件无需细说的事，因为它是如此清楚和明白。

鲁坤丁·忽儿沙是阿老丁的长子，当他是个孩子时阿老丁本人仅是个青年人，因为论年龄他们之间只相差十八岁。鲁坤丁还小时，阿老丁经常对他说他要成为伊玛木并且是自己的继承人。他长大后，他们的歹徒对他和他的父亲，在地位上或在给予的崇敬上，没有区别；他的话和他父亲的话一样都是法律。阿老丁变得敌视他，现在常说要立另一子为他的继承人。他们的信徒，根据他们的教条，拒绝接受这个，并说只有第一次指定才是有效的。

阿老丁总是打搅鲁坤丁。在他精神失常和忧郁症的狂乱中，他不断无缘无故地折磨、迫害和惩罚他。他老得跟妇孺待在一间

跟其父相邻的房子里,白天不敢外出。每当他的父亲酗酒,或者按他的习惯去看他的羊群,或者忙于别的事,以此不注〔意他儿子的活动〕时,鲁坤丁就离开他的房间去喝酒,或者到他想去的地方去。

在653/1255－1256年,阿老丁的精神错乱越发严重。同时,因为一些说来啰嗦,不宜收在本史书的天因和偶合,他对鲁坤丁的不满增加了,他不断打骂和折磨他;他的攻击和恐吓比过去更频繁。鲁坤丁感到跟他一起性命难保,确实是常说:"跟我父亲一起,我的性命难保。"因此他计划逃开他,到西利亚的城堡去,占据它
708 们;要不就占领财宝和储备充足的阿剌模忒、麦门底司和鲁德八儿的〔其他〕几座堡垒,并在离开其父后起兵造反。

恰好那一年阿老丁朝中的大臣和首脑大多变得来害怕他,因为没有人确保他的性命。他们有的被他骂作追随鲁坤丁,同时他因此生他们的气;对另一些人,按他的歪心肠和混乱头脑,他给安上其他罪名,而且他时时骚扰和折磨他们。尽管在恐惧中他们彼此不说什么,表面继续他们从前的伪善,上下却都对他生厌,并觉察到,当不祥征兆出现在他事业上时,他所采取的措施,保不住国家。

鲁坤丁把下面的理由当作诱饵。"因为",他说,"有我父的恶行,蒙古军打算进攻本国,而我父什么也不管。我将脱离他,遣使给地面上的皇帝和他朝中的奴仆,表示纳款臣服。从今以后我将不容许我国内的人干坏事,〔以此保证〕国土和人民得以生存。"

因这些原因,大部分领导人物、大臣和士兵都誓忠于他,按下面的条件跟他结盟:无论他到哪儿去,他们都跟随他,为他抵抗他父亲的士兵和信徒,把他们的生命献给他;例外是,倘若他的父亲

〔亲自〕来对付他，那他们不愿打他一下或者对他动一下手。

这次密谋后过了一个月，鲁坤丁病倒，躺在他的床上，因此不能采取任何行动。有天，他的父亲喝酒，就醉卧在他喝酒的地方，一间跟羊圈邻接的用木头和芦苇搭成的茅房里。好些古剌木、牧人、驼夫和其他类似的渣滓、贱民，团团围着他睡觉。在半夜里发现他给谋杀了，他的头被斧子一下砍掉。[41]睡在他身边的一个印度 709
人和一个突厥蛮人也受了伤：突厥蛮人后来死了，但印度人复了原。这件事发生在653年沙甫瓦勒月最后一日〔1255年12月1日〕，在一个他们叫做失儿库[42]（Shirkuh）、阿老丁常去的地方。

阿老丁的儿子们和家人控告一些人行凶，根据这个嫌疑，他们把他的几个廷臣和扈从，据发现当晚守卫在凶杀地附近者处以死刑。他们确实给远近打开了猜疑和想象的道路，以致有人说，得到他的亲信和大臣的同意及默许，并在他们的指引下，有两三个生人从可疾云前来，走近阿老丁的床侧，把他杀死，然后同样在那些亲信的同意和保护下，返回他们来的地方。而在他们的怀疑和猜测中，他们归罪于每个这样跟他们共谋并充作他们向导的人。然而，过了一周后，迹象和线索清楚地使下述情况得到确凿的断定并得到一致的同意：阿老丁的大宠臣、他日夜不离的伴侣和所有他的秘密的知情人，祃椤答而的哈散，是杀害他的凶手。又据说，哈散的老婆，她是阿老丁的婢妾，而且哈散没有向她隐瞒谋杀的事实，把那个秘密泄露给了鲁坤丁。不管怎样，一周后，哈散被处死，他的尸体给火烧掉，他的几个孩子，两个女儿和一个儿子，也被烧死，于是鲁坤丁继他父亲进行统治。

祃椤答而的哈散幼时被蒙古军从该省掠走；他在伊剌克逃脱 710

了他们，投奔阿老丁的国土。他是一个俊秀的少年，阿老丁一见就喜欢他，把他留在身边。他得到阿老丁的完全信任，后者很宠爱他，允许他有很大的言论自由；然而在他疯狂和暴性中不断找碴儿折磨他，经常把他毒打。他的牙齿全给打碎了，他的生殖器被割掉一块肉。当他长出了胡子，最后，当他头发中出现一些灰白色时，阿老丁仍然眼里没有别的人，宁要他而不要无须童子和这类爱宠。他把他的一个女仆，那是他的婢妾，赏给哈散为妻，而尽管她给哈散生了几个孩子，没有阿老丁的允许他就不敢进入他自己的家，或者跟他老婆睡觉。并且在阿老丁跟哈散的妻子通奸时，他并不回避哈散。现在当请求恩赐或上报情况，还有在其他事情、甚至是国事（maṣālih）上，阿老丁的丞相和大臣，所有臣属，常要企图引起哈散的注意，因为没有人能够那样自由地跟阿老丁说话，别人的话都不如他的话那样使事情促成。在回答一个请求中，哈散往往自己不跟阿老丁商量就颁发敕旨（parvāna）和发号施令；而所有这些指令都要生效。从这样得到的外快，[43]他已积蓄了一大笔他不能享用并且瞒过阿老丁的财产。他的衣服是用羊毛和粗麻制成，总的说破旧和褴褛一如他的恶主人阿老丁的衣服；因为他必须始终在食物、衣着和一切方面像阿老丁那样生活，并且常不断地徒步跟他放牧羊群，极少享用骑驴之奢。如果他穿上好点的衣服，或者如阿
711 老丁怀疑他有财富，他就会受到毒打、酷刑，以及可耻的肢裂。

因这些原因，他对阿老丁产生很多怨恨，而且一个愤怒的原因又接另一个。再者，他是个穆斯林，尽管他跟阿老丁共同生活多年，对伊斯兰之爱和对异端之恨仍在他思想和信仰中根深蒂固。在阿老丁手下还有一些被迫作为俘囚留在他国土内的穆斯林；跟

这些人，作为难友和同教，哈散表示亲密和友好：每当他有机会和他们交谈时，他不外是尽情倾吐他生活中的辛酸和苦难，诉说阿老丁的罪行，宣传他的穷凶极恶。因这些原因，胜利之神是他的忠实伴侣，迄至他因杀死阿老丁而成为一个迦集(ghazi)，在那场圣战中牺牲了生命和灵魂——真主酬奖他的善意！

有人说鲁坤丁·忽儿沙杀害了他的父亲，但这不符事实，因为那天晚上他在发烧，躺在床上，几天以来不能动弹。然而由于上面提到的原由，鉴于案子的情况，可以推测，其父之死并不使他不快或不高兴，而且哈散是得到他的同意才干他所干的勾当。有可能的是，哈散曾事先跟鲁坤丁作过安排，和他商量、策划去进行那次谋害，因为当传闻他杀死阿老丁时，鲁坤丁没有逮捕他，或者审问谁是他在作案中的同谋犯，教唆的又来自何处。相反，他借口派他去看阿老丁留下的皇室羊群，命令去查看羊只，视其所需。他这时遣一个可靠的人跟踪他，此人抓住哈散，突出不意地用斧子砍掉他的头，就这样杀死他以致他尚不知道他受到袭击，也不能喊一声。

因有这些迹象，人们说鲁坤丁跟哈散合谋杀了他的父亲，并且 712
害怕，如进行调查，哈散可能说出他知道并同意这次行动，或者甚至说出他指使和要求这样干。而鲁坤丁的母亲和兄弟，在他继其父统治的一年时间内，每当他们受到他的骚扰或对他斥责时，常控告他谋杀了阿老丁，视此为他的罪过之一。同时他们把那些在阿老丁生时就被看成是他的朋友和亲信，而且鲁坤丁登基后予以礼遇和作为他个人侍从(khāṣṣān)的人，跟他扯在一起；是的，他们说，鲁坤丁要么允许，要么指使杀害他的父亲，并说他是在他们的提议和唆使下这样做的。“而真主最知道隐秘之事。”

注　释

① 即“被逼的争论。”见前，第672页和注㉛。

② 这是法学家(faqīh)穆罕默德·不思惕(Muhammad Busti)。见伊凡诺夫，《卡拉美皮尔》，第117页。

③ “在阿剌模忒的宣言中，他是答亦(如同布祖尔格乌迷德及其子)，呼扎(如同哈散萨巴)和哈里发，或是给他使信的伊祃木的代表。”(荷治松，《阿杀辛教派》第151页。)关于ḥujjat见前，第646页，注㉗。

④ 志费尼这方面的惊叹。即“咒骂他们亵渎神明”参看前面，第640页。

⑤ 关于Qiyāma即复活的宣言，见伊凡诺夫，前引书，第60和116－117页，科尔宾，《乞他卜·扎迷希克马太因》，第22－23页，荷治松，前引书，第148－151页。

⑥ 即ʿīd-al-fitr的祈祷。见前，第600页，注⑯⑥。

⑦ 木塔纳比。(穆.可.)

⑧ 见前，第689页，注③。

⑨ 多半是前面第688页提到的四面旗子。(穆.可.)

⑩ 见前，第676页，注㊶，译义是“真信者的住宅”。

⑪ 即尼咱儿的孙子。(穆.可.)

⑫ 朱扬·本·撒卜(Juyan b. Saʿb)或瓦辛·本·塔里黑(Wasīm b. Ṭāriq)所作的一首著名巴依特的后半部分，其头半部分如下：

“如果哈德罕说话，他们相信她……”(穆.可.)

⑬ 哈里勒阿拉(“真主之友”)和扎比哈阿拉(Ẕabīḥ Allāh)即(Dhabīḥ-Allāh)(“真主的牺牲品”)分别是亚伯拉罕和伊斯梅尔的回教称号，见前，第647页，注㉜。

⑭ 见前，第646页和注㉙。

⑮ 按意思的需要，我用过去式代替现在式。

⑯ 即，如在穆塔剌维人和尼咱儿人的情况中。见前，第662页。

⑰ ʿalā dhikrihiʾs-salām“和平降诸他的名字”。

⑱ 德弗列梅利录入《亚洲杂志》两篇文章中有关亦思马因人的这几章

译文——详情见本书目录——在此中断。

⑲ 《古兰经》,第 xxii 章,第 11 节。

⑳ 同上,第 x 章,第 103 节。

㉑ 同上,第 lvii 章,第 26 节。

㉒ 见前,第 659 页,注④。

㉓ 《古兰经》,第 xxiv 章,第 40 节。

㉔ 布叶朝的始祖。

㉕ 穆罕默德的字面意思。

㉖ 《古兰经》,第 vii 章,第 185 节。

㉗ 见前,第 698 页,注㉕。

㉘ 见前,第 364 页。

㉙ 关于纳速鲁丁·明里,"奴隶国王"之一,他在塞勒术克朝崩溃和蒙古人到来之间的时期中统治波斯的伊剌克,见穆.可.,第Ⅲ卷,第 407-408 页。

㉚ 拜占廷的 hyperperon,迦儿宾和卢不鲁克的 yperpera。见柔克义,第 90 页,注①。

㉛ 见前,第 469 页,注⑧。

㉜ küchük 在突厥语中意思是"幼小的狗"。(豪茨马,《语汇》第 96 页。)比较他儿子的名字——Kök-Böri,即"青狼"。

㉝ 见前,第 422 页,注④,同见前注。

㉞ 阿格剌迷失,原来是阿哲儿拜占阿塔毕的一个奴隶,后来为算端摩诃末花剌子模沙服役。他之死在阿杀辛人手里(见前,第 391 页),如穆.可.所指出(第Ⅲ卷,第 415-417 页),必定发生在回历 614 年初,即在 1217 年春或夏。关于他的名字的意思,见前,第 391 页,注⑥。

㉟ 库突姆(Kūtum)是今天的库合都姆(Kuhdum),沙非德鲁德(Safid-Rud)以西的基兰的一个县,在南为曼吉尔(Manjil)、北为雷什特(Resht)之间。见穆.可.,第Ⅲ卷,第 418-425 页,米诺尔斯基,《霍杜德》,第 390 页。

㊱ 显然指亦思马因人。

㊲ 《古兰经》,第 xxxv 章,第 41 节。

㊳ 见前,第 382 页,及注㉒。

㊴ 《古兰经》,第 ii 章,第 87 节。

㊵ 即真主对末日的法令。

㊶ 直译是“一斧子砍在他的脖子上,随着那一斧他的事就了结了。”比较 gardan zadan“砍头”,直译是“砍在脖子上”。这是多桑,第Ⅲ卷,第 188 页对这段的理解:“……他的头和身子分了家……。”

㊷ 失儿库(Shīrkūh)即失剌库(Shīra-Kūh),是阿剌模忒县西部一座山和河谷的名字。正是在这条河谷中阿剌模忒河和塔里寒河汇合成沙黑鲁德(Shah-Rud)本身。失儿库也是河谷中一个村子的名字。(穆.可.)

㊸ madākhil。关于这种间接报酬(他们称之为 mudakhil)的事,见寇松,《波斯和波斯问题》,第Ⅰ卷,第 440 - 445 页。

14. 鲁坤丁·忽儿沙在他父亲死后的经历

鲁坤丁·忽儿沙在他父亲死后三天，行完追悼仪式并继承了他的父亲，就派遣其父曾指挥过的军队进攻哈耳哈耳(Khal-khal)县的撒尔鲁德[1](Shal-Rud)：他们攻下了该堡，烧杀掳掠。他这时遣使给基兰及其他邻近的州邑，宣布其父之死；和他父亲的做法不同，他开始跟那些人奠定友谊的基础。他还派使者到他的所有省份去，命令百姓照穆斯林那样做人，保持道路安全。

同时他派一名额勒赤给驻在哈马丹的牙撒兀儿[2]那颜，说现在轮到他统治，他愿走纳款的道路，从忠顺的容颜上扫除反逆的尘 713
土。牙撒兀儿那颜送来复信说，旭烈兀王子的车驾即将抵达，他最好亲自出迎；而且强烈促使他采取这个做法。在〔进一步〕交换使者后，鲁坤丁送来一封使信，同意先派他的兄弟撒罕沙跟牙撒兀儿那颜同行。他因此在主马答Ⅰ月1日[3]遣出撒罕沙及许多廷臣。撒罕沙在可疾云附近见到牙撒兀儿那颜，牙撒兀儿便派他的儿子抹剌合[4](Moraqa)陪他去见国王。

在同月10日〔1256年6月5日〕牙撒兀儿率领蒙古和大食士兵进入阿剌模忒的鲁德八儿。鲁坤丁的士卒和菲达额人集中在阿剌模忒上面的昔雅兰-库[5](Siyalan-Kuh)。蒙古军自下攀登，进行激战，但因山头防守森严，戍军强大，他们撤退下来，破坏了庄稼，蹂躏了该地区。同时候，驻在兀思秃[6]（Ustu）的世界国王派来的额勒赤们，在撒罕沙到来后，于主马答Ⅱ月末〔1256 年 6 月下半月〕抵达鲁坤丁处，颁发一道充满奖谕和恩抚的札儿里黑，内容是，既然鲁坤丁已送来他的兄弟，表示他纳款投诚，而且仍然这样做，那么国王赦免了他的父亲和其父统治时他们的百姓所犯的罪行。至于鲁坤丁本人，他在继承其父以来的时间中没有犯罪。他应坠毁他的堡垒，前来臣服，而且军队不会蹂躏他的国土。鲁坤丁宣布他投诚，坠毁了几座城堡，但在阿剌模忒、麦门底司和兰麻撒耳的情况下，他仅拆除
714 城门，毁了一些城垛（sar-dīvār）和角楼（kungra）[7]。

遵照刚提到的国王的诏令，牙撒兀儿那颜和军旅从该地区撤退。同时国王的许多扈从，由撒都鲁丁陪同去见国王，报告这事，要求派给一名八思哈：他们也要求恩缓一年让鲁坤丁亲自出见。一些额勒赤留在那里以坠毁余下的堡垒。在沙班月初〔8 月末到 9 月初〕，在苏罕[8]（Shuqan）见到国王的撒都鲁丁和国王的额勒赤，从斡耳朵返回，颁发一道旨在〔同时〕奖谕和威吓的札儿里黑。他们由秃客勒[9]把阿秃儿（Tükel Bahadur）陪同，其指令是，倘若鲁坤丁接受投降，他应按照敕令亲自〔去见国王〕，而秃客勒这时会在他离开期间作为八思哈监护该国。

然而，鲁坤丁因目光短浅，多少耽误他的行程，并且有些害怕，迟疑了一阵，于是产生拖延的迷尘。他派他的丞相苫思丁·基拉乞（Shams-ad-Din Gilaki）和他的二堂弟[10]，乞雅·不-满速儿（Kiya Bu-Mansur）的儿子赛甫丁·算端灭里（Saif-ad-Din Sultan Malik），在沙班月 17 日〔9 月 9 日〕随额勒赤去见国王：他再重复他的

理由，要求恩缓一个时期。他还送出两道内容如下的敕令(misāl)：他在吉儿都怯和忽希思坦的守将应亲自去见国王，表示臣服归顺。上面提到的两个人在剌夷附近见到国王，而因御旗已 715
进入剌儿(Lar)和德马文德县，苫思丁·基拉乞被遣从那里去吉儿都怯，带守令去见国王；丞相的另一个同僚派往忽希思坦去召该地区的长官。至于赛甫丁·算端灭里本人，他被送回鲁坤丁处，带去使信说，世界国王已停驻在德马文德，鲁坤丁应亲自到那里去见他：如他因准备工作滞留五天，他应先把他的儿子送去。他们[11]在剌马赞月 1 日〔9 月 22 日〕抵麦门底司堡下。获悉征服世界的旌旗到了该地和已颁发御命的消息，鲁坤丁和他的百姓一片惊慌，恐惧和害怕压倒了他。他说他要送出他的儿子。在他的谋士和幕僚[12]的提议下，他这样做了，于是他们开始作准备。然而，在背后，因妇人和短见者的进谗，他求助于阴谋和诡计。有个跟他自己的儿子一般大的孩子，一个曲儿忒女人所生，此女曾是他父亲家里的奴仆，当她的怀孕变得明显时，她被阿老丁送回她父亲的家里。孩子出世后，没有人敢说他是阿老丁的，对他也不注意。鲁坤丁现在把这个孩子当作诱饵。欺骗蒙蔽了他的大臣和策士，他诡称他送出了自己的儿子，而实际上在剌马赞月 17 日〔10 月 8 日〕随额勒赤送出了这个孩子。

国王的旌旗既已抵达鲁坤丁的国境，真相焉能隐瞒？他送出
一个假子，这是清楚的，但当骗局被识破时国王这方面没有说什 716
么[13]；这事给置而不问和掩盖起来[14]。两天后，这个假子被打发回去，带回使信称他仅是个孩子：倘若鲁坤丁迟不出见，他应先送来另一个兄弟，而且在斡耳朵中侍候了些时间的撒罕沙，应鲁坤丁之

请，会送还给他。假子在剌马赞月 22 日〔10 月 13 日〕抵达鲁坤丁处。

这时候，阿剌模忒的鲁德八儿和国王的斡耳朵之间距离不远，额勒赤带着国王使信，许诺和威吓、奖谕和告诫，不断来来往往。在沙甫瓦勒月 5 日〔10 月 26 日〕，鲁坤丁把他的另一个叫做失栾沙的兄弟送给国王，沙甫瓦勒月 7 日〔10 月 28 日〕，他在剌夷的属邑之一，叫做费思乞儿[15]（Fiskir）的县里进见国王。与此同时，丞相基拉乞已从吉儿都怯返回，把吉儿都怯的长官、哈的塔术丁·马儿丹沙（Cadi Taj-ad-Din Mardan-Shah）带去见世界国王。在沙甫瓦勒月 9 日〔10 月 30 日〕，鲁坤丁的兄弟带着如下使信被遣回：如果鲁坤丁坠毁麦门底司堡并亲自去见国王，那么，按照皇帝陛下的仁慈风尚，他会得到宽大和礼遇；但如他不计他行动的后果，唯有上帝知道〔他因此会落得个什么下场〕[16]。

当这些争议正在进行中，额勒赤来来往往时，不花帖木儿和阔阔亦勒该率大军从兀思通答儿方向出发，已将近一个月了，同时，从鲁坤丁国土后面的海岸，特别是从他的堡垒和要塞麦门底司的
717 后面，军旅正在逼近，并包围了他们的堡垒和住处。

在沙甫瓦勒月中〔11 月初〕，世界之王从皮思乞儿[17]（Piskir）经塔里寒进向鲁坤丁的国家，并于同月 17 日〔11 月 7 日〕下营于麦门底司山麓；别的军旅从四方集中，包围了该堡。

既然鲁坤丁顺着他的命运，为他自身利害着想，迁延和拖拉，他就拒绝出堡，于是接近该堡的部分王师，和那些山民打了两三天仗；而那些山民和鲁坤丁的军士赢了几仗，暂时[18]消除了对王师的害怕和恐惧。在沙甫瓦勒月 25 日〔11 月 15 日〕发生一场跟一个无比强大,无比可怕的算端的战斗。鲁坤丁现在看到他指望到的是什么,发觉他不能抵抗。第二天,他送出他的儿子,他的惟一的儿子,和另一个叫做伊朗沙(Iran-Shah)的兄弟,尚有一个由名人、官吏及其百姓首领组成的代表团;而在沙甫瓦勒月29日〔11月19日〕礼拜天,他亲自去见世界国王,并有幸侍奉他。他把所有他的家人和部属(muttaṣilān)带出麦门底司,奉献他的财宝作为归顺的表示。这些并不如传闻那样可观,但是,不管怎样,它们被送出了该堡。其大部分财物被国王散发给他的士兵。城堡被攻占,鲁坤丁的其他堡垒也一样。这些堡垒的坠毁,该邦的征服,将在下面更清楚地说明。

鲁坤丁·忽儿沙的父亲阿老丁的遇害,发生在653年沙甫瓦勒月最后一天〔1255年12月1日〕,同时他自己在沙甫瓦勒月末开始统治那些是他们的信徒和追随者的百姓;而且就在654年沙甫瓦勒月最后一天〔1256年11月19日〕他离开麦门底司,在国王面前俯首称臣。他继他的父亲统治了整整一年。

注 释

① 多半同于撒尔(Shāl),基兰的"城镇"之一。见米诺尔斯基,《霍杜德》,第391页。

② 关于这个名字的拼法,见前,第ⅰ册,第46页,注⑬。

③ 即654。(穆.可.)1256年5月27日。

④ MWRAQA。比较《元秘史》的Moroqa(第202节)。

⑤ 原文作SYALAN(它是以O本为根据),按穆.可.的提议读作SY-ALAN。这座斯塔克小姐在《阿杀辛人的山谷》中叫做Syalan的山,在阿剌模

忒的东北。

⑥ 兀思秃(Ustū)即兀思秃哇(Ustuvā),见前,第ⅰ册,第173页,注⑩。

⑦ 参看前面,第618页,同见卢不鲁克对打耳班的叙述:“它有很坚固的城墙而无壕堑,还有用巨大而修整(politis)的石头筑成的楼塔:但是鞑靼人坠毁了楼塔的顶和城池的胸墙,使楼塔和城墙一般平。”(柔克义,第262页。)

⑧ 如穆.可.所指出,第Ⅲ卷,第425－428页,原文的*YYQAQ*必定是原来的ŠQAN,即Shuqān的错讹,今之Shughān或Shūghān,布吉努尔德(Bujnurd)和扎只儿木之间一个村子(从前是一个中等规模的市镇)的名字。

⑨ 原文作TWLAK,读作TWKAL。拉施特相应的一段(卡特麦尔编本,第148页)作TWKL。

⑩ 他叔父的儿子。

⑪ 即旭烈兀的使者们。(穆.可.)

⑫ 这些人当中的一个是著名哲学家纳速鲁丁·徒昔,据伊本-亦思梵的牙(布朗译,第259页),他被阿老丁强留在阿剌模忒,用作他的丞相。

⑬ az ḥazrat-i-pādshāh… na-farmūdand。

⑭ 参看前面,第620页。“旭烈兀明显地私下怀疑这不是他的真正儿子——旭烈兀生时从事写作的志费尼的看法,尽管有亦思马因人的一致证明;但拉施特还否认这点。”(荷治松,《阿杀辛教派》,第267页。)

⑮ 穆.可.,第Ⅲ卷,第428－429页,把Fiskir(FSKR)或Piskir(PSKR)考证为前面提到的BYSKLH DZ,即Pishkil-Dara。见前,第620页。

⑯ 老一套公式。见前,第ⅰ册,第26页和注④。

⑰ 见前,第716页,注⑮。

⑱ 根据大多数抄本读作muddatī。

15. 鲁坤丁下山后诸堡的情况 718

因为命运仍然向鲁坤丁露出笑容，所以他从该堡下来，于是异密中的塔木花[1]，他是宫廷的一个异密，就作为监护人和其他几个人去护送他。同时候鲁坤丁派出他的亲信随额勒赤一起去拆除和堕毁诸堡。他们坠平了约四十座堡垒，而堡内的人，那些异端的刍狗们，则奉命出堡，例外的是在阿剌模忒和兰麻撒耳两堡中的人，在那里，他们支吾搪塞，并要求〔允许〕在王师到达阿剌模忒时才出来。

两三天后，国王出发；再度经过鲁德八儿的沙合剌克[2]（Shahrak），他们在那里下营。在伊斯兰以前的愚昧时代，以及在异端兴起前伊斯兰统治下，这个沙合剌克是低廉诸王的驻地，阿老丁统治时那里筑有一座花园和行宫（kūshk），这是他们的休憩处。蒙古人为庆祝他们的胜利，在这里宴乐九天，然后进向阿剌模忒山麓，他们在那里驻留一天，派鲁坤丁至堡下向守军喊话，要他们〔投降〕。该堡的守将，一个穆合底木[3]（Muqaddim）顽固不化，拒绝下堡。国王留下宗王八剌海和一支大军围困和攻打该堡，他自己则进向兰麻撒耳。

阿剌模忒的人现在由慎重之门而入，封闭了反抗的道路，他们接连遣使给鲁坤丁，〔他这时是〕在兰麻撒耳下面，迄至他向国王求情，并获允宽恕他们的罪行。他得到一道赦免的札儿里黑，前往阿

719 剌模忒。穆合底木从该堡下来，一支蒙古人登上去，鲁坤丁也获允登上该堡。蒙古人砸毁射石机，拆掉城门。堡内的人要求宽限三天，并着手搬运〔仍在那里〕的财物和家具。在第四天，一整支士兵和签军的队伍登上去，劫掠留下的零星东西。

阿剌模忒是这样一座山：它像一匹以颈靠地的跪着的骆驼。（现当我在兰麻撒耳下面时，渴望观察那名闻全世的图书馆，我向国王建议不要损坏阿剌模忒中的珍贵书籍。他赞同我的话，发出必要的指示；于是我去检查该图书馆，按照“彼从死者引出活者”[4]的态度，从中我拣选了我发现的不管什么关于古兰经的抄本和〔别的〕珍贵书籍。我还挑出在那里的诸如库儿昔[5]（kursis）、浑天仪[6]、完整的和部分的观象仪[7]，及其他[8]……等天文仪器。至于剩下的涉及他们异端邪说，既无圣传为根据，又无理性作支持的书籍，我全部付之一炬。而尽管府库充溢，金银财宝无数，我却对它

720 们念道：“黄者为黄，白者为白！”[9]并对它们大方地拂袖不顾。现在，当检查这个图书馆时，我发现一部为布叶朝的法合鲁倒剌[10]（Fakhr-ad-Daula）撰写的基勒[11]（Jil）和低廉史。在谈阿剌模忒的一节中叙述说，他们叫做阿勒-亦-朱思坦[12]（* Al-i-Justan）的低廉诸王，在246/860－861年开始在这座山上建一座堡垒。它是低廉诸王的骄傲，也是鼓舞亦思马因教派的源泉。在撒剌米[13]（Sallami）的史书中叙述说，低廉人统治伊剌克时，那个地方的长官（kutvāl）叫做某某昔雅合-察失木[14]（Siyah-Chashm），埃及亦思马因人的一个信徒。哈散萨巴[15]怎样占领该堡，在有关的一章中已叙述。它真正是这样一座堡垒：其进口和出口、阶梯和通道，都是这样用胶泥墙和包以铅皮的壁垒（bunyān）来加固，以致当它被拆

毁时，就好像铁器把它的头砸在石头上，同时它在手里已一无所有，但仍在抵抗。在这些岩石的洞穴中，他们构筑了几条长、宽、高的回廊（sābāt）和深池，省去使用石头和灰泥，如诗中所说：“凿山成室。”[16]他们也这样给酒、醋、蜂蜜和种种饮料及食物挖掘仓库和池子。“鬼凿神斧”[17]〔之技〕，在《乞撒思》[18]中予以解说和阐明者，如人们的手工一样在这构造中见到。当其中的储存被掠夺和运走 721
时，有个人不知深浅地趟过蜂蜜池，在他发觉前他已像约拿（Jonah）那样浸在蜜里——“如他的天主不对他施恩，他要给抛在秃岸上，羞愧难当”。[19]同时他们从八合鲁[20]（* Bahru）河引一条水渠到堡下，再从那儿半绕（bar madār-i-nīma）该堡，在岩石中开凿一条水渠，而且下面筑有同样是岩石的大海一样的池子，以此河水靠它自己的势头[21]储存在池里，并不断流动。这些从哈散萨巴时候他们就已准备，也就是说超过一百七十年时间的饮料和食物储存，大多没有显出腐烂的迹象，因此他们把这个当作是哈散萨巴神灵所致。[22]其他关于武器和贮藏的叙述，不能写进一整本书中而不感到冗长。[23]

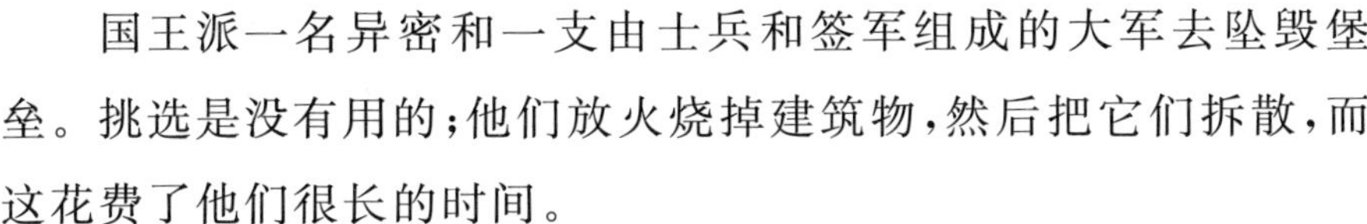

国王派一名异密和一支由士兵和签军组成的大军去坠毁堡垒。挑选是没有用的；他们放火烧掉建筑物，然后把它们拆散，而这花费了他们很长的时间。

国王进驻在该地的冬季驻地兰麻撒耳[24]。他给该地的恶徒几天宽限，让他们可以放弃他们的错误，并使那蛇蝎[25]一样的人可以被魔力驱出他们的洞穴。这没有作用。他留下塔亦儿不花率一支 722
蒙古和大食军队围攻它，并在 654 年祖勒希扎月 16 日〔1257 年 1 月 2 日〕吉祥地凯旋回师。

鲁坤丁的私财(buna),连同他的下人和牲口,安置在可疾云,他的军队在异密们中给分掉,鲁坤丁本人随国王到他在哈马丹地区的斡耳朵。他派两三个亲信跟国王的额勒赤一起到西利亚的诸堡,为的是召来守将们[26],清点库藏,作为国王的臣属守卫那些堡垒,迄至国王安天的御驾抵达那些地区,颁发诏令决定它们命运之时。

至于鲁坤丁,他受到国王关怀和仁爱的眷顾。在所有这些事件当中,他变得来迷恋一个下贱突厥人的女儿[27],并像马哲侬那样奉献他的国土来换取她的爱;最后,奉国王之命,把她赐给了他。有天在酒席上他叫歌手吟唱下面的四行诗:

王啊,我来到您的门前乞求保护。
而我是怀着对我的行为的羞愧前来。
您的洪福抓住头发把我拖到这里——
否则我要到什么宫廷,又为什么目的呢?

同时在他嗜好的锅中,他烹调了一种对大厦公驼的狂热,老是跟懂得点的人讨论它们。因此有一天,国王赐给他一百头母驼。他拒绝接受它们,说:“我怎能等到它们生育呢?”因为他有观看斗驼的
723 爱好,他要求得到三十头公驼。

在他的婚礼完毕后,他请求国王把他送往蒙哥可汗的宫廷。国王同意他的请求,在655年剌必阿Ⅰ月1日〔1257年3月9日〕,他由〔不只列〕[28](Bujrai)率领的额勒赤护送,和九名同伴前往宫廷。

注　释

① 见前,第 625 页,注㉑。

② 今天的沙合剌克(Shahrak)村,在阿剌模忒县的安底只鲁德分县中。根据穆合答西(Muqaddasi)和《塔里黑-亦-撒里希》(Ta'r-īkh-i-Sālihī)的作者,朱思坦朝(Justanids)的驻地(见后,第 720 页,注⑫)叫做沙合里斯坦(Shahristān),而如穆.可.所提出,这是他们都城的正式名字,沙合剌克则是民间的名字。见穆.可.,第Ⅲ卷,第 430－431 和 434－438 页。

③ 在拉施特相应的一段中,他叫做穆合底木丁(Muqaddim-ad-Din)。(穆.可.)

④ 《古兰经》,第 xxx 章,第 18 节。

⑤ 库儿昔(kursī)是观象仪的一部分。见比鲁尼,《占星术原理说明书》,第 194 和 195a 页。另外,哈特涅教授(Professor Willy Hartner)在 1956 年 10 月 8 日的信中指出,本文中意为"宝座"或"椅子"的 kursī,可以有"架子"或"支柱"这类一般涵义。

⑥ zāt-al-halaq。

⑦ 见比鲁尼,前引书,第 197 页。

⑧ 原文作 ash-shu'ā',它没有意义。看来表示的是"仪器"之类的词,这在实际上是两个较差的抄本,D 本(ālāt)和 I 本(ālathā-yi)的读法。

⑨ 据说是哈里发阿里在弼斯罗目睹财富和公众宝藏时的惊呼。见马戍地,《黄金牧地》,第Ⅳ章,第 236 页。(穆.可.)

⑩ 976－997。

⑪ 即基兰。见巴尔托德,《突厥斯坦》,第 8 页。

⑫ 按穆.可.的提议,原文的 ARJSTAN 读作 L JSTAN。关于从 9 世纪初到 10 世纪中在低廉进行统治的阿勒-亦-朱思坦,即朱思坦朝,见穆.可.,第Ⅲ卷,第 432－445 页。

⑬ 关于阿不阿里·忽辛·本·阿合马·本·穆罕默德·撒剌米(Abū'Alī al-Husain b. Ahmad b. Muhammad as-Sallāmī),他的"书无疑地给那些作者,如加尔底兹(Gardīzī)和伊本额梯儿提供主要史源,而我们从这些作者那里得到有关呼罗珊和河中历史的详尽叙述,"见巴尔托德,《突厥斯坦》,第 10

-11 页，穆.可.，第Ⅲ卷，第 446-449 页。

⑭ 据伊本额梯儿在 316/928-929 年条下所记，他是灭里的儿子；因为他一只眼上有个黑点，所以被叫做 Siyāh-Chashm（“黑眼”）。（穆.可.）

⑮ 据穆.可.的提议。原文仅作 ū“他”。

⑯ 《古兰经》，第 vii 章，第 72 节。

⑰ 同上，第 xxxviii 章，第 36 节。

⑱ 即《乞撒思按比雅》。见前，第ⅰ册，第 17 页，注㊶。

⑲ 《古兰经》，第 lxviii 章，第 49 节。我据某些抄本引用了全诗。

⑳ BAHRW，穆.可.认为它可能是 ŠAHRWD 即 Shāh-Rud 的讹误。这个名字多半错误地用来指沙合鲁德的支流。

㉑ 直译是“靠它自己的足”。

㉒ 根据哈散的严格戒酒主义和他对他儿子的处分（见前，第 680 页），可以认为酒是在晚些时候储存的！

㉓ 关于兰麻撒耳的供水设备，见斯塔克，《阿杀辛人的山谷》，第 247-248 页。

㉔ 当然不是驻在该堡中，它仍在顽抗——并且继续顽抗了另一年。

㉕ ṣill：一种不能养驯的蛇。

㉖ kūtvālān。几个抄本均如此。原文作 kūtvāl-i-ān“它的守将”。

㉗ 即一个蒙古女子，这从拉施特相应一段中看是清楚的。见荷治松，《阿杀辛教派》，第 269 页和注⑧。按荷治松的意思，这两个作者并不是不一致，因为 Atrāk“突厥人”一词，即指突厥人自身，也指蒙古人。

㉘ 原文中是个空白，关于布只列，见后。

16. 鲁坤丁的命运和那支人的灭亡

当应他的请求，国王即将把他送往世界皇帝蒙哥可汗的宫廷时，他保证为国王服劳，在他来到吉儿都怯时把那些恶徒从山头带下来。他出发时，国王指派一队由不只列[1]率领的蒙古人去保护和照顾他。他们到达吉儿都怯山麓，他表面上命令守军下山，但暗中告诉他们别这样做。离开那里后，他们抵不花剌，在那里，随他的性子，他跟额勒赤们争吵，终至斗殴。

现在，在成吉思汗最初的札撒以及也在蒙哥可汗的敕令中，曾规定不要饶过那支人当中的任何一个，哪怕是摇篮中的婴儿。同时所有他的成千上万的信徒，都交给了机警的监官(muvakkal)守护，而他们曾说了些话和干了些勾当，这要求赶快行动和导致他们丧命。因此有诏叫额勒赤带着命令到各军旅去，要各支队伍把交给它的人处死。同时哈剌海[2]必阇赤(Qaraqai Bitikchi)带着如下的命令抵达可疾云：鲁坤丁的儿女们、兄弟姐妹们，还有他的所有后人和家人，都要消灭殆尽。他们当中有两三个人被交给布剌 724
罕[3](Bulaghan)处斩，为他的被菲达额人刺杀的父亲察哈台[4](Chaghatai)报仇；所以他们一族中无人幸免。

命令也颁发给正在解决忽希思坦的呼罗珊军队的统将月帖古

赤那[5]（Ötegü-China），要他以征发签军为名，也把那些顽固地相信异教的人赶出来；用这个方法，一万二千人被处死。因此他们在所在的地方消灭他们。

至于鲁坤丁，在他抵达哈剌和林时，世界皇帝蒙哥可汗说："千里迢迢把他带来，这没有必要。我们的旧札撒是尽人皆知的"。他不愿让他进献贡礼，而是向他颁发如下的敕令："既然你宣称你是伊尔[6]（il），为什么你不坠毁诸如吉儿都怯和兰麻撒耳的某些堡垒呢？你必须回去，当你拆除了那些堡垒时，你将再有进献帖克失迷昔之荣。"[7]

他抱着这个希望给打发走。当他们来到杭海[8]山边时，额勒赤以替他准备宴席为借口，把他从路上领开，然后使他为他的先人对真主子民所干的所有坏事而尝到惩罚。他和他的信徒给踢得半死不活，然后处斩；于是没有留下他和他家族的形迹，而他和他的

725 族人仅变成人们嘴上的笑谈，世上的一个传说。

被他们妖氛沾染的尘世因此得到澄清。路人现在来回通行而不需担惊受怕或遭到交纳过境税[9]之扰，并且为拔除他们根基、把他们消灭干净的福王的〔永久〕幸福而祈祷。这个行动确实是治穆斯林创伤的灵丹，是针对正教骚乱的良药。让那些在这个时代和世纪以后的人知道，他们造成的祸害，他们引起人心的不安，多么严重。那些跟他们通好的人，不管是前代的国王还是当今的诸侯，〔为他们的性命担忧〕而处在战栗和恐惧中，同时〔那些是〕跟他们为敌的人，因害怕他们的凶残走狗而日夜藏于密室中。它是一只已经满溢的杯子；它有如一股已消逝的风。"这是对那些思虑者的一个警告"，[10]愿真主同样惩处所有的暴君！

注 释

① BWǰRAY。

② QRAQAY。比较迦儿宾的 Caragai(文该尔特,第 67 页)。另外,它可能是 QRATAY,即 Qaratai(哈剌台)的错讹,如卡特麦尔编拉施特,第 264 页中这个名字的拼法那样。同见原书第Ⅰ卷英文序言,第 xxviii 页。

③ BLΓAN"貂"。拉施特(赫塔吉诺夫,第 100 页)的 Qara-Bulaghan (QRA BWLΓAN),"黑貂"。

④ 关于察哈台,绰儿马罕军中的一个千夫长,见赫塔吉诺夫,前引书同页。他是阿鲁剌(Arulat)即阿儿剌(Arlat)人,因此是成吉思汗早年朋友博尔术的同族。拉施特把他叫做"大"察哈台,大概是把他跟"小"察哈台,即速你带区别开来,关于后者,见赫塔吉诺夫,前引书同页,格利哥尔,第 303 页,同见我的论文,《志费尼书中一些蒙古宗王的称号》,第 153-154 页,注㊴。他必定跟别号汗(Khan)的 Č ʻaγatay(格利哥尔,前引书同页)是同一人,柯立福,《蒙古名字》,第 47 页,把他当成是成吉思汗的第二子。

⑤ AWTAKWǰYNA。蒙语的"老狼"。关于 ötegü,见伯希和-昂比斯,《亲征录》,第 85 页。

⑥ 见前,第 610 页,注⑭。

⑦ 见前,第 579 页注㊸。

⑧ 即杭爱山脉。见前,第 609 页,注⑨。

⑨ 见前,第 682 页。

⑩ 《古兰经》,第 vi 章,第 116 节。

蒙古诸王世系表

说明：下面的表仅供《世界征服者史》之用。因此其中只有几个志费尼没有提到的人名：这些名字括在方括号中。凡是志费尼的拼写形式有异于拉施特或远东史料所记录之处，后者所录之形式就附在圆括号内。依据中国和回教史料所作出的详尽蒙古诸王的世系，见昂比斯，《元史》第CⅧ章。

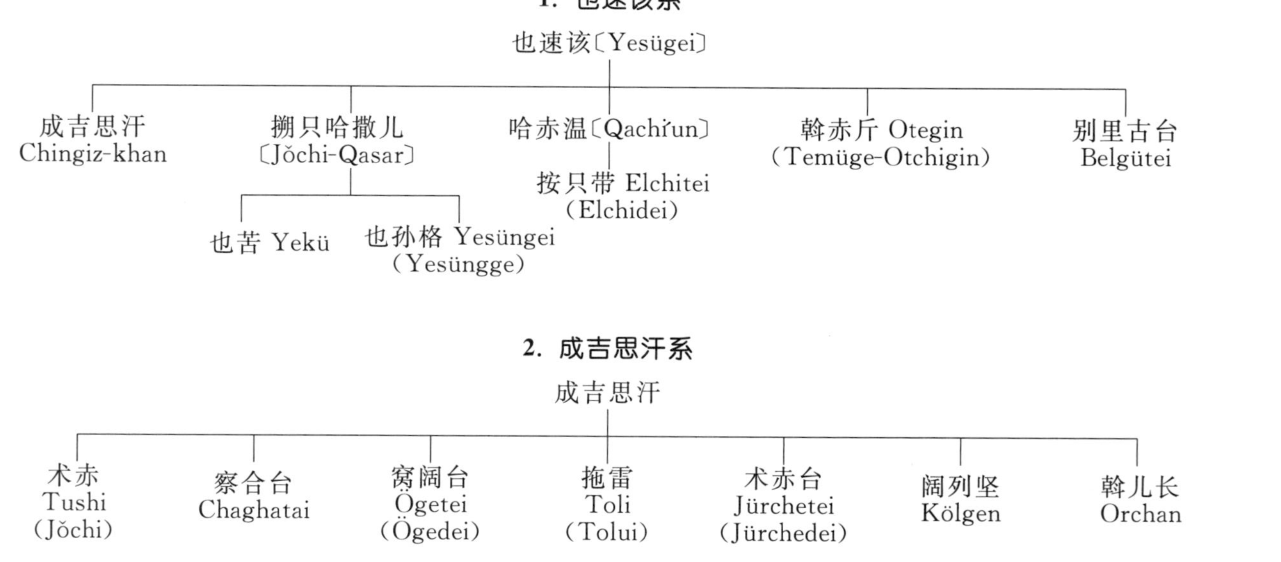

3. 术赤系

术赤
斡鲁朵 Hardu (Orda)
忽里 Quli
弘吉兰 Qonquran (Qongqiran)
拔都 Batu
撒里答 Sartaq
兀剌赤 Ulaghchi
别儿哥 Berke
别儿哥察耳 Berkecher
昔班罕 Sibaqan (Siban)
八剌海 Balaghai
唐古忒 Tangut
孛哈勒 Boghal (Bo'al)
明合都儿 〔Mingqadur〕
秃觧儿 Tutar
脱哈帖木儿 Togha-Temür
4. 察合台系
察合台
莫希 Mochi
台古觧儿 Tegüder
帖克失 Tekshi
篾惕干 Metiken (? Mö'etüken)
不里 Büri
也孙脱花 Yesün-Toqa (Yesün-To'a)
合剌即合剌旭烈 Qara Qara-Hülegü
也速即也速蒙哥 Yesü Yesü-Mengü (Yesü-Möngke)
拜答儿 Baidar

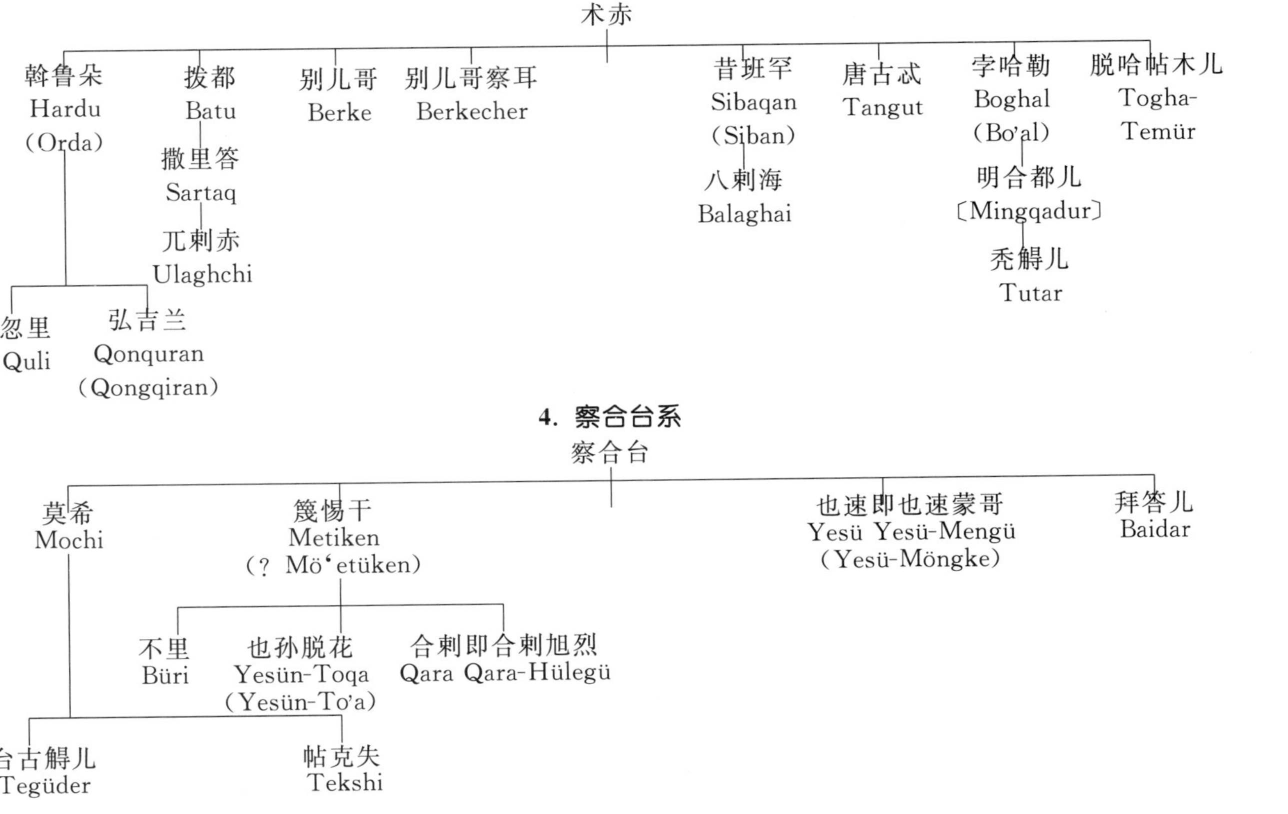

5. 窝阔台系

窝阔台
贵由
Güyük
忽察
Khoja
（Qocha）
脑忽
Naqu
阔端
Köten
阔出
〔Köchü〕
失烈门
Siremün
合丹罕
Qadaghan
（Qadan）
灭里
Melik Mengli

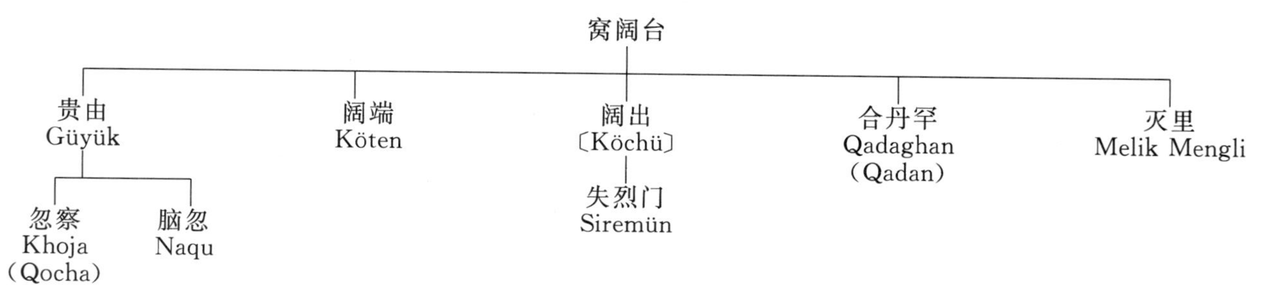

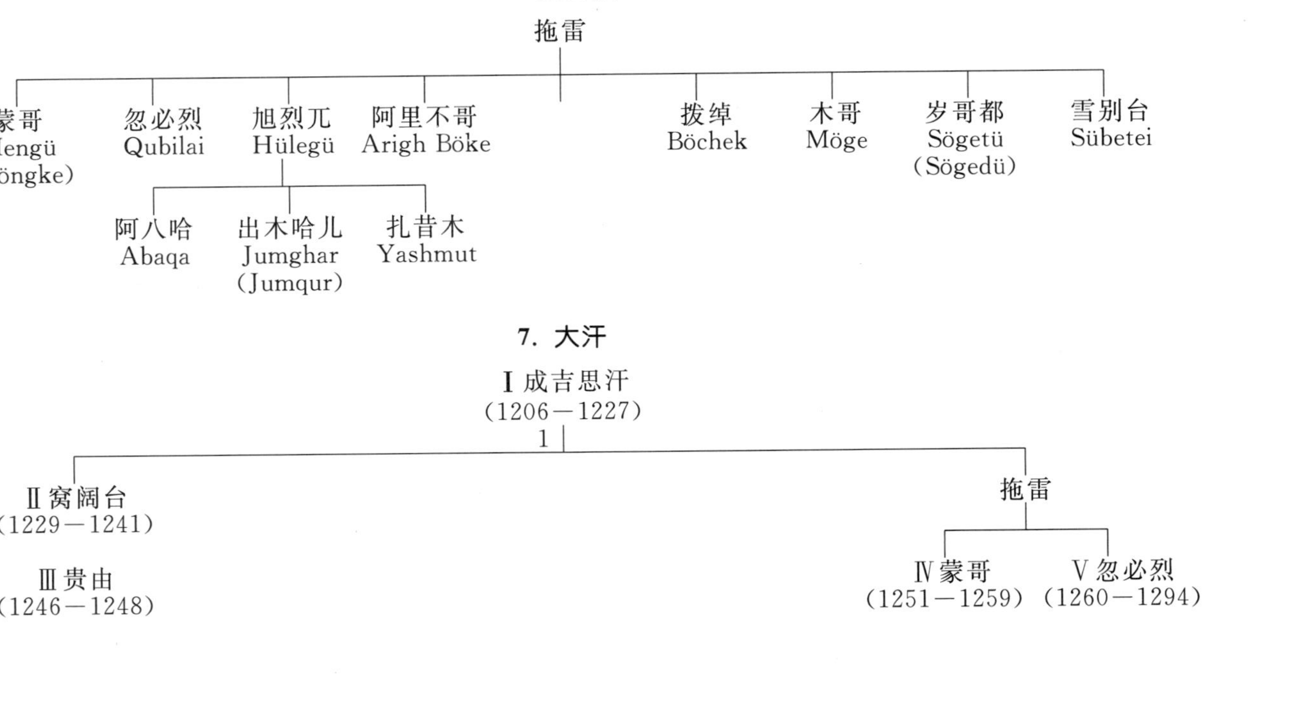
6. 拖雷系
拖雷
蒙哥
Mengü
(Möngke)
忽必烈
Qubilai
旭烈兀
Hülegü
阿里不哥
Arigh Böke
拨绰
Böchek
木哥
Möge
岁哥都
Sögetü
(Sögedü)
雪别台
Sübetei
阿八哈
Abaqa
出木哈儿
Jumghar
(Jumqur)
扎昔木
Yashmut
7. 大汗
Ⅰ成吉思汗
(1206—1227)
1
Ⅱ窝阔台
(1229—1241)
Ⅲ贵由
(1246—1248)
拖雷
Ⅳ蒙哥
(1251—1259)
Ⅴ忽必烈
(1260—1294)

索　引

（索引中表明的页码，和注释中的页码一样，均为英译本的页码，标在中译本版心外侧，可据此查阅。中译本上、下两册是按照英译本的两卷分册的，因此，英译本第Ⅰ册和第Ⅱ册也就是中译本的上、下册。为查阅简便，以“i”和“ii”表示英译本第1册和第2册，以英文字母的“n”表示见于注释中的人名，地名等，如150n表示见于第150页的注释。）

二画

三画

四画

五画

六画

七画

八画

九画

十画

十一画

十二画

十三画

十四画

十五画

十六画

十七画

十八画

图书在版编目(CIP)数据

世界征服者史:全2册/(伊朗)志费尼著;何高济译.
—北京:商务印书馆,2017
(汉译世界学术名著丛书:120年纪念版:珍藏本)
ISBN 978-7-100-14587-9

Ⅰ.①世… Ⅱ.①志… ②何… Ⅲ.①蒙古—历史
—研究 Ⅳ.①K311.07

中国版本图书馆CIP数据核字(2017)第152479号

汉译世界学术名著丛书
(120年纪念版·珍藏本)
世界征服者史
(全二册)
〔伊朗〕志费尼 著
J.A.波伊勒 英译
何高济 译

商务印书馆出版
(北京王府井大街36号 邮政编码100710)
商务印书馆发行
北京中科印刷有限公司印刷
ISBN 978-7-100-14587-9

2017年12月第1版 开本 710×1000 1/16
2017年12月北京第1次印刷 印张 57¼ 插页 2
定价:290.00元